U0742976

新工科·普通高等教育汽车类系列教材

汽车电器与电子技术

陈 刚 王良模 编著

机械工业出版社

本书比较全面系统地介绍了汽车电器与电子技术。全书共分 10 章，内容包括绪论、蓄电池、交流发电机及调节器、起动系统、汽车点火系统、汽车辅助电器、汽车电气系统总线路、发动机电子控制、底盘电子控制、车身电子控制。这些内容涉及了电动汽车动力蓄电池、转向辅助照明系统、倒车雷达、均质压燃发动机、起停控制系统、线控制动系统、主动转向系统、电子差速系统、无人驾驶机器人车辆技术、车道偏离预警系统等汽车新技术。

本书可作为车辆工程、汽车服务工程、交通工程、载运工具运用工程、机械工程及自动化等专业、本科生或专科生的教材，也可作为相关专业工程技术人员的参考书。

本书配有 PPT 课件，免费赠送给采用本书作为教材的教师，可登录 www.cmpedu.com 注册下载。

图书在版编目（CIP）数据

汽车电器与电子技术/陈刚，王良模编著. —北京：机械工业出版社，2020.10（2021.8 重印）

新工科·普通高等教育汽车类系列教材

ISBN 978-7-111-66483-3

Ⅰ.①汽… Ⅱ.①陈… ②王… Ⅲ.①汽车-电器-高等学校-教材②汽车-电子技术-高等学校-教材 Ⅳ.①U463.6

中国版本图书馆 CIP 数据核字（2020）第 172525 号

机械工业出版社（北京市百万庄大街 22 号 邮政编码 100037）
策划编辑：宋学敏 责任编辑：宋学敏 杨晓花
责任校对：王 欣 封面设计：张 静
责任印制：常天培
北京机工印刷厂印刷
2021 年 8 月第 1 版第 2 次印刷
184mm×260mm·22.5 印张·557 千字
标准书号：ISBN 978-7-111-66483-3
定价：62.00 元

电话服务 网络服务
客服电话：010-88361066 机 工 官 网：www.cmpbook.com
010-88379833 机 工 官 博：weibo.com/cmp1952
010-68326294 金 书 网：www.golden-book.com
封底无防伪标均为盗版 机工教育服务网：www.cmpedu.com

前　言
Preface

　　高端汽车装备制造业是国家战略性新兴产业的重要组成部分。当今世界汽车装备制造业正处于技术大变革、产业大调整时期，而贯穿这一时期的主线是汽车的电子化、电动化和智能化。汽车电器与电子技术是燃油汽车、燃气汽车、新能源汽车和智能网联汽车的关键共性技术。

　　本书主要内容包括蓄电池、交流发电机及调节器、起动系统、汽车点火系统、汽车辅助电器、汽车电气系统总线路、发动机电子控制、底盘电子控制、车身电子控制，同时涉及近年来出现的一些汽车行业新知识、新技术、新成果，如电动汽车动力蓄电池、汽车 42V 及 14/42V 双电压电气系统、新型起动机、缸内直喷点火、转向辅助照明系统、汽车智能电子仪表、倒车雷达、进气涡轮增压控制、稀薄燃烧发动机、缸内直喷发动机、均质压燃发动机、起停控制系统、TSI 系统、线控制动系统、主动转向系统、电子差速系统、无人驾驶机器人车辆技术、智能全自动空调、车道偏离预警系统等。本书内容涉及节能环保、智能安全、新一代信息技术、新能源汽车等新兴学科，是教研急需的专业教材，具有一定的出版价值。

　　本书内容反映了国家自然科学基金项目（编号：51675281）、江苏省六大人才高峰计划项目（编号：2015-JXQC-003）、中央高校基本科研业务费专项资金项目（编号：30918011101）的研究成果。

　　本书由南京理工大学陈刚、王良模编著。陈刚撰写第一～八章，第九章第一～三节；王良模撰写第九章第四、五节，第十章。

　　由于编者水平有限，书中疏漏之处在所难免，欢迎广大读者指正。

编　者

目　录
Contents

第一章 / Chapter 1

绪论

第一节　汽车电气系统发展史

关于电可以追溯到公元前 600 年，那时古希腊哲学家泰勒斯（Thales）发现用一块毛皮摩擦过的琥珀可以吸引像羽毛一样轻的物体，这归因于静电现象。同一时期，在土耳其，一个牧师发现了天然磁石具有磁性。当时，他发现一块磁石被吸到了他手杖的铁片上。

在 16 世纪，威廉·吉尔伯特（William Gilbert）证实了许多物质也有电性，并且自然界存在两种电荷。当琥珀与毛皮摩擦后，琥珀带负电；玻璃与丝绸摩擦后，玻璃带正电。而且同性电荷相斥，异性电荷相吸。科学家认为实际上是摩擦创造了电（电荷），但没有意识到等量相反的电荷留在了毛皮与丝绸上。

1672 年，一个名为奥拓·冯·格里克（Otto Von Guerick）的德国贵族发明了第一台电子装置。他让一个硫磺球围绕一根轴旋转，就可以使球带静电。他的试验早于英国物理学家威廉·沃森（William Watson）在 18 世纪 40 年代发展的电荷理论。美国人本杰明·富兰克林（Benjamin Franklin）认为：电性存在于所有物质中，而且可以通过摩擦来传递。富兰克林为了证明闪电也是电的一种形式，在暴风雨中进行了放风筝试验，风筝的顶端安装一根尖尖的铁针，在放风筝绳子的末端拴着一把铁钥匙，当铁钥匙接近绳子顶端的铁针时产生了电火花。尽管这种试验很危险，但由此富兰克林发明了避雷针。

亚历山大·伏特（Alessandro Volta），一个意大利贵族，发明了第一节电池。他发现将按顺序连接的锌电极和铜电极放入充满盐水的广口瓶中，就可以在导线相碰的时候产生电击现象，这就是第一块湿电池，它是法国科学家加斯顿·普朗特（Gaston Planté）在 1859 年发明的蓄电池的前身。那是一种铅酸蓄电池，它通过化学反应产生了电流。没有电池或电池组可以提供很长时间的电力，所以发明家意识到他们需要一个能持续供电的电源。迈克尔·法拉第（Michael Faraday），一个萨里郡铁匠的儿子，发明了第一台发电机，即在 1831 年，法拉第制造了一台机器，在这台机器中，一个铜盘在巨大的磁柱里面旋转，铜环连接盘子的轮圈并围绕轴旋转，当铜环接通后，就产生了电流。

英国沃灵顿的威廉·斯特企（William Sturgeon）在 19 世纪 20 年代制造了第一台电动机，并且制造了第一块电磁铁，而且他还在发电机中用电池供电的电磁铁代替了永磁铁。1866 年前后，两位英国电学家——克伦威尔·华莱（Cromwell Varley）和亨利·威尔德（Henry Wilde）制造了永磁铁，匈牙利科学家安亚斯·杰德雷克（Anyos Jedlik）和美国电学界先锋摩西·法莫（Moses Farmer）也曾从事该领域的研究。第一台真正成功的发电机是由德国人维尔纳·冯·西门子（Ernst Werner Von Siemens）发明的。1867 年，他发明了直流发电机。

由交流电供能的发动机是美国工程师爱利·汤姆森（Elihu Thomson）的杰作，汤姆森还发明了变压器，它可以改变供电电源电压。1879 年，他展示了他的发明，在五年之后，三个匈牙利人奥托·布莱塞（Otto Blathy）、马克斯·德瑞（Max Deri）和卡尔（Karl Zipernowsky）制造了第一台商用变压器。

19 世纪 60 年代，爱蒂恩思·勒诺（Ettiene Lenoir）发明了第一台实用汽油发动机。

这台汽油发动机应用电子点火装置，使用的线圈是由伦·可夫（Ruhm Korff）在 1851 年发明的。1866 年，卡尔·本茨（Karl Benz）发明了一种带传动的永磁发电机，因为发动机是变速的，所以不太好用，但他通过使用两个原电池来提供点火电流，从而解决了这个问题。

乔治·波顿（Georges Bouton）于 1889 年发明了用于线圈点火系统的触点断路器，第一次调整了点火装置。埃米尔·摩尔斯（Emile Mors）将电子点火装置用在由蓄电池供电的低电压电路上，蓄电池由带驱动的发电机进行再充电。这是第一个成功的充电系统，这种技术大约保持到 1895 年。

现在强大的博世公司是由罗伯特·博世（Robert Bosch）从很小的规模发展起来的，他早期开发的大部分部件是与他的老板弗雷德里克·西门（Fredirich Simms）共同制作的，他们在 19 世纪后期生产了低电压永磁发电机。1902 年，博世发明的高电压永磁发电机得到普遍的认可。最早期的永磁发电机的"H"状的电枢现在被作为博世公司的商标用在公司的所有产品上。

此后欧洲在永磁发电机的开发上达到了一个很高的水平。旋转磁铁永磁发电机如图 1-1 所示。然而，在美国是以开发线圈和电池点火系统为主导。为 Daytona 电器公司（美国德科电子公司）工作的查尔斯·凯特林（Charles F. Kettering）在这个领域发挥了极大的作用，那时他为 1912 凯迪拉克牌汽车设计了点火、起动和照明系统。凯特林同时也发明了水银电压调节器。

三刷直流发电机（third-brush dynamo）于 1905 年前后首次出现，由汉斯·雷特（Hans Leitner）博士和 R.H. 卢卡斯（R.H. Lucas）首先生产制造。该系统能让驾驶人对充电系统进行一些控制，当时被称为直流充电系统。以现在的标准看，这是一个很大的发电机，不过它仅能产生 8A 的电流。三刷发电机如图 1-2 所示。

图 1-1　旋转磁铁永磁发电机

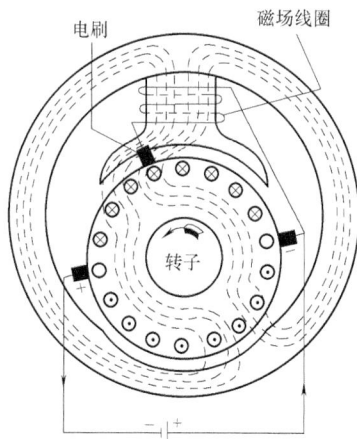

图 1-2　三刷发电机

在以后的大约十几年间，许多人尝试用新的控制方法来解决直流变速发电机对输出的控制问题，其中一些较为成功。例如，某一驱动系统中，当发动机超过一定转速时，磁场就会减弱，所以使用它仅能取得有限的成功。还有一种方法是系统在主要的输出线路中装一根热线，当它变炽热时，就会导致电流沿着该电线实现分流，从而减小发电机磁场强度。所有这些直流系统对电池充电的控制很被动，常常依赖于驾驶人对开关的调整。实际上，早期的仪表系统是一个液体密度计，用来检测蓄电池的充电状态。

二刷发电机（two brush generator）和补偿电压控制单元的第一次使用是在20世纪30年代，它在控制充电系统上体现了极大的优越性，并且为许多其他电气系统的发展铺平了道路。

1936年，已讨论过多次的正极搭铁终于实现，卢卡斯在这个转变中起了主要作用。这样做既可以降低火花塞点火电压，也延长了电极的寿命；同时有望减少电池引脚和汽车周围接触点之间的腐蚀。

20世纪50年代是照明系统朝着复杂布局发展的时代。闪光指示器代替了信号灯，并且配对的金属丝灯泡更适用于制造车灯。不过，石英卤素灯泡直到20世纪70年代早期才被发明。

汽车的基本细节方面也有了一些发展，如车头、收音机甚至点烟器。同时，直到20世纪60~70年代，出现了许多新型选装配件，如风窗玻璃刷、两速刮水器。凯迪拉克还引入了全程空调系统，甚至为前照灯发明了定时开关。

1965年，负极搭铁系统再次被采用且完全被接受。然而，无线电系统和其他配件的DIY技术的发展带来了一些兼容性问题。当然，对于汽车电气设备的发展还是有益的。

19世纪70年代迎来了燃油喷射和电子点火的时期。仪表板变得越来越复杂，仪表板的布局成了当时设计的重点。19世纪60年代交流发电机首次在美国应用，大约到了1974年，在英国也普遍出现。完整的汽车电路图如图1-3所示。

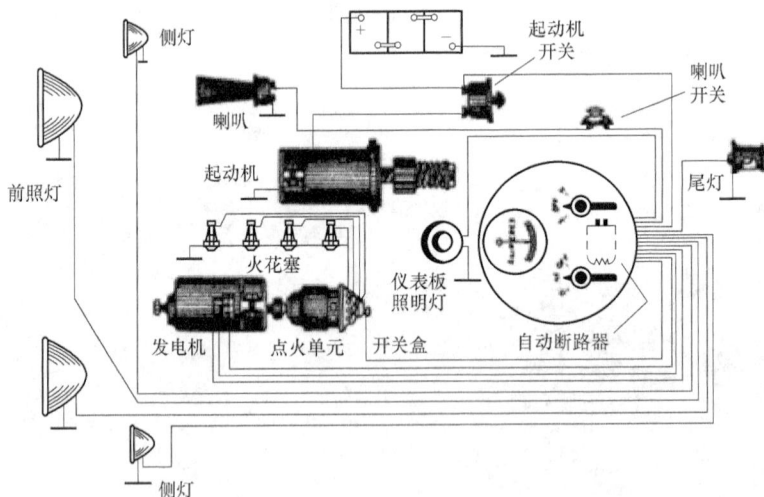

图1-3　完整的汽车电路图

19世纪80年代，多种能源被有效利用，交流发电机也能够提供稳定电压，这一切正如电子工业所期盼的那样发生着，汽车电气系统也发生着翻天覆地的变化。随着微机及其关联技术的发展，电子控制单元（ECU）能控制汽车上所有的电子系统。电子控制技术在汽车上的应用如图1-4所示。

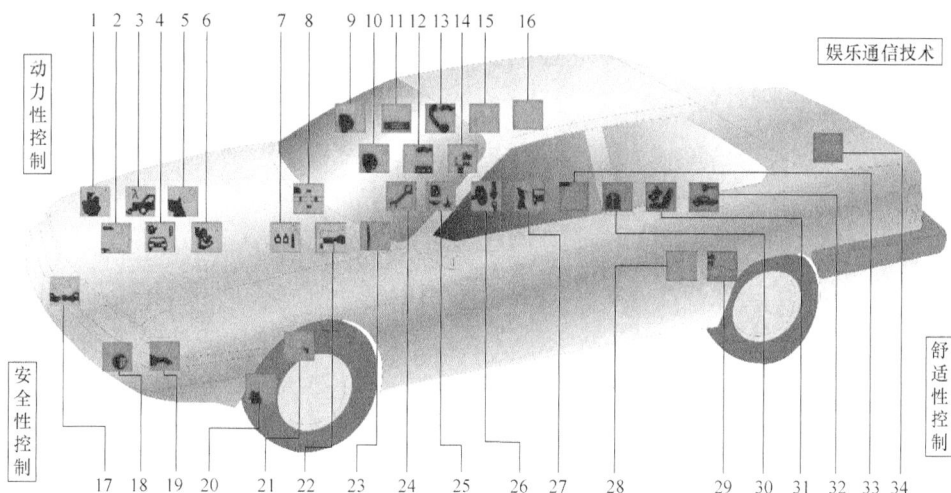

图 1-4　电子控制技术在汽车上的应用

1—燃油喷射系统　2—怠速控制系统　3—空燃比反馈控制系统　4—发动机故障诊断　5—自动变速

6—微机控制点火　7—加速踏板控制　8—控制器区域网络　9—声音复制　10—声控操作　11—音响系统

12—车载计算机　13—车载电话　14—交通控制与通信　15—信息显示　16—线束复用　17—雷达车距控制与报警

18—前照灯控制与清洗　19—气体放电车灯　20—轮胎气压控制　21—防抱与防滑转调节　22—底盘故障诊断

23—刮水器与清洗器控制　24—维修周期显示　25—液面与磨损监测　26—安全气囊与安全带控制　27—车辆保安

28—前/后轮转向控制　29—电子悬架　30—自动空调　31—座椅调节　32—中央门锁　33—巡航控制　34—车距报警

第二节　汽车电器与电子控制系统分类

汽车电器与电子控制系统可分为电器装置和电子控制系统两大部分。

一、汽车电器装置

1. 供电系统

供电系统包括蓄电池、发电机和调节器。其中发电机为主电源，发电机正常工作时，由发电机向全车用电设备供电，同时给蓄电池充电。蓄电池的主要作用是发电机起动时向起动机供电，同时辅助发电机向用电设备供电。调节器的作用是使发电机的输出电压保持恒定。

2. 用电设备

（1）**起动系统**　包括起动机、电缆、控制装置等，其作用是用于起动发动机。

（2）**点火系统**　由控制单元、导线、火花塞、点火线圈等组成，其作用是产生高压电火花，点燃汽油发动机气缸内的混合气。

（3）**照明与信号系统**　汽车内外各种照明灯及其控制装置组成照明系统，用来保证夜间行车安全；喇叭、蜂鸣器、闪光器及各种行车信号标识灯组成信号系统，用来保证车辆运行时的人车安全。

（4）**仪表与信息指示系统**　包括各种电器仪表（电流表、电压表、机油压力表、温度表、燃油表、车速及里程表、发动机转速表等）和指示灯，用来显示发动机和汽车行驶中有关装置的工作状况。

（5）**辅助电器系统**　包括电动刮水器、空调器、低温起动预热装置、收录机、点烟器、玻璃升降器、电动后视镜等。

二、汽车电子控制系统

汽车电子控制系统包括动力传动总成电子控制系统、底盘电子控制系统、车身电子控制系统和汽车通信与娱乐电子系统。

1. 动力传动总成电子控制系统

（1）**发动机管理系统**（EMS）　发动机电子控制是汽车电子控制的核心和难点，发动机电子控制技术水平对整车的动力性、燃油经济性和排放性能影响巨大。发动机管理系统的功能主要包括燃油喷射控制、点火系统控制、爆燃控制、排气再循环控制、配气系统（可变气门）控制、涡轮增压器控制和后处理装置电子控制等。

发动机管理系统的作用是使发动机在最优状态下工作，在保证动力性的前提下具有较好的燃油经济性和排放性能。另外，发动机管理系统还包括在线故障诊断、排放状态的监测等功能。

（2）**自动变速器电控技术**　汽车变速器实现发动机输出动力的转换，满足车辆行驶的要求。基于电子控制技术的自动变速器包括电控液力自动变速器、电控机械自动变速器、电控机械无级自动变速器三种主要类型。汽车变速器电子控制系统根据负载的动力需求通过改变传动比实现发动机输出的转速和转矩的转换，满足汽车不同行驶工况，变速器电子控制技术的采用可以有效改善汽车的操纵性能。

2. 底盘电子控制系统

（1）**悬架电子控制系统**　包括车高控制系统、刚度控制系统、阻尼控制系统和综合控制系统。目前电子控制悬架系统基本采用综合控制，根据汽车行驶工况和道路状况实时改变悬架的阻尼、刚度和车高等，以改善汽车驾乘的舒适性和汽车行驶的稳定性。

（2）**汽车巡航电子控制系统**　它是一个车速控制系统，可在路面条件变化的情况下自动保持汽车的稳定行驶速度，以减少汽车长途行驶时驾驶人脚踏加速踏板的操作，提高汽车的操纵性能。

（3）**防抱制动系统**（ABS）　通过检测汽车车轮转速判断车轮与路面之间滑移程度来调节制动力。ABS系统可有效改善汽车的制动效能，提高汽车制动稳定性和行车安全性。

（4）**驱动防滑控制系统**（ASR）　用来控制汽车的行驶驱动力。ASR可使汽车在附着性能差的路面上减少滑转，提高汽车的驱动力和加速性能。

（5）**转向电控系统**　包括电控助力转向系统（EPAS）、可变助力转向电子控制系统（VES）和四轮转向控制系统。转向电控系统为驾驶人提供转向操作力，保证转向及时、准确，提高汽车的操作性能。

（6）**车辆动力学控制系统**（VDC）　VDC是保证汽车在路面附着力极限条件下正常行驶、稳定操纵的电子控制系统，可提高汽车动态行驶的稳定性。

3. 车身电子控制系统

（1）**辅助防护系统**（SRS）　主要指安全气囊控制系统，当汽车发生剧烈振动冲击（碰撞）时，引爆用以防护驾驶人和乘员的气囊，实施对人员的保护。SRS也包括电控预紧式安全带系统。

（2）**汽车空调电控系统**　主要指汽车的空调电子控制，包括数字式温度控制、风量控制、风向控制等功能，提高驾驶人和乘员的环境舒适性。

（3）**轮胎压力检测系统**（TPMS）　TPMS是一种汽车轮胎压力的在线检测和报警系统，显示汽车轮胎压力状况，提高汽车的行驶性能，避免轮胎压力变化造成汽车性能的下降和爆胎事故的出现。

（4）**门锁、车窗、后视镜电子控制**　采用电子控制实现对门锁、车窗、后视镜等的调节，简化控制操作，提高系统可靠性。

（5）**汽车防盗系统**　采用基于微控制器等电子技术设计的汽车防盗系统，可提高汽车抗被盗能力，保护车主的利益。

（6）**多自由度电动座椅**　采用电子控制实现座椅的多自由度灵活调节，根据不同驾驶人要求进行多自由度的智能调节，并可实现按摩和冬季自动预热等功能，提高汽车驾驶和乘坐的舒适性。

（7）**数字仪表**　采用电子技术进行汽车仪表设计，实时准确显示汽车车速、里程、燃油等状态，提高显示的清晰度、精度、美观性和仪表的可靠性。

4. 汽车通信与娱乐电子系统

（1）**驾驶信息系统**　基于电子技术的汽车驾驶信息综合数字系统，可提供各种汽车资讯，作为驾驶的辅助信息交流工具，提高汽车使用性和舒适性。

（2）**全球定位系统**（GPS）　可实时查找地图中的目标位置，确定本车的当前位置，实现导航功能。

（3）**汽车音响**　通过电子技术实现车载高品质的收音机、CD音响和VCD多媒体，提高驾乘者的驾驶乐趣，改善汽车的舒适性。

第三节　汽车电气系统的特点

汽车电气设备组成的系统称为汽车电气系统（或称汽车电路）。与其他电气系统不同，汽车电气系统具有以下特点：

1. 双电源

在汽车电气系统中，采用蓄电池和交流发电机两个电源，两者互相配合，协同工作。即使是在极端条件下（如发电机损坏、不发电），只靠蓄电池供电，汽车也能行驶一定里程。

2. 低电压

汽车电气系统的额定电压（rated voltage）有6V、12V、24V三种。汽油发动机汽车普遍采用12V电源，柴油发动机汽车多采用24V电源（由两个12V蓄电池串联而成），摩托车采用6V电源。关于汽车运行中的实际工作电压，12V系统一般为14V左右，24V系统为28V左右。

3. 直流供电

现代汽车发动机靠电力起动机起动，起动机由蓄电池供电，而向蓄电池充电又必须用直流电源，所以汽车电气系统为直流系统。虽然交流发电机发出的是交流电，但经过整流器整流，变成直流电后才供给全车用电。

4. 单线制

单线制也称单线连接，是汽车电路的突出特点之一。它是指汽车上所有电气设备的正极均采用导线相互连接；而负极则直接或间接通过导线与金属车架或车身的金属部分相连，即搭铁（put up iron），也称接地（earthing 或 grounding）。

任何一个电路中的电流都是从电源的正极出发，经导线流入用电设备后，再由电器设备自身或负极导线搭铁，通过车架或车身流回电源负极而形成回路。

由于单线制导线用量少、线路清晰、接线方便，因此被现代汽车广为采用。

5. 负极搭铁

采用单线制时蓄电池的一个电极需接至金属车架或金属车身上，即搭铁。蓄电池的负极接金属车架或金属车身称为负极搭铁（negative earth）；蓄电池的正极接金属车架或金属车身称为正极搭铁（positive earth）。

如果单纯从构成电流回路的层面来说，汽车既可以采用负极搭铁，也可以采用正极搭铁。早期汽车上曾广泛采用正极搭铁，但经研究发现，采用负极搭铁对车架或车身金属的化学腐蚀较轻，对无线电干扰小，而且对点火系统的点火电压要求也低（更有利于火花塞跳火）。因此，目前所有国家都已经规定汽车电路统一采用负极搭铁。

6. 并联连接

各用电设备均采用并联连接，汽车上的两个电源（蓄电池与发电机）之间及所有用电设备之间都是正极接正极，负极接负极，并联连接。

由于采用并联连接，所以汽车在使用中，当某一支路用电设备损坏时，并不影响其他支路用电设备的正常工作。

7. 设有保护装置

为了防止因电源短路（正极搭铁）或电路过载而烧毁线束，电路中一般设有保护装置，如熔断器（短路保护）、易熔线（过载保护）等。

8. 汽车电线（导线）有颜色和编号特征

为了便于区别各电路的连接，汽车所有低压导线必须选用不同颜色的单色或双色线，并在每根导线上编号，编号由生产厂家统一编号。

9. 由相对独立的分支系统组成

汽车电路由相对独立的系统组成，全车电路一般包括以下部分：

（1）**电源电路** 电源电路由蓄电池、发电机、电压调节器及工作状况指示装置（电流表、电压表、充电指示灯）等组成。

（2）**起动电路** 起动电路由起动机、起动继电器、起动开关及起动保护装置等组成。

（3）**点火电路** 点火电路由点火线圈、分电器、电子点火器、火花塞、点火开关等组成。

（4）**照明信号电路** 照明信号电路由前照灯、雾灯、示廓灯、转向灯、制动灯、倒车灯、电喇叭及控制继电器盒开关等组成。

（5）**仪表报警电路** 仪表报警电路由仪表、传感器、各种警告灯、指示灯及控制器等组成。在高端车上，仪表报警电路已经发展成为仪表信息系统。

（6）**辅助装置电路** 辅助装置电路由为提高车辆安全性、舒适性、经济性等各种功能的电气装置组成。因车型不同而有所差异，一般包括风窗刮水器清洗装置、风窗除霜防雾装置、音响装置、车窗电动升降装置、电动座椅调节装置及中央电控门锁等。

第四节 汽车电子控制系统组成

汽车电子控制技术是以电器技术、微电子技术、新材料和新工艺技术为基础，以解决汽车能源不足、环境保护和交通安全等为目的，旨在提高汽车整车性能的新技术。汽车电子控制系统是指由传感器、执行器、电子控制器和电器开关等组成，可以提高汽车性能的有机整体，如发动机电子控制系统、底盘电子控制系统、车身电子控制系统，其组成框图如图1-5所示。汽车电子控制系统具有高实时性、高控制精度、高可靠性、低成本、高产量等要求。

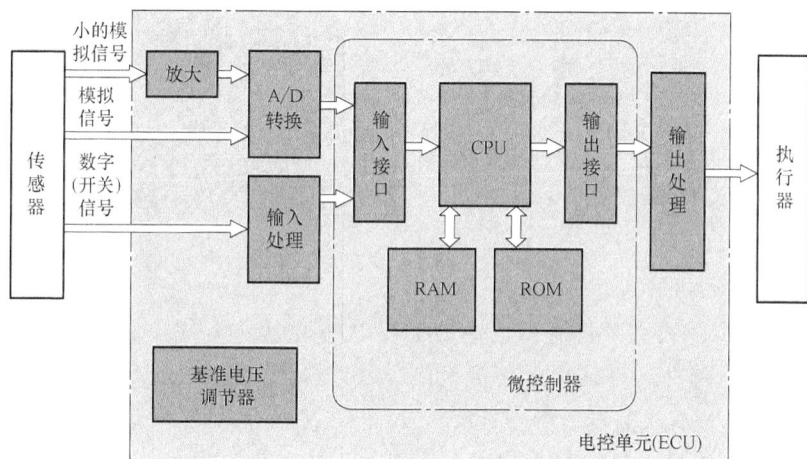

图1-5 汽车电子控制系统组成框图

1. 传感器

传感器是将某种变化的物理量（绝大部分是非电量）转化成对应电信号的器件或装置，它能感受系统运行过程中温度、压力、转速、位置、空气流量、气体浓度等物理量的状态及变化情况。汽车上常用的传感器如图1-6所示。

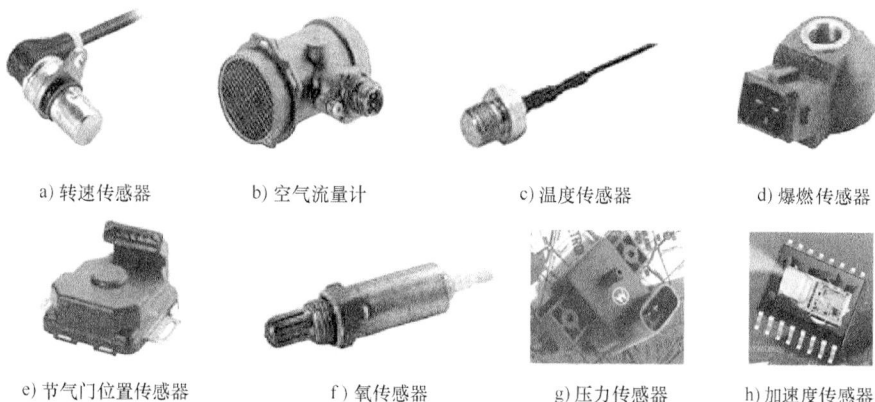

a) 转速传感器　　b) 空气流量计　　c) 温度传感器　　d) 爆燃传感器

e) 节气门位置传感器　　f) 氧传感器　　g) 压力传感器　　h) 加速度传感器

图1-6 汽车上常用传感器

2. 电子控制单元

电子控制单元（Electronic Control Unit，ECU）又称行车电脑、车载电脑等。从用途上讲，ECU 是汽车专用微控制器，也称作汽车专用单片机。它和普通的单片机一样，由中央处理器（CPU）、存储器（只读存储器 ROM、随机存取存储器 RAM）、输入/输出接口（I/O）、模/数转换器（A/D）以及整形、驱动等大规模集成电路组成。汽车上常用的 ECU 如图 1-7 所示。

图 1-7　汽车上常用 ECU

ECU 由输入接口电路、微控制器、输出接口电路组成。其中，输入接口电路由信号整形电路、电平转换电路、A/D 转换电路等组成；微控制器是 ECU 的心脏部分，也称为微控制器单元（MCU），对输入信号进行分析运算处理，并向执行器发出操作命令；输出接口电路由驱动电路、隔离电路、D/A 转换电路等组成。

3. 执行器

执行器是 ECU 动作命令的执行者。汽车上常用的执行器包括继电器、冷起动阀、辅助空气阀、炭罐电磁阀、燃油泵、喷油器等，如图 1-8 所示。

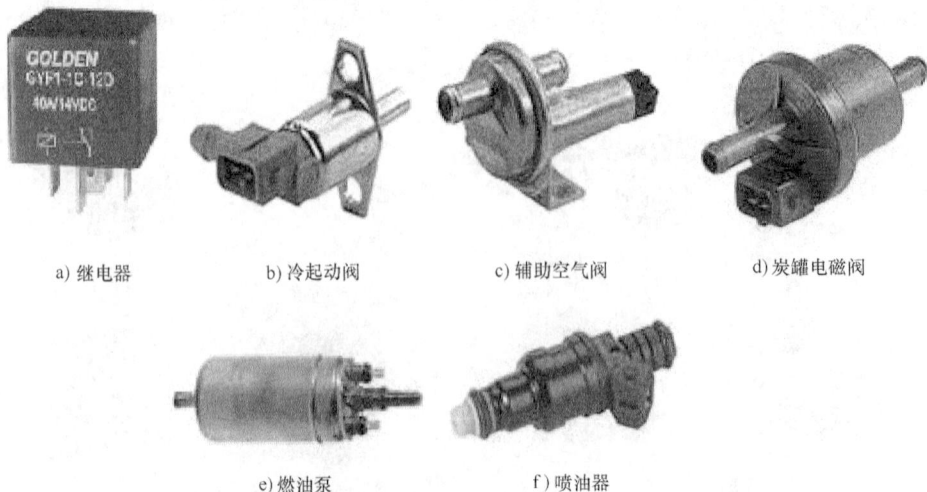

a) 继电器　　　b) 冷起动阀　　　c) 辅助空气阀　　　d) 炭罐电磁阀

e) 燃油泵　　　f) 喷油器

图 1-8　汽车上常用执行器

第五节 汽车电子控制技术发展趋势

汽车电子控制技术的发展趋势如下：

1）集中综合控制。将发动机管理系统和自动变速器控制系统集成为动力传动系统的综合控制（PCM）；通过中央底盘控制器，将制动、悬架、转向、动力传动等控制系统通过总线进行连接；控制器通过复杂的控制运算，对各子系统进行协调，将车辆行驶性能控制到最佳水平，形成一体化底盘控制系统（UCC）。

2）汽车 12V 供电系统向 42V 转化。目的是在现有汽车空间条件下提高车载电源的供电能力，降低车载电源的功率损耗。其优点包括：①通过电压提升减少电流载量，减小线束线径，促进现有电器装置微型化，缩小体积，减轻重量；②可以将发动机驱动附件（如冷却风扇、水泵、空调压缩机等）从发动机中分离出来，直接由电动机驱动，进一步减少发动机零件和重量，降低发动机的负荷；③可以使发动机内部一部分机构由机械驱动改为电驱动，如气门开启关闭直接由电动机和计算机联合控制，省略了凸轮轴配气机构；④为实现汽车全面电控化提供条件。

3）FlexRay、MOST、Bluetooth 等高速、容错能力强的总线网络通信协议代替 CAN 总线。

4）应用清洁燃料、气体燃料（包括液化气和天然气等）、氢燃料、生物燃料（包括甲醇、乙醇、二甲醚、生物质能等）、电力驱动等新动力源的新型能源动力汽车技术。

5）智能化汽车。智能化车辆交通系统利用现代信息、控制技术将车辆—道路—使用者紧密结合，以解决汽车交通事故、交通拥堵、大气污染及能源消耗等问题。智能化汽车包括车与人的互动、车与环境的互动、车与手机的互动等，能够判断驾车者是否处于最佳状态、车辆和人是否发生危险。

本章小结

本章首先介绍了汽车电气系统的发展史，然后介绍了汽车电器与电子控制系统的分类、汽车电气系统的特点，最后介绍了汽车电子控制系统的组成以及汽车电子控制技术的发展趋势。

习题

1. 汽车电子控制系统包括哪些系统？
2. 汽车电气系统的特点是什么？
3. 汽车电子控制系统的基本组成及各部分的作用是什么？
4. 汽车电子控制技术的发展趋势是什么？

第二章 / **Chapter 2**

蓄电池

蓄电池，又称可充电电池，泛指所有在电量用到一定程度之后可以被再次充电、反复使用的化学能电池。蓄电池之所以可以充电是因为接上外部电源后其化学作用能反向进行。目前世界上已有的蓄电池有很多种，设计也有很多不同。因此，其电容、容量、外观大小、重量也各不相同。现时，蓄电池被广泛地应用于各种设备上，包括汽车起动机、各种手提设备及工具、不断电系统等。混合动力车辆及纯电动车对蓄电池的要求使得蓄电池的技术不断改进，以求降低成本、改善性能，如减轻重量及增加寿命。相对一次电池，蓄电池对环境的影响较低，以整个生命周期计碳排放较少，而且大多数的蓄电池都可以循环再造。虽然蓄电池的起始成本较高，但由于可以多次重复使用，平均计其成本反而比一次电池经济。

第一节 铅酸蓄电池构造、工作原理及特性

铅酸蓄电池一般由正极板（二氧化铅）、负极板（铅板）、隔板、电池槽、电解液和接线端子等部分组成。通过极板上的活性物质与电解液的电化学反应建立电动势，进行放电和充电过程。铅酸蓄电池是最早发明的蓄电池。它容量小，重量大，但可以提供非常稳定的电流。

一、铅酸蓄电池的构造

铅酸蓄电池的构造如图 2-1 所示。

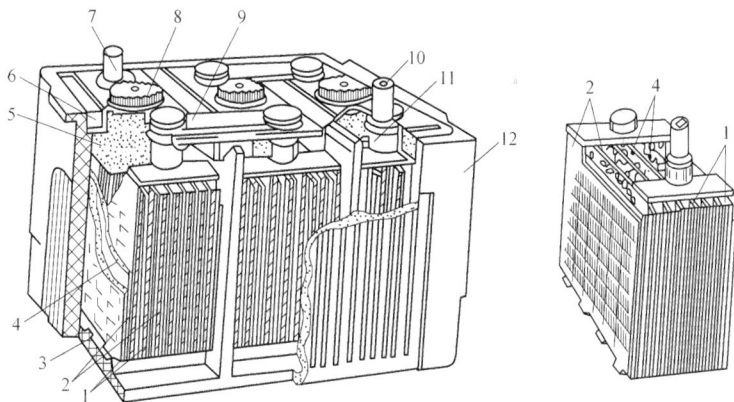

图 2-1 铅酸蓄电池的构造

1—正极板 2—负极板 3—肋条 4—隔板 5—护板 6—封料 7—负极桩
8—加液口盖 9—连条 10—正极桩 11—极桩衬套 12—蓄电池容器

1. 正极板与负极板

极板由栅架和活性物质组成。极板分为正、负极板，负极板比正极板多一块。正极板上的活性物质为二氧化铅（PbO_2），呈深棕色；负极板上的活性物质为海绵状纯铅（Pb），呈青灰色。在充足电状态下，正极板呈深棕色，负极板呈深灰色。为了增大蓄电池的容量，将多片正极板和负极板各自用横板焊接并联起来，组成正极板组和负极板组。将正负极板相互嵌合（中间用隔板隔开）的极板组置于存有电解液的容器中，就构成了单体电池。单体电

池的标称电压为 2V，12V 的蓄电池用 6 个单体电池串联而成。正极板上的活性物质比较疏松，若单面放电，容易造成极板拱曲而使活性物质脱落。因此，每个单体电池的正极板总比负极板少一片，从而使每片正极板都置于两片负极板之间，其两面放电均匀而不容易拱曲。

2. 隔板

为了避免正负极板彼此接触而造成短路，正负极板间用绝缘的隔板隔开。隔板应具有多孔性，以利于电解液渗透。此外，隔板材料还应具有良好的耐酸性和抗氧化性。常用的隔板材料有木质、微孔橡胶、微孔塑料（聚氯乙烯、酚醛树脂）、玻璃纤维等，以微孔塑料隔板使用最为普遍。近年来，出现了袋状的微孔塑料隔板，它将正极板紧紧地套在里面，可防止正极板活性物质脱落。

对于有沟槽的隔板，在组装时，隔板有沟槽的一面应朝向正极板。因为蓄电池在充、放电时，正极板附近的电化学反应比负极板激烈，沟槽有利于电解液上下流通，保持密度均匀。

3. 电解液

电解液可使极板上的活性物质溶解和电离，产生电化学反应。电解液由纯净的硫酸与蒸馏水按一定的比例配制而成。电解液的密度一般为 $1.24 \sim 1.30 \mathrm{g/cm^3}$，对电解液浓度的选择，北方和南方略有不同。

4. 壳体及其他

壳体用于盛放电解液和极板组，壳内用间壁分成 3 个或 6 个互不相通的单体，底部有突棱，用以搁置极板组，而突棱间的凹槽则可积存从极板上脱落下来的活性物质，以避免沉积的活性物质连接正负极板而造成短路。以前蓄电池都是用耐酸、耐热、耐振的硬橡胶制成，现在，工程塑料（聚丙烯）在韧性、强度、耐酸、耐热等方面的性能已优于硬橡胶，且可以制成壁薄透明的壳体，其重量轻，便于观察电解液的液面高度，因此，塑料壳体的蓄电池已在汽车上有较多的应用。

壳体上面的盖有两种形式，一种是分体式（见图2-1），即每一个单体上有一个小盖，盖与壳体间的缝隙用沥青封料密封；另一种是整体式，如图2-2所示，盖与壳体之间采用热接或胶接工艺粘合。

蓄电池的每一个单体都有一个加液孔，用于加注电解液和检测电解液密度，孔盖上有通气孔，该小孔应经常保持畅通，以便随时排出蓄电池化学反应放出的氢气和氧气，防止外壳涨裂和发生事故。

铅制的连条用于串联各单体电池。图2-1中的蓄电池连条露在蓄电池盖表面，这种传统的连接方式连

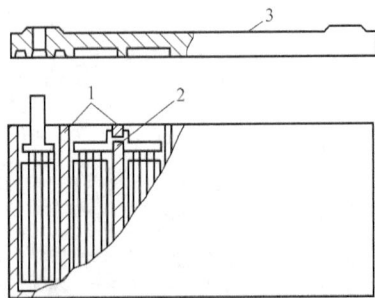

图 2-2　整体式蓄电池盖示意图

1—容器间壁　2—穿壁式连条　3—蓄电池盖

条较长、耗材较多、电阻较大，因此，已逐渐被图2-2所示的穿壁式连接方式所取代。

蓄电池各单体电池串联后，两端单体的正负极桩分别穿出蓄电池盖，形成蓄电池极桩。正极桩标"+"号或涂红色，负极桩标"–"号或涂蓝色、绿色等。

二、铅酸蓄电池的电化学原理

一个充满电的铅酸蓄电池包含有作为正极板的二氧化铅（PbO_2）、作为负极板的海绵状铅（Pb）以及硫酸的水溶液（电解液）。电解液的密度为 $1.28 \mathrm{g/cm^3}$。铅是一种活性物

质，由于它含有两种原子价，故能呈现两种形态。这就意味着在纯铅表面和铅的氧化物中，它们所含有的电子个数是不一样的。事实上，铅的过氧化物有正四价的铅（4 个电子丢失）。

当硫酸稀释成水溶液时，它电离成带电的 H^{2+} 和 SO_4^{2-}。从电解液的外部看，电解液中离子的极性相互抵消而使得电解液呈电中性。电解液的电离是充电和放电电流得以通过液体的根源。

单元格中电压的形成是由于溶液中有离子的存在，这些离子由电极进入溶液中。铅会丢失两个带正电的原子到溶液中，这两个原子又丢失两个电子。由于失去两个带正电的微粒，电极就有多余电子，从而它对应于电解液而言就成为负极。若在电解液中再浸入另一电极，那么在两电极板处就会产生不同的电动势，而且它们之间就会形成电动势差。一般铅酸蓄电池有 2V 的名义电动势，存在于两极板间的电压使得电解液达到平衡。这是因为一个极板上的负电性对进入溶液的正电离子具有吸引力，这种吸引力与溶液的压力相等，因而整个系统处于平衡状态。

当有一外电路连入单体时，溶液压力和吸引力的平衡就被破坏，使得额外带电微粒通过两电极。但这种情况仅发生在外界电压高于单元格电压时，这种外界电压即认为是充电电压。

蓄电池的工作过程就是化学能与电能的转化过程。放电时，蓄电池将化学能转化为电能供用电设备使用；充电时，蓄电池将电能转化为化学能储存起来备用。蓄电池充放电过程中发生的化学反应是可逆的。自 1859 年法国科学家加斯顿·普莱特发明铅酸蓄电池以来，关于蓄电池化学反应过程就有各种不同的理论，但普遍认为葛拉斯顿（J. H. Gladstone）和特瑞比（A. Tribe）于 1882 年创立的双极硫酸盐化理论（简称双硫化理论）能较确切地说明蓄电池的化学反应过程。根据双硫化理论，铅酸蓄电池正极板上的活性物质是二氧化铅（PbO_2），负极板上是海绵状铅（Pb），电解液是硫酸水溶液（H_2SO_4）。如果不考虑化学反应的中间过程，则其化学反应方程式为

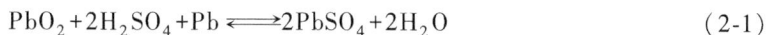

$$PbO_2 + 2H_2SO_4 + Pb \Longleftrightarrow 2PbSO_4 + 2H_2O \tag{2-1}$$

当蓄电池和负载接通放电时，正极板上的二氧化铅和负极板上的铅都将转变为硫酸铅（$PbSO_4$），电解液中的硫酸减少，密度下降。当蓄电池接通直流电源充电时，正、负极板上的硫酸铅又将分别恢复成原来的二氧化铅和纯铅，电解液中的硫酸增加，密度增大。在充放电过程中，蓄电池内部物质的变化情况如图 2-3 所示。

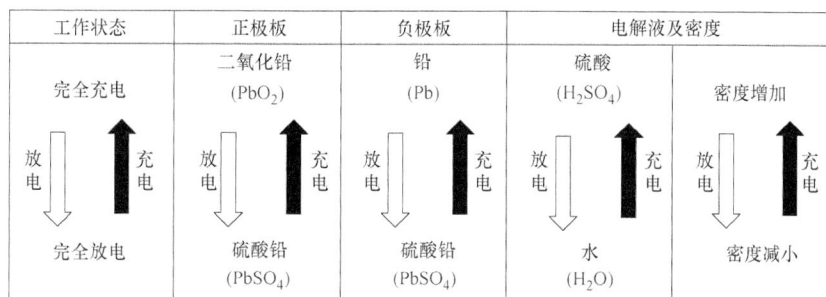

工作状态	正极板	负极板	电解液及密度	
完全充电	二氧化铅 （PbO_2）	铅 （Pb）	硫酸 （H_2SO_4）	密度增加
放电 ⇩ ⬆ 充电	放电 ⇩ ⬆ 充电	放电 ⇩ ⬆ 充电	放电 ⇩ ⬆ 充电	放电 ⇩ ⬆ 充电
完全放电	硫酸铅 （$PbSO_4$）	硫酸铅 （$PbSO_4$）	水 （H_2O）	密度减小

图 2-3 蓄电池内部物质变化情况

1. 蓄电池电动势的建立

浸入电解液的极板会有少量的活性物质溶解电离。正极板处 PbO_2 溶解、电离后有四价的铅离子（Pb^{4+}）沉附于正极板，即

$$PbO_2 + 2H_2O \longrightarrow Pb(OH)_4 \tag{2-2}$$

$$Pb(OH)_4 \longrightarrow Pb^{4+} + 4OH^- \tag{2-3}$$

负极板处纯铅（Pb）溶解后有电子（e）留在负极板，即

$$Pb \longrightarrow Pb^{2+} + 2e^- \tag{2-4}$$

上述过程是可逆的，对于充足电的蓄电池，当溶解电离的速率与它的逆过程的速率达到动态平衡时，正极板上有稳定数量的 Pb^{4+}，使得正极板相对于电解液有 $+2.0V$ 的电位差；负极板上有稳定的数量的 e 使得负极板相对于电解液有 $-0.1V$ 的电位差。于是，充足电的蓄电池在静止状态下的电动势差 E_j 约为 2.1V。

2. 蓄电池的放电过程

蓄电池接上负载，在电动势的作用下，负极板上的电子 e 经外电路和负载流向正极板，形成放电电流。正极板上的得到两个电子，变成二价铅离子（Pb^{2+}），并溶于电解液。放电电流使得正、负极板上的 Pb^{4+} 和 e 数量减少，原有的平衡被破坏，于是，正、负极板上的 PbO_2、Pb 继续溶解电离，以补充消耗掉的 Pb^{4+}、e；与此同时，电解液中的 Pb^{2+} 浓度增加并与 SO_4^{2-} 生成硫酸铅（$PbSO_4$），分别沉附于正负极板表面，其放电过程如图 2-4 所示。

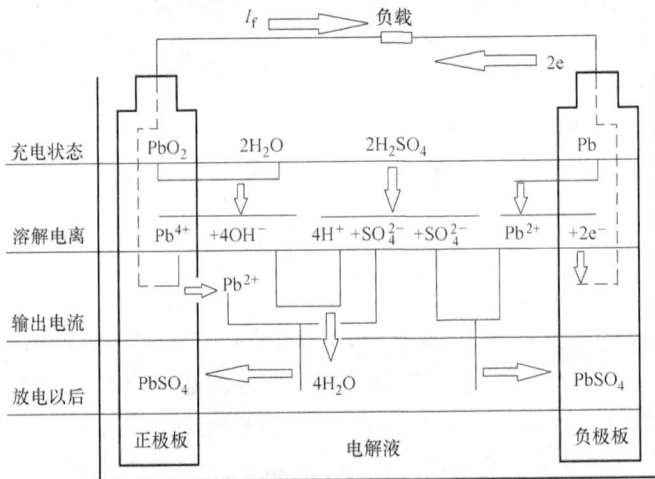

图 2-4　蓄电池放电过程示意图

放电过程中，正负极板上的活性物质 PbO_2、Pb 逐渐转变为 $PbSO_4$，电解液中的 H_2SO_4 减少，H_2O 增加，电解液的密度下降。

理论上，蓄电池的放电过程可一直进行到极板上所有的活性物质都转变为 $PbSO_4$ 为止。但实际上，由于放电生成的 $PbSO_4$ 沉附于极板表面，使电解液不能渗入到极板内层，造成极板内层的活性物质不能充分利用。蓄电池放电终了的特征：导致单体电池电压降至终止电压，同时使得电解液密度下降。

3. 蓄电池的充电过程

蓄电池正、负极板上有少量 $PbSO_4$ 溶于电解液，呈离子状态。当接通充电电源后，电

源力使正极板上的电子 e 经充电电流流向负极板，形成充电电流。正极板附近的 Pb^{2+} 失去两个电子而变为 Pb^{4+}，并与电解液中的水解出的 OH^- 结合，生成 $Pb(OH)_4$，$Pb(OH)_4$ 又分解为 PbO_2 和 H_2O，PbO_2 沉附于正极板上；负极板附近的 Pb^{2+} 则得到两个电子变为 Pb，沉附于负极板。正极板附近的 SO_4^{2-} 与电解液中的 H^+ 生成 H_2SO_4。充电电流使电解液中的 Pb^{2+}、SO_4^{2-} 减少，极板上的 $PbSO_4$ 就继续溶解电离。蓄电池充电过程如图 2-5 所示。

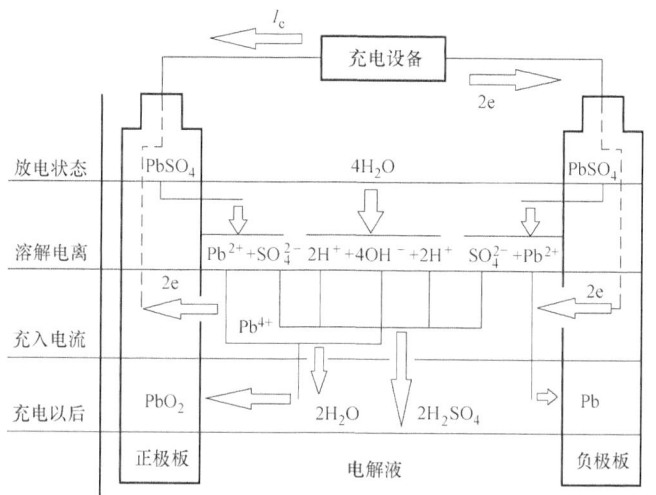

图 2-5　蓄电池充电过程示意图

充电过程中，正负极板上的 $PbSO_4$ 逐渐转化为正极板的 PbO_2 和负极板上的 Pb，电解液中的 H_2O 减少，H_2SO_4 增加，其密度增大。当充电接近终了时，充电电流会使水电解，变成 O_2 和 H_2 从电解液中溢出。蓄电池充电终了的特征：导致端电压和电解液密度均上升到最大值，且 2h 内不再变化。水的分解反应式为

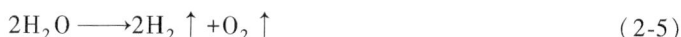

$$2H_2O \longrightarrow 2H_2\uparrow + O_2\uparrow \tag{2-5}$$

三、蓄电池的特性

下面介绍决定蓄电池工作及状态的特性参数。

1. 静止电动势

静止电动势 E_0 是指蓄电池在静止状态（不充电也不放电）正负极板之间的电位差（即开路电压）。它的大小与电解液的密度和温度有关

$$\begin{cases} E_0 = 0.84 + \rho_{25℃} \\ \rho_{25℃} = \rho_t + 0.00075(t-25) \end{cases} \tag{2-6}$$

2. 电阻

任一电源都可以图 2-6 的形式表示。图中为一个理想电压源与一个电阻串联于电路中，可用来说明蓄电池输出电压在有负荷接入时会下降的原因。电路开路时，无电流通过内阻，所

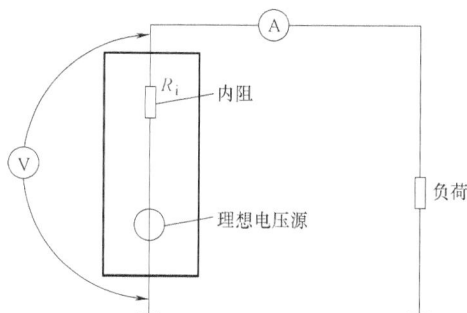

图 2-6　电源端电压随负荷变化的等价电路

以也没有电压降；当电路有电流时，电阻会导致电路产生电压降。具体数值可以通过下面的方法计算出来。

在蓄电池上连接一个电压表，记录下开路电压，如 12.7V。给蓄电池连接一个外负荷，测量其电流为 50A。记录下带负荷时蓄电池的端电压，假设为 12.2V。

内阻的计算公式为

$$R_i = \frac{U - V}{I} \tag{2-7}$$

式中，U 为开路电压；V 为带负荷电压；I 为电流；R_i 为内阻。在上例中，最后计算结果为 0.01Ω。一般来说，充电时的温度和状态会影响蓄电池的内阻。内阻也可用来表明蓄电池的状态，数值越小，表明蓄电池状态越好。

蓄电池的内阻由极板电阻、电解液电阻、隔板电阻、连条电阻组成。极板电阻很小，且随活性物质变化而变化，放电程度越高，极板电阻越大。电解液电阻与温度有关，温度低，黏度大，电解液电阻增大；电解液密度过大或过小，其电阻都会增大。

适当采用低密度（1.208g/cm³）、高温度的电解液，可降低蓄电池的内阻。图 2-7 为电解液内阻与密度的关系。

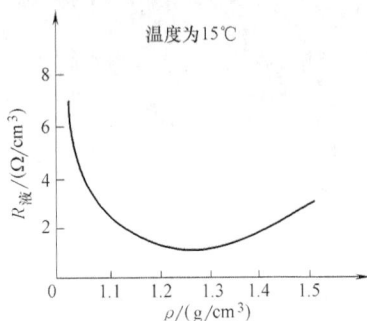

图 2-7　电解液电阻与密度的关系

3. 效率

蓄电池的效率可以通过两种方法计算得出：一种是额定容量效率；一种是电能效率。其中

$$额定容量效率 = (放电时的额定容量 / 充电时的额定容量) \times 100\% \tag{2-8}$$

以 20h 放电率为例，额定容量效率可达 90%。该值通常被作为相对值引用。

电能效率的计算公式为

$$电能效率 = \frac{P_d t_d}{P_c t_c} \times 100\% \tag{2-9}$$

式中，P_d 为放电效率；t_d 为放电时间；P_c 为充电功率；t_c 为充电时间。

以 20h 放电率为例，电能效率的计算结果为 75%，这个数据比额定容量效率要小，这是因为要考虑到向蓄电池充电的电压值要高。

4. 自放电

所有的蓄电池都会有自放电现象，也就是说即使没有外部电路，蓄电池电量也会逐渐下降。蓄电池通常每天以额定容量 0.2%~1% 的速度放电，而且这个数值会随蓄电池所处环境温度及其使用年限的增加而增加。这主要由两个因素引起：首先是因为蓄电池内部的化学反应发生变化。由于隔板材料中锑与活性物质发生短路而形成电偶，用钙作为铅极板的改进材料可以减小这种影响。电解液中的沉淀物，特别是如铁屑等金属屑也会引发自放电；其次，从蓄电池顶部泄漏的溶液也会引起蓄电池的自放电，特别是在蓄电池顶部有污垢时会更严重。酸形成的雾与灰尘微粒混合形成一个传导体，密封的蓄电池则可以很好地解决这个问题。

5. 蓄电池的放电特性

蓄电池的放电特性是指以恒定的电流 I_f 放电时，蓄电池端电压 U_f、电动势 E 和电解液

密度 ρ 随放电时间的变化规律。20h 放电率（$I_f =$ 0.05C_{20} [⊖]）的恒流放电特性如图 2-8 所示。

放电时，由于蓄电池电池内阻 R_0 有电压降，因此，蓄电池端电压 U_f 低于其电动势 E，即

$$U_f = E - I_f R_0 \tag{2-10}$$

而

$$E = E_j - \Delta E \tag{2-11}$$

蓄电池放电时的电化学反应是在极板的孔隙中进行的，蓄电池放电时电动势 E 下降 ΔE 的原因是极板孔隙内电解液的密度低于容器中电解液的密度。

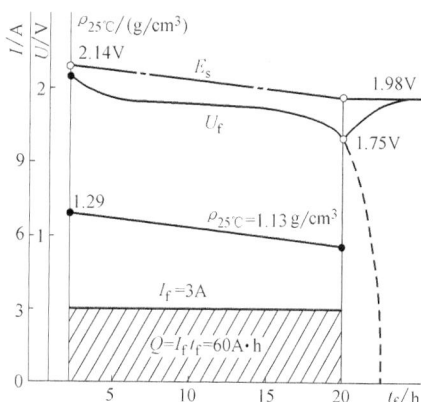

图 2-8　蓄电池恒流放电特性曲线
（20h 放电率）

从蓄电池的恒流放电特性曲线可知，蓄电池在刚开始放电和放电接近终了时电压迅速下降，而在中间较长的一段时间内 U_f 下降则比较缓慢。

开始放电时 U_f 迅速下降是因为放电之初极板孔隙内电解液的 H_2SO_4 迅速消耗，其密度随之迅速下降（ΔE 迅速上升）所致。极板孔隙内外的电解液有了 H_2SO_4 浓度差后，极板孔隙外的 H_2SO_4 向孔隙内渗透，使孔隙内的电解液密度下降与整个容器的电解液密度的下降趋于一致（ΔE 基本稳定），因而 U_f 下降比较缓慢。放电接近终了时，化学反应深入到了极板的内层，加之放电后生成的 $PbSO_4$ 使孔隙变得越来越小，电解液渗透困难，造成极板孔隙内的电解液密度迅速下降（ΔE 又迅速上升），U_f 随之迅速下降。

1.75V 是 20h 放电率的终止电压，若继续放电则为过度放电，端电压会急剧下降。过度放电会导致极板上形成粗晶体硫酸铅，在充电时不易还原成活性物质而使蓄电池容量下降。停止放电后，电解液的渗透使孔隙内外的电解液密度趋于一致，蓄电池单体电池电动势会回升至 1.95V 的静止电动势（ΔE 消失）。

在恒电流放电时，每单位时间里的 H_2SO_4 转变为 H_2O 的数量是一定的。因此，电解液密度呈直线下降。一般电解液密度每下降 $0.04g/cm^3$，蓄电池放电大约为额定容量的 25%。

从放电特性曲线可知，蓄电池放电终了可由两个参数判断：

1）单体电池电压下降到放电终止电压。

2）电解液密度下降至最小的许可值。

终止电压与放电电流的大小有关，放电电流越大，放电的时间就越短，允许放电的终止电压也越低。放电电流与终止电压之间的关系见表 2-1。

表 2-1　放电电流与终止电压的关系

放电电流/A	0.05C_{20}	0.1C_{20}	0.25C_{20}	1C_{20}	3C_{20}
连续放电时间/min	1200	600	180	30	5.5
单体电池终止电压/V	1.75	1.70	1.65	1.55	1.5

6. 蓄电池的充电特性

蓄电池的充电特性是指以恒定的电流 I_c 充电时，蓄电池充电电压 U_c、电动势 E 及电解

⊖　C_{20} 表示以 20 小时放电速率放电时测定得出的实际容量。

液密度 ρ 随充电时间变化的规律。以 20h 充电率（$I_c = 0.05C_{20}$）的恒流充电特性如图 2-9 所示。

充电电源需要克服蓄电池内阻电压降，因此其充电电压 U_c 高于蓄电池的电动势 E，即

$$U_c = E + I_c R_0 \tag{2-12}$$

而

$$E = E_j + \Delta E \tag{2-13}$$

充电时蓄电池电动势 E 升高 ΔE 的原因：一是蓄电池充电时极板孔隙内电解液密度高于容器中的电解液密度；二是充电终期负极板附近集聚物所引起的附加电位差。

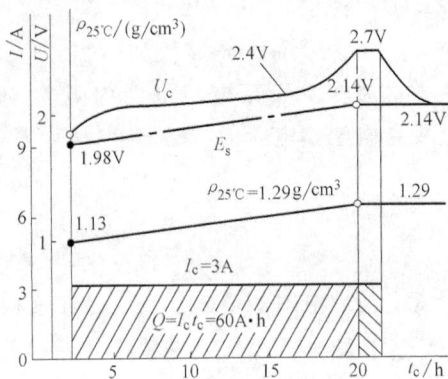

图 2-9 蓄电池恒流充电特性曲线

充电开始时，蓄电池的充电电压 U_c 迅速上升是因为孔隙内进行的电化学反应所生成的 H_2SO_4 使孔隙内电解液密度迅速上升（ΔE 迅速上升）所致。当极板孔隙内外电解液的 H_2SO_4 浓度差产生后，极板孔隙内的 H_2SO_4 将向孔隙外扩散，此时，U_c 随着整个容器内电解液密度的缓慢增大而逐渐上升（ΔE 基本稳定）。当 U_c 上升至 2.4V 左右时，电解液开始有气泡冒出，这是极板上的 $PbSO_4$ 基本上已被还原成活性物质、充电电流已开始电解水的标志。继续充电，水的电解速度会不断上升，气泡也逐渐增多，使电解液呈"沸腾"状。由于 H^+ 在极板上得到电子变成 H_2 的速度较水的电解慢，因此会使负极板附近集聚越来越多的 H^+，从而在负极板与电解液之间产生一个迅速上升的附加电位差（ΔE 迅速上升），导致 U_c 迅速上升。附加电位差最高大约为 0.33V，因此，充电电压上升至 2.7V 后就不再升高。

理论上 U_c 达到 2.7V 时应终止充电，否则将造成过度充电。过度充电产生的大量气体在极板孔隙内造成压力，会加速极板活性物质脱落。但在实际使用中，往往在达到最高电压后继续充电 2~3h，以保证蓄电池能完全充足电。

由于是恒定电流充电，蓄电池电解液的密度 ρ 呈直线上升。

蓄电池充足电的特征为：

1）蓄电池的端电压上升到最大值（单体电池电压为 2.7V），且在 2h 内不再变化。

2）电解液的密度上升至最大值，且 2h 内基本不变。

3）电解液大量冒气泡，呈现"沸腾"状。

第二节　蓄电池的容量及影响因素

一、蓄电池的容量

蓄电池的容量是指蓄电池在允许放电的范围内所输出的电量。可表示为

$$C = \int_0^t i \, \mathrm{d}t \tag{2-14}$$

式中，C 为蓄电池的容量，单位为 $A \cdot h$；i 为放电电流，单位为 A；t 为放电时间，单位为 h。

如果蓄电池是以恒定的电流放电，则其容量的表达式为

$$C = I_f t \tag{2-15}$$

蓄电池的容量表示了蓄电池的供电能力，它与放电电流、温度及电解液的密度等因素相关，因此，标称的蓄电池容量具有一定的标准规范。

1. 额定容量 C_n

根据国标 GB/T 5008.1—2013《起动用铅酸蓄电池　第 1 部分：技术条件和试验方法》规定，C_n 是指完全充足电的蓄电池，在电解液温度为 25℃ 时，以 20 小时率放电电流（$I_f = 0.05 C_{20}$）连续放电到单体电池电压降至 1.75V，即 12V 蓄电池端电压下降至（10.50 ± 0.05）V；6V 蓄电压下降至（5.25±0.02）V 时蓄电池所输出的电量。蓄电池的额定容量是检验新旧电池质量和衡量旧蓄电池能否继续使用的重要指标。新蓄电池达不到额定容量则为不合格产品，旧蓄电池的实际容量低于其额定容量超过某一限值时则应报废。

2. 储备容量 $C_{r,n}$

根据国标 GB/T 5008.1—2013《起动用铅酸蓄电池　第 1 部分：技术条件和试验方法》规定，$C_{r,n}$ 是指完全充足电的蓄电池，在电解液温度为 25℃，以 25A 电流连续放电到单体电池电压降至 1.75V 所持续的时间，其单位为 min。蓄电池的储备容量反映了在汽车充电系统失效时蓄电池尚能持续供电的能力。

储备容量与额定容量有如下换算关系

$$C_n = \delta (C_{r,n})^\gamma \tag{2-16}$$

式中，$\gamma = 0.8455$（富液式蓄电池）或 $\gamma = 0.8928$（阀控式蓄电池）；$\delta = 1.2429$（富液式蓄电池）或 $\delta = 0.8939$（阀控式蓄电池）。

3. 起动容量 C_s

起动容量包括常温起动容量和低温起动容量。电解液在 30℃ 时，以 3 倍额定容量的电流持续放电至终止电压（12V 蓄电池为 8V，6V 蓄电池为 4V）所放出的电量称为常温起动容量（持续时间应在 5min 以上）。电解液在 −18℃ 时，以 3 倍额定容量的电流持续放电至终止电压（12V 蓄电池为 6V，6V 蓄电池为 3V）所放出的电量称为低温起动容量（持续时间应在 2.5min 以上）。

二、影响蓄电池容量的因素

蓄电池实际容量的大小取决于在允许放电的范围内，其极板上能参与电化学反应的活性物质的多少，因此影响蓄电池容量的因素主要有如下四个方面。

1. 极板的构造

极板的面积大，在允许放电范围内能参与电化学反应的活性物质就多，其容量也就大。普通蓄电池一般只利用了 20%～30% 的活性物质，因此，采用薄形极板、增加极板的片数及提高活性物质的孔率，均能提高蓄电池的容量。

2. 放电电流

放电电流越大，单位时间所消耗的 H_2SO_4 就越多，加之对极板空隙起到了阻塞作用的 $PbSO_4$ 产生速率高，造成孔隙内的电解液密度急剧下降，使蓄电池端电压很快下降到终止电压，缩短了允许放电的时间，使得极板孔隙内的一些活性物质未能参加电化学反应，从而导致了蓄电池容量的下降。蓄电池容量 C 与放电电流 I_f 的关系如图 2-10 所示。

由于发动机起动时为大电流放电，因此，在起动时应注意：一次起动的时间不应超过

5s；连续两次起动应间隔 15s 以上，使电解液有渗透到极板孔隙内层的时间，以提高极板内层活性物质的利用率和再次起动的端电压，有利于提高蓄电池的容量和起动性能。

3. 电解液的温度

电解液温度低，其黏度大，渗透能力下降，使极板内层的活性物质不能充分利用而造成蓄电池容量降低。此外，温度越低，电解液的溶解度与电离度也越低，又加剧了容量的下降。蓄电池容量与温度的关系如图 2-11 所示。

图 2-10 蓄电池容量 C 与放电电流 I_f 的关系

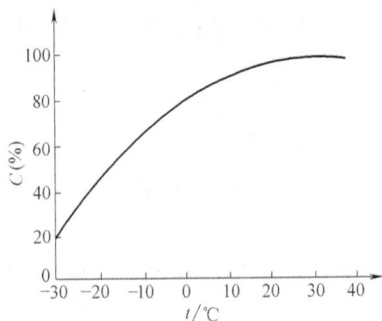

温度每下降 1℃，蓄电池容量下降约为 1%（小电流放电）或 2%（大电流放电）。因此，适当地提高蓄电池的温度（但不超过 40℃），有利于提升蓄电池容量和起动性能。

4. 电解液的密度

电解液的密度过低时会因为 H^+、HSO_4^- 离子数量少而导致蓄电池容量下降，电解液密度过高，则又会因为其黏度增大、渗透能力降低、内阻增大、极板容易硫化而导致容量下降。蓄电池容量与电解液密度的关系如图 2-12 所示。

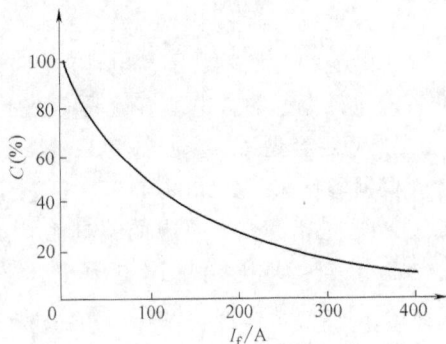

图 2-11 蓄电池容量和温度的关系

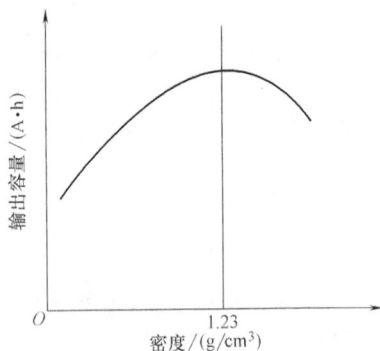

图 2-12 蓄电池容量与电解液密度的关系

实际使用中，电解液的密度一般为 1.26～1.285g/cm³（充电状态）。模拟起动时的大电流放电试验表明，蓄电池密度偏低时其放电电流大，有效放电时间内输出的容量也大。因此，对于起动用蓄电池，在防止冬季使用时电解液结冰的前提下，应尽可能采用偏低密度的电解液，有利于提高起动性能，并可减小极板硫化和腐蚀，延长蓄电池的使用寿命。

第三节　铅酸蓄电池充电

一、蓄电池充电规范

根据蓄电池充电的目的不同，蓄电池的充电可以分为初充电、补充充电和去硫化充电等。国产蓄电池的充电规范见表 2-2。初充电和补充充电所选择的充电电流及所需要的充时间一般按表2-2中的规定值进行。

表2-2 蓄电池规范充电表

型号	初充电				补充充电			
	第一阶段		第二阶段		第一阶段		第二阶段	
	电流/A	时间/h	电流/A	时间/h	电流/A	时间/h	电流/A	时间/h
3-Q-75	5.3		2.3		7.5		3.8	
3-Q-90	6.3		2.7		9.0		4.5	
3-Q-105	7.4		3.2		10.5		5.3	
3-Q-120	8.4		3.6		12.0		6.0	
3-Q-135	9.5		4.1		13.5		6.8	
3-Q-150	10.5		4.5		15.0		7.5	
3-Q-195	13.7		5.9		19.5		9.8	
6-Q-60	4.2		1.8		6.0		3.0	
6-Q-75	5.3	25~35	2.3	20~30	7.5	10~11	3.8	3~5
6-Q-90	6.3		2.7		9.0		4.5	
6-Q-105	7.4		3.2		10.5		5.3	
6-Q-120	8.4		3.6		12.0		6.0	
6-Q-135	9.5		4.1		13.5		6.8	
6-Q-150	10.5		4.5		15.0		7.5	
6-Q-165	11.6		5.0		16.5		8.3	
6-Q-180	12.6		5.4		18.0		9.0	

1. 初充电

新蓄电池或修复后的蓄电池在使用之前的首次充电称为初充电，其目的在于解决存放期间极板上部分活性物质缓慢硫化问题以及恢复因自放电而失去的电量。因此，初充电对蓄电池的使用性能极为重要。初充电的程序如下：

1）按照制造厂的规定加注一定密度的电解液，液面高出极板上沿15mm。加注电解液后，蓄电池应静置3~6h，待温度低于35℃才能进行充电。

2）初充电过程。将蓄电池接入充电机，按表2-2规范电流值充电。第一阶段充电电流约为额定容量的1/5，充电至电解液中冒出气泡、单体电压2.4V时为止；第二阶段充电电流减半，充电至电解液沸腾、密度和端电压连续3h不变时为止。整个初充电时间约为60h。

3）注意事项。充电过程中应经常测量电解液温度，上升到40℃时应将充电电流减半；上升到45℃时应停止充电，待冷却至35℃以下再进行充电。初充电接近完毕时应测量电解液密度，如果不符合规定值，应用蒸馏水或密度为$1.400g/cm^3$的电解液调整，调整后再充电2h。新蓄电池充电完毕后，要先以20h放电率放电，再进行补充充电至电流充足，然后再以20h放电率再次放电。如果第二次放电的蓄电池容量不小于额定容量的90%，蓄电池就可以使用。

2. 补充充电

蓄电池在汽车上使用时，常有充电不足的现象发生，尤其是短距离运营的车辆更为突出，应根据需要进行补充充电，一般每个月进行一次。如果电解液密度下降到 1. 150g/cm³ 以下，或冬季放电超过 25%、夏季放电超过 50%，或灯光暗淡、起动无力，则应立即进行补充充电。

补充充电也按表 2-2 中规范的电流值分为两个阶段进行，第一阶段充到单体电池电压为 2.4V，第二阶段充到 2.5~2.7V，电解液密度恢复到规定值并且 3h 保持不变，则说明蓄电池已经充足电。补充充电一般共需要 13~16h。

3. 预防硫化过充电

为预防硫化，蓄电池每隔 3 个月进行一次预防硫化过充电：先用补充充电的电流值将蓄电池充足电，然后间歇 1h，将电流值减为补充充电的 1/2 电流值继续充至沸腾，这样反复数次，直到蓄电池刚一接入直流电源充电就立即沸腾为止，结束充电。

4. 去硫化充电

当极板硫化较严重时，可以进行去硫化充电：倒光容器内的电解液，用蒸馏水反复冲洗数次，然后加入蒸馏水，用初充电电流值进行充电，并且随时测量电解液密度，如果密度上升到 1. 150g/cm³，可用蒸馏水冲淡，继续充至密度不再上升；然后进行放电，反复进行到密度值在 6h 内不再变化时为止；最后按初充电的方法充电，调整电解液密度至规定值，如果蓄电池容量达到额定容量的 80%，就可以使用。

二、蓄电池的充电方法

蓄电池常用的充电方法有恒流充电、定压充电和快速充电 3 种。

1. 恒流充电

恒流充电是指充电过程中使充电电流保持不变的充电方法。如图 2-13 所示，当单体电池电压上升至 2.4V，电解液开始有气泡冒出时，应将电流减半，直到完全充足电为止。

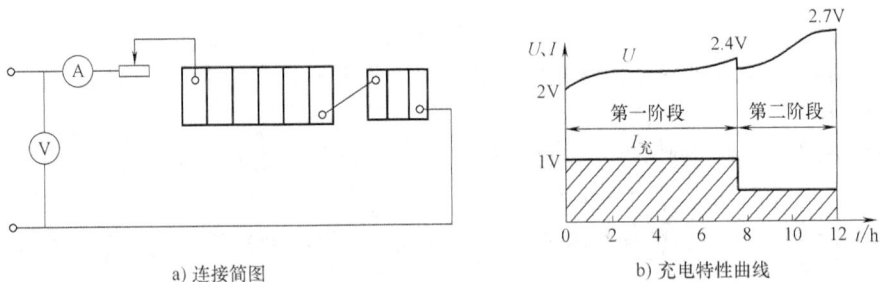

a) 连接简图　　　　　b) 充电特性曲线

图 2-13　恒流充电

采用恒流充电，不论 6V 或 12V 蓄电池均可串联在一起充电。如果串联充电的蓄电池其容量不一致，应以容量最小的蓄电池选择充电电流 (1/15 ~ 1/10) C_{20}，并且在小容量的蓄电池充足电后应随即将其摘除，其余未充足电的蓄电池则继续充电。

恒流充电具有较大的适应性，容易将蓄电池完全充足电，有益于延长蓄电池的寿命；其缺点是为使充电电流保持不变，需经常调节充电电压。此外，其充电时间也较长。

2. 定压充电

定压充电是指充电过程中使充电电压保持不变的充电方法。由于充电电压为定值，故充电电流随蓄电池电动势的升高而逐渐减小。

如图 2-14 所示，适当的充电电压可使蓄电池在即将充足电时其充电电流趋于 0。充电电压过高会造成充电初期充电电流过大和过充电；充电电压过低则会使蓄电池充电不足。定压充电一般以每单体电池 2.5V 确定充电电压，即蓄电池的充电电压应为（14.80±0.05）V（6 单体电池）或（7.40±0.05）V（3 单体电池）。定压充电时，应注意充电初期的最大充电电流，若电流超过了 $0.3C_{20}$ 则应适当调低充电电压，待蓄电池电动势升高后再将充电电压调整到规定值。

定压充电的优点是充电时间短、充电过程无须调节电压，较适合于补充充电；缺点是蓄电池不容易完全充足电，充电初期的大电流充电对极板会有不利的影响。

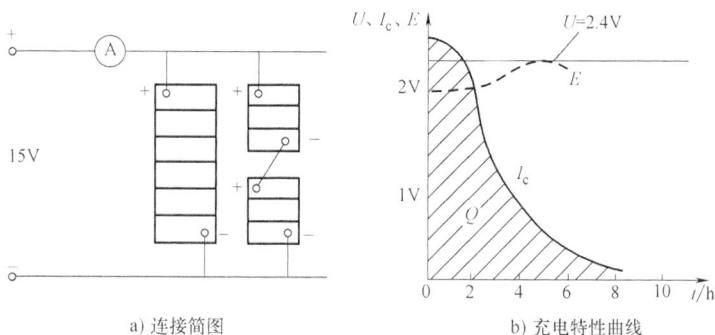

a) 连接简图　　　　　　　　b) 充电特性曲线

图 2-14　定压充电

3. 快速充电

恒流充电和定压充电均需要很长的时间，为满足使用要求，人们一直在研究快速充电的方法。有实际意义的快速充电不仅要缩短充电时间，并且要避免充电过程中电解液大量析气和温度过高，同时要有较高的充电效率。

（1）快速充电的理论基础　　铅酸蓄电池在充电过程中的极化现象使得铅酸蓄电池在整个充电过程中实际可充入蓄电池的电流不断减小。针对铅酸蓄电池的这种特性，20 世纪 60 年代，马斯（J. A. Mas）通过大量实验提出了在最低析气率前提下，铅酸蓄电池充电时的充电可接受电流曲线（马斯曲线），也称可接受电流定律，即

$$i(t) = I_0 e^{-at} \tag{2-17}$$

式中，$i(t)$ 为充电过程中某一时刻蓄电池的充电可接受电流；I_0 为起始充电可接受电流；a 为充电可接受比，也称充电电流衰减常数。

如图 2-15 所示，马斯曲线表明铅酸蓄电池的充电可接受电流呈指数规律下降。遵循这条曲线进行充电，电池则处于最佳接受状态；若超出这条曲线，则无法有效地将所有电量都储存在蓄电池中，多余的电流会电解水，使蓄电池析气，并且作用在极化电阻上，使蓄电池发热，发热严重时可能会损坏蓄电池；若低于这条曲线，则会使充电时间延长。在充电后期化学反应过程中，电池两极之间的电位差会高于两极活性物质的平衡电极电位，这种现象称为极化。极化是阻碍

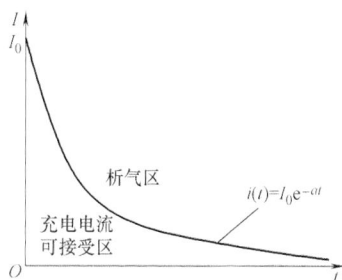

图 2-15　铅酸蓄电池充电
可接受电流曲线

蓄电池充电过程中电化学反应正常进行的主要因素，也影响充电接受能力。要实现快速充电，就必须消除极化的影响。

根据上述理论，快速充电一般可分为两类：一类是以充电接受能力曲线为依据，使充电电流遵循或接近蓄电池的充电可接受电流曲线而达到快速充电的目的。这种方式由于充电电流必须按指数曲线变化，又加之各种蓄电池衰变的常数不同，将使充电设备线路非常复杂。同时由于起始充电电流也很大，必然要求设备容量和体积增大，从而导致充电后期设备的利用率很低。另外，这种快速充电方式一般没有效的去极化措施，不能消除极化现象对充电过程的影响。因此，实际应用中很难严格遵循蓄电池的充电可接受电流曲线，而是多采用近似或低于充电可接受电流曲线的充电方式。另一类是采用脉冲充电放电去极化的方式，简称脉冲快速充电。这种方式不仅遵循蓄电池的固有充电接受率，而且能提高蓄电池的充电接受率，同时可有效地消除极化现象。因此，脉冲快速充电是蓄电池快速充电的主要方式。

（2）脉冲快速充电 脉冲快速充电的控制方式很多，但基本原理一样。充电初期，由于极化现象不明显，蓄电池可以接受大的充电电流，因此采用大电流（相当于额定容量的 $0.8C_{20} \sim 1.0C_{20}$ 的电流）进行恒流充电，使蓄电池在较短的时间内达到容量的 60% 左右。当蓄电池单体电压上升到 2.4V、水开始分解而冒气泡时，由控制电路控制开始进行脉冲充电。

脉冲充电的电流波形如图 2-16 所示。先停止充电 24~40ms（称为前停充），停充后随着电流的减小，欧姆极化减小，浓差极化也因扩散作用而部分消失。接着再放电或反充，使蓄电池反向通过一个较大的脉冲电流（脉冲宽度为 150~1000μs，脉冲深度为 1.5~3 倍的充电电流），目的是消除电化学极化中产生的电荷积累，同时消除极板孔隙中形成的气体，使浓差极化进一步消失。然后再停止放电 25ms（称为后停充）。以后的过程一直为：正脉冲充电→前停充→负脉冲瞬间放电→后停充→再正脉冲充电的循环过程，直至蓄电池充足电。

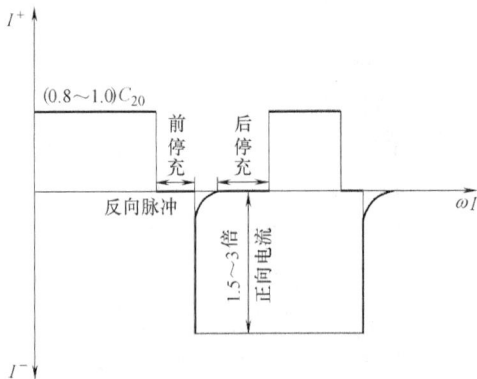

图 2-16 脉冲充电电流波形

脉冲快速充电的优点如下：

1）充电时间大为缩短，一般初充电不多于 5h，补充充电不多于 1h。

2）可以增加蓄电池的容量。由于脉冲快速充电能够消除极化，因此，充电时化学反应充分，加深了反应深度，使蓄电池容量有所增加，故新蓄电池初充电后不必放电即可使用，这样不仅节约了电能，又给使用者带来了方便。

3）具有显著的去硫化作用。

由于脉冲快速充电具有上述优点，因此在电池集中、充电频繁或应急使用部门应用广泛。

脉冲快速充电的缺点也很明显：

1）脉冲充电控制电路复杂。

2）价格高于普通充电机。

3）无法将蓄电池完全充足电，且对蓄电池的寿命有不利影响。

第四节　铅酸蓄电池常见故障

蓄电池在使用中所出现的故障，除材料和制造工艺等方面的原因外，在很多情况下是由于维护和使用不当造成的。蓄电池的内部故障有极板硫化、自放电、极板短路和活性物质脱落等；外部故障有外壳裂纹、封口胶干裂、接线松脱、接触不良或极桩腐蚀等。

1. 极板硫化

蓄电池长期充电不足或放电后长时间未充电，极板上会逐渐生成一层白色粗晶粒的硫酸铅，在正常充电时不能转化为二氧化铅和海绵状纯铅，这种现象称为极板硫化。这种粗而坚硬的硫酸铅晶体导电性差、体积大，会堵塞活性物质的细孔，阻碍电解液的渗透和扩散，使蓄电池内阻增加，起动时不能供给大的电流，以致不能起动发动机。

（1）故障现象

1）蓄电池容量降低，用高率放电计检测，单体电压迅速降低。

2）电解液的密度下降到低于规定的数值。

3）蓄电池在开始充电时电压过高，充电完毕后可以达到 2.7V 以上。

4）蓄电池在充电过程中过早地产生气泡，甚至一开始充电就有气泡。

5）蓄电池在充电时电解液温度上升得过快，易超过 45℃。

6）蓄电池放电时电压下降过快，过早地降至终止电压。

7）在极板上产生坚硬、不易溶解的白色大颗粒。

（2）故障原因

1）蓄电池长期充电不足，或放电后未及时充电，当温度变化时，硫酸铅发生再结晶。在正常情况下蓄电池放电时，极板上生成的硫酸铅晶粒比较小，导电性能较好，充电时能够完全转化而消失。但若蓄电池长期处于放电状态时，极板上的硫酸铅将会一部分溶解于电解液中，温度越高，溶解度较大，而温度降低时，溶解度减小，出现过饱和现象，这时会有部分硫酸铅从电解液中析出，再次结晶生成大晶粒硫酸铅附着在极板表面。

2）蓄电池内液面太低，使极板上部与空气接触而强烈氧化（主要是负极板）。在汽车行驶过程中，由于电解液的上下波动与极板的氧化部分接触，也会形成大晶粒的硫酸铅硬层，使极板的上部硫化。

3）电解液密度过大，电解液不纯、外部气温剧烈变化时也将促进硫化。因为电解液密度过大时，电池内部放电过快，同时浓硫酸侵袭极板使生成硫酸铅的作用加强，从而使极板容易硫化。

（3）**故障排除方法**　蓄电池出现轻度硫化故障，可用小电流长时间充电（即过充电）或用全放、全充的充放电循环方法使活性物质还原，也可以用去硫充电的方法消除故障。在日常使用中，应保持蓄电池经常处于足电状态，用完电及时充电（24h 内），并经常检查液面。严重硫化的蓄电池应予以更换。

2. 极板活性物质大量脱落

（1）**故障现象**　蓄电池输出容量下降，充电时电解液混浊，呈棕色。

（2）**故障原因**

1）充电电流过大。

2）过充时间过长。

3）低温大电流放电。

另外，汽车颠簸也会造成活性物质脱落。

（3）**故障排除方法** 轻度时，需要更换电解液；严重时，蓄电池报废。

3. 自放电过快

（1）**故障现象**

24h内自放电量超过2%，则属于自放电过快，或称为故障性自放电，严重的自放电，可使充足电的蓄电池几天甚至几小时就将电放完。

（2）**故障原因**

1）电解液杂质含量过多，这些杂质在极板周围形成局部电池而产生自放电过快故障。如电解液中含有1%的铁时，24h内就会将电放完。

2）蓄电池内部短路引起的自放电过快故障。如隔板或壳体破裂、极板活性物质大量脱落而沉于极板下部，都将使正负极板短路而引起自放电过快故障。

3）蓄电池盖上洒有电解液时，会造成自放电过快故障，同时，还会使极桩或连条腐蚀。

（3）**故障排除方法** 发生自放电过快故障后，应倒出电解液，取出极板组，抽出隔板，再用蒸馏水冲洗极板和隔板，然后重新组装，加入新的电解液重新充电。

4. 极板短路

（1）**故障现象**

1）开路电压较低，大电流放电时端电压迅速下降，甚至为零。

2）充电过程中，电压与电解液密度上升缓慢，甚至保持很低的数值不再上升，充电末期气泡很少但电解液温度却迅速上升。

（2）**故障原因**

1）隔板质量不好或损坏使正负极板相接触而短路。

2）活性物质在蓄电池底部沉积过多、金属导电物落入正负极板之间将造成蓄电池内部极板短路。

（3）**故障排除方法** 先找出短路部分所在的单体电池，然后拆散蓄电池，取出极板群，更换新隔板；更换不合要求的极板。严重时直接更换蓄电池。

5. 极板栅架腐蚀

（1）**故障现象** 主要是正极板腐蚀，极板呈腐烂状态，活性物质以块状堆积在两极板之间，蓄电池输出容量降低。

（2）**故障原因** 主要是氧化所致，在蓄电池基本充足电以后，部分电流便开始电解水，产生氧气，使正极板腐蚀电解液密度增大、温度升高和充电时间过长会加速极板腐蚀。

6. 其他故障

（1）**极板拱曲** 极板拱曲主要是长时间大电流放电所致。

（2）**单体电池极性颠倒**

1）故障现象：蓄电池电压迅速下降，不能继续使用。

2）故障原因：维护不当，没有及时发现有故障的单体电池，被其他单体电池反充电造成。

第五节 电动汽车动力蓄电池

为电动汽车提供驱动动力的电池统称为动力蓄电池,包括传统的铅酸蓄电池、镍氢电池以及新兴的锂离子电池等。在 GB/T 19596—2017 中,动力蓄电池的定义为:为电动汽车整车行驶提供电能的能量存储装置。

动力蓄电池是电动汽车的核心,是纯电动汽车驱动能量的唯一来源,直接关系到电动汽车的动力性能、续航能力,也与电动汽车的安全性直接相关。从新能源汽车的成本构成看,电池驱动系统占据了新能源汽车成本的 30%~50%。而自电动汽车诞生以来,动力蓄电池技术一直制约着电动汽车的实用化进程。提高功率密度、能量密度、使用寿命以及降低成本一直是电动汽车动力蓄电池技术研发的核心。

一、动力蓄电池的参数及性能指标

动力蓄电池品种繁多,性能各异,用来表征其性能的指标有电性能、机械性能、储存性能等,有时还包括使用性能和经济成本。这里重点对电动汽车用动力蓄电池的电性能及储存性能进行介绍。

1. 电压

电池的电压分为电动势、端电压、终止电压、开路电压、工作电压、额定电压、充电电压等。

1)电动势。电动势又称电池标准电压或理论电压,为电池正负两极间的电位差。电池的电动势可以从电池体系热力学函数自由能的变化计算获得。

2)端电压和终止电压。电池的端电压是指电池接通负载后两电极之间的有效电压,用 V_t 表示。当电池充满电时,端电压达到最大值,记为 V_{FC},然后随着放电过程的进行,电池的端电压不断下降。电池必须停止放电的电压值称为终止电压,记为 V_{CUT}。电池的端电压与放电状态之间的关系如图 2-17 所示。

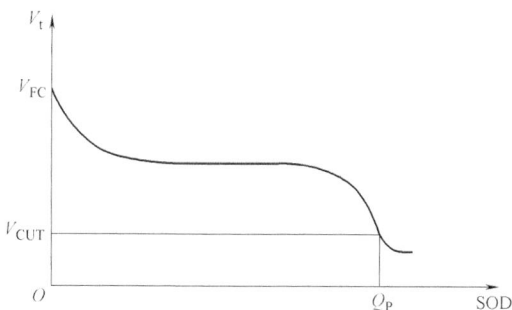

3)开路电压。电池的开路电压是在开路状态下(即无负载情况下),电池两电极之间的内电压。开路电压不等于电池的电动势。必须指出,电池的电动势是从热力学函数计算而得到的,而开路电压则是实际测量得到的。

图 2-17 电池端电压与放电状态的关系

4)工作电压。工作电压是指电池在某负载下实际的放电电压,通常指一个电压范围。例如,镍氢电池的工作电压为 1.1~1.5V,锂离子电池的工作电压为 2.75~3.6V。

5)额定电压。额定电压(或公称电压)是指该电化学体系的电池工作时的标准电压。例如,锌锰干电池的额定电压为 1.5V,镍镉电池的额定电压为 1.2V。

6)充电电压。充电电压是指外电路直流电压对电池充电的电压。一般充电电压要大于电池的开路电压，且通常在一定的范围内。例如，镍铬电池的充电电压为 1.45~1.5V，锂离子电池的充电电压为 4.1~4.2V。

7）电压效率。所谓电压效率，是指电池的实际输出电压与电动势的比值。由于电动势只是从热力学角度考虑而获得的一个理论电压值，而电池的实际输出电压涉及电化学反应体系的动力学性质，因此后者低于前者，二者的比值小于 1。电压降低的多少由电极反应的电化学极化、浓差极化及体系的欧姆极化所决定。其中，欧姆极化包含电池各部件之间的接触电阻、固相电阻以及电解质溶液的液相电阻等引起的极化。因此，要获得较高的电压效率，必须选择具有高电化学活性的物质作为电极活性材料，并发展与之适配的具有高电导率特征的电解质体系，同时，尽量减小体系的固相电阻及接触电阻。所谓反应效率，是指实际电池反应能进行的最大限度，也就是活性物质的利用率。导致电极活性物质利用率降低的原因主要有各种副反应的发生（如水溶液电池中的置换析氢反应）、电极表面钝化以及电极结构粉化等。因此，要提高电极材料的反应效率，必须避免和抑制上述现象发生。例如，增大电极表面积、提高电极孔隙率或加入合适的添加剂等以消除或延缓电极钝化。

2. 容量与比容量

（1）容量　电池完全放电的过程中，电极的通电材料所能释放出的电荷数量称为电池容量（battery capacity），用符号 C 表示，其单位为安时（A·h）。电池的容量与放电电流的大小有关，与充电放电截止电压也有关系。表征电池容量特性的专用术语有 3 个，即理论容量、额定容量和实际容量。

1）理论容量。理论容量指根据参加电化学反应的活性物质的电化学当量数计算得到的电量，是根据法拉第定律计算得到的最高理论值。

2）额定容量。额定容量又称保证容量，是指在设计和生产电池时，按照国家或者相关部门颁布的标准，保证电池在指定放电条件下应该放出的最低限度的电量。

3）实际容量。实际容量指在一定的放电条件下，即在一定的放电电流和温度下，电池在终止电压前所放出的电量。它等于放电电流和放电时间的乘积，对于实际中的化学电池，其实际容量总是低于理论容量而通常比额定容量大 10%~20%。电池容量的大小，与正负极上活性物质的数量和活性有关，也与电池的结构、制造工艺和电池的放电条件（电流、温度）有关。影响电池容量的综合指标是活性物质的利用率。换言之，活性物质利用得越充分，电池的容量也就越高。

（2）比容量　为了比较不同系列的电池，常用比容量的概念。比容量是指单位质量或单位体积的电池所能给出的电量，相应地也称为质量比容量或体积比容量。

电池在工作时通过正极和负极的电量总是相等的。但是，在实际电池的设计和制造中，正、负极的容量一般不相等，电池的容量受容量较小的电极的限制。实际电池中多为正极容量限制整个电池的容量，而负极容量过剩。

3. 能量

电池的能量是指电池在一定放电条件下，对外做功所能输出的电能，通常用瓦时（W·h）表示，它等于电池的放电容量和电池平均工作电压的乘积。电池的能量反映了电池做功能力的大小，也是电池放电过程中能量转换的量度，它影响电动汽车的行驶距离。

衡量电池能量的标准有两个，即理论能量和实际能量。电池在放电过程中始终处于平衡状态，其放电电压保持电动势的数值，而且活性物质的利用率为 100%，即放电容量等于理论容量，在此条件下电池所输出的能量为理论能量，也就是电池在恒温、恒压下理论上所能做的最大功。而实际能量则是电池放电时实际输出的能量，它在数值上等于电池实际容量和电池平均工作电压的乘积。由于活性物质不可能完全被利用，而且工作电压总是小于电池的电动势，所以电池的实际能量总是小于理论能量。

电池的比能量分为质量比能量和体积比能量，即分别指单位质量和单位体积的电池所能输出的能量。质量比能量的单位为 $W \cdot h/kg$；体积比能量也称为能量密度，单位常用 $W \cdot h/L$。通常用体积比能量，即能量密度来比较不同系列电池的性能。

电池的比能量是一个综合性指标，它反映了电池的质量水平。电池的比能量直接影响电动汽车的整车质量和续驶里程，是评价电动汽车的动力蓄电池是否满足预定的续驶里程的重要指标。

4. 效率

动力蓄电池作为能量储存器，充电时把电能转化为化学能储存起来，放电时把电能释放出来。在这个可逆的电化学转换过程中，有一定的能量损耗。通常用电池的容量效率和能量效率来表示电池的效率。对于电动汽车，续驶里程是最重要的指标之一，在电池组电量和输出阻抗一定的前提下，根据能量守恒定律，电池组输出的能量转化为两部分，一部分作为热耗散失在电阻上，另一部分提供给电机控制器转化为有效动力，两部分能量的比率取决于电池组输出阻抗和电机控制器的等效输入阻抗之比，电池组的阻抗越小，无用的热耗就越小，输出效率就越大。

电池的效率指电池的充放电效率或能量输出效率（本书中提到的效率都是指能量输出效率）。电池的能量输出效率也称电能效率，是指电池放电时输出的能量与充电时输入的能量之比，影响能量效率的因素是电池存在内阻，它使电池充电电压增加、放电电压下降，内阻的能量损耗以电池发热的形式损耗掉。

5. 功率和比功率

电池的功率是指在一定的放电条件下，电池在单位时间内所能输出的能量，单位为瓦（W）或千瓦（kW）。电池的单位质量或单位体积的功率称为电池的比功率，单位为 W/kg 或 W/L。如果一个电池的比功率较大，则表明在单位时间内，单位质量或单位体积中给出的能量较多，即表示此电池能用较大的电流放电。因此，电池的比功率也是评价电池性能优劣的重要指标之一。

6. 荷电

荷电又称剩余电量，是指电池当前还有多少电量。常取其与额定容量或实际容量的比值，称为荷电程度，是人们在使用中最关心的，也是最不易获得的参数，人们试图通过测量内阻、电压、电流的变化等推算荷电量，做了许多研究工作，但直到目前，任何公式和算法都不能得到统计数据的有效支持，指示的荷电程度总是非线性变化。

7. 贮存性能和自放电

电池的贮存性能是指电池在开路时，一定条件下（如湿度、温度等）贮存一定时间后主要性能参数的变化，包括容量的下降、外观情况有无变化或渗液现象。对于电池的贮存性能，国家标准有明确的规定，这里不再详细说明。

对于所有的化学电池，即使在与外部电路没有接触的条件下开路设置，经过干贮存（不带电解液）或湿贮存（带电解液）一定时间后，其容量会自行降低，这种现象称为自放电，也称为荷电保持能力。

电池在贮存期间，虽然没有放出电能，但是在电池内部总是存在着自放电现象。即使是干贮存，也会由于密封不严，进入水分、空气及二氧化碳等物质，使处于热力学不稳定状态的部分正极和负极活性物质构成微电池腐蚀机理，自行发生氧化还原反应而消耗掉。湿贮存更是如此，长期处在电解液中的活性物质也是不稳定的。负极活性物质大多是活泼金属，都会发生阳极自溶。酸性溶液中，负极金属是不稳定的，在碱性溶液及中性溶液中也不是十分稳定。

8. 寿命

电池的寿命分为贮存寿命、使用寿命和循环寿命。

1）贮存寿命。电池自放电的大小也可以用电池贮存至某规定容量的天数表示，称为贮存寿命。贮存寿命指从电池制成到开始使用之间允许存放的最长时间，以年为单位。包括贮存期和使用期在内的总期限称为电池的有效期。电池的贮存寿命有干贮存寿命和湿贮存寿命之分。对于在使用时才加入电解液的电池的贮存寿命，习惯上也称为干贮存寿命。干贮存寿命可以很长。对于出厂前已加入电解液的电池贮存寿命，习惯上称为湿贮存寿命（或湿荷电寿命）。湿贮存时自放电严重，寿命较短。

必须指出，干贮存寿命和湿贮存寿命仅针对电池自放电大小而言，并非电池的实际使用期限。电池的真正寿命是指电池实际使用的时间长短，即电池的使用寿命。

2）使用寿命。使用寿命是指电池实际使用的时间长短。对一次电池而言，电池的使用寿命是表征给出额定容量的工作时间（与放电倍率大小有关）；对二次电池而言，电池的使用寿命分充放电循环寿命和湿搁置使用寿命两种。

充放电循环寿命是衡量二次电池性能的一个重要参数。经受一次充电和放电，称为一次循环（或一个周期）。在一定的充放电制度下，电池容量降至某一规定值之前，电池能耐受的充放电次数称为二次电池的充放电循环寿命。充放电循环寿命越长，电池的性能越好。在目前常用的二次电池中，镍镉电池的充放电循环寿命为 500~800 次，铅酸蓄电池为 200~500 次，锂离子电池为 600~1000 次，锌银电池很短，约 100 次。

二次电池的充放电循环寿命与放电深度、温度、充放电制式等条件有关。所谓放电深度，是指电池放出的容量占额定容量的百分数。减少放电深度，即浅放电，二次电池的充放电循环寿命可以大大延长。

湿搁置使用寿命也是衡量二次电池性能的重要参数之一，湿搁置使用寿命越长，电池性能越好。在目前常用的二次电池中，镍镉电池湿搁置使用寿命为 2~3 年，铅酸蓄电池为 3~5 年，锂离子电池为 5~8 年，锌银电池最短，只有一年左右。

3）循环寿命。循环寿命是蓄电池在满足规定条件下所能达到的最大充放电循环次数。在规定循环寿命时必须同时规定充放电循环试验的制度，包括充放电速率、放电深度和环境温度范围等。

二、电动车上常用的动力蓄电池

纯电动汽车上常用的动力蓄电池包括碱性电池、锂离子电池、钠硫电池、燃料电池等。

1. 碱性电池

碱性电池是以氢氧化钾等碱性水溶液作为电解液的二次电池的总称，包括镍镉电池、镍氢电池、镍锌电池等。相对于铅酸蓄电池，碱性电池具有比能量高、耐过充电性好和密封性好等优点，缺点是价格比较高。

碱性电池通常所用的电解液为 KOH 和 NaOH 的水溶液，在以 $Ni(OH)_2$ 为正极材料的碱性电池的电解液中添加少量的 LiOH，Li^+ 能够渗入活性物质的晶格中，增强质子迁移能力，同时 Li^+ 的渗入还可抑制 K^+ 等的渗入，使活性物质里的游离水稳定地存在于晶格间，可以稳定二价镍和三价镍之间的转化循环，同时提高充电过程中正极氧气的析出电动势，提高活性物质的利用率。Li^+ 还能够消除铁的毒化作用，但是当 LiOH 的浓度过大时，电解液导电性下降，低温下反而使放电容量降低，并且生成 $LiNiO_2$，导致电池的工作电压下降。NaOH 作为常见的碱性电解质，由于容易吸收空气中的 CO_2 以及电导率不及 KOH，在碱性电池中的使用受到限制。

电解液浓度对电导率的影响存在一对相互矛盾的因素。浓度增加时单位体积溶液内的离子数增加，有利于导电；但同时阴阳离子之间的静电力增大，电解质的电离度下降，又对导电不利。所以，在电导率与电解液的浓度关系中有个最大值。

碱性电池的隔膜也是决定电池放电特性、自放电和长期可靠性的重要材料。当电池过充电时，会从正极产生气体，然后通过隔膜，在负极消耗掉，从而防止电池内部的压力上升。因此，隔膜必须有适度的透气性，隔膜的吸碱量、保液能力和透气性是影响电池性能的关键因素。隔膜在碱性电池中主要起隔离两电极的电子通路、保持两电极之间具有良好的离子通道和防止活性物质迁移等作用。

碱性电池用隔膜必须具有以下性能：

1）良好的润湿性和电解液保持能力。

2）良好的化学稳定性，优良的抗氧化性能，不易老化。

3）足够的机械强度。

4）较好的离子传输能力和较小的电阻。

5）良好的透水性。

隔膜的亲水性可以保证吸碱量，而憎水性可提高隔膜的透气性。如果对隔膜做一些处理，可以使其既具备良好的吸液、保液能力，同时又具有良好的透气性，从而提高电池的综合性能。

碱性电池按其正、负极活性物质的种类主要有镍镉电池、镍氢电池、镍锌电池和 Zn-AgO 电池等二次电池。表 2-3 列出了部分碱性电池的充、放电反应。表中所列的电池，其电解液中的 KOH 不直接参与电极反应，这正是碱性电池倍率特性、低温特性及循环寿命优异的主要原因，也是碱性电池有别于铅酸蓄电池的一大特征。

表 2-3　部分碱性电池充放电反应表

种类	充放电反应，自右向左为充电，自左向右为放电
镍镉电池	$Cd+2NiOOH+2H_2O \Longleftrightarrow 2Ni(OH)_2+Cd(OH)_2$
镍氢电池	$MH+NiOOH \Longleftrightarrow M+Ni(OH)_2$
镍锌电池	$Zn+2NiOOH+2H_2O \Longleftrightarrow 2Ni(OH)_2+Zn(OH)_2$
Zn-AgO 电池	$Zn+AgO+H_2O \Longleftrightarrow 2Ag+Zn(OH)_2$ $Zn+2AgO+H_2O \Longleftrightarrow Ag_2O+Zn(OH)_2$
Cd-AgO 电池	$Cd+AgO+H_2O \Longleftrightarrow 2Ag+Cd(OH)_2$ $Cd+2AgO+H_2O \Longleftrightarrow Ag_2O+Cd(OH)_2$

（1）**镍氢电池** 镍氢电池具有无污染、高比能量、大功率、快速充放电、耐用性好等许多优异特性。与铅酸蓄电池相比，镍氢电池除具有比能量高、质量小、体积小、循环寿命长的特点以外，还具有以下特点：

1）比功率高。目前商业化的镍氢功率型电池比功率可达 1350W/kg。

2）循环次数多。目前应用在电动汽车上的镍氢电池，80%放电深度（DOD）循环可以达 1000 次以上，为铅酸蓄电池的 3 倍以上，100%DOD 循环寿命也在 500 次以上，在混合动力电动汽车中可使用 5 年以上。

3）耐过充过放。

4）无记忆效应。

5）使用温度范围宽。正常使用温度范围为-30~55℃，储存温度范围为-40~70℃。

6）安全可靠。短路、挤压、针刺、安全阀工作能力、跌落、加热、耐振动等安全性、可靠性试验无爆炸、燃烧现象。

镍氢电池的主要结构与铅酸蓄电池类似，主要由正极、负极、隔板和电解液等组成。镍氢电池的正极板为镍氢化合物，负极板为储氢合金，而电解液则为碱性电解液（如 30%的氢氧化钾溶液）。密封一次性镍氢电池的性能特点主要取决于本身体系的电极反应。图 2-18 为 AA 型镍氢电池的结构。

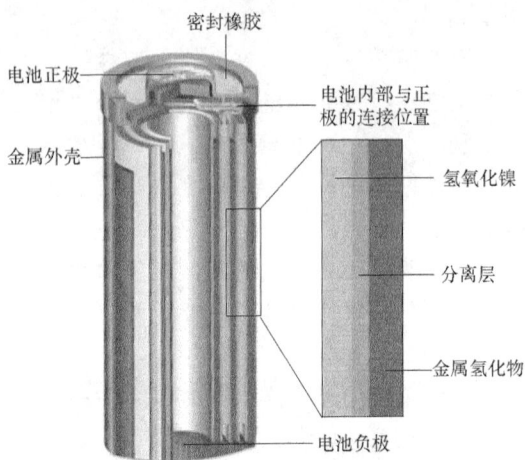

图 2-18　AA 型镍氢电池的结构

（2）**镍镉电池** 镍镉电池是一种常用的碱性电池，因正负极板活性物质含有镉和镍而得名。正极板材料为氢氧化镍和石墨粉的混合物，负极板材料为海绵状镉粉和氧化镉粉，电解液通常为氢氧化钠和氢氧化钾溶液。在密闭镍镉电池中，化学反应产生的各种气体不会排出，可以在电池内部化合。与铅酸蓄电池相比，镍镉电池寿命长，可以以任何放置方式加以利用，无须维护。

镍镉电池放电电压平稳度好，容量受放电倍率影响小，能耐受大电流（高于正常使用电流的几倍乃至 10 倍的瞬时冲击而不损坏），适应苛刻环境，使用温度范围宽，维护简单，保存方便，安全可靠。

镍镉电池的结构如图 2-19 所示。

（3）**锌银电池** 锌银电池放电电压平稳，自放电较小，是一种高比能量和高比功率的电池。其正极活性物质是银的氧化物，负极是锌，电解液为氢氧化钾。

锌银电池的充放电曲线如图 2-20 所示。

锌银电池的充放电曲线反映了银的两种氧化物对电池的充放电电压的影响，可以看出充电快结束时，电池电压很快升高，这有利于充电的控制。一般把锌银电池的充电终止电压规定为 2.0~2.1V，可以避免水的电解。锌银电池可分为高倍率型和低倍率型。其特性参数见表 2-4。

锌银电池可做成一次电池，也可做成二次电池。其优点是自放电较小，在室温下存放 3 个月仍可放出额定容量的 85%；缺点是低倍率型循环寿命较小，只有 100 周左右，主要原因是锌负极容量损失和隔膜破损造成短路。

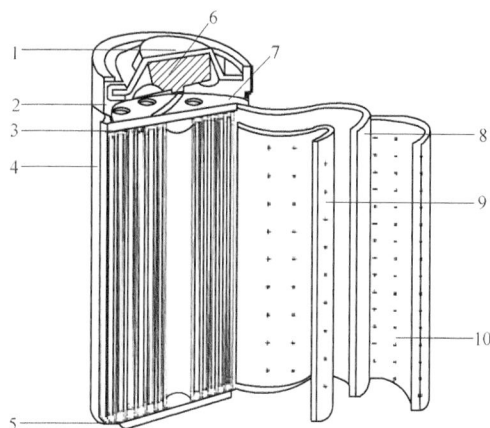

图 2-19　镍镉电池的结构

1—正极盖帽　2—胶圈　3—集流体　4—电池钢壳
5—底部绝缘片　6—安全防爆孔　7—顶部绝缘片
8—隔膜纸　9—镍正极片　10—镉负极片

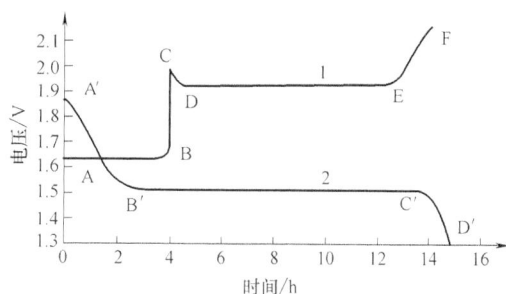

图 2-20　锌银电池典型的充放电曲线

1—充电　2—放电

表 2-4　不同类型锌银电池的特性参数

电池类型	低倍率型	高倍率型
额定电流/A	$C/10$	C
最大容许电流/A	$5C$	$20C$
额定电压（25℃）/V	1.5	1.5
深放电的循环寿命/月	100~300	20~60
可工作寿命/月	12~16	6~9
电阻/Ω	$0.2/C$	$0.03/C$
体积比能量/(W·h/L)	100~270	65~170
质量比能量/(W·h/kg)	70~130	40~100

2. 锂离子电池

目前纯电动汽车和混合动力汽车主要使用的是镍氢电池和锂离子电池，锂离子电池相比于镍氢电池比能量更高，而且具有在短时间内质量比功率大等诸多优点。因此，锂离子电池是目前研究的热点。

（1）锂离子电池的组成　锂离子电池由正极、负极、隔板、电解液和安全阀等组成。圆柱形锂离子电池的结构如图 2-21 所示。

1）正极。正极活性物质在锰酸锂离子电池中以锰酸锂为主要原料，在磷酸铁锂锂离子电池中以磷酸铁锂为主要原料，在镍钴锂离子电池中以镍钴锂为主要材料，在镍钴锰锂离子电池中以镍钴锰锂为主要材料。

2）负极。负极活性物质是由碳材料与黏合剂的混合物再加上有机溶剂调和制成糊状，并涂覆在铜基上，呈薄层状分布。

3）隔板。隔板的功能是关闭或阻断通道，一般使用聚乙烯或聚丙烯材料的微多孔膜。所谓关闭或阻断功能，是电池出现异常温度上升，阻塞或阻断作为离子通道的细孔，使蓄电池停止充放电反应。隔板可以有效防止因外部短路等引起的过大电流而使电池产生异常发热现象。这种现象只要发生一次，电池就不能正常使用。

4）电解液。电解液是以混合溶剂为主体的有机电解液。为了使主要电解质成分的锂盐溶解，电解液必须具有高电容率，并且具有与锂离子相容性好的溶剂，在锂离子电池的工作温度范围内，必须呈液体状态，凝固点低，沸点高。电解液对于活性物质具有化学稳定性，必须良好适应无放电反应过程中发生的剧烈的氧化还原反应。又由于使用单一溶剂很难满足上述严格条件，因此电解液一般混合不同性质的几种溶剂使用。

图 2-21　圆柱形锂离子电池的结构

1—绝缘板　2—垫片　3—PTC 元件
4—正极接线桩　5—排气孔　6—保护阀（安全阀）
7—隔膜板　8—负极引线　9—负极（炭材料）
10—正极　11—蓄电池外壳

5）安全阀。为了保证锂离子电池的使用安全性，一般对外部电路进行控制或者在蓄电池内部设有异常电流切断的安全装置。即使这样，在使用过程中由于其他原因也有可能引起蓄电池内压异常上升，这时安全阀释放气体，以防止蓄电池破裂。安全阀实际上是一次性非修复式的破裂膜，一旦进入工作状态，立即发挥保护蓄电池使其停止工作的功能，因此是蓄电池的最后保护手段。

（2）锂离子电池的工作原理　当对电池进行充电时，电池的正极上有锂离子生成，生成的锂离子经过电解液运动到负极。而作为负极的碳呈层状结构，它有很多微孔，到达负极的锂离子就嵌入到碳层的微孔中，嵌入的锂离子越多，充电容量越高。

同样的道理，当对电池进行放电时，嵌在负极碳层中的锂离子脱出，又运动回到正极。回到正极的锂离子越多，放电容量越高。通常所说的电池容量指的就是放电容量。

正极发生的化学反应为

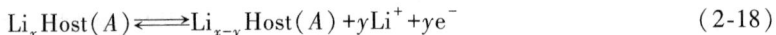

$$\mathrm{Li}_x\mathrm{Host}(A)\Longleftrightarrow\mathrm{Li}_{x-y}\mathrm{Host}(A)+y\mathrm{Li}^++ye^- \tag{2-18}$$

负极发生的化学反应为

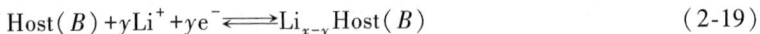

$$\mathrm{Host}(B)+y\mathrm{Li}^++ye^-\Longleftrightarrow\mathrm{Li}_{x-y}\mathrm{Host}(B) \tag{2-19}$$

式中，$\mathrm{Li}_x\mathrm{Host}(A)$ 是用来做负极活性物质的低电位的插锂化合物，如 LiWO_2，LiMoO_2，$\mathrm{Li}_6\mathrm{FeO}_3$ 等；$\mathrm{Host}(B)$ 是用来做正极活性物质的插锂化合物，如 LiCoO_3 等。

（3）锂离子电池的特点　锂离子电池的优点：

1）能量密度高。因电极材料不同而不同，锂离子电池的质量比能量可达 $150\sim200\mathrm{W}\cdot\mathrm{h/kg}$（$540\sim720\mathrm{kJ/kg}$）；体积比能量可达 $250\sim530\mathrm{W}\cdot\mathrm{h/L}$（$0.9\sim1.9\mathrm{kJ/cm}^3$）。

2）开路电压高。因电极材料不同而不同，锂离子电池开路电压可达 $3.3\sim4.2\mathrm{V}$。

3）输出功率大。因电极材料不同而不同，锂离子电池输出功率可达 $300\sim1500\mathrm{W/kg}$。

4）无记忆效应。磷酸铁锂锂离子电池无记忆效应，电池在未放空电的情况下可随时充放电，使用维护简便。

5）低自放电。锂离子电池自放电 $<5\%/$月。智能锂离子电池由于有内建的监测电路，该监测电路的工作电流甚至高于自放电电流。

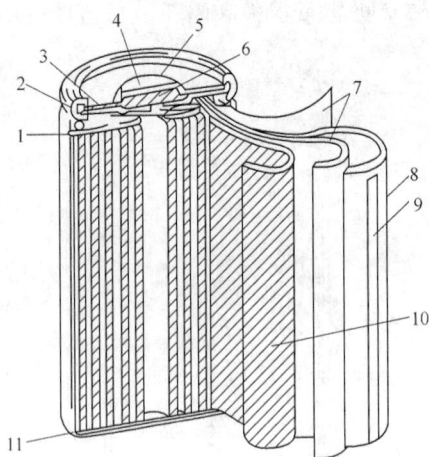

6）工作温度范围宽。可在 $-20 \sim 60℃$ 之间正常工作。

7）充、放电速度快。

锂离子电池的缺点：

1）不耐受过放。过放电时（电压低于 3.0V 时放电），深度放电更可能使电池损坏，所以使用至极低电量是损伤电池的行为，但只要回充至高电压数次，则有可能再度活化电池的最大蓄电量。

2）不耐受过充。充电时，会不可逆地降低蓄电量。因而锂电池必须经常使用，避免保持满电状态和持续插上充电器插头，要定时适当地使内储的电子流动，以保证电池长期的健康。

3）衰老。与其他充电电池不同，锂离子电池会在使用循环中不可避免地自然缓慢衰退，即便是贮存着不使用，容量也会减少，这与温度有关。可能的机制是内阻逐渐增大，所以，工作电流大的电子产品更容易体现热衰现象。另外也要避免外部气温所带来的影响。贮存电池的温度与容量永久损失速度的关系见表 2-5。

表 2-5 贮存电池温度与容量永久损耗之间的关系

贮存时的充电电量	贮存温度 = 0℃	贮存温度 = 25℃	贮存温度 = 40℃	贮存温度 = 60℃
40% ~ 60%	2%/年	4%/年	15%/年	25%/年
100%	6%/年	20%/年	35%/年	80%/6 月

4）回收率。大约有 1% 的新出厂锂电池因种种原因需要回收。

5）需要多重保护。由于错误使用会减少寿命，甚至可能导致爆炸，所以，锂离子电池设计时一般都会增加多种保护机制。

保护机制包括：

① 保护电路：防止过充、过放、过载、过热。

② 排气孔：避免电池内部压强过大。

③ 隔膜：有较高的抗穿刺强度，防止内部短路。

（4）锂离子电池的分类 依据电极材料的不同可以把锂离子电池分为不同的种类，如钴酸锂电池、磷酸铁锂电池、三元材料电池等。因为电极材料不同，不同种类的锂离子电池表现出来的电池特点也大不相同。

1）钴酸锂电池（Lithium cobalt oxide）。化学式为 $LiCoO_2$，常用于手机等 3C 产品中，在纯电动车上基本没有使用，主要原因在于成本以及安全性。钴酸锂电池中的钴，价格昂贵且出产国较少，同时作为重金属材料，对人体、环境损害较大。在安全性上，钴酸锂电池工作温度区间较小（在 55℃ 以上会出现衰减）且在高温（高于 130℃）或过充电情况下，易发生燃烧或者爆炸。

2）磷酸铁锂电池（Lithium iron phosphate）。化学式为 $LiFePO_4$，简称 LFP。从化学式可以看出，磷酸铁锂电池没有了钴酸锂中的钴，转而变成了铁和磷，这两种材料价格低廉且资源丰富，同时安全性相比于钴酸锂电池提升了很多，是目前锂离子电池中安全性最高的电池之一。但磷酸铁锂电池能量密度较低，一方面是容量低，而最为关键的是低电压。目前在国内电动车领域对磷酸铁锂电池的使用较多，如比亚迪（BYD），就是看中了 LFP 的成本和安全性能。

3）镍锰钴锂电池/镍钴铝锂电池（三元材料电池）（NMC/NCA）。NMC 和 NCA 比较相近，其化学式由于其系数的不同，表达形式也较为复杂，但组成成分大致有锂、镍、锰等。特斯拉目前使用的就是以 NCA 为正极的锂离子电池。其优点在于能量密度好，体积能量密度达到 200W·h/L，质量能量密度也达到了 120kW·h/kg，均达到了量产车的顶尖水平；缺点是成本较高，另外，在安全性上，虽然可以通过电解液成分调节、隔膜优化以及电池控制系统等方式来提高安全性，但由于电池本体性质的问题，安全性依旧存在一定的问题。

3. 钠硫电池

钠硫电池是以 Na-β-氧化铝为电解质和隔膜，并分别以金属钠和多硫化钠为负极和正极的二次电池。

在钠硫电池中，阴极反应物质是熔融的钠，阳极反应物质是带有一定导电物质的硫钾熔融硫，电解质为 β-氧化铝固体电解质，它既是绝缘体又能自由传导钠离子。

钠硫电池的工作原理是当外电路接通时，阴极处不断产生钠离子并放出电子，即

$$Na \Longleftrightarrow Na^+ + e^- \qquad (2\text{-}20)$$

电子通过外电路移向阳极，而 Na^+ 通过 β-氧化铝固体电解质与阳极的反应物质硫互相作用，生成钠的硫化物，即

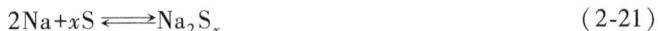

$$2Na + xS \Longleftrightarrow Na_2S_x \qquad (2\text{-}21)$$

式中，Na_2S_x 可以是 Na_2S_2、Na_2S_4 等。上述反应不断进行，电路中就能获得电流。

钠硫电池使用有许多特色之处：一是比能量高，其理论质量比能量为 760W·h/kg，实际已大于 1000W·h/kg，是铅酸蓄电池的 3~4 倍；二是可大电流、高功率放电，其放电电流密度可达 200~300mA/cm³，并在瞬时可放出其 3 倍的固有能量；三是充放电效率高，由于采用固体电解质，所以没有通常采用液体电解质的二次电池的自放电和副作用，充放电效率几乎是 100%，充电时间短；另外硫、钠原材料丰富，无污染。当然，钠硫电池也有不足之处，因为其工作温度在 300~350℃。所以工作时需要加热器且在汽车不行驶时需要维持蓄电池的温度；同时硫化钠易燃烧，使用寿命短。

4. 燃料电池

燃料电池是一种将燃料的化学能直接转化成电能的装置，是一种新型的无污染（或极低污染）、高效率的车辆动力和发电装置。从外表看，燃料电池由正负极和电解质等组成，但实质和蓄电池等储电电池不同，它需要电机和电解质以及氧化还原反应才能发电，所以更接近于发电装置。

燃料电池的工作原理是将氢（可来自于纯氢燃料，也可以从甲醇、天然气、乙醇等高氢燃料甚至从水中催化分离获得）送到负极通道，由于负极催化剂的作用，氢原子中的电子被分离出来，受正极吸引在外电路形成电流，驱动电机设备（电动机等），失去电子的氢离子则被允许穿过电解质，与正极区的氧（可从空气获得）及电子发生反应，形成水。在这个过程中，燃料中的化学能即被直接转化成电能。

（1）燃料电池的特点 燃料电池的优点：

1）转换效率高。燃料电池的工作原理建立在电化学反应理论之上，不受热机效率的限制，化学能转化为电能的转换效率可达 60% 以上，加上余热回收可达 80%。在车上装设燃料电池为电动机供电，传输到车轮的能量效率初步估算将达到 40%，总的工作效率将是内燃机传输效率的 3 倍多。

2）工作寿命长。不同于常规电池，燃料电池不需要耗时的充电过程。燃料电池是一种发电装置，一种能量转换装置，而不是能量存储装置，燃料被存储在分离的燃料箱中，可如同内燃机加油一样方便地补充燃料；另外，燃料电池的电极只用作化学反应的场所和电流通道，并不参加化学反应，因而没有电极消耗，工作可靠，使用寿命长。

燃料电池的缺点：

1）燃料种类单一。目前，不论是液态氢、气态氢还是碳水化合物经过重整后转换的氢，均是燃料电池的唯一燃料。氢气的产生、贮存、保管、运输、灌装或重整都比较复杂，对安全性要求很高。

2）要求高质量的密封。不同种类的燃料电池的单体电池所能产生的电压略有不同，一般约为1V。通常将多个单体电池按使用电压和电流的要求组合成为燃料电池发动机组。在组合时，单体电池间的电极连接必须有严格的密封，因为密封不良的燃料电池，氢气会泄漏到燃料电池的外面，降低氢的利用率并严重影响燃料电池发动机的效率，还可能引起氢气燃烧事故。由于要求严格的密封，燃料电池发动机的制造工艺很复杂，使用和维护困难。

3）价格。制造成本高，价格昂贵。

4）需要配备辅助电池系统。燃料电池可以持续发电，但不能充电和回收燃料电池汽车再生制动的反馈能量。通常在燃料电池汽车上还要增加辅助电池，来储存燃料电池富余的电能和在燃料电池汽车减速时产生的再生制动时的能量。

（2）燃料电池的基本工作原理　燃料电池含有正负两个电极，分别充满电解液，两个电极间则由具有渗透性的薄膜构成。氢气由阳极进入供给燃料，氧气（或空气）由阴极进入电池，如图2-22所示。

经由催化剂的作用，阳极的氢原子分解成氢质子与电子，其中氢质子进入电解液中，被氧"吸引"到薄膜的另一边；电子

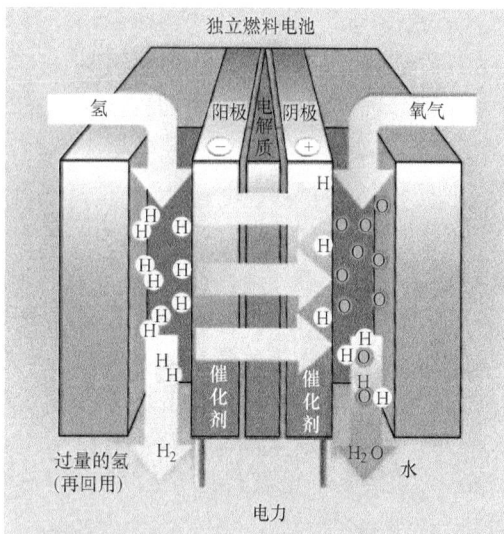

图 2-22　燃料电池的工作原理

经由外电路形成电流后，到达阴极。在阴极催化剂的作用下。氢质子、氧及电子发生反应形成水分子，这正是水的电解反应的逆过程，因此水是燃料电池唯一的排放物。利用这个原理，燃料电池便可在工作时源源不断地向外部输电，就是一种"发电机"。

正负极反应如下：

正极反应

$$H_2 \longrightarrow 2H^+ + 2e^- \tag{2-22}$$

负极反应

$$4H^+ + 4e^- + O_2 \longrightarrow 2H_2O \tag{2-23}$$

总反应式

$$O_2 + 2H_2 \longrightarrow 2H_2O \tag{2-24}$$

伴随着电池反应，燃料电池向外输出电能。只要保持氢气和氧气的供给，燃料电池就会

连续不断地产生电能。

本章小结

本章着重介绍了铅酸蓄电池、电动汽车动力蓄电池以及燃料电池。铅酸蓄电池是一种低压直流化学电源，它能将化学能转化为电能，也能将电能转化为化学能。目前常用的电动车动力蓄电池包括镍氢电池、锂离子电池等。此外，本章还介绍了工作原理与蓄电池不同的燃料电池。

习题

1. 汽车电源总成的定义是什么？

2. 铅酸蓄电池的常见故障有哪些？

3. 铅酸蓄电池的充电方法有哪些？

4. 根据铅酸蓄电池的充放电特性，在使用过程中，当夏季容量下降50%、冬季容量下降25%时应该进行补充充电，试计算上海地区：

1) 夏季补充充电的电解液密度是多少？

2) 冬季补充充电的电解液密度是多少？

5. 汽车用蓄电池的功用有哪些？其主要功用是什么？对汽车用蓄电池有哪些要求？

6. 铅酸蓄电池的主要组成部件及其功用是什么？

7. 什么是蓄电池的额定容量和储备容量？

8. 为什么工业用硫酸和普通水不能用于蓄电池？

9. 铅酸蓄电池在正常工作时，电解液的密度范围是多少？

10. 定流充电、定压充电、脉冲快速充电各有什么不同？

第三章 / **Chapter 3**

交流发电机及调节器

第一节 交流发电机分类、构造、工作原理及特性

一、交流发电机分类

1. 按结构分类

1）普通交流发电机（使用时需要配装电压调节器的发电机），如 JF132 型交流发电机，如图 3-1 所示。

2）整体式交流发电机（发电机和调节器制成一个整体的发电机），如别克轿车的发动机上装配的是 CS 型发电机（包括 CS121、CS130 和 CS144 三种不同的型号），如图 3-2 所示。

图 3-1　JF132 型交流发电机　　　　　　　　图 3-2　CS 型发电机

3）带泵交流发电机（与汽车制动系统用真空助力泵安装在一起的发电机），如 JFZB292 型发电机，如图 3-3 所示。

4）无刷交流发电机（不需要电刷的发电机），如 JFW29 型发电机，如图 3-4 所示。

图 3-3　JFZB292 型发电机　　　　　　　　图 3-4　JFW29 型发电机

5）永磁交流发电机（磁极为永磁铁的发电机）。

2. 按励磁绕组搭铁方式分类

1）内搭铁型交流发电机，励磁绕组的一端（负极）直接搭铁（和壳体相连）。

2）外搭铁型交流发电机，励磁绕组的一端（负极）接入调节器，通过调节器后再搭铁。

3. 按装用的二极管数量分类

1）6 管交流发电机，如 JF1522 型交流发电机（东风汽车用）。

2）8 管交流发电机，如 JFZ1542 型交流发电机（天津夏利汽车用）。

3）9 管交流发电机，如 JF2141 型交流发电机（日本三菱、马自达汽车用）。

4）11 管交流发电机，如 JFZ1913Z 交流发电机（奥迪、桑塔纳汽车用）。

二、交流发电机构造

交流发电机由三相同步交流发电机和硅二极管组成。整体式交流发电机结构及实物如图 3-5、图 3-6 所示。

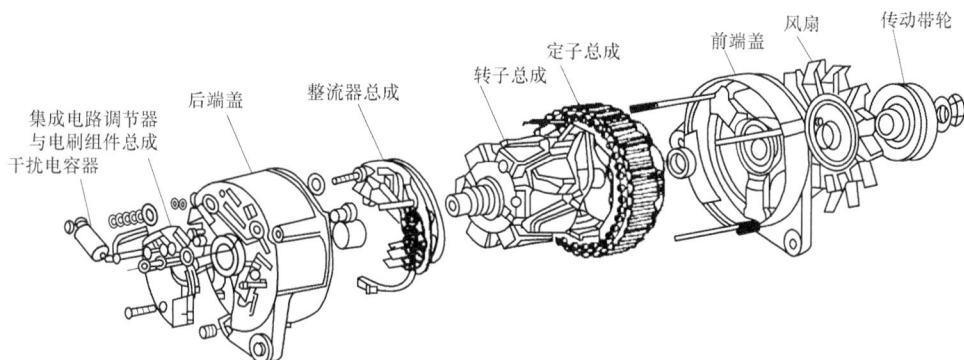

图 3-5　整体式交流发电机结构

三相同步交流发电机由定子总成、转子总成、传动带轮、风扇、前后端盖及电刷等组成。

（1）**定子总成**　定子总成（stator assembly）也称电枢，是三相同步交流发电机产生三相交流电的部件。如图 3-7 所示，它由铁心和三相绕组组成。定子铁心由相互绝缘的内圆带槽的环状硅钢片叠成，硅钢片厚度为 0.5～1mm。定子槽内嵌有三相对称绕组，绕组由高强度漆包线在专用模具上绕制而成。为了在三相绕组中产生大小相等、频率相同，并且相位相差 120° 的电动势，在三相绕组的绕法上需要遵循以下原则。

图 3-6　整体式交流发电机实物图

图 3-7　定子总成实物图

1）为使三相电动势大小相等，每相绕组的线圈个数和每个线圈的节距与匝数都必须完全相等。

以 JF11 型发电机为例，磁极对数为 6，定子总槽数为 36，每相绕组占有的槽数为 36 槽 /3 = 12 槽。三相绕组在铁心槽内的嵌装有两种方法，即单层式与双层式。

JF11 型发电机采用的是单层集中绕法，即每个槽内放置一个有效边（一个线圈有两个有效边，分别放在两个定子槽内）。因此，每相绕组都由 6 个线圈串联而成，每个线圈有 13 匝，则每相绕组共有 6×13 匝 = 78 匝。

每个线圈的两个有效边之间所间隔的定子槽数称为线圈节距，相邻两异性磁极中心线之间的槽数称为极距。对于整距线圈，有

$$线圈节距 = 极距 = 定子铁心总槽数 / (2 \times 磁极对数) = \frac{36}{2 \times 6} 槽 = 3 槽$$

2）为使三相电动势在相位上互差 120°，三相绕组的起端 A、B、C（或末端 X、Y、Z）在定子槽内的排列必须相隔 120° 电角度（即两个槽的宽度）。

转子旋转时，磁极的磁场不断地和定子中的导体做相对运动，在定子绕组中产生交流电动势。每转过一对磁极，定子导体中的感应电动势就变化一个周期，即 360° 电角度。每个磁极在定子圆周上占有的槽数为 36 槽/12 = 3 槽，即 180° 电角度，所以两个相邻的槽的中分线之间为 180°/3 = 60° 电角度。为使三相绕组各个起端之间相隔 120° 电角度，所以各起端之间的距离应为 2+3n（n = 0，1，2，3，…）个槽，即 2，5，8，11，…个槽均可。

三相绕组的接法可分为星形联结和三角形联结两种。如图 3-8a 所示，星形联结是每相绕组的一根引线都接至公共节点，另外三根引线分叉成Y形。所以，星形联结又写成"Y形联结"。星形联结有低速发电机性能好的优点，所以目前车用发电机多采用星形联结。

如图 3-8b 所示，三角形联结是三相绕组的首尾线头彼此相接，也写成△联结。三角形联结主要用在高转速时要求有高输出功率的交流发电机上，如神龙富康乘用车等。三角形联结的缺点是低转速时输出电压较低。

（2）**转子总成** 转子总成是交流发电机的磁场部分，如图 3-9 所示，其作用是产生旋转磁场。转子主要由转子轴、磁轭、磁场绕组、两块低碳钢爪形磁极和集电环等组成。

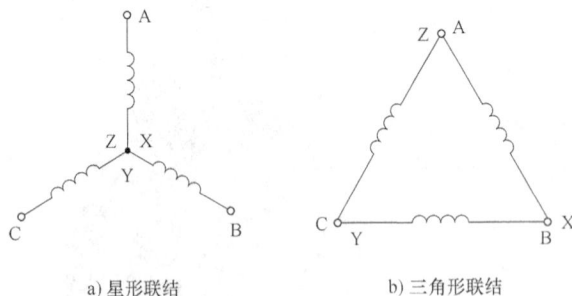

a) 星形联结 b) 三角形联结

图 3-8 定子绕组的接法

图 3-9 转子总成实物结构图

转子轴用优质钢车削而成，中部有压花，一端有半圆键槽和米制螺纹。

导磁用的磁轭用软磁材料的低碳钢制成，压装在转子轴的中部。

励磁绕组用高强度漆包铜线绕制一定匝数而成，套装在磁轭上，两根引线分别穿过一块磁极的小孔与两个集电环焊固。

磁极为爪形，又称鸟嘴形，用低碳钢板冲压或用精密铸造而成。两块磁极各具有数目相

等的爪形磁极。国产 JF 系列交流发电机都做成 6 对磁极，爪形磁极相互压装在励磁绕组和磁轭的外面。

集电环由导电性能优良的铜制成，两个集电环之间及转轴之间均用云母绝缘。励磁绕组的两引出线分别焊在与轴绝缘的两个集电环上，集电环与装在后端盖上的两个电刷接触。当两电刷与直流电源接通时，励磁绕组中便有励磁电流通过，产生轴向磁通，使得一块爪形磁极被磁化为 N 极，另一块爪形磁极为 S 极，从而形成了 6 对相互交错的磁极。把爪形磁极的凸缘的外形做成鸟嘴形，目的是使发电机工作时，尽可能在定子铁心内部形成正弦变化的交变磁场。转子磁场的磁力线分布如图 3-10 所示。

（3）整流器　交流发电机整流器的作用是将定子绕组的三相交流电变为直流电。6 管交流发电机的整流器是由 6 只硅整流二极管组成三相全桥式整流电路，另外还有 8 管、9 管、11 管组成的整流器。整流器实物如图 3-11 所示。

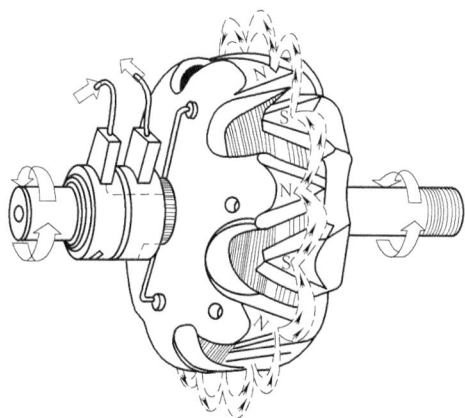

图 3-10　转子磁场磁力线分布

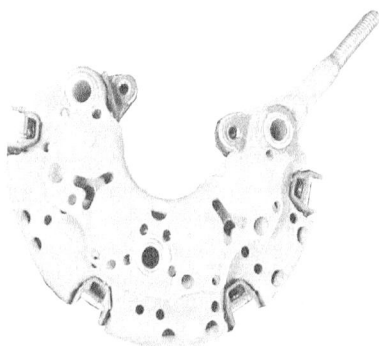

图 3-11　整流器实物图

将正极管安装在一块铝制散热板上，称为正整流板；将负极管安装在另一块铝制散热板上，称为负整流板（也可用发电机后端盖代替负整流板），两块板绝缘地安置在一起，并与后端盖用尼龙或其他绝缘材料制成的垫片隔开且固定在后端盖上。整流板结构如图 3-12 所示。

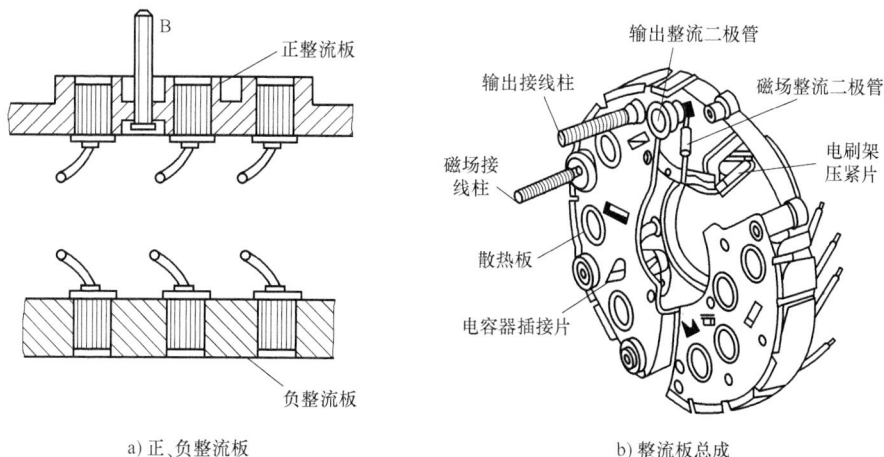

a）正、负整流板

b）整流板总成

图 3-12　整流板结构

图 3-13 为几种不同发电机的整流器。

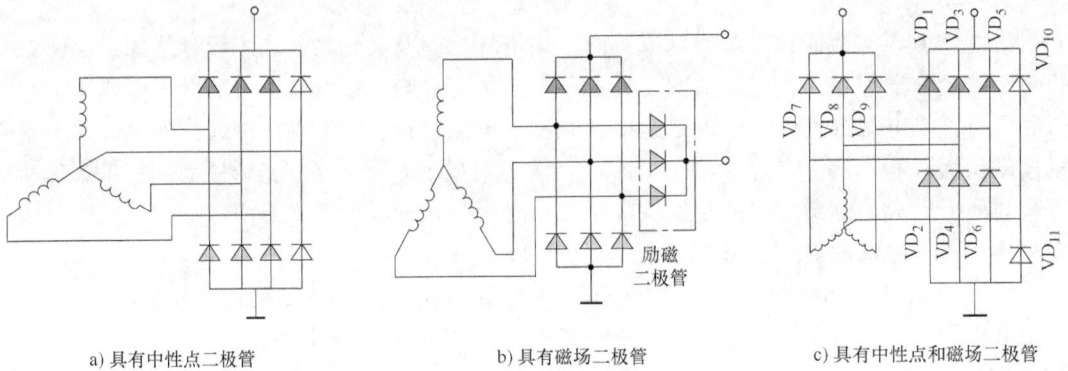

a) 具有中性点二极管   b) 具有磁场二极管   c) 具有中性点和磁场二极管

图 3-13   不同发电机的整流器

（4）前、后端盖   前、后端盖上均有轴承座孔，用于安装转子轴承以支撑转子。两端盖分别有挂脚，利用挂脚和调整臂将发电机安装固定在发动机上，改变调整臂的固定位置可以调整传动带的松紧程度。

前、后端盖用铝合金材料制成，铝合金是非导磁材料，它既可以防止漏磁，又具有良好的导热性能，有利于散热。前、后端盖实物如图 3-14 所示。

（5）电刷及电刷架   电刷装在电刷架的孔内，借电刷弹簧的压力与转子总成上的集电环保持接触，每只电刷都有一根引线直接引到发电机后端盖的接线端子上或后端盖上，用于给转子绕组提供励磁电流。

图 3-14   前、后端盖实物图

电刷架由酚醛玻璃纤维塑料模压而成或用玻璃纤维增强尼龙制成，安装在发电机的后端盖上，如图 3-15 所示。目前国产交流发电机的电刷架有两种结构：一种是电刷架可直接从发电机的外部拆装，拆装维修方便；另一种则不能直接从发电机外部进行拆装，如需更换电刷，必须将发电机拆开，拆装维修困难，故这种结构逐渐被淘汰。

a) 电刷   b) 电刷架

图 3-15   电刷及电刷架实物图

交流发电机有内搭铁和外搭铁之分，因此两只电刷引线的接法也不同。对于内搭铁发电机，其励磁绕组直接在发电机内部搭铁，两只电刷引线中的一根与后端盖上的磁场接线柱 F（或磁场）相连接，另一根则直接与发电机外壳上的搭铁接线柱 E（或搭铁）连接。而外搭铁式发电机由于励磁绕组是通过所配装的调节器搭铁，因此两只电刷接线柱均与发电机外壳绝缘，分别用 F_1 和 F_2 表示（有的用 F+，F−表示）。交流发电机的搭铁型式如图 3-16 所示。

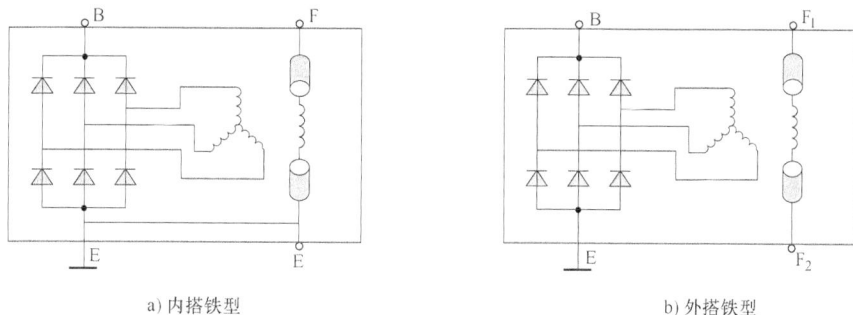

a) 内搭铁型　　　　　　　　　　　b) 外搭铁型

图 3-16　交流发电机的搭铁型式

（6）**风扇及带轮**　带轮的作用是利用传动带将发动机的转矩传给发电机的转子轴，通常用铸铁或低碳钢制造，利用半圆键装在风扇外侧的轴上，再利用弹簧垫圈和螺母紧固。

风扇的作用是在发电机工作时强制通风冷却发电机内部，风扇为叶片式，一般用 1.5mm 的钢板冲制而成或用铝合金压铸而成。

发电机的通风原理为：在发电机的前、后端盖上分别有出风口和进风口，当曲轴驱动带轮旋转时，带动风扇叶片旋转产生空气流，空气流高速流经发动机内部进行冷却。

有些新型的发电机将传统的外装单风扇改为两个风扇并分别固定在发电机的转子爪形磁极两侧，使发电机由单向轴向通风改为双向轴向进风、径向排风的冷却系统，增强了冷却效果，为提高输出性能、缩小体积提供了条件，桑塔纳 2000 型乘用车的交流发电机即采用此种结构。

三、交流发电机型号

根据中华人民共和国汽车行业标准 QC/T 73—1993《汽车电气设备产品型号编制方法》的规定，汽车交流发电机的型号组成如图 3-17 所示。

1）产品代号。交流发电机产品代号有 JF、JFZ、JFB 和 JFW 四种，分别表示交流发电机、整体式交流发电机、带泵交流发电机和无刷交流发电机。

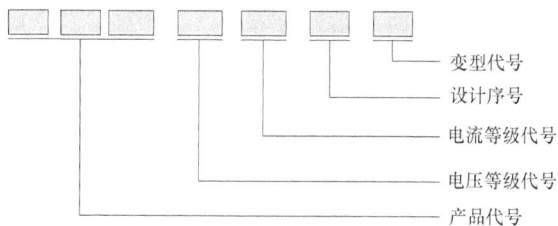

变型代号
设计序号
电流等级代号
电压等级代号
产品代号

图 3-17　汽车交流发电机的型号组成

2）电压等级代号。由阿拉伯数字表示：1—12V；2—24V；6—6V；

3）电流等级代号。分别用 1 位阿拉伯数字表示，其含义见表 3-1。

4）设计序号。按产品设计先后顺序，由 1~2 位阿拉伯数字组成。

5）变型代号。交流发电机以调整臂位置作为变型代号。从驱动端看，调整臂在中间不加标记，在右边时用 Y 表示，在左边时用 Z 表示。

表 3-1 电流等级代号

电流等级代号	1	2	3	4	5	6	7	8	9
额定工作电流/A	≤19	20~29	30~39	40~49	50~59	60~69	70~79	80~89	≥90

例如：JF152 表示交流发电机，其电压等级为 12V，电流等级 ≥50~59A，第 2 次设计；桑塔纳、奥迪 100 型轿车用 JFZ1913Z 型交流发电机表示调整臂在左边的整体式交流发电机，电压等级为 12V，电流等级 ≥90A，第 13 次设计。

四、交流发电机工作原理

1. 发电原理

汽车用交流发电机的工作原理如图 3-18 所示。

当转子旋转时，磁力线和定子绕组之间产生相对运动，在三相定子绕组中产生交流电动势。交流电动势的频率 f（Hz）为

$$f = \frac{pn}{60} \qquad (3-1)$$

式中，p 为磁极对数；n 为发电机转速，单位为 r/min。

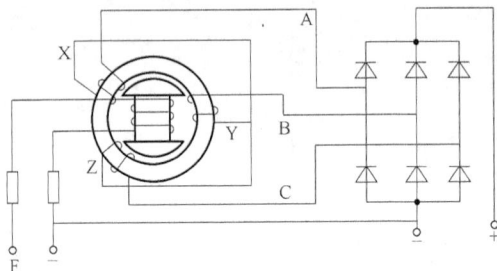

图 3-18 汽车用交流发电机的工作原理

在汽车用交流发电机中，由于转子磁极呈鸟嘴形，其磁场的分布近似正弦规律，所以交流电动势也近似正弦波形。三相电枢绕组在定子槽中对称绕制，因此三相交流电动势大小相等，相位互为 120° 电角度，其瞬时值为

$$e_A = E_m \sin\omega t = E_\phi \sqrt{2} \sin\omega t \qquad (3-2)$$

$$e_B = E_m \sin(\omega t - 120°) = E_\phi \sqrt{2} \sin(\omega t - 120°) \qquad (3-3)$$

$$e_C = E_m \sin(\omega t + 120°) = E_\phi \sqrt{2} \sin(\omega t + 120°) \qquad (3-4)$$

式中，E_ϕ 为每相电动势的有效值，单位为 V；ω 为电角速度，且 $\omega = 2\pi f = \frac{\pi pn}{30}$。

每相电动势的有效值 E_ϕ 为

$$E_\phi = 4.44kWf = C_e \Phi n \qquad (3-5)$$

式中，k 为绕组系数，采用整距集中绕组时 $k=1$；f 为感应电动势的频率，单位为 Hz；W 为每相绕组匝数；C_e 为电机结构常数；Φ 为每极磁通，单位为 Wb；n 为发电机转速。

车用交流发电机三相绕组有 Y 联结和 △ 联结两种接法，根据电工学原理，在 Y 联结时，如图 3-19a 所示，任意两个输出端的输出电压（称为线电压 U_L）、输出电流（称为线电流 I_L）与每相绕组的相电压 U_ϕ、相电流 I_ϕ 的关系为

$$U_L = \sqrt{3} U_\phi \qquad (3-6)$$

$$I_L = I_\phi \qquad (3-7)$$

当定子绕组采用 △ 联结时，如图 3-19b 所示，则

$$U_L = U_\phi \qquad (3-8)$$

$$I_L = \sqrt{3} I_\phi \qquad (3-9)$$

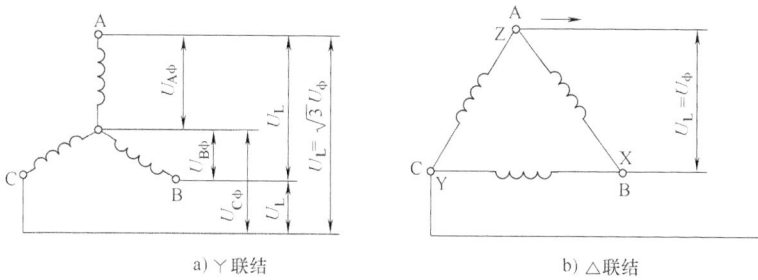

图 3-19　三相绕组不同接法时的电压、电流关系

a) Y联结　　　　　　　　　　b) △联结

由此可见，在交流发电机相电压相同的运转条件下，Y联结比△联结具有较高的输出电压，而当输出线电压相同时，△联结输出电流则较大。因此，采用Y联结的交流发电机在发动机转速较低时（如怠速时）便可向蓄电池充电，而采用△联结的交流发电机则需较高的发动机转速才能向蓄电池充电（在与Y联结有相同的传动比时）。所以，大多数车用交流发电机都采用Y联结，只有在少数大功率交流发电机上才采用△联结。

2. 整流原理

定子绕组中感应出的交流电动势，通过由 6 只硅二极管组成的三相桥式整流电路变换为直流电。三相桥式整流电路的原理如图 3-20 所示。

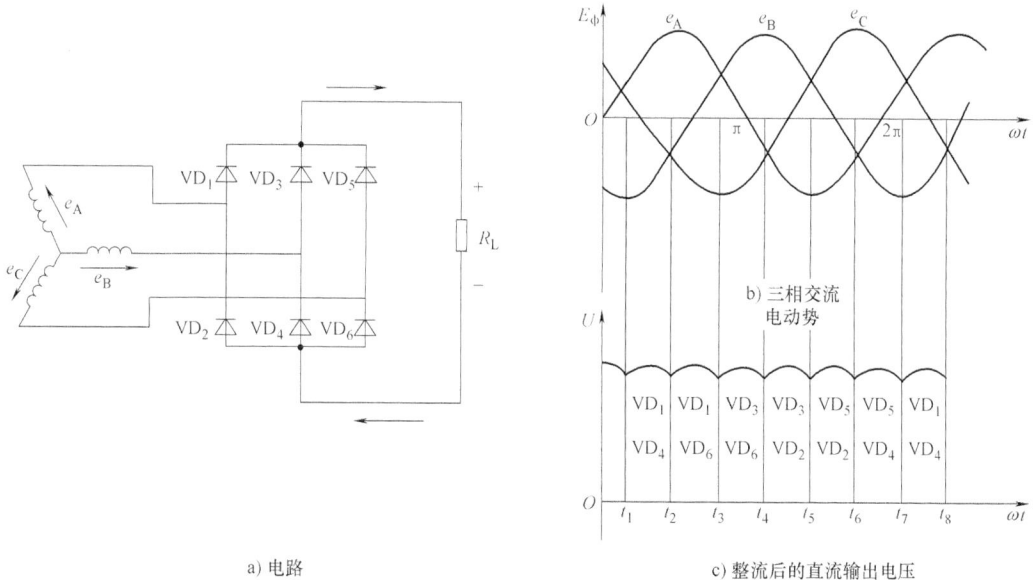

a) 电路　　　　　　　　　　　c) 整流后的直流输出电压

图 3-20　三相桥式整流电路及电压波形

在三相桥式整流电路中，3 只正极二极管 VD_1、VD_3、VD_5 的负极连接在一起，在某一瞬间，正极电位最高的二极管导通；而 3 只负极二极管 VD_2、VD_4、VD_6 的正极连接在一起，在某一瞬间，负极电位最低的二极管导通。根据上述原理，其整流过程如下：

在 $t=0$ 时，$e_A=0$、e_B 为负值、e_C 为正值，则二极管 VD_5、VD_4 处于正向电压作用下而导通。电流从 C 相流出，经 VD_5、负载、VD_4 回到 B 相构成回路。由于二极管内阻很小，所以此时 B、C 之间的线电压几乎都加在负载上。

在 $t_1 \sim t_2$ 时间内，A 相电压最高，B 相电压最低，VD_1、VD_4 处于正向电压而导通，A、B 之间的线电压加在负载上。

在 $t_2 \sim t_3$ 时间内，A 相电压仍最高，而 C 相电压变为最低，VD_1、VD_6 导通，A、C 之间的线电压加在负载上。

在 $t_3 \sim t_4$ 时间内，VD_3、VD_6 导通。

依此下去，周而复始，在负载上得到一个比较平稳的直流脉冲电压，其电压波形如图 3-20c 所示。

发电机输出直流电压的平均值为

$$U = 1.35U_L = 2.34U_\phi \qquad (\text{Y联结}) \qquad (3\text{-}10)$$
$$U = 1.35U_L = 1.35U_\phi \qquad (\triangle 联结) \qquad (3\text{-}11)$$

式中，U_L 为线电压的有效值，单位为 V；U_ϕ 为相电压的有效值，单位为 V。

由于三相桥式整流电路中，在交流电的每一个周期内，每只二极管只有 1/3 时间导通，所以每只二极管的平均电流 I_D 为负载电流 I 的 1/3，即

$$I_D = \frac{1}{3}I \qquad (3\text{-}12)$$

每只二极管所承受的最高反向电压 U_{DRM} 为线电压的最大值，即

$$U_{DRM} = \sqrt{2}\,U_L = 1.05U \qquad (3\text{-}13)$$

实际上，汽车交流发电机中所选用的二极管其最高反向工作电压要高得多，这是因为考虑到汽车电路中由其他电气设备产生的自感电动势可能会作用于发电机的二极管，所以反向电压必须有一定的安全系数。国产交流发电机配用的 ZQ 型二极管，其最高反向工作电压可达 200V。

3. 励磁方式

将电源引入励磁绕组使之产生磁场称为励磁。交流发电机励磁电路如图 3-21 所示。交流发电机励磁两种方式：即自励和他励。

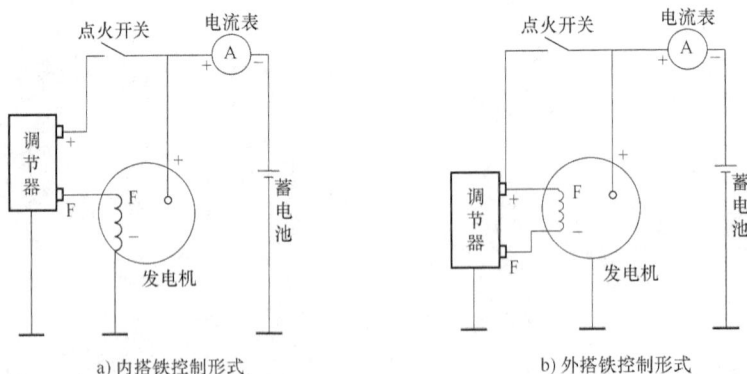

a) 内搭铁控制形式   b) 外搭铁控制形式

图 3-21 交流发电机励磁电路

他励指的是在发动机起动期间，需先由蓄电池供给发电机励磁电流生磁使发电机发电，这种供给励磁电流的方式称为他励。

自励指的是随着发动机转速的提高，发电机的电动势逐渐升高并能对外输出。一般在发动机怠速时发电机就能对外供电。当发电机能对外供电时，就可以把自身发的电供给励磁绕

组生磁发电，这种自身供给励磁电流发电的方式称为自励。

五、交流发电机的工作特性

汽车交流发电机与其他发电机相比最大的特点是工作转速变化范围大，一般汽油发动机配用的交流发电机转速变化比约为 $1:8$；柴油发动机配用的交流发电机转速变化比约为 $1:5$。因此，掌握交流发电机的输出电流、端电压随转速变化的规律十分重要。下面分别介绍交流发电机的空载特性、输出特性和外特性。

1. 空载特性

当发电机空载（即负载电流 $I=0$）时，发电机端电压 U 与发电机转速 n 的函数关系 $U=f(n)$ 称为发电机的空载特性，曲线如图 3-22 所示。曲线形状与发电机的磁路关系较大，磁路气隙越小，漏磁越小，电压上升速率越大。当然，随着磁路的饱和，磁通会在某一转速下保持恒定而不再增加，若不考虑调节器的作用，随着转速提高，端电压将不断上升，所以 $U=f(n)$ 曲线的渐近线为一直线。由空载特性可以判断发电机低速充电性能的好坏。

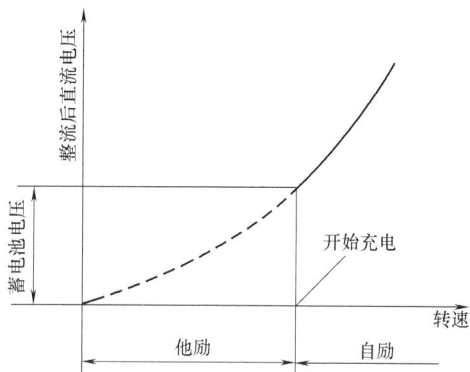

图 3-22　交流发电机的空载特性曲线

2. 输出特性

当发电机端电压 U 为常数，输出电流 I 与发电机转速 n 之间的函数关系 $I=f(n)$ 称为发电机的输出特性（或负载特性）。图 3-23 为交流发电机的输出特性曲线。

交流发电机的输出特性曲线表明，当端电压保持不变时（12V 发电机保持 14V，24V 发电机保持 28V），其输出电流随着转速增加而逐渐增大：当 $n<n_1$ 时，因发电机端电压低于额定值，车用电器只能由蓄电池供电，发电机不能向外输送电流，故称 n_1 为空载转速，其值常用作选择发电机与发动机转速比的主要依据。

发电机达到额定功率时的转速称为额定转速，也称为满载转速，用 n_2 表示。这时发电机的负载电流应为额定电流 I_N。常以 n_1 和 n_2 两个数据判断发电机的性能是否正常。

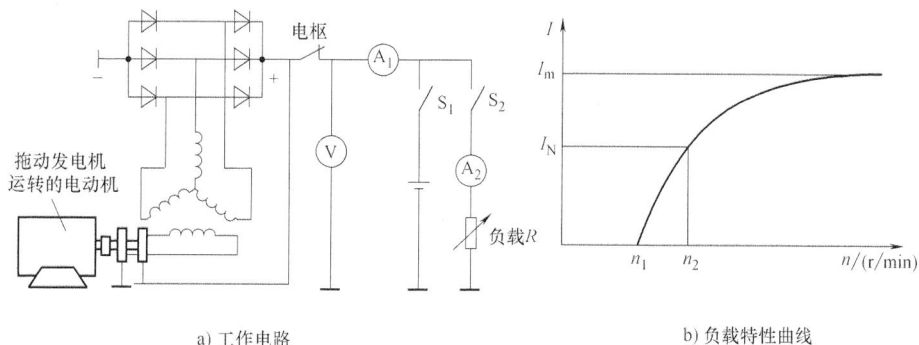

a) 工作电路　　　　　　　　　　　　　　b) 负载特性曲线

图 3-23　交流发电机的输出特性曲线

当发电机的转速超过某一数值后，输出电流逐渐趋于某一稳定值——最大输出电流 I_m，这表明交流发电机具有自动限制输出电流的自保护能力，一般情况下 $I_m=1.5I_N$。交流发电机的自限流能力来自两个方面：其一，定子电流的增大，电枢反应增强，即定子电流形成的磁场对转子磁场产生去磁作用，反过来使定子绕组中的感应电动势下降；其二，定子绕组的阻抗 $Z=R^2+X_L^2$ 表现为电源的内阻抗，其中相绕组的直流电阻 R 随输出电流的热效应略有增加，但其值变化不大，可忽略不计，但电抗

$$X_L = 2\pi fL = \frac{\pi pnL}{30} \tag{3-14}$$

式中，磁极对数 p、每相定子绕组电感 L 均为常数，可见 X_L 与转速 n 成线性关系。因此，转速增加→X_L 增大→Z 增大→电源内阻抗压降增大→发电机端电压下降。

3. 外特性

当发电机转速 n = 常数，函数曲线 $U=f(I)$ 称为外特性，如图 3-24 所示。

交流发电机外特性曲线表明，在一定转速下，输出电流增加时发电机端电压 U 将有较大下降。反之，在发电机高速运转时，如果突然卸去负载，其端电压将急剧上升，可能引起整流器和调节器中电子元件因瞬时过电压损坏，因此必须避免发电机高速旋转时突然失去负载。

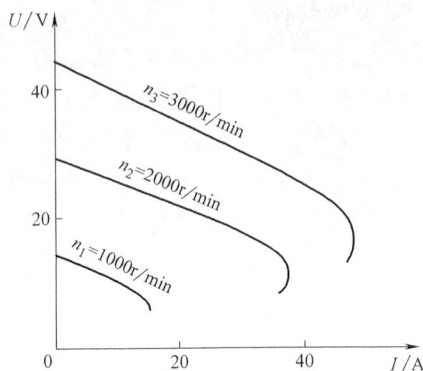

图 3-24 交流发电机的外特性曲线

第二节　交流发电机电压调节器

一、电压调节器的作用和类型

汽车交流发电机同直流发电机一样，必须配有电压调节器与其联合工作。这是因为交流发电机在结构一定、磁场强度不变的条件下，其输出电压的大小与发电机的转速成正比，而发电机由发动机带动，其转速由发动机转速决定。汽车正常行驶时，发动机的转速变化范围很大，势必对发电机输出电压的大小产生很大影响。为了使发电机的输出电压在不同的转速下均能保持一定，即能随发动机转速的变化而自动调节，使其电压值保持在某一允许的范围之内，就必须装置电压调节器。

交流发电机配用的调节器种类繁多，型号各异，按工作原理可分为触点式电压调节器、晶体管调节器、集成电路调节器、微机控制调节器。按所匹配的交流发电机搭铁型式可分为内搭铁型调节器和外搭铁型调节器。

二、电压调节器工作原理

由于发电机的电动势及端电压与磁通也成正比关系，当发电机转速变化时，如果要保持发电机电压恒定，就必须相应改变磁极磁通。磁极磁通的多少取决于励磁电流的大小，在发电机转速变化时，只要自动调节励磁电流，就能使发电机电压保持恒定。调节器的调节原理就是通过调节励磁电流使磁极磁通改变来使发电机输出电压保持恒定。

汽车用发电机电压调节器的基本原理如图 3-25a 所示。调节器动作的控制参量为发电机电压，即当发电机的电压上升到设定的上限值 U_2 时，调节器动作，使励磁绕组的励磁电流 I_f 下降或断流，从而减弱磁极磁通，致使发电机电压下降；当发电机电压下降到设定的下限值 U_1 时，调节器又动作，使 I_f 增大，磁极磁通加强，发电机电压又上升；当发电机的电压上升到 U_2 时又重复上述过程，使发电机的电压在设定的范围内脉动，得到一个稳定的平均电压 U_c。发电机在某一转速下，调节器起作用后发电机电压波形如图 3-25b 所示。

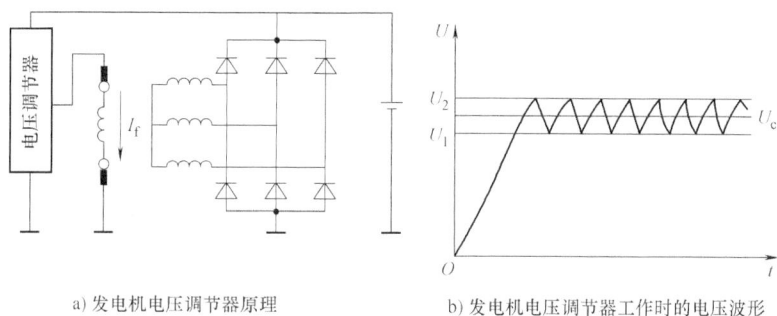

a) 发电机电压调节器原理　　　　　　　　b) 发电机电压调节器工作时的电压波形

图 3-25　发电机电压调节器的基本原理

各种调节器都是通过调节励磁电流使励磁磁通改变来控制发电机输出电压。电子调节器调节电流的方法是利用晶体管的开关特性，使励磁电流接通与切断来调节发电机励磁电流。

三、电磁振动式调节器

电磁振动式调节器是通过一对或两对触点的反复开闭改变磁场电路的电阻来调节励磁电流。

（1）按触点的对数划分

1）单级式。只有一对触点，如 FT111、FT211 型调节器。

2）双级式。有两对触点，如 FT61、FT70 型调节器。

（2）按组成的联数划分

1）单联式。只有一组电压调节器，如 FT61、FT71 型调节器。

2）双联式。除电压调节器外，另有一组磁场继电器或充电指示灯继电器，如 FT61A 型调节器。

QC/T 73—1993《汽车电气设备产品型号编制方法》规定，汽车交流发电机调节器的产品型号编制规则如图 3-26 所示。

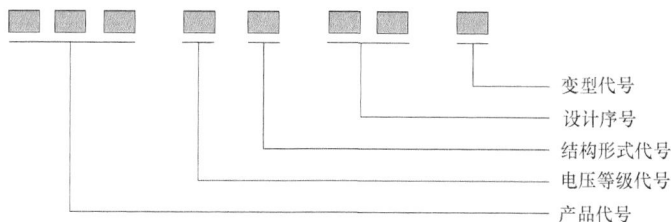

图 3-26　汽车交流发电机调节器型号组成

1）产品代号。交流发电机调节器的产品代号有 FT 和 FTD 两种，分别表示发电机调节器和电子式发电机调节器（字母 F、T、D 分别为发、调、电的汉语拼音第一个字母）。

2）电压等级代号。该代号与交流发电机型号相同，电压等级代号用一位阿拉伯数字表示：1 表示 12V 系统；2 表示 24V 系统；6 表示 6V 系统。

3）结构形式代号。

4）设计序号。按产品设计先后次序，用 1~2 位阿拉伯数字表示。

5）变型代号。用汉语拼音大写字母 A、B、C、…顺序表示（不能用 O 和 L）。

例如：FT126C 表示 12V 的双联机械电磁振动式调节器，第 6 次设计，第 3 次变型；FTD152 表示 12V 集成电路调节器，第 2 次设计。

四、晶体管式电压调节器

1. 晶体管式电压调节器的识别

对 12V 系统的调节器，用一个 12V 蓄电池和一个 12V、2W 的小灯泡按图 3-37 连接线路。

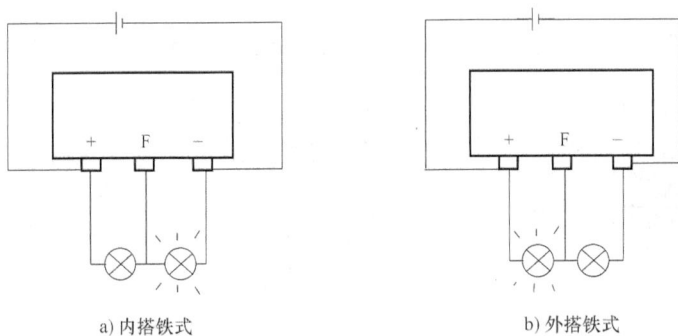

a）内搭铁式   b）外搭铁式

图 3-27　晶体管式电压调节器的识别接线图

2. 晶体管式调节器的性能检测

晶体管式调节器的性能检测包括静态检测法与动态检测法，静态检测法一般不用。动态检测法即将可调直流电源与调节器按图 3-28a 线路接线，然后逐渐提高电源输出电压。当电压达到 6V 左右时，指示灯点亮，继续提高电源电压，当电压达到 13.5~14.4V 左右时，指示灯熄灭，熄灭时的电压即为调节器的调节电压，并与性能参数相比较。

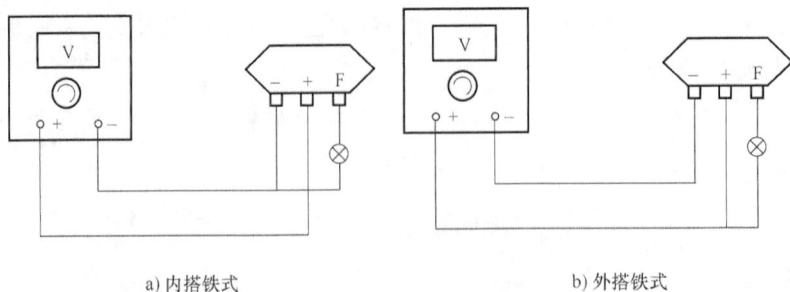

a）内搭铁式   b）外搭铁式

图 3-28　晶体管式调节器性能测试接线图

3. 万能试验台测试

将晶体管式调节器和配套标准发电机装在万能电器试验台上，按图 3-29 连接线路，然后逐步提高发电机转速到规定值，再逐步变化负载电流，调节器的调压值和各种负载下的电压差值应符合试验技术要求。

五、集成电路电压调节器

集成电路又称 IC 电路，可根据使用要求，将电路中的若干元件集成在同一基片上，制成一个独立的电子芯片。由于集成电路具有体积小、可靠性高、成本低、适应性强等诸多优点，因而广泛用于汽车电子工业。用集成电路开发的电压调节器体积很小，可方便地安装在发电机的内部与发电机组成

图 3-29　交流发电机调节器试验线路

一个整体，故装有集成电路电压调节器的交流发电机又称为整体式交流发电机。

集成电路电压调节器的基本工作原理与晶体管调节器相同，都是根据发电机的电压信号（输入信号），利用晶体管的开关特性控制发电机的励磁电流，达到稳定发电机输出电压的目的。

根据输入电压信号检测点的不同，集成电路调节器的基本电路又可分为发电机电压检测法和蓄电池电压检测法。图 3-30a 所示电路采用蓄电池电压检测法，图 3-30b 所示电路采用发电机电压检测法。

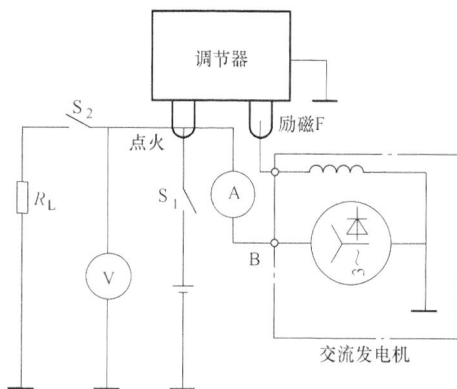

a) 蓄电池电压检测法

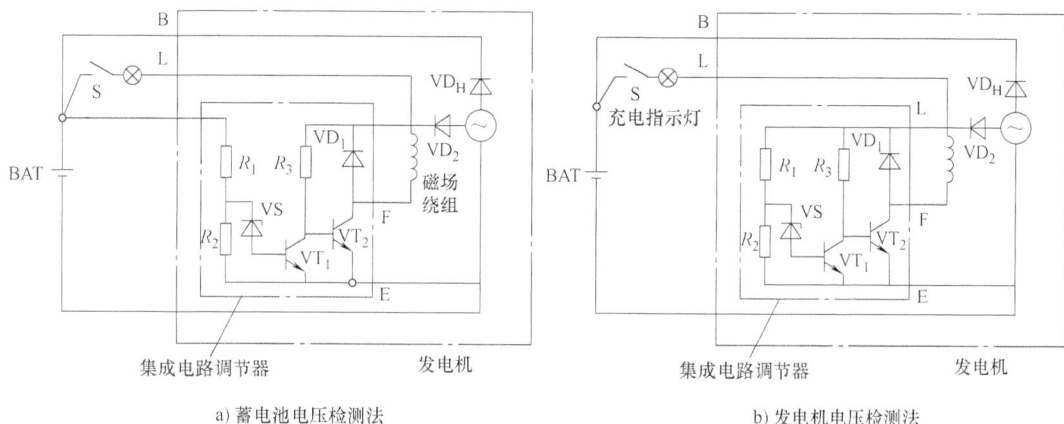

b) 发电机电压检测法

图 3-30　集成电路调节器的基本电路

发电机电压检测法与蓄电池电压检测法的区别在于：前者控制电路所取信号直接来自于发电机的输出端，后者则来自于蓄电池端。

相比而言，采用发电机电压检测法可省去信号输入线，缺点是当发电机至蓄电池电路上的电压降损失较大时，可导致蓄电池的端电压偏低引起蓄电池充电不足。因此，一般大功率发电机多采用蓄电池电压检测法，使蓄电池的端电压得以保证。但采用蓄电池电压检测法后，若发电机的电压输出线或信号输入线断路时，由于无法检测发电机的工作情况，可能发生发电机失控故障。因此，在大多数实用电路的设计中，对具体电路做了相应改进。

1. 国产 JFT152 型集成电路调节器

国产 JFT152 型集成电路调节器是长沙汽车电器厂生产的一种厚膜混合集成电路调节器，

适用于 14V、350～500W 的外搭铁交流发电机，如东风 EQ1090 型汽车装用的 JFZ132N 型、JFZ13A 型、JFZ13E 型交流发电机等，其电路如图 3-31 所示。

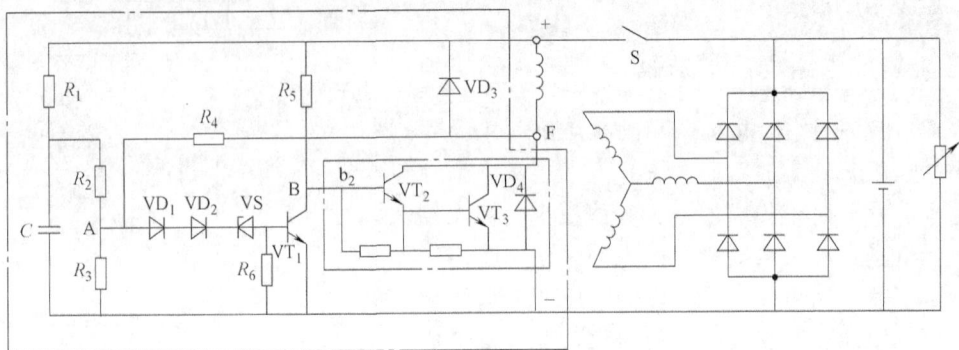

图 3-31　国产 JFT152 型集成电路调节器电路图

JFT152 型集成电路调节器的基本工作原理如下：

接通点火开关 S 后，蓄电池的端电压加在控制电路的分压器上，由于分压电阻 R_2 上的电压降小于稳压管 VS 的反向击穿电压，故 VS 截止，VT_1 因无正向偏压而截止。在偏置电阻 R_5 的作用下，复合管 VT_2、VT_3 导通，蓄电池向发电机提供励磁电流，发电机输出电压随转速上升。

当发电机输出电压随转速上升且高于调节电压上限时，分压电阻 R_3 上的电压降升高至稳压管 VS 的击穿电压，稳压管 VS 被击穿导通，VT_1 随之饱和导通，复合管 VT_2、VT_3 截止，切断发电机的励磁电流，使发电机的输出电压迅速降低。

当输出电压降低于调节电压下限时，稳压管 VS 又截止，VT_1 截止，复合管 VT_2、VT_3 又导通，磁场电路中又有励磁电流产生，使发电机的输出电压又逐渐升高。周而复始，可使发电机的输出电压保持稳定。

2. 夏利轿车用集成电路调节器

图 3-32 为夏利轿车用集成电路调节器电路图。该调节器内有一单片 IC 电路，其 IG 端经点火开关接至蓄电池，用于检测蓄电池和发电机电压，从而控制晶体管 VT_2 的导通与截

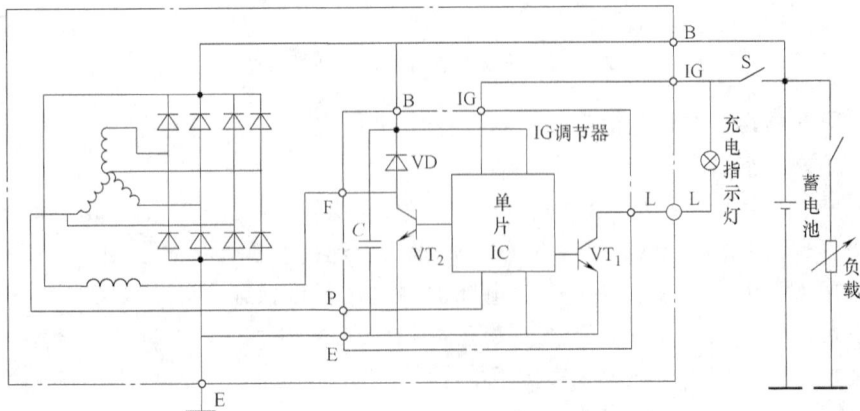

图 3-32　夏利轿车用集成电路调节器电路图

止；P 端接至发电机定子绕组某一相上，该点电压为交流发电机直流输出电压的一半。单片集成电路调节器从 P 端检测到交流发电机的电压，从而控制晶体管 VT_1 的导通与截止。

夏利轿车用集成电路调节器的工作原理如下：

1）接通点火开关 S，发电机未运转时，蓄电池电压经点火开关加到发电机的 IG 端和调节器的 IG 端，单片 IC 电路检测出该电压，使 VT_2 导通，于是励磁电路接通。其电路为：蓄电池 "+" 极→发电机 B 端→励磁绕组→调节器 F 端 VT_2（c→e 极）→E 端→搭铁→蓄电池 "－" 极。

此时，发电机不发电，P 端电压为零，单片 IC 电路检测出该电压，使 VT_1 导通，于是充电指示灯亮，指示蓄电池放电。充电指示灯电路为：蓄电池 "+" 极→点火开关→充电指示灯→L 端→VT_1（c→e）→ E 端→搭铁→蓄电池 "－" 极。

2）当发电机转速升高，输出电压超过蓄电池电压时，P 端电压信号使 IC 电路控制 VT_1 截止，于是充电指示灯熄灭，指示发电机开始向蓄电池充电，并向用电设备供电。

3）当发电机电压升高，超过调节电压值时，B 端电压信号使 IC 电路控制 VT_2 截止，切断了励磁电流，使发电机电压下降。当发电机电压下降到低于调节电压值时，IC 电路又控制 VT_2 导通，励磁电流又接通，发电机电压又升高。该过程反复进行，使 B 端电压稳定于调压值。

4）当励磁电路断路使发电机不发电时，P 端电压为零，单片 IC 电路检测出该点电压后控制 VT_1 导通，使充电指示灯亮，从而告知驾驶人充电系统出现故障。

5）发电机运行中，如果发电机输出 B 端与蓄电池正极的连线断开时，单片 IC 电路仍能检测出发电机 B 端电压，使调节器继续正常工作，从而防止了发电机输出电压过高。

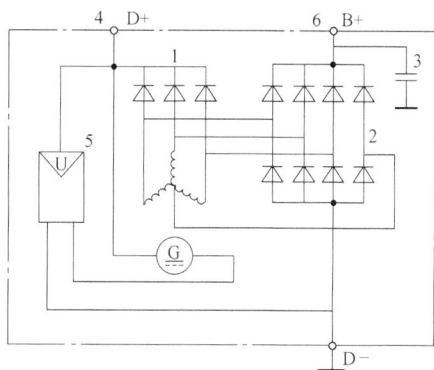

图 3-33　奥迪 100 型轿车用交流发电机电路图
1—励磁二极管　2—功率二极管　3—防干扰电容器
4—D+接线柱　5—电压调节器　6—B+接线柱

3. 奥迪 100 型、桑塔纳轿车用交流发电机

奥迪 100 型轿车采用内装集成电路调节器的整体式交流发电机，其电路如图 3-33 所示，该发电机采用 11 只整流二极管作为整流器，其中 6 只为三相整流二极管，2 只为中性点输出整流二极管，3 只为励磁二极管。

桑塔纳轿车装用长沙汽车电器厂生产的 JFZ1913Z 型交流发电机或上海汽车电机二厂生产的 JFZ1813Z 型整体式交流发电机。该发电机输出电流为 90A，额定输出功率为 1.2kW，电压调节器的电压调节范围为 12.5～14.5V。

4. 北京切诺基用发电机调节器

该汽车发电机采用的内装式集成电路调节器为多功能调节器，除可以调整发电机输出电压外，还有控制充电指示灯、为电子转速表提供转速信号等功能，发电机电路如图 3-34 所示。调节器由开关管 DMO5、基准电压电路 HMO5、线性集成电路 IC、充电指示灯驱动电路等 4 部分组成，有 P、L、F、S 4 个接线柱，L 接线柱用于连接充电指示灯或电压表；P 接线柱为半波整流接线柱，用于驱动继电器、检测发电机的整流元件或作为发电机转速的检测信号；S 接线柱与蓄电池检测元件相连；F 接线柱接到点火开关。当点火开关接通时，L、F 接线柱有电，同时蓄电池的正电位经发电机输出接线柱 "−" 送到调节器内加到开关管 DMO5、基准电压电路 HMO5、线性集成电路 IC 上，使充电指示灯电路导通，同时使线性集成电路 IC 输出一高电平加到开关管 DMO5 上，DMO5 导通，使励磁绕组获得励磁电流，发电机电压升高；当发电机电压达到一定值时，半波整流电压加到线性集成电路 IC 上，使其输出低电平并加到充电指示灯驱动器上，使指示灯熄灭。当发电机电压继续升高，使线性集成电路 IC 获得的电压高于给定基准电压时，输出一低电平，使 DMO5 截止，励磁电路切断，使发电机端电压下降；当电压低于给定数值时，DMO5 再导通，励磁电路又接通，达到调压的目的。其中二极管为续流二极管，电容起滤波作用，可减小发电机的电磁干扰。

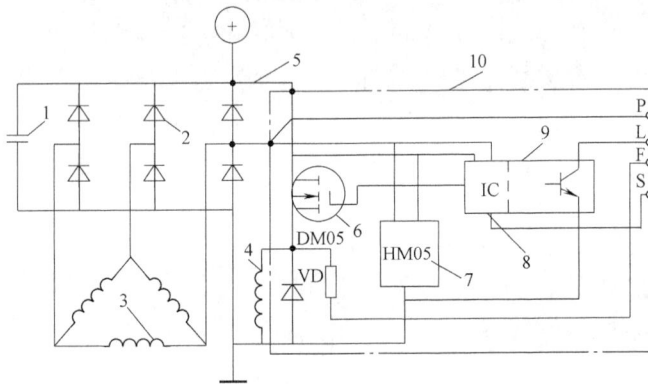

图 3-34　北京切诺基用发电机电路图

1—电容器　2—整流二极管　3—定子绕组　4—励磁绕组　5—发电机　6—开关管
7—基准电压电路　8—线性集成电路　9—充电指示灯驱动电路　10—调节器

第三节　汽车 42V 及 14/42V 双电压电气系统

一、两种电气系统

新的汽车电气系统有两种类型：一种是 14/42V 双电压电气系统，另一种是 42V 单一电压电气系统。

目前制造的大量汽车电子部件不能在 42V 电源下使用，14/42V 双电压电气系统是过渡阶段的电源。只有当大量的部件都适应 42V 电源时，才能大批量生产 42V 车用电源，因此 42V 电源将成为最终型的汽车电源。

1. 14/42V 双电压电气系统

图 3-35 是 14/42V 双电压电气系统的结构框图，它由大功率起动机/发电机、DC/DC 转换器、36V 吸液性玻璃纤维（Absorbent Glass Mat，AGM）铅酸蓄电池和最新型 12V 锂聚合物蓄电池等组成。

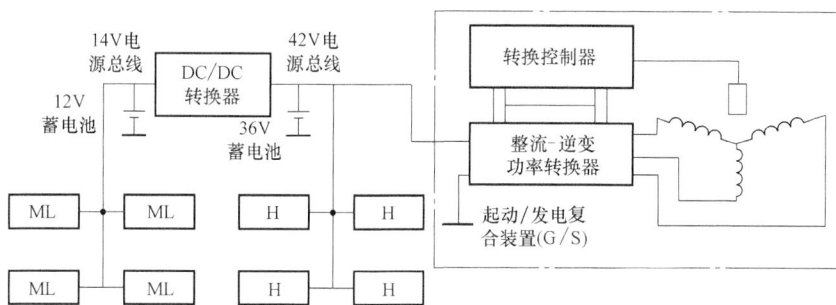

图 3-35 14/42V 双电压电气系统结构框图

ML—中小功率负载 H—高功率负载

14/42V 双电压电气系统的特点是按电器设备和电子装置消耗功率的大小分为两组。耗电功率较大的一组,如三元催化转换系统、风窗玻璃加热装置、发动机冷却风机、电控悬架及电磁阀驱动电路等,使用 42V 供电系统,可大大降低负载电流,减小体积,有利于电子元件小型化,便于提高集成度;而消耗功率较小的一组,如传统的照明、信号装置、仪表及电动门窗、中央门锁、发动机电控燃油喷射和点火系统等,则采用 14V 供电系统,可充分利用现有的制造工艺和技术,使其价格稳定,平缓过渡。

图 3-36 是德尔福公司在还没有完全成为 42V 电气系统之前推出的 4 种 14/42V 双电压电气系统的设计方案。可以看出,14/42V 双电压系统能更快地达到实用化阶段。

2. 42V 电气系统

单一电压的 42V 电气系统具有使用效率高、控制系统较为简单、配用电池为一组同等电压的蓄电池等特点。

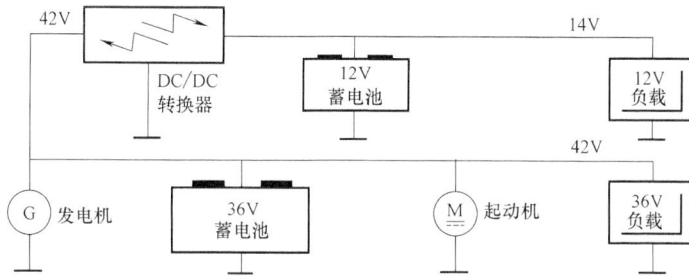

a) 单电压发电机和单电压能源储存

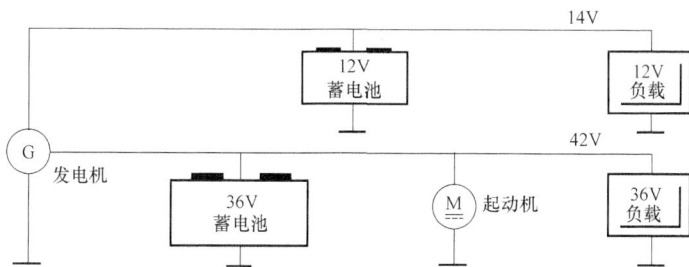

b) 双电压发电机和单电压能源储存

图 3-36 德尔福公司推出的 14/42V 双电压电气系统设计方案

c) 单电压发电机和双电压能源储存

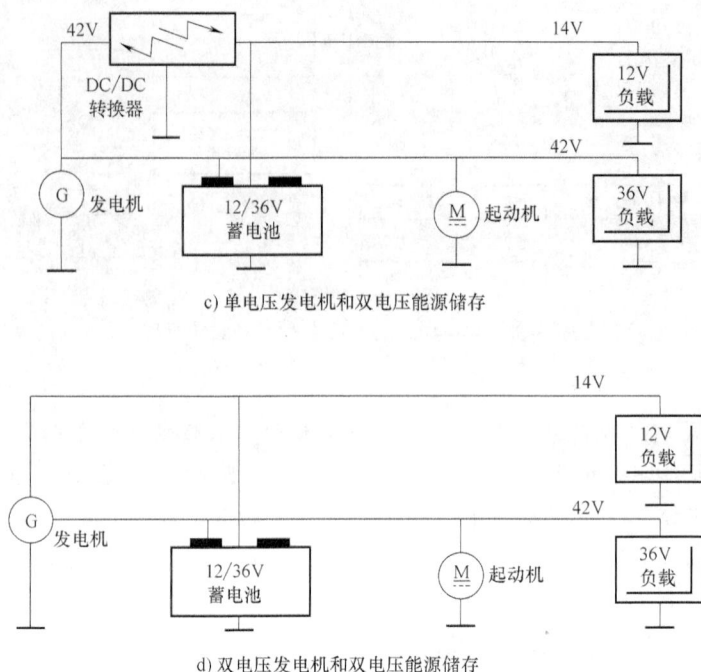

d) 双电压发电机和双电压能源储存

图 3-36　德尔福公司推出的 14/42V 双电压电气系统设计方案（续）

在功率不变的情况下，电压和电流之间的关系是：如果电压提高到原来的 3 倍（14V×3 =42V），则电流下降到原来的 1/3。在选择车用线束时，主要是根据线束传输电流的大小，当然，出于机械强度和接头牢固性的要求，车用线束有一个最小尺寸的限制。改用 42V 电压，不仅能减小线束和接头的尺寸，降低其重量及费用，而且能够更多地使用比传统线束尺寸更小、更易于生产的带状电缆。采用 42V 电源还可适应更多新型电子装置在汽车上的应用，同时可提高燃油经济性和排放水平。

采用 42V 电源，其电功率预计为 12V 电源的 3 倍，可达 6~7kW。

二、42V 电气系统中的关键装置

1. 起动/发电复合装置

由于电气系统中交流发电机具有较大的输出功率，为了合理利用资源，可利用交流发电机的可逆性，再配置一套半导体整流-逆变功率转换器，将交流发电机和起动机合为一个起动/发电复合装置。起动发电机时，42V 蓄电池通过整流-逆变功率转换器向起动/发电复合装置供电，复合装置工作在起动状态；当发动机起动后，整流-逆变功率转换器工作在整流状态，复合装置工作在发电状态，向 42V 蓄电池充电及向其他用电设备供电。在发电状态，复合装置可根据需要输出不同的电压。

这种起动/发电复合装置一般安装在汽车传动系统中。目前已开发的电机有感应式、永磁类和开关磁阻式等。

集成式起动机/交流发电机/阻尼器（Integrated Starter Alternator Damper，ISAD）系统除了具备很强的发电能力之外，还能够在不到 0.2s 的时间内重新起动发动机，原因之一就是

ISAD 是一种三相交流装置。另外，ISAD 使用的功率转换器采用功率转换能力强、由微控制器控制的金属氧化物场效应晶体管，可将电能存储在蓄电池中并将其转换为交流电能。在交流发电机模式下，该功率变换器还将是整流系统。这种新型的起动/发电复合装置的效率可达 80%～90%，不仅能节省发动机功率，而且还能够消除转换为热量的能量损失，从而提高发电机的可靠性。

2. DC/DC 转换器

由图 3-36a、图 3-36c 可知，当交流发电机设计为 42V 单电压输出且电气系统使用 14/42V 双电压时，在高低电源及高电源与低电源负载之间必须加装 DC/DC 转换器，可以将供电系统分割为两个具有不同电压的供电子系统。它利用一组绝缘栅双极型晶体管（Isulated Gate Bipolar Transistor，IGBT）工作在脉宽调制（PWM）方式，通过调整矩形电压的占空比来改变输出电压的平均值，从而得到理想的电压。

三、42V 电气系统对未来汽车零部件的影响

42V 电气系统的应用将使汽车零部件的设计理念和结构组成发生重大的变革。一些零部件及整体系统将被淘汰，一些零部件将得到更优化设计，并将开发生产出一些新技术、新产品。

1. 对汽车整车的影响

由于 42V 电源能提供足够的功率，21 世纪将广泛采用网络汽车、导航系统、车载计算机、电动助力转向、电子制动、电子伺服制动、电动水泵、电动加热座椅及电加热三元催化转化器等新技术，并向智能化驾驶方向发展。

2. 对汽车发动机的影响

由于 42V 电气系统采用电控气门配气相位及电磁阀技术，发动机将取消传统的凸轮轴、气门挺杆、气门摇臂及轴、液力挺杆及正时齿轮等部件，从而大大简化了发动机结构，使发动机体积缩小，效率提高。

3. 对电动机及电磁阀的影响

采用 42V 电气系统，选用更好的绕组材料后，可使电动机及电磁阀的整体质量降低 20%左右。体积小、质量轻的电动机将使车门减薄，座椅周围空间增大，乘坐宽敞、舒适。

4. 对照明系统的影响

系统电压提高后，现在的照明装置均不能采用。前照灯必须采用高强度的放电灯，并配备功能可靠的防眩目装置。其他灯具也将采用氙气灯，以延长使用寿命。

5. 对电气开关和连接器件的影响

系统电压提高后，开关接触瞬间的电磁辐射必须加以考虑。传统机械式的继电器、断电保护器、调节器工作时将产生电磁辐射，因此将被淘汰；而新的 42V 供电系统中采用大量的功率半导体器件，熔断器保护电路也将被废除，具有自诊断功能和电路保护能力的多路传输控制系统将被广泛采用。

14/42V 及 42V 电气系统已得到国际汽车工业界的普遍认可，因此，可以断言这一新的汽车电气系统进入实用化的时间已为期不远。由于该电气系统的固有特点，以功率半导体器件同微电子器件相结合的控制装置，将在新的电气系统中获得大量应用，这将对传统的汽车电器带来较大的冲击，并对汽车电子、电器零部件的产业结构产生深远影响。

本章小结

本章首先介绍了交流发电机的分类、构造、型号、工作原理及工作特性等内容，接着介绍了电压调节器的作用和类型、电压调节器的工作原理、集成电路电压调节器、晶体管式电压调节器，最后介绍了汽车 42V 及 14/42V 双电压电气系统、42V 电气系统中的关键装置、42V 电气系统对未来汽车零部件的影响。

习题

1. 汽车交流发电机的功用是什么？由哪几部分组成？

2. 交流发电机整流器的作用是什么？如何将交流电变成直流电？整流二极管的导通原则是什么？

3. 汽车交流发电机型号的含义是什么？

4. 电压调节器的作用是什么？可以分成哪几类？

5. 电压调节器的工作原理是什么？

6. 试验设计。汽车实验室可提供：

1）0~30V 的直流稳压电源一台，该电源可显示工作电压和电流。

2）外搭铁 14V 集成电路电压调节器、转向信号灯灯泡（功率 21W，额定电压 14V）一个，数字万用表一台，导线若干。

7. 电子调节器可通过一个可调的直流电源（输出电压 0~30V，输出电流 3A）和一个测试类灯泡（12V 或 24V，20W）对其进行检测，如图 3-37 所示。试问：

1）图 3-37a、图 3-37b 哪个电路是内搭铁的电子调节器？

2）直流稳压电源应该怎样与该图连线？

3）如何静态判断该调节器是好是坏？

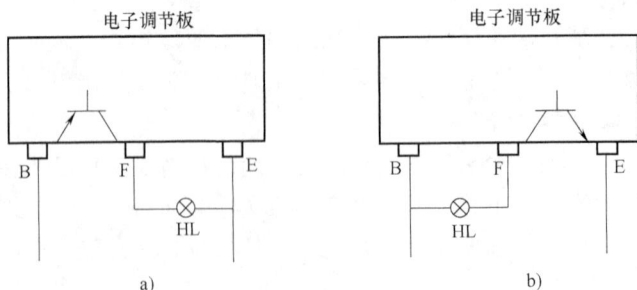

图 3-37　习题 7 图

8. 图 3-38 所示为一含有 9 管交流发电机在内的 12V 汽车电源总成电路，试问：

1）检测点 P 的电压值应怎样确定方可使电压调压器正常工作？

2）如果 S 接线柱在行车中松脱，整个汽车电源总成会出现什么情况？

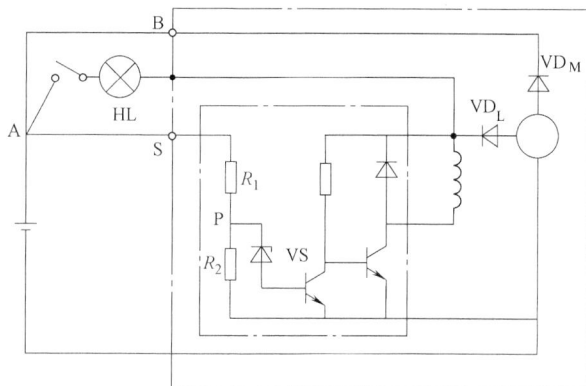

图 3-38　习题 8 图

9. 图 3-38 中，一含有 9 管交流发电机在内的 12V 汽车电源总成电路，试问：

1）指示灯在电路中的作用。

2）画出该电源系统在正常工作时的负载特性曲线。

10. 请按晶体管式电压调节器的静态工作特性设计一个试验方案。

11. 汽车上的双电压电气系统指的是哪两种？

12. 42V 电气系统中的关键装置有哪些？

13. 42V 电气系统将对未来汽车零部件的产生哪些影响？

第四章 / Chapter 4

起动系统

第一节　起动机分类、结构及工作原理

一、起动机分类

汽车发动机不能自己起动，要使发动机由静止状态过渡到工作状态，必须先用外力转动发动机的曲轴，使活塞做往复运动，气缸内的可燃混合气燃烧膨胀做功，推动活塞向下运动使曲轴旋转，发动机才能自行运转，工作循环才能自动进行。

起动系统将储存在蓄电池内的电能转换为机械能，要实现这种转换，必须使用起动机。起动机的功用是由直流电动机产生动力，经传动机构带动发动机曲轴转动，从而实现发动机的起动。起动系统包括蓄电池、点火开关（起动开关）、起动机总成、起动继电器等部件。起动系统组成如图4-1所示。

1. 起动机组成

起动机由直流电动机、传动机构和控制机构3部分组成。图4-2所示为典型的起动机结构。

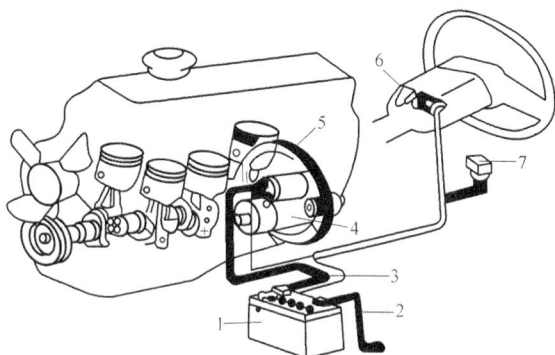

图4-1　起动系统组成

1—蓄电池　2—搭铁电缆　3—起动机电缆　4—起动机
5—飞轮　6—点火开关　7—起动继电器

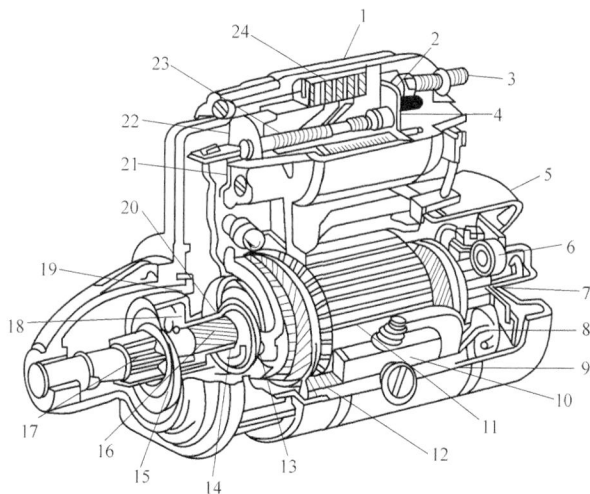

图4-2　起动机总成

1，24—电磁开关　2—触点　3—蓄电池接线柱　4—动触点　5—前端盖　6—电刷弹簧　7—换向器　8—电刷
9—机壳　10—磁极　11—电枢　12—励磁绕组　13—导向环　14—止推环　15—单向离合器　16—电枢轴
17—驱动齿轮　18—传动机构　19—制动盘　20—啮合弹簧　21—拨叉　22—活动铁心　23—复位弹簧

直流电动机的作用是将蓄电池输入的电能转化为机械能，产生电磁转矩。

传动机构的作用是利用驱动齿轮啮入发动机飞轮齿环，将直流电动机的电磁转矩传给曲轴，并及时切断曲轴与电动机之间的动力传递，防止曲轴反拖直流电动机。

控制机构的作用是接通或切断起动机与蓄电池之间的主电路，并使驱动小齿轮进入或退出啮合。有些起动机控制机构还有副开关，能在起动时将点火线圈附加电阻短路，以增大起动时的点火能量。

2. 起动机分类

（1）按直流电机励磁方式分类

1）电磁式起动机。电磁式起动机由励磁绕组和磁极铁心建立磁场，结构稍显复杂，但输出转矩和功率都很大，故应用极为广泛。

2）永磁式起动机。永磁式起动机以永磁材料作为磁极，取消了电磁式起动机中的励磁绕组和磁极铁心，结构简化、体积小、重量轻，节省了金属材料。但永磁起动机的功率一般较小，使用范围在一定程度上受到限制。

（2）按传动机构啮合方式分类

1）惯性啮合式起动机。惯性啮合式起动机旋转时，其啮合小齿轮由惯性力自动啮入飞轮齿环，起动后，小齿轮又借惯性力自动与飞轮齿环脱离。啮合机构结构简单，但不能传递较大的转矩，而且可靠性较差，已很少采用。

2）强制啮合式起动机。强制啮合式起动机由人力或电磁力经拨叉推移离合器，强制性地使驱动齿轮啮入或退出飞轮齿环。因其具有结构简单、动作可靠、操作方便等优点，故被现代汽车普遍采用。

3）减速式起动机。减速式起动机靠电磁吸力推动单向离合器，使小齿轮啮入飞轮齿环。

4）齿轮移动式起动机。齿轮移动式起动机靠电磁开关推动安装在电枢轴孔内的啮合杆，从而使得小齿轮啮入飞轮齿环。

（3）按控制装置分类

1）直接操纵式起动机。直接操纵式起动机由脚踏或者手拉杠杆联动机构直接控制起动机的主电路开关接通或切断主电路，也称机械式起动机。虽然其结构简单、工作可靠，但由于要求起动机、蓄电池靠近驾驶室而受安装布局的限制，而且操作不便，已很少采用。

2）电磁操纵式起动机。电磁操纵式起动机由按钮或点火开关控制继电器，再由继电器控制起动机的主开关来接通或切断主电路，也称电磁控制式起动机，可实现远距离控制，操作方便，在现代汽车上广泛采用。

对于一个具体的起动机，可以涵盖多个分类，如图 4-3 所示为电磁控制强制啮合永磁式起动机；图 4-4 所示为电磁控制强制啮合减速式起动机。

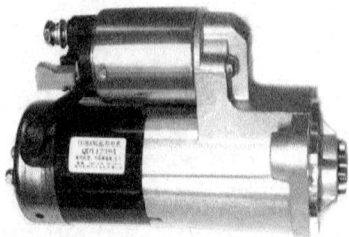

图 4-3　电磁控制强制啮合永磁式起动机
（QDY1239A 型）

图 4-4　电磁控制强制啮合减速式起动机
（QDJ263E 型）

3. 起动机的型号

根据 QC/T 73—1993《汽车电气设备产品型号编制规则方法》的规定，国产起动机的型号由以下 5 部分组成：

1）产品代号。QD、QDJ 和 QDY 分别代表起动机、减速式起动机和永磁式起动机。

2）电压等级代号。1 表示 12V；2 表示 24V。

3）功率等级代号。含义见表 4-1。

4）设计序号。

5）变型代号。

表 4-1　起动机的功率等级代号

功率等级代号	1	2	3	4	5	6	7	8	9
功率/kW	<1	1~2	2~3	3~4	4~5	5~6	6~7	7~8	>8

例如：QD124 表示额定电压为 12V、功率为 1~2kW、第 4 次设计的起动机；QD254 表示额定电压为 24V 的功率为 4~5kW、第 4 次设计的起动机。

4. 起动机的要求

1）起动机小齿轮与发动机飞轮齿环啮合要容易，不发生冲击。

2）发动机起动后，起动机小齿轮应自动退出，不得再与发动机飞轮齿环啮合。

3）结构简单，工作可靠，使用方便，起动迅速。

其中，发动机能否迅速、方便、可靠地起动，是评价起动机性能好坏的重要指标之一。

二、直流电动机

1. 直流电动机的构造

直流电动机由定子和转子两大部分组成。直流电动机运行时静止不动的部分称为定子，定子由机座、主磁极、换向极、端盖、轴承和电刷装置等组成，主要作用是产生磁场。运行时转动的部分称为转子，其主要作用是产生电磁转矩和感应电动势，是直流电动机进行能量转换的枢纽，所以通常又称为电枢。转子由转轴、电枢铁心、电枢绕组、换向器和风扇等组成。直流电动机基本结构如图 4-5 所示。

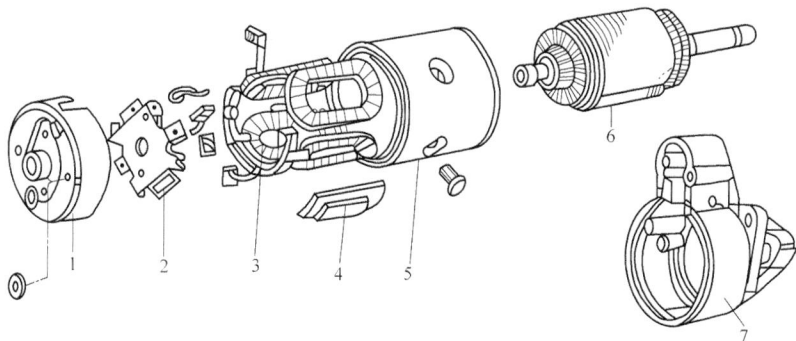

图 4-5　直流电动机基本结构

1—端盖　2—电刷与刷架　3—励磁绕组　4—磁极铁心　5—机壳　6—电枢　7—后端盖

（1）**主磁极** 主磁极的作用是产生气隙磁场。主磁极由主磁极铁心和励磁绕组两部分组成。如图 4-6 所示，铁心一般用 0.5～1.5mm 厚的硅钢板冲片叠压铆紧而成，分为极身和极靴两部分，上面套励磁绕组的部分称为极身，下面扩宽的部分称为极靴，极靴宽于极身，既可以调整气隙中磁场的分布，又便于固定励磁绕组。定子转子铁心形成的磁力线回路如图 4-7 所示，励磁绕组用绝缘铜线绕制而成，套在主磁极铁心上，整个主磁极用螺钉固定在机座上。

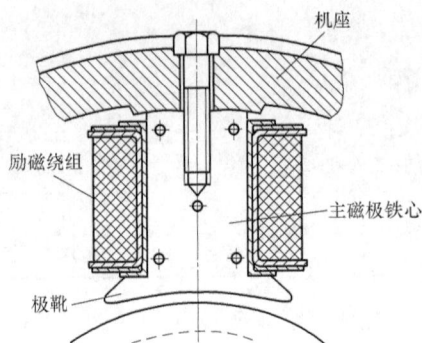

图 4-6　主磁极结构

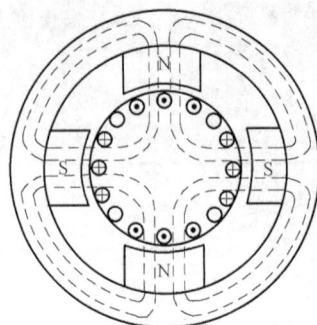

图 4-7　电动机磁路

（2）**电枢绕组**　电枢绕组的作用是产生电磁转矩和感应电动势，是直流电动机进行能量变换的关键部件。图 4-8 为电枢总成图，它由许多线圈（以下称元件）按一定规律连接绕制而成，线圈采用高强度漆包线或玻璃丝包扁铜线绕成，不同线圈的线圈边分上下两层嵌放在电枢槽中，线圈与铁心之间以及上、

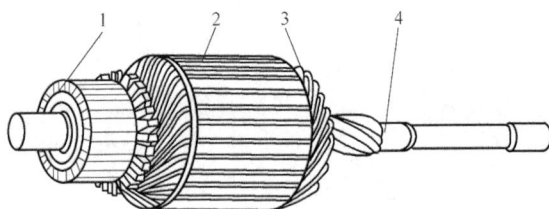

图 4-8　电枢总成
1—换向器　2—铁心　3—绕组　4—电枢轴

下两层线圈边之间都必须妥善绝缘。为防止离心力将线圈边甩出槽外，槽口用槽楔固定。线圈伸出槽外的端接部分用热固性无纬玻璃带进行绑扎。

（3）**换向极**　换向极的作用是改善换向，减小电动机运行时电刷与换向器之间可能产生的换向火花，一般装在两个相邻主磁极之间，由换向极铁心和换向极绕组组成。换向极绕组用绝缘导线绕制而成，套在换向极铁心上，换向极的数目与主磁极相等。

（4）**机座**　电动机定子的外壳称为机座。机座用来固定主磁极、换向极和端盖，并对整个电动机起支撑和固定作用；而机座本身也是磁路的一部分，借以构成磁极之间的磁路，磁通通过的部分称为磁轭。为保证机座具有足够的机械强度和良好的导磁性能，机座一般为铸钢件或由钢板焊接而成。

（5）**电枢铁心**　电枢铁心是主磁路的主要部分，同时用以嵌放电枢绕组，如图 4-9 所示。一般电枢铁心由 0.5mm 厚的硅钢片冲制而成的冲片叠

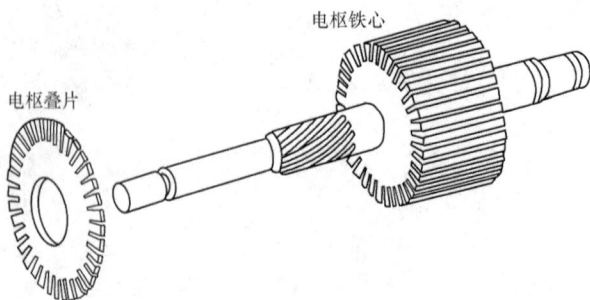

图 4-9　电枢铁心零件

压而成，以降低电动机运行时电枢铁心中产生的涡流损耗和磁滞损耗。叠成的铁心固定在转轴或转子支架上。铁心的外圆开有电枢槽，槽内嵌放电枢绕组。

（6）**励磁绕组**　励磁绕组是可以产生磁场的线圈绕组。一般在电动机和发电机内，有串励和并励之分。发电机内用励磁绕组可以替代永磁体，可以产生永磁体无法产生的强大的磁通密度，且方便调节，实现大功率发电。图4-10、图4-11为励磁绕组的连接方式。

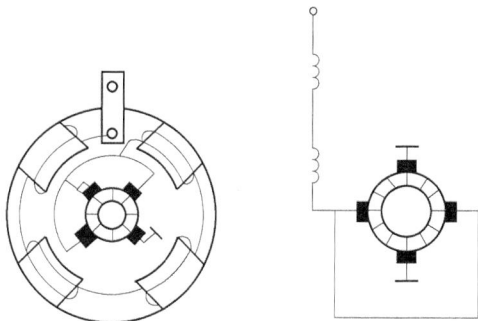

图 4-10　励磁绕组串联　　　　　　　　图 4-11　励磁绕组并联

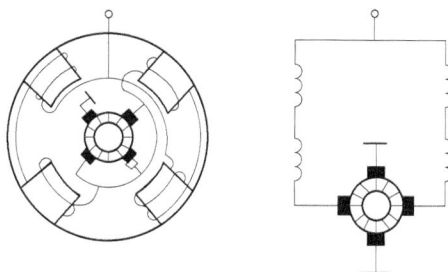

（7）**换向器**　在直流电动机中，换向器配以电刷，能将外加直流电源转换为电枢线圈中的交变电流，使电磁转矩的方向恒定不变；在直流发电机中，换向器配以电刷，能将电枢线圈中感应产生的交变电动势转换为正、负电刷上引出的直流电动势。换向器是由许多换向片组成的圆柱体，换向片之间用云母片绝缘。

（8）**电刷装置**　图4-12为电刷和电刷架结构图。电刷装置用来引入或引出直流电压和直流电流。电刷装置由电刷、刷握、刷杆和刷杆座等组成。电刷放在刷握内，用弹簧压紧，使电刷与换向器之间有良好的滑动接触，刷握固定在刷杆上，刷杆装在圆环形的刷杆座上，相互之间必须绝缘。刷杆座装在端盖或轴承内盖上，圆周位置可以调整，调好以后加以固定。

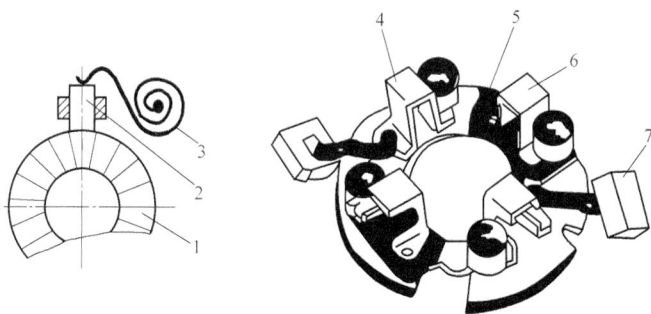

图 4-12　电刷与电刷架结构

1—换向器　2—电刷　3—盘形弹簧　4—搭铁电刷架　5—绝缘垫　6—绝缘电刷架　7—搭铁电刷

（9）**转轴**　转轴起转子旋转的支撑作用，需有一定的机械强度和刚度，一般用圆钢加工而成。

2. 直流电动机工作原理与特性

直流电动机按励磁方式可分为永磁式和电磁式两大类，电磁式按励磁绕组和电枢绕组的连接方式又可分为并励式、串励式和复励式3种。如图4-13所示，串励式直流电动机的励磁绕组与电枢绕组串联，电枢电流等于励磁绕组电流，并与总电流相等。串励式直流电动机具有起动转矩大、轻载转速高、重载转速低、短时间内能输出最大功率等特点，具有"软"的机械特性，因此特别适合应用于直接驱动式起动机。

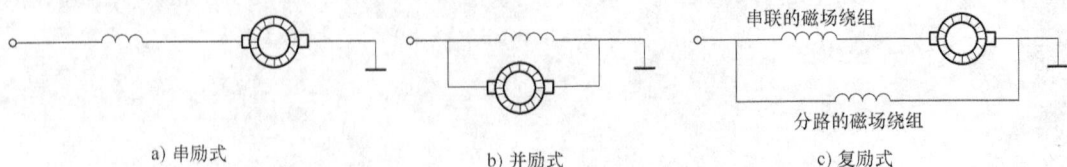

a) 串励式　　　　　b) 并励式　　　　　c) 复励式

图 4-13　起动用直流电动机示意图

（1）**工作原理**　直流电动机的工作原理就是把电枢绕组中感应的交变电动势，由换向器配合电刷的换向作用，使之从电刷端引出时变为直流电动势，如图 4-14 所示。电动机的电刷与直流电源相接，电流由正电刷和换向片 A 输入，经电枢绕组后从换向片 B 和负电刷流出，如图 4-14a 所示。此时绕组中的电流方向由 a→d，由左手定则可以确定导体 ab 受向左的作用力 F_1，cd 受向右的作用力 F_2，且 F_1 与 F_2 大小相等，整个绕组受到逆时针方向的转矩作用而转动。当电枢转过半周，如图 4-14b 所示，换向片 B 与正电刷接触，换向片 A 则与负电刷接触，绕组中的电流方向变为由 d→a，因而在 N 极和 S 极下面导体中的电流方向总是保持不变，电磁转矩的方向也不变，使电枢受转矩作用仍逆时针方向转动，在电源连续对电动机供电时，电枢就不停地按同一方向转动，这就是直流电动机的工作原理。

（2）**串励式直流电动机特性**

1）转矩特性。串励式直流电动机通过换向器将电源的直流转换成电枢绕组中的交流，从而使电枢产生一个恒定方向的电磁转矩。实际直流电动机为产生足够大且稳定的电磁转矩，其电枢用多匝绕组串联而成，相应的换向器铜片也有多片，直流串励式电动机转矩特性如图 4-15 所示。

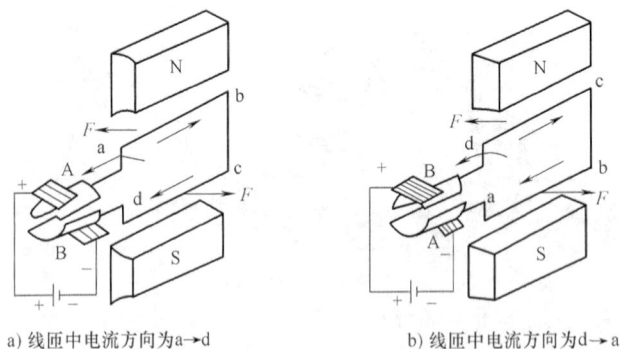

a) 线匝中电流方向为 a→d　　　b) 线匝中电流方向为 d→a

图 4-14　直流电动机工作原理

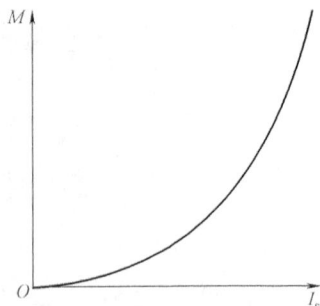

图 4-15　串励式直流电动机的转矩特性

根据安培定律，可以推导出直流电动机通电后产生的电磁转矩 M 与磁极的磁通量 Φ 以及电枢电流 I_s 之间的关系为

$$M = C_m \Phi I_s \tag{4-1}$$

式中，C_m 为电动机的结构常数，它与电动机磁极对数 p、电枢绕组导线总根数 Z 及电枢绕

组电路的支路对数 a 有关，即 $C_m=pZ/2\pi a$。

2）转矩自动调节原理。在串励式直流电动机通电时，产生电磁转矩使电枢旋转，然而电枢旋转时，其绕组又会切割磁力线，按电磁感应理论，在电枢绕组中又会产生感应电动势，其方向用右手定则判定。该电动势恰好与外加电枢电流方向相反，因此称为反电动势，其大小为

$$E_f=C_e\Phi n \tag{4-2}$$

式中，C_e 为与电动机结构有关的常数，且 $C_e=pZ/60a$；n 为电动机转速。

由于反电动势的存在，直流电源加在电枢上的电压，一部分用来平衡反电动势，另一部分则落在电枢绕组的电阻上，即

$$U=E_f+I_sR_s \tag{4-3}$$

式中，R_s 为电枢回路的电阻，包括电枢绕组的电阻以及电刷与换向器的接触电阻。

式（4-3）是电动机运行时必须满足的一个基本条件，称为电压平衡方程。由式（4-3）可求出电枢电流 I_s 为

$$I_s=\frac{U-E_f}{R_s}=\frac{U-C_e\Phi n}{R_s} \tag{4-4}$$

如果串励式直流电动机在工作过程中负载增大（$M<M_z$），就会出现如下变化：

$$n\downarrow\rightarrow E_f\downarrow\rightarrow I_s\uparrow\rightarrow M\uparrow\rightarrow M=M_z$$

此时电动机在新的负载下以新的较低的转速平稳运转。

如果串励式直流电动机的工作负载减小（$M>M_z$），则出现如下变化：

$$n\uparrow\rightarrow E_f\uparrow\rightarrow I_s\downarrow\rightarrow M\downarrow\rightarrow M=M_z$$

此时电动机又在新的较高转速下稳定运转。

3）机械特性。电动机转速随转矩而变化的关系称为机械特性，即 $n=f(M)$。

在串励式直流电动机中，由电压平衡方程可得

$$n=\frac{U-I_a(R_s+R_L)}{C_m\Phi} \tag{4-5}$$

式中，I_a 为电枢电流。

在磁路未饱和时，由于 Φ 不是常数，I_a 增大时 Φ 也增大，故转速 n 将随电枢电流的增加而显著下降，又由于转矩 M 正比于电枢电流 I_a 的二次方，所以串励式直流电动机的转速随转矩的增加而迅速下降，如图4-16所示。由于串励式直流电动机具有"软"的机械特性，即轻载时转速高，重载时转速低，故对起动发动机十分有利。因为重载时转速低，可使起动安全可靠。串励式直流电动机在轻载时转速很高，易造成电动机"飞车"事故，对于功率较大的串励式直流电动机，不允许在轻载或空载下运行。

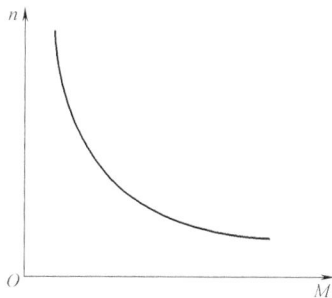

图 4-16　串励式直流电动机的机械特性

对起动机传动机构的要求：

1）发动机起动时，使起动机的驱动齿轮与发动机的飞轮进入啮合，啮合要平稳，不能发生冲击现象。

2）发动机起动后，使起动机的驱动齿轮与发动机的飞轮脱离啮合。

三、传动机构

传动机构包括单向离合器和拨叉等。单向离合器的作用是单向传递转矩将发动机起动，同时又能在起动后自动打滑，以防止发动机起动后飞轮带动起动机电枢高速飞转而造成事故；拨叉的作用是与移动衬套一起使单向离合器做轴向移动，将驱动齿轮与发动机飞轮啮合。

常见起动机单向离合器主要有滚柱式、弹簧式和摩擦片式三种。

1. 滚柱式单向离合器

（1）**结构** 滚柱式单向离合器通过改变滚柱在楔形槽的位置实现接合和分离，其结构如图 4-17 所示。

驱动齿轮与外壳连成一体，外壳内装有离合器外环，与传动导管固定连接，起动机电枢轴通过花键与传动导管的花键连接使其能够旋转。驱动齿轮相对于离合器外环能够自由地转动。在外壳与离合器外环形成的楔形槽内分别装有一套滚柱与滚珠弹簧，滚柱挡板压住滚柱后与外壳相互扣合密封。在传动导管外面套有推动凸缘和缓冲弹簧。整个单向离合器总成利用传动导管套在电枢轴的花键上，离合器总成在推动凸缘的作用下，可以在轴上移动，也可以随轴转动。

（2）**工作过程** 滚柱式离合器工作原理如图 4-18 所示。发动机起动时，拨叉将离合器总成沿电枢轴花键推出，驱动齿轮与发动机飞轮齿环啮合，同时起动机通电，转矩由电枢轴传递到离合器外环，滚柱弹簧压迫滚柱滚向逐渐收缩的豁口，滚柱楔紧驱动齿轮使驱动齿轮和离合器外环锁定在一起，起动机转矩传递到发动机飞轮齿环而起动发动机。

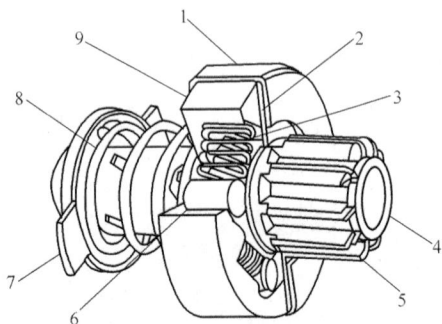

图 4-17　滚柱式离合器

1—外壳　2—滚柱挡板　3—滚柱弹簧　4—铜套　5—驱动齿轮
6—滚柱　7—推动凸缘　8—缓冲弹簧　9—离合器外环

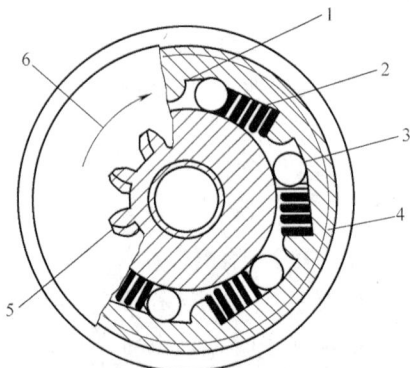

图 4-18　滚柱式离合器工作原理

1—逐渐收缩的豁口　2—滚柱弹簧　3—滚柱
4—离合器外环　5—驱动齿轮　6—电枢轴旋转方向

当发动机起动并以自身动力运转时，发动机飞轮齿环企图拖动驱动齿轮以比起动机电枢轴快得多的速度旋转，在摩擦力的作用下，滚柱滚到楔形槽宽敞的空隙部分，从而释放驱动齿轮，使驱动齿轮轴可以相对于电枢自由打滑，转矩就不能从驱动齿轮传到电枢，从而防止电枢超速飞散的危险，起到了保护电枢的作用。

2. 弹簧式单向离合器

（1）**结构** 弹簧式单向离合器通过扭力弹簧的径向收缩和放松来实现接合和分离，其结构如图 4-19 所示。花键套筒在电枢轴的螺旋花键上，驱动齿轮套在轴的光滑部分，两者之间用两个月形键连接，使驱动齿轮与花键套筒之间不能做轴向相互移动，但可以相对转动。在驱动齿轮柄和花键套筒外装有扭力弹簧，弹簧的两端各有 1/4 圈内径较小，分别箍紧在齿轮柄和花键套筒上。

（2）**工作过程** 起动发动机时，电枢轴带动花键套筒稍有转动，扭力弹簧顺着其螺旋方向将齿轮柄与花键套筒包紧，起动机转矩经扭力弹簧传给驱动齿轮起动发动机。发动机起动后，驱动齿轮转速高于花键套筒，扭力弹簧放松，驱动齿轮与花键套筒松脱打滑，发动机的转矩不能传给电动机电枢。

3. 摩擦片式单向离合器

（1）**构造** 摩擦片式单向离合器通过主、从动摩擦片的压紧和放松实现接合和分离，其结构如图 4-20 所示。花键套筒套在电枢轴的螺旋花键上，其外表有三条螺旋花键套着内接合鼓，内接合鼓上有四个轴上槽，用来嵌放主动摩擦片的内凸齿，被动摩擦片的外凸齿插在与驱动齿轮成一体的外接合鼓的槽中。主、被动摩擦片相间排列，离合器工作时，利用两者的摩擦片经凸齿传递转矩。

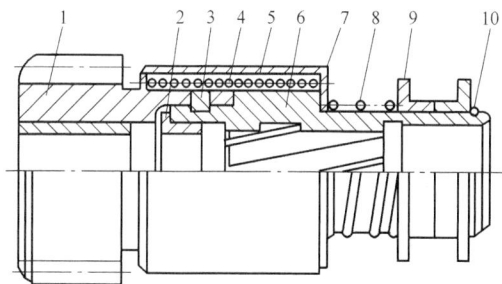

图 4-19 **弹簧式单向离合器**

1—驱动齿轮 2—挡圈 3—月形键 4—扭力弹簧
5—护圈 6—花键套筒 7—垫圈 8—缓冲弹簧
9—移动衬套 10—卡簧

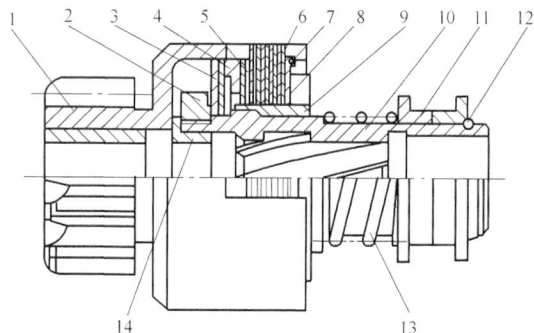

图 4-20 **摩擦片式单向离合器**

1—驱动齿轮与外接合鼓 2—螺母 3—弹性圈 4—压环
5—调整垫圈 6—被动摩擦片 7、12—卡簧
8—主动摩擦片 9—内接合鼓 10—花键套筒
11—移动衬套 13—缓冲弹簧 14—挡圈

（2）**工作过程** 发动机起动后内接合鼓开始瞬间是静止的，在惯性力的作用下，内接合鼓由于花键套筒的旋转而左移，从而使主、被动摩擦片压紧而传力，电枢转矩最终传给驱动齿轮。发动机起动后，飞轮齿环的转速高于驱动齿轮，于是内接合鼓又沿传动套筒的螺旋花键右移，使主、被动摩擦片出现间隙而打滑，从而避免了电枢超速飞散。

四、电磁控制装置

1. 结构

电磁开关主要由吸引线圈、保持线圈、活动铁心、接触盘、触点等组成，如图 4-21 所示。

电磁开关两主接线柱分别连接蓄电池和电动机，两主接线柱在电磁开关内部的触点可由接触盘将其接通，电磁开关内部的吸引线圈和保持线圈通过电磁开关接线柱和线路连接起动开关或起动继电器。附加电阻短路接线柱与点火线圈初级绕组相连，在起动时，由接触盘将

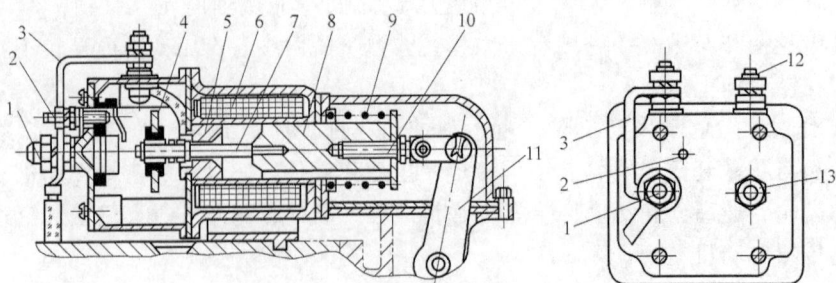

图 4-21　电磁开关结构

1、13—主接线柱　2—附加电阻短路接线柱　3—导电片　4—接触盘　5—磁轨
6—吸引线圈及保持线圈　7—接触盘推杆　8—活动铁心　9—复位弹簧
10—调节螺钉　11—拨叉　12—电磁开关接线柱

其内部的触点与主触点接通，将点火线圈附加电阻短路。电磁开关活动铁心右端通过螺钉连接拨叉，左端是接触盘的推杆。当活动铁心被电磁开关线圈吸动左移时，就会带动拨叉和接触盘移动。

2. 工作原理

电磁式控制装置一般称为起动机的电磁开关，其作用是控制驱动齿轮与飞轮齿环的啮合与分离，控制电动机电路的接通与切断。它与电磁式拨叉合装在一起，利用挡铁控制起动机驱动齿轮与飞轮齿环的啮合与分离。用按钮或钥匙控制电磁铁，再由电磁铁控制主电路开关，以接通或切断主电路。由于装有电磁铁，可进行远距离控制，操作方便，因此现代汽车大部分采用电磁开关。电磁开关主要由活动铁心、保持线圈、吸引线圈、接触盘、拨叉等组成。

以 ST614 型起动机电磁开关为例说明电磁开关原理，如图 4-22 所示。

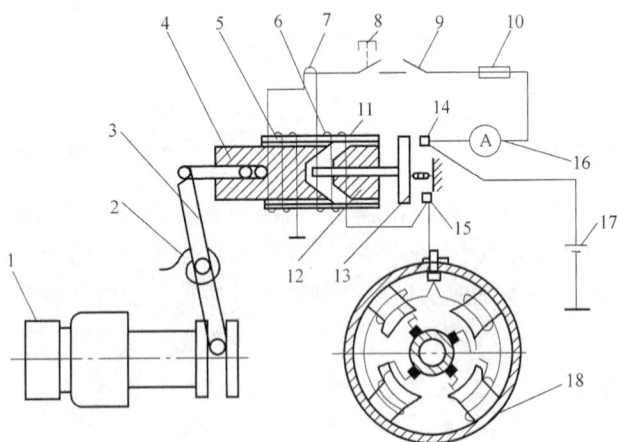

图 4-22　ST614 型起动机电磁开关结构原理

1—驱动齿轮　2—回位弹簧　3—拨叉　4—活动铁心　5—保持线圈　6—吸引线圈　7、14、15—接线柱
8—起动按钮　9—起动总开关　10—熔断器　11—黄铜套　12—挡铁　13—接触盘
16—电流表　17—蓄电池　18—电动机

接通起动总开关，按下起动按钮，吸引线圈和保持线圈的电路接通，其电路如下：

1）蓄电池正极→接线柱 14→电流表→熔断器→起动总开关→起动按钮→接线柱 7→保持线圈→搭铁→蓄电池负极。

2）蓄电池正极→接线柱 14→电流表→熔断器→起动总开关→起动按钮→接线柱 7→吸引线圈→接线柱 15→起动机励磁绕组→电枢绕组→搭铁→蓄电池负极。

活动铁心在两个线圈电磁吸力的共同作用下，克服回位弹簧的弹力而向右移动，带动拨叉将驱动齿轮推出与飞轮齿环啮合。这时由于吸引线圈的电流流经励磁绕组和电枢绕组，产生一定的电磁转矩，所以驱动齿轮在缓慢旋转的过程中啮合。当驱动齿轮完全啮合时，接触盘将接线柱 14、15 刚好接通，于是蓄电池的大电流流经起动机的电枢绕组产生正常的转矩，带动发动机旋转，起动发动机。与此同时，吸引线圈被短路，齿轮的啮合位置由保持线圈的吸力来保持。

发动机起动后，松开起动按钮瞬间，保持线圈中的电流只能经吸引线圈构成回路。由于此时两线圈所产生的磁通方向相反，磁力相互抵消，于是活动铁心在回位弹簧的作用下回至原位，驱动齿轮退出啮合，接触盘脱离抵消，切断起动电路，起动机停止运转。

3. 拨叉

拨叉的作用是使离合器做轴向移动，将驱动齿轮啮入和脱离飞轮齿环。汽车上采用的拨叉有机械式和电磁式两种。机械式拨叉目前已被淘汰，这里只介绍电磁式拨叉。电磁式拨叉结构如图 4-23 所示。

电磁式拨叉用外壳封装于起动机壳体上，由可动部分和静止部分组成。可动部分包括拨叉和电磁铁心，两者之间用螺杆活动连接。静止部分包括绕在电磁铁心钢套外的线圈、拨叉轴和回位弹簧。发动机起动时，按下起动按钮或者起动总开关，线圈通电产生电磁力将铁心吸入，带动拨叉转动，由拨叉头推出离合器，使驱动齿轮啮入飞轮齿环。发动机起动后，只要松开起动按钮和起动总开关，线圈就断电，电磁力消失，在回位弹簧作用下，铁心退出，拨叉返回，拨叉头将打滑工况下的离合器拨回，驱动齿轮脱离飞轮齿环。

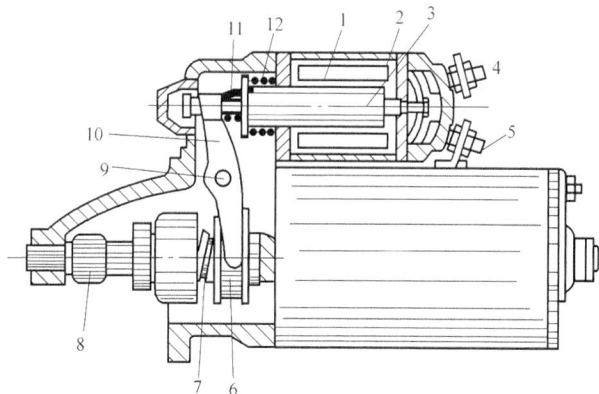

图 4-23　电磁式拨叉结构

1—线圈　2—外壳　3—电磁铁心　4、5—接线柱　6—拨环
7—缓冲弹簧　8—驱动齿轮　9—拨叉轴　10—拨叉　11、12—弹簧

第二节　起动机基本参数、工作特性及在线检测

一、起动机功率的选择

为了使发动机能迅速、可靠地起动，起动机必须具有足够的功率。如果起动机功率不够，就会使重复起动的次数增多，起动时间延长，不仅对蓄电池不利，并且对燃料的消耗、

零件的磨损以及车辆的工作都极其不利。

起动机的功率取决于发动机的最低起动转速 n_Q 和发动机的起动阻力矩 M_Q，即

$$P = \frac{M_Q n_Q}{9550} \tag{4-6}$$

式中，P 为起动机功率，单位为 kW；M_Q 为发动机的起动阻力矩，单位为 N·m；n_Q 为最低起动转速，单位为 r/min。

发动机的起动阻力矩是指在最低起动转速时的发动机阻力矩。发动机的阻力矩包括摩擦阻力矩、压缩损失力矩和驱动发动机辅助机构的阻力矩。摩擦阻力矩主要由活塞与气缸壁的摩擦以及曲轴轴承的摩擦所决定，约占全部阻力矩的 60% 左右，另外摩擦阻力矩还取决于机油的黏度；压缩损失力矩主要取决于气缸的容积和压缩比的大小，气缸容积和压缩比越大，则压缩损失力矩越大，约占全部阻力矩的 25% 左右；驱动发动机辅助机构的阻力矩包括驱动发电机分电器、汽油泵、机油泵和水泵等的阻力矩，约占全部阻力矩的 15%。因此，发动机的阻力矩主要取决于气缸的工作容积、缸数、压缩比、转速和温度等。

柴油机的起动阻力矩比汽油机几乎大一倍，这是因为柴油机的压缩比高，且驱动燃油泵等辅助机构的功率也比较大。各类型发动机的阻力矩应由试验方法确定。温度为 0℃ 时发动机的阻力矩为

$$M = C_0 V \tag{4-7}$$

式中，V 为发动机工作容积；C_0 为不同发动机的系数，见表 4-2。

表 4-2　不同发动机的系数 C_0

发动机类型	压缩比	缸数		
		4	6	8
汽油机	5	3	3.5	3.8
汽油机	7	3.5	4	4.2
柴油机	15	7	7.2	7.4

因此，起动发动机所必需的功率计算如下：

汽油发动机

$$P = (0.18 \sim 0.22) V \tag{4-8}$$

柴油发动机

$$P = (0.74 \sim 1.1) V \tag{4-9}$$

发动机的最低起动转速是指起动时能保证进入气缸内的混合气在压缩终止点具有一定的温度和良好的雾化、能使发动机可靠点火的发动机所需最低转速。根据汽油的雾化条件，当汽车在 0~20℃ 时其最小转速一般为 35~40r/min。为了在更低温度下能顺利起动，常取最低起动转速为 50~70r/min；柴油机靠压缩点火，而压缩行程终了的空气温度取决于周围介质的额定温度、气缸壁的温度和压缩时间的长短，柴油发动机的最低起动转速为 100~200r/min。

二、传动比的选择

起动机与发动机之间的传动比应保证发动机可靠起动，同时能使起动机达到最大功率。

如果选择不当,则起动机的功率不能充分利用,发动机会起动困难。因此,必须正确选择传动比,以使起动机在发动机最低起动转速时能发出本身最大功率。

选择传动比时,使起动机工作在最大功率最为有利,即最佳传动比应与起动机的最大功率相对应。在实际工作中,传动比选得往往比最佳值稍小,这时虽然起动机的工作电流有所增大,功率减小,但起动机的转矩却增大较多,对起动有利。

1. 最佳传动比的确定

所谓最佳传动比,就是起动机工作在最大功率时所对应的传动比。其计算公式为

$$i = \frac{n_{起}}{n_{发}} = \frac{最大功率时的起动机速度}{发动机最低起动转速}$$

2. 实际传动比的选择

实际上,传动比的选择要受飞轮齿环和起动机驱动齿轮的限制。传动比的实际选择往往比最佳值稍小。实际传动比的计算公式为

$$i = \frac{Z_2}{Z_1} = \frac{发动机飞轮齿环的齿数}{起动机驱动齿轮的齿数}$$

通常起动机驱动齿轮齿数一般为 9~13（个别为 5~7）。汽油机中,起动机与发动机曲轴的传动比一般为 13~17；柴油机因起动转速较高,传动比较小,一般为 8~10。

三、蓄电池容量的确定

起动机功率 P 确定后,可按如下经验公式确定蓄电池的容量 C,即

$$C = (600 \sim 800)\frac{P}{U} \tag{4-10}$$

式中,C 为蓄电池额定容量,单位为 A·h；P 为起动机额定功率,单位为 kW；U 为起动机额定电压,单位为 V。

对于大功率的起动机（7.5kW 以上）,蓄电池的容量可选择比计算值小些。

四、起动机工作特性

1. 特性曲线

起动机功率与电流的关系 $P = f(I)$ 称为起动机的功率特性,起动机的转矩、转速、功率与电流的关系称为起动机特性曲线,图 4-24 所示为典型起动机特性曲线。

1) 发动机即将起动时,即起动机刚接入瞬间,此时 $n = 0$,电流最大,称为制动电流,转矩也达到最大值,称为制动转矩。

2) 在起动机空转时,电流 I_a 最小,称为空转电流,转速 n 达到最大值,称为空转转速。

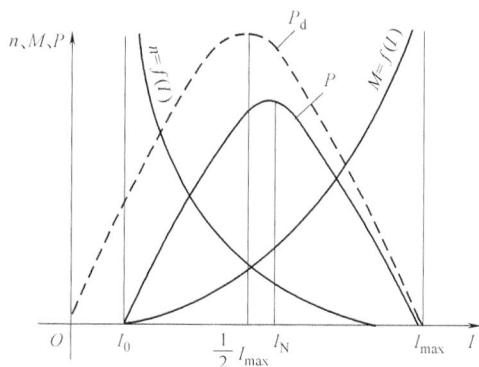

图 4-24　起动机特性曲线

3）在起动电流接近制动电流的一半时，起动机功率 P 最大。因此，在完全制动（$n=0$）和空载（$M=0$）时，起动机功率都等于零，当电流为制动电流的一半时，起动机发出最大功率。

由于起动机运转时间很短，且允许其以最大功率运转，所以把起动机的最大输出功率称为起动机的额定功率。

2. 影响起动机工作特性的因素

1）电阻。影响起动电路的电阻包括起动机内部电阻和起动线路电阻。

2）蓄电池的容量和充电情况。容量大，充电充足，内阻小，供给起动机电流大，起动机的功率、转速、制动力矩都大。

3）环境温度。环境温度低时，起动性能不好。

五、起动机在线检测

1. 电刷、电刷架和电刷弹簧的检修

电刷的高度一般不应低于标准的 2/3，电刷的接触面积不应小于 75%，如图 4-25 所示。并且电刷在电刷架内无卡滞现象。用万用表测量同名电刷应导通，正电刷与电刷架无导通，负电刷与电刷架应导通，如图 4-26 所示。电刷弹簧应无折断、变软现象，否则应更换，一般电刷弹簧压力为 11.7～14.7N。若压力降低，可将弹簧向与螺旋方向相反处扳动或更换，如图 4-27 所示。图 4-28 为电刷架绝缘检查。

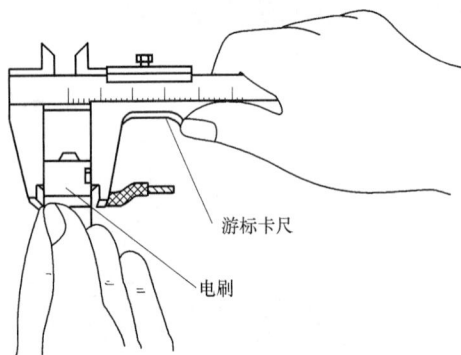

图 4-25　电刷高度检查

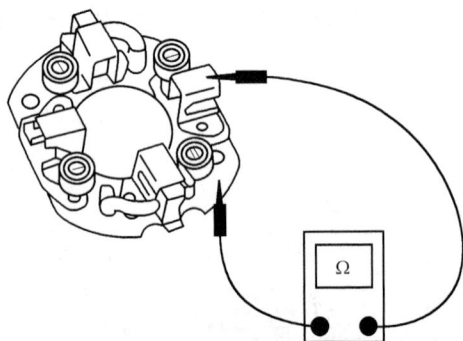

图 4-26　电刷与电刷架检查

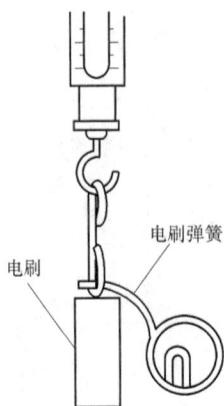

图 4-27　电刷弹簧检查

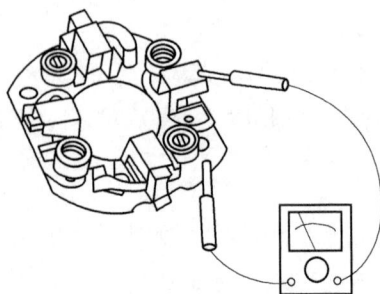

图 4-28　电刷架绝缘检查

2. 励磁绕组的检修

励磁绕组的常见故障有接头脱焊，绕组短路、断路或搭铁等。接头脱焊故障，解体后可直接看出。绕组搭铁与否可用万用表的欧姆档测量绕组端子与外壳之间的电阻，如果电阻为∞，则无搭铁故障。将电枢绕组放在电枢检验仪上可检查绕组间是否短路，如图4-29所示，检验仪通电5min后绕组发热，则说明绕组有匝间短路。

3. 电枢绕组的检修

（1）电枢绕组搭铁的检修 检修电枢绕组时，用万用表检查电枢绕组有无搭铁情况，如图4-30所示，万用表的两表笔分别搭在换向器和铁心或电枢轴上，其阻值应为∞，若阻值为零，则为搭铁。也可用220V交流试灯进行检查，两只表笔分别连接电枢铁心与换向片，试灯应不发亮，若试灯发亮，说明电枢绕组搭铁，需要更换电枢总成。

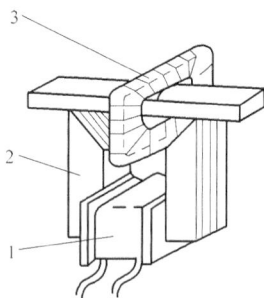

图 4-29　励磁绕组检查

1—检验仪　2—铁心　3—励磁绕组

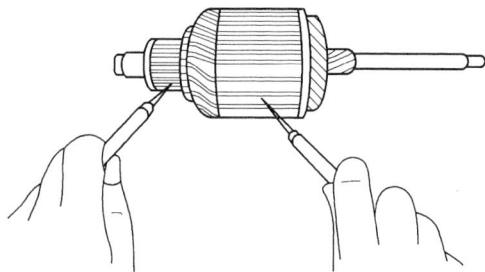

图 4-30　电枢绕组搭铁检查

（2）电枢绕组断路的检修 检查电枢绕组断路，首先检视电枢绕组的导线是否甩出或脱焊；再用万用表两表笔依次与两相邻换向器接触，万用表读数（电阻值）应一致。如果读数不一致，则说明电枢绕组断路。电枢绕组有严重搭铁、短路或断路时，应予以更换或重新绕制。起动机电枢绕组采用截面积较大的矩形导线绕制，因此一般不会发生断路故障。如有断路发生，通过外观检查即可判断。发现断路时，可用电烙铁焊接修复。

（3）电枢绕组短路的检修 电枢绕组短路故障只能利用电枢检验仪进行检查。先将电枢放在检验仪的U形铁心上，并在电枢上部放一块钢片（如锯条），然后接通检验仪电源，再缓慢转动电枢一周，钢片应不跳动。如果钢片跳动，说明电枢绕组有短路故障。由于绕制电枢绕组的导线截面积较大，绕线形式均采用波形绕法，所以当换向器有一处短路时，钢片将在四个槽上出现跳动现象。当同一个线槽内的上、下两层线圈短路时，钢片将在所有槽上出现跳动现象。当短路发生在换向器片之间时，可用钢丝刷清除换向片间的铜粉予以排除。当短路发生在电枢线圈之间时，只能更换电枢总成。

4. 定子线圈检查

（1）定子线圈搭铁检查 图4-31为用万用表测量起动机接线柱和外壳间的电阻，阻值应为∞，否则为搭铁故障。

（2）定子线圈短路检查 图4-32为用万用表测量起动机接线柱和绝缘电刷间的电阻，阻值应很小，若为无穷大则为短路。

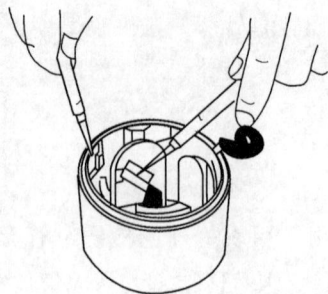

图 4-31　定子线圈搭铁检查

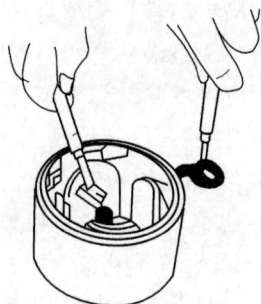

图 4-32　定子线圈短路检查

5. 换向器的检修

用万用表测量任两个铜片之间应为导通状态，如果不导通说明线圈处于断路状态，应更换线圈。铜片与轴之间应绝缘，如图 4-33 所示。检查换向器的表面是否烧蚀、云母片是否突出，烧蚀应用 00 号砂纸轻轻打磨，如图 4-34 所示。云母片如果高于铜片时应用锉刀修整，确保云母片低于铜片 0.5~0.8mm，如图 4-35 所示。

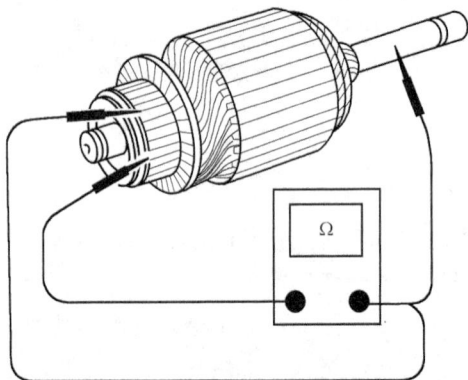

图 4-33　换向器检查

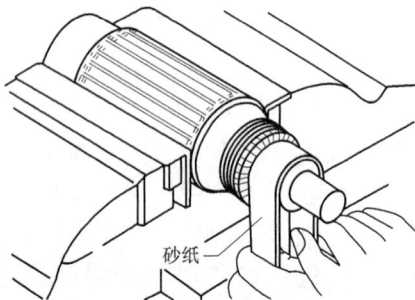

图 4-34　换向器砂纸打磨

6. 单向离合器的检修

如图 4-36 所示，检查单向离合器的单向性，一个方向可以转动时，另一个方向用 25N 力检查其是否可以转动，如果无法转动，则单向离合器良好。如果在两个方向上都可锁止或转动，或者有明显的异常阻力，需更换单向离合器。检查齿轮是否掉齿或磨损，若有应更换。检查小齿轮齿形，如有磨损或损坏，需更换小齿轮。

7. 电磁开关的检修

电磁开关的常见故障为吸引线圈和保持线圈断路、短路和搭铁，接触盘及触点表面烧蚀等。线圈有否断路、搭铁可通过欧姆表测量电阻进行检查。如果线圈不良应予以重绕或更换。接触盘及触点表面烧蚀轻微可以用锉刀或砂纸修整。回位弹簧过弱应予以更换。图 4-37~图 4-39 为吸引线圈、保持线圈和活动铁心、回位弹簧的检查方法。

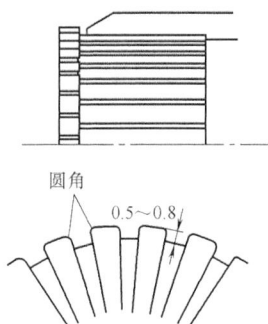

图 4-35　换向器凹槽深度检查

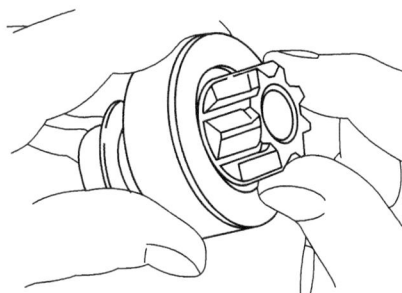

图 4-36　单向离合器检查

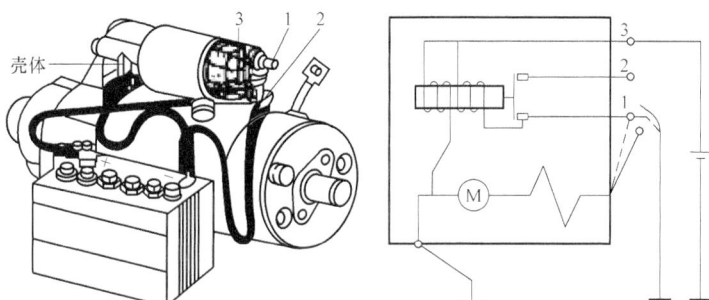

图 4-37　吸引线圈检查

1—电磁开关接蓄电池接线柱　2—接起动机接线柱　3—接起动机开关接线柱

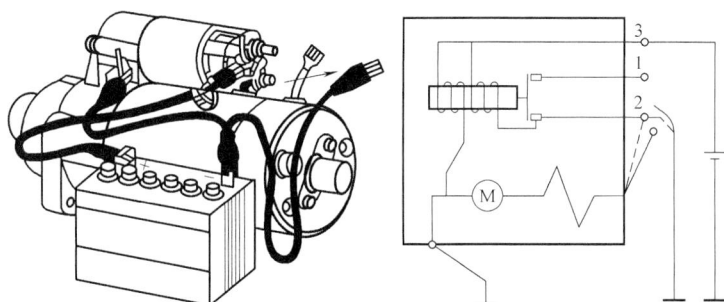

图 4-38　保护线圈检查

1—电磁开关接蓄电池接线柱　2—接起动机接线柱　3—接起动机开关接线柱

8. 起动机测试

起动机测试的目的是检验起动机的技术状况。试验时必须采用性能良好且充足电的蓄电池，蓄电池的容量和电压应与试验起动机的功率以及额定电压相匹配，通常只进行空转试验和全制动试验。

（1）吸引线圈作用测试　如图 4-40 所示，从 M 端子上拆下磁场线圈正极端引线后，用蓄电池正极连接到 S 端子、负极连接到 M 端子时，齿轮被移出，则表示吸引线圈作用正常。如果齿轮不移出，则需更换电磁开关。测试必须在 10s 内完成，以免电磁开关线圈烧坏。

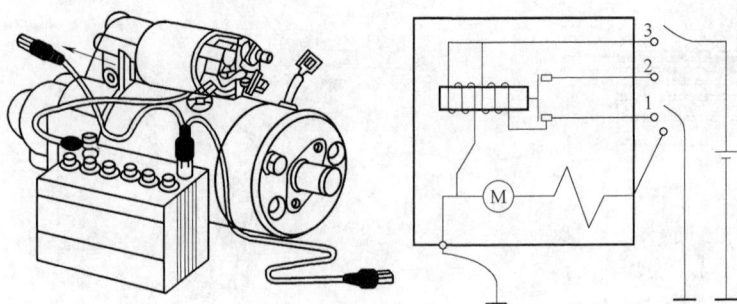

图 4-39 活动铁心回位弹簧的检测

1—电磁开关接蓄电池接线柱　2—接起动机接线柱　3—接起动机开关接线柱

（2）**保持线圈作用测试**　如图 4-41 所示，将蓄电池正极连接到 S 端子、负极接起动机本体（搭铁），用手将齿轮拉出，直到接触到齿轮止动环为止。当将手放松时，如果齿轮不退回原位，则表示保持线圈作用正常。测试必须在 10s 内完成，以免电磁开关线圈烧坏。

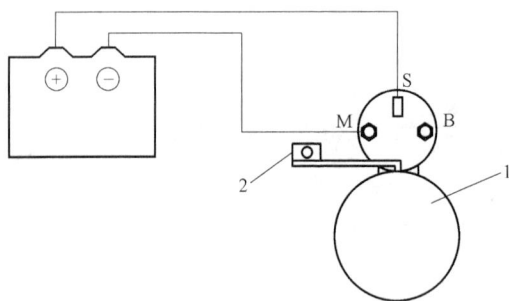

图 4-40　吸引线圈作用测试

1—起动机本体　2—磁场线圈正极端引线

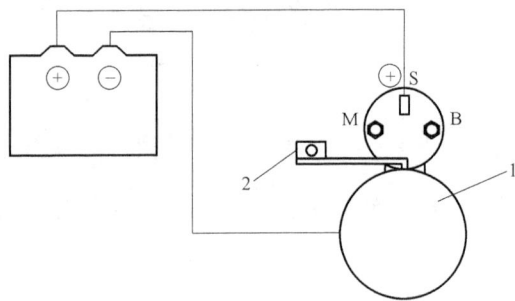

图 4-41　保持线圈作用测试

1—起动机本体　2—磁场线圈正极端引线

（3）**空载试验**　空载试验的目的是检查起动机内部是否有电气故障和机械故障，空载试验的方法如图 4-42 所示。

起动机不带负载，接通电源，测量起动机的空载转速和电流，并与表 4-3 中的标准值进行比较，以判断起动机有无故障。若测得的起动机电流超过标准值，而转速低于标准值，则可能是起动机的电枢轴弯曲、轴承与电枢轴中心线不重合、轴承磨损等造成的，也可能是电枢绕组和磁场绕组与机体短路或匝间短路所致；若电流和转速均低于标准值，

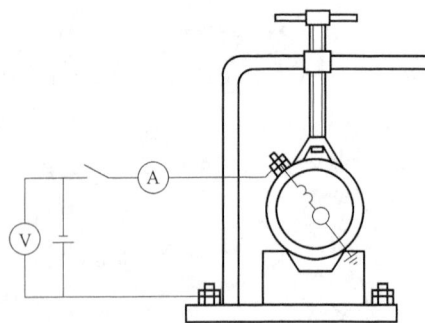

图 4-42　起动机空载试验

则表明导线连接处或者起动机内部电路接触不良、电刷弹簧压力过小等。

此外，空载试验时，换向器上不应有强烈火花，电枢旋转应平稳，不应有机械碰擦声。试验时间不超过 1min，以免引起起动机过热。

（4）**全制动试验**　全制动试验的目的是检测起动机全制动时的电流和转矩，以判断起动机是否有机械或电气故障，判断起动机主电路是否正常，并检查单向离合器是否打滑。

表 4-3　起动机复合继电器主要性能

型号	额定电压 /V	起动继电器			保护继电器		适用车型
		闭合电压/V	断开电压/V	瞬时电流/A	动作电压/V	释放电压/V	
JD136	12	5~6.6	≤3	75	4.5~5.5	≤3	EQ1090
JD236	24	10~13.2	≤6	35	9~11	≤3	
JD171	12	≤7	≤1.5	75	4.5~5.5	≤2	CA1090
JD271	24	≤14	≤3	35	9~11	≤4	

　　如图 4-43 所示，试验时保持起动机电路接通，观察在制动状态下单向离合器是否打滑，并迅速记下电流表和弹簧秤读数，检查其值应符合规定。每次制动试验的时间不得超过 5s，以免损坏起动机或蓄电池。

　　表 4-4 为部分起动机试验规范。若转矩小于标准值而电流大于标准值，则表明磁场和电枢绕组中有短路或搭铁故障；若转矩和电流小于标准值，则表明电路接触

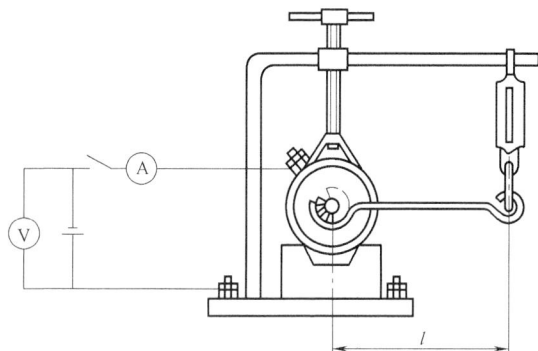

图 4-43　起动机全制动试验

不良；若驱动齿轮锁止，而电枢轴仍有缓慢转动，则说明单向离合器有打滑现象。

表 4-4　起动机试验规范

	项目	QD124A 型	QD1211 型
空载特性	电压/V	12	12
	电流/A	≤95	≤90
	转速/(r/min)	≥5000	≥5000
全制动特性	电压/V	≤8	≤7.5
	电流/A	≤600	≤850
	转矩/N·m	≥24	≥34

9. 起动机故障排查

　　（1）起动机的常见故障部位　在车辆日常使用中，起动机的故障多种多样，在判断、检修故障的过程中，应密切结合上述起动机的结构和原理进行分析。根据起动机故障出现的频率，可大致分为起动机不转动、起动机空转、起动机起动无力三大故障。

　　起动机常发生故障的部位有：起动开关接触不良；继电器触点烧蚀，线圈短路、断路或搭铁不良；蓄电池无电或充电不足；接线柱损坏、接头氧化或松动等。

　　（2）起动机不转

　　1）故障现象。汽车起动时，反复几次打火，起动机没有反应、不动作。

　　2）故障原因。

　　① 电源故障。蓄电池电量不足，极板组出现硫化或短路、极性颠倒；蓄电池外部电路虚连，如蓄电池接线柱与外部电路线夹接触不良等。

② 起动机故障。起动机转子、定子出现断、短路；换向器与电刷之间接触不紧密；起动机控制机构出现断、短路；绝缘电刷搭铁，电刷高度过短。

③ 起动继电器故障。起动继电器线圈断、短路，搭铁或其触点接触不良、烧蚀。

④ 点火开关故障。点火开关接线松动或内部接触不良。

⑤ 起动线路故障。起动机外部电路有断路、搭铁、导线接触不良或松脱等。

3）故障诊断排除。

① 检查电源。检查电源有两种方法：一是直接用万用表测量蓄电池的电压，过低应及时充电；二是打开汽车前照灯或按动喇叭开关，若灯光亮度比平时暗淡或喇叭声音小、嘶哑，应及时充电或更换蓄电池。

② 检查起动机。用导线或螺钉旋具将起动机控制机构上的蓄电池和直流电动机导电片接线柱短接，如果起动机没有动作、不转动，则说明起动机内部出现故障，应检修起动机。

③ 检查电磁开关。用螺钉旋具将电磁开关上连接起动继电器的接线柱与连接蓄电池的接线柱短接，若起动机不转，则说明起动机电磁开关有故障，应拆检电磁开关。

④ 检查起动继电器。用螺钉旋具将起动继电器上的电池和起动机两接线柱短接，若起动机转动，则说明起动继电器内部有故障。否则应再做下一步检查。

⑤ 检查点火开关及线路。将起动继电器与点火开关用导线直接相连，若起动机能正常转动，则说明故障在起动继电器至点火开关的线路中，可对其进行检修。

（3）起动无力

1）故障现象。汽车起动时，起动机转速过低、起动乏力甚至趋于停转。

2）故障原因。

① 电源故障。蓄电池电量过低或极板硫化短路；起动电源导线连接处接触不良等。

② 起动机故障。换向器与电刷接触不良；电磁开关接触盘和触点接触不良；电动机转子或定子有局部短路等。

3）故障诊断排除。如果出现起动机运转无力，首先检查起动机电源，如果起动机电源无问题，则应拆检起动机，首先检查电磁开关接触盘、换向器与电刷的接触情况，其次检查起动机转子或定子。

（4）起动机空转

1）故障现象。起动起动机时，发现起动机正常运转但发动机不转动。

2）故障原因。这种现象说明起动机直流电动机工作正常，但是，起动机驱动齿轮与发动机大飞轮不能完全啮合。故障可能是出在起动机传动装置和飞轮齿环等处。

3）故障诊断排除。

① 若在起动机空转的同时伴有齿轮的撞击声，则表明飞轮齿环齿或起动机小齿轮齿磨损严重或已损坏，致使其不能正确地啮合。

② 起动机传动装置故障有单向啮合器弹簧损坏、单向啮合器滚子磨损严重、单向啮合器套管的花键槽锈蚀，这些故障会阻碍小齿轮的正常移动，造成不能与飞轮齿环准确啮合等。

③ 有的起动机传动装置采用一级行星齿轮减速装置，其结构紧凑，传动比大，效率高。但使用中常会出现荷载过大而烧毁卡死。有的起动机采用摩擦片式离合器，若压紧弹簧损坏，花键锈蚀卡滞和摩擦离合器打滑，也会造成起动机空转。

（5）起动机撞击异响

1）故障现象。接通起动开关，可听到"嘎嘎"的齿轮撞击声。

2）故障原因。

① 起动机齿轮或飞轮齿环齿轮损坏。

② 电磁开关行程调整不当，使起动机驱动齿轮未啮入飞轮齿环之前，起动机主电路过早接通。

③ 同起动机固定螺钉松动或离合器松动。

④ 电磁开关内部电路接触不良。

3）故障诊断与排除。

① 检查起动机固定螺钉有无松动或离合器外壳有无松动。

② 检查啮合的齿轮副是否磨损过量。

③ 检查电磁开关保持线圈是否断路、短路或接触不良。

（6）起动机失去自动保护能力

1）故障现象。用起动复合继电器控制的起动系统，发动机起动后，驾驶人不松开点火开关钥匙，起动机不能自动停止运转。发动机运转过程中，将起动开关扭至起动档位，则发出齿轮撞击声。

2）故障原因。

① 充电系统发生故障，发电机中性点无电压输出。

② 发电机接线柱 N 至负荷继电器接线柱 N 的导线断路或接触不良。

③ 复合继电器中保护继电器的触点烧结，或磁化线圈断路、短路、搭铁。

④ 复合继电器搭铁不良。

第三节　新型起动机

一、电枢移动式起动机

1. 结构特点

电枢移动式起动机的结构如图 4-44 所示。

1）起动机不工作时，电枢在弹簧的作用下，停在与磁极中心轴向靠前错开的位置上。

2）换向器较长，以便移动后仍能和电刷接触。

3）啮合过程由电枢在磁场的作用下进行轴向移动来实现。起动后靠回位弹簧的弹力，使齿轮脱离啮合，退回原位。

4）有主、辅两种励磁绕组，即串联的主励磁绕组、串联的辅助励磁绕组和并联的辅助励磁绕组。由于扣爪和挡片的作用，辅助绕组首先接通。

5）采用摩擦片式单向离合器。

2. 工作过程分析

电枢移动式起动机工作原理如图 4-45 所示，其中，图 4-45a 为起动机不工作状态。起动机工作过程可分为三阶段。

1）第一阶段：啮入。起动时，按下起动按钮，电磁开关产生吸力吸引接触盘，但由于扣爪顶住了挡片，接触盘仅能上端闭合，如图 4-45b 所示。

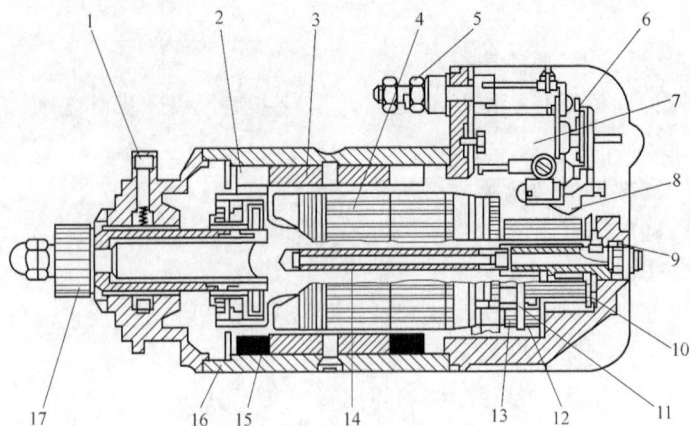

图 4-44　电枢移动式起动机结构

1—油塞　2—摩擦片式单向离合器　3—磁极　4—电枢　5—接线柱　6—接触桥　7—电磁开关　8—扣爪　9—换向器
10—圆盘　11—电刷弹簧　12—电刷　13—电刷架　14—回位弹簧　15—励磁绕组　16—机壳　17—驱动齿轮

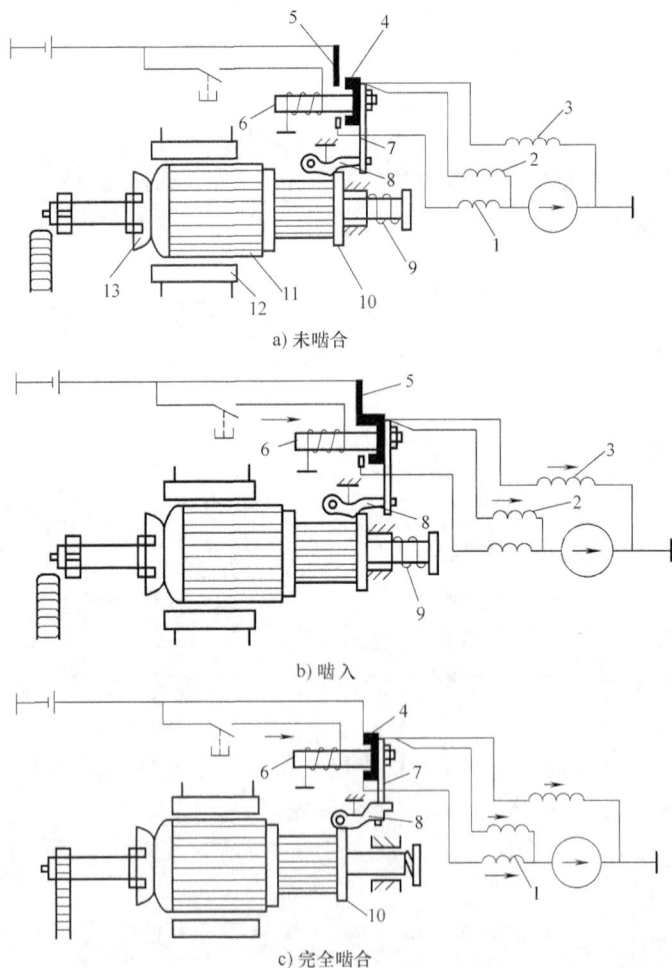

a) 未啮合

b) 啮入

c) 完全啮合

图 4-45　电枢移动式起动机工作原理

1—主励磁绕组　2—串联辅助励磁绕组　3—并联辅助励磁绕组　4—接触盘　5—静触点　6—电磁铁　7—挡片
8—扣爪　9—回位弹簧　10—圆盘　11—电枢　12—磁极　13—摩擦式离合器

此时辅助励磁绕组接通，并联辅助励磁绕组和串联辅助励磁绕组产生的电磁力克服回位弹簧的拉力，吸引电枢向后移动，使起动机齿轮啮入飞轮齿环。

由于辅助励磁绕组用细铜线绕制，电阻大，流过的电流较小，起动机仅以较低的速度旋转，使齿轮啮入柔和。

2）第二阶段：起动。当电枢移动使小齿轮与飞轮基本啮合后，固定在换向器端面的圆盘顶起扣爪，使挡片脱扣，接触盘的下端也闭合，接通主励磁绕组的电路，起动机便以正常的转矩工作，起动发动机。起动过程中，摩擦片离合器压紧并传递转矩，如图 4-45c 所示。

3）第三阶段：脱开。发动机起动后，驱动齿轮转速增大，摩擦片离合器被旋松，曲轴转矩便不能传到电枢上，起动机处于空载状态。直到松开起动按钮，电枢又移回原位，驱动齿轮与飞轮齿环脱开，扣爪也回到锁止位置，起动机才停止运转。

二、齿轮移动式起动机

齿轮移动式起动机是靠电磁开关推动安装在电枢轴孔内的啮合杆而使驱动齿轮与飞轮齿环啮合。德国博世（Bosch）公司生产的 TB 型起动机采用了这种结构，如图 4-46 所示。

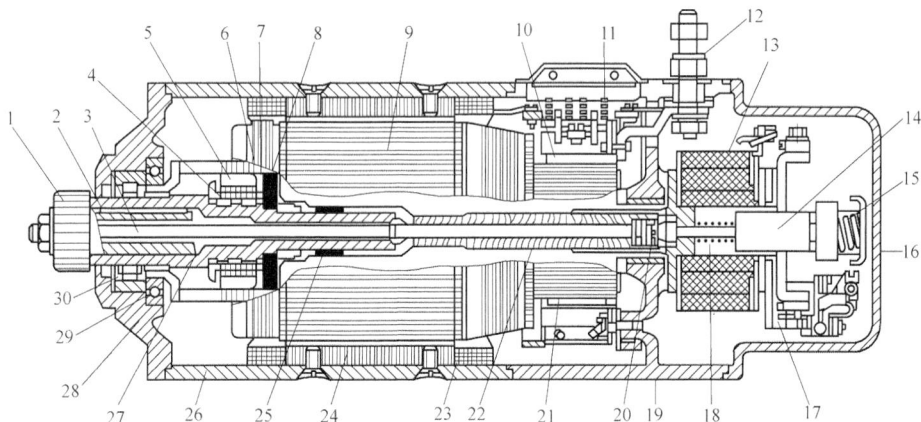

图 4-46　博世 TB 型齿轮移动式起动机结构

1—驱动齿轮　2—齿轮柄　3—啮合杆　4—内接合鼓　5—摩擦片式单向离合器　6—压环
7—外接合鼓　8—弹性圈　9—电枢　10—电刷　11—电刷架　12—接线柱　13—电磁开关
14—活动铁心　15—开关闭合弹簧　16—前端盖　17—控制继电器　18—开关切断弹簧
19—换向端盖　20、25—滚针轴承　21—换向器　22—回位弹簧　23—励磁绕组　24—磁极
26—外壳　27—螺旋花键套筒　28—后端盖　29—滚珠轴承　30—滚柱轴承

1. 构造

齿轮移动式起动机的电枢轴是空心的，装有一个啮合杆，杆上套有花键套筒的螺纹，螺纹上套有摩擦式离合器。起动机驱动齿轮柄套在啮合杆上，用锁止垫片与啮合杆固定连接在一起，齿轮柄又用键与螺旋花键套筒连接，并用螺母锁紧，以防脱出。螺旋花键套筒的一端支承在电枢轴内孔的滚珠轴承内，另一端支承在滚柱轴承中，使其既能转动又能移动。

电枢轴一端支承在换向端盖内的滑动轴承中，另一端则通过摩擦片式离合器外接合鼓上的盖板，支承在后端盖的滚珠轴承内。

电磁开关装在换向器端盖的右侧，其内绕有吸引线圈、保持线圈和阻尼线圈。电磁开关的活动铁心和啮合杆在同一轴上。电磁开关的外侧装有控制继电器和锁止装置。锁止装置由扣爪、挡片和释放杆组成。控制继电器的铁心上绕有磁化线圈，用来控制两对触点的开闭，一对为常闭触点，一对为常开触点。

2. 工作过程分析

为了使驱动齿轮啮合柔和，齿轮移动式起动机的工作过程分为两个阶段，第一阶段为进入啮合，第二阶段为完全啮合。其工作电路图如图 4-47 所示。

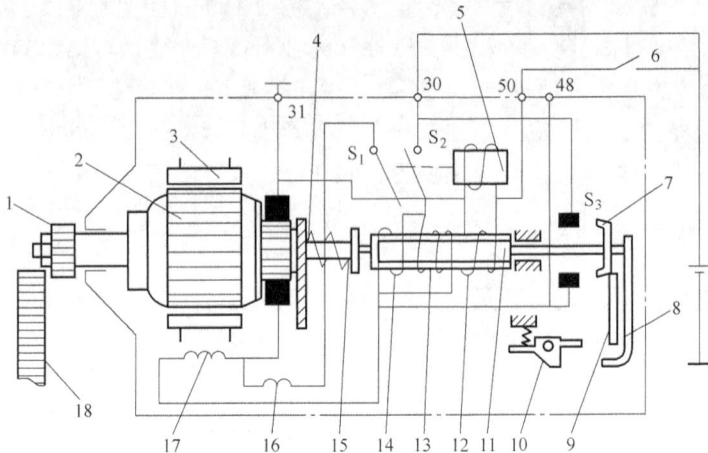

图 4-47　博世 TB 型齿轮移动式起动机电路图

1—驱动齿轮　2—电枢　3—磁极　4—回位弹簧　5—控制继电器　6—起动开关　7—接触盘

8—释放杆　9—挡片　10—扣爪　11—活动铁心　12—保持线圈　13—阻尼线圈

14—吸引线圈　15—啮合杆　16—制动绕组　17—励磁绕组　18—飞轮

S_1—常闭触点　S_2—常开触点　S_3—电磁开关主触头

1）发动机不工作时，控制继电器的常开、常闭触点处于初始状态，电磁开关主触点 S_3 处于打开位置。

2）发动机起动时，接通起动开关，蓄电池电流经接线柱（50）流经控制继电器的线圈和电磁开关的保持线圈，常闭触点 S_1 打开，切断了制动绕组的电路；常开触点 S_2 闭合，接通电磁开关中吸引线圈和阻尼线圈的电路。在三个线圈磁力的共同作用下，电磁开关中的活动铁心向左移动，推动啮合杆使驱动齿轮向飞轮齿环移动。由于此时吸引线圈和阻尼线圈与电枢串联，相当于串入一个电阻，使电源电流很小，电枢缓慢转动，齿轮啮入柔和。

当驱动齿轮与飞轮齿环完全啮合时，释放杆立即将扣爪推开，使挡片脱扣，电磁开关主触头 S_3 闭合，起动机主电路接通，通过摩擦片式单向离合器起动发动机。

3）发动机起动后，离合器打滑，起动机处于空载状态，断开起动开关，驱动齿轮退出啮合，起动机停止转动。此时与电枢绕组并联的制动绕组起耗能制动作用，使起动机迅速停止转动。

三、减速式起动机

1. 结构

减速式起动机是在起动机的电枢和驱动齿轮之间装有减速比为 3～4 的减速齿轮，将电动机的转速降低后增大电枢输出转矩，再带动驱动齿轮，从而可以采用转速 15000～20000r/min

的小型高速低转矩电动机，使起动机的重量减少 35%，总长度缩短 29%，转矩增大，不仅提高了起动性能，而且减轻了蓄电池的负载。

目前汽车起动机采用的减速装置常见有三种，分别为外啮合齿轮传动、内啮合齿轮传动及行星齿轮啮合传动，如图 4-48 所示。其中，行星齿轮减速装置较好，外啮合方式一般在小功率起动机上采用，而内啮合方式则一般在大功率起动机上采用。

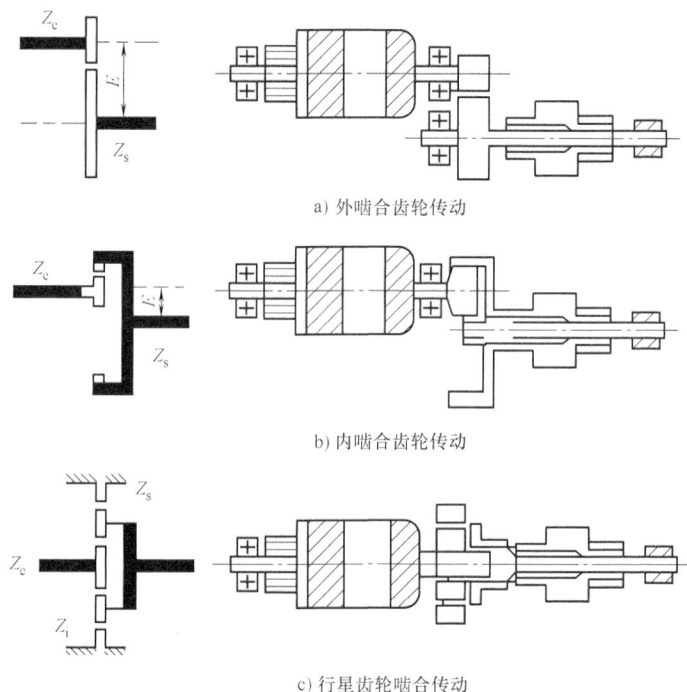

a) 外啮合齿轮传动

b) 内啮合齿轮传动

c) 行星齿轮啮合传动

图 4-48　起动机减速装置

Z_e—主动齿轮　Z_s—从动齿轮　Z_i—行星齿轮　E—中心距

减速式起动机上的传动机构采用滚柱式离合器，它与传统起动机离合器的结构相同，但要求其具有耐冲击性能。驱动齿轮与飞轮的啮合与分离采用两种不同的形式控制：一种是与传统起动机相同，即拨叉式；另一种为直动齿轮式，即驱动齿轮与电磁开关中的引铁同轴移动，这种形式多用于平行轴外啮合减速齿轮装置。

图 4-49 为国产 QD254 型减速式起动机结构原理图，电动机为小型高速串励式直流电动机，在电枢轴端有主动齿轮，它与内啮合减速齿轮相啮合。内啮合减速齿轮与螺旋花键轴固定连接，螺旋花键上套有滚柱式单向离合器。

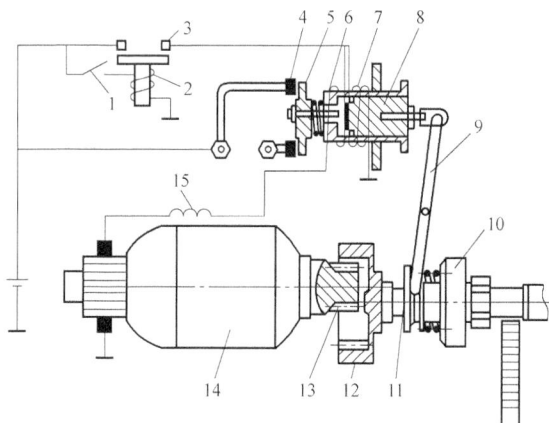

图 4-49　QD254 型减速式起动机结构原理

1—起动开关　2—起动继电器磁化线圈　3—起动继电器触点　4—主触头　5—接触盘　6—吸引线圈　7—保持线圈　8—活动铁心　9—拨叉　10—单向离合器　11—螺旋花键轴　12—内啮合减速齿轮　13—主动齿轮　14—电枢绕组　15—励磁绕组

2. 工作原理

发动机起动时，接通起动开关，蓄电池电流流过起动继电器磁化线圈，触点闭合，电磁开关的吸引线圈和保持线圈的电路接通。在这两个线圈电磁吸力的共同作用下，活动铁心被吸入，带动拨叉将单向离合器推出。使驱动齿轮啮入飞轮齿环。

当驱动齿轮与飞轮齿环完全啮合时，活动铁心推动接触盘将主触头接通，于是起动机主电路接通，电动机开始高速旋转。电枢的旋转经主动齿轮、内啮合减速齿轮减速，再经螺旋花键轴传递给单向离合器，最后通过单向离合器传递给驱动齿轮使发动机起动。

四、永磁式减速起动机

永磁式减速起动机用四或六块永久磁铁组件代替励磁绕组，具有重量轻、结构简单和温升低等优点。图 4-50 为永磁减速起动机结构图。由于没有励磁绕组，电流经换向器和电刷直达电枢。

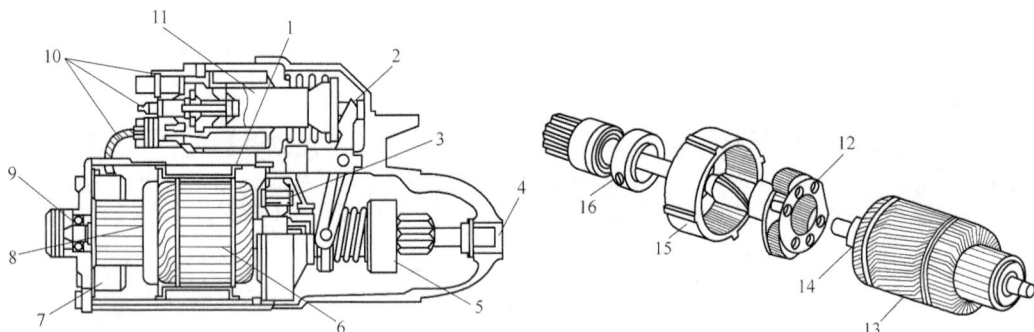

图 4-50　永磁式减速起动机结构

1—永久磁铁　2—起动机构　3—行星齿轮减速器总成　4—滚子轴承　5—单向离合器　6—电枢
7—电刷　8—焊接连接　9—密封的滚珠轴承　10—气体保护焊连接　11—活动铁心
12—行星齿轮架　13—电枢　14—太阳轮　15—内齿齿环　16—DR-115 型起动机构

永磁式减速起动机采用行星齿轮减速。行星齿轮减速器总成由装在电枢轴端的太阳轮、装在行星齿轮架上的三个行星齿轮和与行星齿轮啮合的内齿齿环组成，齿环是保持不动的。当电枢旋转时，太阳轮带动三个行星齿轮绕内齿齿环的内齿旋转，行星齿轮绕内齿齿环的运动，带动行星齿轮架旋转。行星齿轮架与输出轴连接，用这种齿轮配置的减速比为 4.5 : 1，大大减小了起动机的电流。

本章小结

本章首先介绍了起动机的结构，通过转矩特性、机械特性、起动机特性曲线来描述起动机的特性；然后介绍了起动机的工作原理及起动机基本参数的选择，起动机的检修测试，最后列举了四种新型起动机，并介绍了它们的结构和工作原理。

习题

1. 影响起动机功率选择的主要因素有哪些？

2. 起动机的传动机构必须满足哪四项基本要求？

3. 日产 UD63 型汽车的电源、起动电路如图 4-51 所示，试分析安全继电器的作用，并从控制的角度分析起动机的驱动保护原理。

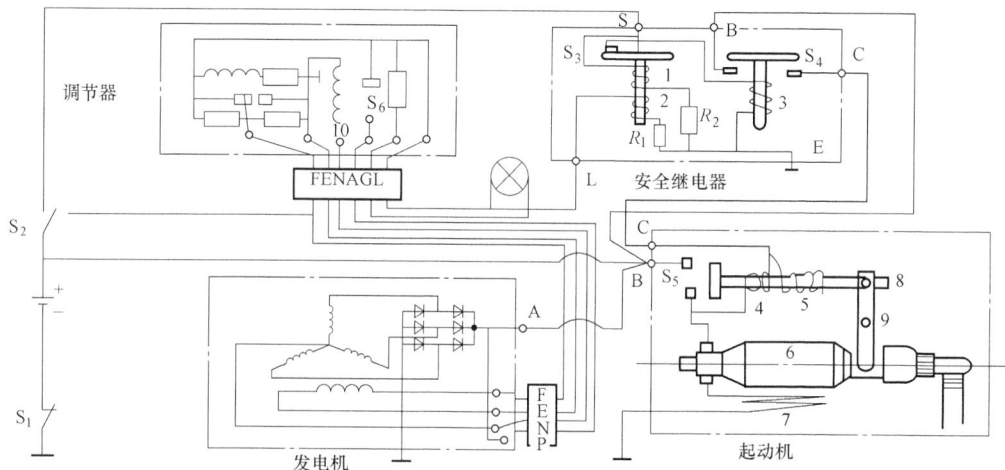

图 4-51　习题 3 图

S_1—蓄电池开关　S_2—起动机钥匙开关　S_3—安全继电器触点　S_4—起动开关　S_5—起动机电磁开关触点

S_6—调节器电磁开关　R_1、R_2—电阻　1、2—安全继电器线圈　3—起动开关线圈　4—吸引线圈

5—保持线圈　6—电枢　7—励磁绕组　8—活动铁心　9—拨叉　10—磁场继电器线圈

4. 起动机一般由哪几部分组成？各部分的作用是什么？

5. 直流电动机的基本组成是什么？试分析其工作过程。

6. 汽车起动机为什么要采用串励式直流电动机？减速式起动机有哪几种类型？各有什么特点？

7. 什么是发动机的起动阻力矩？发动机的阻力矩包括哪些？摩擦阻力矩主要由什么决定？发动机的阻力矩主要取决于哪些因素？

8. 影响起动机工作特性的因素有哪些？

9. 起动机常发生故障的部位有哪些？阐述起动机不转的故障现象、故障原因以及故障诊断排除；阐述起动机空转的故障现象、故障原因以及故障诊断排除。

10. 简述电枢移动式起动机的结构特点、工作过程。

第五章 / **Chapter 5**

汽车点火系统

汽车点火系统是汽油发动机的重要组成部分，其性能的好坏直接影响着发动机能否正常工作。

第一节　点火系统概述

一、点火系统的作用

点火系统的作用就是把汽车电源系统 10~15V 的低压电转变成 15~20kV 的高压电，并按发动机气缸工作顺序适时地引入气缸，在火花塞上产生电火花点燃可燃混合气，从而使发动机正常工作。

二、点火系统的分类

点火系统发展至今已有多种类型，现以不同的分类方式将各种点火系统的特点以及目前的使用情况加以概括。

1. 按点火系统的电源不同分类

按照点火系统电能的来源不同可分为磁电机点火装置和蓄电池点火装置。

（1）磁电机点火装置　磁电机点火装置如图5-1所示，由磁电机本身产生点火所需的电能，即磁电机首先由发动机带动其转动发电，发出的低压电通过升压装置产生点火所需的高压电，然后再输送给火花塞，产生点燃混合气的电火花。由于结构本身的原因，磁电机点火系统仅适用于单缸或两缸的汽油发动机。磁电机点火系统在汽车上早已不使用，目前在一些摩托车上还有少量的应用。

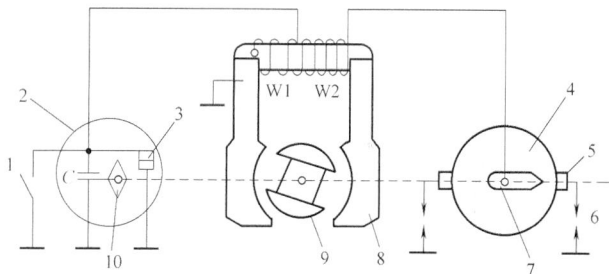

图 5-1　磁电机点火装置

1—断火开关　2—断电器　3—触点　4—配电器　5—配电器旁电极
6—火花塞　7—配电转子　8—铁心　9—永久磁铁转子　10—断电器凸轮　W1—初级绕组　W2—次级绕组

（2）蓄电池点火装置　蓄电池点火装置点火所需的电能来源于蓄电池（起动时）和发电机（发动机正常工作时），通过点火线圈和断电器或电子点火器的配合，使点火线圈初级电流适时地通断，完成储能和产生高压过程，再通过配电器按点火顺序将高压送往各缸火花塞。蓄电池点火系统适用于多缸发动机，目前汽车上使用的点火装置均属此类。

2. 按点火系统储存点火能量的方式不同分类

点火系统在产生高压电并使火花塞电极跳火以前，有一个储存从电源获取电能的过程，所储存的能量称为初级点火能量。按照初级点火能量的储存方式不同，可分为电感储能式和电容储能式两种点火系统。

（1）电感储能式　电感储能式点火系统在产生高压点火前，从电源获取的能量以电感线圈建立磁场能量的方式储存。如图5-2a所示，电感线圈储存初级点火能量 W_L 的大小与线

圈的电感 L 和线圈所形成的电流 I 的二次方成正比，即

$$W_L = \frac{1}{2}LI^2 \qquad (5-1)$$

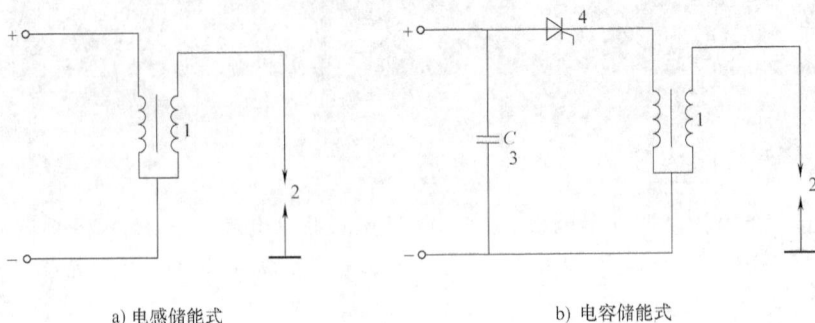

a) 电感储能式   b) 电容储能式

图 5-2　点火系统能量储存方式

1—电感线圈　2—火花塞　3—储能电容　4—晶闸管

电感储能式点火系统由点火线圈的初级绕组储存初级点火能量，这种类型的点火系统是汽车发动机普遍采用的点火系统。

（2）**电容储能式**　电容储能式点火系统在产生高压点火前，从电源获取的电能以电容器建立电场能量的方式储存。如图 5-2b 所示。电容器储存初级点火能量 W_C 的大小与电容器的电容 C 和电压 U 的二次方成正比，即

$$W_C = \frac{1}{2}CU^2 \qquad (5-2)$$

电容储能式点火系统设置专门的储能电容器储存初级点火能量，需要点火时，电容器向点火线圈初级绕组放电。在点火线圈初级绕组通电的瞬间，次级产生高压电，再由配电器将高压电送到需要点火缸的火花塞。

电容储能式点火系统的突出优点是最高次级电压稳定，受火花塞积炭的影响小，能量转换效率高；其缺点是电火花的持续时间很短，低速时的工作可靠性低。因此，电容储能式点火系统在汽车上很少使用。

3. 按点火系统的结构形式不同分类

汽车上广泛采用的是电感储能式点火系统，按照其结构形式不同，又可分为触点式、晶体管辅助式、无触点电子式、微机控制式等几种类型。

（1）**触点式点火系统**　触点式点火系统也被称为传统点火系统，其基本结构如图 5-3a 所示。传统点火系统依赖于断电器触点控制点火线圈初级电流的通断，因而存在缺陷，现在基本上已被淘汰，只在一些较早的汽车上使用。

（2）**晶体管辅助点火系统**　晶体管辅助点火系统的电子电路部分也被称为点火能量放大器，其基本结构如图 5-3b 所示。这种点火系统利用晶体管的放大作用，在减小断电器触点工作电流的同时，增大了点火系统的初级电流，因而提高了点火系统的初级点火能量和工作可靠性。由于这种点火系统还有触点，未能完全消除触点式点火系统的缺陷。因此，目前已被无触点的电子点火系统所取代。

（3）**无触点电子点火系统**　无触点电子点火系统由点火信号发生器和电子点火器替代

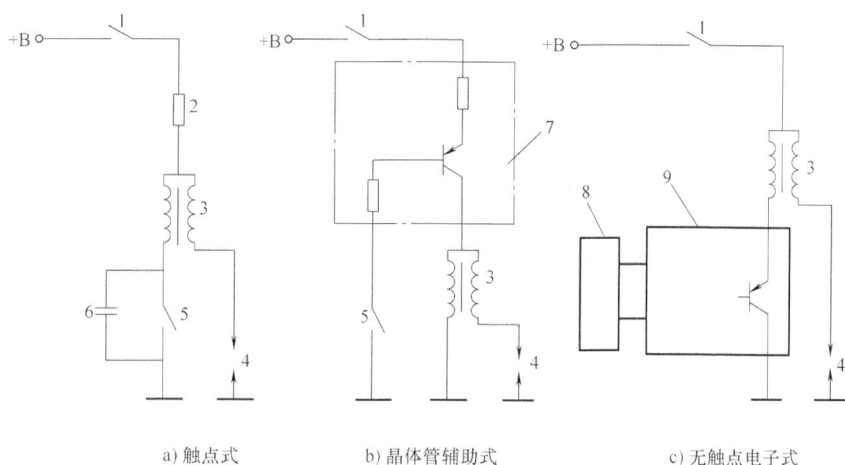

图 5-3　各种点火系统基本结构

a) 触点式　　　b) 晶体管辅助式　　　c) 无触点电子式

1—点火开关　2—附加电阻　3—点火线圈　4—火花塞　5—断电器触点　6—电容器　7—晶体管放大器
8—点火信号发生器（或发动机电子控制器）　9—电子点火器（或点火控制模块）

了传统点火系统中断电器的作用，彻底地消除了触点式点火系统由触点所带来的种种缺陷，被现代汽车广泛采用。

无触点电子点火系统按点火触发信号的产生方式不同，又分为磁感应式、光电式、振荡式和霍尔效应式等不同的形式，其中振荡式使用非常少。

（4）微机控制的电子点火系统　微机控制的电子点火系统改变了传统点火系统的点火提前角调节方式，微机根据发动机转速、发动机负载及其他传感器的信号，经计算、分析与处理后向电子点火器输出点火控制信号，将点火提前角控制在最佳范围之内，从而降低了发动机的油耗和排气污染。

以微机为控制核心的发动机集中电子控制系统除了控制点火时间外，还可同时控制燃油喷射、发动机怠速、排气再循环、炭罐通气等。

三、点火系统的要求

汽油发动机点火系统的作用是适时地产生电火花，点燃压缩终了的混合气，以使发动机能通过混合气的燃烧做功。为确保发动机稳定可靠地工作，对点火系统的基本要求是要有足够高的电压、充足的点火能量和适当的点火时间。

1. 点火系统所产生的电压要足够高

点火系统需要能产生足以击穿火花塞间隙的电压（8~10kV）。

（1）电火花的产生　常见的电火花，如雷鸣时的闪电、插拔电源插头时的跳火、汽车电路中线路连接点瞬间断路或短路时的跳火等，都是由电弧放电形成的电火花。

以电极间加直流电压 U_j 为例说明电火花是如何产生的。如图 5-4 所示，电源使正负电极有电荷集聚，使正、负电极之间形成电场 E。提高电压 U_j，正、负电极之间的电场 E 相应增强。当 E 增强至某一极限时，电极之间的气体分子就被电离，形成一个电荷运动的通道，正、负电极之间就产生电弧放电。电弧放电实际就是负电极的电子经电离的气体"跳跃"到了正电极，同时产生了电火花。

（2）**汽油发动机点火电压的影响因素** 点火系统用于产生电火花，点燃混合气的电极组件称为火花塞，火花塞的电极伸入到发动机气缸燃烧室内。火花塞的点火在发动机压缩行程终了时进行，火花塞电极之间的混合气压力较高，因而电极之间需要有很强的电场才能使气体电离。使火花塞电极跳火所需的电压称为击穿电压 U_j（或称点火电压），而 U_j 的高低与发动机工况及火花塞电极的状况有关。

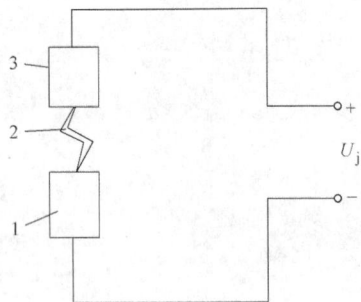

图 5-4 电火花的产生
1—负电极 2—电火花 3—正电极

1）发动机工况。气缸内的混合气压力高、温度低时，气体的密度相对较大，气体电离所需的电场力就大，所需的击穿电压也就高。发动机在不同工况下，其压缩终了混合气的压力和温度不相同。因此，当发动机的转速和负载改变时，火花塞的击穿电压也随之改变。

2）火花塞的温度和极性。当火花塞电极的温度超过混合气温度时，击穿电压可降低 30%～50%。这是因为在电极温度高时，包围在电极周围的气体密度相对较低，气体更容易电离。由于火花塞中心电极的温度相对较高，因此当火花塞的中心电极为负时，火花塞电极的击穿电压可降低 20% 左右。

3）火花塞的间隙和形状。在同样的电压下，火花塞电极间的电场随其间隙的增大而减弱，要使电极间的气体电离所需的电压就得升高。火花塞电极较细或电极表面有沟棱时，在同样的电压下，其电场的最强处要大于较粗、表面平坦的电极，因此所需的击穿电压可适当降低。

此外，火花塞电极上积油、积炭时，其击穿电压会相应上升。

（3）**对点火系统电压的要求** 如果点火系所能产生的最高次级电压为 U_{2m}，那么要使发动机在任何工况和状态下火花塞都能可靠跳火，就必须满足

$$U_{2m} > U_{jm} \tag{5-3}$$

式中，U_{jm} 为最高点火电压。

发动机在正常工作温度且较高转速下其击穿电压并不高，但是，在发动机冷机起动时，由于气缸壁、活塞及火花塞电极都处于冷态，吸入的混合气温度低，雾化不良，压缩时混合气温度也较低，再加之火花塞电极之间可能积有机油和汽油（冷机起动时提供较浓混合气，火花塞很容易积汽油），因此击穿电压比发动机正常工作时要高很多。此外，在汽车加速时，由于大量的冷空气突然进入气缸，使火花塞中心电极温度降低，气缸压力升高，因而其击穿电压也较高。

为了保证点火可靠，点火系统必须有一定的高压储备，使之在任何情况下送往火花塞电极间的电压均高于火花塞的击穿电压。因此，通常要求 U_{2m} 在 20kV 以上。但次级电压过高将造成绝缘困难，使点火系统的成本提高，因此点火系统的最高次级电压也不能太高。现代汽车汽油发动机的最高次级电压大都为 30kV 左右。

2. **点火系统所具有的点火能量要充足**

火花塞跳火后能否确保可燃混合气迅速燃烧，还要看电火花是否有足够的能量。点燃混合气所必需的最低能量，与混合气的成分、浓度、火花塞电极间隙和电极形状及发动机工作情况等因素有关。

发动机不同工况下对点火能量的要求如下：

1）发动机正常运转时对点火能量的要求。发动机在中高速稳定运转时，由于混合气压缩终了的温度已接近自燃温度，因而所需的火花能量很小，通常只需 3~5mJ 的火花能量就可以使混合气迅速燃烧起来。

2）发动机起动时所需的点火能量。在发动机起动时，由于混合气雾化不良，电极温度低，因此，所需的火花能量最高，其起动所需时间会随火花能量的增加而减少。要使发动机起动迅速、可靠，点火能量需要在 100mJ 以上。

3）发动机其他工况下对点火能量的要求。发动机在怠速、急加速工况时，由于混合气的温度较低或混合气过浓、过稀等原因，需要有较高的点火能量才能保证混合气可靠燃烧。

4）发动机节能与排放控制对点火能量的要求。现代汽车为了提高经济性和降低废弃污染物浓度，通常采用较难点燃的稀混合气，且又要求其迅速、完全地燃烧。这需要电火花有较大的能量，通常需要 50~80mJ 的点火能量。

总之，现代汽车为确保汽车起动迅速可靠、怠速平稳、加速性好，要求点火系统有足够的点火能量；为使汽车在运行过程中能始终保持混合气 100% 的点燃率，且混合气点燃后能燃烧迅速、及时、完全，以达到节能和降低排气污染的目的，对点火系统所具有的点火能量也提出了更高的要求。

3. 点火系统控制的点火时间要适当

汽油发动机的最佳点火时间，应以发动机发出的功率最大、燃料消耗量最低以及是否产生爆燃等几个方面来衡量。

火花塞电极跳火后，气缸内混合气的燃烧不是瞬时完成，需要约千分之几秒的时间。混合气需要先经诱导期，然后进入迅速燃烧期，因此气体发动机的点火时间是压缩终了前的某一时刻。点火时间通常通过点火提前角来表示，点火提前角是指从火花塞电极间开始跳火到活塞运行到压缩终了上止点的曲轴转角。

（1）点火时间对发动机功率的影响　理论与实践证明，最理想的点火时间是使发动机气缸内的燃烧最高压力出现在压缩终了上止点后 10°~15°，可使混合气的燃烧产生的机械功率达到最大。

如果点火时间过早（点火提前角过大），混合气的大部分燃烧在压缩行程进行，压缩行程活塞上行的阻力增大，会导致发动机功率下降、油耗增加，且发动机容易产生爆燃。

如果点火时间过迟（点火提前角过小），混合气的大部分燃烧在活塞下行时进行，混合气燃烧的时间延长，且燃烧产生的最高压力和温度下降，也会导致发动机功率下降、油耗增加。过长的燃烧时间还容易引起发动机过热、排气管"放炮"。

（2）影响点火时间的因素　影响点火时间的因素是发动机转速和负荷。发动机最佳的点火提前角并不是固定不变的，当发动机的转速与负荷改变时，点火提前角也应做相应调整才能使点火时间保持最佳。当发动机转速升高时，在同一时间内曲轴转过的角度增大，如果混合气的燃烧速率不变，则最佳点火提前角应随发动机转速的升高而增大，它们之间呈线性关系。实际上，转速升高后，由于混合气的压力和温度随之升高以及扰流的增强，会使燃烧速度加快，因而最佳点火提前角随转速的上升而增大，它们之间是一种非线性关系。在高转速范围，点火提前角随转速的升高增加要少些或不增加。当发动机的负荷增大时，由于节气门开度增大，在同一转速下吸入气缸的混合气量增加，因而在压缩行程终了时气缸内的压力和温度均会升高，从而使混合气的燃烧速度加快。因此，最佳点火提前角应随发动机负荷的增大而减小。

如上所述，发动机在不同的工况下，其最佳的点火提前角不同，因而点火系统应能根据发动机的转速和负荷的变化情况及时调整点火时间，以确保混合气的燃烧及时、完全。除了发动机的转速与负荷外，影响最佳点火提前角的因素还有很多。在一定转速下，最佳点火提前角应随混合气在气缸内的燃烧速度的加快而减小。

第二节 微机控制电子点火系统

一、传统点火系统的组成及工作原理

1. 传统点火系统的组成

1）电源及点火开关。电源为蓄电池和发电机，标称电压多为 12～14V，其作用是供给点火系统所需的电能。

2）点火线圈。点火线圈的功用是将 12V 的低压电转变为 15～20kV 的高压电。

3）分电器。分电器主要包括断电器、配电器、电容器和点火提前机构等部分。

4）火花塞。花塞的作用是将高压电引入气缸燃烧室，产生电火花来点燃混合气。

2. 传统点火系统的工作原理

传统点火系统工作可以分为三个步骤：断电器触点闭合、断电器触点打开和火花放电。

（1）**断电器触点闭合** 点火系统的初级电路包括蓄电池、点火开关、附加电阻、点火线圈初级绕组、断电器触点和电容器。接通点火开关，发动机开始运转。发动机运转过程中，断电器凸轮不断旋转，使断电器触点不断地开、闭。图 5-5 为触点闭合初级电路等效电路。

（2）**断电器触点打开** 断电器触点打开，次级绕组产生高电压。触点闭合后，初级电流按指数规律增长。触点打开后的等效电路如图 5-6 所示。

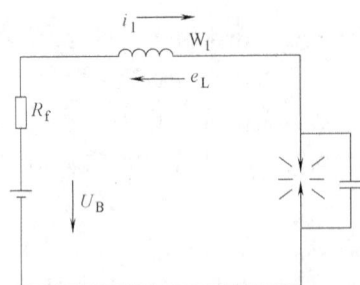

图 5-5 触点闭合的初级电路等效电路

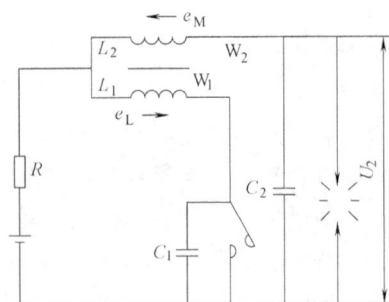

图 5-6 触点打开后的等效电路

（3）**火花放电过程** 通常火花塞的击穿电压 U_j 总低于 U_{2max}，在这种情况下，当次级电压 U_2 达到 U_j 时，就使火花塞电极间隙被击穿而形成电火花。

二、传统点火系统的缺点

1. 触点故障多，寿命短

触点闭合时，通过触点的初级电流较大。触点打开时，由于点火线圈初级绕组自感电动势的作用，触点间容易产生电火花。虽然触点之间并联有电容器，但触点火花并不能完全消除，从而将触点逐渐烧蚀，引起一个触点的金属逐渐向另一个触点转移。

触点间并联的电容器的容量一般为 $0.18 \sim 0.32\mu F$。很多因素都会影响电容器的容量，其中包括所用点火线圈的类型、分电器轴的转速、温度，甚至所处的高度。对于负极搭铁的点火系统，如果电容器的容量过小，触点火花会使静触点逐渐出现凹坑，动触点随之逐渐凸起；如果电容器的容量过大，则动触点逐渐出现凹坑，静触点随之逐渐凸起。在某些工况下，电容器的容量是合适的，但在其他工况下，电容器的容量则未必合适。对于工况变化范围较大的汽车发动机而言，电容器的容量不可能满足所有的工况要求，因此，触点之间金属的逐渐转移不可避免，结果造成触点的接触表面凹凸不平，导电面积减小，一方面造成导电面电流密度增加，局部发热严重，加快了触点烧蚀速度；另一方面造成触点接触电阻增大，初级电流减小，点火能量下降，甚至引起断火。因此要求经常打磨、更换触点。另外，初级或次级电路电阻过大，也会造成触点烧蚀。

触点臂顶块与凸轮长期摩擦而磨损，造成触点间隙发生变化，一方面引起触点间电火花更加频繁地出现，点火能量下降，触点烧蚀速度加快；另一方面，点火正时发生变化，影响发动机的正常工作。因此，要求经常检查和调整触点间隙（正常间隙一般为 $0.35 \sim 0.45mm$）。

2. 点火能量不能适应现代汽车发动机的要求

20 世纪 70 年代以来，汽车发动机向高转速、高压缩比方向发展，特别是近年来，为保护环境，减少汽车对大气的污染，也为了节约燃料，要求发动机燃用稀混合气，这些都要求提高点火电压和点火能量。而传统点火系统中，触点允许通过的电流一般不超过 5A，限制了点火电压和点火能量的进一步提高。特别是在发动机高速运转时，因触点闭合时间短，初级电流来不及达到较大的数值，造成次级电压明显下降，引起发动机不能可靠点火甚至断火。而在低速或怠速时，因触点张开速度缓慢，触点火花强烈，也会造成次级电压下降，影响发动机的稳定运转。

此外，低速时触点闭合时间比所需的储能时间长，因此，不仅造成电能浪费，而且引起点火线束过热而容易被烧坏。高速时触点臂被"甩开"，也会影响点火系统的正常工作。

3. 对火花塞积炭和污染敏感

传统点火系统中次级电压上升速度低（上升时间一般需 $120\mu s$），造成次级电路漏电时间长，火花塞稍有积炭或污染，次级电压就会显著下降，火花强度会明显变弱甚至断火。

4. 点火正时调节特性差

传统点火系统采用离心式和真空式点火正时调节装置来调节点火正时。这种装置除磨损所造成的点火正时特性变化外，还有其本身固有的缺陷，即调节的线性特性不好，最多只能用几条直线粗略地调节点火正时。实际上，发动机的工作性能受多种因素的影响，其理想的点火正时特性也绝非线性，而是较复杂的曲线，其影响因素也不仅仅是发动机的转速和负荷（进气管真空度），还包括发动机的加减速状况、冷却液温度、进气温度等。这种多因素调节点火正时的要求在传统点火系统中很难满足，限制了进一步减少污染排放和进一步降低油耗。

三、微机控制点火系统组成

发动机点火系统自首次装用于汽车以来，主要经历了传统触点式点火系统—半导体辅助点火系统—普通电子式点火系统—微机控制电子点火系统的发展过程。

前面所介绍的各种点火系统，对点火提前角的控制均采用离心式或真空式点火提前装置。由于机械系统的滞后效应、磨损以及装置本身的机械记忆量等因素的影响，机械式点火提前装置不能保证点火时刻处于最佳值，因此逐渐被微机控制电子点火系统取代。

微机控制电子点火系统按照是否保留分电器又可分为有分电器式和无分电器式两种。微机控制有分电器电子点火系统又称为非直接点火系统。该系统中，点火线圈产生的高压电经过分电器中的配电器按照点火顺序分配至各气缸，使各缸火花塞依次点火完成点火工作。微机控制无分电器电子点火系统又称为直接点火系统。该系统中没有分电器，其点火线圈上的高压线直接与火花塞相连，工作时点火线圈产生的高压电直接送到火花塞，由发动机电子控制单元（ECU）根据各传感器输入的信息，依照发动机的点火顺序适时地控制各缸火花塞完成点火工作。

微机控制电子点火系统主要由与点火相关的各种传感器、ECU、点火器、点火线圈、配电器、火花塞等组成，如图 5-7 所示。

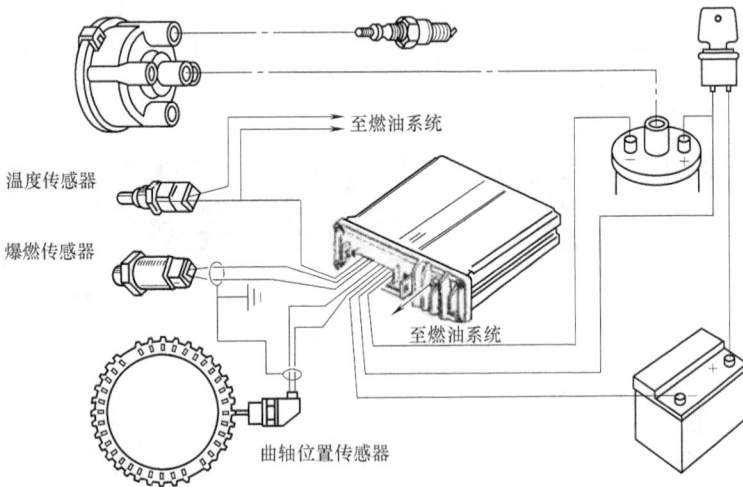

图 5-7　微机控制电子点火系统

1. 传感器

传感器用于不断检测与点火有关的发动机工作状况信息，并将检测结果输入 ECU，作为运算和控制点火时刻的依据。微机控制电子点火系统所用的传感器主要有以下几种：

（1）**曲轴位置传感器**　该传感器包括曲轴转角和曲轴位置两部分，它可将发动机曲轴转过的角度变换为电信号输入 ECU，即曲轴每转过一定角度便发出脉冲信号，微机不断检测脉冲，即可判断曲轴转过的角度，同时也可以此信号计算出发动机的转速，还可在曲轴转至某一特殊的位置，如 1 缸上止点或上止点前某一确定的角度时，输出一个脉冲信号，微机将这一脉冲信号作为计算曲轴位置的基准点，并结合曲轴信号计算曲轴任一时刻所处的具体位置。

（2）**发动机节气门位置传感器**　该传感器有磁感式、光电式和霍尔效应式三大类，其基本原理与信号发生器原理完全相同。

（3）**进气管负压传感器**　该传感器可以将节气门后进气管的负压（真空度）变换为电

信号输入微机，微机则以此信号作为发动机的负荷信号，读取或计算基本点火提前角。

（4）**空气流量计**　在采用 L 型空气流量计电控燃油喷射系统的发动机中，空气流量计信号除用于计算基本喷油持续时间外，也可作为负荷信号计算基本点火提前角。

（5）**进气温度传感器**　该传感器信号可以反映发动机吸入空气的温度，在微机控制的电子点火系统中，微机以此信号对基本点火提前角进行修正。

（6）**冷却液温度传感器**　该传感器信号可反映发动机工作温度的高低。

（7）**开关信号输入**　起动开关信号用于起动时对点火提前角的修正；空调开关信号，在怠速工况下使用空调时，微机以此开关信号对点火提前角进行修正；空档开关信号，在使用自动变速器的汽车中，微机以此开关信号判断发动机处于空档停车状态还是行驶状态，然后对点火提前角进行必要的修正。

（8）**爆燃传感器**　爆燃现象由于点火正时过于提前而引起。当点火正时提前到尽可能早时就会引起爆燃，如果爆燃持续很长一段时间，就会对发动机产生非常大的损坏。一般情况下，发生爆燃时发动机会以最高效率运转。为此，存储于发动机 ECU 中的正时图中的数据应尽可能地接近爆燃极限，如图 5-8 所示。

爆燃传感器允许一定的误差量。通常，爆燃传感器采用压电式共振型传感器，它安装于直列四缸发动机内的第二、三缸之间。V 型发动机需要两个爆燃传感器，每边各安装一个。ECU 对由爆燃传感器传来的信号做出反应，防止因爆燃干扰而引起气门振动。ECU 对采集来的传感器信息进行过滤，去除不需要的干扰信息。如果检测到有爆燃，则在逐级检测后，在第四个点火脉冲延迟点火正时，直到检测不到爆燃为止。不同生产商的逐级之间的差值不一样，一般约为 2°。点火正时以每次 1° 的值逐步提前，直到点火提前角达到存储于存储器中的要求值时，这一控制会使发动机运转于爆燃极限附近，但不会造成发动机损坏。

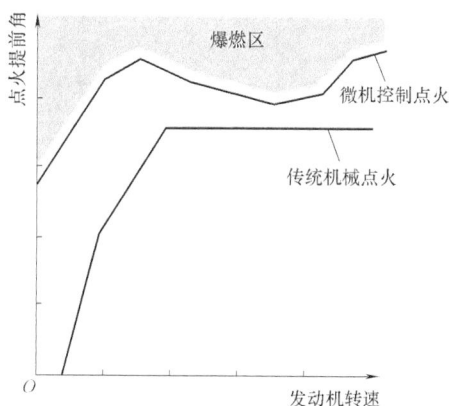

图 5-8　发动机的理想点火正时提前角

2. 电子控制单元

电子控制单元（ECU）又称为电子控制器，它与发动机电控汽油喷射系统共用，是发动机的一种综合电子控制装置。ECU 的作用是根据发动机各种与点火有关的传感器输入的信息及内存的数据，进行运算、处理、判断，然后输出点火信号，控制点火器动作，完成点火工作。

在 ECU 的只读存储器（ROM）中，存放着各种程序和该车在各种工况下最优化的点火提前角等数据。发动机工作时，ECU 根据各种与点火有关的传感器及开关信号输入的发动机信息，时刻检测曲轴（或活塞）位置及发动机负荷（真空度）和转速；然后根据此时的发动机负荷和转速，通过已存储的点火正时 MAP 图确定基本点火提前角，并根据此时的工况进行修正，计算出最佳点火提前角。存储在 ECU 中的点火正时脉谱图如图 5-9 所示。

此后，ECU 一直在判断点火时刻是否到来，当 ECU 检测出曲轴转角等于此时的最佳点火提前角时，立即向输出回路发出指令，控制点火器切断点火线圈初级电流，产生高压电，并按照发动机的点火顺序分配到各缸火花塞进行点火。

3. 点火器

点火器又称为点火电子组件，是发动机集中电子控制中的执行器之一。点火器的作用是根据电子控制器输出的指令，通过内部大功率晶体管的导通和截止，控制初级电流的通断，完成点火工作。各种发动机的点火器内部结构不同，有的基本只有大功率晶体管，仅起开关作用；有的除了开关作用外，还有恒流控制、闭合角控制、气缸判别、点火监视等功能；还有的发动机不另设点火器，大功率晶体管设在 ECU 内部，由 ECU 直接控制点火线圈中初级电流的通断。

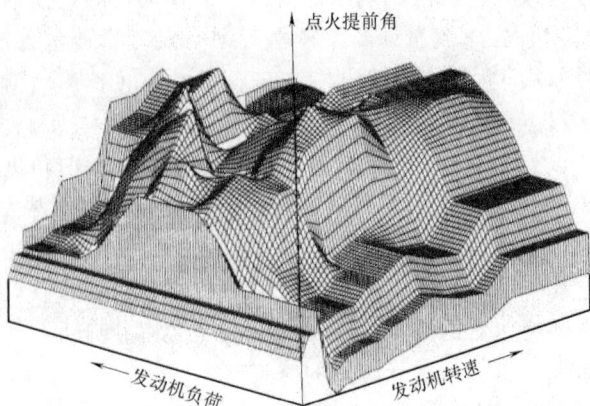

图 5-9　存储在 ECU 中的点火正时 MAP 图

4. 火花塞

火花塞的功用是将点火线圈产生的高压引入气缸。火花塞的构造如图 5-10 所示，主要由壳体、绝缘体和电极三部分组成。

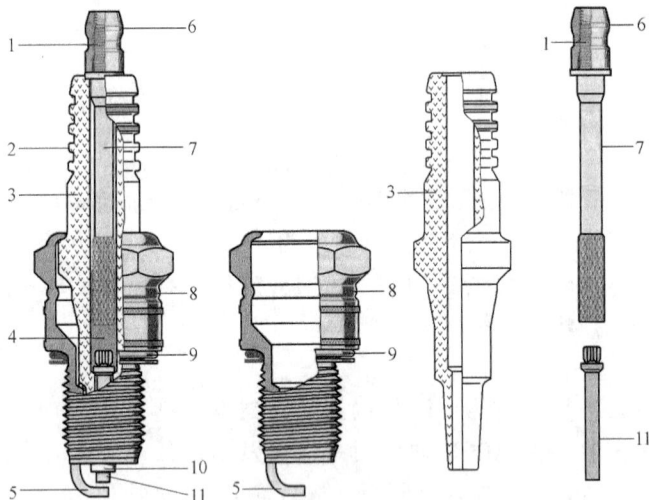

图 5-10　火花塞的构造

1—接线端子连接螺纹　2—泄流隔栅　3—绝缘体　4—电阻填料　5—侧电极　6—接线端子连接螺母
7—金属杆　8—钢制壳体与固定螺纹　9—密封垫圈　10—绝缘体裙部　11—中心电极

四、微机控制点火系统的工作原理

微机控制点火系统的工作原理如图 5-11 所示。各种传感器输入 ECU 的信号首先经输入接口电路和 A/D 转换器等电路进行数据处理，然后存储在随机存储器中备用。

曲轴位置传感器向 CPU 提供发动机转速、曲轴转角信号，转速信号用于计算确定点火

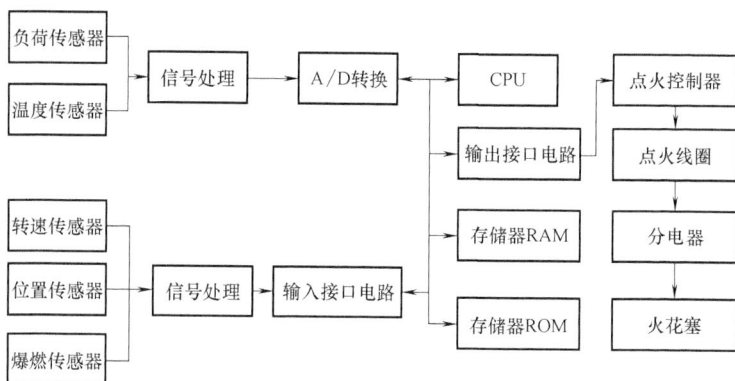

图 5-11　微机控制发动机点火的工作原理

提前角，转角信号用于控制点火时刻（点火提前角）。空气流量传感器和节气门位置传感器向 ECU 提供发动机负荷信号，用于确定点火提前角。冷却液温度信号、进气温度信号、车速信号以及空调开关信号等，用于修正点火提前角。

发动机转动时，CPU 首先根据反映发动机工况的转速和负荷传感器信号，从预先存储在 ROM 中的点火正时 MAP 图中查询相应工况下的基本点火提前角，再根据其他传感器信号确定点火提前修正量，并计算确定最佳点火提前角；然后不断检测凸轮轴位置传感器，判定哪一个缸即将到达压缩上止点。当接收到标志信号后，CPU 立即开始对曲轴转角信号进行计算，并对点火提前角进行控制。

当计算到曲轴转角等于最佳点火提前角时，CPU 立即向点火控制器发出控制指令，使其大功率晶体管截止，点火线圈初级电流切断、次级绕组产生高压，并按照发动机点火顺序，分配到相应气缸的火花塞跳火点着可燃混合气。

上述控制过程是指发动机在正常状态下点火时刻的控制过程。当发动机处于起动、怠速或汽车滑行工况时，则由预先设定好的控制程序进行控制。

五、微机控制点火系统点火提前角控制过程

1. 微机控制点火时刻的方式

在非微机控制的电子点火系统中，点火信号发生器（曲轴位置传感器）的电压脉冲信号直接输入电子点火器，利用点火信号发生器产生的电压脉冲信号相对于曲轴转角的提前和滞后（真空、离心点火提前调节器作用）来控制点火提前角的变化，如图 5-12 所示。而在微机控制的点火系统中，曲轴位置传感器信号则是输入到 ECU 中去，ECU 根据有关传感器的信号来精确计算最佳点火提前角，输出点火定时信号 IG_t 去控制电子点火器工作。不同厂家生产的汽车采用的曲轴位置和转速传感器的结构形式不尽相同，因此点火时间的控制（计算）方式也不同。

（1）点火控制方式 I　利用曲轴位置传感器的 180° 曲轴转角信号（四缸发动机为 180°；六缸发动机为 120°）为点火基准信号，计算机根据预定程序的通电时间和点火时刻进行计算，求出开始通电时刻和断电时刻，输出点火定时信号 IG_t。这种控制方式传感器结

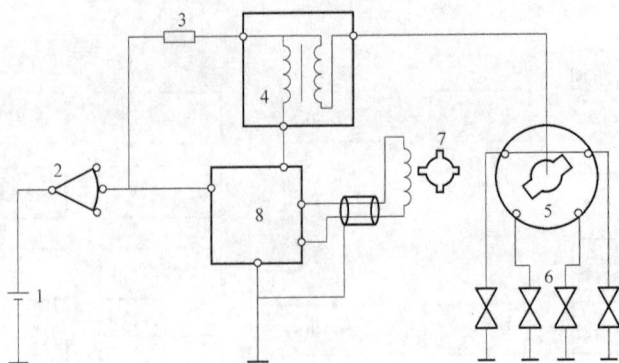

图 5-12 非微机控制电子点火系统点火控制方式

1—电源　2—点火开关　3—附加电阻　4—点火线圈　5—分电器　6—火花塞　7—点火信号发生器　8—点火控制器

构最为简单，但由于发动机在过渡状态时气缸工作间隔时刻都在变化，所以其控制精度比较低一些。点火控制方式 I 的电路如图 5-13 所示。

（2）**点火控制方式 II**　计算机根据曲轴位置传感器的 180°曲轴转角信号和 30°曲轴转角信号，计算确定开始通电时刻和断电时刻，输出点火定时信号 IG_t。点火控制方式 II 的电路如图 5-14 所示。

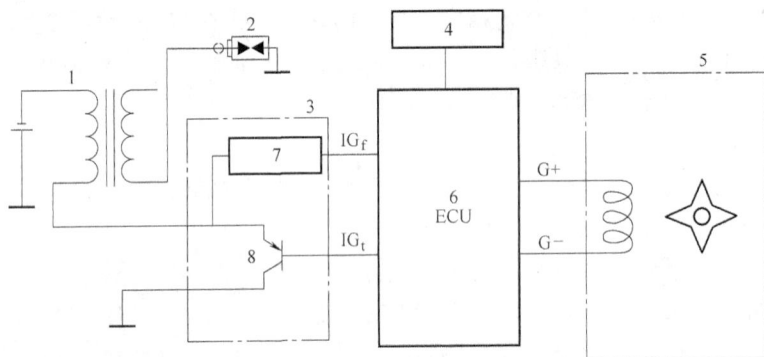

图 5-13 点火控制方式 I 电路

1—点火线圈　2—火花塞　3—电子点火器　4—各传感器　5—分电器　6—ECU　7—IG_f 信号发生器　8—大功率晶体管

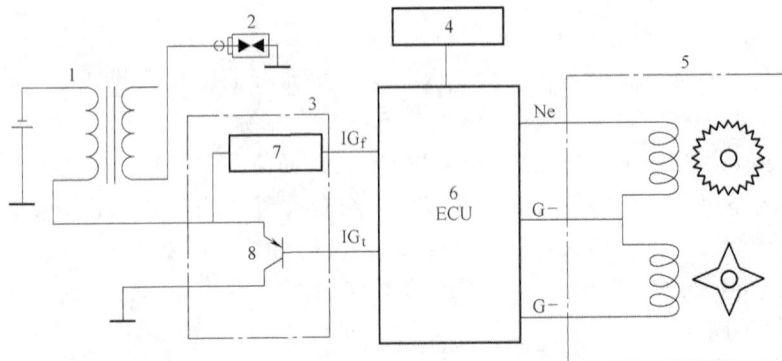

图 5-14 点火控制方式 II 电路

1—点火线圈　2—火花塞　3—电子点火器　4—各传感器　5—分电器　6—ECU　7—IG_f 信号发生器　8—大功率晶体管

Ne—转速信号　G—曲轴位置信号　IG_t—点火定时信号　IG_f—点火系统反馈（给 ECU）信号

（3）**点火控制方式Ⅲ** 计算机根据曲轴位置传感器的1°曲轴转角信号和180°曲轴转角信号，计算确定开始通电时刻和断电时刻，输出点火定时信号 IG_t。

点火控制方式Ⅱ和点火控制方式Ⅲ在发动机过渡工况时，点火控制精度高，但其传感器的结构要复杂些。目前应用较多的是点火控制方式Ⅱ、点火控制方式Ⅲ。

2. 点火提前角的计算

发动机工作时，微机根据各个传感器的信号计算点火提前角，输出点火定时信号。实际点火提前角计算公式为

实际点火提前角＝初始点火提前角＋基本点火提前角＋修正点火提前角

（1）**初始点火提前角** 由曲轴位置传感器信号确定、未经计算机控制的点火提前角称为初始点火提前角。曲轴位置传感器信号与曲轴转角有确定的对应关系，如某发动机把 G信号后的第一个 Ne 信号过零点作为点火基准点，若该信号过零点为活塞压缩行程上止点前10°，那么该发动机点火系统初始点火提前角就是10°。不同的发动机其初始点火提前角有所不同。

（2）**基本点火提前角** 由计算机根据发动机转速信号和负荷信号所确定的点火提前角称为基本点火提前角。特定点（工况）的基本点火提前角通过试验确定，并存储在计算机的 ROM 存储器中，其他点（工况）的基本点火提前角则是计算机在工作时用插值法计算得到。

（3）**修正点火提前角** 由计算机根据发动机转速信号和负荷信号以外的有关传感器的信号对点火提前角进行修正的点火提前角称为修正点火提前角。

3. 点火提前角的控制过程

一般的发动机点火提前角控制可分为起动时点火提前角控制和起动后点火提前角控制，起动后点火提前角控制又可分为基本点火提前角控制和修正点火提前角控制，而修正点火提前角控制的项目有多种，因不同的发动机而异。微机点火控制点火提前角的控制方式可以分为开环控制和闭环控制。

点火提前角的控制过程如图 5-15 示。

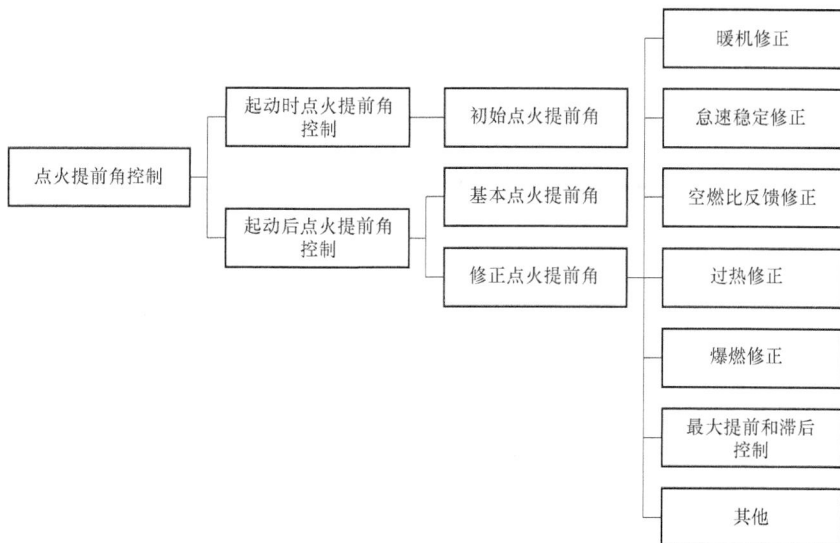

图 5-15 点火提前角的控制过程

（1）**起动时点火提前角控制**　在起动期间，发动机的转速很低（一般发动机起动转速在 500r/min 以下），此时的发动机负荷信号（进气管压力信号或进气流量信号）不稳定，因此一些控制系统将点火提前角固定在初始点火提前角。起动时的初始点火提前角控制由 ECU 中的一块集成电路板实现。

起动初始点火提前角控制有关的信号：发动机转速信号（Ne），曲轴位置信号（G），点火开关信号（STA）。有些发动机电子控制系统为提高起动性能，起动时点火提前角的控制还考虑了温度和转速的因素。

发动机在正常转速（起动转速在 100r/min 以上）下起动时，需要考虑温度因素对发动机燃烧的影响。在温度低于 0℃ 时，由于从点火到迅速燃烧需要较长的时间，因此需要适当增大点火提前角。点火提前角的增加量因不同的发动机而异，起动时点火提前角控制如图 5-16 所示。

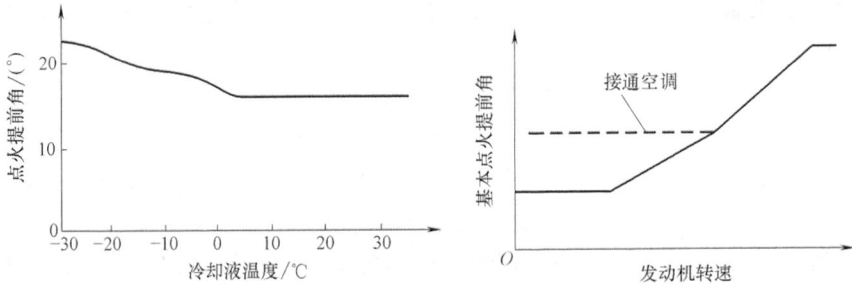

图 5-16　起动时点火提前角控制

发动机在很低的转速（起动转速在 100r/min 以下）下起动时，如果保持原有的点火提前角，可能会出现在活塞上止点前混合气就已迅速燃烧，引起起动困难或造成反转。为避免这种情况，点火提前角应依据起动转速的降低而减小。

（2）**起动后点火提前角控制**　当发动机起动后，点火开关信号 STA 消失，ECU 转入起动后点火提前角控制，起动后点火提前角控制如图 5-17 所示。

1）基本点火提前角控制。基本点火提前角由微机根据发动机的负荷（进气管压力或进气流量）信号和发动机转速信号从 ROM 存储器中查出并通过插值法计算得到。它分为急速基本点火提前角和正常运转点火提前角，由节气门位置传感器的急速触点来控制。

急速触点闭合，发动机处于急速运转状态，此时微机根据发动机的转速和空调开关是否接通来确定基本点火提前角。急速基本点火提前角控制有关的信号：节气门位置信号（IDL），发动机转速信号（Ne），曲轴位置信号（G），空调开关信号（A/C）。

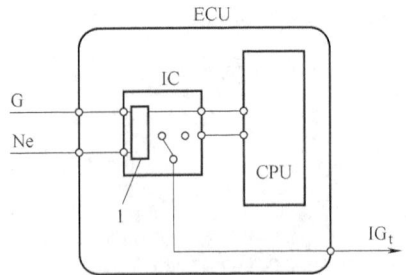

图 5-17　起动后点火提前角控制
1—基准点火定时信号发生电路
IC—起动初始点火提前角控制集成电路
CPU—中央处理器

急速触点断开，发动机处于正常运转状态，微机根据进气管压力传感器（或进气流量传感器）和发动机转速传感器的信号，从 ROM 存储器中查得有关的点火提前角值，并用插值法计算得到当前转速、负荷下的基本点火提前角。如发动机正好为存储单元中的特定工况，则无须插值计算。

有些发动机按燃油辛烷值的不同，在 ROM 存储器中存储着两套点火提前角数据，驾驶人可根据所使用的燃油辛烷值，通过燃油选择开关或插头进行选择。

正常基本点火提前角控制有关的信号：发动机转速信号（Ne），进气管压力信号（MAP）或进气流量信号，节气门位置信号（IDL），燃油选择开关或插头信号。

2）修正点火提前角控制。修正点火提前角是基本点火提前角乘以适当的系数得到的点火提前角。不同型号的发动机，其修正系数各不相同，所修正的项目也不尽相同。

① 暖机修正。发动机冷机起动后，其温度还很低，因此需要适当增大点火提前角，以改善燃油的消耗，加快暖机过程和增强其驱动性能。暖机点火提前角修正随发动机的温度上升而减小，修正特性如图 5-18 所示。

暖机点火提前角修正有关的信号：冷却液温度信号（THW），进气管压力信号（MAP）或进气流量信号，节气门位置信号（IDL）。

② 怠速稳定修正。发动机在怠速运行期间，由于发动机的负荷变化使发动机转速改变，为稳定发动机的转速，应对点火提前角做适当的修正。

在怠速运转时，计算机不断地计算发动机的平均转速。当发动机的转速低于所设定的目标转速时，计算机根据其与目标转速的差值大小适当地增大点火提前角；而当发动机的转速高于设定的目标转速时，则适当地减小点火提前角。

怠速稳定点火提前角修正特性如图 5-19 所示。

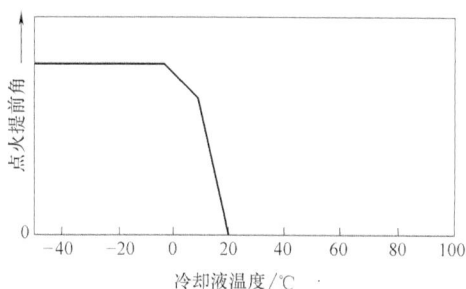

图 5-18　暖机点火提前角修正特性

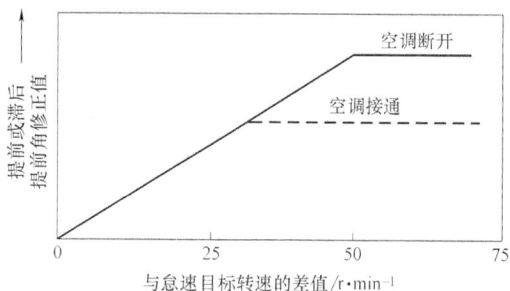

图 5-19　怠速稳定点火提前角修正特性

怠速点火提前角修正有关的信号：发动机转速信号（Ne），节气门位置信号（IDL），车速信号（SPD），空调开关信号（A/C）。

③ 过热修正。当发动机温度过高时，为使发动机能保持正常工作，应对点火提前角做适当的修正。分两种情况：

发动机正常运行工况。发动机处于正常运行（怠速触点断开）工况时，如果温度过高发动机易产生爆燃。为避免这种情况发生，应适当减小点火提前角。

发动机怠速运行工况。发动机在怠速工况（怠速触点闭合）下运行时，如果温度过高应适当增大点火提前角，以避免发动机长时间过热。过热点火提前角修正特性如图 5-20所示。

过热点火提前角修正有关的信号：冷却液温度信号（THW），节气门位置信号（IDL）。

④ 空燃比反馈修正。装有氧传感器的发动机，当计算机根据氧传感器的反馈信号对空燃比进行修正时，随着喷油量的增加或减少，会引起发动机的转速在一定范围内波动。为提

高发动机怠速的稳定性，控制器在控制喷油量减少的同时，应适当增加点火提前角。

空燃比反馈点火提前角修正特性如图 5-21 所示。

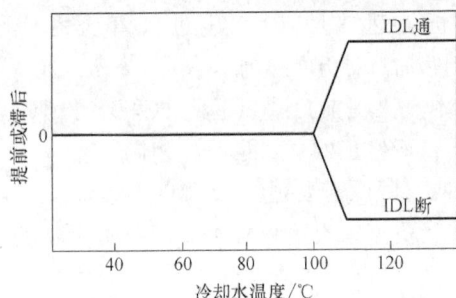

图 5-20　过热点火提前角修正特性

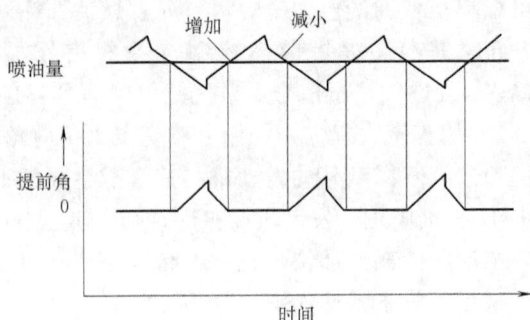

图 5-21　空燃比反馈点火提前角修正特性

空燃比反馈点火提前角修正有关的信号：氧传感器反馈信号，节气门位置信号（IDL），冷却液温度信号（THW），车速信号（SPD）。

⑤ 爆燃修正。当发动机产生爆燃时，对基本点火提前角应进行适当的修正（减小点火提前角），以迅速消除爆燃。

发动机工作时的实际点火提前角是初始点火提前角、基本点火提前角、修正点火提前角之和。如果根据发动机实际工况和状态计算得到的实际点火提前角过大或过小，会导致发动机工作不正常。因此，微机点火时刻控制系统设定了一个实际点火提前角的数值范围，以控制发动机工作时点火提前角不会超出正常工作的极限值。

不同的发动机其设定的点火提前角的最大和最小极限不同，一般其最大值和最小值范围为：最大点火提前角 35°~45°；最小点火提前角 -10°~0°。

六、发动机爆燃推迟点火提前角控制

1. 爆燃推迟点火提前角控制的作用

未用爆燃推迟点火提前角控制的微机点火控制系统称为开环点火提前角控制系统；采用了爆燃推迟点火提前角控制的微机点火控制系统则称为闭环点火提前角控制系统。爆燃推迟点火提前角控制的确可以防止发动机爆燃，但其意义并不仅仅如此。

微机控制点火提前角从总体上看是一种非线性控制，它使发动机的整个工况范围内都有理想的点火提前角（靠近爆燃区），但是由于通过试验确定的最佳点火提前角值只是具有代表性的特定工况，数量极为有限，特定工况以外其他工况下的点火提前角值则是由插值法计算得到。也就是说，在特定工况点中间的区域内，点火提前角还是一种线性控制。所以，如果试验确定的特定工况的点火提前角太靠近爆燃区，其他工况通过插值计算得到的点火提前角就有可能过大（进入爆燃区）而使发动机产生爆燃。图 5-22 为某一负荷下的局部点火提前角调

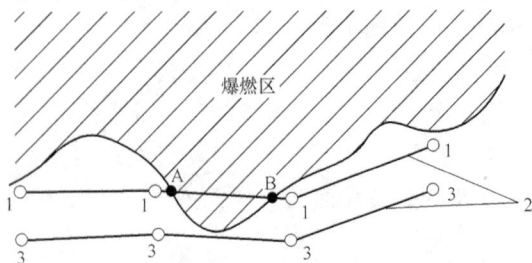

图 5-22　某一负荷下局部点火提前角调整特性曲线

1—特定工况点火提前角　2—插值法计算的点火提前角线
3—开环控制避免产生爆燃的特定工况点火提前角

整特性曲线。特定工况点火提前角之间 AB 的转速范围内发动机将会产生爆燃。对开环点火提前角控制系统来说，为避免发动机产生爆燃，由试验确定的特定工况下的点火提前角值就得离爆燃区远一些（见图 5-22 中点火提前角 2），从而使发动机在许多工况下的点火提前角都偏小于最佳值，导致发动机的功率不能充分发挥。

采用爆燃推迟点火提前角控制，由试验确定的特定工况下的点火提前角值就可以尽量地靠近爆燃极限点。而其他工况计算得到的点火提前角若进入了爆燃区，发动机产生爆燃时，则是通过推迟点火控制，及时消除爆燃。

因此，采用爆燃推迟点火提前角控制，可使点火提前角控制更接近于最佳值，发动机的功率得以更充分的发挥。对于采用涡轮增压的发动机，爆燃推迟点火提前角控制就更具有实际意义了。

2. 爆燃的监测

要实现爆燃推迟点火提前角控制，首先要在发动机刚出现爆燃征兆时就能及时准确地测出爆燃。

爆燃是由于后期燃烧的混合气的自燃引起。爆燃时，自燃区局部压力突升，并以极高的速度向周围传播。这种压力波强迫气缸壁等零件高频振动（>5000Hz），产生一种尖锐的金属敲击声。根据爆燃的特点，测定爆燃有以下方法：

1）监测发动机气缸的压力。

2）监测发动机的振动。

3）监测发动机的噪声。

根据汽车行驶的特点和爆燃监测的精度要求，采用测试发动机振动的方法较为简单、可靠，是目前汽车发动机监测爆燃普遍使用的方法。

用于测振动的传感器有磁电式、电阻应变片式和压电式传感器。

对于监测爆燃用测振动传感器，要求其高频测试性能好，能及时反映发动机振动的变化情况。又由于发动机工作及汽车运行时也会引起发动机的振动，要求测振动传感器应能从诸多的振动中分辨出爆燃的振动。

压电式测振动传感器具有测振频率高、灵敏度高的特点，所以测爆震传感器多为压电式。

压电式传感器是通过压电元件的压电效应来取得电信号。压电元件在受力变形时，其内部会产生极化现象而使其表面产生正、负两种不同的电荷。当力消失时，元件变形恢复，电荷也立即消失。因此，压电元件变形时从不同极性电荷的两表面即可引出电压信号，电压的大小与元件受力的大小成正比，即

$$U = \frac{d_{11}\delta}{\varepsilon S}F_x \tag{5-4}$$

式中，U 为电压；δ 为晶体片厚度；d_{11} 为元件纵向压电系数；ε 为压电晶体介电常数；S 为晶体片的面积；F_x 为元件受力。

压电式测振动传感器通过传感器壳体随被测体一起振动，传感器内振子随之振动，使压电晶体受力而产生压电信号。传感器振动越大，晶体受力也越大，晶体产生的压电信号也就越大。根据上述原理，可将传感器的自振频率设计在发动机爆燃的特征频带内，在发动机爆燃时，传感器就会产生共振，压电晶体片产生的信号压力会比其他情况下的发动机振动所产

生电压大许多倍，使传感器具有很高的信噪比（S/N），很容易识别和处理爆燃信号。

图 5-23 为一种共振型爆燃传感器的结构示意图。还有一种与火花塞安装在一起的压电型爆燃传感器，如图 5-24 所示。这种爆燃传感器的压电感应片为垫圈状，安装在火花塞垫圈的位置。

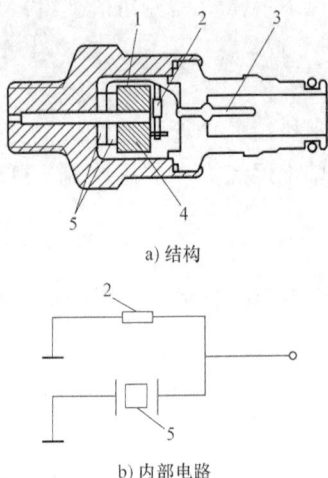

图 5-23　共振型爆燃传感器结构与电路
1—导线　2—电阻　3—接线端子　4—配重（振子）
5—压电晶体

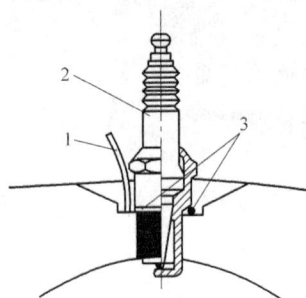

图 5-24　装在火花塞处的压电型爆燃传感器
1—导线　2—火花塞　3—环状压电爆燃传感器

3. 爆燃的判别和点火提前角的控制

（1）爆燃的判别　爆燃传感器输出的电压信号中包含了各种频率的其他振动引起的电压波形。先用滤波器滤波，将非爆燃振动电压波滤掉，进一步提高信噪比，使爆燃判别更为准确。

爆燃信号的判别如下：比较基准电路根据输入的信号产生一个比较基准值，利用比较器将信号电压波形峰值与基准值比较，判断是否发生爆燃。信号电压波形峰值超过基准值时，比较器就会有爆燃信号输出，送入微机控制器。

因为爆燃只可能在发动机缸内燃烧期间进行，因此爆燃判别也只需在此期间进行，从而可避免因发动机其他振动干扰引起的误判。爆燃判别波形如图 5-25 所示。

爆燃的强度以判定爆燃期内测得的信号峰值超过比较基准值的次数来确定。信号峰值超过比较基准值次数越多，说明爆燃越强。

（2）点火提前角的控制　当监测出爆燃时，爆燃推迟点火提前角控制系统就立即减小点火提前角，而当爆燃消失时，点火提前角又恢复至原调定值。如果点火提前角恢复过程中又监测到了爆燃信号，则又继续减小点火提前角。

爆燃推迟点火提前角和爆燃消

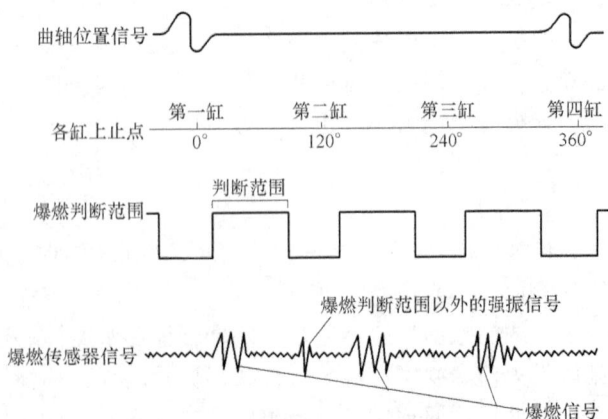

图 5-25　爆燃判别与点火提前角控制

失后的点火提前角恢复控制有三种形式：

1）每当测得发生爆燃时，慢慢地推迟点火，并逐步减小修正量。爆燃消失后，则慢慢地恢复点火提前角。这种方式的缺点是会使爆燃持续一会儿。

2）每当收到爆燃信号就迅速大幅度地推迟点火提前角，爆燃消失后，再慢慢恢复到原调定的点火提前角。这种方式可以使发动机爆燃迅速消除，但缺点是使点火过迟的持续时间较长。

3）每当测得爆燃时，就迅速大幅度地减小点火提前角，爆燃消失后迅速恢复到原调定值。这种方式可迅速消除爆燃，且可避免较长时间处于点火过迟状态，但其缺点是点火提前角变动大，易引起发动机转矩的波动。

七、微机控制点火正时系统应用实例

2JZ-GE 型发动机所用的电子点火提前（Electronic Spark Advance，ESA）系统工作原理如图 5-26 所示。

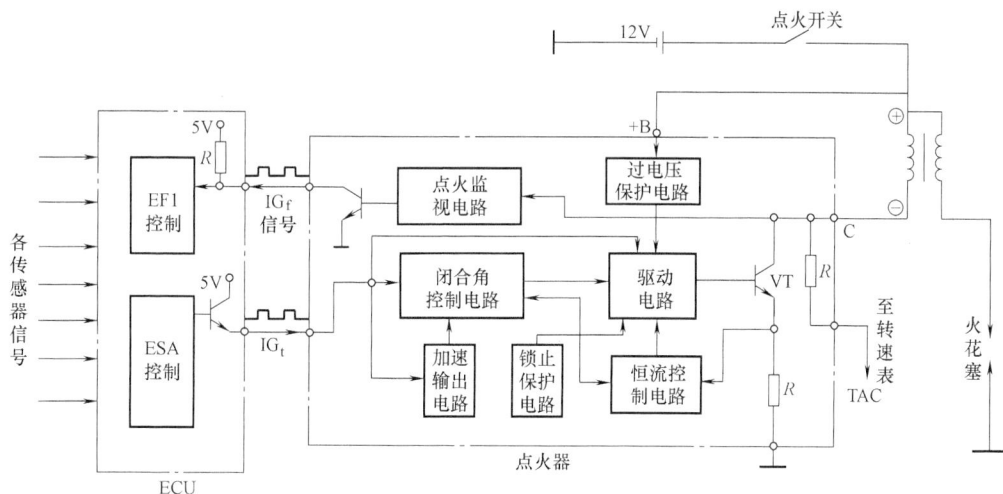

图 5-26　2JZ-GE 型发动机 ESA 点火控制系统工作原理

1. 曲轴转角与曲轴位置传感器

曲轴转角传感器和曲轴位置传感器均装在分电器内部。

曲轴转角传感器位于曲轴位置传感器正下方，由带 24 个凸轮的信号转子和一个传感线圈组成。分电器每转一圈，传感线圈输出 24 个曲轴转角信号，即 Ne 信号脉冲，每两个 Ne 信号脉冲之间曲轴转角为 30°。微机可通过 Ne 信号脉冲的计数，确定曲轴的转角。更精确的曲轴转角检测是利用 30°曲轴转角所用的时间，由微机再均等分 30 等份，即产生曲轴转角 1°信号。此外，微机根据产生两个 Ne 信号脉冲（60°曲轴转角）所经过的时间确定发动机的转速。曲轴转角传感器的结构以及产生的 Ne 信号波形如图 5-27 所示。

曲轴位置传感器由带一个凸齿的信号转子和两个传感线圈组成。分电器每转一圈（曲轴每转两圈），就会在两个传感线圈分别输出一个 G_1 信号脉冲和一个 G_2 信号脉冲用来判断第六缸和第一缸的活塞位置。G_1 和 G_2 信号脉冲过零点时，分别表示第六缸和第一缸活塞处

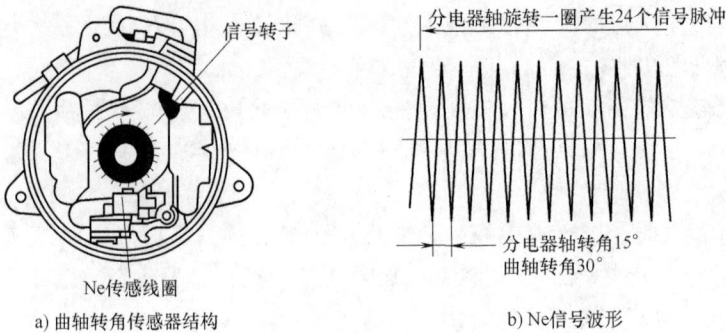

信号转子

Ne传感线圈

a) 曲轴转角传感器结构

分电器轴旋转一圈产生24个信号脉冲

分电器轴转角15°
曲轴转角30°

b) Ne信号波形

图 5-27　曲轴转角传感器结构及产生的 Ne 信号波形

于压线上止点（BTDC）10°，该位置即可作为微机控制点火时刻的点火基准。曲轴位置传感器的结构及产生的 G_1 和 G_2 信号波形，如图 5-28 所示。

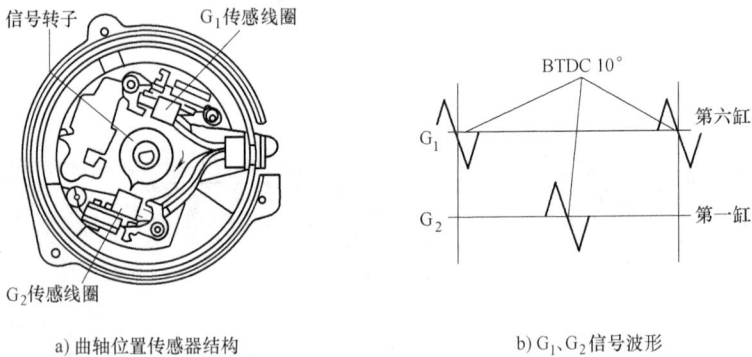

信号转子　　G_1传感线圈

G_2传感线圈

a) 曲轴位置传感器结构

BTDC 10°

G_1　　　　　　第六缸

G_2　　　　　　第一缸

b) G_1、G_2信号波形

图 5-28　曲轴位置传感器结构及产生的 G_1、G_2 信号波形

G_1、G_2 信号与 Ne 信号之间的关系如图 5-29 所示。微机根据 G_1、G_2 信号确定的点火基准（压缩上止点前10°）也是计数器对 Ne 信号脉冲计数的开始。第一、六缸以外的其他缸的点火基准完全通过对 Ne 信号脉冲的计数来确定，每四个 Ne 信号脉冲即可确定一个气缸的点火基准。此外，G_1、G_2 信号还分别确定了第一缸和第六缸的喷油基准。需要注意的是，点火基准和喷油基准反相，即曲轴转角差 360°。

2. 点火系统工作原理

丰田 ESA 系统 ECU 的 ROM 存储器中存储着点火控制程序和点火提前角的数据。

如图 5-29 所示，曲轴位置信号 G_1、G_2 及曲轴转角信号 Ne 通过相应导线输入 ECU，ECU 根据发动机转速和负荷（由进气歧管绝对压力传感器测定的进气量表示），以及节气门位置、进气温度、冷却液温度、爆燃等传感器信号，确定最佳点火提前角，并通过 IG_t 端子，以方波信号的形式控制点火（控制）器工作。

发动机点火系统工作正常时，点火器根据点火线圈初级绕组自感电动势，通过 IG_f 端子向 ECU 反馈点火确认方波信号。如果 ECU 连续六次收不到该信号，即认为点火系统工作失常，立即控制喷油系统，使喷油器停止喷油，发动机立即熄火。此外，若点火线圈的初级电流漏损（电流过大），将使点火线圈过热，此时也会自动停止向点火线圈通电。

初级电流导通角控制、恒电流控制、停车断电保护、过电压保护等功能由点火控制器完成。此外，点火（控制）器中还有加速检测电路，当发动机急剧加速时，该电路便向导通角控制电路发出信号，使初级电流导通时刻提前，即导通角增大。

丰田 ESA 系统点火提前角的计算公式为

实际点火提前角＝初始点火提前角＋基本

点火提前角＋修正点火提前角　　（5-5）

（1）**初始点火提前角**　在以下几种情况，采用初始点火提前角（也称固定点火提前角）：

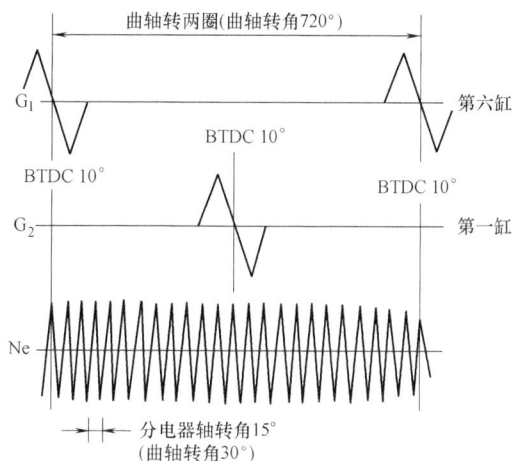

图 5-29　G_1、G_2 信号与 Ne 信号的关系

1）发动机起动时。发动机起动时转速变化大，空气流量信号不稳定，微机控制点火不准确，意义也不是很大，所以采用初始点火提前角。

2）发动机转速在 400r/min 以下时。

3）检查点火初始角时。此时有三个条件，即 T 端子（诊断通信接口"TDCL"）短路、怠速触点（IDL）闭合（ON）、车速在 2 km/h 以下。

4）发动机 ECU 的后备系统工作时。

（2）**基本点火提前角**　基本点火提前角数据存储在微机的存储器（ROM）中，见表5-1。

表 5-1　基本点火提前角数据

空调器状态	基本点火提前角/(°)
OFF	4
ON	8

（3）**修正点火提前角**　为使实际点火提前角符合发动机实际运转状况，在上述"初始点火提前角＋基本点火提前角"所得的点火提前角基础上，还必须根据相关因素加以修正，适当地增大或减小点火提前角。暖机时的点火提前角修正如图5-30所示。

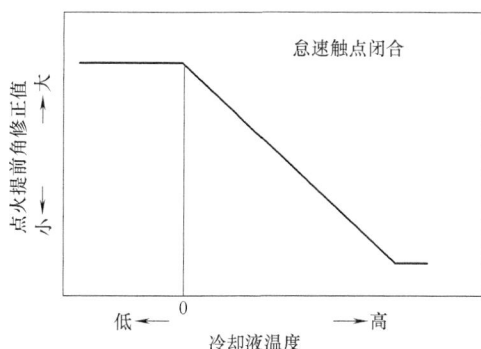

图 5-30　暖机时的点火提前角修正

第三节　缸内直喷点火系统

一、缸内直喷汽油机对火花塞性能的要求

缸内直喷汽油机的燃烧条件要比理想空燃比的进气道喷射汽油机严格得多，因此尤其需要好的点火性能。缸内直喷汽油机在分层燃烧过程中所需要的点火性能相当于进气道喷射汽油机在稀薄燃烧时所需要的点火性能。为了实现分层燃烧，较浓的混合气集中在火花塞的周围，导致火花塞更容易积炭，火花塞的绝缘性能降低引起漏电，从而导致火花塞不点火。因为喷油和点火的定时控制变得非常复杂，缸内直喷汽油机要通过调节混合气的供给和点火定时来控制积炭。所以火花塞的点火点应该位于燃烧室的较深部位，以改善燃烧。高负荷时，火花塞温度比普通类型的汽油机更高，因此需要火花塞具有好的耐热性。一种满足上述需求、适用范围更广的火花塞目前已研发成功，用于缸内直喷汽油机的并联电极、半表面放电型火花塞正在生产中。

缸内直喷汽油机要求用于分层燃烧的火花塞，其设计的基本要求为：火花塞电极在燃烧室中的位置适当；混合气有足够的时间暴露在火花塞触点的周围；很宽的无量分层范围；点火点应尽量深入到对混合气点火来说足够浓的区域（最佳火花塞位置）；应让混合气有足够的持续时间接触到点火点（释放出高的能量）；电极周围处于点火界限内的混合气区域要足够大（稀薄燃烧界限）；在有积炭时仍保持较好的点火性能。

对火花塞性能的主要要求如下：

1. 最佳的火花塞位置

由于缸内直喷发动机的火花塞端部位置要比普通火花塞深，因此其端部的温度也比普通火花塞高得多。为使火花塞能够更好地散热，需要采取以下措施：

1）采用突出的金属壳降低接地电极的温度。

2）采用铜芯接地电极传热。

2. 具有与火花能量相适应的耐久性

使用铱合金触点提高高能线圈火花塞的耐久性。

3. 抗积炭性能

1）采用直径较小的直形绝缘体末端，以改善自洁能力。

2）中心电极变窄，以提高稀薄燃烧点火性能。

3）火花间隙减小，以防止积炭。

4）采用两段直径中心电极来改善自洁能力。

5）采用半表面放电型设计来改善自洁能力。

二、缸内直喷汽油机的火花塞类型

用于缸内直喷汽油机的火花塞主要有校准型火花塞和半表面放电型火花塞两种类型，两种火花塞的性能对比见表5-2。

表 5-2 目前用于缸内直喷汽油机的火花塞的性能对比

类型	标准型	半表面放电型
类型		
特征	突出的跳火间隙,铜芯接地电极,两段直径中心电极,铱合金电极,细长的直形绝缘体端部,伸长的金属壳	突出的跳火间隙,两个接地电极,半表面放电,伸长的金属壳
优点	耐久性好	抗积炭好
缺点	抗积炭差	沟槽影响耐久性

1. 标准型火花塞

当发动机高负荷运转时,火花点的温度很高,因此,伸长型火花塞必须具有好的散热性以防止过热。当接地电极伸入燃烧室很深时,可把铜芯嵌入电极,并通过增大金属端部的截面缩短电极本身。另一方面,当温度较低并且分层燃烧时,需要防止积炭,为此采用带有较长直形绝缘体和较小顶端直径的电极,以提高其局部温度。为了防止油污,采用两段直径电极和减小火花间隙。采取上述措施后,即使在容易产生积炭的分层燃烧时也能够获得良好的性能,包括点火性能和耐久性。为了改善火花塞的点火性能,需要采用细长电极,但这将导致耐久性变差,于是采用贵金属来替代原有材料。同时考虑到缸内直喷汽油机都使用高能点火线圈,可采用抗烧蚀性好的铱合金电极来提高耐久性。但是,这种标准型火花塞对连续积炭的自洁能力较差,必须采取进一步的改进措施。

2. 半表面放电型火花塞

用于缸内直喷汽油机的另一种火花塞是半表面放电型火花塞。与标准型火花塞一样,它也是伸长型,因此火花塞的过热问题依然存在。为了防止接地电极过热,半表面放电型火花塞也采用了伸长的金属壳。不过,这种火花塞的接地电极短于标准型火花塞,因此,不再需要如前所述的带铜芯的电极。

因为火花发生在紧靠绝缘体顶端表面的周边,所以即使发动机在可能形成积炭的工况下运转,半表面放电型火花塞也具有优异的自洁效果。与标准型火花塞相比,这种火花塞在减少阻抗下降和抗积炭性能方面更优越,用于缸内直喷汽油机,性能表现良好,尤其是在发动机怠速和分层燃烧运行状态。不过,这种类型火花塞的优良自洁作用是以形成沟槽(电极之间放电时在绝缘体顶端形成沟槽)为代价,这是半表面放电型火花塞的潜在弱点。缸内直喷汽油机比进气道喷射汽油机压缩比高,更容易出现沟槽。

目前,电极烧蚀是缩短火花塞寿命的主要原因,过多的沟槽导致抗高温能力下降,加速了火花塞的损坏。为了改善这种火花塞在缸内直喷汽油机上的应用情况,延长火花塞的使用寿命,沟槽问题必须得到认真关注。目前减轻沟槽的方法主要有增加固有电阻、增加绝缘体与接地电极重叠面积、增加接地电极数量等。

本章小结

本章首先主要介绍了传统点火系统的工作原理以及传统点火系统的缺陷；然后详细说明了微机点火控制系统的组成以及点火提前角的控制，并结合具体实例进行说明；最后介绍了缸内直喷汽油机对火花塞的特殊要求以及火花塞分类。

习题

1. 在微机控制的 V6 发动机点火系统中，如果 CPU 查得电源电压 14V 时大功率晶体管导通时间为 5ms，试计算：

1）在发动机曲轴转速为 4000r/min 时，点火闭合角为多少？

2）如果 CPU 查得发动机在最大转速 6000r/min 时点火提前角为 60°，系统采用一个点火线圈控制两个气缸的点火方式能否基本满足点火闭合角与点火提前角的控制？试说明其理由。

2. 图 5-31 为一个点火系统初级回路导通时的等效电路，试计算：

1）初级回路的断电电流值。

2）初级回路断电时的自感电动势。

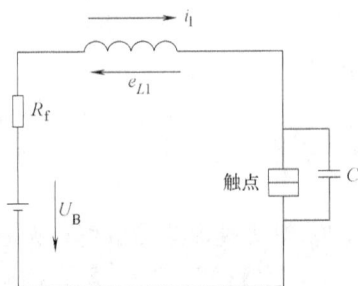

图 5-31　习题 2 图

3. 汽油发动机对点火系统的基本要求是什么？

4. 影响最高次级电压的因素有哪些？

5. 微机控制电子点火系统的组成及点火器的作用是什么？

6. 发动机起动时点火提前角的确定方法是什么？

7. 影响发动机点火提前角的因素有哪些？

第六章 / **Chapter 6**

汽车辅助电器

第一节 照明与信号系统

一、照明与信号系统组成及要求

为保证汽车在各种条件下安全行车，提高汽车的行驶速度，在汽车上装有各种照明设备、信号装置，其数量的多少和配置形式因车型而异，主要有照明灯、信号灯、警告灯、发声装置等。信号装置主要通过声、光信号向环境发出有关车辆运行状况或状态的信息，保证行车安全。

1. 汽车照明组成及要求

为使汽车能在夜间和能见度低的情况下安全行驶，现代汽车对照明的基本要求如下：

1）汽车行车时的道路照明：用以保证汽车能在夜间使用和确保行车安全。前照灯应保证车前有明亮而均匀的照明，使驾驶人能看清车前100m以内路面上的任何障碍物。随着高速公路的建成以及汽车行驶速度的提高，要求相应增加汽车前照灯的照明距离，现在有些汽车的前照灯照明距离已达到200~250m。另外，前照灯还应具有防止眩目的装置，确保夜间两车迎面相遇时，不使对方驾驶人因产生眩目而造成事故。

2）汽车倒车的特殊照明：让驾驶人在夜间倒车时能看清车后的情况，顺利地完成倒车。

3）雾天行车的特殊照明：用以确保雾天行车的安全。

4）牌照照明：在夜间行车时，能让其他行驶车辆驾驶人和行人看清车牌号，以便于安全管理。

5）车内照明：为驾驶人观察仪表、操纵车辆和乘员上下车等提供照明。

汽车照明灯按其安装位置和用途不同，可分为外部照明灯和内部照明灯。

（1）外部照明灯

1）前照灯。前照灯用于夜间行车的道路照明。前照灯的功率一般为40~60W，安装在汽车前端的两侧，发出白色光线。有远光和近光两种光照方式，可通过变光开关进行远、近光切换，前照灯远光用于夜间公路上行车时的道路照明，近光则是在会车和城区街道行车时使用，以防止导致对方驾驶人眩目。前照灯有两灯制和四灯制两种配置，四灯制前照灯并排安装时，装于外侧的两个灯一般是远、近光双光束灯，装于内侧的则是一对远光单光束灯。

2）倒车灯。倒车灯装于汽车的尾部两侧（两个倒车灯）或一侧（单个倒车灯），用于夜晚倒车时车后的场地照明，通常采用发光强度为32cd左右的照明灯泡。倒车灯由安装在变速器操纵机构中的倒车灯开关控制，在白天倒车时倒车灯也亮，这时的倒车灯起倒车信号的作用。

3）牌照灯。牌照灯装于汽车尾部牌照的上方或两侧，用以照明车牌号码。牌照灯采用白色光的小型灯泡，功率为5~10W，可确保相距20m处的人都能看清牌照上的文字和数字。

4）雾灯。雾灯也称防雾灯，前雾灯装在前照灯附近或比前照灯稍低的位置，灯泡为单灯丝，光色为黄色或琥珀色，功率为35~45W，用于雾天、雪天、暴雨或尘埃弥漫时行车的道路照明。一些汽车在汽车的尾部装有后雾灯，灯泡的功率为8~21W。后雾灯的灯光颜色为黄色或红色，其作用是警示尾随车辆保持安全的间距，因而属于信号灯具。

（2）内部照明灯

1）仪表照明灯。仪表照明灯装在汽车仪表板处，用于夜间行车时照亮汽车仪表面板，使驾驶人能看清各个仪表的指示情况。仪表灯的光色一般为白色或蓝色，也有橙色。仪表灯的灯泡功率一般为2～8W，与牌照灯、示廓灯并联，由一个灯开关控制。有些汽车仪表照明灯还装有亮度调节器，需要时驾驶人可以用调节旋钮调节仪表照明灯的亮度。

2）其他内部照明灯还有操作开关照明灯、顶灯、阅读灯、踏步灯、门灯、行李舱灯等。

2. 信号装置组成及要求

汽车信号系统的作用是产生特定的声响和灯光信号，向周围的行人和其他车辆的驾驶人发出警告，以引起注意，确保汽车的行驶安全。

（1）**声响信号装置**　声响信号装置有气喇叭、电喇叭和倒车蜂鸣器等。气喇叭是利用高压气流使金属膜片振动发声，在一些装备气压制动的汽车上使用。气喇叭的音量高，在城市市区内禁止使用。所有汽车都必须装有电喇叭，要求电喇叭的声音清脆悦耳，其音量不得超过105dB。

（2）**灯光信号装置**　灯光信号包括转向信号、制动信号、危险警告信号及示廓信号等。

1）转向信号。转向信号由一侧的转向灯闪烁表示，对转向信号的要求是：

① 转向信号灯的颜色。转向信号必须醒目可靠，因此转向灯光的颜色通常采用红色或橙色，橙色居多。

② 转向信号的视角范围。转向信号要求在灯轴线右偏5°至左偏5°的视角范围内，无论是白天还是黑夜，能见距离不小于35m，在右偏30°至左偏30°的视角范围内，能见距离不小于10m。

③ 转向信号的闪光频率。为使转向信号清晰可辨，转向灯的闪光频率应该在50～110次/min的范围内，一般取60～95次/min。

2）制动信号。制动信号由制动灯的亮起表示。制动灯光要求采用红色，两个制动灯的安装位置应与汽车纵轴线对称，并在同一高度。制动灯的红色灯光应确保夜间100m以外的距离都能够看清；其光束角度在水平面内应为灯轴线左右各45°，在铅垂面内应为灯轴线上下各15°范围。

3）危险警告信号。危险警告信号由两侧的转向灯同时闪烁表示，其要求与转向信号相同。

4）示廓信号。示廓信号由装在汽车前后、左右的示廓灯亮起表示。要求示廓灯的透光面边缘距车身不得大于400mm，示廓灯的灯光在前方100m以外应能看得清楚，在汽车的其他各个方向能看清示廓灯灯光的距离不应小于30m。

二、前照灯

前照灯是指装于汽车头部两侧，用于夜间行车道路的照明装置，有两灯制和四灯制之分。前照灯的照明效果直接影响夜间行车驾驶的操作和交通安全，因此世界各国交通管理部门一般都以法律形式规定了汽车前照灯的照明标准，以确保夜间行车的安全。

1. 对前照灯的基本要求

（1）前照灯照明距离要求　为保证行车安全，要使驾驶人能辨明车前100m以内路面上的任何障碍物。要求汽车远光灯的照明距离大于100m。这个数据是依据汽车的行驶速度而定的。随着现代汽车行驶速度的提高，照明距离的要求会有所增加。汽车近光灯的照明距离在50m左右。位置的要求主要是照亮照明距离内的整段路面和不得偏离路面两侧。

（2）前照灯防眩目要求　汽车前照灯应具有防眩目装置，以免夜间两车交会时使对面汽车的驾驶人眩目而导致交通事故。夜间两车交会时使用近光灯，光束向下倾斜，照亮车前50m内路面，从而避免迎面来车的驾驶人眩目。

2. 前照灯的基本组成

前照灯主要由灯泡、反射镜和配光镜等光学组件和灯壳等相关的附件构成。

（1）灯泡　汽车前照灯使用的灯泡有白炽灯泡、卤钨灯泡、新型高亮度弧光灯等。前照灯灯泡如图6-1所示。

1）白炽灯泡。其灯丝用钨丝制成（钨的熔点高、发光强）。制造白炽灯泡时，为了增加灯泡的使用寿命，灯泡内充入惰性气体（氮及其混合惰性气体），可减少钨丝蒸发，提高灯丝的温度，增强发光效率。白炽灯泡发出的光线带有淡黄色。

2）卤钨灯泡。卤钨灯泡是在充入的惰性气体中渗入某种卤族元素（如碘、氯、氟、溴等），利用卤钨再生循环反应的原理，即从灯丝上蒸发出来的气态钨与卤素反应生成一种挥发性的卤化钨，它扩散到灯丝附近的高温区，又受热分解，使钨重新回到灯丝上，被释放出来的卤素继续扩散参与下一次循环反应，如此

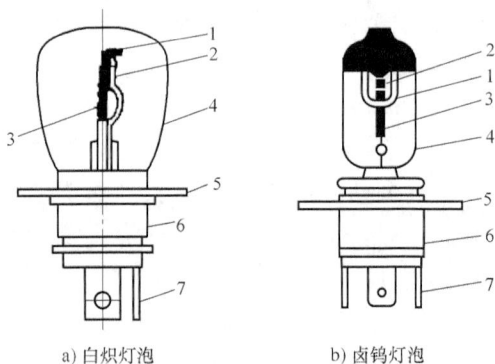

a）白炽灯泡　　　　b）卤钨灯泡

图6-1　前照灯灯泡结构

1—配光屏　2—近光灯丝　3—远光灯丝　4—灯泡壳
5—定焦盘　6—灯头　7—插片

周而复始地循环下去，从而避免了钨因蒸发而减少和灯泡的发黑现象。卤钨灯泡尺寸小，灯泡壳用耐高温、机械强度较高的石英玻璃制成。在相同功率下，卤钨灯的亮度为白炽灯的1.5倍，寿命长2~3倍。

3）新型高亮度弧光灯。这种灯的灯泡里没有传统的灯丝，取而代之的是装在石英管内的两个电极。管内充有氙及微量金属（或金属卤化物），当在电极上有足够的引弧电压时（5000~12000V），气体开始电离而导电。气体原子处于激发状态，由于电子发生能级跃迁而开始发光。0.1s后，电极间蒸发了少量汞蒸气，电源立即转入汞蒸气弧光放电，待温度上升后再转入卤化物弧光灯工作。点燃达到灯泡正常工作温度后，维持电弧放电的功率很低（约35W），故可节约电能。

（2）反射镜　反射镜的作用是最大限度地将灯泡发出的光线聚合成强光束，以增加照射距离。

反射镜的表面形状呈旋转抛物面，一般由0.6~0.8mm的薄钢板冲压而成或由玻璃、塑料制成。其内表面镀银、铝或铬，然后抛光处理；灯丝位于反射镜的焦点处，其大部分光线经反射后，成为平行光束射向远方。

无反射镜的灯泡，其光照强度只能照亮周围 6m 左右的距离，而配备了反射镜以后，可使灯泡的照亮距离增至 150m 以上。如图 6-2 所示，前照灯的远光灯丝位于反射镜抛物面的焦点 F，灯丝的绝大部分光线向后射在立体角 ω 范围内，经反射镜反射后变为平行光束射向前方，使光照亮度增强了很多倍。而有少量的散射光线，其中朝上的完全无用，朝下的散射光线则有助于照明近距离（车前 5~10m）的路面和路缘。

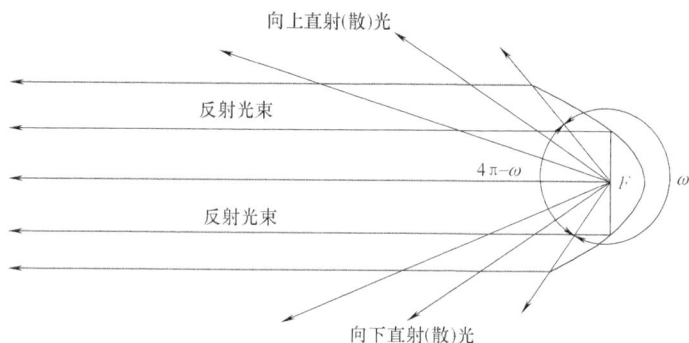

图 6-2　反射镜的作用

（3）**配光镜**　配光镜也称为散光玻璃，由透明玻璃压制而成。配光镜的外表面平滑，内侧则是凸透镜和棱镜的组合体，如图 6-3a 所示。加散光玻璃的作用是将反射镜反射出的光束进行散射和折射，如图 6-3b、图 6-3c 所示，以扩大光照的范围，使前照灯在 100m 以内的路面和路缘有均匀的照明。

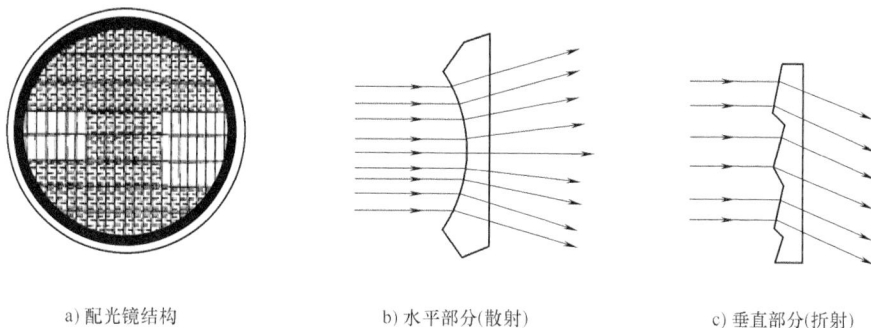

a) 配光镜结构　　　　　b) 水平部分(散射)　　　　　c) 垂直部分(折射)

图 6-3　配光镜的结构与原理

前照灯的结构形式有可拆式、半封闭式和全封闭式等几种。

（1）**可拆式前照灯**　可拆式前照灯的各个组件均可解体，因此其密封性差，反射镜容易受湿气、灰尘的污染而影响反射能力，故早已被淘汰。

（2）**半封闭式前照灯**　半封闭式前照灯的配光镜靠卷曲在反射镜边缘上的牙齿紧固在反射镜上，并用橡胶圈密封，再用螺钉固定，灯泡可从反射镜的后面装入，所以更换损坏的灯泡时不必拆开配光镜。目前，半封闭式前照灯在汽车上还有少量使用。图 6-4 为半封闭式前照灯。

（3）**全封闭式前照灯**　全封闭式前照灯的配光镜与反射镜成为一体，一些全封闭式前照灯将灯丝直接焊在反射镜底座上。全封闭前照灯的反射镜可避免被污染，其反光效率高，使用寿命长，使用日渐广泛。全封闭式前照灯的缺点是当灯丝烧坏时，需更换前照灯整个光学总成。图 6-5 为全封闭式前照灯。

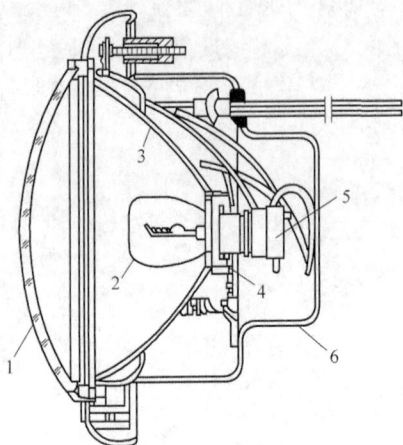

图 6-4 半封闭式前照灯

1—配光镜 2—灯泡 3—反射镜 4—插座

5—接线盒 6—灯壳

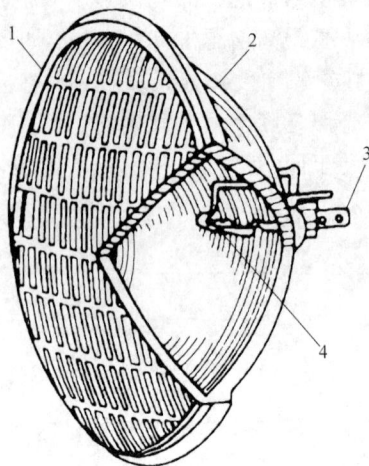

图 6-5 全封闭式前照灯

1—配光镜 2—反射镜 3—插片 4—灯丝

3. 前照灯的防眩目

所谓眩目是指人的眼睛突然被强光照射时，由于视神经受刺激而失去对眼睛的控制，本能地闭上眼睛，或只能看到亮光而看不见暗处物体的生理现象。前照灯射出的强光会使迎面来车的驾驶人眩目，易引发交通事故。为了避免前照灯的眩目作用，保证汽车夜间行车安全，一般在汽车上都采用双灯丝灯泡的前照灯，即灯泡的一根灯丝为远光，另一根为近光。远光灯丝功率较大，位于反射镜的焦点；近光灯丝功率较小，位于焦点上方（或前方）。当夜间行驶无迎面来车时，可用远光灯丝，使前照灯光束射向远方，便于提高车速；两车相遇时，用近光灯丝，使光束倾向路面，从而避免迎面来车的驾驶人眩目，并使车前 50m 内的路面也照得十分清晰。

双灯丝灯泡的前照灯，按近光的配光不同，分为普通双灯丝灯泡、具有配光屏的双灯丝灯泡及非对称型配光的双灯丝灯泡。

（1）普通双灯丝灯泡 普通双灯丝灯泡中的远光灯丝位于反射镜旋转抛物面的焦点，并与光轴平行；近光灯丝位于焦点的上方（或前方），如图 6-6 所示。远光灯丝通电时，灯

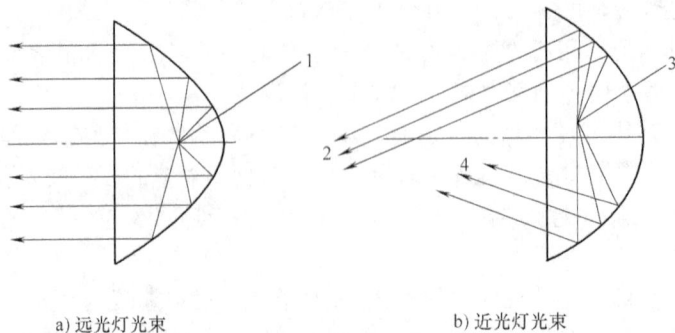

a) 远光灯光束

b) 近光灯光束

图 6-6 普通双灯丝灯泡工作原理

1—远光灯丝位置 2—近光灯向下反射光线 3—近光灯丝位置 4—近光灯向上反射光线

泡光线由反射镜反射后与光轴平行射向远方，可获得较远的照射距离和较小的散射光束；近光灯丝通电时，灯泡光线经反射镜反射的主光束倾向于路面，因而对迎面来车驾驶人的眩目作用大为减弱。

（2）**具有配光屏的双灯丝灯泡**　如图 6-6b 所示，普通双灯丝灯泡还有一部分光线偏上照射，这影响了防眩目的效果。将置于反射镜抛物面焦点前上方的近光灯丝下方装一个配光屏，如图 6-7 所示，挡住近光灯丝射向反射镜下半部的光线，即可消除向上的反射光线，获得更好的防眩目效果。

（3）**非对称型配光的双灯丝灯泡**　为使近光灯既有良好的防眩目效果，又有较远的照明距离，将配光屏单边倾斜 15°，近光灯丝发出的光线经反射镜和配光镜后就得到了 L 形的非对称近光光形，如图 6-8 所示。这种非对称型的配光性能，称为欧洲式配光，符合联合国欧洲经济委员会制订的 ECE 标准，所以又称 ECE 方式，是被世界公认、比较理想的配光，我国已采用。

图 6-7　具有配光屏的双灯丝灯泡
1—远光灯丝　2—配光屏　3—近光灯丝

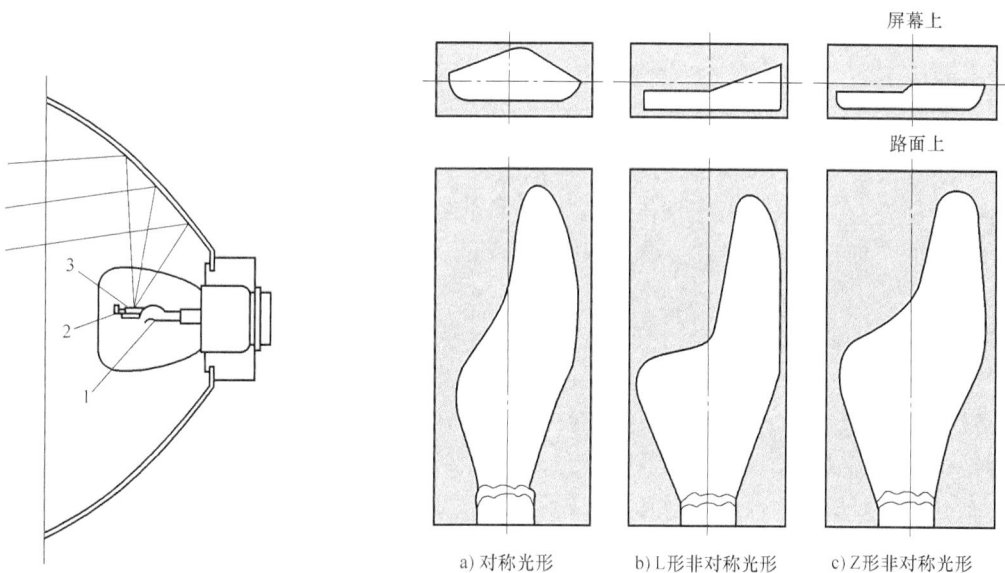

a）对称光形　　b）L 形非对称光形　　c）Z 形非对称光形

图 6-8　非对称型配光的近光灯光形

近年来，又出现了另一种被称为 Z 形配光的非对称型配光如图 6-8c 所示，它不仅可以避免迎面汽车驾驶人眩目，还可以防止车辆右边的行人和非机动车辆驾驶人眩目。

4. 前照灯控制电路

（1）**前照灯自动变光控制电路**　普通车辆在夜间会车时，驾驶人通过变光开关将远光灯变成近光灯，以防止对面驾驶人眩目。若驾驶人忘了变光或变光不及时，就会造成对方驾驶人眩目。有些车辆为了减少安全隐患，提高车辆夜间行车的安全性能，在前照灯电路中采用了自动变光系统。前照灯自动变光控制电路使汽车在夜间行车会车时能自动进行远、近光切换，以提高会车时的行车安全。前照灯自动变光控制电路具体的电路结构有多种形式，但基本原理大致相同。图 6-9 为一种具有手动/自动变光选择开关的自动变光器电路。

该自动变光器主要由感光器（VD_1、VD_2）、放大电路（VT_1、VT_2、VT_3、VT_4）和变光继电器组成。在夜间行车无迎面来车灯光照射时，灯光传感器（VD_1、VD_2）的内阻较大，

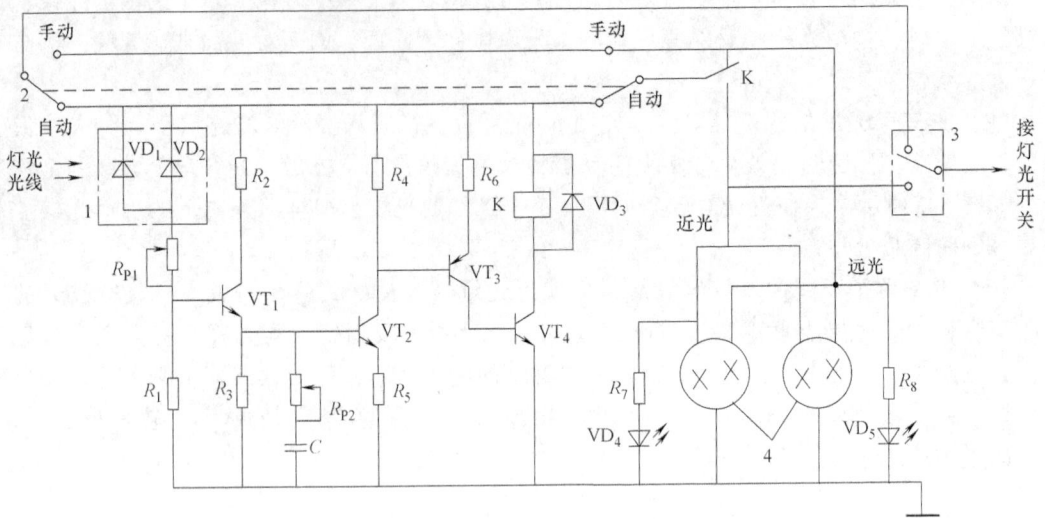

图 6-9　一种具有手动/自动变光选择开关的自动变光器电路

1—灯光传感器　2—手动与自动变光转换开关　3—变光开关　4—前照灯

使得 VT_1 基极没有导通所需的正向电压而截止，于是 VT_2、VT_3、VT_4 的基极也都因无正向导通电压而截止，继电器 K 线圈不通电，其常闭触点接通远光灯。

当有迎面来车或道路有较好的照明度时，VD_1、VD_2 因受灯光照射而使其电阻下降，使 VT_1 基极电位升高而导通，VT_2、VT_3、VT_4 的基极也随之有正向偏压而导通，于是，继电器 K 线圈通电，使其常闭触点打开，常开触点闭合，前照灯由远光自动切换为近光。

会车结束后，VD_1、VD_2 因无强光照射而电阻增大，使 VT_1 又截止。此时，由于 C 的放电，使 VT_2、VT_3、VT_4 仍保持导通，约 1~5s 后，待 C 放电至 VT_2 不能维持导通状态时，继电器线圈 W 才断电，前照灯恢复远光照明。延时恢复远光可避免会车过程中由于光照度突变而引起频繁变光，以提高近光会车的可靠性。延时的时间可通过电位器 R_{P2} 进行调整。

前照灯自动变光控制电路可使前照灯在 150~200m 处有迎面来车时，自动从远光转变为近光，待会车结束后，又自动恢复前照灯远光照明；在市区有良好路灯照明的情况下，可保持前照灯近光照明。自动/手动转换开关可以让驾驶人选择自动或手动变光，在自动变光器失效的情况下，通过此开关仍可以实现人工操纵变光。

（2）前照灯延时关闭控制电路　前照灯延时关闭控制电路的作用是使前照灯在关闭了点火开关及灯开关后继续亮一段时间，然后自动熄灭，以便给驾驶人离开黑暗的停车场所提供照明。

图 6-10 为美国通用汽车公司研制出的一种前照灯延时关闭控制电路。驾驶人在关闭前照灯和点火开关后，只要接通仪表板上的按钮开关，该控制电路就能使前照灯延长一段时间，直到驾驶人离开车库后才自动切断前照灯电路。

当发动机不运转时，图 6-10 中的机油压力开关的触点闭合，此时与搭铁接通。而当发动机运转时，靠机油压力使触点断开。VT 为高增益的复合晶体管（达林顿管），用来接通继电器线圈。VT 的发射极通过机油压力开关搭铁，所以只有当发动机停车或机油压力不足时才接通。

当切断点火和前照灯电路后，按下前照灯延时按钮时，电容器 C 开始充电，当电容器充电电压达到 VT 的导通电压时，VT 导通，电流流经继电器线圈，触点闭合，接通前照灯的远光或近光灯丝。松开按钮，则电容器通过电阻 R 向 VT 放电，维持其导通状态，前照灯一直保持点亮。当电容器 C 的放电电压下降到不能维持 VT 的导通所必需的基极电流时，VT 截止，前照灯熄灭。其延时熄灭时间取决于 RC 组成的延时电路中的 R 和 C 的参数，适当选取合适的值，一般可延迟约 1min。

（3）车灯开关未关警告电路　白天行车因过隧道或其他原因开灯后很容易忘记关灯，当驾驶人关闭点火开关时如果车灯开关未关闭，关灯警告装置就会提醒驾驶人及时关闭车灯开关。图 6-11 为车灯开关未关警告电路，可控制蜂鸣器鸣响报警。在行车时，点火开关处于接通状态，晶体管的基极处于高电位，如果这时打开车灯，由于晶体管 VT 的基极和发射极之间无正向导通电压，VT 保持截止状态，因而蜂鸣器不会通电发声。当驾驶人关闭点火开关时，如果车灯开关未关，晶体管 VT 的基极和发射极之间就有正向导通电压使 VT 导通。VT 导通后使蜂鸣器与电源相通，蜂鸣器便发出声响，以提醒驾驶人关掉车灯开关。

在很多汽车上，车灯开关未关警告电路还同时控制车灯未关警告灯，该警告灯与蜂鸣器并联，通常安装在仪表板上。如果驾驶人在关闭点火开关时车灯开关未关，蜂鸣器和警告灯就会同时发出警报，以引起驾驶人的注意。

5. 照明系统新技术

（1）高强度放电灯　高强度放电灯（High Intensity Discharge Lamp，HID）是含有氙气的新型汽车照明前照灯，又称气体放电式汽车氙气照明前照灯系统，简称氙气前照灯。

氙气前照灯亮度高，发出的亮色调与太阳光比较接近，消耗功率低，可靠性高，不受车上电压波动影响，大幅度提高了夜间行车的可视度。

目前，只有新款高档车才配置氙气灯。这种新型前照灯采用高科技将氙气灌入石英管内，再透过精密的高压包将 12V 电压瞬间提高至 23000V，通过高压电激发管内的氙气，在两极间产生一束超强的高色温电弧光，使发光效率和亮度提高了 3 倍，使用寿命提

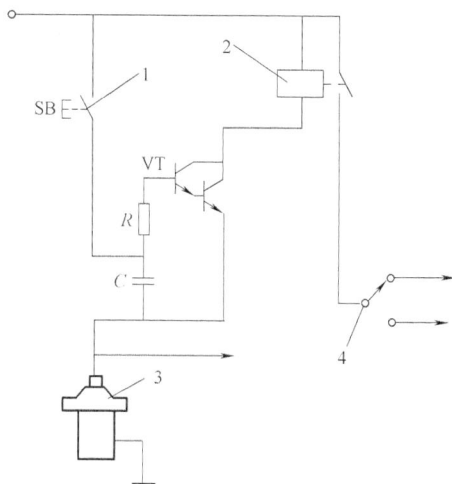

图 6-10　前照灯延时控制电路
1—前照灯延时按钮　2—延时控制继电器
3—机油压力开关　4—变光开关

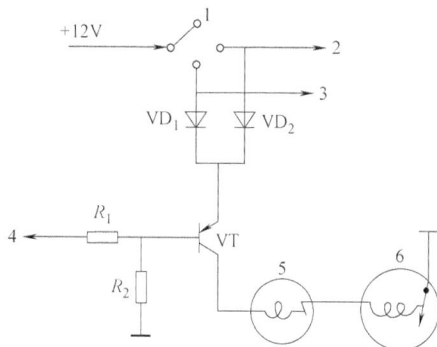

图 6-11　车灯开关未关警告电路
1—车灯开关　2—接前照灯　3—接其他照明灯
4—接点火开关　5—蜂鸣器控制器　6—蜂鸣器

高了 10 倍，与汽车使用寿命差不多。氙气灯被誉为 21 世纪革命性的汽车照明产品，氙气灯取代传统卤素灯将是汽车发展的大势所趋。

（2）LED 前照灯　LED 是一种电子发光器件，利用固体半导体芯片作为发光材料，通过载流子发生复合引起光子发射而直接发光。汽车 LED 前照灯就是利用 LED 作为光源制造出的照明器具。

2008 年，奥迪（Audi）首先在 A4 汽车上使用了 LED 示廓灯，开启了 LED 灯时代，之后很多汽车厂商都开始跟进采用 LED 示廓灯。现在欧洲甚至开始立法规定，为了行驶安全，所有在售车型都必须装配 LED 示廓灯。而真正意义上的 LED 前照灯的出现是 2010 年奥迪 A8 及第二代奔驰（Benz）CLS 汽车的推出。图 6-12 为奔驰 CLS 全 LED 前照灯。

全 LED 前照灯几乎所有的特性都超越了现有的氙气前照灯，而且随着应用的普及成本将更低。可以预见，不久的将来全 LED 前照灯将取代传统的前照灯。

图 6-12　奔驰 CLS 全 LED 前照灯

（3）BMW 照明系统　德国汽车制造商 BMW 公司正在研究前照灯的 BMW 像素照明系统，该系统采用 480000 个独立控制的显微镜片取代传统的反射镜，光束的形状完全可以通过编程来实现，即更为先进的 Pixel Headlights 系统。这种系统形成的前照灯光柱形状完全符合驾驶人的驾驶要求，同时还不会产生耀眼的远光光束，并且在不同情况下具有独特的照明效果。另外，它的附属光还可以照亮道路标志。

BMW Pixel Highlight 前照灯系统还可以给驾驶人提供特别的提示和警告信息，如汽车左转时光束显示相应的左转箭头指示信息。

（4）汽车夜视系统　汽车夜视系统利用红外线技术将黑暗变得如同白昼，使驾驶人在黑夜里看得更远、更清楚。汽车夜视系统的结构由两部分组成：一部分是红外线摄像机；另一部分是风窗玻璃上的光显示系统。图 6-13 为汽车夜视系统。

图 6-13　汽车夜视系统

汽车装上夜视系统后，驾驶人通过光显示系统可以像白天一样看清路况。当两车交会时，该系统可以大大降低前方汽车前照灯强光对驾驶人视觉的不良刺激，还可以提高驾驶人在雾中行车的辨别能力。为看清车后的情况，研发人员又研制出一种新型后视镜，当后方来车的前照灯照在前车的后视镜上，自动感应装置可随之使液晶玻璃反光镜表面反光柔和，从而使驾驶者不眩目。

三、灯光信号系统

1. 转向信号装置

转向信号装置主要由转向灯、闪光继电器、转向灯开关等组成。转向灯的闪烁由闪光继电器控制。闪光继电器简称闪光器，汽车上常见的闪光器有翼片式（电热式）、电容式及电子式等，如图6-14所示。

（1）**转向信号灯**　转向信号灯用于指示汽车行驶的方向，以警示周围的行人和其他行驶车辆的驾驶人。转向信号灯有四只，分别安装在汽车前端的两边和后端的两边，有的汽车在车身的两个侧面也安装了侧转向灯，有的汽车则是将两侧的转向灯安装在后视镜的外侧。四只主转向灯的灯泡功率一般不小于20W，侧转向灯的功率一般为5W左右。

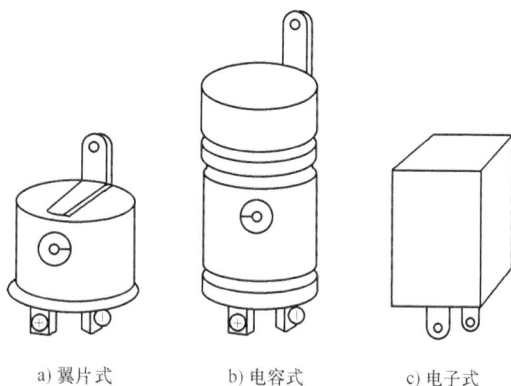

a）翼片式　　　b）电容式　　　c）电子式

图6-14　常见闪光器的类型

转向信号灯还兼作危险警告信号灯，驾驶人通过危险警告开关控制两边的转向信号灯同时闪烁发出危险警告信号。

（2）**电热式闪光器**　电热式闪光器又称阻丝电磁式或热丝式闪光器，其原理结构如图6-15所示。

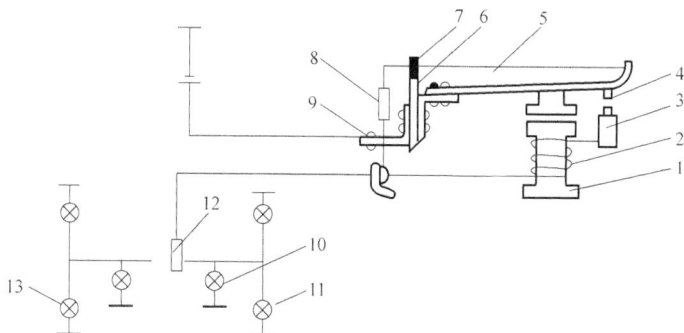

图6-15　电热式闪光器结构

1—铁心　2—线圈　3—静触点　4—动触点　5—镍镉丝　6—调节片　7—玻璃球　8—附加电阻
9—接线柱　10—转向指示灯　11—左侧转向灯　12—转向开关　13—右侧转向灯

电热式闪光器的胶木底板上固定着"I"字形的铁心（电磁铁心），其上绕有线圈。线圈的一端与静触点相连，另一端与接线柱相连。镍镉电热丝具有较大的线膨胀系数，一端与动触点相连，另一端固定在调节片上，附加电阻也由镍镉丝制成。

电热式闪光器的工作原理：

当闪光器不在工作状态时，由于电热丝的拉力大于弹力，使触点保持张开状态。

电热丝冷态通电后，在汽车转向时，转向灯开关拨到所需转向的一边，转向灯电路被接通，形成如下的电流通路：蓄电池正极→电池接线柱→动臂→电热丝→附加电阻→开关接线柱→转向开关→转向信号灯及指示灯→搭铁→蓄电池负极。上述电流通路因串入附加电阻，电流小，故转向灯微微发亮。

电热丝通电受热后，经过一段较短时间后，镍镉丝受热膨胀而伸长，使动、静触点闭合，从而形成了以下电流通路：蓄电池正极→电池接线柱→动臂及动触点→静触点→线圈→开关接线柱→转向开关→转向灯及指示灯→搭铁→蓄电池负极。上述电流通路因附加电阻和镍镉丝被短路，线圈中有电流通过产生电磁吸力使动、静触点闭合更为紧密，线圈中的电阻小、电流大，故转向灯发出较亮的光。

电热丝熔断断电后，由于镍镉丝被短路逐渐冷却而收缩，又使其动、静触点分开，附加电阻又重新串入电路，使线路中电流变小，灯光又变暗。

上述过程反复进行，动、静触点时开时闭，附加电阻交替接入或隔出，使通过转向信号灯灯丝的电流忽大忽小，从而使转向信号灯一明一暗地闪烁，指示车辆行驶的方向。

（3）电容式闪光器 电容式闪光器由电磁式继电器连接一个电容构成，其结构与工作电路有不同的形式，分为电流型和电压型，但原理基本相同，都是通过电容的充放电延时特性，控制继电器触点按某一频率开闭而使转向灯闪烁。其工作电路如图 6-16 所示。

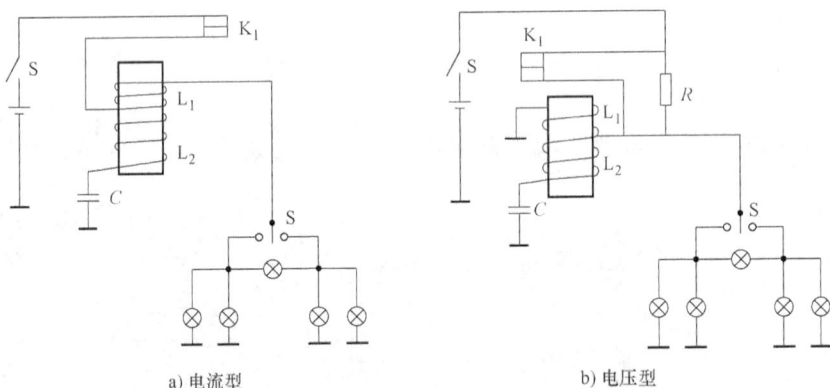

a) 电流型   b) 电压型

图 6-16　电容式闪光器工作电路

电容式闪光器的工作原理：

接通转向灯开关（左或右）后，串联线圈经触点、转向信号灯构成回路，且电流较大，产生较强磁场，吸动衔铁，使触点张开。在此过程中，串联线圈通电时间极短，转向信号灯不亮。触点张开后电容器经串联线圈、并联线圈、转向灯开关、转向灯及转向指示灯构成充电回路，由于充电电流很小，此时转向灯与转向指示灯不亮。触点在并联线圈的合成磁场（方向相同）作用下仍保持张开状态。电容器充足电后，并联线圈电流消失，铁心吸力减小，触点在回位弹簧作用下闭合，转向灯与转向指示灯亮；同时，电容器经并联线圈及触点放电，由于串联线圈与并联线圈磁场方向相反，铁心吸力极小，触点保持闭合状态。当电容器放电结束后，并联线圈电流消失，在串联线圈磁场作用下，触点再次张开，转向灯与转向指示灯变暗，电容器再次充电。如此周而复始，转向灯与转向指示灯不停地以此频率闪烁。

电容式闪光器具有监控功能，当一侧转向灯有一只或一只以上灯泡烧断或接触不良时，闪光器就使该侧转向灯接通时只亮不闪，以示该侧转向灯电路异常。

（4）**电子闪光器**　电子闪光器的结构和工作电路类型多，常用的有全晶体管式无触点闪光器、由晶体管和小型继电器组成的有触点晶体管式闪光器，以及由集成块和小型继电器组成的有触点集成电路闪光器。其中后两种电子闪光器成本较低，继电器周期性地吸合和释放而发出有节奏的声响，还可以作为闪光器工作时的音响信号，应用较多。

1）有触点电子闪光器。有触点电子闪光器仍以继电器触点来通断转向灯电路，由电子电路来控制继电器线圈电路的通断，使继电器触点间歇打开和闭合，有触点电子闪光器工作电路如图6-17所示。

有触点电子闪光器主要由晶体管开关电路和常闭触点的继电器组成，继电器K线圈串联在晶体管集电极电路中，由晶体管VT的导通和截止控制其通断电。当接通转向灯开关（右转向灯）时，电子闪光器通电，其电流通路为：

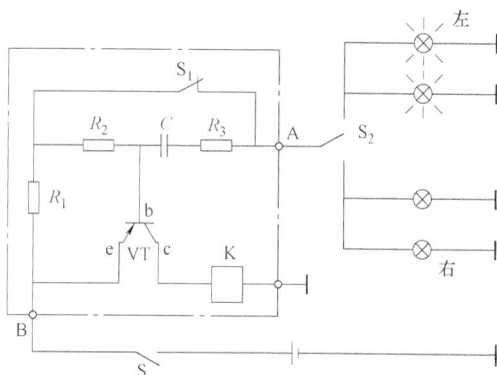

图6-17　有触点电子闪光器工作电路

蓄电池正极→点火开关S→接线柱B→电阻R_1→继电器K触点→接线柱A→转向灯开关S_2→右转向灯→搭铁→蓄电池负极。电阻R_1上的电压降使晶体管VT有正向偏压而导通，继电器K线圈通电而产生电磁力将常闭触点打开，转向灯立刻熄灭。

晶体管VT导通后，其基极电流向电容C充电，其充电电流通路为：蓄电池正极→点火开关S→接线柱B→晶体管发射极e及基极b→电容C→电阻R_3→接线柱A→转向灯开关S_2→右转向灯→搭铁→蓄电池负极。在电容C充电的这段时间，晶体管VT继续保持导通，继电器触点保持断开，转向灯保持暗的状态（C的充电电流很小，所以转向灯不亮）。

2）无触点电子闪光器。无触点电子闪光器由电子电路控制开关晶体管的导通和截止来通断转向灯电路，图6-18为国产SG131型无触点电子闪光器。

接通转向灯开关，VT_1因正向偏压而饱和导通，VT_2、VT_3截止。由于VT_1的发射极电流很小，故转向灯较暗。同时，电源通过R_1对C充电，使得VT_1的基极电位下降，当低于其导通所需正向偏置电压时VT_1截止。VT_1截止后，VT_2通过R_3得到正向偏置电压而导通，VT_3也随之导通，转向灯变亮。

随着C放电电流减小，VT_1基极电位又逐渐升高，当高于其正向导通电压时，VT_1导通，VT_2、VT_3截止，转向信号灯又变暗。随着电容C的充放电，VT_3不断地导通、截止，如此循环，使转向灯闪烁。

2. 危险警告信号装置

危险警告信号用于在汽车出现故障或其他紧急情况时向其他车辆和行人报警，危险警告信号的表示方式是前、后、左、右转向灯同时闪烁。危险警告信号由独立的开关控制，与转向信号共用一个闪光器，如图 6-19 所示，但也有个别汽车单独安装危险警告用闪光器。

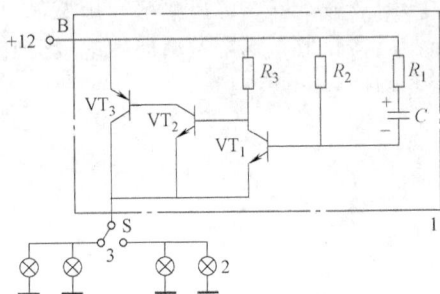

图 6-18　国产 SG131 型无触点电子闪光器
1—闪光器　2—转向灯　3—转向灯开关

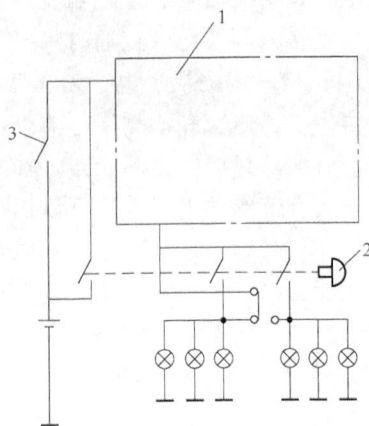

图 6-19　危险警告用闪光器工作电路
1—危险警告闪光器　2—危险警告开关　3—点火开关

当驾驶人接通转向灯开关时，一边的转向灯电路接通，在闪光器的控制下，一边的转向灯闪烁，发出转向信号。当驾驶人接通危险警告开关时，两边的转向灯电路同时接通，在闪光器的控制下，两侧的转向灯同时闪烁，发出危险警告信号。

危险警告开关除了两个连接转向灯电路的触点外，另一个触点（转向灯电路不经点火开关控制的无此触点）用于将闪光器直接与蓄电池连接，以便在停车发动机不工作（点火开关关闭时）时也可发出危险警告信号。

3. 制动信号装置

制动信号装置由制动信号灯、制动灯开关及连接线路组成。除了在车尾灯处的制动灯外，有的汽车还装有高位制动灯，以使制动信号更加醒目。控制制动信号灯的制动灯开关有液压式、气压式及机械式等不同形式。

（1）**液压式制动灯开关**　图 6-20 为液压式制动灯开关结构图。液压式制动灯开关用于采用液压制动系统的汽车，装在液压制动总泵的前端。当踩下制动踏板时，制动系统中的液压增大，薄膜片向上拱曲，使接触桥接通接线柱 6 和接线柱 7，制动信号灯通电发亮。松开制动踏板时，制动系统液压降低，接触桥在回位弹簧的作用下复位，制动信号灯断电熄灭。

（2）**气压式制动灯开关**　图 6-21 为气压式制动灯开关结构图。气压式制动灯开关用于采用气压制动系统的汽车，装在制动系统输气管路上。制动时，制动压缩空气推动橡皮膜片上拱，使触点闭合、接通制动信号灯电路。松开制动踏板时，制动系统气压降低，膜片在回位弹簧的作用下复位，触点断开，制动信号灯断电熄灭。

（3）**机械式制动灯开关**　一些汽车装用推杆式制动灯开关，制动时，直接由制动踏板推动制动灯开关的推杆，使开关触点闭合，接通制动信号灯电路。松开制动踏板时，推杆在弹簧力的作用下复位，触点断开，制动信号灯断电熄灭。

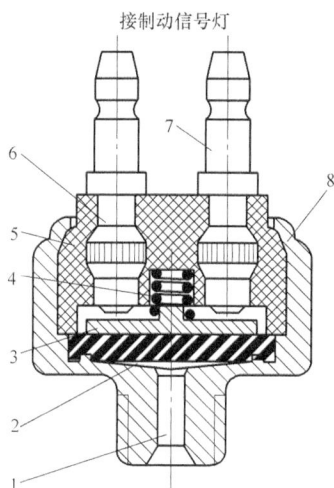

图 6-20　液压式制动灯开关结构

1—接制动液压管路　2—膜片　3—接触桥　4—弹簧
5—胶木底座　6、7—接线柱　8—壳体

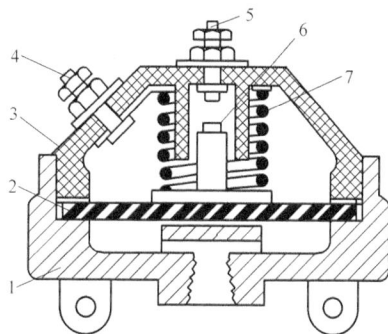

图 6-21　气压式制动灯开关结构

1—壳体　2—膜片　3—胶木盖
4、5—接线柱　6—触点　7—弹簧

四、声响信号系统

1. 电喇叭及其控制电路

喇叭是汽车的音响信号装置。在汽车行驶过程中，驾驶人根据需要和规定发出必需的音响信号，警告行人和引起其他车辆注意，保证交通安全，同时还用于催行与传递信号。汽车喇叭按声音动力分为气喇叭和电喇叭两种。电喇叭具有能源方便、结构简单、体积小、质量小、噪声小、保修容易、声音洪亮及音质悦耳等优点。目前，装车的大部分喇叭均为电喇叭。

电喇叭的工作原理是利用电磁吸力使金属膜片振动而发出声音。电喇叭按结构形式可分为筒形、螺旋形和盆形三种，一般多制成螺旋形或盆形。

通常使用的电喇叭根据其工作方式可以分为机械式和电子式两种。其中电子喇叭又分为触点式和无触点式两种。

（1）触点式电喇叭　汽车上使用的触点式电喇叭主要组成部件和工作原理基本相同，都是利用触点的闭合与断开控制电磁线圈中励磁电流的通断，从而使铁心（或衔铁）以一定频率做上下移动，并带动金属膜片振动而产生声音。

触点式电喇叭结构形式有筒形、螺旋形和盆形等几种。筒形电喇叭占用的空间位置较大，通常在大型汽车上使用。中小型汽车上大都采用占用空间位置较小的螺旋形电喇叭或盆形电喇叭。由于盆形电喇叭具有结构尺寸小、指向性好等特点，在中小型汽车上使用最多。

1）筒形、螺旋形电喇叭。筒形、螺旋形电喇叭结构如图 6-22 所示。

按下按钮，电流从电源正极→线圈→触点臂 14、15→按钮→搭铁→负极。当电流流过线圈时，产生电磁吸力，吸下衔铁，中心杆上的调整螺母压下活动触点臂，触点分开，电流断开，线圈断电，磁力消失，在弹簧片和振动膜片的弹力作用下，衔铁回位，触点又闭合。如此反复，从而使膜片振动发声。

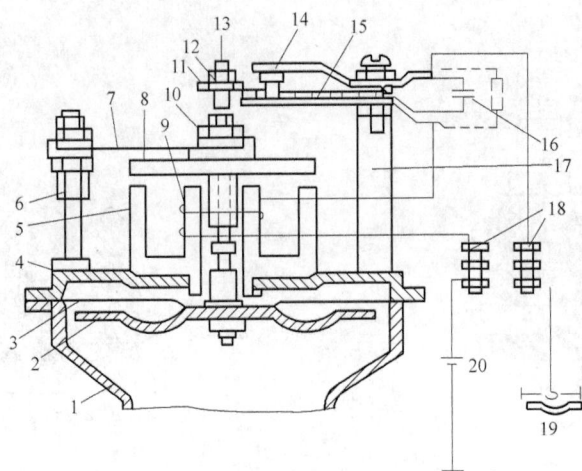

图 6-22　筒形、螺旋形电喇叭结构

1—喇叭筒　2—共鸣板　3—振动膜片　4—底板　5—山形铁心　6—螺柱　7—弹簧片　8—衔铁　9—线圈

10、12—锁紧螺母　11—调整螺母　13—中心杆　14—固定触点臂　15—活动触点臂

16—电容器　17—触点支架　18—接线柱　19—按钮　20—蓄电池

2）盆形电喇叭。其工作原理与螺旋形电喇叭相同，结构也基本一致，只是没有扬声筒，声音靠共鸣板产生共鸣后传出。盆形电喇叭结构如图 6-23 所示。

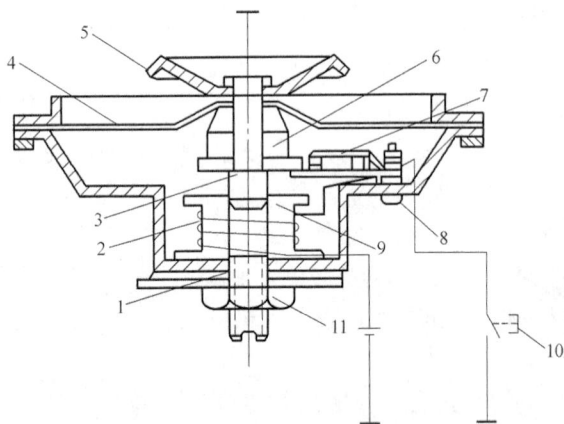

图 6-23　盆形电喇叭

1—下铁心　2—线圈　3—上铁心　4—膜片　5—共鸣板　6—衔铁　7—触点　8—调整螺钉

9—铁心　10—按钮　11—锁紧螺母

电磁铁采用螺管式结构，铁心上绕有励磁线圈，上、下铁心间的气隙在线圈中间，所以能产较大的吸力。盆形电喇叭无扬声筒，而是将上铁心、膜片和共鸣板装在中心轴上。当电路接通时，励磁线圈产生吸力，上铁心被吸下与下铁心撞击，产生较低的基本频率，并激励膜片及与膜片连成一体的共鸣板产生共鸣，从而发出比基本频率强得多且分布又比较集中的谐音。为了保护触点，有的盆形喇叭在触点之间并联了灭弧电容器。

（2）**无触点电喇叭**　触点式电喇叭的触点在工作中会产生触点火花，很容易使触点烧蚀而影响其工作的可靠性。无触点电喇叭用一个振荡电路来产生脉动电流，使电喇叭膜片振荡发声，从而更加耐用。而且其音色和音量比触点式电喇叭要容易调节，因此无触点电喇叭是汽车喇叭的发展方向。

无触点电喇叭主要由电子电路和扬声器组成，典型的无触点电喇叭电路如图 6-24 所示。

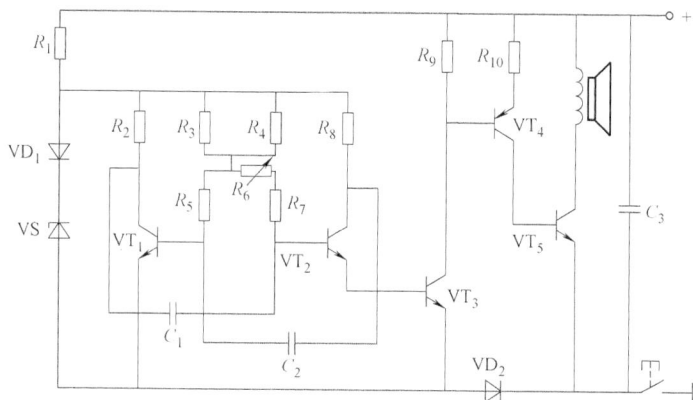

图 6-24　典型的无触点电喇叭电路

无触点电喇叭的电子电路由振荡电路和功率放大电路两部分组成。由晶体管 VT_1、VT_2、VT_3 和电容 C_1、C_2 及电阻 $R_1 \sim R_9$ 组成多谐振荡器，其作用是通电后电路产生振荡，输出一个脉动电流。

当按下喇叭按钮，电路即通电。由于 VT_1 和 VT_2 的电路参数总有微小差异，两个晶体管的导通程度不可能完全一致。假设在电路接通瞬间 VT_1 先导通，VT_1 的集电极电位首先下降，多谐振荡电路通过 C_1、C_2 正反馈电路形成正反馈过程，使 VT_1 迅速饱和导通，而 VT_2 则迅速截止，VT_3 也截止，电路进入暂时稳态。

此时，C_1 充电使 VT_2 的基极电位升高，当达到 VT_2 的导通电压时，VT_2 开始导通，VT_3 也随之导通。多谐振荡电路又形成正反馈过程，使 VT_2 迅速导通，而 VT_1 则迅速截止，电路进入新的暂时稳态。

这时，C_2 充电又使 VT_1 的基极电位升高，使 VT_1 又导通，电路又产生一个正反馈过程，使 VT_1 迅速饱和导通，而 VT_2、VT_3 则迅速截止。如此周而复始，形成振荡。振荡电流信号经 VT_4、VT_5 的直流放大，控制喇叭线圈电流的通断，从而使喇叭发出声响。

电路中，电容 C_3 为喇叭的电源滤波电容，其作用是防止其他电路瞬变电压的干扰；VS、R_1 构成多谐振荡器的稳压电路，使振荡频率稳定；VD_1 用作温度补偿；VD_2 起电源反接保护作用；R_6 可用于调节喇叭的音量。

（3）**喇叭继电器**　汽车上装用单只电喇叭时，一般直接用喇叭按钮控制。但大多数汽车为了得到音色更好的音响效果，常常装用高、低音两种电喇叭，甚至高、中、低三种不同音调的电喇叭。一只电喇叭或两只电喇叭同时工作时，电流可达 15A 或 20A 以上。如果用喇叭按钮直接控制，大电流将很快烧坏喇叭按钮，因此需要采用喇叭继电器。

按钮控制继电器线圈中电流的通断，再通过继电器触点控制喇叭。12V 电气系统的汽车上所用的喇叭继电器，一般要求闭合电压不大于 6V，释放电压不小于 3V；继电器线圈通常为 1000 匝，20℃时的电阻为 26Ω；继电器的额定电流一般选用 20A 以上。盆形电喇叭工作额定电流通常为 3~4A，电流虽不大，但为了提高按钮的使用寿命，不少车上还是配置了喇叭继电器。喇叭继电器工作原理如图 6-25 所示。

按下喇叭按钮，继电器线圈通电，触点臂与触点接合，接通喇叭的电源电路。松开喇叭按钮，继电器线圈失电，触点与触点臂分离，喇叭不工作。

2. 倒车信号装置

（1）**倒车信号电路** 倒车信号装置由倒车信号灯、倒车信号灯开关以及倒车报警器等组成。倒车信号灯由倒车信号灯开关控制，倒车信号灯除了在夜间倒车时作为车后场地照明外，还起倒车警告信号的作用。为加强倒车警告的作用，有的汽车还同时装有倒车蜂鸣器。

图 6-25　喇叭继电器工作原理

1—触点臂　2—继电器线圈　3—按钮　4—触点
5—支架　6—喇叭　7—蓄电池

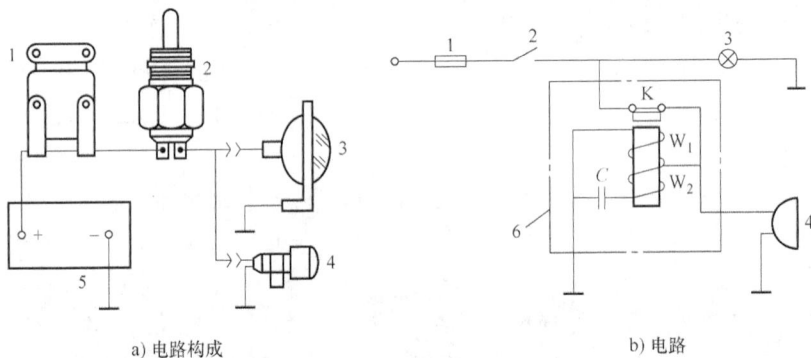

同时装有倒车蜂鸣器的倒车警告信号电路如图 6-26 所示，倒车时，装在变速器上的倒车信号灯开关触点接通倒车信号灯电路，倒车信号灯亮。与此同时，倒车蜂鸣器间歇发声，以警告行人和其他车辆的驾驶人注意。倒车蜂鸣器间歇发声控制器的结构原理与电容式闪光器相似。

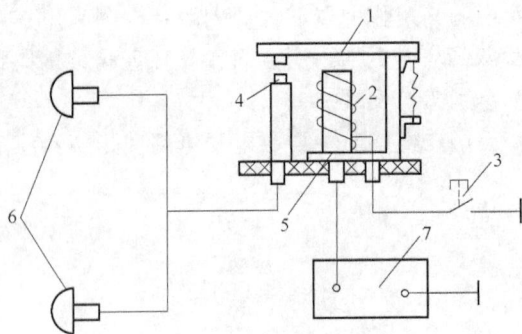

a) 电路构成　　　　　　　　　　　　　b) 电路

图 6-26　倒车警告信号电路

1—熔断器　2—倒车信号灯开关　3—倒车信号灯　4—倒车蜂鸣器　5—蓄电池　6—倒车蜂鸣器间歇发声控制器

图 6-27 为在解放 CA1091 载货汽车上使用的电子式倒车蜂鸣器间歇发声控制器电路，控制蜂鸣器间歇发声。有的汽车使用了音乐和语音倒车警告信号装置，替代蜂鸣器的是语音发生器。集成电路语音片输出的语音信号经功放电路放大后，推动扬声器发出"嘟、嘟，倒车请注意！"的警告声。音乐和语音倒车警告声音悦耳，容易引起注意。

（2）**倒车信号灯开关** 倒车信号灯开关安装在变速器壳体上，其结构如图 6-28 所示。变速器处于空档或前进档时，钢球被倒档拨叉轴的圆柱面顶起，固定在推杆上的金属盘上移，与固定触点分开，倒车信号灯和倒车警告信号电路均被切断。倒车时变速杆拨到倒档位置，倒档拨叉轴上的凹槽对准钢球，两个并联弹簧将推杆连同钢球向下推至极限位置，使触点闭合，于是倒车信号灯点亮。

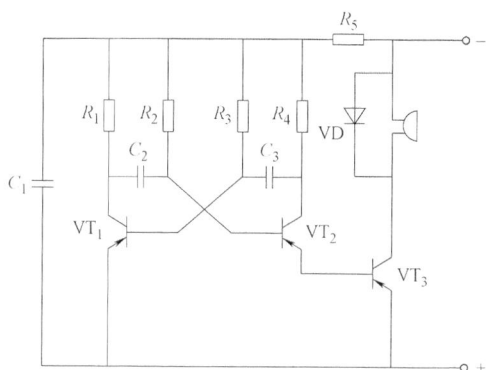

图 6-27　电子式倒车蜂鸣器间歇发声控制器电路

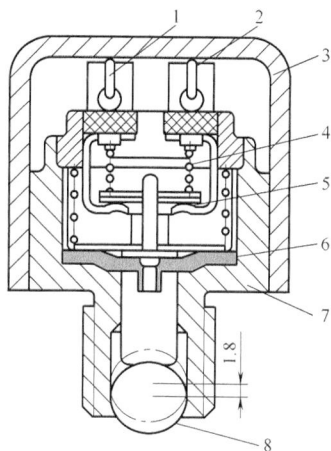

图 6-28　倒车信号灯开关

1、2—导线　3—外壳　4—弹簧　5—触点
6—膜片　7—底座　8—钢球

五、转向辅助照明系统

要实现汽车转向照明系统的智能化，即提高夜间和恶劣环境行车的安全性和舒适性，就要求汽车照明系统能够协助驾驶人在恶劣环境下或夜间行车时能准确及时地得到前方道路和照明信息，要求照明系统能够随着路况信息的变化而不断调整光的照射角度。下面着重对自适应前照灯的智能化做详细的说明。

1. 自适应照明系统

转向前照灯又称为自适应照明系统（Adaptive Front Lighting System，AFS）、自适应前照灯。转向前照灯能够根据行车速度、转向角度等自动调节前照灯的偏转，以便能够提前照亮"未到达"的区域，提供全方位的安全照明，确保驾驶人在任何时刻都拥有最佳的视野。而普通前照灯具有固定的照射范围，当夜间汽车在弯道上转弯时，由于无法调节照明角度，常常会在弯道内侧出现"盲区"，对驾驶人夜间的行车安全构成了极大地威胁。

（1）组成结构　AFS 硬件系统由 AFS 控制单元、车身传感器以及执行机构等组成，其组成结构如图 6-29 所示。AFS 通过传感器了解转向系统的动作特性、车身姿态的变化和发动机的运行状况，并传达给 ECU，ECU 根据内置控制模块进行计算分析，判断汽车当前的行驶状态，传达给执行机构并对前照灯近光照射角度进行调整。

1）控制单元。控制单元是汽车 AFS 的核心。如图 6-30 所示，AFS 控制单元可以将采集来的车速信号、转向盘转角信号等，通过内置的控制算法计算出对应的前照灯水平和竖直偏角，传达给驱动步进电动机转动车灯，从而调节前照灯系统中近光灯的左右偏转。与此同时，ECU 还能监测步进电动机和传感器的运行状况，对步进电动机和传感器的故障进行诊断，并通过 CAN 总线反馈给车身网络。

2）传感器。AFS 中除了转向盘转角传感器外，还有车身倾斜角传感器和车速传感器，它们负责采集转向盘转角、车速信号等。根据输出方式不同，转向盘转角传感器分为脉冲式和电压式。由于电压式传感器转向盘转角与输出电压成线性关系，确定输入电压后，若能得

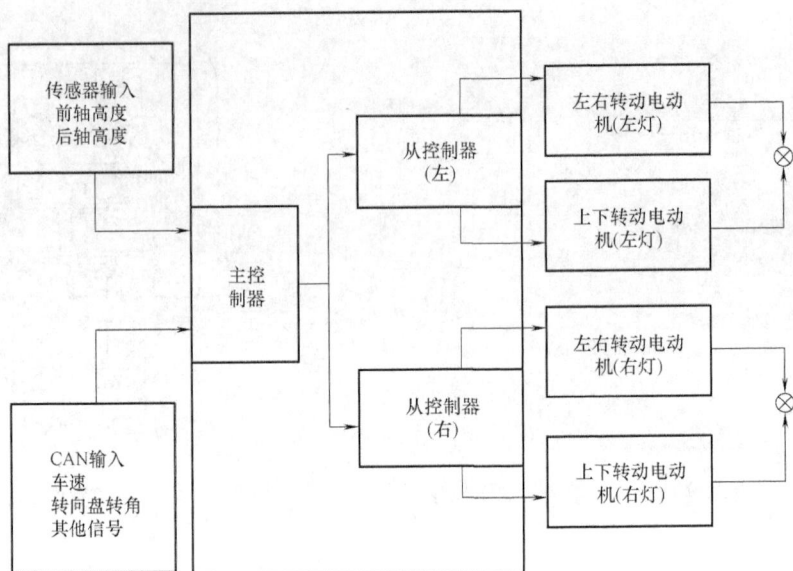

图 6-29　AFS 组成结构

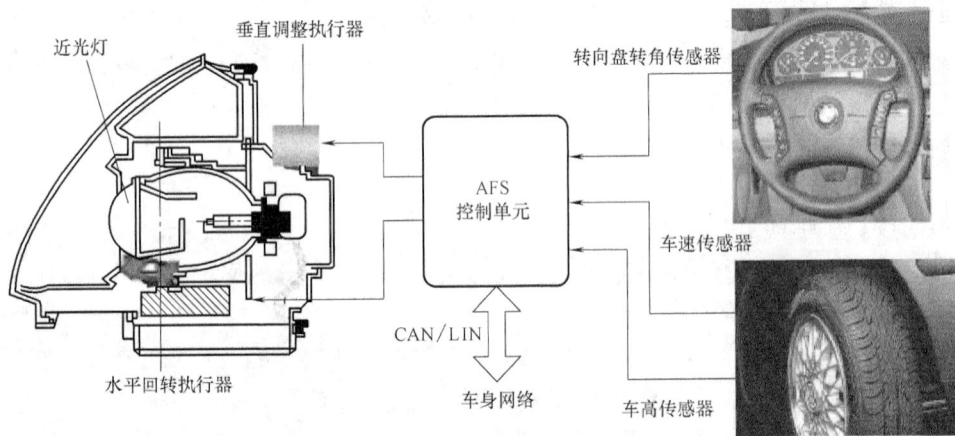

图 6-30　AFS 控制单元

知传感器输出信号的电压，便可以推断出转向盘转动的角度。另外，这种传感器的信号由控制单元的 A/D 采集，测量范围很大，所以 AFS 选择电压式传感器较多。车速传感器有磁电式、霍尔式和光电式三种。光电式车速传感器输出为脉冲信号，信号的频率与车速呈正相关。

3）执行结构。执行机构一般由电动机组成，电动机有三种，即直流电动机、交流电动机和步进电动机。步进电动机、交流电动机和直流电动机分别通过脉冲占空比、交流电的相位和直流电压调节转速。由于步进电动机能将电脉冲信号转变为线位移，并且具有动作平稳和工作寿命长等优点，所以 AFS 执行电动机一般选用步进电动机。如图 6-31 所示，车灯支架上有两台步进电动机作用于光轴（光束或光柱的中心线），通过齿轮线性缩小控制量来分别控制车灯垂直和水平转动角度。另外，在水平电动机旁边有霍尔式位置传感器，它能将步进电动机对车灯的水平转角转化为电压信号，并将此电压信号反馈给控制单元，实现控制系统对步进电动机的故障诊断。

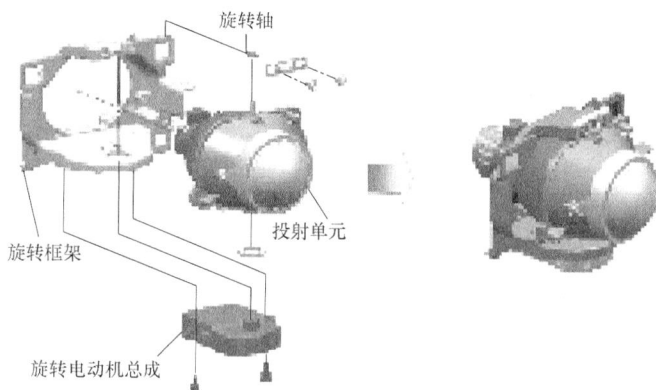

图 6-31　汽车 AFS 执行机构

（2）**工作原理**　区别于传统的固定前照灯系统，AFS 功能概括如下：转向盘转角传感器、车速传感器和车高传感器采集相关信号通过汽车 CAN/LIN 总线传送，AFS 控制器定时读取各信号，并通过内部的控制程序对信号进行实时处理形成前照灯的控制信号，从而驱动前照灯有效地转动，改善照明效果，提高行车安全。弯道中普通照明与 AFS 照明对比如图 6-32 所示。

AFS 包括两部分：水平调整部分和垂直调整部分。

1）水平调整。其原理是当车辆进入弯道或其他特殊的道路时，通过转角传感器和速度传感器将前轮的转角信号和车速信号传输到 ECU，ECU 通过内部程序判断车辆的行驶状态，实时计算出前照灯左右调整的角度，通过 AFS 控制器发出相应的控制指令给汽车前照灯的操控单元，由操控单元来改变前照灯的水平照射位置，进行左右摆动，调整前照灯光线的覆盖角度，实现实时与前轮保持联动，这样灯光的有效覆盖范围特别是在转弯时的弯道有效覆盖范围就会宽阔很

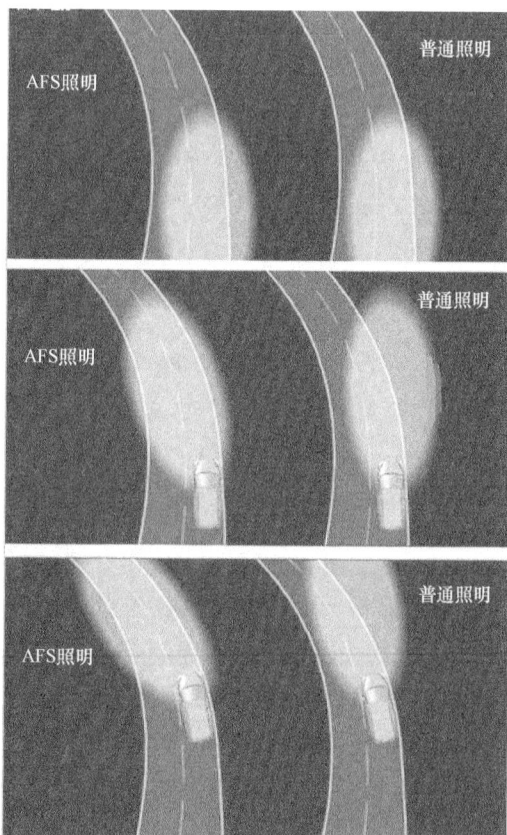

图 6-32　弯道中普通照明与 AFS 照明对比

多，从而及时照亮前轮达到的位置，使驾驶人能够看清转弯处的实际路况，进而有充分的时间应付紧急情况，增加汽车的主动安全性。

直线行驶时 AFS 前照灯跟普通的前照灯没有太大的区别；开始进入弯道后，AFS 动作

使光束往弯内侧偏向，而普通前照灯相当一部分光束被直射到弯道外侧；车辆到达弯心准备出弯时，AFS 系统让驾驶人可以掌握更多的前方路面状况。

2）垂直调整。汽车行驶过程中，如果汽车前部和后部负载不均匀或者汽车行驶在凹凸不平的路面时，都会造成车身倾斜，传统前照灯的光线也会随之倾斜。如果前照灯光线下倾，则其照射范围就会缩短很多如图 6-33b 所示；如果前照灯光线上翘，会对迎面车辆的驾驶人造成直射，造成驾驶人眩目，如图 6-33c 所示。无论哪种情况都会造成潜在的交通危险。

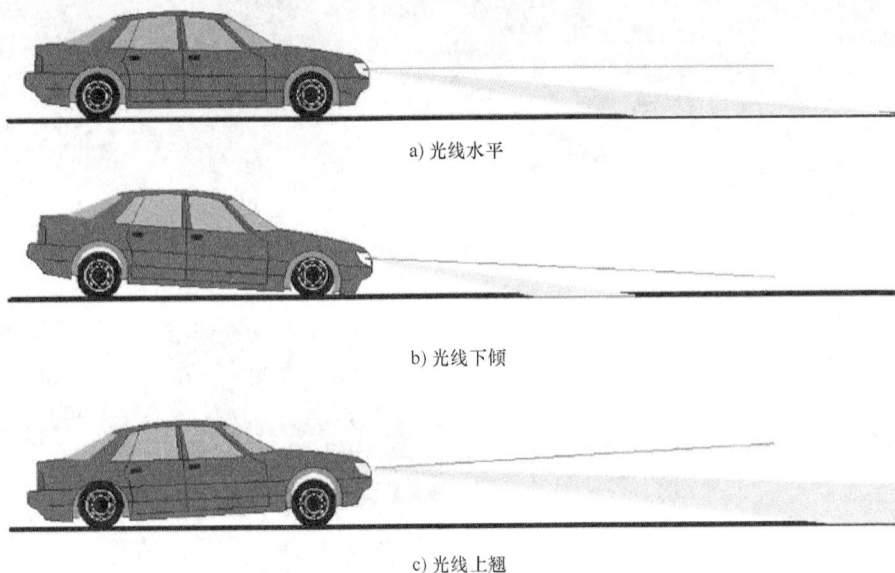

a) 光线水平

b) 光线下倾

c) 光线上翘

图 6-33 车身倾斜对前照灯照明的影响

另外，在汽车负载均匀的情况下，高速行驶时，应该调整前照灯将光束照得较远，以便实时看清较远距离的路况；低速行驶时，灯光角度往下修正，避免照射对向车道。上述情况下，AFS 通过采集车速信号和车高信号并进行分析，由控制器计算出前照灯在垂直方向上需要的调节角度，从而控制驱动器驱动前照灯的垂直调整步进电动机达到调整效果。

2. 侧向辅助照明系统

侧向辅助照明灯的开发目的是为了照亮夜间弯道盲区，侧向辅助照明系统在前照灯里面设有一个特殊角度的小灯泡，只有转向盘转动到一个特定的角度范围时这个小灯泡才会点亮，当小灯泡点亮时便能提供弯道盲区的照明，如图 6-34 所示。

侧向辅助照明系统完全不影响原来的远近光灯结构，只需要匹配好辅助灯泡的角度和点亮时机即可。

侧向辅助照明系统的作用同 AFS 一样，即要照亮弯道内侧盲区，不同

a) 普通前照灯　　　　b) 侧向辅助照明系统

图 6-34 弯道中普通前照灯与侧向辅助照明系统对比

之处在于侧向辅助照明系统不会影响前照灯原来的照明范围，相比 AFS 而言，可以照亮更多的路面。

侧向辅助照明系统即使车辆并非处于行驶状态，只要转动转向盘辅助灯泡依然会点亮，如图 6-35、图 6-36 所示，这对于夜间行驶在没有路灯的路况，尤其是需要原地掉头的时候更为方便。

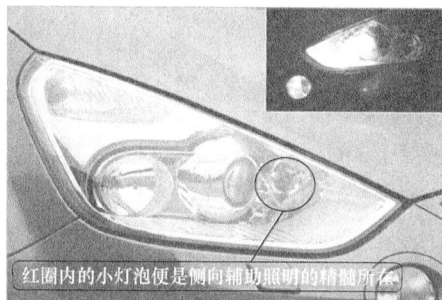

图 6-35　福特商务车装备的转向辅助前照灯实物图

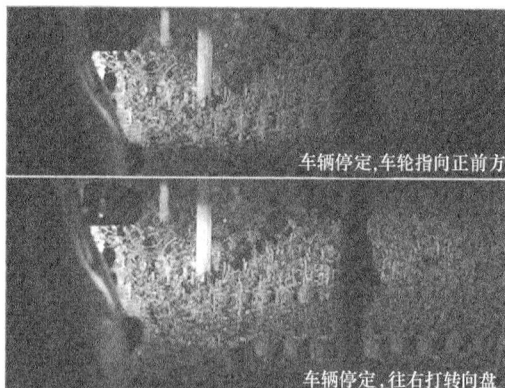

图 6-36　侧向辅助照明特性效果图

3. 转向辅助灯系统

转向辅助灯在驾驶人转动转向盘转弯时，会有一侧单独的灯泡组点亮，协助行驶中的汽车照亮弯路盲区，待转向盘回正后不久，单侧的转向辅助灯就会关闭。一般常见的转向辅助灯为独立灯泡形式，放置在前照灯灯罩内，也有一部分汽车是用前雾灯当转向辅助灯用，如图 6-37 所示。转向辅助灯相对于转向前照灯来说，成本较低，照射盲区的效果也没有转向前照灯较好。

图 6-37　转向辅助灯实物图

第二节　汽车仪表

一、电子显示器件种类和要求

显示器件在汽车电子仪表中是重要的器件之一，通过显示器件正确、清晰的显示，驾驶人能获得汽车状态的重要信息。目前在汽车上使用的显示器件有许多类型，各有特点。最常用的电子显示器件可分为发光型和非发光型两大类。发光型显示器件自身发光，容易获得鲜艳的流行色显示，非发光型显示器件靠反射环境光显示。

发光型显示器件主要有发光二极管（LED）、真空荧光管（VTFD）、阴极射线管

（CRT）、等离子显示器件（PDP）等几种；非发光型显示器件有液晶显示器件（LCD）和电致变色显示器件（ECD）等。这些都可以作为汽车电子显示器件使用，既可做成数字式，也可做成图形或指针式。

1. 发光二极管（LED）

发光二极管是一种把电能转换成光能的固态发光器件，实际上也是一种晶体管，它是应用最广泛的低压显示器件。发光二极管结构如图 6-38 所示。

发光二极管一般都用半导体材料，如砷化镓（GaAs）、磷化镓（GaP）、磷砷化镓（GaAsP）和砷铝化镓（GaAlAs）等制成。当在正、负极引线间加上适当正向电压后，二极管导通，半导体晶片发光，通过透明或半透明的塑料外壳显示出来。发光的强度与通过管芯的电流成正比。外壳起透镜作用，可利用它来改变发光形式和发光颜色以适应不同的用途。当反向电压加到二极管上时，二极管截止，管芯无电流通过，不再发光。

发光二极管可通过透明的塑料壳发出红、绿、黄、橙等不同颜色的光。发光二极管可单独使用，也可用于组成数字、字母或光条图。发光二极管响应速度较快、工作稳定、可靠性高、体积小、重量轻、耐振动、寿命长，因此汽车电子仪表中常用发光二极管作为汽车仪表板上的指示灯，以数字符号段或不太复杂的图符显示。

发光二极管的缺点：在光线暗的情况下，通过二极管电流调制光的输出效果较好，在阳光直射下则很难辨别，难以实现大屏幕显示；若要增大二极管亮度，则需要相当大的电流，功率消耗较大，故应用受到限制。

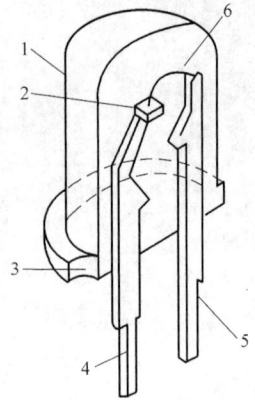

图 6-38　发光二极管结构
1—塑料外壳　2—二极管芯片
3—阴极缺口标记　4—阴极引线
5—阳极引线　6—导线

2. 真空荧光管（VTFD）

真空荧光管实际上是一种低压真空管，是最常用的数字显示器。它由玻璃、金属等无机材料制成，其结构如图 6-39 所示，主要包括灯丝、栅格、阳极和玻璃罩等。其中灯丝为阴极，与电源负极相接；阳极为涂有磷光物质的屏幕，与电源正极相接。真空荧光管采用 20 字符段图形（也有采用 7 或 14 字符图形），每个字符段由电子开关单独控制通电状态；在灯丝与阳极之间有栅格，整个装置密封在被抽真空的玻璃罩内。

真空荧光管的发光原理与晶体管载流子运动原理相似，如图 6-40 所示。当其上施加正向电压时，即灯丝

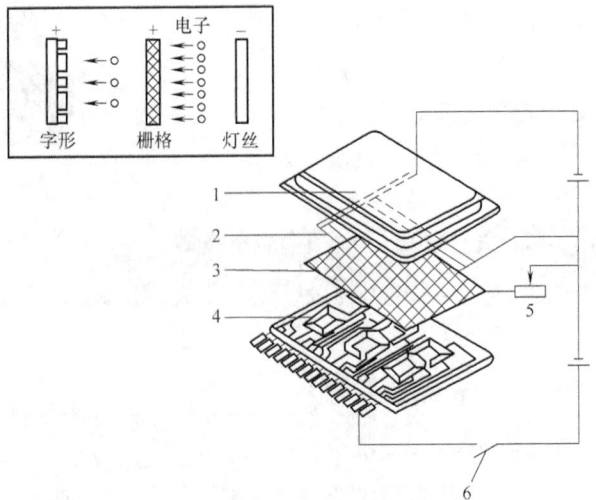

图 6-39　真空荧光管结构
1—玻璃罩　2—灯丝（阴极）　3—栅格　4—阳极笔画段
5—电位器（调节亮度）　6—微机控制电子开关

与电源负极相接，屏幕与电源正极相接时，电流通过灯丝并将灯丝加热至600℃左右，从而导致灯丝释放出电子，数字板片会吸引负极灯丝放出的电子。当电子撞击数字板片上的荧光材料时，使数字板发光，通过正面玻璃板的滤色镜显示出数字。因此，若要使某一块数字板片发光就需要在它上面施加正向电压，否则该板片就不会发光。

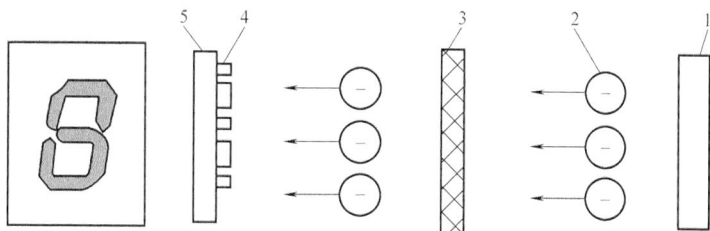

图6-40　真空荧光管工作原理

1—阴极　2—电子　3—加速栅极　4—阳极笔画段　5—玻璃板

与其他显示设备相比，VTFD具有较高的可靠性和抵抗恶劣环境的能力，且只需要较低的操作电压。真空荧光管色彩鲜艳、可见度高、立体感强，但由于是真空管，为保持一定强度，必须采用一定厚度的玻璃外壳，故体积和重量较大。

3. 阴极射线管（CRT）

阴极射线管也称显像管或电子束管，它是一种特殊的真空管。阴极射线管具有全彩色显示、图像显示灵活性大、分辨率和对比度高等特点，且具有−50~100℃的工作温度范围、微秒级以下的响应速度，是显示图像质量最高的显示器件之一。

阴极射线管结构及原理如图6-41所示。阴极射线管的核心是一个在普通平面内壁涂有荧光材料而且抽成真空的玻璃管，平面即为用来显示信息的荧光屏。阴极射线管的尾部装有结构较为复杂的电子枪，用来产生向荧光屏加速且在荧光屏上收敛成一个光点的电子流。线圈系统产生电磁场使电子流产生收敛，即磁聚焦，经过聚焦的电子流称为电子束。电子束使荧光屏上产生一个光电，其强度与电子束电流强度成正比，电子束电流由视频电压 V_c 控制。

电子束借助于专门的定位电磁场在光栅上扫描。磁场由扫描线圈产生使电子束偏转，总的偏转量与流经该线圈的电流成正比。

扫描与要显示的信号源同步进行，每次水平扫描线末尾，一个同步脉冲使电子束迅速向左偏转，然后再以匀速向右扫描。同样，当电子束位于阴极射线管的下面时，产生一个同步脉冲，该脉冲使电子束迅速回到阴极射线管上面，然后向下匀速扫描。

高速的电子束经过聚焦系统、加速系统和磁偏转系统到达荧光屏的特定位置。由于荧光物质在高速电子的轰击下会发生电子跃迁，即电子吸收到能量从低能态变为高能态。由于高能态很不稳定，在很短的时间内荧光物质的电子会从高能态重新回到低能态，这时将发出荧光，屏幕上的

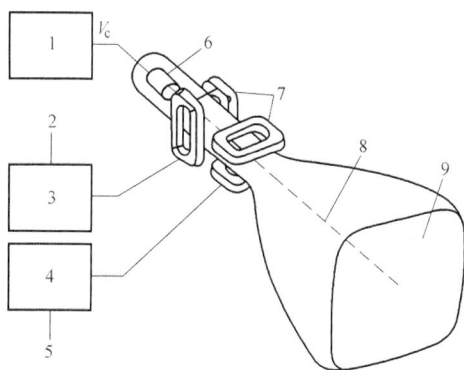

图6-41　阴极射线管结构及原理

1—视频信号　2—水平同步　3—水平偏转电路
4—垂直偏转电路　5—垂直同步　6—电子枪
7—偏转线圈　8—电子束　9—荧光屏

那一点就会亮了。

　　阴极射线管显示器作为标准配置，首先出现在 1986 年的别克（Buick Rivtiera）汽车上，通过触摸屏幕上的按钮（菜单），便能变更显示信息的内容。项目菜单包括收音机、空调、行程计算器和仪表板仪表信息等。驾驶人可挑选显示汽车工作的个别内容。修理人员可通过阴极射线管进行故障诊断。但阴极射线管作为汽车电子仪表显示器件，体积太大，尽管扁平型的阴极射线管已经实用化，但仍太长、太重，不便安装。另外，阴极射线管需要采用 10kV 以上的高压，不仅安全性差，而且会对其他电子电器造成很大的无线电干扰。尽管如此，阴极射线管仍然是一种值得研究开发的汽车电子仪表显示系统。

4. 液晶显示器件（LCD）

　　液晶是一种由长形杆状分子构成的有机化合物。在一定温度范围内，它既具有普通液体流动的特性，又具有晶体的某些光学特性。液晶的光学性质随着分子排列方向变化而变化，当在液晶上加一个电场时，液晶杆状分子的长轴方向发生变化，因此液晶的光学性质也发生变化。液晶显示器是一种被动显示装置，具有显示面积大、耗能少、显示清晰、通过滤光镜可显示不同颜色、在阳光直射下不受影响等特点，应用十分广泛。液晶显示器件与发光二极管、真空荧光管的主要区别：发光二极管和真空荧光管在电源的作用下自身能发光，而液晶显示器件本身不能发光，只能起到吸收、反射或透光的作用，因此液晶显示装置需要日光或某种人造光线作为外光源。

　　液晶显示器件本身没有色彩，只是靠液晶元件后面的有色透光片形成色彩，透光片通常采用荧光液着色，当光线通过时能形成所需要的色彩。液晶显示利用偏振光的特性成像。正常的光线包括多平面振动的波，如果让光通过一个有特殊性能的偏振滤波物体，则只有与滤波器轴同一平面的振动点波能够通过，其余大部分波受阻不能通过，液晶显示器的结构如图 6-42 所示。液晶显示板的结构如图 6-43 所示。

　　前玻璃板的内表面涂有几层金属，用于显示符号笔画的形状，后玻璃板上也涂有金属。金属层为导电透明的材料，兼做电极。玻璃板中间夹着长杆状向列型分子组成的液晶，厚度为 $10\mu m$，四周密封。两块玻璃板的外侧为两块偏振滤波片，它们的轴成 90°，上面装有电源接头和通往每个笔画的接头。当低频电压作用于笔画段上时，笔画段受激而成为受光体或透光体。

　　液晶显示器的优点很多，如工作电压低（3V 左右），功耗非常小；显示面积大、示值清晰，通过滤光镜可显示不同颜色；电极图形设计灵活，设计成任意显示图形的工艺都很简单，因此在汽车上应用广泛。其缺点是液晶为非发光型物质，白天靠日光显示，夜间必须使用照明光源；低温条件下灵敏度较低，有时甚至不能正常工作。汽车的使用工作环境变化较大，在摄氏零下十几度、几十度的环境下使用也是常事。为了克服液晶显示器的这一缺

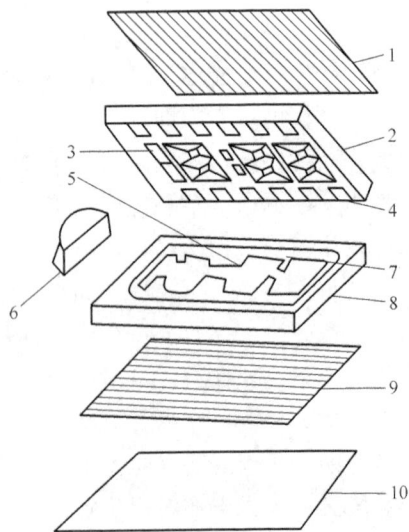

图 6-42　液晶显示器结构

1—前偏振片　2—前玻璃板　3—笔画电极
4—接线端　5—背板　6—反射光　7—密封面
8—后玻璃板　9—后偏振片　10—反射镜

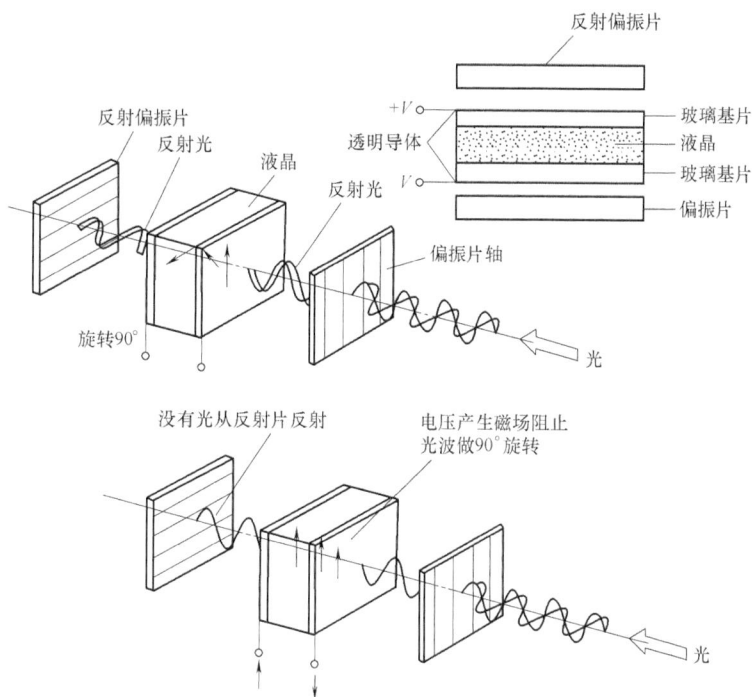

图 6-43　液晶显示板结构

陷，现在往往在液晶显示器件上附加加热电路，对驱动方式也进行了改进，扩大了它在汽车电子仪表上的应用。

二、汽车电子仪表显示方法

发光二极管、液晶显示器与真空荧光管等均可以用以下数种显示方法提供给驾驶人。

1. 字符段显示法

字符段显示法通常是真空荧光管、发光二极管或液晶显示器采用的方法。它是一种利用 7 段、14 段或 16 段小线段进行数字或字符显示的方法。用 7 段小线段可以组成数字 0~9，用 14（或 16）段小线段可以组成数字 0~9 与字母 A~Z，每段可以单独点亮或成组点亮，以便组成任何一个数字、字符或一组数字、字符。字符段显示法每段都有一个独立的控制荧屏，由作用于荧屏的电压来控制每段的照明。为显示特定的数位，电子电路选择出代表该数位的各段并进行照明。当用发光二极管进行显示时，也是用电子电路来控制每段发光二极管，方法与真空荧光管相同。图 6-44 为 7 字符段和 14 字符段显示板。

2. 点阵显示法

点阵是一组成行和成列排列的元件，有 7 行 5 列、9 行 7 列等。点阵元素可为独立的发光二极管或液晶显示器，或是真空荧光管显示的独立荧屏。电子电路

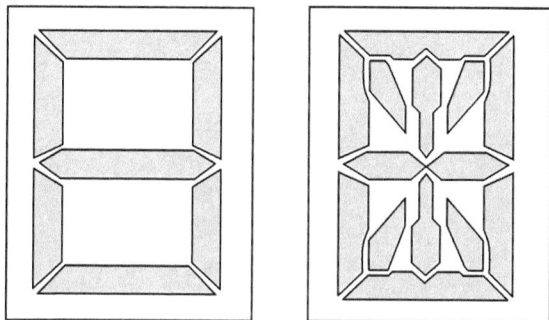

图 6-44　7 字符段和 14 字符段显示板

供电照明各点阵元素，数字 0~9 和字母 A~Z 可由各种元素组合而成。图 6-45 为发光二极管组成的 5×7 点阵显示板。

3. 特殊符号显示法

真空荧光管与液晶显示器还可取代数字与字母，显示特殊符号。图 6-46 为电子仪表显示板显示的特殊符号。

4. 图形显示法

图形显示法以图形的方式提供给驾驶人。图 6-47 为用图形显示提醒驾驶人注意前照灯、尾灯与制动信号灯故障以及清洗液与油量多少。在汽车俯视外观图的某些部位上装有发光二极管显示装置，当这些部位出现故障时，传感器即向电子组件提供信息，控制加在发光二极管上的电压，使发光二极管闪光，以提醒驾驶人注意。

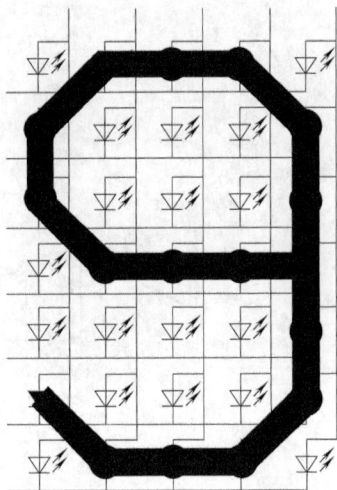

图 6-45　由发光二极管组成的 5×7 点阵显示板

远光	近光	转向	危急	刮水器	清洗
刮水器与清洗	风扇	停车灯	发动机舱盖	行李舱盖	阻风
喇叭	油量	水温	蓄电池充电	机油	安全带
点烟器	后窗刮水器	后窗清洗	手制动	制动故障	除霜、除雾

图 6-46　电子仪表显示板显示的特殊符号

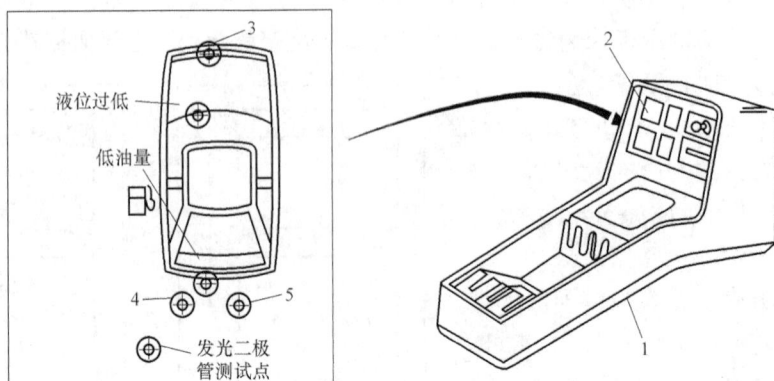

图 6-47　图形显示法

1—座架　2—图形显示警告器　3—前照灯　4—尾灯　5—制动信号灯

图 6-48 为利用杆图显示燃油量的方法。用 32 条亮杆代表油量，当油箱装满时，所有的亮杆都发亮；当燃油量减少时，发亮的亮杆数量减少；当燃油量减至三条亮杆发亮时，燃油量不足符号闪烁，提醒驾驶人加油。

三、常用电子仪表

一般汽车电子仪表有电流表、机油压力表、冷却液温度表、燃油表、车速里程表、发动机转速表等。

1. 电流表

电流表用于指示蓄电池充电或放电时的电流值，驾驶人可通过电流表的示值情况判断充电系

图 6-48　采用杆图的油量显示板

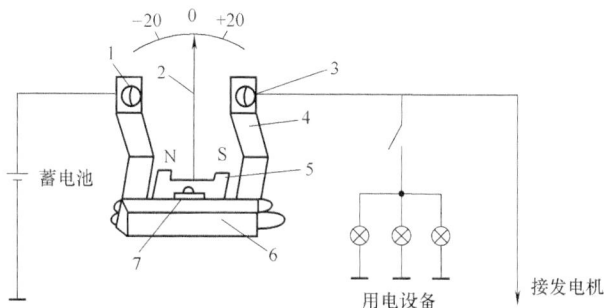

统工作是否正常。电流表串接在发电机充电电路中，刻度盘上中间的示值为"0"，两侧分别标有"＋"、"－"标记，电流表指针在"＋"侧时，表示对蓄电池充电，电流表指针摆向"－"侧表示蓄电池放电。考虑到电流表的量程和指示的稳定性，对工作电流较大、短时间或断续工作的用电设备，其放电电流均不通过电流表。如起动机电磁开关、转向灯、电喇叭等的放电电流都不经过电流表。

汽车上所使用的电流表主要有电磁式和动磁式两种，其中电磁式电流表居多。两种形式的电流表工作原理基本相同。

（1）**电磁式电流表**　电磁式电流表的组成及工作原理如图 6-49 所示。

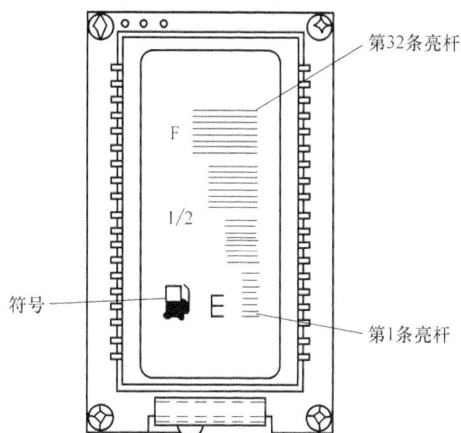

图 6-49　电磁式电流表的组成及工作原理

1、3—接线柱　2—指针　4—黄铜板条　5—软钢转子　6—永久磁铁　7—转轴

1）结构特点。固定在绝缘底板上的 U 形黄铜板条通过其两端的接线柱 1 和 3，分别与蓄电池、发电机及用电设备连接，黄铜板条的下端固定有条形永久磁铁，在其内侧的转轴上还装有带指针的软钢转子。软钢转子在永久磁铁的作用下被磁化，由于其磁场的方向与永久磁铁相反，在无电流通过电流表时，指针保持在中间位置，示值为"0"。

2）工作原理。当从蓄电池流向用电设备的放电电流通过电流表时，流经黄铜板条的电流将产生一个与永久磁铁磁场垂直的环形磁场，形成向逆时针方向偏转的合成磁场，合成磁场使软钢转子也向逆时针方向偏转一个角度，指针指向"－"侧。放电电流越大，合成磁场越强，转子偏转角度越大，指针指示值也就越大。当发电机向蓄电池充电时，流经电流表的

电流方向相反，合成磁场偏转的方向也相反，使指针向 "+" 侧偏转。

（2）**动磁式电流表**　动磁式电流表的组成及工作原理如图 6-50 所示。

1）结构特点。用黄铜制成的导电板固定在绝缘的底板上，两端与接线柱 1 和 4 相连，中间夹有磁轭。装有指针和永久磁铁转子的针轴安装于导电板上。

2）工作原理。无电流通过电流表（导电板）时，永磁转子通过磁轭形成磁路，使指针保持在中间位置，示值为 "0"。当放电电流通过导电板时，放电电流产生的磁场使浮装于导电板上的永磁磁铁转动，带动指针摆向 "−" 侧。放电电流越大，永磁转子转动的角度也越大，指针指示的放电电流值也越大。当充电电流

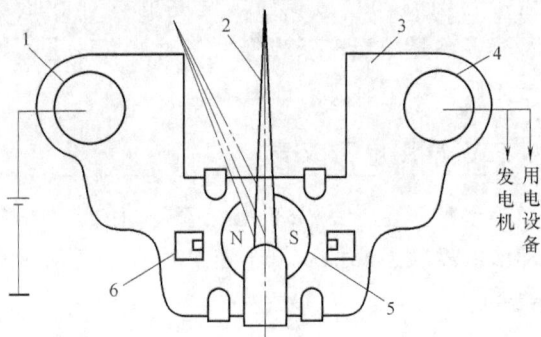

图 6-50　动磁式电流表的组成及工作原理
1、4—接线柱　2—指针　3—导电板
5—永久磁铁转子　6—磁轭

通过电流表时，充电电流产生的磁场则会使永磁磁铁反向转动，带动指针摆向 "+" 侧，指示相应的充电电流值。

电流表的接线：电流表的 "−" 接线柱连接蓄电池正极；电流表的 "+" 接线柱与发电机的电枢接线柱相连。

2. 机油压力表

机油压力表简称油压表或机油表，其作用是指示发动机主油道机油压力。它与装在发动机主油道（或粗滤器壳）的机油压力传感器配合工作。常用的油压表有电热式和电磁式两种。

（1）**电热式机油压力表**　电热式机油压力表由装在发动机主油道的机油压力传感器和仪表板上的油压指示表两部分组成。电热式机油压力表指针的偏转依赖于双金属片，因此又称为双金属片式机油压力表。指示表与传感器均为双金属片式的机油压力表其组成与原理如图 6-51 所示。

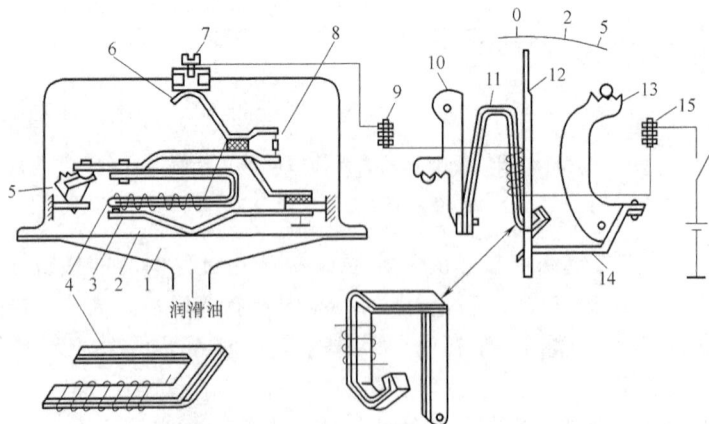

图 6-51　电热式油压表组成与原理
1—内腔　2—膜片　3、14—弹簧片　4、11—双金属片　5—调节齿轮　6—接触片
7、9、15—接线柱　8—校正电阻　10、13—调整齿扇　12—指针

1）结构特点。双金属片式机油压力指示表中的双金属片上绕有加热线圈，其加热线圈通电产生的热量会使双金属片温度升高而弯曲，并带动指针偏摆。

双金属片式机油压力传感器内的双金属片上也绕有加热线圈，并经触点与搭铁相连。加热线圈通电时，产生的热量使双金属片温度升高向上弯曲，并使触点断开。双金属片式机油压力传感器内部膜片的下腔与发动机主油道相通，机油压力经膜片和弹簧作用到触点上。机油压力大，作用在触点上的压力就大，双金属片需要上升较高的温度（较大的弯曲程度）才能使触点断开。

2）工作原理。当点火开关闭合时，电热式机油压力表通电，其电流通路为：蓄电池正极→点火开关→机油压力表接线柱15→机油压力表内双金属片的加热线圈→机油压力表接线柱10→机油压力传感器接线柱9→接触片→机油压力传感器内双金属片上的加热线圈→双金属片4→弹簧片14→搭铁→蓄电池负极，构成回路。双金属片式机油压力传感器加热线圈通电时产生的热量加热双金属片，双金属片弯曲，并最终使触点断开，加热线圈断流；加热线圈断流后，双金属片逐渐冷却伸直，并使触点重新闭合，又使加热线圈通电发热。如此循环，使机油压力表电路形成一个脉冲电流。如图6-52所示。

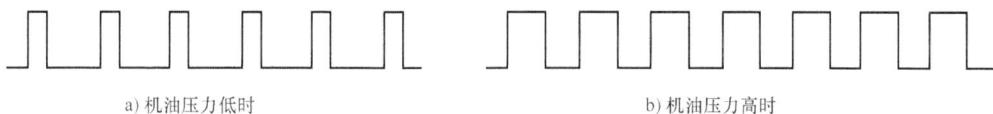

a) 机油压力低时　　　　　　b) 机油压力高时

图6-52　双金属片式机油压力表工作电流波形

为了使机油压力指示表的指示值不受外界温度变化的影响，双金属片做成"∏"形，其中一个为工作臂，绕有加热线圈，另一个为补偿臂。当外界温度变化时，工作臂和补偿臂同时变形，弯曲方向相反，所以工作臂的附加变形得到了补偿臂的相应变形补偿，减小了误差。安装机油压力传感器时要注意方向，机油压力传感器的箭头（安装标记）向上，保证工作臂位于补偿臂的上方，避免工作臂产生的热气上升对补偿臂造成影响。

机油压力低时，触点的压力小，双金属片稍有受热弯曲就可使触点断开，触点闭合时间相对较短，使得电路中的电流脉宽较小，如图6-52a所示。该电流通过指示表加热线圈，使指示表内的双金属片受热弯曲程度小，带动指针偏摆的角度小，油压指示值低。

机油压力高时，触点的压力大，加热线圈必须经过较长时间通电，使双金属片受热得到较大的弯曲后才能使触点断开，触点断开后只需较短的时间又可闭合，使得电路中的电流脉宽增大，如图6-52b所示。此脉冲电流同时通过机油压力指示表内的加热线圈，使指示表内的双金属片受热弯曲程度大，带动指针偏摆的角度也大，油压指示值高。

发动机正常工作时，机油压力正常值为：低速时不小于0.15MPa，高速时不大于0.5MPa。

（2）电磁式机油压力表　电磁式机油压力指示表内有两个互相呈一定角度布置的电磁线圈，其中左线圈与传感器并联，右线圈与传感器串联。左右线圈通电产生的磁场吸引衔铁转动至某个位置，与衔铁固定的指针随即摆向某个位置，指示机油压力值。电磁式机油压力表组成与原理如图6-53所示。

电位计式压力传感器的滑片转动由膜片来推动，膜片的下腔是来自发动机润滑主油道的机油。机油压力推动传感器内的膜片上拱至某一位置，通过传动机构带动滑片转动，将发动

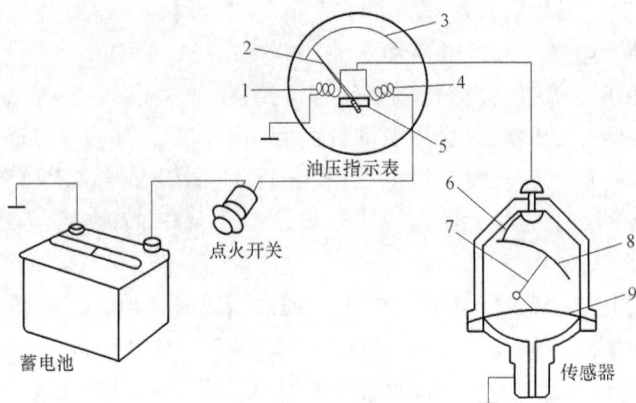

图 6-53　电磁式机油压力表

1—左线圈　2—指针　3—刻度盘　4—右线圈　5—衔铁（转子）　6—导电片　7—滑片　8—滑片电阻　9—膜片

机机油压力的变化转换为自身电阻的变化，以改变指示表左右线圈的电流，从而使指针偏转相应的角度。

工作原理：接通点火开关后，电磁式机油压力表通电。其电流通路为：①蓄电池正极→点火开关→右线圈→传感器接线柱→导电片→滑片→膜片→搭铁→蓄电池负极；②蓄电池正极→点火开关→右线圈→左线圈→蓄电池负极。

当发动机的机油压力升高时，机油压力推动传感器膜片上拱，带动滑片转动使传感器电阻减小，并联（左）线圈电流减小，串联（右）线圈电流则有所增大，两线圈产生的综合磁场方向发生偏转，吸引衔铁转动到相应的位置，并带动指针摆向高压侧，指示相应的机油压力值。当发动机的机油压力降低时，传感器电阻增大，并联（左）线圈电流增大，串联（右）线圈电流则有所减小，两线圈产生的综合磁场方向发生与机油压力增加时相反的方向偏转，通过吸引衔铁带动指针摆向低压侧的某个位置，指示相应的机油压力值。

3. 冷却液温度表

发动机冷却液温度表俗称水温表，冷却液温度表的作用是指示发动机冷却液的温度。正常情况下，冷却液温度表指示值应为 85~95℃。冷却液温度表与装在发动机水套上的冷却液温度传感器（冷却液温度感应塞）配合工作。常用的冷却液温度表有电热式和电磁式两类，电磁式冷却液温度表又分双线圈式和三线圈式两种。

（1）双金属片式冷却液温度表的结构和工作原理　温度指示表和温度传感器均为双金属片式的冷却液温度表，如图 6-54 所示。

双金属片式温度传感器的传热套筒置入发动机冷却液中，发动机冷却液的热量通过传热套筒传入传感器内部的双金属片，使双金属片向上弯曲。因此，传感器触点的接触压力随发动机冷却液温度的上升而减小。双金属片 2 上的加热线圈也通过触点搭铁，加热线圈通电加热双金属片后，也使双金属片向上弯曲，并使触点断开。因此，当接通点火开关后，传感器内的触点会不断地张开、闭合，使冷却液温度表电路中形成脉冲电流。

双金属片式温度指示表与双金属片式油压指示表的结构相同，工作原理也相似，仅示值刻度不同，指示表的指针偏摆角度增大时，其温度示值减小。

在发动机冷却液温度较低时，传感器双金属片 2 受发动机冷却液温度影响所产生的弯曲

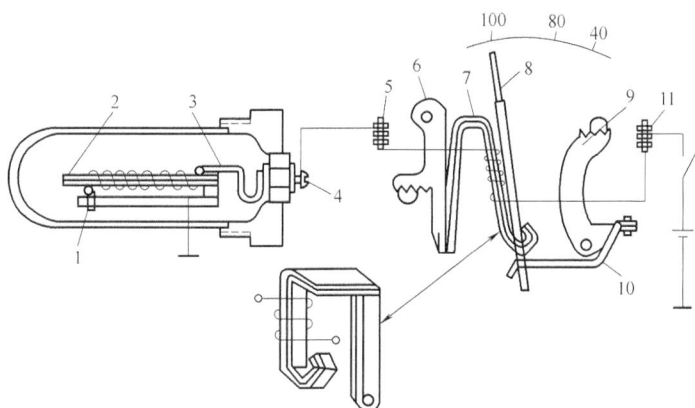

图 6-54 双金属片式冷却液温度表结构

1—触点 2、7—双金属片 3—连接片 4、5、11—接线柱 6、9—调节齿轮 8—指针 10—弹簧片

较小，其触点的初始接触压力较大，传感器加热线圈需通电较长的时间，才能使双金属片向上弯曲至触点断开，触点断开后，双金属片冷却较快，使触点又很快闭合。因此，在发动机温度较低时，传感器触点闭合的时间相对较长，冷却液温度表电路中的电流脉宽较大，使温度指示表内的双金属片 7 受热变形大，指针的偏转角大，指示较低的温度值。

当发动机冷却液温度升高时，传感器双金属片 2 周围空气温度也升高，使其向上弯曲而降低了触点的接触压力。这时，传感器加热线圈通电较短的时间就可使触点断开，而双金属片的冷却则变慢，使触点的相对闭合时间缩短，使发动机冷却液温度表电路中的电流脉宽随温度的上升而减小，温度指示表双金属片变形量随之减小，指针偏转角减小，温度指示值增大。

（2）电磁式冷却液温度表的结构和工作原理 采用电磁式温度指示表和热敏电阻式温度传感器的冷却液温度表，如图 6-55 所示。

电磁式温度指示表内装有互成一定角度的两个铁心，铁心上分别绕有电磁线圈，其中 L_2 匝数较少，与传感器串联，L_1 匝数较多，与传感器并联，两个铁心的下端设置带指针的衔铁。两电磁线圈通电产生的磁力吸动衔铁转动，带动指针偏摆。温度传感器内有一个温度系数为负的热敏元件，其电阻值随温度的上升减小时，会使与之并联的线圈 L_1 的电流减小，而与之串联的线圈 L_2 的电流则稍有增大。串联电阻 R 用以限制流经线圈 L_1 的电流。

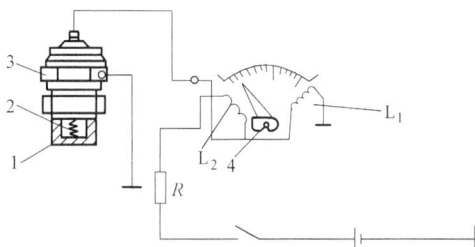

图 6-55 电磁式冷却液温度表结构

1—热敏电阻 2—弹簧 3—传感器壳体 4—衔铁

当发动机冷却液的温度较低时，传感器的热敏电阻阻值较大，流经 L_1 和 L_2 线圈的电流相差不多，但由于 L_1 匝数多产生磁场强，两线圈合成磁场吸引衔铁使指针向低温指示方向偏摆，指示低温。

当发动机冷却液温度升高时，传感器热敏电阻的阻值减小，其分流作用增强，使流经 L_1 的电流减小，其磁力减弱，这时两线圈合成磁场的方向变化，使衔铁转动某个角度，带动指针向高温方向偏摆。

4. 燃油表

燃油表由装在仪表板上的燃油指示表和装在燃油箱上的油面传感器组成,用于指示燃油箱中所储存的燃油量。驾驶人根据燃油表的示值情况估计汽车续驶里程、判断是否需要加油。传统的燃油表有电磁式和双金属片式,两种燃油表的传感器都采用滑片电阻式液面传感器。现代汽车上使用电子燃油表逐渐增多,电子燃油表的指示表有发光二极管显示方式和数字显示方式等不同形式。

(1) **电磁式燃油表** 电磁式燃油表的结构与工作原理如图 6-56 所示。

电磁式燃油表的指示表结构和工作原理与电磁式冷却液温度表相似,也是通过其内部左线圈和右线圈所产生的磁力吸引衔铁转动,带动指针摆动。

传感器是一个滑片式可变电阻,当浮子随燃油箱内的油面上下移动时,带动滑片滑动,使其串入燃油表电路中的电阻值随之改变。

当油箱中无油时,浮子就会下沉至最低位置,可变电阻被滑片短路。此时接通电路后,与可变电阻并联的右线圈被短路,无电流通过,与可变电阻串联的左线圈电流达到最大,产生的电磁力吸动衔铁使指针指示"0"位。

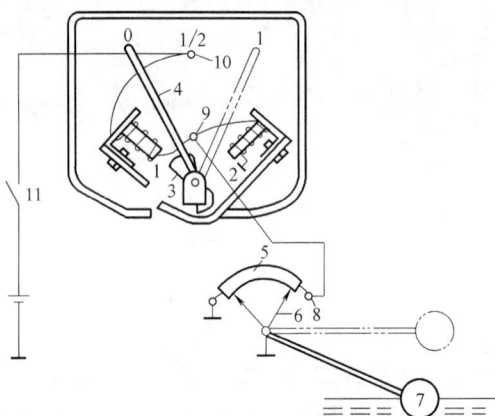

图 6-56 电磁式燃油表的结构与工作原理

1—左线圈 2—右线圈 3—衔铁 4—指针
5—可变电阻 6—滑片 7—浮子 8—传感器接线柱
9、10—指示表接线柱 11—点火开关

当油箱装满燃油时,浮子在最高位置,可变电阻串入电路的电阻值最大。此时接通电路后,左、右两线圈的电流相差不多,两线圈所产生的合成磁场吸引衔铁转动使指针指向"1"位。

当油箱油面下降时,随油面下移的浮子带动滑片滑动,使可变电阻的阻值减小,右线圈的电流减小,左线圈的电流则稍有增大,两线圈产生的合成磁场吸引衔铁转动的角度使指针向"0"位一侧摆动,指示的油量下降。

滑片与可变电阻如果出现接触不良就会产生电火花,容易造成火灾事故。将可变电阻的左端接地是为了减小滑片滑动时可能产生的电火花,以提高仪表使用的安全性。

(2) **双金属片式燃油表** 双金属片式燃油表的结构与工作原理如图 6-57 所示。

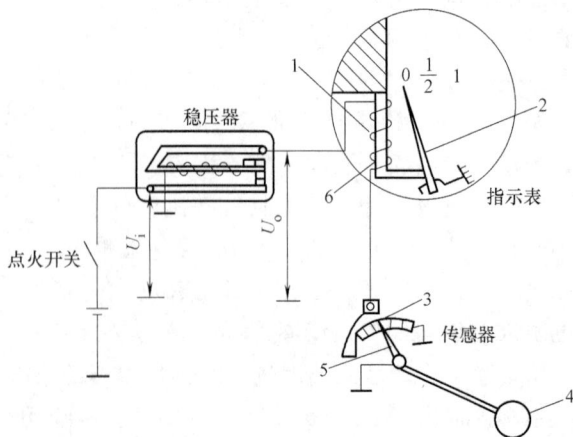

图 6-57 双金属片式燃油表结构

1—加热线圈 2—指针 3—可变电阻
4—浮子 5—滑片 6—双金属片

双金属片式燃油表通过油面高低的变化可改变可变电阻值的大小，从而改变与之串联的加热线圈电流，使双金属片变形推动指针，指示相应的燃油液面高度。

由于流经加热线圈的电流除与可变电阻值有关外，还与供电电压有关。汽车的电源是蓄电池与发电机并联，两者的电位差一般为2V左右，且发电机的端电压虽然经调节器调整，但受负载电流的影响也较大。因此，电源电压变化必然影响双金属片式仪表的测量精度。故用双金属片式指示仪表时需加装稳压器。

当电源电压提高时，稳压器中加热线圈的电流增大，双金属片温度升高，使触点间接触压力减小，闭合时间缩短，打开时间增长，从而使加热线圈中的电流减小，端电压下降。当电源电压下降时，稳压器中加热线圈的电流减小，双金属片温度降低，触点闭合时间增长，打开时间缩短，线圈中平均电流增大，端电压提高，从而使指示仪表始终在一个比较稳定的电压下工作，减少了电源电压对仪表的影响。

当油箱无油时，浮子下沉，滑片处于可变电阻的最右端，传感器的电阻全部串入电路中，此时电路中电流最小，燃油表加热线圈发热量小，双金属片变形小，带动指针指在"0"位。

当油箱内油量增加时，浮子上升，滑片向左移动，串入电路中的电阻减小，电路中的电流增大。燃油表加热线圈发热量大，双金属片变形增大，带动指针向右偏转。

当油箱充满时，滑片移至最左端，将可变电阻短路，此时电路中电流最大，指针偏到最右边，指在"1"处。

5. 车速里程表

车速里程表是用来指示汽车行驶速度和累计行驶总里程数的仪表，由车速表和里程表两部分组成。车速里程表按获取车速信号的方式分，有机械式和电子式两种；按指示表的结构原理分，车速表主要有磁感应式（也称涡流式）和电子式两大类，里程表也有机械式和电子式两种。

电子式车速里程表无须软轴传动，仪表示值较为稳定，在现代汽车上的使用日渐增多。

(1) 磁感应式车速里程表 磁感应式车速里程表由变速器（或分动器）内的蜗轮蜗杆经软轴驱动，其基本结构如图6-58所示。车速表是由与主动轴紧固在一起的永久磁铁、带

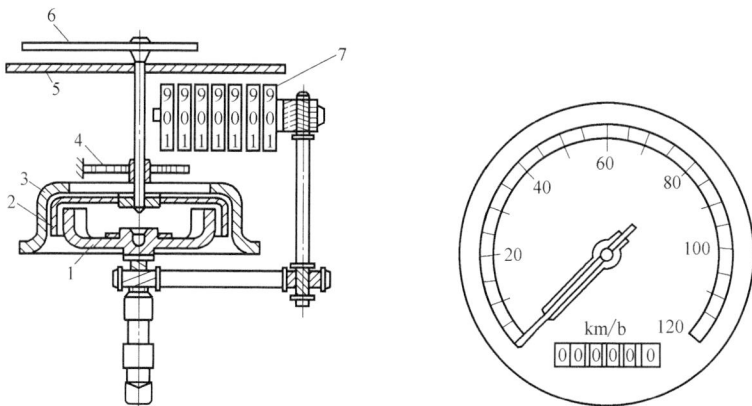

图6-58 磁感应式车速里程表

1—永久磁铁 2—铝罩 3—磁屏 4—盘形弹簧 5—刻度盘 6—指针 7—十进制数字轮

有轴及指针的铝罩、磁屏和紧固在车速里程表外壳上的刻度盘等组成。里程表由蜗轮蜗杆机构和六位数字的十进位数字轮组成。

不工作时，铝罩在盘形弹簧的作用下，使指针指在刻度盘的零位。

当汽车行驶时，主动轴带动永久磁铁旋转，永久磁铁的磁力线穿过铝罩，在铝罩上感应出涡流，铝罩在电磁转矩作用下克服盘形弹簧的弹力，向永久磁铁转动的方向旋转，直至与盘形弹簧弹力相平衡。由于涡流的强弱与车速成正比，指针转过的角度与车速成正比，指针便在刻度盘上指示出相应的车速。

汽车行驶时，软轴带动主动轴，主动轴经三对蜗轮蜗杆驱动里程表最右边的第一数字轮。第一数字轮上的数字为 1/10km，每两个相邻的数字轮之间的传动比为 1∶10。即当第一数字轮转动一周，数字由 9 翻转到 0 时，便使相邻的左面第二数字轮转动 1/10 周，成十进位递增，从而汽车行驶时即可累计出其行驶里程数，最大读数为 99999.9km。

(2) **电子式车速里程表** 电子式车速里程表通过安装在变速器处的车速传感器获得反映汽车行驶速度的脉冲信号，再通过电子电路的信号处理后驱动指示表。

车速传感器有光电式、霍尔效应式、磁阻式及舌簧开关式等多种类型，其作用是产生一个能反映变速器输出轴转速高低的电压脉冲信号。采用舌簧开关式车速传感器、指针式指示表显示的车速里程表电路原理如图 6-59 所示。

1) 车速表工作原理。车速表是一个电磁式电流表。传感器的脉冲信号经单稳态触发电路和恒流源驱动电路处理后，输出平均电流与车速成正比的脉冲电流，驱动车速表指针偏摆，指示相应的车速。

2) 里程表工作原理。里程表由数字轮和步进电动机组成，数字轮也是一个十进位的齿轮计数器，步进电动机由脉冲电流驱动，按步转动且转动步长恒定的特殊电动机。传感器的脉冲信号经64 分频电路分频处理，再经功率放大电路进行功率放大后，驱动步进电动机转动，数字轮随步进电动机转动，累计汽车的行驶里程。

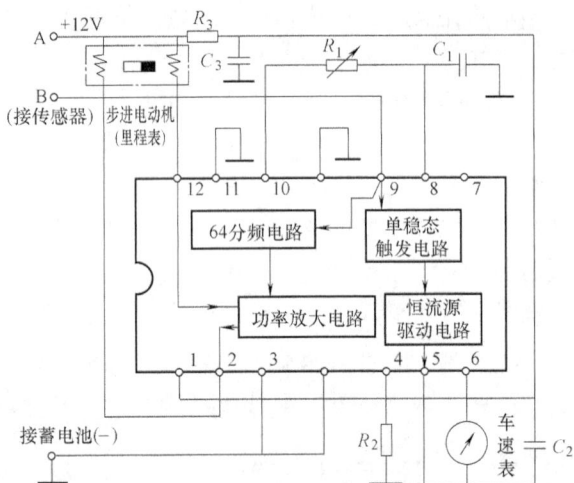

图 6-59　电子式车速里程表电路原理

6. **发动机转速表**

为了检查和调整发动机，并监视发动机的工作状况，更好地掌握换档时机，大多数汽车都安装发动机转速表。常用的发动机转速表有机械式和电子式两种。由于电子式转速表具有结构简单、指示准确、安装方便等优点，因此被广泛应用。

汽油机用的电容放电式转速表电路原理如图 6-60 所示，其转速信号来自于点火系统初级电路的脉冲信号。当断电器触点 K 闭合时，晶体管 VT 的基极搭铁处于截止状态，电源经 R_3、C_3、VD_2 向电容 C_3 充电；当触点 K 断开时，晶体管 VT 由截止转为导通，此时电容 C_3 经晶体管 VT、转速表和二极管 VD_1 构成放电回路，驱动转速表。发动机工作时，断电器触点的开闭频率与发动机的转速成正比，电容 C_3 不断进行充放电，通过转速表的放电电流平均值也与发动机的转速成正比。电路中的稳压管 VS_3 使电容 C_3 有一个稳定的充电电压，提高转速表的测量精度。

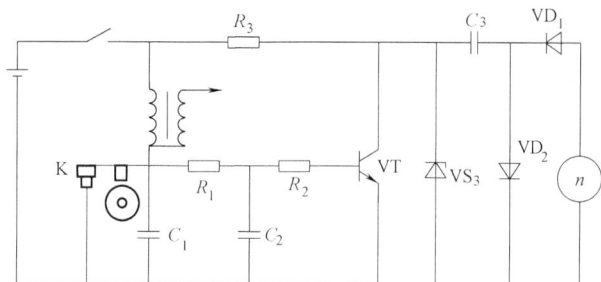

图 6-60　电容放电式发动机转速表电路原理

四、汽车电子组合仪表

汽车仪表按其结构形式可分为独立式仪表和组合式仪表两种。独立式仪表的指示表都有各自的壳体，然后各自安装在仪表板上；组合式仪表的指示表都封装在一个壳体内。组合式仪表可分为机械组合式和电子组合式两种类型。随着汽车电子化程度越来越高，各种新技术不断应用到汽车上，电子组合式仪表以其较好的可靠性、准确性和适应性逐步得到广泛应用。

1. 机械组合式仪表

机械组合式仪表将各个仪表集中安装在一个仪表壳体内，通常用一个仪表电路板将各指示表与其传感器连接，各个仪表均由其传感器控制独立工作。机械组合式仪表的组成如图 6-61 所示。

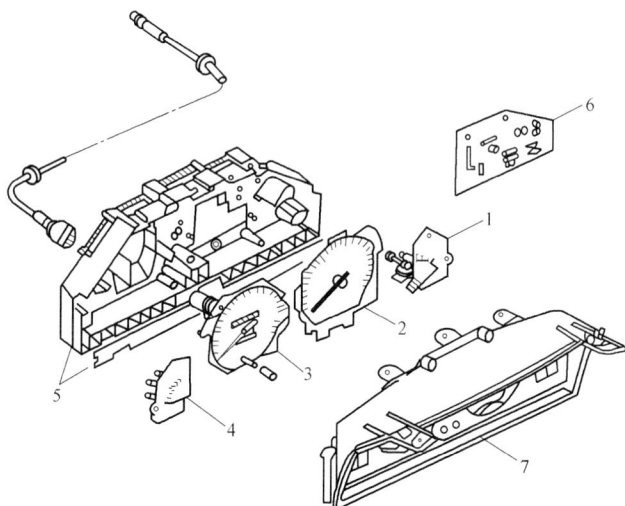

图 6-61　机械组合式仪表组成

1—冷却液温度表　2—发动机转速表　3—车速里程表　4—燃油表　5—仪表壳体
6—仪表电路板　7—组合仪表前盖（仪表板）

机械组合式仪表的指示灯系统也是通过仪表电路板连接，仪表及指示灯在仪表板上的布置如图 6-62 所示。

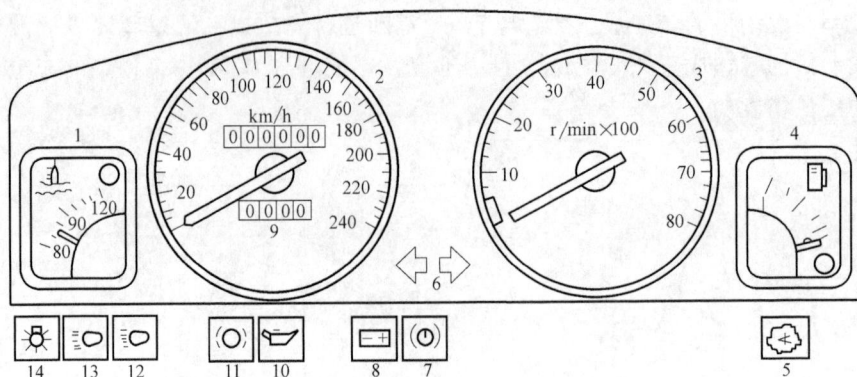

图 6-62　机械组合式仪表各仪表及指示灯的布置

1—冷却液温温度表　2—车速里程表　3—发动机转速表　4—燃油表　5—发动机故障警告灯　6—转向指示灯

7—驻车制动/制动液面警告灯　8—充电指示灯　9—日里程表　10—机油压力警告灯

11—前制动摩擦片磨损指示灯　12—远光指示灯　13—近光指示灯　14—车灯开关指示灯

相比于独立式仪表，机械组合式仪表具有结构紧凑、美观、便于观察等特点，因而已被广泛采用。

2. 电子组合式仪表

电子组合式仪表通过控制器将各仪表和传感器连接在一起，其基本组成包括接口电路、仪表控制器、驱动电路、指示表、指示灯、显示器等。电子组合式仪表具有显示精度高、工作可靠性高、一表多用、可显示更多的信息等优点。ED-02 型电子组合仪表的结构如图 6-63 所示。

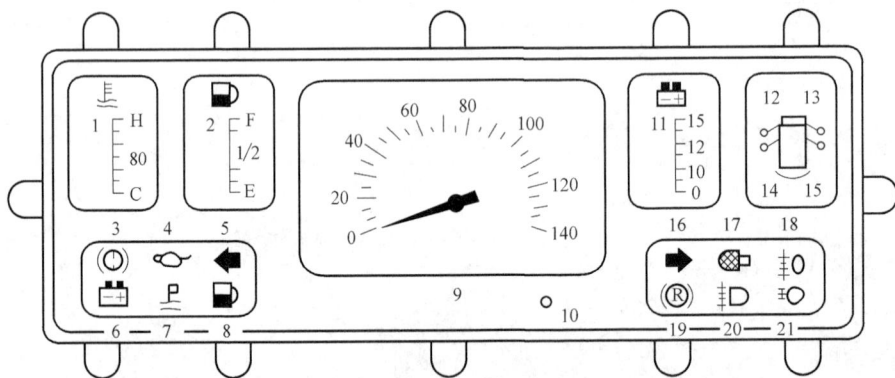

图 6-63　ED-02 型电子组合仪表

1—冷却液温温度表　2—燃油表　3—制动故障报警灯　4—机油压力过低报警灯　5—左转向指示灯

6—充电指示灯　7—冷却液温度过高报警灯　8—燃油量过少报警灯　9—车速表　10—蓄电池继电器开关

11—电压表　12、13、14、15—车门状态指示灯　16—右转向指示灯　17—倒车指示灯　18—雾灯

19—制动指示灯　20—前照灯远光指示灯　21—前照灯近光指示灯

ED-02 型电子组合仪表主要功能如下：

1）车速测量范围为 0~140km/h，仍采用模拟显示。

2）冷却液温度表采用具有正温度系数的 RJ-1 型热敏电阻为传感器，显示器采用发光二极管杆图显示。其中最小刻度 C 为 40℃，最大刻度 H 为 100℃。从 40℃ 起，冷却液温度每增加 10℃，就点亮一个发光二极管。

3）电压表采用发光二极管杆图显示，最小刻度电压为10V，最大刻度电压为16V。从10V起，蓄电池电压每增加1V，点亮一个发光二极管。该电压表能较好地指示蓄电池的电压情况，包括汽车起动时的蓄电池电压降、蓄电池充电和放电情况等。

4）燃油表也采用发光二极管杆图显示，刻度为E—1/2—F。当油箱内的燃油约为油箱容量的1/2时，1/2指示段点亮。加满油时，F指示段点亮。

5）当有汽车车门未关好时，相应的车门状态指示灯发光报警。

6）当燃油低于下限时，燃油警告灯点亮。

五、汽车智能电子仪表

随着电子技术水平的不断提高及其在汽车工业中的应用增多，使得汽车的结构、原理和运行状况变得越来越复杂，因此，汽车发生故障的概率也越来越大。基于汽车复杂的运行状况，需要应用相应的仪表系统来获得汽车各个重要部件的运行数据。

汽车上的智能仪表系统由显示器、组合仪表以及控制器三大部分组成。汽车中的各个电子系统在运行过程中，每个独立的系统通过广播发出信号，智能仪表系统中的控制器能够接收信号，识别这些信号并转化为相应的指示和命令，以电波的形式再进行输出。智能仪表的控制器一般作为汽车中其他系统信号的接收端，它将接收的信号转化后输出显示在显示器和组合仪表中。仪表控制器一般用并联的形式把显示器和控制器连接在一起，因此各个电子系统用到的相应的电源在控制器的安装过程中都必须考虑到。仪表控制器发出的信号都必须是改变量，一般都使用信号宽度调节的方法进行传达。当仪表系统启动时，系统会按照程序在显示器上显示事先人工通过模拟并设定好的运行参数，并通过下端的传输设备输出在彩色的屏幕上，但是这时候的图像不会发生改变。当汽车发动后，仪表控制器会接收来自总线上的信号，并根据这些信号进行计算，再通过逻辑比较判断汽车的运行状况，如车速、发动机转速、电动机转速、蓄电池电量等是否出现了改变，如果出现改变就会自动向汽车总控制器发出信号，并及时在显示器上显示出来，使驾驶人可以及时准确地了解汽车的状态。

第三节　电动风窗玻璃刮水器和洗涤器

一、电动风窗玻璃刮水器结构和工作原理

汽车风窗玻璃刮水器的作用是清除汽车驾驶室前、后风窗玻璃上面妨碍驾驶人视线的雨水、雾气、雪花及尘埃。根据驱动力的不同，刮水器可分为真空式、气动式和电动式三种不同的类型。现代汽车使用最广的是电动刮水器。

1. 电动刮水器的基本结构

电动刮水器主要由电动机、传动机构、控制电路和刮水片等组成。电动刮水器的组成如图6-64所示。

（1）电动机　电动机产生刮水器的动力，有励磁式和永磁式两种。刮水器所用的励磁式电动机通常采用复励式（磁极各有一个并、串励绕组），以便于电动机的转速控制；永磁式电动机的磁极为永久磁铁，如图6-65所示，其结构简单、功率大、耗电少，在汽车上已

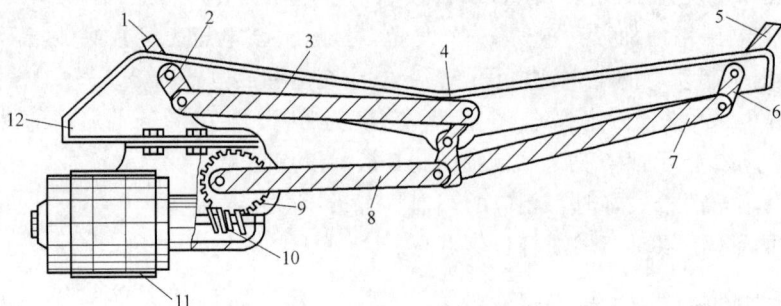

图 6-64　电动刮水器组成

1、5—刷架　2、4、6—摆杆　3、7、8—拉杆　9—蜗轮　10—蜗杆　11—电动机　12—底板

有较多的应用。

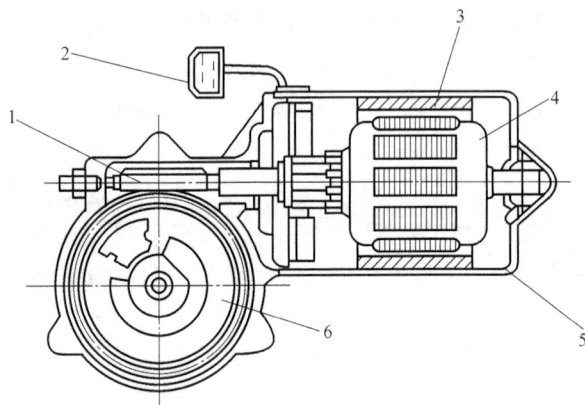

图 6-65　永磁式刮水器电动机

1—蜗杆　2—插接器　3—永久磁铁磁极　4—电枢　5—电动机　6—蜗轮

（2）**传动机构**　电动刮水器的传动机构包括减速机构和摇杆机构，其作用是将电动机的动力传递给刮水片，使刮水片做来回摆动而完成刮水动作。电动刮水器的摇杆机构有两种类型，一种只是将电动机的旋转运动转变为刮水片的摆动，而刮水片的往复摆动换向则是通过改变电动机的旋转方向实现，通常用电路开关来控制电动机的旋转方向；另一种刮水器的摇杆机构则是直接将电动机的旋转运动转变为刮水片的往复摆动。

摇杆机构的杆件一般由管材或槽钢制成，杆件之间的铰接点均采用球形关节结构，可弥补杆件运动平面在制造和安装上的误差。有的球铰还具有轴向防脱落结构，如图 6-66 所示，轴线稍有偏角 α，球轴防脱落肩胛便与球铰套不能对准，从而可防止球铰脱落。

（3）**控制电路**　电动刮水器除了刮水片的往复摆动基本功能外，还需要有变速、间歇摆动及自动复位等功能，以满足实际使用的需要。刮水器的上述功能通过相应的控制电路的配合实现，由电动机旋转方向控制刮水片摆向的电动刮水器，其控制电路还有电动机电流换向功能。

（4）**刮水片**　刮水片主要由刮杆和刮片组成，如图 6-67 所示，用于刮除风窗玻璃上的雨水、雾气等，有双刮片和单刮片两种形式。

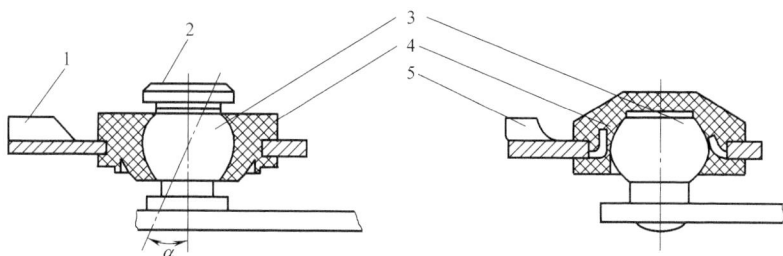

图 6-66　杆件间的球铰结构

1、5—杆件　2—防脱落肩胛　3—球　4—球铰套

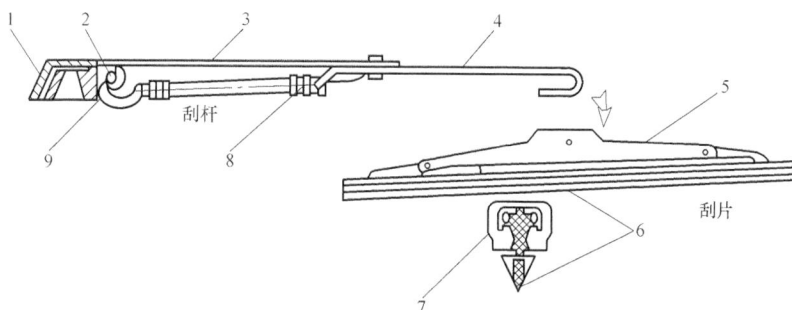

图 6-67　刮水片的组成

1—罩　2—转轴销　3—刮臂　4—刮杆臂　5—刮片桥　6—胶条　7—簧片　8—弹簧　9—簧钩与插头

2. 电动刮水器的调速

汽车上的电动刮水器一般设有高速和低速两种刮水速度，以适应下雨量不同时的刮水需要。电动刮水器的刮水片摆动速度通过控制电动机转速实现。

（1）**电动刮水器调速原理**　使用励磁式直流电动机的电动刮水器，通常采用改变磁极磁通量（复励或串励）的方式来调速。励磁式直流电动机刮水器调速原理如图 6-68 所示。将刮水器开关置于低速档（Ⅰ档）时，刮水器开关的③、④接线柱均接通电源，此时直流电动机的磁极形成复励电路结构。在复励状态下，电动机磁极的串联绕组和并联绕组均通

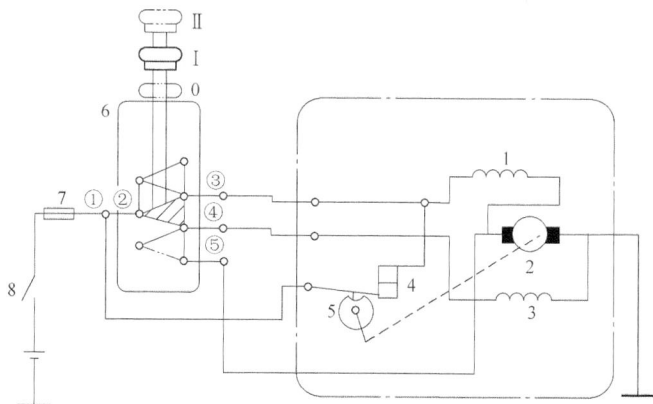

图 6-68　励磁式直流电动机刮水器调速原理

1—串联绕组　2—电枢　3—并联绕组　4—触点　5—凸轮　6—刮水器开关　7—熔断器　8—电源开关

电，磁极磁场较强，电动机在较低的转速下运转，使刮水片低速摆动。

将刮水器开关置于高速档（Ⅱ档）时，刮水器开关的④接线柱与电源断开，直流电动机的磁极被连接成串励电路结构。在串励状态下，磁极只有串联绕组通电，其磁通量减小，电动机在较高的转速下运转，使刮水片高速摆动。

（2）**永磁式直流电动机的变速控制**　使用永磁式直流电动机的电动刮水器，由于磁极磁通量不能改变，通常采用改变正负电刷间串联绕组匝数的方式调速。永磁式直流电动机刮水器调速原理如图6-69所示。

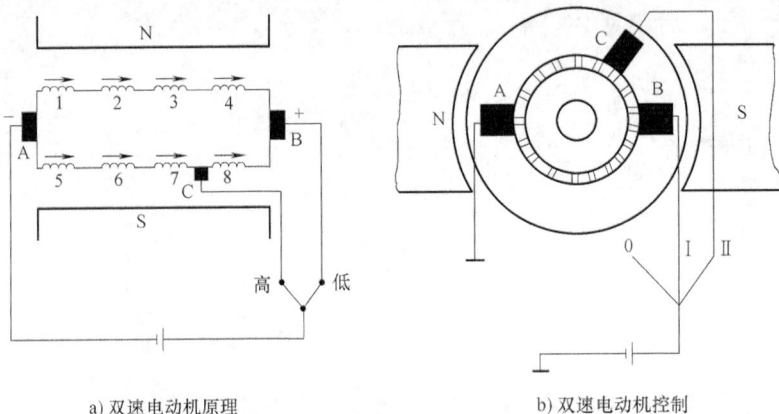

a) 双速电动机原理　　　　　　　　　b) 双速电动机控制

图 6-69　永磁式直流电动机刮水器调速原理

将刮水器开关置于Ⅰ档时，电枢电流经A、B两电刷引入，在电枢内部形成两条对称的支路，一条经绕组4、3、2、1，另一条经绕组8、7、6、5，串联的电枢绕组数有四个，匝数多，电动机以较低的转速运转，使刮水片慢速摆动。将刮水器开关置于Ⅱ档时，电枢电流经A、C两电刷引入，这时电枢内部形成两条不对称的支路，一条经绕组8、4、3、2、1，另一条经绕组7、6、5，绕组8所产生的反电动势与绕组4、3、2、1产生的电动势相互抵消，此时实际串联的电枢绕组数只有三个，匝数较少，因此，电动机在较高的转速下运转，使刮水片高速摆动。

（3）**刮水器自动调速控制**　具有自动开启和高低速控制的刮水器控制电路如图6-70所示。

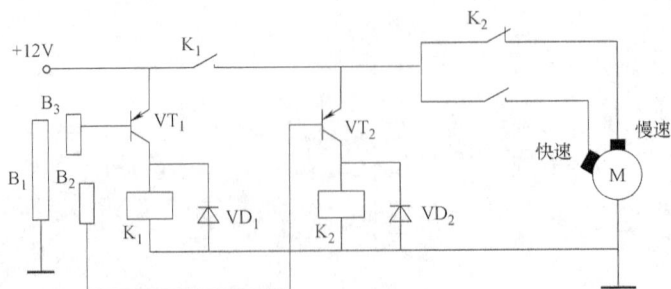

图 6-70　刮水器控制电路

刮水器的电动机为永磁式，B_1、B_2、B_3是安装在风窗玻璃上的雨量传感器，雨水落在传感器的两检测电极之间，可使其电阻减小，水流量越大，其电阻值越小。

当汽车行驶中遇到下雨时，雨水落在雨量传感器上，使其电阻减小，晶体管 VT_1 获得正向导通电压而导通，继电器 K_1 线圈通电，其触点闭合，接通刮水器电动机电路，刮水器便开始低速摆动。如果雨量较大，则晶体管 VT_2 也导通，继电器 K_2 线圈也通电，使其常闭触点打开，常开触点闭合，刮水器电动机便高速旋转，刮水片高速摆动。

3. 电动刮水器的间歇控制

（1）**刮水片间歇刮水控制的作用**　汽车在小雨或雾天中行驶时，刮水器即使是慢速刮刷，刮水片也会出现"干刮"的情况，这时刮水片的连续摆动不但没有必要，反而会加速刮水片的磨损，且影响驾驶人的视线。刮水器的间歇刮水控制，就是使刮水片每刮刷一次后停歇 $3\sim6s$，待前风窗玻璃上又有影响视线的雨水或雾气时，刮水片再来回摆动一次。这样既可确保驾驶人有良好的视线，又避免了刮水片的异常磨损。

（2）**刮水片间歇刮水控制原理**　刮水器间歇机构一般利用电动机的自动复位触点，由阻容（R、C）充放电的半导体电路或者集成电路构成。图 6-71 为间歇刮水控制电路，其中 K_1 为常闭触点，K_2 为常开触点，其受继电器 K 控制；自动停位开关有两个工作位置，随刮水器电动机的转动而自动改变，当刮水片处于停止位置时，自动停位开关的上位接通，否则自动停位开关的下位接通。

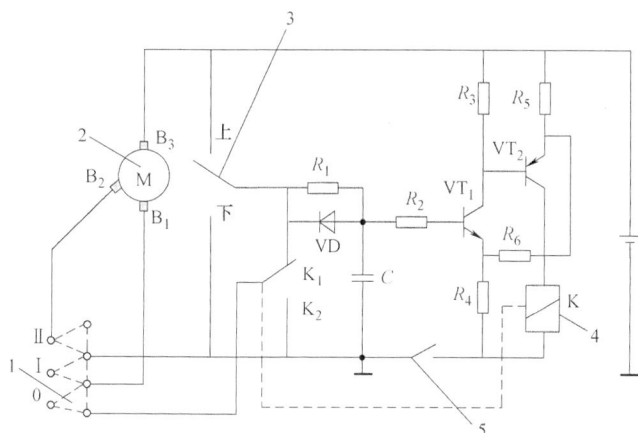

图 6-71　间歇刮水控制电路
1—刮水器开关　2—刮水电动机　3—自动停位开关　4—继电器　5—刮水器间歇开关

当刮水器开关置于断开位置"0"档，刮水器间歇开关置于接通位置时，刮水器间歇运动电路被接通。电源先向 C 充电，当 C 两端电压增加到一定值后，VT_1 导通，VT_2 也随之导通，继电器 K 通电，常闭触点 K_1 打开，常开触点 K_2 闭合，刮水器电动机运转。此时的电路为：蓄电池正极→B_3→B_1→刮水继电器 K 的常开触点 K_2→搭铁→蓄电池负极。

当刮水电动机转动到使自动停位开关的下位接触时，电容器 C 便通过二极管 VD 迅速放电，使晶体管 VT_1 基极电位降低，从而 VT_1、VT_2 转为截止状态，通过继电器 K 的电流随之中断，常闭触点 K_1 闭合，但由于此时自动停位开关的下位接触，故刮水电动机仍可继续转动，直到刮水片摆回原位、自动停位开关的上位接通为止，电动机才因电枢短路而停止转动。接着电源又通过自动停位开关的上位触点向 C 充电，重复上述过程，使刮水器刮水片间歇动作。其停歇时间长短取决于 R_1C 电路的充电时间。由上述工作原理可知，间歇刮水控制电路保证了每个停歇周期内，刮水片只摆动一次。

4. 电动刮水器的自动复位控制

当驾驶人关闭刮水器开关时，如果刮水器电动机立刻停止转动，刮水片停在前风窗玻璃的某个位置，就会影响驾驶人的视线。自动复位控制的作用就是在驾驶人关闭刮水器开关时，无论刮水片在什么位置，自动复位机构都使控制电动机继续转动，将刮水片自动停在风窗玻璃的下边缘指定位置。

根据电动刮水器所用电动机类型的不同，刮水器自动复位控制的方式也不相同，如励磁式电动机通常采用凸轮式自动复位机构，永磁式电动机则常采用铜环式自动复位机构。

图 6-72 为铜环式自动复位机构的电路图，铜环式自动复位机构由触点 6、7 和随电枢转动的铜环组成自动复位开关。当驾驶人断开刮水器开关时，如果刮水片不在风窗玻璃下缘位置，铜环的位置使触点 6 和触点 7 处于连通状态，使得电动机仍然通电转动，其电流通路为蓄电池正极→触点 6→铜环→触点 7→刮水器开关→B_2→B_1→搭铁→蓄电池负极。当刮水片转到指定位置（复位）时，铜环的缺口转到触点处，使触点 6 与触点 7 断开，电动机断电。这时，在铜环内圆周上的凸块将触点 7 与触点 8 连通，使电枢绕组搭铁而产生短路电流，电枢便会受到制动转矩的作用而迅速停在指定的位置。

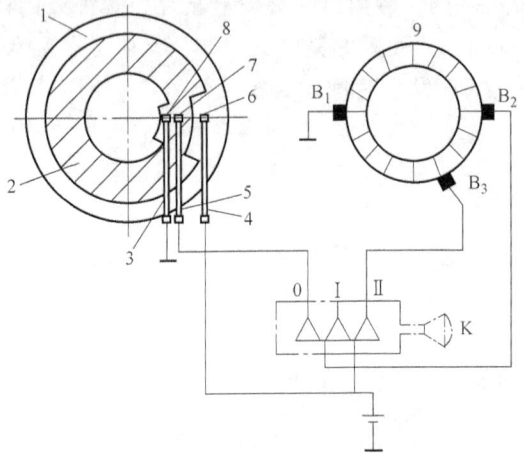

图 6-72 铜环式自动复位机构电路
1—蜗轮 2—铜环 3、4、5—触点臂
6、7、8—触点 9—换向器

二、洗涤器结构与工作原理

汽车在风沙或尘土较多的环境中行驶时，会由于灰尘落在风窗玻璃上而影响驾驶人的视线。因此很多汽车的刮水系统中安装了洗涤器装置，必要时向风窗玻璃喷水或专用清洗液（北方地区冬季不宜用水，以免冻裂储液罐或输液管），在刮水器的配合下，保持风窗玻璃洁净。

1. 洗涤器的结构组成

风窗玻璃洗涤器的基本结构如图 6-73 所示，主要的组成部件有洗涤液泵、储液罐、洗涤液喷嘴、三通接头、连接软管等。风窗玻璃洗涤器的洗涤泵通常由微型永磁电动机和离心泵组成，工作时可产生 70～88kPa 的喷射压力。洗涤泵的电动机为密封式、短时工作的高速电动机，洗涤泵连续工作的时间不应超过 5s，使用间隔应在 10s 以上。洗涤液喷嘴安装在风窗玻璃下面，其喷嘴方向可以调整，使洗涤液可喷射在风窗玻璃的适当位置。

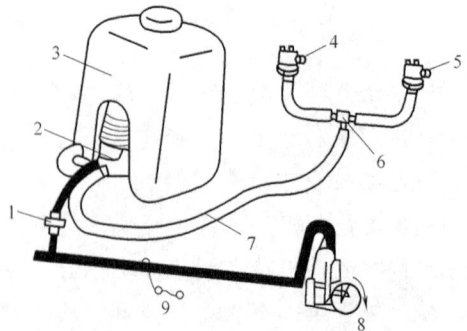

图 6-73 风窗玻璃洗涤器结构
1—洗涤器线路插接器 2—洗涤液泵
3—储液罐 4、5—喷嘴 6—三通接头
7—连接软管 8—刮水器控制盒 9—熔断器

2. 洗涤器的工作原理

风窗玻璃洗涤器需与刮水器配合，才能完成风窗玻璃的洗涤工作。当风窗玻璃需要洗涤时，应首先起动洗涤液泵，使洗涤液从喷嘴喷到刮水器的刮水片上，浸软尘土和污物后，才能开启刮水器，把玻璃上的尘土、污物及洗涤液一起刮干净。为此，风窗玻璃洗涤器开关与刮水器控制电路关联，当驾驶人操纵风窗玻璃洗涤器开关时，可连续完成洗涤液喷射、刮水片来回摆动（刮刷）的清洗过程。

第四节　电动车窗

一、电动车窗组成和类型

电动车窗是指以电为动力使车窗玻璃自动升降的装置。它是由驾驶人或乘员操纵开关接通车窗升降电动机的电路，电动机产生动力通过一系列的机械传动，使车窗玻璃按要求进行升降。其优点是操作简便，有利于行车安全。

1. 电动车窗的基本组成

电动车窗的主要组成部件有升降控制开关、电动机、升降机构、继电器等。驾驶人通过操纵车窗控制开关来控制电动机的正反转，实现车窗的升（关）降（开）。电动车窗电路中通常设有热敏开关，以防止车窗线路或电动机过载而烧坏。有的汽车的车窗控制电路中还设有一个延时开关，可在点火开关断开后约10min内或在车内人员打开车门以前，电动车窗电路仍接通电源，使驾驶人或乘客仍可操纵控制开关关闭车窗。

2. 电动车窗的类型

电动车窗按其所用电动机的不同，可分为永磁式和励磁式两种。永磁式电动机需通过改变电枢电流的方向来实现正反转控制，励磁式电动机通常采用双绕组串励的结构形式，通过控制通电的励磁绕组来控制电动机的正反转。

电动车窗按升降机构的不同，可分为齿条式、交叉臂式和钢丝滚筒式等，如图6-74~图6-76所示。

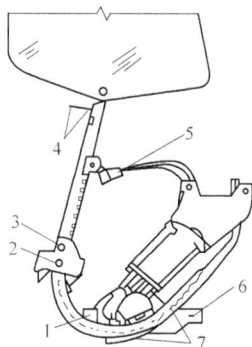

图 6-74　齿条式电动车窗
1、3、4、6—铰接处　2—螺钉
5—插头　7—齿条

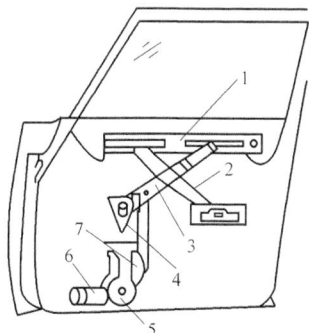

图 6-75　交叉臂式电动车窗
1—玻璃安装槽板　2—从动臂
3—主动臂　4—托架　5—平衡弹簧
6—电动机　7—齿轮

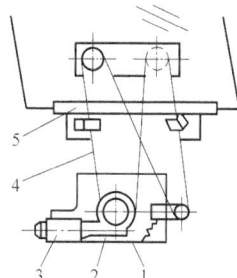

图 6-76　钢丝滚筒式电动车窗
1—钢丝滚筒　2—齿轮减速器
3—电动机　4—钢丝
5—玻璃安装槽板

二、电动车窗工作控制过程

图 6-77 为一四车门电动车窗的控制电路。

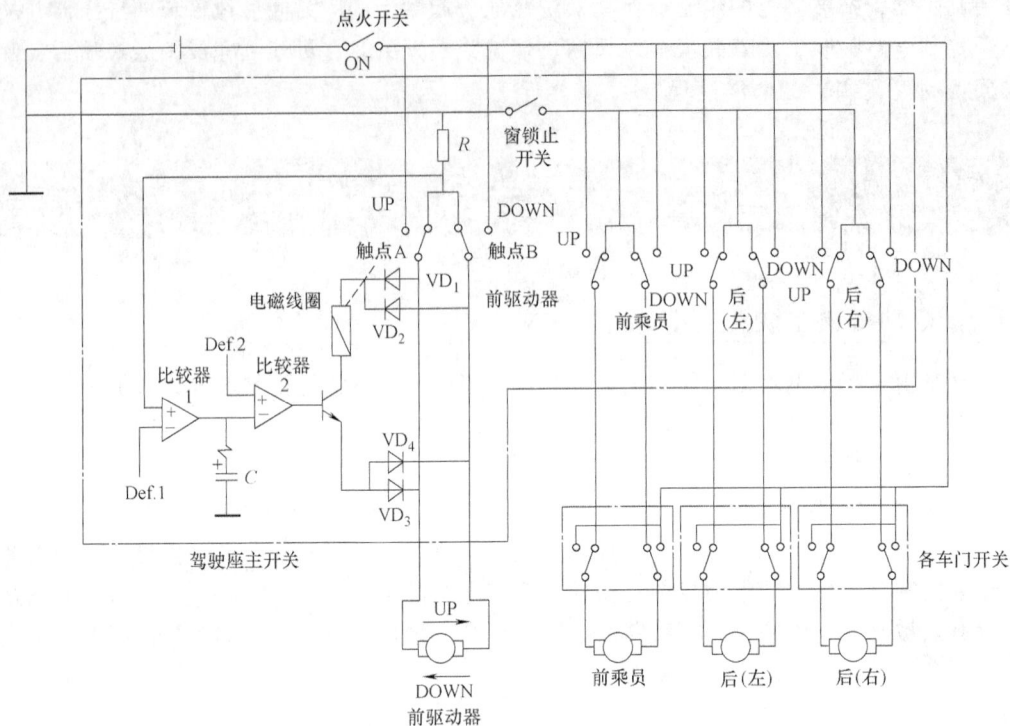

图 6-77　四车门电动车窗控制电路

该四车门电动车窗控制电路可以实现手动控制和自动控制。所谓的手动控制是指按下相应的手动按钮，车窗可以上升或下降，若中途松开按钮，上升或下降的动作即停止；而自动控制是指按下自动按钮，松开手后车窗会一直上升至最高或下降至最低。其手动控制和自动控制过程如下。

1. 手动控制玻璃升降

以驾驶人侧的玻璃升降为例，向前按下手动按钮后，触点 A 与开关的 UP 侧相连，触点 B 处于原来的状态，电动机按 UP 箭头方向通过电流；车窗玻璃上升直至关闭；当把手离开按钮时，利用开关自身的回复力，开关即回到中立位置。若把手动按钮推向车辆后方，触点 A 保持原位不动，而触点 B 则与 DOWN（向下）侧相连，电动机按 DOWN 箭头所示的方向通过电流，电动机反转，实现车窗玻璃向下移动，直至下降到底。

2. 自动控制玻璃升降

当把自动按钮向前方按下时，触点 A 与 UP 侧相连，电动机按 UP 箭头方向通过电流，车窗玻璃上升；与此同时，检测电阻 R 上的电压降低，此电压通过比较器 1 的正电位端，与参考电压 Def. 1 进行比较。Def. 1 的电压值设定为相当于电动机锁止时的电压。因而，通常情况下，比较器 1 的输出为负电位；比较器 2 的基准电压 Def. 2 设定为小于比较器 1 的输出为正电位，所以比较器 2 的输出电压为正电压，晶体管接通，电磁线圈通过较大的电流，其电流通路为：蓄电池"+"→点火开关→UP_ 触点 A→二极管 VD_1→电磁线圈晶体管→二极管 VD_4→触点 B→电阻 R→搭铁（蓄电池"−"），此电流产生较大的电磁吸力，吸引驱动器开关的柱塞，于是把止板向上顶压，越过止板凸缘的滑销于原来位置被锁定，这时即使把手离开自动按钮，开关仍会保持原来的状态。

当车窗玻璃上升至终点位置时，在电动机上有锁止电流流过，检测电阻 R 上的电压降增大，当此电压超过参考电压 Def. 1 时，比较器 1 输出低电位，此时，电容 C 开始充电，当 C 两端电压上升至超过比较器 2 的参考电压 Def. 2 时，比较器 2 输出低电位，二极管立即截止，电磁线圈中的电流被切断，止板被弹簧通过滑销压下，自动按钮自动回复到中立位置，触点 A 搭铁，电动机停转。

在车窗玻璃自动上升过程中，若想中途停止，则向反方向扳手动按钮，然后立刻放松，这样触点 B 将短暂脱离搭铁，使电动机因电路被切断而自动停转；同时，通过电磁线圈的电流已被切断，止板弹簧通过滑销压下，自动按钮自动回复到中立位置，触点 A、B 均搭铁，电动机停转。

车窗玻璃自动下降的工作情况与上述情况相反，操作时只需将自动按钮压向车辆后方即可。

第五节　电动座椅及电动后视镜

一、电动座椅结构与工作原理

汽车座椅的主要功能是为驾驶人及乘员提供便于操作、舒适又安全、不易疲劳的驾乘位置。电动座椅是指以电动机为动力，通过传动装置和执行机构来调节座椅的各种位置，使驾驶人或乘员乘坐舒适的座椅。

座椅作为人和汽车之间的联系部件，对其性能的要求越来越高。座椅已由过去的固定式不可调发展到能够进行上、下、前、后和靠背倾斜度机械调节，如今又进一步发展到带记忆性的电子控制自动调节的座椅，提高了驾驶人和乘员的乘坐舒适性，减少了驾驶人和乘员长时间乘车的疲劳。

座椅的调节正向多功能化发展，使座椅的安全性、舒适性、可操作性日益提高。根据电动座椅出现的时期不同、汽车豪华程度的不同或生产技术的先进程度的不同，车辆配置的电动座椅也不同。目前常见的有带电子控制调节系统的电动座椅和不带电子控制调节系统的座椅。

带电子控制调节系统的电动座椅自动化程度高，它能够实现座椅前后滑动，座椅的前、后部垂直上下的调节，座椅的高度调节，靠背的倾斜度调节，头枕的上下调节，以及腰垫的调节等。这种座椅由电子控制，有的还有记忆功能，能把驾驶人调定的座椅位置由微机存储下来，作为以后调节的依据。驾驶人需要调节时，只要按一下按钮即可按记忆自动调节到理想的位置。

1. 电动座椅基本结构

电动座椅系统主要由双向直流电动机、传动机构和座椅调节开关、控制器（ECU）等组成。

图 6-78 是电动座椅的结构图，该座椅有八种调节功能：座椅的前后调节——前后方向调节范围 100~160mm；座椅的上下调节；座椅前部的上下调节，范围为 30~50mm；靠背的倾斜调节；侧背支撑调节；腰椎支撑调节；头枕上下调节；头枕前后调节。全程移动所需时间为 8~10s。

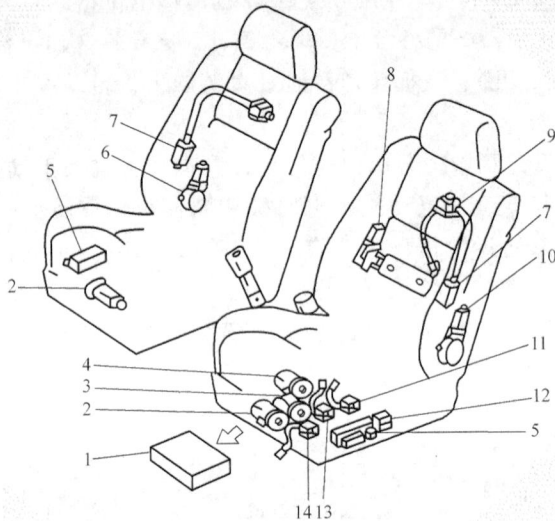

图 6-78　电动座椅结构

1—电动座椅 ECU　2—滑动电动机　3—前垂直电动机　4—后垂直电动机　5—电动座椅开关　6—倾斜电动机
7—头枕电动机　8—腰垫电动机　9—位置传感器（头枕）　10—倾斜电动机和位置传感器
11—位置传感器（后垂直）　12—腰垫开关　13—位置传感器（前垂直）　14—位置传感器（滑动）

（1）**电动机**　图 6-79 为座椅电动机实物图，其作用是为电动座椅的调节机构提供动力。此类电动机多采用双向电动机，即电枢的旋转方向随电流的方向改变而改变，使电动机按不同的电流方向进行正转或反转，以达到座椅调节的目的。电动机的数量取决于电动座椅的类型，通常六向调节的电动座椅装有三个电动机。为防止电动机过载，电动机内装有熔丝，以确保电器设备的安全。

（2）**传动和执行机构**　传动装置把电动机的旋转运动转变成座椅的上下、前后移动等多方向运动调整。

电动座椅的传动机构主要由变速器（蜗轮蜗杆）、联轴装置和电磁阀等组成。

上下高度调整传动机构如图 6-80 所示，由蜗杆轴、蜗轮、心轴等组成。调整时，直流电动机产生的转矩带动蜗杆轴，驱动蜗轮转动，使心轴在蜗轮内旋进或旋出（螺纹），带动座椅上下移动。

前后调整传动机构如图 6-81 所示，由蜗杆、蜗轮、齿条、导轨等组成，齿条装在导轨上。调整时，直流电动机产生的转矩经蜗杆传至两侧的蜗轮上，经齿条的带

图 6-79　座椅电动机实物

动使座椅前后移动。

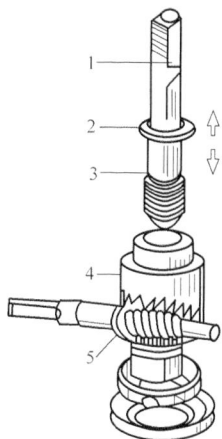

图 6-80 座椅的高度调整机构

1—铣平面 2—止推垫片 3—心轴
4—蜗轮 5—挠性驱动蜗杆轴

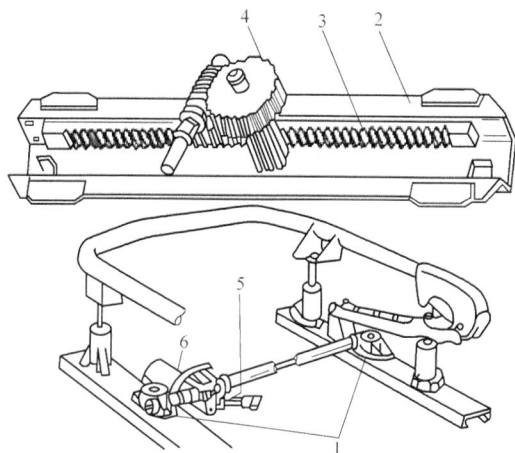

图 6-81 座椅的滑动调整机构

1—支撑及导向元件 2—导轨 3—齿条 4—蜗轮
5—反馈信号电位计 6—调整电动机

（3）控制装置 电动座椅控制装置接受驾驶人或乘员输入的命令，控制执行机构完成电动座椅的调整。电动座椅组合控制开关包括前倾开关、后倾开关和四向开关（即上下和前后），如图 6-82 所示。

电动座椅组合控制开关有的安装在汽车车门上，有的安装在汽车座椅旁边，使驾驶人或乘员方便操纵。

2. 电动座椅工作原理

接通开关后，电动机的动力通过齿轮驱动软轴转动，再驱动座椅调节器运动。当调节器到达行程终点时，软轴停止转动，若此时电动机仍在转动，其动力将被橡胶联轴器所吸收，用来防止座椅万一卡阻时，电动机

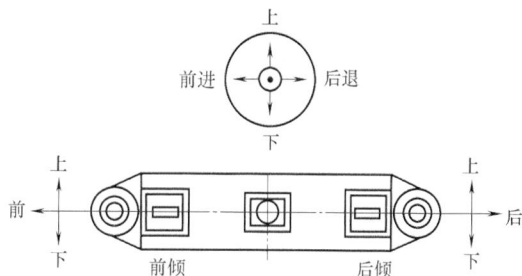

图 6-82 电动座椅组合控制开关

过载损坏。当控制开关断电后，回位弹簧能使电磁阀柱塞和爪形接头分离，使其回到原来位置。

调节控制电路的控制按钮设置在驾驶人操纵方便的地方，一般在门内侧的扶手上面。有些轿车的控制器还设有微机，有存储记忆能力，只要按下某一个记忆按钮，即可自动将电动座椅调整到存储的位置上。

很多高级轿车还可以选装电动腰部支撑座椅。调整操作由位于驾驶人座椅下面的上/下或前/后腰部支撑调节器继电器来完成，操作过程由位于驾驶人座椅侧面的开关来控制。

二、电动座椅控制

电动座椅的控制电路如图 6-83 所示，它主要由蓄电池、组合控制开关和三个电动机组成。组合控制开关内部有四套开关触点。驾驶人或乘员可通过控制开关上的按钮调节座椅的

位置。

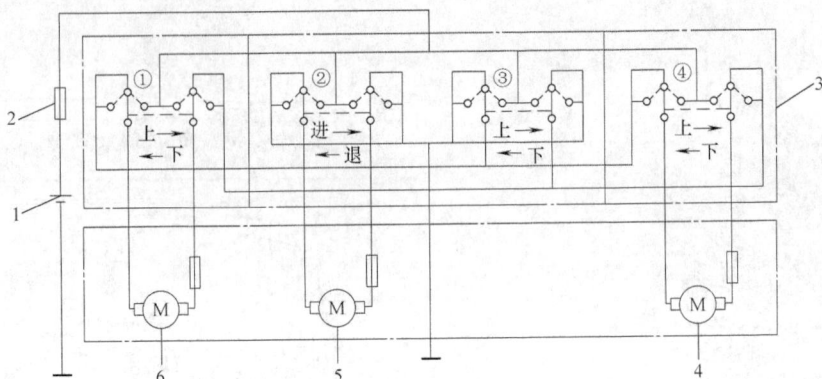

图 6-83 电动座椅控制电路

1—蓄电池 2—熔断器 3—组合控制开关 4—后高度电动机 5—前进/后退电动机 6—前高度电动机

1. 座椅前倾调节

(1) 前部上升电路 如需要电动座椅前部垂直上升时，可接通调节组合控制开关中的前倾开关。此时，电路中电流的流动方向为：蓄电池的正极→熔断器→组合控制开关中①左侧触点→前高度电动机→熔丝→组合控制开关中①右侧触点→组合控制开关中③右侧触点→搭铁→蓄电池负极。此时构成闭合回路，前高度电动机转动，座椅前部垂直上升。

(2) 前部下降电路 前部下降电路的电流流动方向为：蓄电池正极→熔断器→组合控制开关中①右侧触点→熔丝→前高度电动机→组合控制开关中①左侧触点→组合控制开关中③左侧触点→搭铁→蓄电池负极。此时构成闭合回路，前高度电动机反转，座椅前部垂直下降。

2. 座椅后倾调节

(1) 后部上升电路 如需要电动座椅后部垂直上升时，可接通调节组合控制开关中的后倾开关，此时电路中电流的流动方向为：蓄电池的正极→熔断器→组合控制开关中④左侧触点→后高度电动机→熔丝→组合控制开关中④右侧触点→组合控制开关中③右侧触点→搭铁→蓄电池负极。此时构成闭合回路，后高度电动机转动，座椅后部垂直上升。

(2) 后部下降电路 后部下降电路的电流流动方向为：蓄电池的正极→熔断器→组合控制开关中④右侧触点→熔丝→后高度电动机→组合控制开关中④左侧触点→组合控制开关中③左侧触点→搭铁→蓄电池负极。此时构成闭合回路，后高度电动机反转，座椅后部垂直下降。

3. 座椅的上/下高度调节

当需要调节座椅的高度时，驾驶人接通座椅的上升（或下降）开关，前高度电动机和后高度电动机同时通电、同向转动，实现座椅的上升（或下降）调节。

(1) 座椅的上升电路 前高度电动机的电路为：蓄电池正极→熔断器→组合控制开关③左侧触点→组合控制开关①左侧触点→前高度电动机→熔丝→组合控制开关①右侧触点→组合控制开关③右侧触点→搭铁→蓄电池负极。此时前高度电动机正转。

后高度电动机的电路为：蓄电池正极→熔断器→组合控制开关③左侧触点→组合控制开关④左侧触点→后高度电动机→熔丝→组合控制开关④右侧触点→组合控制开关③右侧触点

→搭铁→蓄电池的负极。此时后高度电动机正转。

（2）**座椅的下降电路**　座椅下降调节时的电路与上升电路相似，只是此时前高度电动机和后高度电动机同时反转，这里不再介绍。

4. 座椅前进/后退滑动调节

（1）**前进电路**　前进电路为：蓄电池正极→熔断器→组合控制开关②左侧触点→前进/后退电动机→熔丝→组合控制开关②右侧触点→搭铁→蓄电池负极。前进/后退电动机 5 正转，座椅前进。

（2）**后退电路**　后退电路为：蓄电池正极→熔断器→组合控制开关②右侧触点→熔丝→前进/后退电动机→组合控制开关②左侧触点→搭铁→蓄电池负极。前进/后退电动机反转，座椅后退。

三、电动后视镜

1. 电动后视镜的作用和结构

（1）**电动后视镜的作用**　电动后视镜常见的有外后视镜和内后视镜两种。一般汽车左右两侧各有一个外后视镜，其结构如图 6-84 所示，其功能是便于驾驶人观察汽车左右两侧后面的道路情况，确保行车安全。内后视镜主要供驾驶人掌握车内的情况，有些内后视镜还具有防后方车辆灯光引起眩目的功能，其结构如图 6-85 所示。

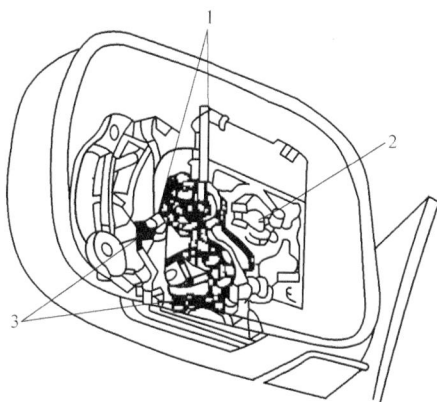

图 6-84　**外后视镜基本结构**
1—驱动机构　2—集成电路　3—电动机

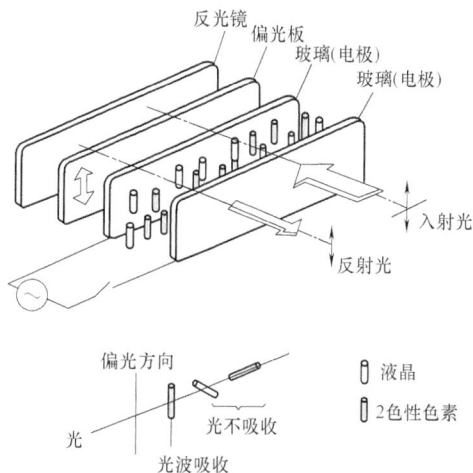

图 6-85　**内后视镜基本结构**（液晶防眩目）

（2）**电动后视镜的结构**　电动后视镜主要由调整开关、双向电动机、传动和执行机构、外壳、镜片及连接件组成。在每个后视镜内通常装有两套电动机和驱动机构，可分别操纵镜片上下及左右方向转动。上下方向用一个电动机和相关传动机构实现，左右调整用另一套电动机及驱动机构实现，两套机构的控制和驱动机构都基本相同。

2. 电动后视镜控制电路

下面以上海别克（世纪）轿车上的电动后视镜为例，对电动后视镜的控制原理进行分析，其控制电路如图 6-86 所示，主要由开关、左右后视镜、驱动电动机及相关配线等组成。

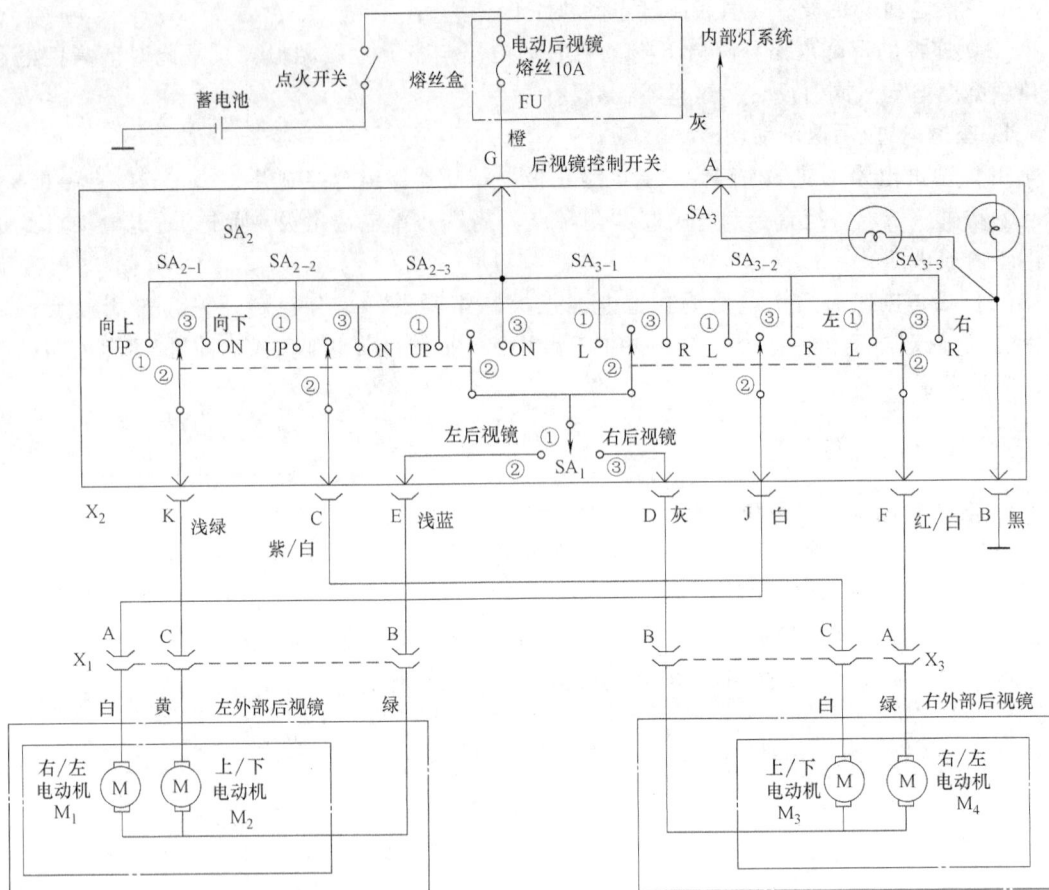

图 6-86　上海别克（世纪）轿车电动后视镜控制电路

SA—开关　A、B、C、D、E、F、G、J、K、L、R—端口　X₁、X₂、X₃—接线　FU—熔丝　①~③—触点

工作时，控制开关 SA_2、SA_3 可分别控制驾驶室左、右后视镜上下或左右移动；将后视镜开关逆时针或顺时针转动，可选择左、右后视镜；每个电动后视镜总成设置有两个可以正反转的电动机，一个驱动后视镜上下运动，另一个驱动左右运动，由开关改变电动机电路的电流方向来改变电动机的旋转方向。每个电动机都有一个自动复位电路断电器，当后视镜转到行程极限位置时，自动复位电路断电器就会使电动机电路断开，电动机停转。

对于带有记忆型座椅/后视镜系统的别克轿车，在其每个电动后视镜总成中还设置有一个电位计，用于决定后视镜的位置。

（1）左、右后视镜转换电路　左、右后视镜转换电路主要由 SA_1 控制。当 SA_1 的①、②触点接通时，处于选择左侧后视镜位置调整状态；当 SA_1 的①、③触点接通时，处于右侧后视镜位置调整状态。

（2）左侧后视镜位置调整过程　左侧后视镜向下位置调整时，SA_1 的①、②触点接通，SA_2 处于向右接通状态，形成的电流通路为：蓄电池正极→点火开关→电动后视镜熔丝（10A）→$SA_{2\text{-}3}$ 接通触点②、③→SA_1 闭合触点①、②→插头 E 浅蓝色线→左外部后视镜绿线→上/下电动机 M_2→左外部后视镜黄线→X_2 接头 K 端（浅绿色线）→$SA_{2\text{-}1}$ 闭合触点②、③→X_2 接头 B 端（黑线）→搭铁→蓄电池负极。上/下电动机 M_2 起动运转，向下移动左侧后视镜。

左侧后视镜向上位置调整时，SA_1 处于向左接通状态，形成的电流通路为：蓄电池正极→点火开关→FU 熔丝→SA_{2-1} 闭合触点①、②→X_2 插头 K 端→X_1 接头 C 端→上/下电动机 M_2→X_1 接头 B 端→SA_1 闭合触点②、①→SA_{2-3} 闭合触点②、①→X_2 插头 B 端→搭铁→蓄电池负极。上/下电动机 M_2 起动运转，向上移动左侧后视镜。

其他工作过程的分析与此相类似。

第六节 倒车雷达

倒车雷达（Parking Distance Control，PDC）是一种安装在汽车前、后保险杠上的电子侦测系统。倒车雷达采用超声波检测技术，当驾驶汽车前进或倒退在狭窄的车位泊车时，通过声音和提示可知车后是否有不明障碍物及距离远近，从而辅助驾驶人安全、轻松地倒车，避免碰撞。

一、倒车雷达的组成和分类

汽车倒车防碰撞系统由超声波传感器（俗称探头）、控制器和显示器（或蜂鸣器）等部分组成，如图 6-87 所示。

（1）**探头** 探头装在后保险杠上，根据不同品牌和价格，安装探头的数有二、三、四、六只不等，分别侦测汽车的前后左右。探头以 45°角辐射，上下左右搜寻目标。它最大的好处是能侦测到那些低于保险杠而驾驶人从后窗难以看见的障碍物，并报警，如花坛、蹲在车后玩耍的小孩等。图 6-88 为探头实物图。

（2）**控制器** 控制器（CPU）是整个汽车雷达倒车系统的核心部件，它负责对采集信息图像进行处理，并实时地将处理结果或画面传递出去，供驾驶人参考。图 6-89 为某控制器实物图。

（3）**显示器** 倒车雷达的显示器装在后视镜上，它不停地提醒驾驶人汽车与后面物体

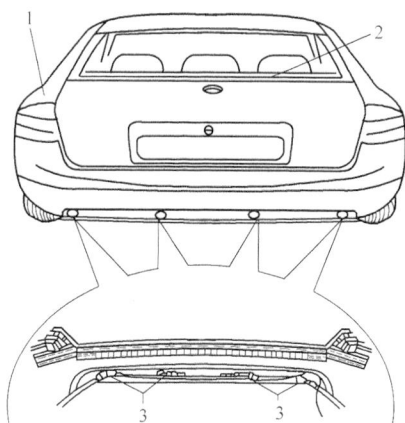

图 6-87 汽车倒车防碰撞系统示意图

1—倒车防碰撞系统控制单元

2—倒车防碰撞系统蜂鸣器

3—倒车防碰撞系统传感器

图 6-88 汽车探头

图 6-89 控制器

之间的距离，达到危险距离时，蜂鸣器就开始鸣叫，让驾驶人停车。变速杆挂入倒档时，倒车雷达自动开始工作，测距范围达 1.5m 左右。故在停车时，倒车雷达显示器对驾驶人很有帮助。

（4）倒车雷达的分类 按探头分，倒车雷达有粘贴式、钻孔式和悬挂式三种。粘贴式探头后有层胶，可直接粘在后保险杠上；钻孔式探头，是在保险杠上打一个洞，然后把探头嵌进去；悬挂式探头主要用于货车。按显示器分，倒车雷达有数字显示、颜色显示和蜂鸣三种。数字式显示器安装在驾驶室仪表板上，距离直接用数字显示，可精确到 0.01mm，让驾驶人一目了然。它会提醒驾驶人：1.5～0.8m 为安全区；0.8～0.3m 为适当区；0.3～0.1m 为危险区。在安全区，驾驶人可正常倒泊；在适当区，驾驶人需要减速倒泊；在危险区，则要停止倒泊。

二、倒车雷达的工作原理

倒车雷达一般采用超声波检测技术。

超声波是指超过人的听觉范围以上（20kHz 以上）的声波，具有频率较高、沿直线传播、方向性好、绕射小、穿透力强、传播速度慢等特点。当其在阳光下不透明的固体内传播时，可穿透几十米的深度。超声波遇到杂质或分界面时会产生反射波，利用这一特性可实现测距，由此可制成测距系统。

在一般情况下，可以认为声速基本不变（约 340m/s）。如果测距精度要求很高，可以通过温度补偿的方法加以校正。当将声速作为常数时，只要测得超声波信号往返的时间，即可求得距离，并将距离用数字显示出来，如图 6-90 所示。

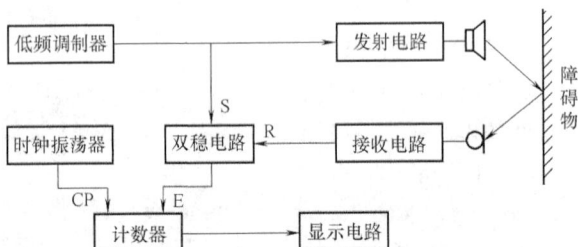

图 6-90　超声波测距的基本原理

发射电路在发射受低频调制的超声波的同时，使双稳电路置位，此时计数器的闸门 E 被打开，时钟信号开始进入计数器，而当接收电路接收到反射波时双稳电路复位，计数器闸门 E 被关闭，时钟信号被切断，数据被锁存，然后经译码驱动在显示器上被锁存的数值。假设声速为 343m/s，则时钟振荡器的频率为 34.3kHz 时，认为显示器上的读数只需要17.15kHz，因为要考虑超声波来回的双倍时间。

本章小结

本章首先介绍了零件众多的照明与仪表系统，包括前照灯及电子组合仪表等的组成、工作原理和控制电路；接着介绍了汽车仪表系统，仪表系统是当今世界上发展最快的汽车电子器件之一；然后依次介绍了包括电动风窗刮水器、洗涤器、电动车窗、电动座椅、电动后视镜以及倒车雷达在内的汽车辅助电器的组成、工作原理等。

习题

1. 前照灯的自动变光电路由哪几部分组成?

2. 电子显示器种类有哪些?

3. 常用电子仪表有哪些?

4. 参照美、日、欧高级轿车仪表盘的设计思想,第一类仪表警告指示的主要内容有哪些?

5. 电动刮水器由哪几部分构件组成?

6. 电动车窗由哪几部分组成?

7. 电动座椅由哪几部分组成?

8. AFS 控制转向前照灯转向的原理是什么?

9. AFS 适用于什么样的路段和天气?

10. 根据我国交通管理部门的规定,对汽车上用来照明的前照灯的基本要求有哪些?

第七章 / **Chapter 7**

汽车电气系统总线路

第一节　汽车电气总线路的组成和特点

　　汽车电路图是将汽车电器和电子设备用图形符号和代表导线的线条按照各自的工作特性及相互间的内在联系连接在一起的关系图。常见的有电路原理图、线路图、线束图及接线图。根据这些电路图可以方便地连接安装线路，也便于分析查找电路故障。

　　电路原理图可简明清晰地反映电气系统各部件的连接关系和电路原理，可以是子系统电路原理图，也可以是整车电路原理图。

　　线路图是传统的汽车电路表达方法，也称布线图，它能较完整地反映汽车电器和电子设备的相对位置，并给出了电线的规格、尺寸、颜色、线段两端的插头形式、插接器的位置及电路的某些规定特征等。从线路图可看出导线的走向、分支、节点等情况。

　　线束图用来表示线束的组成和导线的分布情况，用于制造线束和较方便地连接电路设备。

　　接线图是一种专门用来标记接线与插接器的实际位置、色码、线型等信息的指示图，用于检修时查寻线束走向、线路故障及线路复原时使用，并不论及所连电器的工作原理及型号，其连接线的方式类似于线束图，不便于进行电路分析。接线图可以是整车电路接线图，也可以是系统的接线图。

一、汽车总线路的组成和类型

　　汽车整车电路通常包括电源电路、起动电路、点火电路、照明与灯光信号装置电路、仪表信息系统电路、辅助装置电路和电子控制系统电路。

1. 电源电路

　　电源电路也称充电电路，是蓄电池、发电机、调节器及充电指示装置等组成的电路。电能分配及电路保护器件也归入这一电路。

　　电源系统包括蓄电池、交流发电机及调节器。东风 EQ1090 型汽车配装电子式电压调节器，电源系统线路如图 7-1 所示，其特点如下：

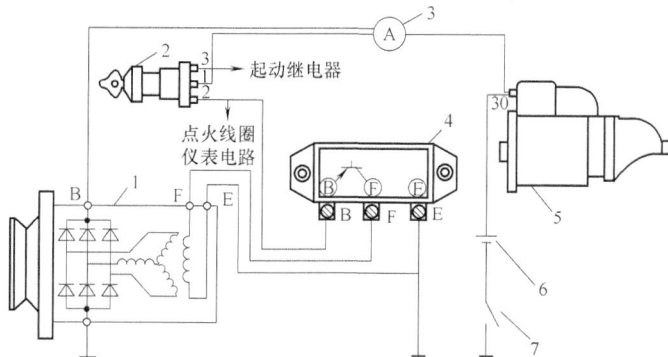

图 7-1　东风 EQ1090 型汽车电源系统线路

1—交流发电机　2—点火开关　3—电流表　4—电子式电压调节器
5—起动机　6—蓄电池　7—电源总开关

1）发电机与蓄电池并联，蓄电池的充放电电流由电流表指示。接线时应注意电流表的"−"端接蓄电池正极，电流表"+"端与交流发电机电枢接线柱 B（或 A）连接，用电设备的电流也由电流表"+"端引出，从而电流表才能正确指示蓄电池的充、放电电流值。

2）蓄电池的负极经电源总开关搭铁。在汽车停用时，应当切断电源总开关，以防蓄电池漏电。

3）发电机的励磁电流由点火开关控制。当发电机转速很低，输出电压没有达到规定电压时，由蓄电池向发电机供给励磁电流。

2. 起动电路

起动电路由起动机、起动继电器、起动开关及起动保护电路组成，也可将低温条件下起动预热的装置及其控制电路列入这一电路。

起动系统由蓄电池、起动机、起动继电器（部分东风 EQ1090 型汽车配装复合继电器）组成，系统线路如图 7-2 所示。

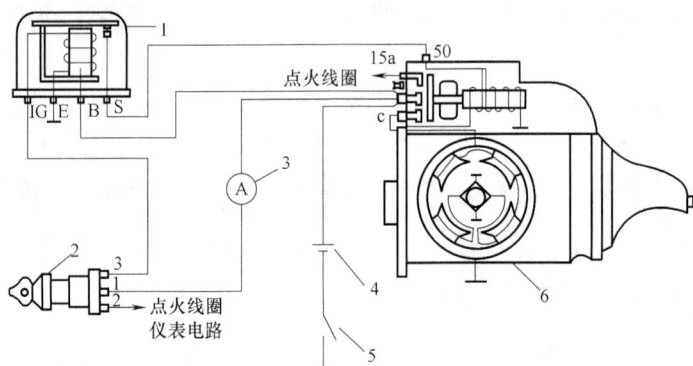

图 7-2　东风 EQ1090 型汽车起动系统线路

1—起动继电器　2—点火开关　3—电流表　4—蓄电池　5—电源总开关　6—起动机

起动发动机时，将点火开关置于"起动"档位，起动继电器（或复合继电器）工作，接通起动机电磁开关电路，从而接通起动机与蓄电池之间的电路，蓄电池便向起动机供给 400~600A 大电流，起动机产生驱动转矩将发动机起动。

发动机起动后，如果驾驶人没有及时松开点火（钥匙）开关，那么由于交流发电机电压升高，其中性点电压达 5V 时，在复合继电器的作用下，起动机的电磁开关将自动释放，切断蓄电池与起动电动机之间的电路，起动机便会自动停止工作。

根据 QC/T 467—1999 的规定，汽车用起动电动机电路的电压降（每百安培的电压差）12V 电器系统不得超过 0.2V，24V 电器系统不得超过 0.4V。因此，连接起动电动机与蓄电池之间的电缆必须使用具有足够横截面积的专用电缆并连接牢固，防止出现接触不良现象。

3. 点火电路

点火电路是汽油发动机汽车特有的电路。它由点火线圈、分电器、电子点火控制器、火花塞及点火开关组成。微机控制的电子点火控制系统一般列入发动机电子控制系统中。点火系统包括点火线圈、分电器、点火开关与电源，系统线路如图 7-3 所示，其特点如下：

1）在低压电路中串有点火开关，用来接通和切断初级绕组电流。

2）点火线圈有两个低压接线端子，其中"−"或"1"端子连接分电器低压接线端子，

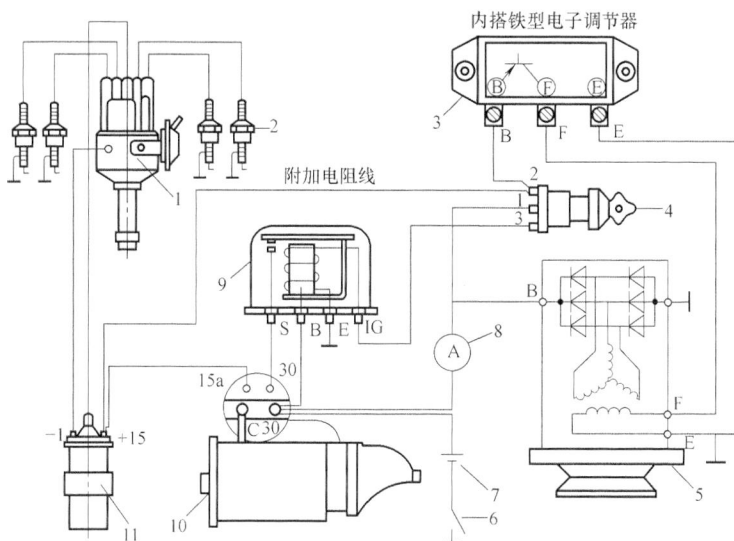

图 7-3 东风 EQ1090 型汽车点火系统线路

1—分电器 2—火花塞 3—电压调节器 4—点火开关 5—交流发电机 6—电源总开关
7—蓄电池 8—电流表 9—起动继电器 10—起动机 11—点火线圈

"+" 或 "15" 端子上连接有两根导线，其中来自起动机电磁开关的蓝色导线（个别车型因出厂年代不同其导线颜色可能有所不同）连接电磁开关上的附加电阻短路开关端子 "15a"；白色导线来自点火开关，该导线为附加电阻线（电阻值为 1.7Ω 左右），所以不能用普通导线代替。起动发动机时，初级电流并不经过白色导线，而是由蓄电池经起动机电磁开关和蓝色导线直接流入点火线圈，使附加电阻线被短路，从而减小低压电路电阻，增大低压电流，保证发动机能顺利起动。

3）在高压电路中，由分电器至各火花塞的导线称为高压导线，连接时必须按照气缸点火顺序依次连接。

4. 照明与灯光信号装置电路

照明与灯光信号装置电路是由前照灯、雾灯、示廓灯、转向灯、制动灯、倒车灯、车内照明灯及有关控制继电器和开关组成的电路。

照明与灯光信号系统包括全车所有照明灯、灯光信号和音响信号，系统线路如图 7-4 所示，其特点如下：

1）前照灯为两灯制，并采用双灯丝灯泡。

2）前照灯外侧为前侧灯，采用单灯丝，其光轴与前照灯光轴成 20°夹角，即分别向左、右偏斜 20°。因此，在夜间行车时，如果前照灯与前侧灯同时点亮，那么汽车正前方和左右两侧的较大范围内都有较好的照明，即使在汽车急转弯时，也能照亮前方的路面，从而大大改善了汽车在弯道多、转弯急的道路上行驶时的照明条件。

3）前照灯、前小灯、前侧灯及尾灯均由手柄式车灯开关控制。

4）设有灯光保护线路。

5）制动信号灯不受车灯总开关控制，直接经熔断丝与电源相连接，只要踩下制动踏板，制动灯开关就会接通制动灯电路使制动灯发亮。

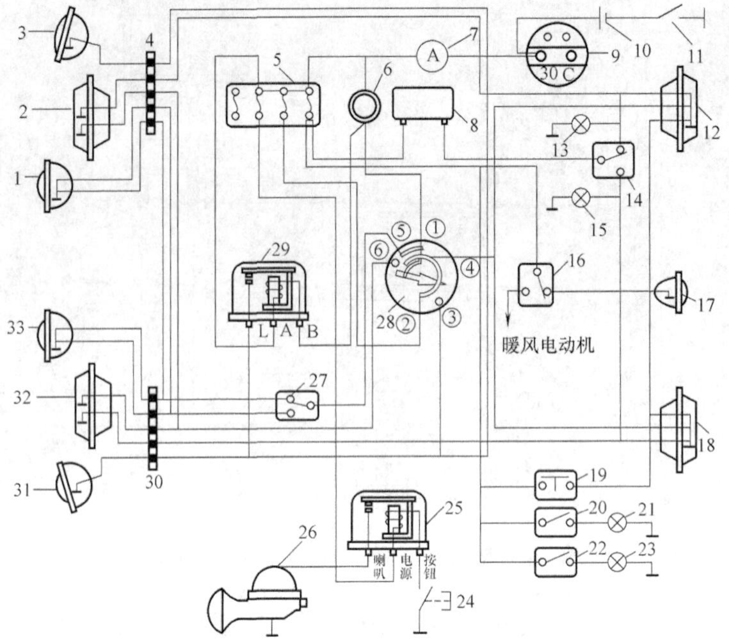

图 7-4　照明与灯光信号系统线路

1—右前照灯　2—右前组合灯　3—右侧灯　4—右前接线板　5—熔断器盒　6—20A 熔断器　7—电流表

8—闪光器　9—起动机　10—蓄电池　11—电源总开关　12—右后组合灯　13—右转向指示灯

14—转向灯开关　15—左转向指示灯　16—暖风电动机与后照灯开关　17—后照灯　18—左后组合灯

19—制动灯开关　20—顶灯开关　21—顶灯　22—发动机舱盖下灯开关　23—发动机舱盖下灯

24—喇叭按钮　25—喇叭继电器　26—喇叭　27—变光开关　28—车灯开关

29—灯光继电器　30—左前接线板　31—左侧灯　32—左前组合灯　33—左前照灯

①—电源　②—侧灯电源　③—侧灯　④—尾灯　⑤—前照灯　⑥—前小灯

6）转向信号灯受转向灯开关控制。

7）电喇叭由喇叭按钮和喇叭继电器控制。

5. 仪表信息系统电路

仪表信息系统电路是由仪表及其传感器、各种报警指示灯及控制器组成的电路。

仪表系统包括电流表、油压表、冷却液温度表、燃油表及与之匹配的传感器，系统线路如图 7-5 所示，其特点如下：

1）电流表串接在电源电路中，用来指示蓄电池充、放电电流的大小。其他几种仪表相互并联，并由点火开关控制。

2）冷却液温度表和燃油表共用一只电源稳压器，其目的是当电源电压波动时起到稳压仪表电源的作用，保证冷却液温度表和燃油表读数准确。电源稳压器的输出电压为（8.64±0.15）V。报警装置有油压过低指示灯和气压过低蜂鸣器，分别由各自的报警开关控制。当机油压力低于 90kPa 时，油压过低报警开关触点闭合，油压过低指示灯电路接通而发亮，指示发动机主油道机油压力过低，应及时停车维修。东风 EQ1090 型汽车采用气压制动系统，当制动系统的气压下降到 340~370kPa 时，气压过低蜂鸣器鸣叫，以示警告。

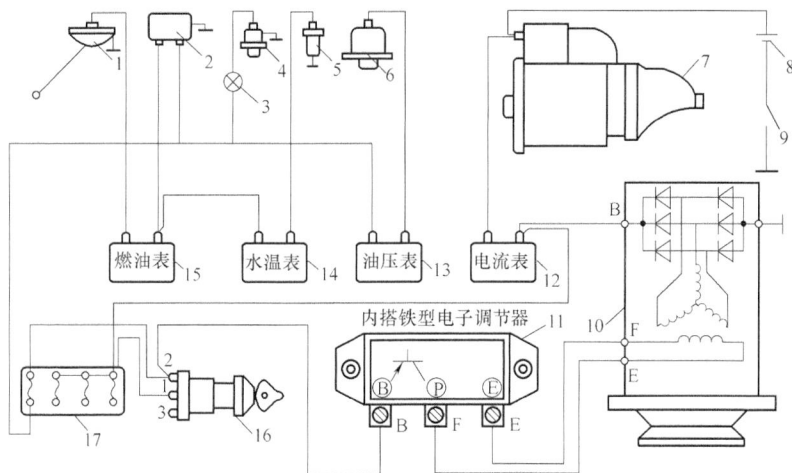

图 7-5 东风 EQ1090 型汽车仪表信息系统线路

1—燃油传感器 2—仪表稳压器 3—油压过低指示灯 4—油压过低报警开关 5—冷却液温度传感器
6—油压传感器 7—起动机 8—蓄电池 9—电源总开关 10—交流发电机 11—电压调节器
12—电流表 13—油压表 14—冷却液温度表 15—燃油表 16—点火开关 17—熔断器盒

6. 辅助装置电路

辅助装置电路是由为提高车辆安全性、舒适性等设置的各种电器装置组成的电路。辅助电器装置的种类随车型不同而有差异，汽车档次越高，辅助电器装置越完善。一般包括风窗刮水及清洗装置、风窗除霜（防雾）装置、空调装置、音响装置等。较高级车型上还装有车窗电动举升装置、电控门锁、电动座椅调节装置和电动遥控后视镜等。电子控制安全气囊归入电子控制系统。

7. 充电系统

1）与充电系统有关的元器件。找出与充电系统有关的元器件时，应围绕交流发电机进行。与交流发电机有联系的元器件有电压调节器、点火开关、电流表、总熔断器及蓄电池。将所找到的元器件按原理图中的连接关系单独画出，就得到了如图 7-6 所示的充电系统线路简化原理图。

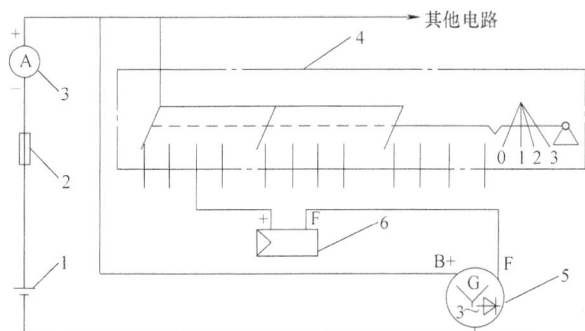

图 7-6 充电系统线路简化原理图

1—蓄电池 2—总熔断器 3—电流表 4—点火开关 5—交流发电机 6—电压调节器

2）读通充电系统电流通路。图 7-6 中，发动机运转后带动交流发电机旋转，形成的励磁电流通路为：

蓄电池正极→总熔断器→电流表→点火开关第 2 档→电压调节器的 "＋" 端和 F 端→交流发电机的磁场接线柱 F 端→交流发电机内部的磁场线圈→交流发电机外壳搭铁→蓄电池负极。

当交流发电机达到一定的转速（约 1000r/min）时就开始发电，经自身内部的整流元件整流后，变为直流电从发电机的 B+端输出。从发电机 B+端输出的电压，一部分经电流表给蓄电池充电，另一部分提供给车上其他用电设备，同时也给自己提供励磁电流，即交流发电机的励磁电流此时由原来的他励（蓄电池供给）变为自励。电压调节器能自动调节发电机输出电压的高低，发电机输出电压高时（>14.5V），电压调节器减小或切断发电机的励磁电流；发电机输出电压低时（<13.5V），增加其励磁电阻。

8. 电子控制系统电路

电子控制系统电路主要由发动机控制系统（包括燃油喷射、点火、排放等）、自动变速器及恒速行驶控制系统、防抱制动系统、电子防滑系统、电子助力转向等系统电路组成。

二、汽车电路的特点

汽车电器线路属于直流电路，除了一般直流电路的共同特点外，又有其特殊之处。尽管各车型电器设备的组成、形式各异，但它们在电路结构、工作过程等方面都有共同特点。归纳为以下几点：

1）采用低压直流电。汽车电气系统的额定电压为直流 12V 和 24V 两种，目前汽油车和部分轻型柴油车的电气系统普遍采用 12V，而中、重型柴油车则多采用 24V 电气系统。原因是中、重型柴油发动机的起动机功率较大，采用直流 12V 电压时电流过大，使得起动机体积和重量都较大的缘故。

2）单线制。汽车电器线路的单线制是指从电源到用电设备只用一根导线连接，而用汽车底盘、发动机等金属机体作为构成回路的另一公用导线，称为搭铁，蓄电池的负极接车架称为负极搭铁；反之，则称为正极搭铁。按 QC/T 413—2002《汽车电气设备基本技术条件》的规定，汽车电气系统已统一定为负极搭铁，这样可以减轻对车架的电化学腐蚀，减小无线电干扰，由于单线制节省导线，线路清晰、安装和检修方便，且电器也无需与车体绝缘，因此现代汽车均采用单线制。但在个别情况下，对于某些电器设备为了保证其工作的可靠性，有时也需采用双线制。此外，某些不能靠车体形成可靠回路的地方，也采用双线制。

3）双电源。两个电源，即发电机和蓄电池并联使用，协同工作，共同向用电设备供电。在发动机正常工作时，用电设备所需的电能主要由发电机供给，并给蓄电池充电，而蓄电池则在发动机起动时，向起动机和点火系统供电；当用电设备同时接入较多，发电机超载时，蓄电池协助发电机供电。

4）各电路中的负载（用电设备）并联，并受各自的开关控制，其控制方式分为控制电源线和控制搭铁线两种。汽车电器线路中，除设有开关和继电器等控制器件外，还设有电路保护器件和连接器件（统称电能分配器件或配电装置）。

5）在装有电流表的汽车电源电路中，电流表必须能测量蓄电池充、放电电流的大小，因此凡由蓄电池供电时，电流都要经过电流表与蓄电池构成回路。但对用电量大而工作时间较短的起动机则例外，蓄电池供电时，其电流不能经过电流表。

6）各回路均装有电路保护装置，以防止短路而烧坏用电设备。

三、汽车电路的表示方法

1. 汽车线路图分类

汽车线路有部分线路和整车线路之分。部分线路即局部线路或称单元线路，通常有电源线路、起动线路、点火线路、照明线路、信号及仪表线路等；整车线路即汽车电器总线路，通常将汽车上各种电器设备按各自的工作特点和相互联系，如各种开关、熔断器等装置，用导线合理地连接起来而构成一个整体线路。

常见的整车线路有三种：一种是汽车电器线路图，通常根据汽车电器的外形，用相应的图形符号进行合理布线；另一种是汽车线路原理图，根据国家或有关部门指定的标准，用规定的图形符号绘制的较简明的线路；第三种是汽车线束外形图，主要说明哪些电器的导线汇合在一起组成线束，与何处进行连接等。

2. 汽车电器线路图

汽车电器线路图（简称线路图）是传统的汽车电路表达方法，它是把汽车电器在汽车上的实际位置用线从电源到开关至搭铁一一连接起来所构成的电路图。

线路图的优点是电气设备的外形、安装位置都与实际情况一致，因此可以循线跟踪地查线，导线中间的分支、节点容易找到，便于制作线束，故仍有不少厂家沿用。线路图的缺点是线路图中线束密集、纵横交错，读图和查找、分析故障不便，并且随着日益增多的电器设备，几乎无法在一张图上表示出各设备的相对位置。图 7-7 为东风 EQ1090 型汽车线路图，图 7-8 为东风 EQ1092 型载货汽车整车线路图。

3. 汽车线路原理图

汽车线路原理图是用简明的图形符号按电路原理将每个系统由上到下合理地连接起来，再将每个系统排列起来而成。图 7-9 为东风 EQ1090 型汽车线路原理图。

汽车线路原理图以表达汽车电路的工作原理和相互连接关系为重点，不讲电器设备的形状、位置和导线的走向等实际情况，对线路图做了高度简化，因此图面清晰、电路简单明了、通俗易懂，电路连接控制关系清楚，对了解汽车电器设备的工作原理和迅速分析排除电气系统的故障十分有利。汽车线路原理图是参考原车线路图、相关资料和实物改画而成。各个系统由主到次、由表及里、由上到下合理排列，然后再将各个系统连接起来，使电路原理变得简明扼要、准确清晰。各电器的电流路线看起来十分清楚，局部电路的工作原理一目了然。

4. 汽车线束外形图

汽车线束外形图（简称线束图）是根据汽车线束在汽车上的布置、分段以及各分支导线端口的具体连接情况而绘制的电路图，其重点反映已制成的线束外形，组成线束各导线的规格大小、长度和颜色，各分支导线端口所连接的电器设备的名称、连接端子和护套的具体型号，线束各主要部分的长度等，因此线束图主要用于汽车线束的制作和较方便地连接电器设备，有的车型的线束图还表示了各段线束在汽车上的具体位置情况，即所谓的汽车线束布置图，以便于在汽车上安装线束。

上述所介绍的汽车电路的表达方法仅仅是对目前各种汽车电路图从表示方法上的简单归纳。由于各国、各大汽车公司在有关汽车电路图绘制的技术标准、文字标注上的差异，使得

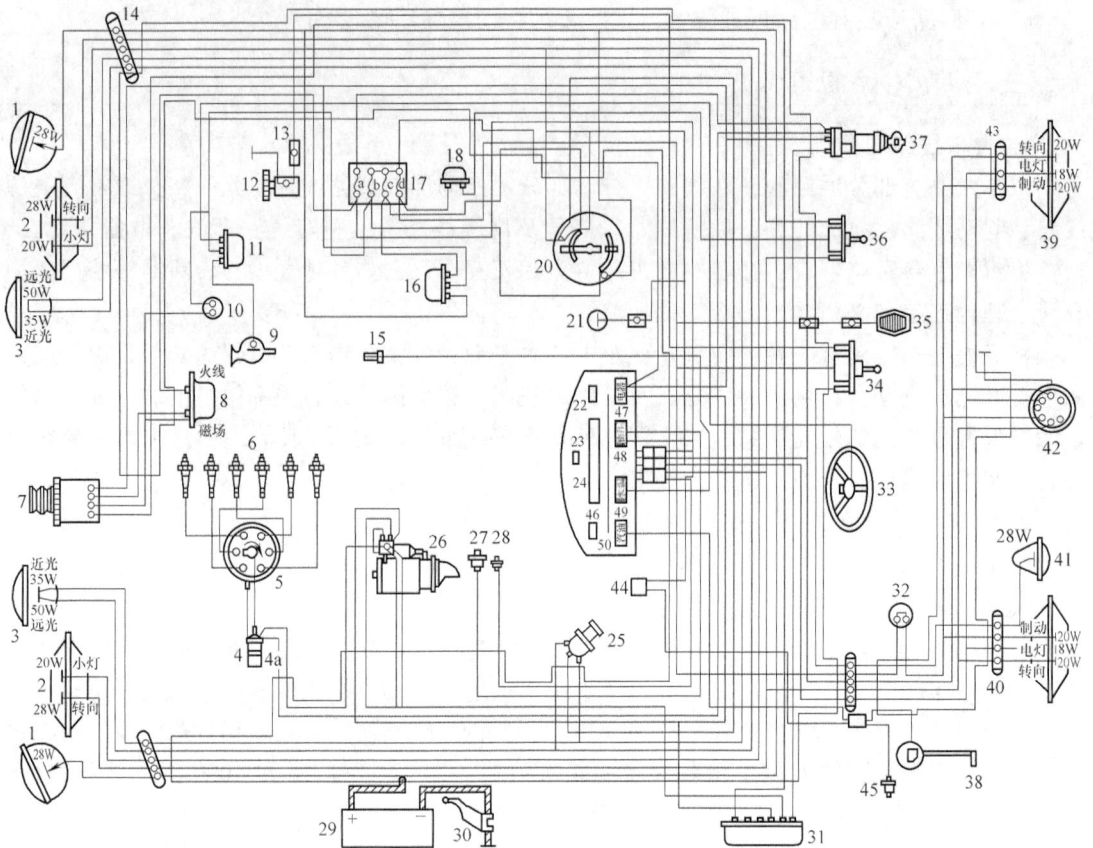

图 7-7 东风 EQ1090 型汽车线路图

1—前侧灯 2—组合前灯 3—前照灯 4—点火线圈 4a—附加电阻线 5—分电器 6—火花塞 7—交流发电机

8—交流发电机调节器 9—喇叭 10—工作灯插座 11—喇叭继电器 12—暖风电动机 13—接线管

14—五线接线板 15—冷却液温度传感器 16—灯光继电器 17—熔断器盒 17a~17d—熔断器

18—闪光器 19（图中未显示） 20—车灯开关 21—发动机舱盖下灯 22—左右转向指示灯

23—低油压警报灯 24—车速里程表 25—变光开关 26—起动机 27—油压传感器

28—低油压报警器 29—蓄电池 30—电源总开关 31—起动复合继电器 32—制动灯开关

33—喇叭按钮 34—后照灯和暖风电动机风扇 35—驾驶室顶灯 36—转向灯开关

37—点火开关 38—燃油表传感器 39—组合后灯 40—四线接线板 41—后照灯

42—挂车插座 43—二线接线板 44—低气压蜂鸣器 45—低气压报警开关

46—仪表灯 47—电流表 48—油压表 49—冷却液温度表 50—燃油表

各国各大汽车厂家在电路图的绘制、连接关系的表达、表示符号和文字标注等方面不尽相同。目前国内也没有比较完善的汽车电路图绘制技术标准，因此，各型汽车的电路图的绘制尚不规范，特别是各种进口汽车的一些图形符号还很不一致，有时候很难说是线路图、接线图还是原理图或线束图。但只要电路图对所要表达的内容如电路原理、各电器设备和配电设备间的连接关系表达清楚，表示符号简明扼要，文字标注规范，电路图绘制简单，并且有利于分析和阅读，就是好的表达方法。

5. 汽车电路的分析方法

正确识读和分析汽车电路图是了解整个汽车电器系统的基本组成、工作原理、电路的结

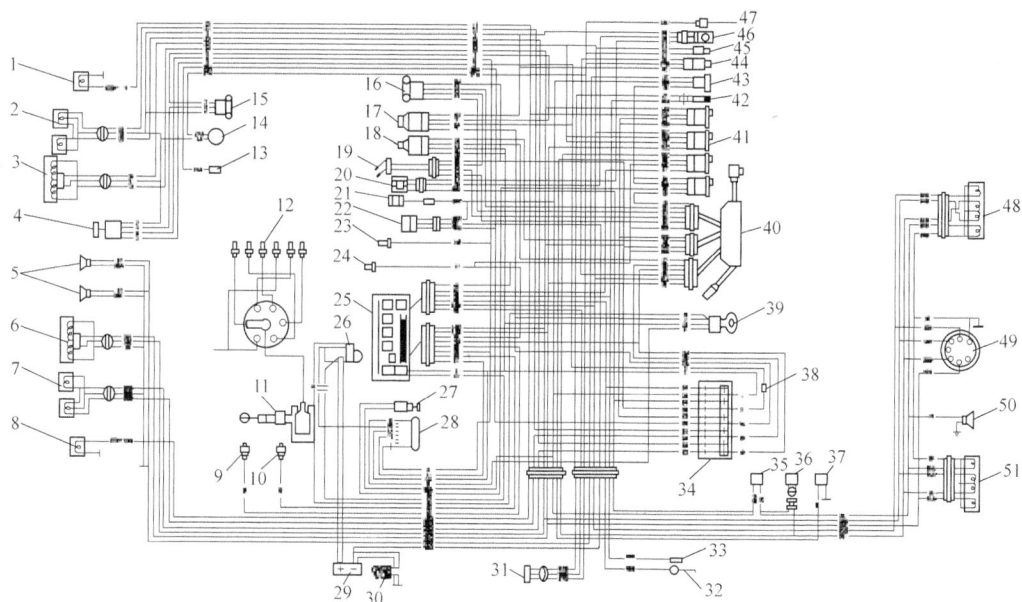

图 7-8　东风 EQ1092 型载货汽车整车线路图

1—右雾灯　2—右前照灯　3—右前照灯组　4—交流发电机　5—电喇叭　6—左前组合灯　7—左前照灯

8—左雾灯　9—油压表传感器　10—油压报警　11—无触点分电器　12—火花塞　13—化油器电磁阀

14—工作灯插座　15—电子调节器　16—间歇刮水继电器　17—磁场继电器　18—灯光继电器

19—电动刮水器　20—暖风开关　21—收放机　22—石英钟　23—发动机舱照明灯　24—冷却液温度传感器

25—组合仪表盘　26—起动机　27—气喇叭电磁阀　28—负荷继电器　29—蓄电池　30—电源总开关

31—停车灯开关　32—汽油表传感器　33—气压过低报警传感器　34—熔断器盒　35—倒车灯开关

36—制动灯开关　37—电磁阀　38—易熔线　39—点火起动开关　40—组合开关　41—四联翘板开关

42—报警蜂鸣器　43—喇叭继电器　44—闪光器　45—危险报警闪光器　46—暖风电动机　47—顶灯

48—右组合尾灯　49—拖车插座　50—倒车蜂鸣器　51—左组合尾灯

构特点以及各电器装置之间相互连接关系的主要途径，也是分析和判断汽车电器系统故障的主要依据，因此掌握汽车电路图的正确识读和分析方法，对于广大汽车技术人员和汽车维修人员迅速分析汽车电器系统故障原因，准确查找故障所在，最终解决问题十分重要。

汽车电路图的一般识读和分析方法可归纳为以下几个方面：

1）应具备一定的电工电子技术基础知识，掌握直流电路、交流电路的一般规律，如电磁感应定律、整流滤波、稳压电路、晶体管开关电路等。

2）识读和分析汽车电路图前首先要了解汽车电路图所用图形符号（包括导线、端子和导线连接装置、触点与开关、电器元件、仪表、传感器、电气设备和一些限定符号）的意义以及表示各种布线配线走向的图形符号的各种标记、字母等图注的含义，否则识读汽车电路图就无从下手，更谈不上分析电路图了。应仔细对照图注和图形符号，熟悉有关元器件名称及其在图中的位置、数量和接线情况。

3）对于一些汽车电路图，由于仅给出线路图，电路图上线条密集、纵横交错，分析电路工作原理较为困难，可以参考有关资料和实物把原车线路图按系统改画成不同的单元电路原理图，使各种电器的功能、线路十分清楚，看起来一目了然，阅读和分析将会较为方便。

4）回路是一个最基本、最重要同时也是最简单的概念，根据回路原则分析电路，任何

| 电源 | 起动 | 点火 | 仪表与信号 | 暖风 | 照明和信号 |

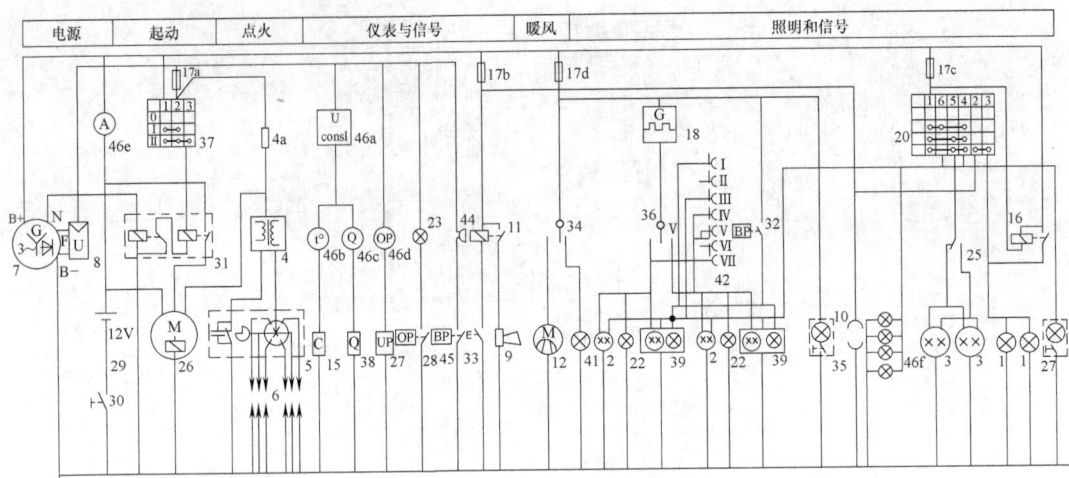

图 7-9　东风 EQ1090 型汽车线路原理图

1—前侧灯　2—组合前灯　3—前照灯　4—点火线圈　4a—附加电阻线　5—分电器　6—火花塞　7—交流发电机

8—交流发电机调节器　9—喇叭　10—工作灯插座　11—喇叭继电器　12—暖风电动机　15—冷却液温度传感器

16—灯光继电器　17a～17d—熔断器　18—闪光器　20—车灯开关　22—左右转向指示灯

23—低油压警告灯　25—变光开关　26—起动机　27—油压传感器　28—低油压报警器

29—蓄电池　30—电源总开关　31—起动复合继电器　32—制动灯开关　33—喇叭按钮

34—后照灯和暖风电动机风扇　35—驾驶室顶灯　36—转向灯开关　37—点火开关

38—燃油表传感器　39—组合后灯　40—四线接线板　41—后照灯　42—挂车插座

44—低气压蜂鸣器　45—低气压报警开关　46a—稳压器　46b—冷却液温度表

46c—燃油表　46d—油压表　46e—电流表　46f—仪表灯

一个电路都应是一个完整的电气回路。由于汽车电路的主要特点是单线制，各用电器相互并联，因此回路原则在汽车电路上的具体形式是：电流流向必须从电源正极出发，经熔断器、开关、导线等到达用电设备，再经导线或搭铁回到同一电源的负极。也可逆着电路电流的方向，由电源负极或搭铁开始，经用电设备、开关等回到电源正极。尤其对于一些不太熟悉的电路，后者比前者更为方便。

在寻找回路时，以下做法是错误的：从电源正极出发，经某用电器或再经别的用电器，最后又回到同一电源的正极，由于电源的电位差仅存在于电源的正负极之间，而电源的同一电极是等电位的，因此这种"从正到正"的路径将构不成真正意义上的电路回路，也不会产生电流。

5）应掌握开关和继电器的作用，并注意它们的初始状态。大多数电器或电子设备都是通过开关（包括电子开关）或继电器的不同状态而形成回路，当开关或继电器的触点状态改变时，其所控制的电器装置或回路将改变从而实现不同的控制功能。在汽车电路图中，各种开关、继电器都是按初始状态画出的，即开关未接通，继电器线圈未通电，其触点处于原始状态，因此在读图或分析电路时不应按原始状态分析，否则很难理解电路的工作原理，而必须按电路中开关或继电器的工作状态进行分析。另外，对于采用多档开关或组合开关的电路，应注意蓄电池（或发电机）电流是通过什么途径到达这个开关的，中间是否经过其他开关或熔断器，正极导线接在开关的哪个接线柱上；多档开关共有几个档位，开关内部有几个同时或分别动作的触点，在每一档位各接通或关断哪些电器，其作用和功能是什么；组合开关由哪些开关或按钮组合而成，各通过哪些触点接通或改变哪些回路，电路哪些开关处于常通或短暂接通，哪些应先接通、哪些应后接通；哪些电器应单独工作、哪些应当同时工作，哪些电器不允许同时接通等，开关是控制电路通断的关键。

6）汽车整车电路由多个系统单元电路组成，如电源系统、起动系统、点火系统、照明系统、信号系统、电子控制系统等，由于汽车电路采用单线制、各电路负载相互并联以及两个电源也相互并联等特点，因此这些系统单元电路基本上都是相对独立的，在分析汽车电路图时应充分利用汽车电路的特点，把系统单元电路从整车电路图上分解出来，抓住特点了解各个系统单元电路的结构和原理，以便理解整车电路。整车电路可以按上述组成汽车电气线路的各个系统单元电路逐一进行分析；对于各系统单元电路同样可以采取各个击破的方法进行识读。例如，电子控制系统电路可以分成发动机电子控制系统、自动变速器电子控制系统、防抱制动电子控制系统等电路；发动机电子控制系统又可分为燃油喷射控制、点火控制、排放控制等不同电路，逐一进行阅读分析。另外，在对各系统单元电路进行分析的同时，还应注意各系统单元电路之间的相互关系和相互影响。

7）在识读汽车电路图时，先从比较熟悉的车型入手，通过具体的例子，举一反三，互相比较，触类旁通，去掌握汽车电路的一些共性的规律，再以这些共性为指导，了解其他型号的汽车电路，这样又可发现更多的共性，而且还可发现各种车型之间的差异。例如，掌握了解放牌汽车电路的特点，就可以大致了解东风、跃进等国产汽车电路的特点，掌握了日产、三菱、丰田等汽车电路的特点，就可以基本了解日本汽车电路的特点；掌握了桑塔纳轿车的电路，就可以了解奥迪、捷达等德国大众公司汽车电路的特点等。如此反复，不断积累，便可掌握识读各种汽车电路图的能力。

8）掌握电器装置在电路图中的布置。在电器系统中，各种继电器，还有多层多档组合开关在电路图上表示时，可采用集中表示法和分开表示法。集中表示法是把一个电器装置的各组成部分，在图上集中（图上靠近画在一起）绘制的一种表示方法，集中表示法仅适用于较简单的电路。随着汽车电路日趋复杂，一个电器装置有较多的组成部分（如组合开关），若集中画在一起，容易引起线条往返和交叉线过多，造成识图困难。再如继电器的线圈、触点，有时绘制在一起也易引起线条往返交叉线过多，造成识图困难。这时宜采取分开表示法，即把继电器的线圈、触点分别画在不同的电路中，用同一个文字符号或数字符号将分开部分联系起来，因此在看图时应注意区别。

第二节　汽车电气系统组成

一、汽车线路的导线、线束和插接器

1. 导线

导线是组成汽车电气线路的基础元件，汽车导线均采用多股铜线。

（1）**导线截面积**　导线的截面积根据所接用电设备的电流值确定。为保证导线有足够的机械强度，规定截面积最小不能小于 0.5mm^2。各种低压导线标称截面积所允许载流值见

表 7-1。

表 7-1 汽车低压导线标称截面积允许载流值

导线标称截面积/mm²	1	1.5	2.5	3	4	6	10	13
导线允许载流量/A	11	14	20	22	25	35	50	60

　　导线标称截面积是根据规定换算方法得到的截面积值，它既不是线芯的几何面积，也不是各股铜线几何面积之和。汽车 12V 电气系统主要线路导线的标称截面积推荐值见表 7-2。

表 7-2 汽车 12V 电气系统主要线路导线标称截面积推荐值

标称截面积/mm²	适用的电路	标称截面积/mm²	适用的电路
0.5	尾灯、顶灯、仪表灯、指示灯、燃油表、油压表、牌照灯等	1.5	前照灯、电喇叭等
		1.5~4	其他 5A 以上电路
0.8	转向灯、制动灯、停车灯、点火线圈等	4~6	柴油车电热塞电路
		6~25	电源电路
1	前照灯、电喇叭(3A 以下)等	16~95	起动电路

　　(2) 导线的颜色　为方便检修，汽车各条线路的导线均采用不同的颜色，各国对汽车导线的颜色有不同的规定。如我国要求截面积 4mm² 以下的导线采用单色，其他导线则采用双色（在主色基础上加辅助色条）。国产汽车电路导线主色规定见表 7-3。

表 7-3 国产汽车电路低压导线采用主色规定 （QC/T 414—2016）

导线主色	电路系统名称	导线主色	电路系统名称
红	电源系统	棕	仪表、报警系统、电喇叭
白	点火系统、起动系统	紫	收放机、电子钟、点烟器等
蓝	前照灯、雾灯等外照明系统	灰	各种辅助电动机及电器操纵系统
绿	灯光信号系统	黑	搭铁
黄	车内照明系统		

　　在导线的接线端和电路图上，一般都标有导线颜色代码。国际标准组织（ISO）规定采用各颜色的英文首字母为导线色码，我国及英国、美国、日本等均采用英文首字母，但也有一些国家采用本国母语字母作为导线色码。汽车线路中的导线色码见表 7-4。

表 7-4 汽车线路中的导线色码

颜色	英文代码	德国代码	法国代码	颜色	英文代码	德国代码	法国代码
黑	B	SW	N	灰	Gr	gr	G
白	W	WS	B	紫	V	—	Mv
红	R	RO	R	橙	O		Or
绿	G	gn	V	粉			Ro
黄	Y	ge	J	浅蓝		hb	
棕	Br	br	M	浅绿			
蓝	Bl	—	Bl				

（3）**屏蔽导线**　屏蔽导线主要用作各种传感器和电子控制装置的信号线等。这种导线内只有电压很低的微弱信号电流通过，为了不受外界的电磁波干扰（或火花塞点火时、电器开关开闭时产生的干扰），在其线芯外除了有一层绝缘材料外，还覆有一层屏蔽用的导体，最外层为保护用外皮。

（4）**高压导线**　高压导线用来传送点火电压，由于工作电压很高（一般在 15kV 以上），电流较小，因此高压导线的绝缘包层很厚，耐压性能好，但线芯截面积很小。

国产汽车用高压导线有铜芯线和阻尼线两种。为了衰减火花塞产生的电磁波干扰，目前广泛使用高压阻尼点火线。高压阻尼点火线的制造方法和结构亦有多种，常用的有金属阻丝式和塑料芯导线式。高压点火线的型号和规格见表 7-5。

表 7-5　高压点火线型号和规格

型号	名　　称	线芯		标称外径/mm
		根数	单线直径/mm	
QGV	钢芯聚氯乙烯绝缘高压点火线	7	0.39	7.0±0.3
QGXV	钢芯橡皮绝缘聚氯乙烯护套高压点火线			
QGX	钢芯橡皮绝缘氯丁橡胶护套高压点火线			
QG	全塑料高压阻尼点火线	1	2.3	

注：QG 全塑料高压阻尼点火线，线芯为聚氯乙烯塑料加炭黑及其他辅料混炼塑料经注塑成型。

金属阻丝式又有金属阻丝线芯式和金属阻丝线绕电阻式两种。金属阻丝线芯式由金属电阻丝绕在绝缘线束上，外包绝缘体制成阻尼线；金属阻丝线绕电阻式由电阻丝绕在耐高温的绝缘体上制成电阻，再与不同形式的绝缘套构成。

塑料芯导线式是用塑料和橡胶制成直径为 2mm 的电阻线芯，在其外面紧紧地编织着玻璃纤维，外面再包有高压 PVC 塑料或橡胶等绝缘体，电阻值一般为 6~25kΩ/m，这种结构形式制造过程易于自动化，成本低且可制成高阻值线芯。

2. 线束

线束是由同路的导线包扎而成，可使线路不凌乱，便于安装，而且起到了保护导线的作用。一辆汽车可以有多个线束，现代小轿车由于采用了线间连接的插接器，使线束设计的自由度增加，线束的数量也较多。针对性较强、相对较小的线束给安装、检修和更换带来了方便。

3. 线路插接器

插接器由插头和插座两部分组成，用于电气设备与线路的连接和线路之间的连接。与老式的单线连接方式相比，插接器连接方式具有接线方便迅速、线束结构简洁紧凑、避免接线错误等优点，已被现代汽车普遍采用。

汽车上不同位置所用插接器的端子数目、几何尺寸和形状各不相同。为保证连接可靠，插接器设有锁止装置，大多数插接器具有良好的密封性，以防止油污、水及灰尘等进入而使端子锈蚀。不同国家、不同汽车公司在其汽车电路图上插接器的图形符号表示方法各不相同。日本汽车插接器的图形符号如图 7-10 所示。

（1）**插接器连接方法**　插接器接合时，应把插接器的导向槽重叠在一起，使插头和插孔对准，然后平行插入即可以十分牢固地连接在一起。插接器连接后，其导线的连接如

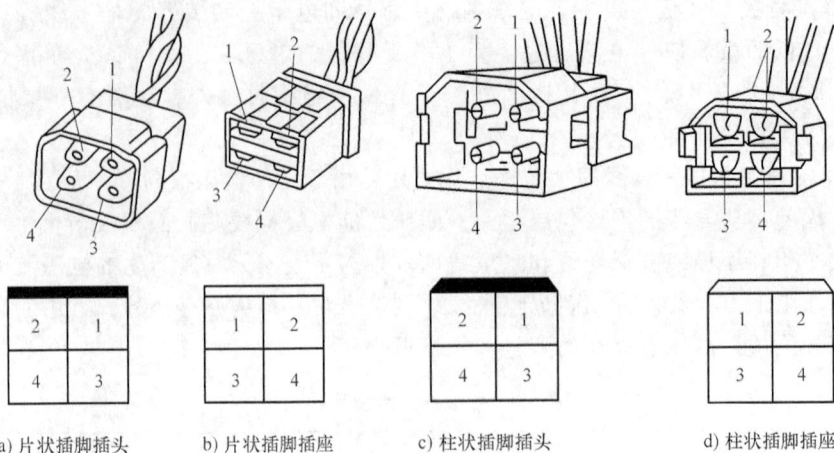

a) 片状插脚插头　　　b) 片状插脚插座　　　c) 柱状插脚插头　　　d) 柱状插脚插座

图 7-10　日本汽车插接器图形符号示例

1—插头 1　2—插头 2　3—插头 3　4—插头 4

图 7-11 所示。如 A 线的插孔①与 a 线的插头①′相配合。其余以此类推。

（2）**插接器拆卸方法**　要拆开插接器时，首先要解除闭锁，然后把插接器拉开，不允许在未解除闭锁的情况下用力拉导线，这样会损坏闭锁或连接导线。正确的拆卸方法是先压下闭锁，再把插接器拉开。

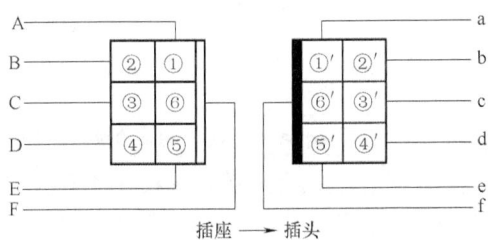

图 7-11　插接器连接方法

①～⑥—插孔　①′～⑥′—插头

二、开关、继电器和熔断丝

1. 开关

（1）**电源开关**　有的汽车上装有电源开关，用于切断蓄电池与外电路的连接，以防止汽车停驶过程中蓄电池经外电路漏电。电源开关主要有闸刀式和电磁式两种，闸刀式电源开关直接由手动切断或接通电源；电磁式电源开关的原理如图 7-12 所示。

接通开关时，电磁线圈 4 通电（常闭触点接通线圈 4 搭铁电路，并将电磁线圈 5 短路），产生的电磁力将常开触点吸合，蓄电池与外电路接通。与此同时，常闭触点断开，线圈 4 的电流经线圈 5 到搭铁，两线圈产生的同向电磁力保持触点在吸合的位置。当断开开关时，线圈 4 和线圈 5 断电，常开触点断开，蓄电池与外电路断开。

（2）**点火开关**　点火开关是一个多档开关，需用相应的钥匙才能对其进行操纵。点火开关通常用于控制点火电路、仪表电路、发电机励磁电路、起动电路及一些辅助电器电路等。国产汽车常见车型点火开关的工作档位及内部连接情况如图 7-13 所示。

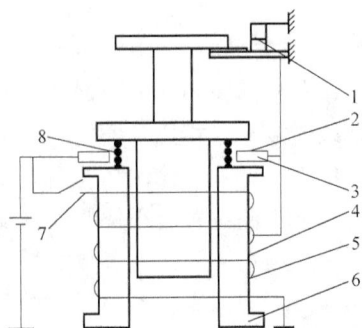

图 7-12　电磁式电源开关原理

1—常闭触点　2—常开触点　3—起动机接线柱
4、5—电磁线圈　6—铁心　7—开关　8—弹簧

接线柱 开关档位	1 BAT	2 IG	3 ACC	4 ST
Ⅲ	○————————○			
0	○			
Ⅰ	○————————○————————○			
Ⅱ	○————————○————————————————○			

○————○：连接

图 7-13　国产汽车常见车型点火开关工作档位及内部连接情况

BAT—为电源接线柱，与蓄电池正极和发电机电枢接线柱相连

IG—为点火接线柱，连接点火电路、仪表电路及发电机励磁电路等

ACC—为辅助电器接线柱，连接收放机等点火开关工作档位辅助电器

ST—为起动接线柱，连接起动电路

点火开关的三个档位：Ⅰ档为点火档，Ⅱ档为起动档（自动复位），Ⅲ档（在 0 位时逆时针转）为辅助电器档。一些进口汽车和轿车的点火开关通常还有一个转向盘锁止（LOCK）档，当点火开关在 LOCK 档时，转向盘被锁止。点火开关的档位布置及接线端子排列情况如图 7-14 所示。

接线柱 开关档位	1 BAT	2 IG	3 ACC	4 ST
LOCK				
OFF	○			
ACC	○————————————————○			
ON	○————————○————————○			
ST	○————————○————————————————○			

○————○：连接

图 7-14　具有 LOCK 档的点火开关工作档位

LOCK—锁止转向盘　OFF—断开　ACC—接通辅助电器（收放机等）　ON—接通　ST—起动

（3）**灯光开关**　灯光开关通常是两档式开关，按操纵的形式主要有推拉式、旋转式两种。灯光开关Ⅰ档接通示廓灯、尾灯、仪表照明灯等；灯光开关Ⅱ档接通前照灯、尾灯、仪表照明灯等。

（4）**组合开关**　组合开关由两种及两种以上的开关集装在一起，可使操纵更加方便。图 7-15 所示的 JK322A 型组合开关集中了转向灯开关、警告灯开关、灯光开关、前照灯变光开关、刮水器开关、洗涤开关等，其工作档位及内部连接情况如图 7-16 所示。

2. 继电器

一般用于操纵开关的触点电容量较小，不能直接控制工作电流较大的用电设备，常采用继电器来控制大电流的接通与断开。汽车上用的继电器有很多，常见的有三类：常开继电器、常闭继电器和常开、常闭混合型继电器。这三类继电器的动作状态如图 7-17 所示。

常开继电器平时触点是断开的，继电器动作后触点才接通；常闭继电器平时触点是闭合的，继电器动作后触点断开；混合型继电器平时常闭触点接通，常开触点断开。如果继电器线圈通电，则变成相反状态。

3. 熔断丝

（1）**熔断器**　熔断器的保护元件是熔丝，串联在其所保护的电路中。当通过熔丝的电流

a) 前后方向工作状态

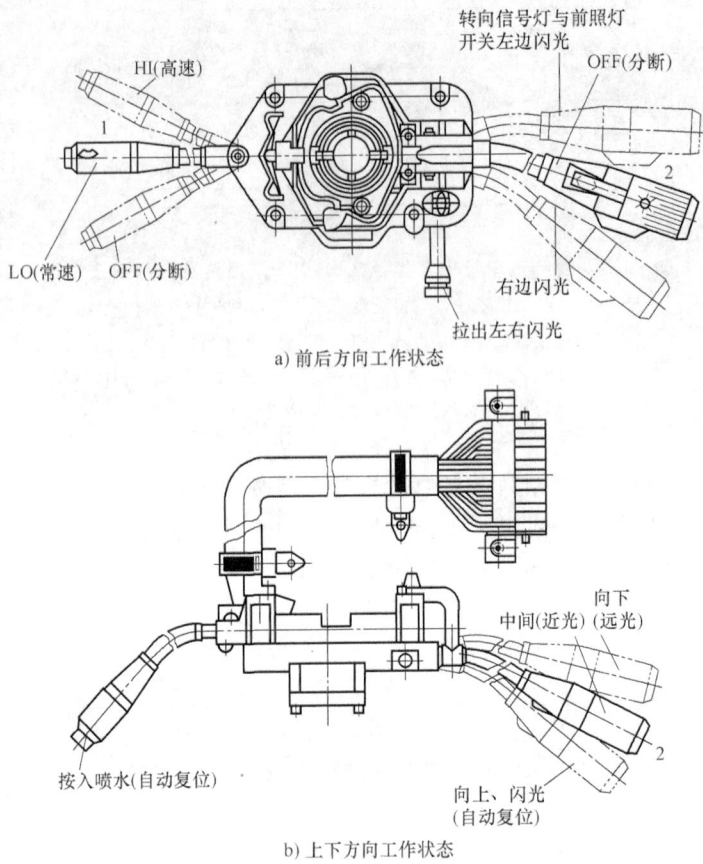

b) 上下方向工作状态

图 7-15　JK322A 型组合开关

1—左组合开关（刮水器操纵手柄与洗涤开关按钮）　2—右组合开关（转向及变光操纵手柄与灯光开关按钮）

开关名称与档位		连接导线颜色																				
		绿/黑	绿/白	绿/黄	绿/蓝	绿/红	绿/橙	绿	黄	红	白	红/黄	红/绿	红/白	白/黑	蓝	蓝/黑	蓝/橙	蓝/红	黑	蓝	绿/红
转向灯开关	左	○—	—	○																		
	OFF			○—	—○																	
	右		○—	—○																		
警告灯开关	拉出	○—	—	—	—○																	
灯光开关	OFF																					
	I								○—	—○												
	II								○—	—○												
变光开关	向上											○—	—	—○								
	中间												○—	—○								
	向下											○—	—○									
刮水器开关	OFF																					
	LO																○—|—|—○				
	HI																○—|—○					
洗涤开关按钮	按下																			○—	—○	
喇叭按钮																						○

○—○：连接

图 7-16　JK322A 型组合开关工作档位

LO—低位　HI—高位

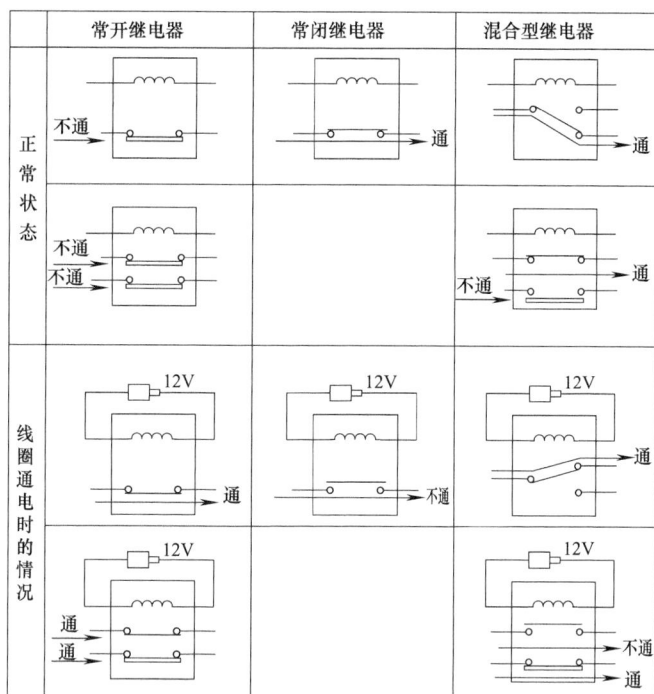

	常开继电器	常闭继电器	混合型继电器
正常状态	不通	通	通
	不通 不通		不通 通
线圈通电时的情况	12V 通	12V 不通	12V 通
	12V 通 通		12V 不通 通

图 7-17　三类继电器动作状态

超过其规定值时，熔丝发热熔断，从而保护了线路和用电设备不被烧坏。熔断器的熔丝固定在可插式塑料片上或封装在玻璃管中，通常将熔断器集中安装在一个盒中，并称为熔断器盒或电源盒，如图 7-18 所示。各熔断器都编号排列，有的还在熔断器上涂以不同的颜色，以便于检修时识别。

（2）**易熔线**　易熔线比熔丝粗一些，被保护的线路工作电流往往较大，通常连接在电源线路和通过电流较大的线路上。

（3）**断路器**　断路器起保护作用的主要元件是双金属片和触点，有自恢复式和按压恢复式两种。

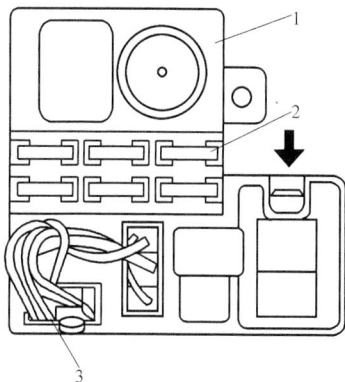

图 7-18　熔断器盒示例
1—熔断线　2—熔断器　3—易熔线

1）自恢复式断路器。如图 7-19 所示，当被保护线路中的电流超过规定值时，双金属片受热弯曲使触点张开而切断电路。电路断电后，双金属片因无电流通过而逐渐冷却伸直，触点又重新闭合，又接通电路。如果线路电流过大的原因未及时排除，自恢复式断路器就会使电路时而接通、时而切断，以限制通过线路的电流，起到线路过载保护的作用。

2）按压恢复式断路器。如图 7-20 所示，当被保护线路中的电流超过规定值时，双金属片受热向上弯曲，使双金属片两端的触点张开而切断电路。向上弯曲的双金属片冷却后不能自行恢复原形，若要重新接通电路，必须按下按钮才能使双金属片复位。这种断路器的限定电流是可调的，需要调整时，松开紧固螺母，旋动调整螺钉，改变双金属片挠度即可。

a) 触点闭合通路   b) 触点张开断路

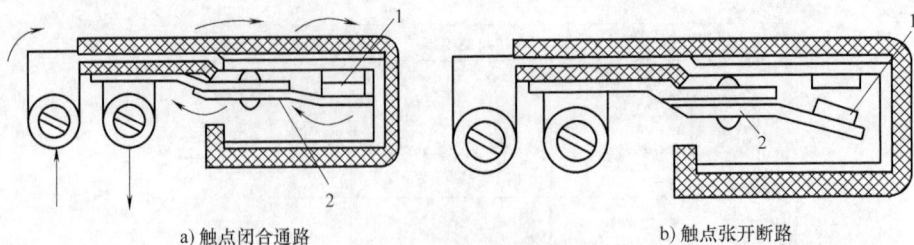

图 7-19　自恢复式断路器

1—触点　2—双金属片

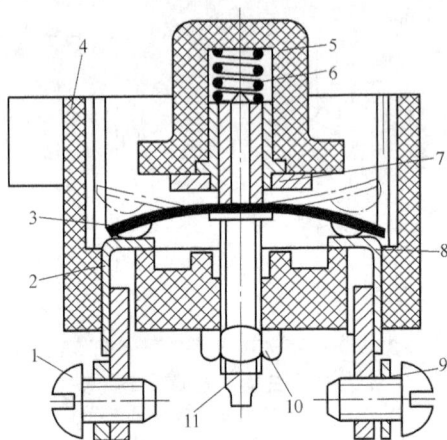

图 7-20　按压恢复式断路器

1、9—接线柱　2、8—触点　3—双金属片　4—外壳　5—按钮　6—弹簧　7—垫圈　10—紧固螺母　11—调整螺钉

第三节　汽车总线路图应用实例

一、解放 CA1092 型汽车整车电气系统电路分析

解放 CA1092 型汽车整车电气系统电路原理如图 7-21 所示。根据绘制原则分为几大系统：电源、起动、点火系统电路；仪表、警告信号及收放机系统电路；刮水器、暖风、点烟器系统电路；照明和信号灯系统电路。

1. 电源、起动、点火系统电路

电源、起动、点火系统电路中包括蓄电池、发电机、电压调节器、电流表、组合继电器、充电指示灯、点火起动开关、起动机、点火控制器、点火线圈、分电器、火花塞、熔断器及连接导线等。其工作原理如下。

（1）**起动前的功能检查系统电路**　首先将点火开关转到位置Ⅰ，使点火开关触点 1 与 2 接触，这时充电指示灯工作，电路中的电流由蓄电池正极→熔断器 14→电流表→点火开关触点 1、2→充电指示灯→组合继电器中的充电指示灯继电器常闭触点→蓄电池负极。于是，充电指示灯点亮，表示该系统电路工作正常。

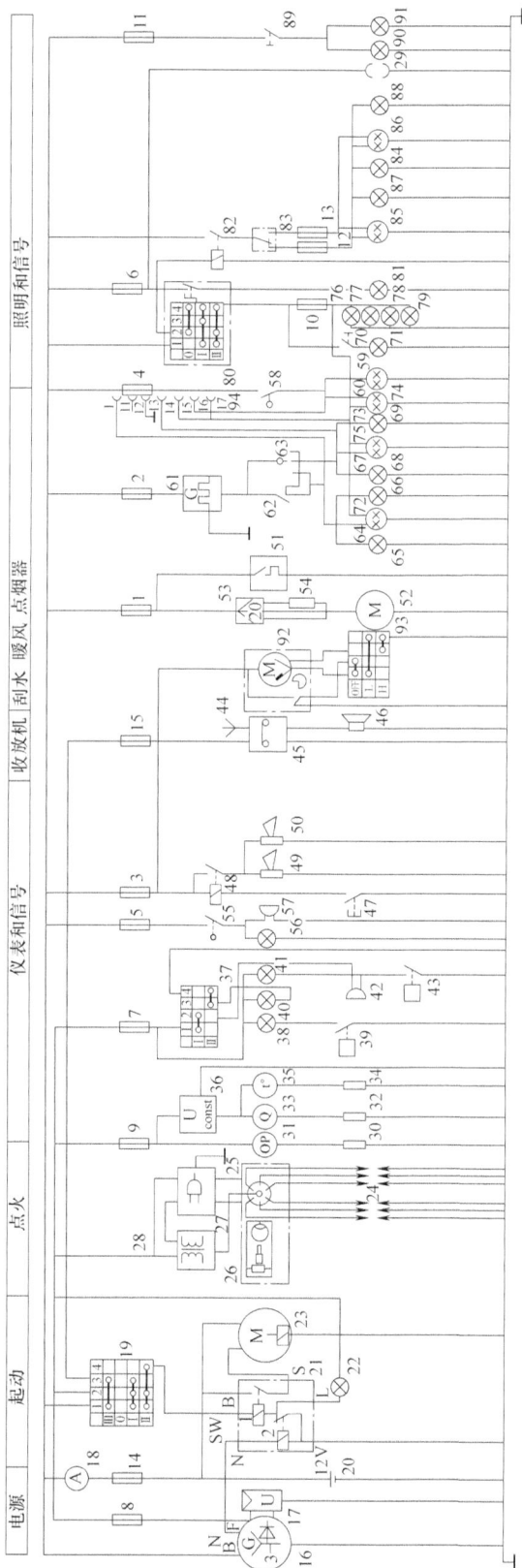

图 7-21　CA1092 型汽车整车电气系统电路图

1~15—熔断器　16—交流发电机　17—晶体管调节器　18—电流表　19—点火开关　20—蓄电池　21—组合继电器　22—充电指示灯　23—起动机　24—火花塞
25—分电器　26—点火信号发生器　27—点火控制器　28—点火线圈　29—工作灯插座　30—油压表　31—油压表传感器　32—燃油表　33—燃油表传感器
34—温度表传感器　35—温度表　36—稳压器　37—停车灯开关　38—机油压力警告灯　39—机油压力警告开关　40—停车指示灯　41—低气压警告灯
42—低气压警告蜂鸣器　43—低气压警告开关　44—收放机　45—收放机天线　46—扬声器　47—喇叭按钮　48—喇叭继电器　49、50—喇叭
51—点烟器　52—暖风电动机　53—暖风电动机变速开关　54—暖风电动机天线　55—倒车灯开关　56—倒车指示灯　57—倒车蜂鸣器
58—倒车灯开关　59、60—倒车灯　61—闪光器　62—危险警告开关　63—转向灯开关　64、65—左转向信号灯　66—左转向指示灯
67、68—右转向指示灯　69—右转向指示灯　70—右转向灯开关　71—发动机舱盖下灯开关　72~75—示廓灯　76~79—仪表照明灯
80—车灯开关　81—室内灯　82—灯光继电器　83—脚踏变光开关　84—雾灯开关　89—雾灯
85、86—前照灯（远/近光）　87、88—前照灯（远/近光）　92—刮水器电动机　93—刮水器开关　94—七孔挂车插座
90、91—前雾灯

（2）**起动机系统电路**　将点火开关由位置Ⅰ转到位置Ⅱ，使其开关触点1与4闭合。这时起动机工作电路中的电流由蓄电池正极→熔断器14→电流表→点火开关触点1、4→组合继电器中的起动继电器线圈1→组合继电器中的充电指示灯继电器常闭触点→蓄电池负极。因此，组合继电器中的起动继电器开始工作，使其常开触点闭合。于是，起动机电磁开关线圈电路被接通。其工作电路中的电流由蓄电池正极→组合继电器中的起动继电器常开触点→起动机电磁开关线圈→蓄电池负极。起动机电磁开关闭合使起动机接通电源，其工作电路中的电流由蓄电池正极→起动机→蓄电池负极。因此，起动机开始旋转拖动发动机，完成了起动全过程。

（3）**点火系统电路**　发动机起动后，使点火开关自动返回位置Ⅰ，使其开关触点1与2接通，这时点火系统工作电路中的电流由蓄电池正极→熔断器14→电流表→点火开关触点1、2→点火线圈初级绕组及点火控制器。发动机运转时，分电器中的脉冲信号发生器产生间断的脉冲信号，送给点火控制器来控制点火线圈初级绕组的接通与断开。当点火线圈的初级绕组断开时，在其次级绕组中产生感应高电压，击穿火花塞电极间隙，使之产生气体电离发出火花，点火线圈储存的电能变成热能放出，点燃混合气，使发动机工作。

（4）**发电机电源系统电路**　发动机起动后拖动发电机开始发电，因此在发电机三相绕组中的中性点产生7V左右的电压，这时组合继电器中充电指示灯继电器线圈工作电路中的电流由发电机N端→组合继电器中充电指示灯继电器的线圈→发电机负极。于是，该继电器的常闭触点断开，使得充电指示灯原工作电路被切断、指示灯熄灭，表示发动机工作正常；与此同时，组合继电器中起动继电器的线圈工作电路也被切断，其常开触点断开，起动机工作电路被切断。于是，发动机的点火、起动、发电机工作全过程结束。

（5）**电流表工作状态分析**

1）发电机给蓄电池充电时，电流表指示为正（+），指针指示值越大，说明蓄电池亏电越多。

2）在发电机还没有工作（发动机起动）时，电流表指示为负（-），指针指示值越大，说明蓄电池向外供电量越多。

3）一般在正常行车时，电流表的指示几乎是零，说明整车的电源系统正常，发电机调节器及蓄电池工作状态良好。

2. 仪表、警告信号、收放机系统电路

仪表、警告信号、收放机系统电路中包括熔断器、稳压电源、仪表、传感器、停车灯开关、警告信号及开关、倒车警告灯及开关、喇叭、喇叭继电器及按钮开关、收放机及扬声器等电器件。其工作原理如下。

（1）**仪表及传感器系统电路**　当发动机起动后，点火开关处在位置Ⅰ，触点1与2闭合。油压表工作电路中的电流由蓄电池正极→点火开关触点1、2→熔断器9→油压表→油压表传感器→负极搭铁。燃油表工作电路中的电流由发电机正极→熔断器14→电流表→点火开关触点1、2→熔断器9→稳压器→燃油表→燃油表传感器→蓄电池负极。冷却液温度表工作电路中的电流由蓄电池正极→熔断器14→电流表→点火开关触点1、2→熔断器9→稳压器→冷却液温度表→冷却液温度传感器→蓄电池负极。

（2）**警告信号系统电路**　机油压力警告开关在机油压力低于0.0686MPa时触点闭合，这时机油压力警告灯系统工作电路中的电流由蓄电池正极→熔断器14→电流表→点火开关触点1、2→熔断器7→机油压力警告灯→机油压力警告开关→蓄电池负极，机油压力警告灯亮。

停车指示灯系统电路：当停车拉紧驻车制动杆时，停车灯开关触点 3 与 4 闭合。这时停车指示灯工作电路中的电流由蓄电池正极→熔断器 14→电流表→点火开关触点 1、2→熔断器 7→停车开关触点 3、4→蓄电池负极，停车指示灯亮。

低气压警告灯和气压警告蜂鸣器系统电路：在行车时，停车灯开关的触点 1 与 2 闭合。当制动气压低于 441.3kPa 时低气压警告开关触点闭合。这时低气压警告灯和低气压警告蜂鸣器工作电路中的电流由蓄电池正极→熔断器 14→电流表→点火开关触点 1、2→熔断器 7→停车灯开关触点 1、2→低气压警告蜂鸣器→低气压警告开关→蓄电池负极，低气压警告蜂鸣器鸣叫，同时低气压警告灯亮。

倒车灯和倒车蜂鸣器系统电路：当变速器操纵杆放到倒档位置时，倒车灯开关触点闭合。这时倒车灯和倒车蜂鸣器工作电路中的电流由蓄电池正极→熔断器 14→电流表→熔断器 3→喇叭继电器触点→喇叭（G、D）→蓄电池负极。于是倒车蜂鸣器鸣叫，同时倒车指示灯亮。

（3）**收放机系统电路**　打开收放机电源开关，收放机工作电路中的电流由蓄电池正极→熔断器 14→电流表→点火开关触点 1、3→熔断器 15→收放机→蓄电池负极，收放机开始工作。

（4）**喇叭声响系统电路**　当按下喇叭按钮时，喇叭继电器的线圈电路接通，使其常开触点闭合，这时喇叭工作电路中的电流由发电机正极→熔断器 14→电流表→熔断器 3→倒车指示灯和倒车蜂鸣器→发电机负极，于是喇叭鸣叫。

3. 刮水器、暖风、点烟器系统电路

（1）**刮水器系统电路**　当把刮水器开关拉到 L 档（低速档）时，其开关触点 1 与 4 闭合。这时刮水器电动机工作电路中的电流由蓄电池正极→熔断器 14→电流表→熔断器 3→刮水器电动机→刮水器开关触点 1、4→蓄电池负极。于是，刮水器电动机低速旋转刮洗前风窗。当把刮水器开关拉倒 H 档（高速档）时，其开关触点 3 与 4 闭合，刮水器电动机工作电路中的电流由蓄电池正极→熔断器 14→电流表→熔断器 3→刮水器电动机 92→刮水器开关触点 1、4→蓄电池负极。于是，刮水器电动机以快速旋转刮洗前风窗。刮水器电动机的自动停位是靠刮水器开关触点 1 与 2 接通，使刮水器电动机进行能耗制动，让刮水片停在风窗玻璃下部的固定位置上。

（2）**暖风电动机系统电路**　当把暖风电动机开关扳到位置 1（低速档）时，暖风电动机工作电路中的电流由蓄电池正极→熔断器 14→电流表→熔断器 1→暖风电动机开关触点→暖风电动机变速电阻→暖风电动机→蓄电池负极。于是，暖风电动机以低速旋转。

当把暖风电动机开关扳到位置 2（高速档）时，暖风电动机工作电路中的电流由蓄电池正极→熔断器 14→电流表→熔断器 1→暖风电动机开关触点→暖风电动机→蓄电池负极。于是，暖风电动机以高速旋转。

（3）**点烟器工作电路**　当按下点烟器时，其触点闭合。这时点烟器工作电路中的电流由蓄电池正极→熔断器 14→电流表→熔断器 1→点烟器→蓄电池负极。于是，点烟器将流过的电流转变成热能用于点烟。

4. 照明和信号灯系统电路

照明和信号灯系统电路中包括熔断器、闪光器、转向开关、危险警告灯开关、转向灯、制动灯开关、制动灯、七孔挂车插座、车灯开关、前照灯、变光开关、灯光继电器、雾灯开关、雾灯等电器元件。

（1）**前照灯系统电路** 首先将车灯开关拉到位置Ⅰ，其开关触点 1、3 与 4 接通。这时示廓灯 72～75 和仪表照明灯 76～79 系统工作电路中的电流由蓄电池正极→熔断器 14→电流表→车灯开关触点 1、4→熔断器 10→示宽灯 72～75 和仪表照明灯 76～79→蓄电池负极。于是，上述各灯同时亮。

当需检查发动机舱内部件时，只要打开发动机舱盖，发动机舱盖下灯开关触点自动闭合，于是，发动机舱盖下灯亮。

当把车灯开关拉到Ⅱ位置时，其开关触点 1 与 2 与 4 接通。灯光继电器线圈电路被接通，电流由蓄电池正极→熔断器 14→电流表→车灯开关触点 1、2→灯光继电器的线圈→蓄电池负极。于是，灯光继电器工作，其常开触点闭合。这时前照灯系统工作电路中的电流由蓄电池正极→熔断器 14→电流表→灯光继电器的触点→脚踏变光开关触点→熔断器 12→四个前照灯远光 85～88 及远光指示灯→蓄电池负极。于是，前照灯远光灯亮。

当把脚踏变光开关切到另一位置、使另外一对触点闭合时，前照灯系统工作电路中的电流由蓄电池正极→熔断器 14→电流表→灯光继电器的触点→脚踏变光开关触点→熔断器 13→两个前照灯近光 85 与 86→蓄电池负极。于是，前照灯近光亮，当把车灯开关转动使其室内灯开关触点闭合时，室内灯亮。

（2）**雾灯系统电路** 当拉动雾灯开关使其触点闭合时，雾灯工作电路中的电流由蓄电池正极→熔断器 14→电流表→熔断器 11→雾灯开关→两个前雾灯 90 与 91→蓄电池负极。两个前雾灯同时亮。

二、上海桑塔纳轿车整车电路系统电路分析

1. 电源电路

桑塔纳轿车的电源由容量 54A·h、负极接地的 12V 蓄电池与整体式交流发电机并联组成。如图 7-22 所示，当点火开关 D 置于Ⅰ档、发动机转速低于 1200r/min 时，蓄电池电压高于发电机电压一定的数值，则充电指示灯 K_2 亮，其电流回路为蓄电池正极→点火开关 D 的 15 接点→充电指示灯 K_2→发电机磁场绕组→控制磁场绕组励磁电流的大功率晶体管→搭铁→蓄电池负极。在发动机转速达到或高于 1200r/min 时，发电机电压高于蓄电池电压并向蓄电池充电。由于发电机与蓄电池间的电位差减小，则充电指示灯 K_2 熄灭，表示发电机工作状态良好。

2. 发动机点火系统、仪表及起动电路

（1）**点火系统电路** 点火开关 D 置于Ⅰ档，点火系统初级电路通电，其电流回路为蓄电池正极→点火开关 D 的 15 接点→点火线圈 N 的初级线圈→点火开关放大器 N_{41}→搭铁→蓄电池负极。当发动机中间轴驱动霍尔式传感器 G_{40} 的转子转动时，传感器发出脉冲信号，控制点火开关放大器 N_{41} 周期地接通与切断点火线圈 N 中的初级电流，在次级线圈中感应高压电，按照点火次序使相应气缸上的火花塞跳火。

（2）**仪表与指示灯电路** 在点火系统工作的同时，指示发动机技术状况的仪表与指示灯电路同步工作，电流由蓄电池正极→发动机转速表 G_5→换档指示器控制装置 J_{98}→搭铁。油压指示灯 K_3→油压检查控制器 J_{114}→高压油压开关 F_1 搭铁；低压油压开关 F_{22} 搭铁。当低压油压开关 F_{22} 处的油压低于 30kPa 时，F_{22} 自然闭合搭铁，而发动机正常工作时的高压油压达不到 180kPa 时，高压油压开关 F_1 仍断开，油压指示灯 K_3 亮，指示润滑系统有故障，

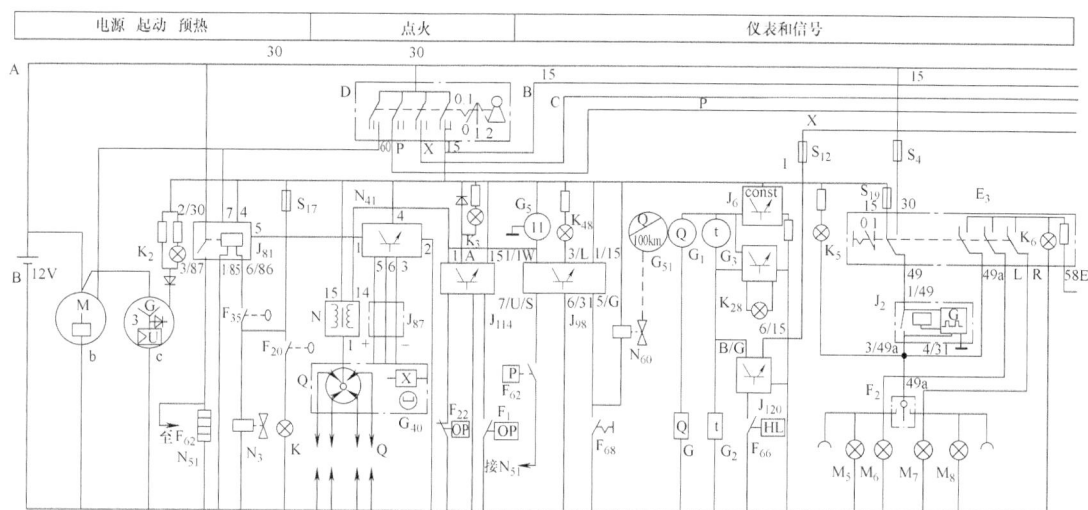

图 7-22　桑塔纳轿车电源、起动、预热、点火、仪表和信号电路原理图

A—电源　B—蓄电池　b—起动机　C—整体式交流发电机　K_2—充电指示灯　N_{51}—进气预热器　J_{81}—进气预热继电器

F_{35}—进气预热器温控开关　N_3—急速截止阀　F_{20}—阻风门温控开关　K—阻风门指示灯　D—点火开关

N_{41}—点火开关放大器　N—点火线圈　G_{40}—霍尔传感器　Q—火花塞　K_3—油压指示灯　J_{114}—油压检查控制器

F_{22}—低压油压开关　F_1—高压油压开关　G_5—转速表　K_{48}—换档指示灯　F_{62}—换档指示器真空开关

J_{98}—换档指示器控制装置　F_{68}—换档油耗指示器变换开关　G_{51}—油耗表　N_{60}—油耗表电磁阀

G_1—燃油表　G—燃油表传感器　G_3—温度表　G_2—温度表传感器　J_6—稳压器　K_{28}—冷却液温度指示灯

J_{120}—冷却液不足指示控制器　F_{66}—冷却液不足指示器开关　K_5—转向指示灯　E_3—危险警告开关

K_6—警告指示灯　J_2—闪光器　F_2—转向灯开关　M_5—左前转向信号灯　M_6—左后转向信号灯

M_7—右前转向信号灯　M_8—右后转向信号灯

若使发动机转速≥2000r/min 油压仍不正常时，则油压检查控制器 J_{114} 发出蜂鸣报警声，应停车检查。

在点火系统与仪表电路通电工作时，通过点火开关 D 的 15 接点，经熔断器 S_{17} 通电急速截止阀 N_3，打开急速量孔，使发动机急速稳定运转。在点火开关 D 置于空档时，急速截止阀 N_3 断电关闭急速量孔，保证发动机很快熄火，并能减少发动机燃烧室的积炭和排气污染。当发动机的出水温度低于 64℃时，安装在发动机出水管上方的温控开关 F_{35} 闭合，进气预热继电器 J_{81} 工作，位于进气管内的进气预热器 N_{51} 通电加热混合气，改善发动机冷车工作状态。在发动机出水温度高于 65℃时，温控开关自动断电，进气预热器 N_{51} 断电停止工作。

（3）**起动电路**　950W 串励式直流起动机由点火开关 D 直接控制，如图 7-22 所示，当点火开关 D 置于 2 档位置时，点火开关 D 的 50 接点将起动机的电磁开关线圈与 A 路电源接通，起动机开关铁心带动拨叉，使起动机驱动齿轮与发动机飞轮齿环相啮合，与此同时蓄电池正极经蓄电池向起动机输入强电流产生大转矩，通过单向离合器驱动发动机。发动机工作后，单向离合器开始打滑，此时点火开关 D 应立即回到 1 档，起动机的电磁开关断电切断起动电源，起动机驱动齿轮在拨叉销回位弹簧的作用下，脱开发动机的飞轮齿环而复位。

3. 灯光电路

（1）**前照灯**　上海桑塔纳轿车采用两灯式前照灯，如图 7-23 所示。前照灯 L_1、L_2 受前照灯开关 E_1 及变光和超车灯组合开关 E_4 控制。当向上拨动组合开关 E_4 手柄时，开关 E_4 自通 A 路电源（电气图编号 30）经熔断器 S_9、S_{10} 接通前照灯远光灯丝，此时远光及远光指示灯 K_1 亮，在松开组合开关手柄时，E_4 在回位弹簧的作用下自动断电，此为点动作用。

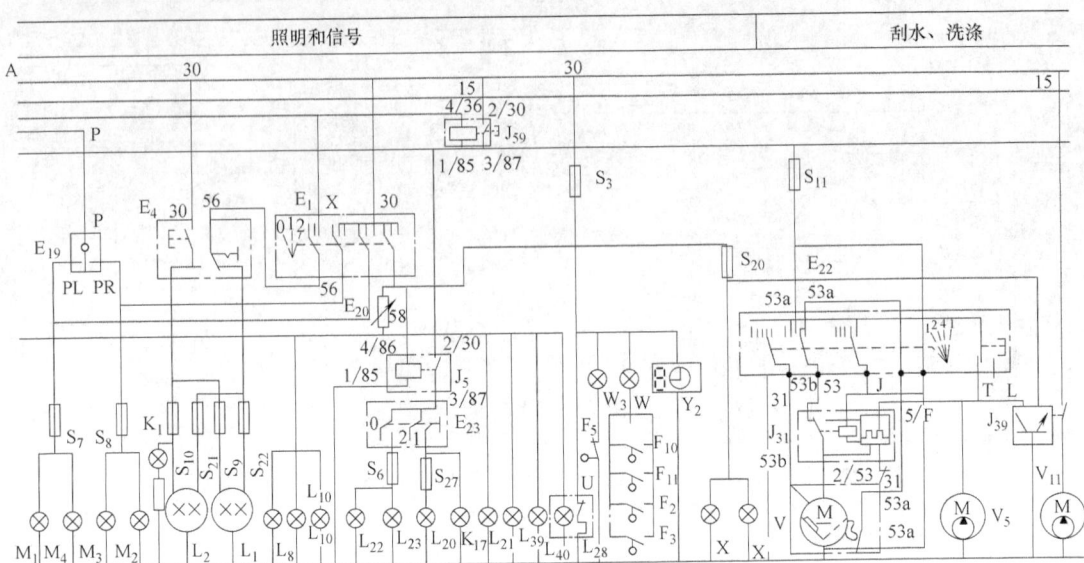

图 7-23　桑塔纳轿车照明信号、刮水、洗涤电路原理图

E_{19}—停车灯开关　$M_1 \sim M_4$—共用的停车灯与小灯　E_4—变光和超车灯组合开关　K_1—远光指示灯　L_1—左前照灯
L_2—右前照灯　E_1—前照灯开关　E_{20}—仪表灯调光电阻　L_8—雾灯指示灯　L_{10}—仪表灯　J_{59}—中间继电器
J_5—雾灯继电器　E_{23}—前后雾灯开关　L_{22}—左前雾灯　L_{23}—右前雾灯　L_{20}—后雾灯　K_{17}—雾灯指示灯
L_{21}—空调开关照明灯　L_{39}—后风窗除霜器开关照明灯　L_{40}—前后雾灯开关照明灯　L_{28}—点烟器照明灯
W_3—行李舱照明灯　F_5—行李舱照明灯开关　W—前顶灯　F_{10}、F_{11}、F_3—顶灯门控开关
Y_2—数字式电子钟　X—牌照灯　J_{31}—洗涤器和间歇刮水器继电器　E_{22}—刮水器开关
V—前风窗刮水器　V_5—前风窗洗涤器　J_{39}—前照灯洗涤器继电器　V_{11}—前照灯洗涤器

前照灯开关 E_1 处于 2 档时，A 路电源经点火开关 D 的 X 接点→灯光开关 E_1 的 56 接点→变光开关 E_4 接通近光或远光。

（2）小灯、尾灯、停车灯　前照灯开关 E_1 在 1 或 2 档时，A 路电源通过前照灯开关 E_1 及熔断器 S_7 和 S_8 点亮共用的小灯与尾灯 M_1、M_4、M_3、M_2。点火开关处于 0 档时，A 路电源经点火开关 D 的 P 接点传到停车灯开关 E_{19}，E_{19} 拨至左侧时，点亮左小灯 M_1 和左尾灯 M_4，拨至右侧则点亮右小灯 M_3 和右尾灯 M_2，此时均作停车灯用。

（3）警告灯和转向灯　如图 7-22 所示，上海桑塔纳轿车的警告和转向灯共用一组灯泡，即左前、右前灯 M_5、M_7，左后、右后灯 M_6、M_8，共四盏灯，当前照灯开关 E_1 在 1 或 2 档时，E_1 的 58 接点将 A 路电源引到灯光亮度调节电位器 E_{20} 及开关 E_3 接线柱，点亮警告指示灯 K_6。危险警告灯开关 E_3 在空档 0 位时，经转向灯开关 E_2 控制转向信号灯。其电流回路为 A 路电源正极→点火开关 D 的 15 接点→熔断器 S_{19}→危险警告灯开关 E_3 的 49 接点→闪光继电器 J_2→转向灯开关 E_2→转向灯 M_5、M_6 或 M_7、M_8→搭铁→蓄电池负极，此时转向指示灯 K_5 工作。当危险警告灯开关 E_3 在 1 档时，A 路电源通过熔断器 S_4→开关 E_3 的 49 接点→闪光器 J_2→开关 E_3 的 49a、L、R 接点→转向灯 M_5、M_6、M_7、M_8→搭铁→蓄电池负极。四盏灯同时闪光，以示报警，警告指示灯 K_6 和转向指示灯 K_5 也工作。

（4）牌照灯与雾灯　前照灯开关 E_1 处于空档 0 位时，见图 7-23，牌照灯 X 灭。开关 E_1

在 1 档或 2 档时，A 路电源通过开关 E_1 的 58 接点及熔断器 S_{20}，点亮牌照灯 X。

开关 E_1 置于 1 或 2 档时，58 接点接通雾灯继电器 J_5，A 路电源通过中间继电器 J_{59}、雾灯继电器 J_5 的触点传到雾灯开关 E_{23}。E_{23} 在空档 0 位时，雾灯灭；在 1 档时，经 E_{23}、熔断器 S_6，点亮雾灯 L_{22}、L_{23}；开关 E_{23} 在 2 档时，雾灯 L_{22} 及 L_{23} 仍亮，经开关 E_{23}、熔断器 S_{27}，点亮后雾灯 L_{20} 和雾灯指示灯 K_{17}。

（5）**顶灯与行李舱照明灯**　平时一直通蓄电池正极的 A 路电源，经熔断器 S_3 到顶灯 W 后，由顶灯开关控制，如图 7-23 所示。顶灯开关拨至左侧位置时顶灯亮；拨至中间位置时顶灯灭；拨至右侧位置时由四个并联的门控开关 F_2、F_3、F_{10}、F_{11} 控制，当任一车门打开时，相应的门灯开关闭合则顶灯亮，唯有全部车门关闭时则顶灯灭。

行李舱照明灯 W_3 由行李舱盖接合处的开关 F_5 控制。当行李舱打开时，开关闭合，行李舱照明灯 W_3 亮，反之则灭。

（6）**仪表板、时钟、点烟器、除霜器开关、空调开关板照明灯**　电路见图 7-23。仪表灯 L_{10} 两只、时钟照明灯 L_8、点烟器照明灯 L_{28}、除霜器开关照明灯 L_{39}、雾灯开关照明灯 L_{40}，空调开关板照明灯 L_{21} 均经车灯开关 E_1 控制，由 A 路电源供电；在前照灯开关 E_1 处于 1 档或 2 档时，调整与 E_1 开关中 58 接点相连的电位器 E_{20}，以获得所需的亮度。

4. 喇叭与冷却风扇

由点火开关 D 控制 B 路电源即电路图编号 15 的电路，通过熔断器 S_{16} 给喇叭 H_1、H_2 供电，如图 7-24 所示。经转向盘操纵的喇叭按钮 H 接通喇叭继电器 J_4，使双音喇叭 H_1、H_2 工作。

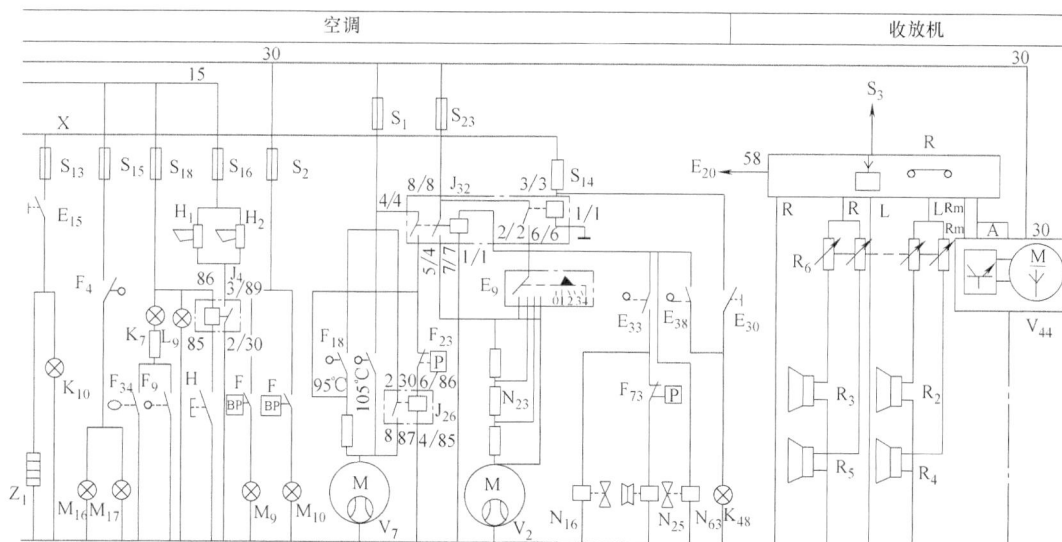

图 7-24　桑塔纳轿车空调、收放机电路原理图

E_{15}—后风窗电热器开关　K_{10}—后风窗电热器指示灯　Z_1—后风窗电热器　F_4—倒车灯开关　M_{16}、M_{17}—左右倒车灯

L_9—灯光开关照明灯　K_7—双回路和手制动装置指示灯　F_9—手制动指示灯开关　F_{34}—制动液位警告灯开关

H_1、H_2—双音喇叭　J_4—喇叭继电器　H—喇叭按钮　F—制动灯开关　M_9、M_{10}—左右制动灯　F_{18}—冷却风扇温控器

V_7—冷却风扇电动机　F_{23}—空调高压开关　J_{26}—冷却风扇继电器　J_{32}—蒸发器温控开关　F_{73}—空调低压开关

N_{25}—空调电磁离合器　E_{38}—环境温度开关　N_{63}—用于新鲜空气翻板双路电磁阀

E_{30}—空调开关　K_{48}—空调开关指示灯　R—收放机　$R_2 \sim R_5$—扬声器

R_6—左右扬声器平衡开关　V_{44}—电动天线装置

冷却风扇电动机 V_7 为双速直流电动机，位于散热器和冷凝器之后，当冷却液温度高于95℃时，温控开关 F_{18} 闭合，A 路电源经熔断器 S_1，冷却风扇电动机 V_7 低速接线柱通电，V_7 以 1600r/min 中速运转；在冷却液温度高于 105℃ 时，温控开关 F_8 的高温触点闭合，风扇电动机 V_7 的高速接线柱通电，冷却风扇以 2400r/min 高速运转。

本章小结

本章首先介绍了汽车电气总线路组成和特点，以及各个组成部分的系统线路；之后介绍了汽车线路的表示方法，通过举例来阐释汽车电器线路图、汽车线路原理图、汽车线束外形图的表达方式；然后介绍了汽车电路的分析方法，以及汽车线路导线、线束和插接器、开关、继电器和熔断丝的类型、结构和工作原理等；最后举例来完整地分析整车电路系统电路。

习题

1. 继电器在汽车电气总线路中的作用是什么？
2. 在汽车电气总线路中，桑塔纳型轿车的电气总线路在设计时采用四线制的原则什么？
3. 汽车电路的表达方式有哪几种？各自有什么特点？
4. 全车线路的连接原理有哪些？
5. 汽车全车线路主要由哪几部分组成？
6. 汽车线路用导线主要有哪几种？
7. 什么是电路原理图？电路原理图有哪些特点？
8. 汽车线路图应该遵循哪些原则？
9. 汽车电路有哪些特点？分析汽车电路应该注意哪些问题？
10. 试分析解放 CA1092 型汽车整车电气系统电路的工作过程。

第八章 / **Chapter 8**

发动机电子控制

第一节　电喷汽油机

一、概述

随着汽车数量的日益增多，汽车废气排放物与燃油消耗量的不断上升困扰着人们，迫使人们去寻找一种能使汽车排气净化，节约燃料的新技术装置去取代已有几十年历史的化油器，汽油喷射技术的发明和应用，使人们的这一理想得以实现。

德国博世（Bosch）公司成功地研制了 D 型电子控制汽油喷射装置，并在大众轿车上成功应用。这种装置是以进气管里面的压力作为参数，与化油器相比，仍然存在结构复杂、成本高、不稳定的缺点。针对这些缺点，博世公司又开发了一种 L 型电子控制汽油喷射装置，它以进气管内的空气流量作为参数，可以直接按照进气流量与发动机转速的关系确定进气量，据此喷射出相应的汽油。这种装置由于设计合理，工作可靠，广泛为欧洲和日本等汽车制造公司所采用，并奠定了今天电子控制燃油喷射装置的雏形。美国的通用、福特，日本的丰田、三菱、日产等汽车公司都推出了各自的电子控制汽油喷射装置，尤其是多气门发动机的推广，使电子控制喷射技术得到迅速的普及和应用。到目前为止，欧、美、日等主要汽车生产地区的轿车燃油供给系统，95%以上安装了燃油喷射装置。目前，只有采用电子控制汽油喷射装置的轿车才能准予在市场上销售。

传统化油器发动机面临的主要困难包括：①不能实时提供最佳空燃比，无法很好地满足发动机的统一性能指标；②不能实现各气缸汽油的均匀喷射；③加速性能不良，特别在夏天气温较高时容易发生气阻现象；④起动、暖机性能不良，充气效率低；⑤在减速、减油时易发生断油现象。

电喷汽油发动机的特点包括：①各气缸混合气分配均匀；②在任何情况下都能得到精确的空燃比、点火提前角、怠速和排放的控制；③加速性能好；④起动性能和减速减油或断油性能优良；⑤发动机充气效率高。

汽油发动机电子控制系统主要通过对空燃比、点火时刻、排气等实施精确控制，以实现对发动机动力性、经济性、排放净化等方面的最佳要求。汽车排放的尾气组成包括 NO_x、CO、HC、微粒等。汽油发动机采取机内净化和机外净化措施。机内净化措施包括改进燃油供应系统、点火系统、改进燃油室结构、改进气缸体设计、采用电控燃油喷射、电控电子点火等技术。机外净化措施包括采用燃油蒸发排放控制装置、曲轴箱强制通风装置、排气再循环装置等。另外，还可使有害气体在排放过程中被氧化、还原，将其变成无害气体后再排出车外。

二、汽油发动机对可燃混合气的要求

可燃混合气是指空气与燃料的混合物，其成分对发动机的动力性与经济性有很大的影响。可燃混合气成分的表示方法为

空燃比

$$空燃比 = \frac{可燃混合气中空气质量(A)}{燃料质量(F)}$$

过量空气系数

$$\alpha = \frac{燃烧\,1kg\,汽油实际消耗的空气量}{完全燃烧\,1kg\,汽油理论上消耗的空气量} \tag{8-1}$$

理论上 1kg 汽油完全燃烧需要空气 14.7kg。空燃比 = 14.7，$\alpha=1$，标准混合气；空燃比 <14.7，$\alpha<1$，浓混合气；空燃比>14.7，$\alpha>1$，稀混合气。

发动机的功率和耗油率都是随着过量空气系数 α 的变化而变化。

理论上，对于 $\alpha=1$ 的标准混合气而言，所含空气中的氧正好足以使汽油完全燃烧。但实际上，由于时间和空间条件的限制，汽油细颗粒和蒸气不可能及时地与空气绝对均匀地混合，因此，即使 $\alpha=1$，汽油也不可能完全燃烧，只有 $\alpha>1$ 才有可能完全燃烧。

因为 $\alpha>1$ 时，混合气中有适量较多的空气，正好满足完全燃烧的条件，此混合气称为经济混合气。对于不同的汽油机经济混合气成分不同，一般在 $\alpha=1.05\sim1.15$ 范围内。当 α 大于或小于这一范围时，经济性变差。

当 $\alpha=0.88$ 时，发动机功率 P_e 最大，这时混合气中汽油含量较大，汽油分子密集，因此，燃烧速度最高，热量损失最小，使得气缸内平均压力最高，功率最大，此混合气称为功率混合气。对不同的汽油机来说，功率混合气一般在 $\alpha=0.85\sim0.95$ 之间。

$\alpha>1.11$ 的混合气称为过稀混合气，$\alpha<0.88$ 的混合气称为过浓混合气，混合气无论过稀过浓都会使发动机功率 P_e 降低，耗油率 g_e 增加。

混合气过稀时，由于燃烧速度太低，损失热量很多，往往造成发动机温度过高，严重过稀时，燃烧可延续到进气过程的开始，进气门已经开启时燃烧还在进行，火焰将传到进气管。当混合气稀到 $\alpha>1.4$ 时，混合气虽然能着火，但火焰无法传播，导致发动机熄火，所以 $\alpha=1.4$ 称为火焰传播下限。

混合气过浓时，由于燃烧很不完全，产生大量的 CO，造成气缸盖、活塞顶和火花塞积炭，排气管冒黑烟，甚至排气中的 CO 可能在排气管中被高温排气引燃，发生排气管"放炮"。混合气浓到 $\alpha<0.4$ 时，可燃混合气虽然能着火，但火焰无法传播，发动机熄火，所以 $\alpha=0.4$ 称为火焰传播上限。

从以上分析可知，发动机正常工作时，所用的可燃混合气 α 值，应该在获得最大功率和获得最低燃油消耗率之间，在节气门全开时，α 值的最佳范围为 $0.85\sim1.15$。一般在节气门全开条件下，$\alpha=0.85\sim0.95$ 时，发动机可得到较大的功率；当 $\alpha=1.05\sim1.15$ 时，发动机可得到较好的燃油经济性；所以当 α 在 $0.85\sim1.15$ 范围内，发动机动力性和经济性都比较好，即发动机功率 P_e 较大，耗油率 g_e 较小。发动机功率 P_e、耗油率 g_e 与过量空气系数 α 的关系曲线如图 8-1 所示。

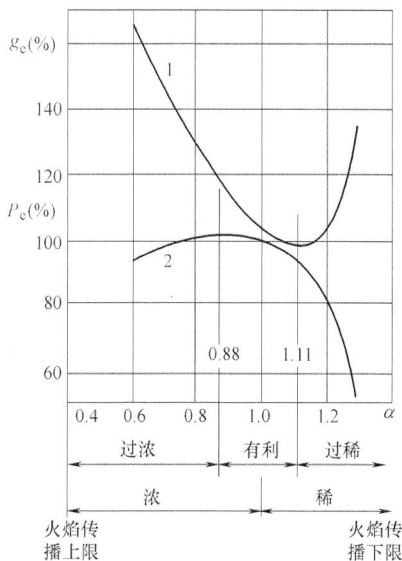

图 8-1　发动机功率和耗油率与
过量空气系数的关系曲线

图 8-1 中，曲线 1 为耗油率 g_e 与过量空气系数 α 的关系曲线，曲线 2 为发动机功率 P_e 与过量空气系数 α 的关系曲线。对于一定的发动机，相应于一定工况，化油器只能供应一定 α 值的可燃混合气，该 α 值究竟要满足动力性还是经济性，还是二者适当兼顾，需要根据汽车及发动机的各种工况进行具体分析。

车用汽油机的工况（负荷和转速）很复杂，如超车、制动、高速行驶、汽车在红灯信号下起步或怠速运转、汽车满载爬坡等，工况变化范围很大，负荷可以从 0 变化至 100%，转速可以从最低变化至最高。不同工况对可燃混合气成分的要求见表 8-1。发动机运转情况复杂，各种运转情况对可燃混合气的成分要求不同。起动、怠速、全负荷、加速运转时，要求供给浓混合气 $\alpha<1$；中等负荷运转时，随着节气门开度由小变大，要求供给由浓逐渐变稀的混合气，即 $\alpha=0.9\sim1.1$。

表 8-1　不同工况对可燃混合气成分的要求

工况	节气门开度	混合气 α	气缸内性能
怠速	接近于关闭	0.6 ~ 0.8	废气含量大
小负荷	逐渐开启	0.7 ~ 0.9	废气作用减弱
中等负荷	足够的开度	0.9 ~ 1.1	追求经济性
大负荷和全负荷	最大开度	0.85 ~ 0.95	要求供给最大功率

1. 怠速和小负荷

怠速时节气门处于关闭状态，混合气燃烧后的做功只用于克服发动机内部阻力，使发动机保持最底转速稳定运转。由于吸入气缸内的混合气数量少，且汽油雾化不良，缸内压力高于进气管压力，为保证混合气能正常燃烧，就必须提高其浓度。因此在小负荷时，也要提供浓混合气，但加浓程度随负荷增加而减小。

2. 中等负荷

此时节气门开度已足够大，可提供较稀的混合气，以获得最佳燃油经济性。发动机大部分工作时间都处于中等负荷状态。

3. 大负荷和全负荷

大负荷时，节气门开度已超过 75%，此时应随着节气门开度的加大逐渐加浓混合气，以满足发动机的功率要求。实际上，在节气门未全开前如需更大的转矩，只要把节气门进一步开大就能实现，不需要使用功率空燃比来提高功率，应继续使用经济空燃比来达到省油的目的。因此，在节气门全开之前，所有的部分负荷工况都应按经济混合气配制。只有在全负荷时，节气门已全开，必须提供功率混合气以获得最大功率。

三、电喷汽油发动机可燃混合气的产生

1. D 型 EFI 系统速度密度控制法（Speed Density Control Type）可燃混合气的产生

最早的电控燃油喷射系统为传统 D 型系统，空燃比和点火提前角采用开环控制。现已改进为闭环控制。D 型 EFI 系统组成框图如图 8-2 所示。通过进入气缸空气的压强 p_0、进气温度 T_0、发动机转速 n 计算得到发动机的进气流量 Q_m，即

$$Q_m = k\frac{np_0}{T_0}\tau(n) \tag{8-2}$$

$$(A/F)_{目标} = \frac{Q_m}{p_0} \qquad (8\text{-}3)$$

式中，$\tau(n)$ 为发动机的充气效率，且 $0 \leqslant \tau(n) \leqslant 1$；$k = \dfrac{\mu x v_0}{2R}$，其中 x 为发动机气缸数，v_0 为每缸燃烧室容积，μ 为摩尔分子量，R 为摩尔气体常数。

2. L 型 EFI 系统质量流量控制法（Mass-flow Control Type）**可燃混合气的产生**

利用空气流量计直接测量发动机的进气量，ECU 不必进行推算，可根据空气流量计信号计算与该空气量相应的喷油量。L 型 EFI 系统组成框图如图 8-3 所示。空气流量计的功用是测量进入发动机的空气流量，并将测量的结果转换为电信号传输给 ECU。空气流量计有多种形式，包括翼片式、热线式、热膜式和涡流式等。空气流量计性能对比见表 8-2。D 型和 L 型 EFI 系统性能对比见表 8-3。

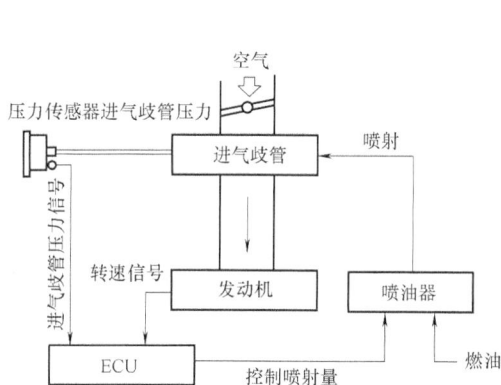

图 8-2　D 型 EFI 系统组成框图　　图 8-3　L 型 EFI 系统组成框图

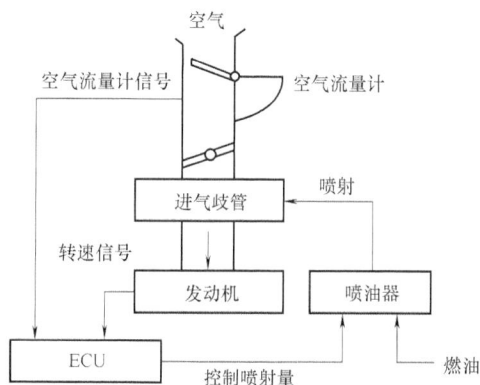

表 8-2　空气流量计性能对比

种类特性	热膜式	热线式	翼片式	涡流式
响应特性	良	良	差	良
怠速稳定性	良	良	良	良
排气再循环适用性	良	良	良	良
发动机性能随时间的变化	优	优	优	优
海拔高度修正	不要	不要	要	要
进气温度修正	不要	不要	要	要
安装性	良	良	良	良
成本	低	较高	较高	较高

表 8-3　D 型和 L 型 EFI 系统性能对比

种类特性	D 型	L 型
空气流量获取方式	间接	直接
精度	差	优
动态响应	慢	快
价格	低廉	高

四、电喷汽油机控制系统的种类与控制内容

电控汽油喷射系统概括起来可分为两大类和六小类。两大类即 D 型和 L 型 EFI 系统。六小类的分类如下。

1. 按喷油器的喷射位置分类

（1）缸内喷射 缸内喷射是将喷油器安装在气缸盖上直接向缸内喷油。

（2）进气管喷射 进气管喷射是将喷油器安装在进气总管或者进气歧管上，汽油由喷油器喷入进气总管（或进气歧管的进气门前）。

进气管喷射按照喷油器的安装部位又可分为单点喷射（SPI）和多点喷射（MPI）。

1）单点喷射。在节气门体上只装 1~2 只喷油器，向进气总管内喷油，形成可燃混合气。单点喷射系统如图 8-4 所示。在节气门上方装一个中央喷射装置，由 1~2 只喷油器集中喷油。单点喷射系统采用顺序喷射方式，结构简单，故障少，维修调整方便，广泛地应用于普通轿车和货车。

2）多点喷射。在每一缸的进气门前均安装一只喷油器，汽油直接喷射到各缸的进气门附近并与空气混合形成混合气。多点喷射系统如图 8-5 所示。每缸进气门处装有一个中央喷射装置，由 ECU 控制喷射。其燃油分配均匀性好，但控制系统复杂，成本高，主要用于中、高级轿车。

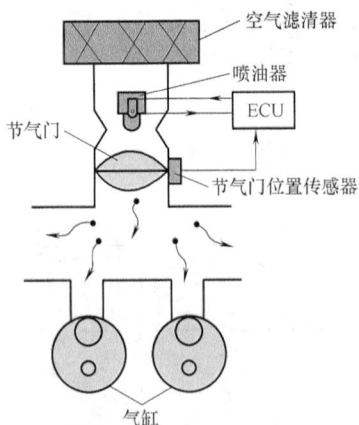

图 8-4 单点喷射系统

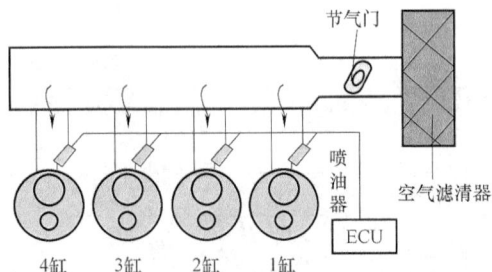

图 8-5 多点喷射系统

2. 按控制方式分类

（1）机械式汽油喷射系统 机械式汽油喷射系统先将空气流量计与燃油计量分配器组合在一起，空气流量计检测空气流量的大小后，靠连接杆（杠杆）传动操纵燃油计量分配器的柱塞动作，以燃油计量槽孔开度的大小控制喷油量，以达到控制混合气空燃比的目的，如 Bosch 公司的 K-Jetronic 系统即为机械式汽油喷射系统。

（2）机电混合式汽油喷射系统 机电混合式汽油喷射系统是在机械式汽油喷射系统的基础上加以改进，它与机械式汽油喷射系统的主要区别在于：在燃油计量分配器上安装了一个由 ECU 控制的电液式压差调节器，ECU 根据冷却液温度、节气门开度等传感器的输入信号控制电液式压差调节器动作。

（3）电子控制式汽油喷射系统 电子控制式汽油喷射系统是根据各种传感器送至 ECU

的发动机运行状况的信号，由 ECU 运算后，发出控制喷油量和点火时刻等多种执行指令，实现了多种功能的控制，如 Bosch 公司的 Motronic 系统（也称 L 型系统）即为电子控制式汽油喷射系统。

3. 按喷射方式分类

（1）**间歇喷射**　又称为脉冲喷射。汽油以脉冲方式在某一时间段内喷入进气管。

（2）**连续喷射**　又称为稳定喷射。其特点是在发动机运转期间汽油连续不断地喷射到进气歧管内，与发动机的工作顺序没有关系，大多应用于机械式或机电结合式汽油喷射系统中，如 Bosch 公司的机械式（K 型）和机电式（KE 型）喷射系统。

4. 按空气流量测量方式分类

（1）**质量流量方式**　利用空气流量计直接测出吸入的空气量（L 型）。

（2）**速度密度方式**　根据进气管压力和发动机转速，推算吸入的空气量，并计算燃油流量（D 型）。

（3）**节流速度方式**　根据节气门开度和发动机转速，推算吸入的空气量并计算燃油流量。

5. 按控制系统有无反馈信号分类

（1）**开环控制**　开环控制系统如图 8-6 所示。通过试验确定的发动机各工况最佳供油参数预先存入 ECU，在发动机运行时，ECU 根据系统中各传感器的输入信号，判断发动机自身所处的运行工况，从内部存储器中查出相应的控制参数，并计算出最佳喷油量，输出信号对执行机构进行控制。其精度直接依赖于所设定的基准数据和喷油器调整标定的精度。当使用工况超出预定范围时，不能实现最佳控制。

图 8-6　开环控制系统

（2）**闭环控制**　闭环控制是 ECU 以事先设定的控制参数控制发动机工作，同时还不断地检测发动机相关工作参数，根据检测到的信号对控制参数进行修正。闭环控制系统如图 8-7 所示。在系统中，发动机排气管上加装了氧传感器，根据排气中含氧量的变化，判断实际进入气缸的混合气空燃比，再通过微机与设定的目标空燃比进行比较，并根据误差修正喷油量，空燃比控制精度较高。

6. 按喷油正时不同分类

（1）**同时喷射**　电喷汽油喷射系统同时喷射如图 8-8 所示。将各气缸的喷油器并联，所有喷油器由微机的同一个指令控制，同时喷油、同时断油。其缺点是由于各缸对应的喷射时间不可能最佳，有可能造成各缸混合气形成不一样。

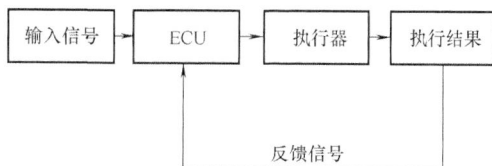

图 8-7　闭环控制系统

但这种喷射方式不需要气缸判别信号，而且喷射驱动回路通用性好，其电路结构与软件都较简单。

（2）**分组喷射**　电喷汽油喷射系统分组喷射如图 8-9 所示。将各气缸的喷油器分成几组，同一组喷油器同时喷油或断油。分组喷射是将喷油器分成 2~3 组交替喷射，ECU 发出

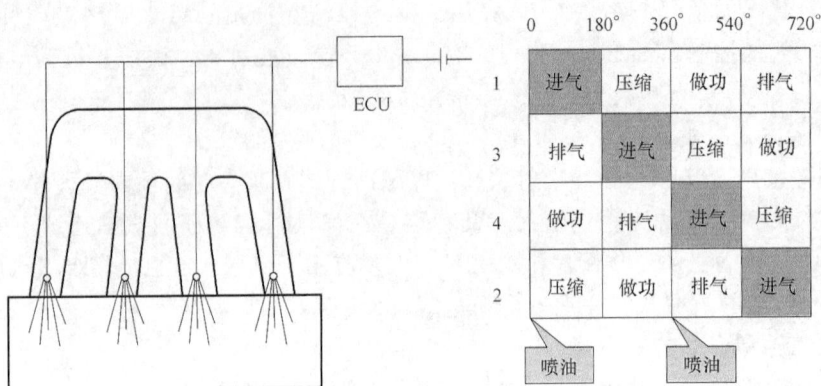

图 8-8　同时喷射

缸	0°–180°	180°–360°	360°–540°	540°–720°
1	进气	压缩	做功	排气
3	排气	进气	压缩	做功
4	做功	排气	进气	压缩
2	压缩	做功	排气	进气

喷油　喷油

两路喷油指令，每路指令控制一组喷油器，这种结构形式较同时喷射系统要精细、先进一些。

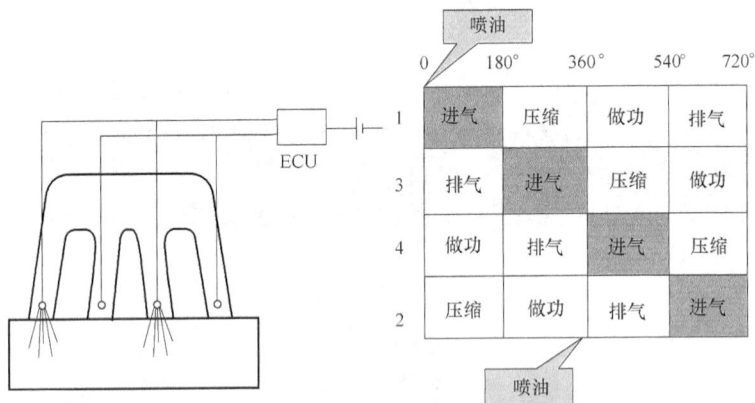

图 8-9　分组喷射

喷油

缸	0°–180°	180°–360°	360°–540°	540°–720°
1	进气	压缩	做功	排气
3	排气	进气	压缩	做功
4	做功	排气	进气	压缩
2	压缩	做功	排气	进气

喷油

（3）顺序喷射　电喷汽油喷射系统顺序喷射如图 8-10 所示。喷油器由微机分别控制，按发动机各气缸的工作顺序喷油。顺序喷射系统也称为独立喷射，其喷油器按发动机各缸进气行程的顺序轮流喷射，由 ECU 根据曲轴位置传感器提供的信号判别各缸的进气行程，适

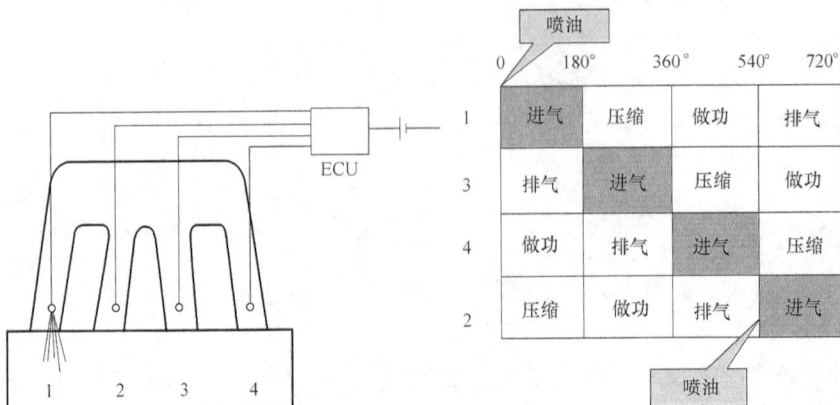

喷油

缸	0°–180°	180°–360°	360°–540°	540°–720°
1	进气	压缩	做功	排气
3	排气	进气	压缩	做功
4	做功	排气	进气	压缩
2	压缩	做功	排气	进气

喷油

图 8-10　顺序喷射

时发出各缸的喷油脉冲信号，以实现次序喷射的功能。顺序喷射是目前电喷系统中最先进、最精细的结构形式。

电喷汽油机控制系统的主控内容包括汽油喷射控制和点火控制。其中，汽油喷射控制包括喷油量、喷油定时、断油、闭缸、电动燃油泵控制；点火控制包括点火时刻、点火闭合角、防止爆燃控制。

电喷汽油机控制系统的辅控内容包括怠速控制、排放控制、可变进气机构控制、进气增压控制、自动变速器控制、自诊断功能测试控制、故障保护和备用系统控制、其他功能扩展控制。其中，排放控制包括燃油蒸发回收、排气再循环、二次空气喷射、三元催化转换器净化控制等；其他功能扩展控制包括巡航控制、冷却风扇控制、空调压缩机控制、发电机控制等。

五、电喷汽油机控制系统的组成与工作原理

电喷汽油机是在曲柄连杆机构、配气机构、燃料供给系统、润滑系统、冷却系统、点火系统、起动系统等传统发动机结构的基础上，增加传感器、执行器、电子控制器和电器开关等组成。电控燃油喷射系统组成如图 8-11 所示。电喷汽油机主要由空气供给系统（供气系统）、燃油供给系统（供油系统）和电子控制系统组成。电子控制燃油喷射装置是用电子控制单元（ECU）控制发动机所需燃油量。ECU 综合各种不同传感器送来的信息做出判断，控制喷油器以一定的压力，正确、迅速地把燃料喷射到发动机进气歧管里，与吸入的空气混合后，进入气缸内。

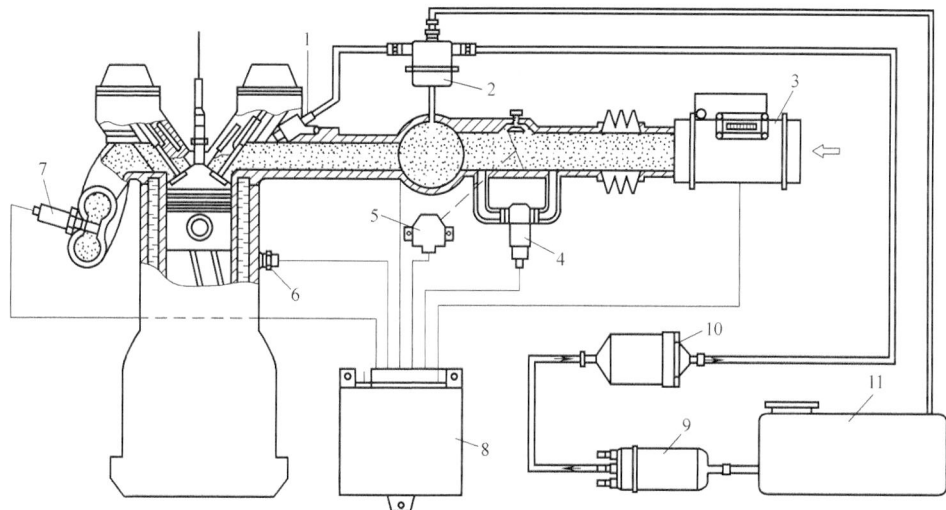

图 8-11　电控燃油喷射系统组成

1—喷油器　2—油压调节器　3—空气流量计　4—怠速空气调节器　5—节气门位置开关　6—冷却液温度传感器
7—氧传感器　8—电子控制单元　9—电动燃油泵　10—燃油滤清器　11—油箱

1. 空气供给系统

（1）**功用和组成**　进气系统的功能要求是为电喷发动机提供计量实时准确、进气量动态范围宽的空气，保证其顺利地进到每个燃烧室。空气供给系统组成如图 8-12 所示。空气

供给系统由空气滤清器、进气管、节气门体、怠速控制阀等组成，其作用包括滤清、调节和分配等。

a）L型

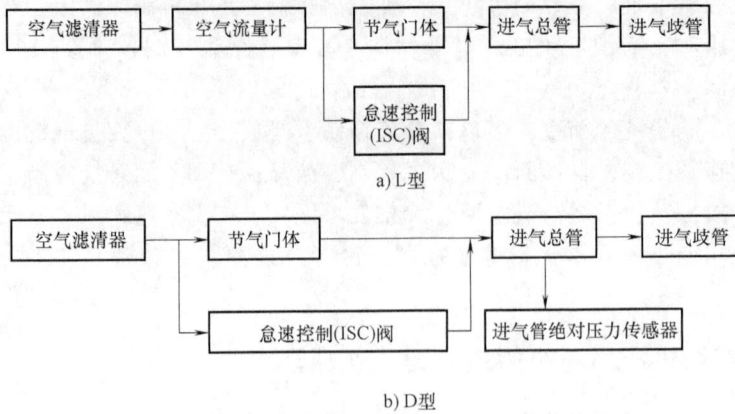

b）D型

图 8-12　空气供给系统组成框图

（2）**节气门体**　节气门体安装在进气管中控制发动机正常工况下的进气量。节气门体实物如图 8-13 所示。节气门体置于空气流量计和发动机之间的进气管上，节气门与驾驶人的加速踏板联动，通过改变进气通路的截面积，控制发动机运转工况。节气门体包括节气门及壳体等一系列部件。

1）多点喷射节气门体。多点喷射（Multi-Point Injection，MPI）节气门体主要起控制进气量的作用，其结构组成如图 8-14 所示。体内装有节气门、节气门开度传感器、通气道和节气门缓冲器等。

图 8-13　节气门体实物图

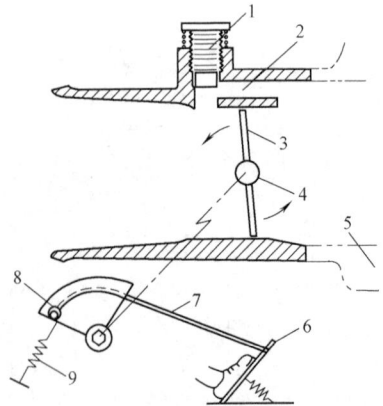

图 8-14　MPI 节气门体

1—旁通螺钉　2—旁通通路　3—节气门
4—轴　5—稳压箱　6—加速踏板
7—加速踏板拉线　8—操纵臂　9—回位弹簧

2）单点喷射节气门体。单点喷射（Single-Point Injection，SPI）节气门体较 MPI 节气门体结构复杂，原因在于 SPI 节气门体内还装有集中供油用的主喷油器、压力调节器和节气门位置传感器。主喷油器只有一只，装在节气门壳体的上部，所喷出的燃油要供给发动机各缸使用。SPI节气门体结构组成如图8-15所示。

空气阀的作用是在发动机低温起动时，可通过空气阀为发动机提供额外的空气（此部分空气也由空气流量计计量），保持发动机怠速稳定运转，使发动机起动后迅速暖车，从而缩短暖车时间。空气阀一打开，发动机吸入的空气量就能被空气流量计测出，并将该信号传给ECU，从而使喷油器的喷油量增加，实现在低温下顺利起动发动机。发动机完成暖机运转之后，流经空气阀的空气随即被切断，发动机吸入的空气改由节气门体的旁通通路供给，使发动机在通常的怠速工况下稳定运转。

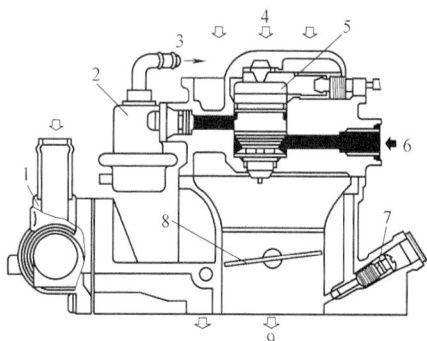

图8-15　SPI节气门体

1—空气阀　2—压力调节器　3—接燃油箱
4—来自空气滤清器的空气　5—主喷油器
6—来自燃油泵的燃油　7—怠速调整螺钉
8—节气门　9—通往发动机的混合气

2. 燃油供给系统

（1）功用和组成　燃油供给系统要求具有抗堵塞、抗污染、抗气阻的综合能力，其作用是为电喷发动机提供计量实时准确、喷油量动态范围宽的可燃混合气，并保证其顺利、均匀地进入每个燃烧室。燃油供给系统组成如图8-16所示，其在汽车上的安装示意图如图8-17所示。燃油供给系统由油箱、油管、燃油泵、燃油滤清器、油压脉动阻尼器、油压调节器、喷油器等组成。

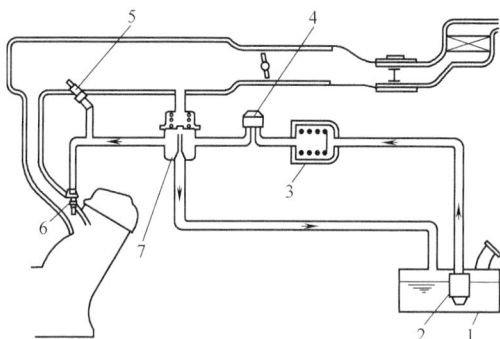

图8-16　燃油供给系统组成

1—燃油箱　2—燃油泵　3—燃油滤清器
4—油压脉动阻尼器　5—冷起动喷油器
6—喷油器　7—油压调节器

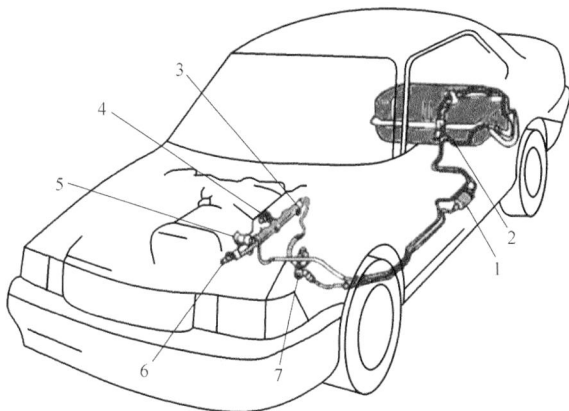

图8-17　燃油供给系统在汽车上的安装示意图

1—燃油滤清器　2—燃油泵　3—输油管
4—冷起动喷油器　5—油压调节器
6—喷油器　7—油压脉动阻尼器

（2）电动燃油泵

1）电动燃油泵的分类及结构原理。按安装位置不同分为内置式和外置式。其中，内置式电动燃油泵安装在油箱中，具有噪声小、不易产生气阻、不易泄漏、管路安装简单等特点；外置式电动燃油泵串接在油箱外部的输油管路中，易布置，安装自由，但噪声大，易产生气阻。

按电动燃油泵的结构不同分为涡轮式、滚柱式、转子式。

① 滚柱式电动燃油泵的结构与原理。滚柱式电动燃油泵主要由燃油泵电动机、滚柱式燃油泵、出油阀、卸压阀等组成。滚柱式电动燃油泵的结构如图 8-18 所示。当转子旋转时，位于转子槽内的滚柱在离心力的作用下，紧压在泵体内表面上，对周围起密封作用，在相邻两个滚柱之间形成工作腔。在燃油泵运转过程中，工作腔转过出油口后，其容积不断增大，形成一定的真空度，当转到与进油口连通时，将燃油吸入；而吸满燃油的工作腔转过进油口后，容积不断减小，使燃油压力提高，受压燃油流过电动机，从出油口输出。

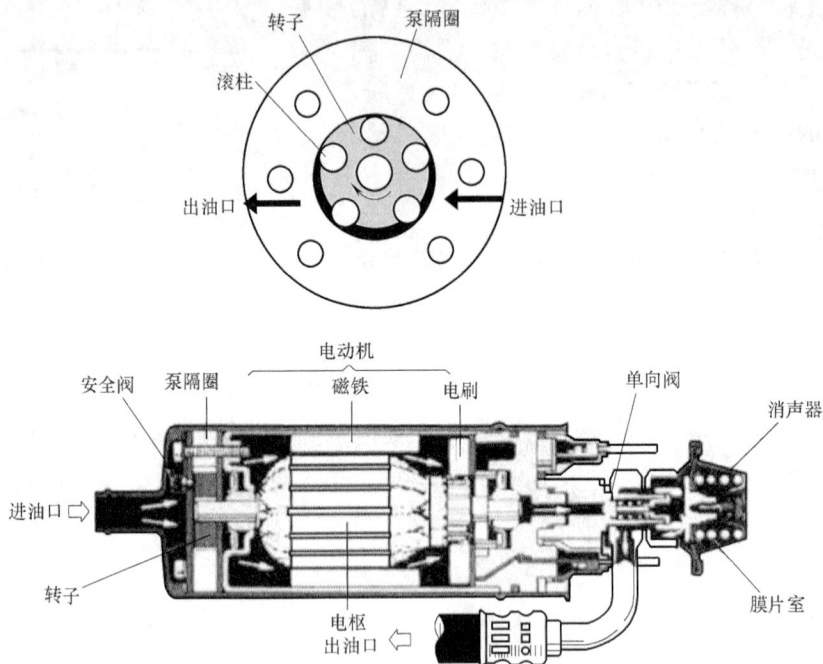

图 8-18 滚柱式电动燃油泵结构

② 涡轮式电动燃油泵的结构与原理。涡轮式电动燃油泵主要由燃油泵电动机、涡轮泵、出油阀、卸压阀组成。结构与滚柱泵相似，但转子是圆形平板，平板圆周上开有小槽，形成泵油叶片。涡轮式电动燃油泵的结构如图 8-19 所示。油泵电动机通电时，电动机驱动涡轮泵叶片旋转，由于离心力的作用，使叶轮周围小槽内的叶片贴紧泵壳，将燃油从进油室带往出油室。由于进油室的燃油不断减少，形成一定的真空度，将燃油从进油口吸入；而出油室燃油不断增多，燃油压力升高，当达到一定值时，燃油顶开出油阀出油口输出。出油阀在油泵不工作时阻止燃油流回油箱，保持油路中有一定的压力，便于下次起动。涡轮式电动燃油泵具有泵油量大、泵油压力较高、供油压力稳定、运转噪声小、使用寿命长等优点。此外，由于不需要消声器所以可以小型化，因此广泛应用在轿车上，

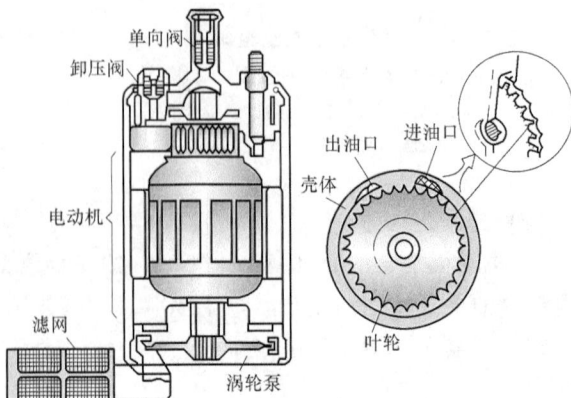

图 8-19 涡轮式电动燃油泵结构

如捷达、本田雅阁。

2）电动燃油泵的控制。燃油泵的工作有两种控制方式：一是工作时刻的控制，即为了保证车辆的安全，只有在发动机运转送来相应的信号时，燃油泵才工作；二是转速的控制，即在发动机高速和低速运转时，燃油泵也相应地有高速和低速运转两种工作方式。

① ECU控制的燃油泵控制。主要应用在装用D型EFI和装用热式和卡门旋涡式空气流量计的L型EFI系统中。ECU控制的燃油泵控制电路如图8-20所示。燃油泵ECU控制方式受命于发动机ECU的指令，然后再控制燃油泵的转速。在发动机低转速、小负荷工况下，发动机ECU的FPC端向燃油泵ECU的FPC端送入一个低电平信号，使然油泵ECU的FP端输出一个较低的电压（9V左右）给燃油泵，燃油泵低速运转，减小泵油量。当发动机处于高转速、大负荷工况时，发动机ECU的FPC端向燃油泵ECU的FPC端送入一个较高的电平信号，FP端输出一个较高的电压（12V左右）使燃油泵高速运转增加泵油量。当发动机处于最低转速（120r/min）时，发动机ECU判断为要熄火停机状态，令燃油泵ECU停止燃油泵的工作。

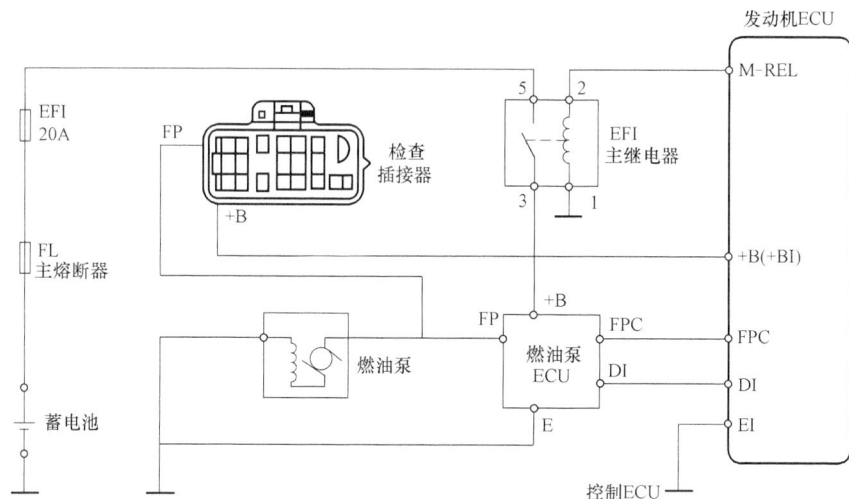

图8-20　ECU控制的燃油泵控制电路

② 燃油泵开关控制的燃油泵控制。主要用于装用叶片式空气流量计的L型EFI系统中。这种控制燃油泵工作的特点是只有在发动机运转时，流量传感器的触点K在进气的作用下闭合后，燃油泵必须接通电路才得以工作。因此，触点K也称为燃油泵开关。燃油泵开关控制的燃油泵控制电路如图8-21所示。当点火开关ST端子接通时，起动机继电器线圈通电使触点闭合，此时开路继电器中L_1线圈通电使其触电闭合，从而通过主继电器、开路继电器向燃油泵供电，油泵工作；发动机正常运转时，点火开关IG端子与电源接通，同时空气流量计测量板转动使油泵开关闭合，开路继电器L_2线圈通电，使开路继电器触点保持闭合，油泵继续工作。发动机停转时，L_1和L_2线圈不通电，燃油泵停止工作。

③ 燃油泵继电器控制的燃油泵控制。此控制电路根据发动机转速和负荷的变化，通过燃油泵继电器改变油泵的供电线路，从而控制油泵的工作转速。燃油泵继电器控制的燃油泵控制电路如图8-22所示。点火开关STA接通，起动机继电器闭合，同时ECU有STA信号，

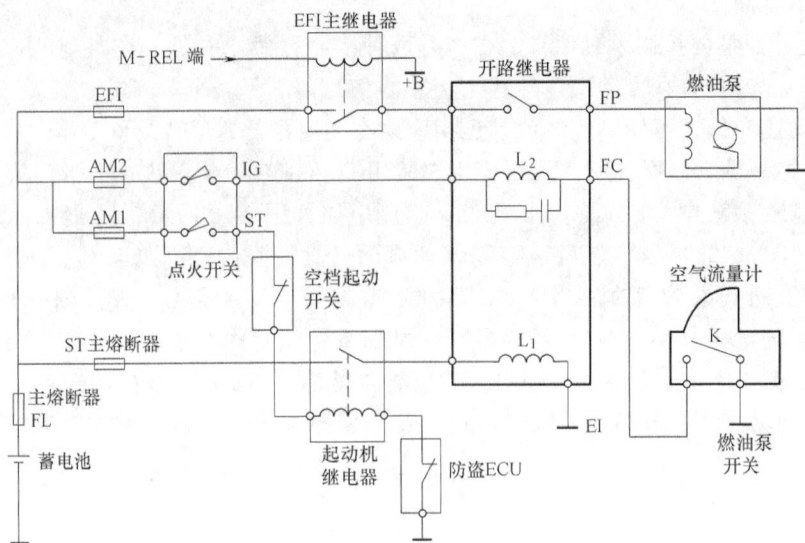

图 8-21　燃油泵开关控制的燃油泵控制电路

点火开关点火，起动机起动；STA 信号和 Ne 信号输入 ECU，VT_1 接通，开路继电器闭合，燃油泵运转；起动或大负荷时，ECU 中的 VT_2 断开，燃油泵继电器闭合，燃油泵高速运转；怠速或小负荷时：ECU 中的 VT_2 接通，燃油泵继电器断开，电流流过燃油泵电阻器，燃油泵低速运转。

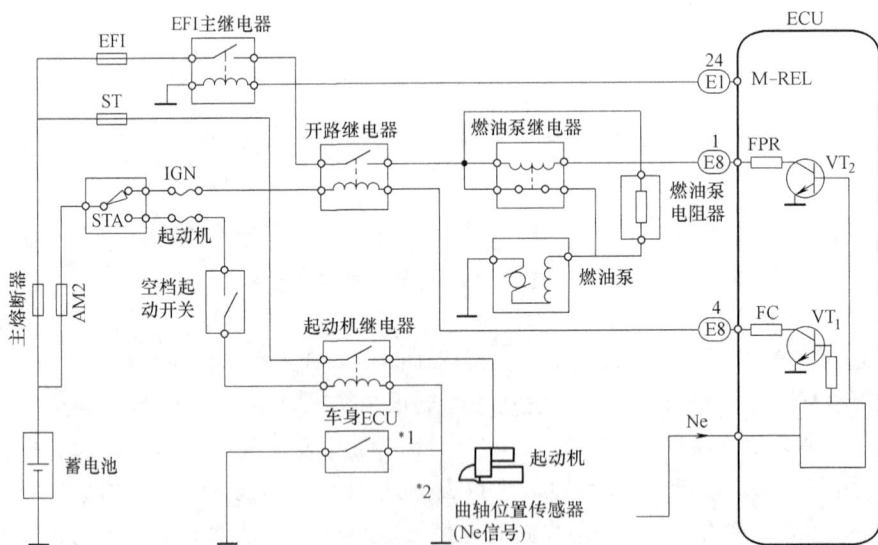

图 8-22　燃油泵继电器控制的燃油泵控制电路

（3）**燃油滤清器**　燃油滤清器的作用是滤清燃油中的杂质和水分，防止燃油系统堵塞，减小机件磨损，保证发动机正常工作。燃油滤清器结构如图 8-23 所示。一般采用纸质滤芯，每行驶 20000～40000km 或 1～2 年应更换燃油滤清器，安装时应注意燃油流动方向的箭头，不能装反。

（4）**燃油压力脉动阻尼器** 燃油压力脉动阻尼器的作用是减小喷油器喷油时油路中的油压可能会产生的微小波动，使系统压力保持稳定。燃油压力脉动阻尼器结构如图 8-24 所示。燃油压力脉动阻尼器由膜片、膜片弹簧、阀片和外壳组成。发动机工作时，燃油经过脉动阻尼器膜片下方进入输油管，当燃油压力产生脉动时，膜片弹簧被压缩或伸张，膜片下方的容积稍有增大或减小，从而起到稳定燃油系统压力的作用。

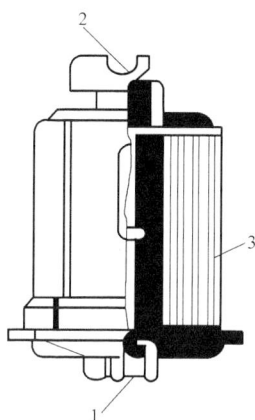

图 8-23 燃油滤清器结构

1—入口 2—出口 3—滤芯

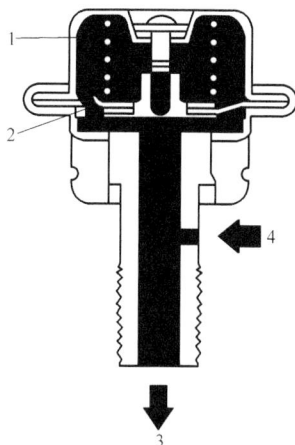

图 8-24 燃油压力脉冲阻尼器结构

1—膜片弹簧 2—膜片 3—出油口 4—进油口

（5）**燃油压力调节器** 燃油压力调节器的作用是使燃油分配管与进气歧管之间的压力差保持恒定，使喷油器的喷油量唯一地取决于喷油器的开启时间。燃油压力调节器的结构如图 8-25 所示，压力调节特性曲线如图 8-26 所示。燃油压力调节器主要由阀片、膜片、膜片弹簧和外壳组成。发动机工作时，燃油压力调节器膜片上方承受的压力为弹簧压力和进气管内气体的压力之和，膜片下方承受的压力为燃油压力，当压力相等时，膜片处于平衡位置不动。当进气管内气体压力下降时，膜片向上移动，回油阀开度增大，回油量增多，使输油管内燃油压力也下降；反之，进气管内气体压力升高时，燃油的压力也升高。

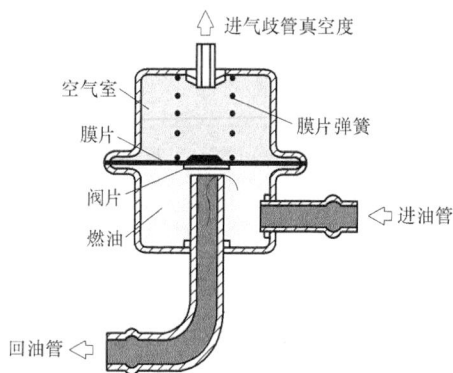

图 8-25 燃油压力调节器结构

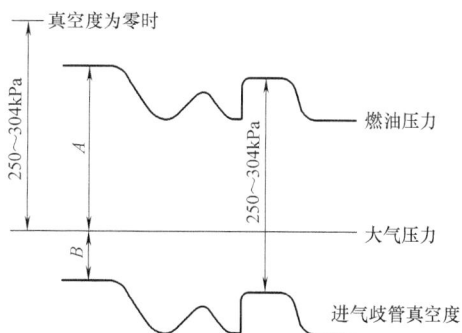

图 8-26 压力调节特性曲线

（6）喷油器

1）喷油器的构造与工作原理。喷油器的作用是在恒定压力下定时、定量地喷油并使之雾化。喷油器按照 ECU 的指令将一定数量的汽油适时地喷入进气道或进气管内，并与其中的空气混合形成可燃混合气。

按喷油口的结构不同，喷油器可分为轴针式和孔式两种。喷油器的结构如图 8-27 所示。喷油器主要由滤网、线束插接器、电磁线圈、回位弹簧、衔铁和针阀等组成，针阀与衔铁制成一体。轴针式喷油器的针阀下部有轴针伸入喷口。

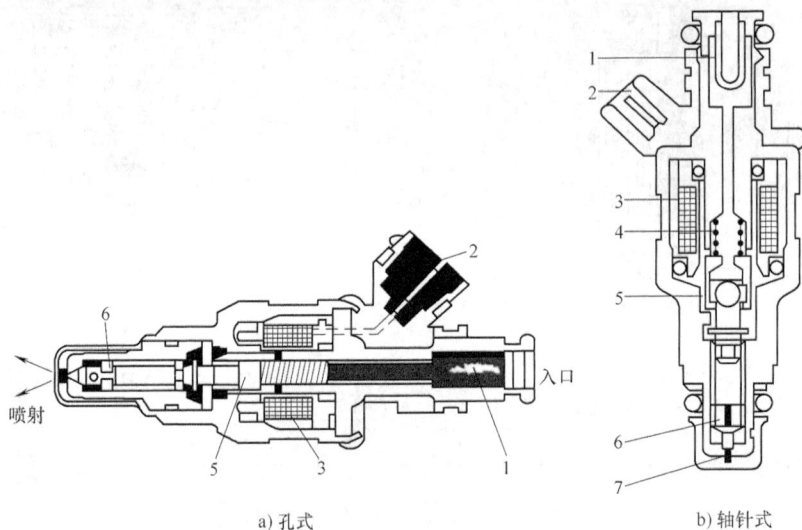

a) 孔式　　　　　　　　　　b) 轴针式

图 8-27　喷油器结构

1—进油滤网　2—线束插接器　3—电磁线圈　4—回位弹簧　5—衔铁　6—针阀　7—轴针

喷油器不喷油时，回位弹簧通过衔铁使针阀紧压在阀座上，防止滴油。当电磁线圈通电时，产生电磁吸力，将衔铁吸起并带动针阀离开阀座，同时回位弹簧被压缩，燃油经过针阀并由轴针与喷口的环隙或喷孔中喷出；当电磁线圈断电时，电磁吸力消失，回位弹簧迅速使针阀关闭，喷油器停止喷油。

2）喷油器的驱动方式。喷油器的驱动方式如图 8-28 所示，可分为电流驱动式和电压驱动式。

① 电流驱动式。电流驱动式喷油器的驱动电脉冲开始时是一个较大的电流，使电磁线圈产生较大的吸力，以打开针阀，然后再用较小的电流来保持针阀的

a) 电流驱动　　b) 电压驱动(低阻)　　c) 电压驱动(高阻)

图 8-28　喷油器驱动方式

开启。这种喷油器一般为低阻抗型，电磁线圈的电阻一般为 $2\sim3\Omega$。喷油器针阀的升程很小，一般为 $0.1\sim0.2\text{mm}$，以保证针阀反应快捷，在数毫秒之内开启和关闭。

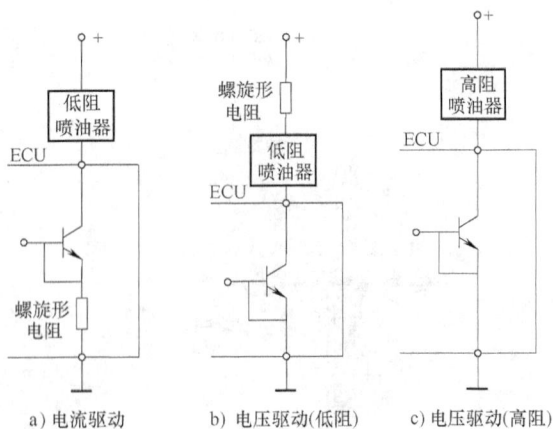

②电压驱动式。电压驱动是指微机驱动喷油器喷油的电脉冲的电压恒定，又可分为高阻抗型和低阻抗型两种。低阻抗型喷油器是用 5~6V 的电压驱动，电磁线圈的电阻较小，为 3~4Ω，不能直接和 12V 电源连接，否则会烧坏电磁线圈；高阻抗型喷油器是用 12V 电压驱动，电磁线圈电阻较大，为 12~16Ω，在检修时可直接和 12V 电源连接。

（7）**冷起动喷油器**　冷起动喷油器的功用是当发动机低温起动时，向进气管喷入一定数量附加的汽油，以加浓混合气，改善发动机的冷起动性能，其开启和持续喷油的时间取决于发动机的温度。冷起动喷油器控制电路如图 8-29 所示。发动机起动时，起动机继电器线圈通电，触点闭合，使蓄电池电压送至冷起动喷油器，正时开关控制冷起动搭铁回路接通，冷起动喷油器喷油。若冷却液温度较高，则正时开关断开，冷起动喷油器不喷油。

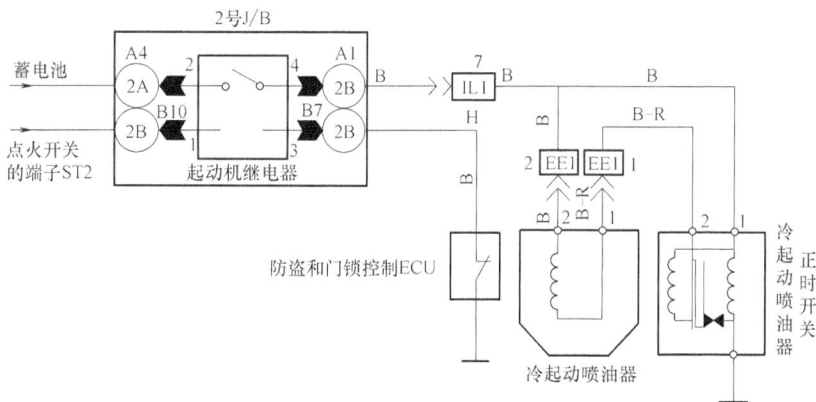

图 8-29　冷起动喷油器控制电路

3. 电子控制系统

发动机电子控制系统要求能根据需要把各种传感器送来的信号，用内存程序和数据进行查找、运算、处理，并把处理结果（包括喷油器喷射控制信号、点火控制信号、急速控制信号、电动燃油泵控制信号、排气再循环控制信号和自动变速器换档转速信号等）送往输出回路。

输出回路为微处理器与执行器之间建立联系的一部分装置，它将微处理器发出的决策指令，转换成控制信号驱动执行器工作。输出回路一般起着控制信号的生成和放大等功能。微处理器输出是数字信号，而且输出电流极小，用这种信号一般不能驱动执行器动作，因此需要输出电路将其转换成可以驱动执行器工作的控制信号（包括喷油器驱动信号、燃油泵控制信号、点火闭合角控制信号、急速马达控制信号、排气再循环电磁阀控制信号等）来完成。电喷发动机电子控制器的基本构成如图 8-30 所示。电子控制系统由各种传感器和执行器、控制器和主继电器等组成，其作用包括喷油量控制和点火控制等。

（1）**曲轴位置传感器**　曲轴位置传感器检测曲轴转角，给 ECU 提供发动机转速信号和曲轴转角信号，作为燃油喷射和点火控制的主控信号。曲轴位置传感器用来确定相对于每缸压缩上止点的喷油定时和点火定时，在顺序喷射发动机上还需要有判缸信号。曲轴位置传感器主要有四种类型：光电式、磁感应式、霍尔式和差动霍尔式。其中，磁感应式曲轴位置传感器利用电磁线圈产生的脉冲信号来确定发动机转速和各缸的工作位置。它由信号轮和传感器头组成，信号轮安装在曲轴尾部并随其旋转，传感器头固定在飞轮壳上。曲轴位置与曲轴

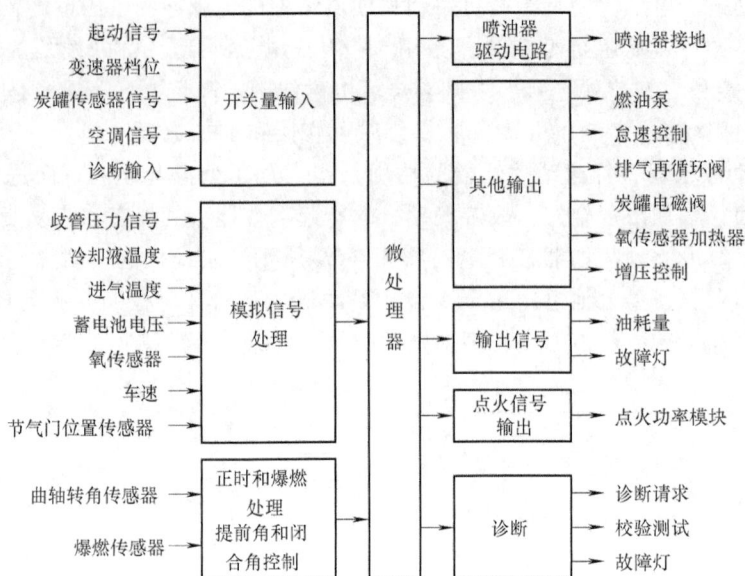

图 8-30　电喷发动机电子控制器基本构成

转角传感器的安装如图 8-31 所示，磁感应式曲轴位置传感器的两个缺齿指示为第一缸发动机的上止点前某个固定位置，当信号触发齿盘经过传感器的磁头时，传感器产生的交变电压信号频率随发动机转速变化而变化。发动机 ECU 根据交变电压的频率和缺口信号，识别发动机转速变化和第一缸上止点位置。霍尔式曲轴位置传感器是 ECU 通过电源使电流通过霍尔晶体管，旋转转子的凸齿经过磁场时使磁场强度改变，霍尔晶体管产生的霍尔电压放大后输送给 ECU，ECU 根据霍尔电压产生的次数确定曲轴转角和发动机转速。

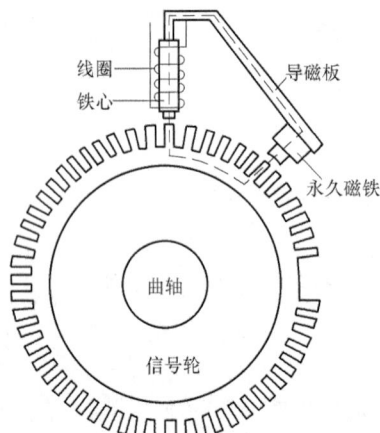

图 8-31　曲轴位置与曲轴
转角传感器的安装

　　（2）凸轮轴位置传感器　凸轮轴位置传感器给 ECU 提供曲轴转角基准位置（第一缸压缩上止点）信号，作为燃油喷射控制和点火控制的主控信号。凸轮轴位置传感器识别第一缸的压缩上止点，从而进行顺序喷油控制、点火控制和爆燃控制。

　　（3）空气流量传感器　空气流量传感器用来将吸入的空气量转换成电信号送给 ECU，作为决定喷油量的基本信号之一。

　　（4）进气歧管绝对压力传感器　进气歧管绝对压力传感器依据发动机负荷状况，测出进气歧管中绝对压力的变化，并将其转换成电压信号，与转速信号一起送到 ECU，作为确定基本喷油量的依据。

　　（5）气温传感器　气温传感器监测进气温度的高低，多安装在进气主管上。

　　（6）冷却液温度传感器　冷却液温度传感器监测发动机冷却液温度的高低，安装在发动机水套的出水口上端位置。汽车工作时，曲轴位置和凸轮轴位置上的霍尔式传感器控制发动机的顺序点火正时与顺序喷油正时。冷却液温度传感器对发动机的空燃比控制、点火控制、怠速控制、排放控制均有重要修正影响，主要表现为：

1）在发动机的空燃比控制系统中，冷却液温度低时，混合气要偏浓；冷却液温度高时，混合气可适当减稀。

2）在发动机的点火控制系统中，冷却液温度低时，点火提前角应适当增大；冷却液温度高时，点火提前角应适当减小。

3）在发动机的怠速控制系统中，冷却液温度低时，怠速转速比稳定怠速转速要高，加快热机过程；冷却液温度正常时，怠速转速进入正常怠速控制范围。

4）在排放控制系统中，冷却液温度低时，排气再循环（EGR）停止工作；冷却液温度高时，EGR 视发动机负荷和转速工况进行部分 EGR 控制。

(7) 节气门位置传感器　节气门位置传感器（Throttle Position Sensor，TPS）用于检测节气门的开度及开度变化，此信号输入 ECU，由 ECU 判断发动机的工况（如怠速工况、部分负荷工况、大负荷工况等），控制燃油喷射时间及其他辅助控制（变速器换档和变矩器锁止时机等）。它通过一个电位计检测节气门位置，在 M-Jetronic 燃油喷射系统中，起到一个负荷传感器的作用。在其他喷油系统中，它用来检测发动机的节气门的开度和加速、减速信号。

1）开关式节气门位置传感器。开关式节气门位置传感器由滑动触点和两个固定触点（功率触点和怠速触点）组成。开关式节气门位置传感器的触点状态如图 8-32 所示。节气门全关闭时，可动触点与怠速触点接触，当节气门开度达 50% 以上时，可动触点与全开触点接触，检测节气门大开度状态。

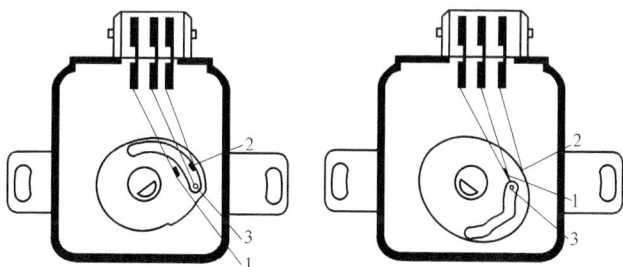

图 8-32　开关式节气门位置传感器的触点状态
1—全开触点　2—怠速触点　3—可动触点

2）线性式节气门位置传感器。线性节气门位置传感器安装在节气门上，它可以连续检测节气门的开度。线性节气门位置传感器如图 8-33 所示。在传感器上安装了两个与节气门

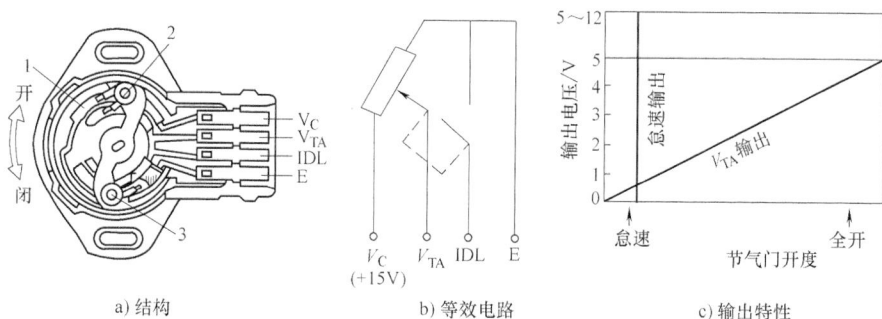

a) 结构　　　b) 等效电路　　　c) 输出特性

图 8-33　线性节气门位置传感器
1—电阻膜　2—节气门电刷触头　3—怠速动触点

联动的电刷触头，其中一个电刷触头在印制电路基片上的滑动电阻上滑动，利用电阻值的变化，测得与节气门开度对应的线性输出电压，根据输出电压值可知节气门的开度。另一个电刷触头在节气门关闭时与怠速动触点 IDL 接触。

（8）氧传感器　在三元催化转化器的上游安装一个氧传感器，用来检测混合气的空燃比较化学计量比大还是小，并向 ECU 发出反馈信号，调节喷油量，将混合气空燃比控制在化学计量比附近，使三元催化转化器转换效率最高。这种控制方式称为闭环控制方式。氧传感器的输出特性如图 8-34 所示。

最常用的氧传感器是氧化锆式氧传感器。氧化锆传感器内侧通大气，外侧裸露在排气中。如果陶瓷体内侧大气中含氧量与陶瓷体外侧的含氧量不同，在氧化锆内、外两侧极间就会产生一个电压。当混合气稀时，氧化锆传感器产生的电压低（接近于 0V）；当混合气浓时，氧化锆传感器产生的电压高（约 1V）。

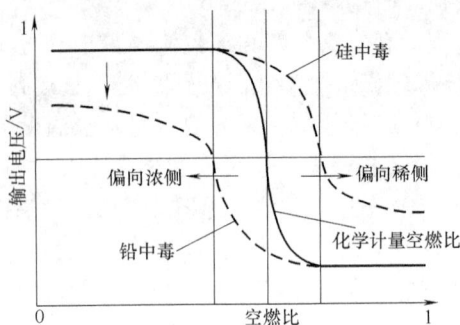

图 8-34　氧传感器的输出特性

在化学计量比附近，电压有突变，氧传感器起到一个浓、稀开关的作用。只有采用电控燃油喷射（EFI）系统闭环控制系统，才能将空燃比控制在化学计量比附近，使三元催化转化器的净化效率最高。而化油器式发动机是无法实现此要求的。

三种发动机的主要控制器件比较见表 8-4。

表 8-4　三种发动机的主要控制器件比较

对比项目	广本 2.4L	别克君威 2.5L	帕萨特 1.8T
曲轴位置传感器	电磁式	电磁式	电磁式
凸轮轴位置传感器	电磁式	霍尔式	霍尔式
点火分配方式	每缸线圈分配点火	六缸线圈分配点火	每缸线圈分配点火
怠速控制方式	怠速旋转电磁阀控制	怠速步进电机式	怠速步进电机式
节气门类型	非电子节气门	非电子节气门	电子节气门式
排气循环控制	非排气循环控制	排气外循环	非排气外循环控制
喷油控制	顺序喷油控制	顺序喷油控制	顺序喷油控制
进气检测	歧管压力检测	L 型和 D 型空气流量混合式	L 型空气流量传感器
排气检测	双空燃比传感器	单氧传感器	双氧传感器
燃油蒸发排放控制	活性炭罐控制式	活性炭罐控制式	活性炭罐控制式
节气门位置传感器	线性 TPS	线性 TPS	线性 TPS

4. 汽油喷射控制

（1）喷射正时控制　在采用间歇喷射方式的电控燃油喷射系统中，微机必须控制喷油器喷油的开始时刻，这就是喷油正时控制。其控制目标一般是在进气行程开始前喷油结束。

1）同步喷油正时控制。喷油时刻与发动机旋转同步，在固定的曲轴转角位置进行喷射。

同步喷油正时控制分为：

① 顺序喷射正时控制。顺序喷射正时控制电路如图 8-35 所示。喷油器驱动回路数与气缸数相等。ECU 根据凸轮轴位置传感器（G 信号）、曲轴位置传感器（Ne 信号）和发动机的做功顺序确定各气缸的工作位置。当确定各缸活塞运行至排气行程上止点前某一位置时，ECU 输出喷油控制信号，接通喷油器电磁线圈电路，该缸开始喷油。

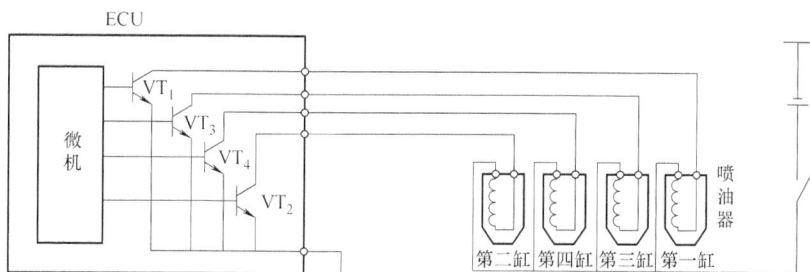

图 8-35　顺序喷射正时控制电路

② 分组喷射正时控制。分组喷射正时控制电路如图 8-36 所示。把所有喷油器分成 2~4 组，由 ECU 分组控制喷油器。以各组最先进入做功的气缸为基准，在该气缸排气行程上止点前某一位置，ECU 输出指令信号，接通该组喷油器电磁线圈电路，该组喷油器开始喷油。

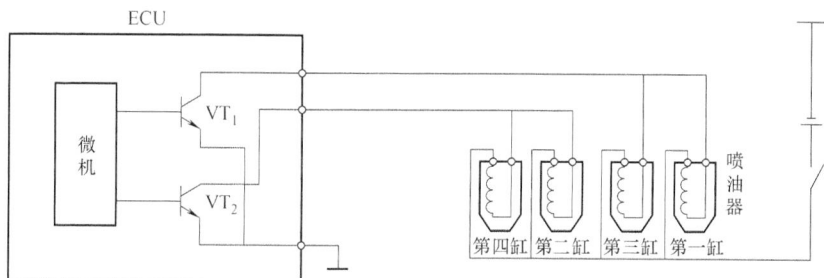

图 8-36　分组喷射正时控制电路

③ 同时喷射正时控制。同时喷射正时控制电路如图 8-37 所示。所有各缸喷油器由 ECU 控制同时喷油和停油。喷油正时控制是以发动机最先进入做功行程的气缸为基准，在该缸排气行程上止点前某一位置，ECU 输出指令信号，接通所有喷油器电磁线圈电路，喷油器开始喷油。

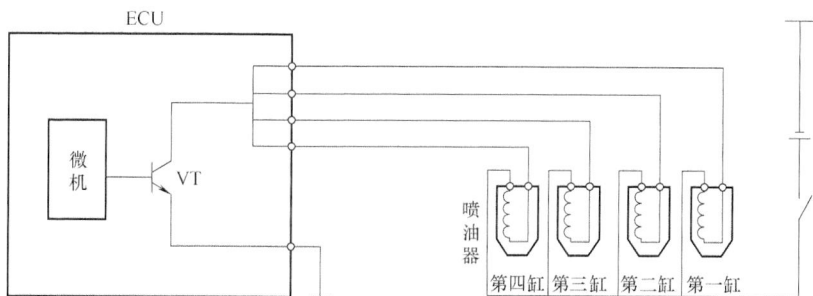

图 8-37　同时喷射正时控制电路

2）异步喷油正时控制。喷油时刻与曲轴转角无关，与发动机的实际工况有关，是同步喷油的补充，起追加喷油（起动、起步、加速）的作用。

① 起动时异步喷油正时控制。在部分电控燃油喷射系统中，为改善发动机的起动性能，在发动机起动时，除同步喷油外，再增加一次异步喷油。在起动开关处于接通状态时，ECU在接收到第一个上止点信号（G信号）后，接收到第一个曲轴位置传感器信号（Ne信号）时，开始进行起动时的异步喷油。

② 加速时异步喷油正时控制。发动机由怠速工况向汽车起步工况过度时，由于燃油惯性等原因，会出现混合气稀的现象。为了改善起步加速性能，ECU根据节气门位置传感器中怠速触点输送的怠速信号（IDL信号）从接通到断开后检测到第一个Ne信号时，增加一次固定量的喷油。有些发动机电控燃油喷射系统为使发动机加速更灵敏，当节气门迅速开启或进气量突然增加（急加速）时，在同步喷射的基础上再增加异步喷射。

（2）喷油量的控制 喷油量控制的目的是使发动机在各种运行工况下，都能获得最佳的喷油量，以提高发动机的经济性和降低污染排放。

1）起动时的同步喷油量控制。在发动机转速低于规定值或点火开关接通位于STA（起动）档时，喷油时间的确定如图8-38所示，起动时的同步喷油量控制如图8-39所示。

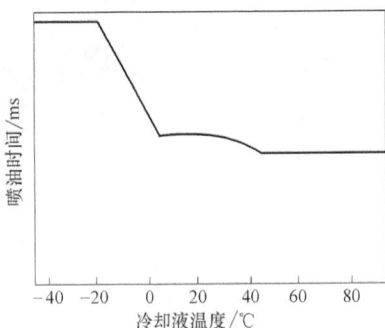

图 8-38　喷油时间的确定

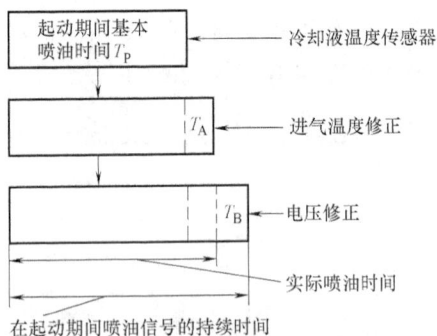

图 8-39　起动时的同步喷油量控制

① ECU根据冷却液温度传感器信号（冷却液温度）确定基本喷油时间。

② 根据进气温度传感器信号对喷油时间做修正（延长或缩短），根据蓄电池电压适当延长喷油时间，以实现喷油量的进一步修正，即电压修正。

此时，喷油持续时间=基本喷油持续时间+进气温度修正+电压修正。

2）起动后的同步喷油量控制。起动后，喷油持续时间=基本喷油持续时间×喷油修正系数+电压修正。

D型电控燃油喷射系统根据发动机转速信号和进气管绝对压力信号确定基本喷油时间；L型电控燃油喷射系统根据发动机转速信号和空气流量计信号确定基本喷油时间。同时，还必须根据各种传感器输送来的各种运行工况信息对基本喷油量时间进行修正。喷油修正内容包括：

① 起动后暖机修正。温度低，喷油量多；温度高，喷油量少。

② 怠速稳定性修正。为了提高怠速稳定性，在进气歧管压力变化时和发动机转速变化时修正。

③ 大负荷工况喷油量修正。可根据节气门开度确定，加浓程度可为正常喷油量的

10%~30%。

④ 加速工况的喷油量修正。

⑤ 进气温度修正。

⑥ 空燃比反馈修正。控制在理论空燃比附近，但在发动机起动、起动后加浓、大负荷加浓等时间不进行反馈控制。

⑦ 电源电压修正。

（3）燃油停供控制

1）减速断油控制。当汽车减速时，ECU 将会切断燃油喷射控制电路停止喷油，以降低碳氢化合物及一氧化碳的排放量。

2）限速断油控制。加速时，发动机超过安全转速或汽车车速超过设定的最高车速时，ECU 将切断燃油喷射控制电路停止喷油，防止超速。

（4）燃油泵控制（通断延迟）　当点火开关打开或发动机熄灭后，电控燃油喷射系统中的燃油泵一般预先或延迟工作 2~3s，以保证燃油系统必需的油压。在发动机起动过程和运转过程中，燃油泵应保持正常工作。打开点火开关但不起动发动机，或关闭点火开关后，应适时切断燃油泵控制电路，使燃油泵停止工作。

第二节　电喷发动机新技术

一、进气涡轮增压控制

发动机增压技术随着增压器技术的发展而发展，所以发动机增压技术的进步经历了同增压器的发展相同的过程。发动机增压器于 20 世纪初问世，随着技术的发展，发动机增压器的应用日益普遍，类型上从最初的机械增压发展到废气涡轮增压甚至是双增压，应用上也从柴油机逐步发展到汽油机。同时，随着研发技术的不断创新和生产工艺的不断提高，发动机涡轮增压技术有了很大的提高，与未增压发动机相比转矩提升效果明显。目前大中功率的柴油机都已经采用了发动机增压技术，中小功率的柴油机增压技术的使用也超过了 75%，汽油机增压技术的使用在近几年也超过了 60%，并且呈上升趋势。涡轮增压器实物如图 8-40 所示。

国外的汽油机涡轮增压技术开始于 20 世纪 80 年代初期，并且由于柴油机的技术积累，涡轮增压技术在汽油机上得到了迅速的发展和完善。20 世纪 90 年代，欧美和日本生产的汽油机已有将近 30% 都采用了增压技术，同时国际上的汽油机增压技术普及率达到了 15%。到了 21世纪初，采用涡轮增压技术的汽油机普及率达到了 50%，在汽油机涡轮增压技术方面，日本、德国、美国技术较

图 8-40　涡轮增压器实物图

为领先。由于我国轿车工业起步较晚，我国的汽油机涡轮增压技术目前相对落后于国外。近年来，我国的汽油机增压技术不断发展，增压性能不断提高。现在，国内也在大力发展汽油

机涡轮增压，很多国内汽车厂商，如吉利、一汽、上汽等都有完全知识产权的涡轮增压汽油机产品。涡轮增压汽油机已经成为汽油机发展的趋势。

1. 增压系统分类

在实际带有增压系统的汽车中，其增压系统结构并不相同，一般可以分为以下四种。

（1）机械增压　机械增压系统结构如图 8-41 所示。机械增压是将机械增压装置直接安装在发动机里面，使用传动带将增压器和发动机的曲轴相连，当发动机转动时会带动增压器的转子转动，增压器会压缩由空气滤清器过滤好的空气，加压后的气体通过进气歧管再进入气缸燃烧做功。

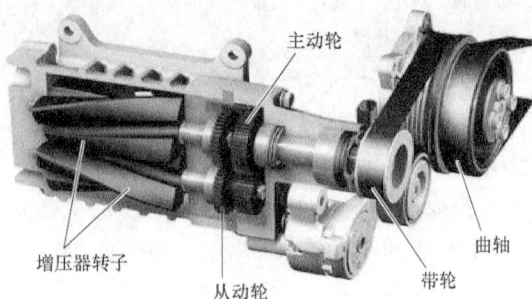

图 8-41　机械增压系统结构

（2）气波增压系统　所谓气波增压系统就是利用排气歧管所排出的高压气体的气波作为动力来源，目前已经改进成为经常使用的废气涡轮增压系统。气波增压系统结构如图 8-42 所示。

（3）废气涡轮增压系统　目前轿车中最常用的涡轮增压系统就是利用废气作为动力源的废气涡轮增压系统。该系统的增压器与发动机无机械耦合，可以把废气涡轮增压系统看成空气压缩机。废气涡轮增压系统结构如图 8-43 所示。它是通过对空气进行压缩来增加气缸的进气量，其动力来源是排气歧管排出的废气。废气涡轮增压系统的优点在于废气再利用，不足之处在于发动机转速较低时略显无力，因为此时尾气排放的动力不足。

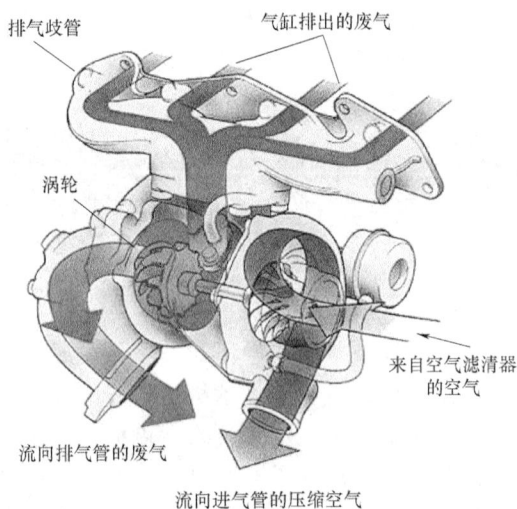

图 8-42　气波增压系统结构

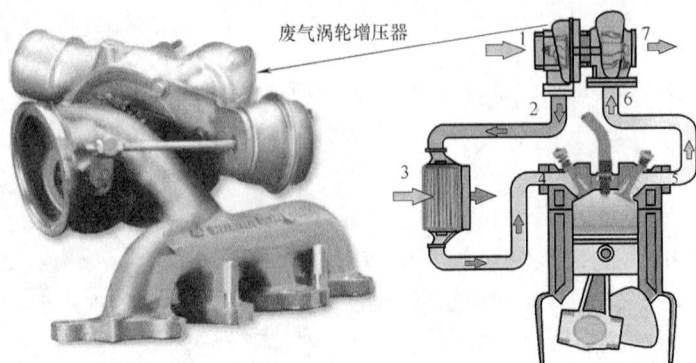

图 8-43　废气涡轮增压系统结构

1—压缩机进气口　2—压缩机出气口　3—中冷器　4—进气门　5—排气门　6—涡轮进气口　7—涡轮排气口

（4）**复合增压系统**　复合增压系统又称双增压系统，是指在同一台发动机上既安装了废气涡轮增压器又安装了机械增压器，从而组成了复合增压系统。

目前各大主要的汽车生产商所生产的轿车中大都采用了较为成熟、常见的废气涡轮增压技术。

2. 进气涡轮增压工作原理

涡轮增压器主要由涡轮机和压缩机两部分组成，之间通过一根传动轴连接。涡轮的进气口与发动机排气歧管相连，排气口与排气管相连；压缩机的进气口与进气管相连，排气口则接在进气歧管上。发动机靠燃料燃烧做功，燃料越多且燃烧越充分产生的能量也越多。涡轮增压汽油机技术正是基于这个最基本的原理。涡轮增压空气流动示意图如图8-44所示。由于自然吸气的发动机在不改变发动机排量的前提下其进气量不会增加，同时根据最优空燃比控制其喷油量也不会改变，因此其最大输出转矩也不会提高，而废气涡轮增压利用发动机排出的废气做功来对空气进行加压，这样在相同情况下会比自然吸气的发动机进入更多的气体，此时根据空燃比控制相应调节喷油就能产生更大的能量。一方面采用废气涡轮增压可以使得燃料在气缸中燃烧得更加充分，这是由于空气多了燃烧必然更充分；另一方面将无用的发动机废气"变废为宝"。在能源日益枯竭的今天，废气涡轮增压意义重大且前景广阔。

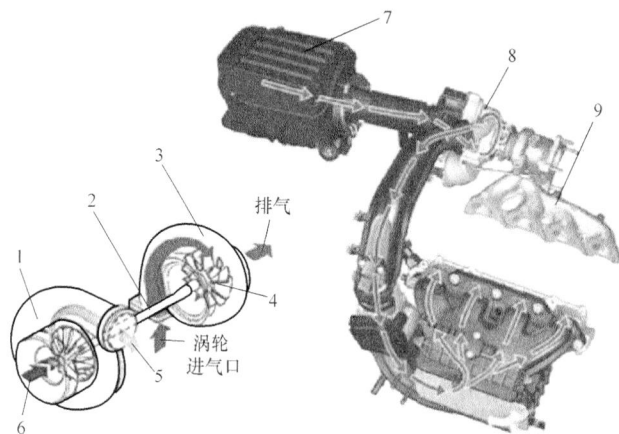

图8-44　涡轮增压空气流动示意图
1—压缩机壳体　2—传动轴　3—涡轮壳体　4—涡轮　5—压缩机排气口
6—压缩机进气口　7—空气滤清器　8—涡轮增压器　9—排气歧管

对于自然吸气发动机来说，它燃烧后的尾气经排气歧管直接排出；而对于涡轮增压发动机来说，排出的废气经过排气歧管后有两个通道，一个是通过涡轮排气阀排出，另一个是通过涡轮推动压缩机对空气进行压缩。通过调节涡轮排气阀的开度可以控制通过它的废气质量流量，从而控制通过涡轮的气体质量流量。经过涡轮的废气推动涡轮转动，涡轮会带动同轴的压缩机，这样就可以将过滤后的空气加压后送入进气歧管。因此，在相同排量时带有废气涡轮增压的发动机会比自然吸气发动机吸入更多的空气，只需相应增加喷油即可，从而提高了发动机的输出转矩。涡轮增压主要是利用发动机废气的能量带动压缩机来实现对进气的增压，整个过程中基本不会消耗发动机的动力，拥有良好的加速持续性，但是在低速时因为涡轮不能及时介入，会有一定的滞后性。

3. 进气涡轮增压控制原理

涡轮增压器包含压气机、涡轮、中央轴承及增压控制系统四大部分。增压控制系统如图8-45 所示，包括增压压力控制和超速切断控制两套系统。

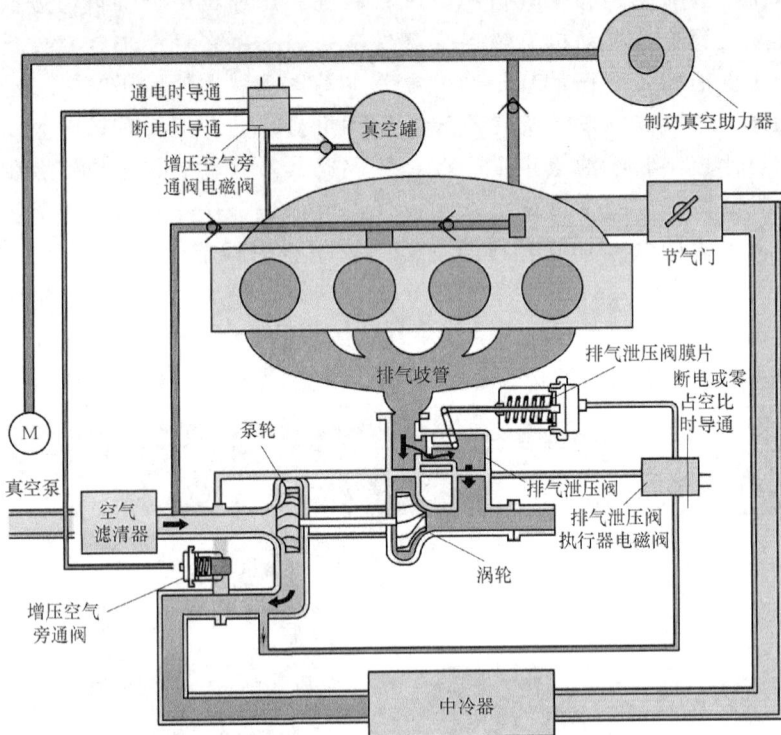

图 8-45　增压控制系统

增压压力控制是通过在涡轮增压器上集成一个压差控制的内置式排气旁通阀，又称排气泄压阀。它由发动机控制模块（ECM）通过脉宽调制（PWM）电磁阀进行控制，用于调节压气机的增压值，这是目前应用的涡轮增压器中最常见的压力调整形式。在发动机处于较高转速或大负荷下，排气气流的一部分通过排气泄压阀流出涡轮外，这样减少了流过涡轮的废气流量，降低了排气背压，从而防止涡轮增压器转速超速，避免增压系统增压压力过大。在发动机低转速或小负荷情况下，排气泄压阀关闭，所有排气流经涡轮并驱动涡轮。排气泄压膜片阀由排气泄压膜片阀膜片通过一个拉杆来操纵。排气泄压阀膜片上共有三个作用力，分别为废气压力、弹簧张力和排气泄压阀执行器电磁阀调制出来的调节压力，三个作用力的合力最终控制排气泄压阀的位置。

发动机怠速时，发动机控制模块对涡轮增压器排气泄压阀的参数指令为 0。节气门全开状态下（发动机负载）或转速首次提高时，发动机控制模块对涡轮增压器排气泄压阀参数指令高达 90%~100%。当增压压力到达适当水平时，发动机控制模块将电磁阀的脉宽调制控制在 65%~85%。节气门关闭后，发动机控制模块将指令涡轮增压器排气泄压阀参数回复到 0，以便使涡轮增压器排气泄压阀根据空气压差比打开，降低涡轮的速度。

二、稀薄燃烧发动机

高温、富氧以及持续燃烧时间长是发动机尾气中 NO_x 产生的主要原因，采用稀薄混合气燃烧（简称稀燃）方式能够有效降低尾气中的 NO_x 含量，提高燃气发动机的平均有效燃气压力与热效率，是降低油耗的有效措施之一。目前，这一技术的研究日本较多，发展较快，本田、三菱、丰田、马自达等公司都有稀燃发动机的轿车产品投放市场。丰田公司是稀燃原理最早的创导者；三菱 Mirage 车装用以 4G15 系列发动机为原型的三气门稀燃发动机；而马自达以研制多火花塞稀燃发动机著称。国内的研究较多是在原有的增压中冷柴油机基础上，开发稀薄燃烧天然气发动机。如北京交通大学开发研究的车用稀燃天然气（CNG）发动机，东风汽车工程研究院开发的城市客车用天然气电喷发动机。稀薄燃烧发动机结构如图 8-46 所示。稀薄燃烧技术将喷嘴喷出的少量燃油通过活塞头的特殊导流槽与空气混合，并使最高浓度的油气混合气在火花塞附近达到点燃浓度的下限，进而由火花塞引燃。随后周围的稀薄混合气也可被明火引燃，实现用最少的燃油达到燃烧的目的。

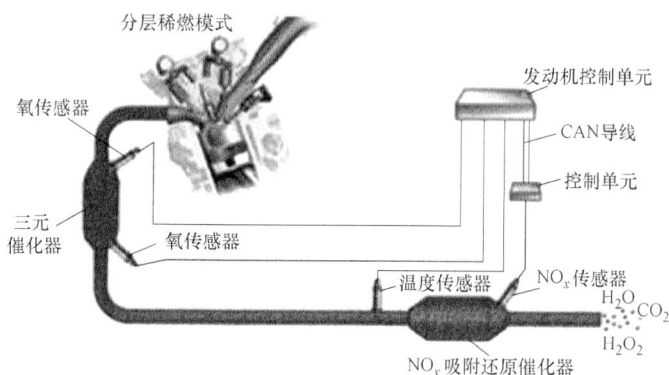

图 8-46　稀薄燃烧发动机结构

实现稀燃的关键是提高燃烧速度，使混合气在较大空燃比下稳定燃烧。具体方法基本上有两种：一是组织气流运动（涡流或扰流），促进燃油雾化和汽化，提高火花塞附近混合气着火性能，使之快速燃烧，以达到混合气着火极限向稀区扩大的目的；二是采用多火花塞，使火焰向气缸中心传播，再辅以一定涡流运动，提高燃烧速度，而放热率变化柔和。

稀薄燃烧技术的宗旨是使发动机在最佳稀薄空燃比下稳定工作，以改善燃油消耗率和排放性能。稀薄燃烧空燃比特性曲线如图 8-47 所示，ΔM_e 为发动

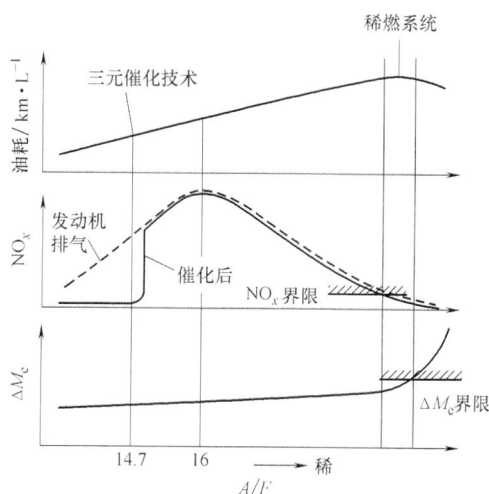

图 8-47　稀薄燃烧空燃比特性曲线

机转矩变动量 ΔM 的界限。由图可知：在理论空燃比下，采用三元催化技术，可以使 NO_x 排放达标，但不能满足燃油经济性的要求；提高空燃比，NO_x 排放量增加，$A/F = 16$ 时达到最大；而后继续增加空燃比，NO_x 排放量下降，而发动机输出转矩的变动量增加，发动机不能稳定工作。同时满足油耗最佳、NO_x 排放量低、转矩的变动量小的空燃比范围很窄。因此，空燃比的精确控制成为稀燃技术成功的关键。

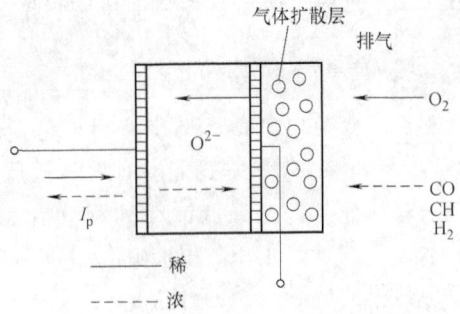

图 8-48　稀薄燃烧空燃比传感器原理

在排气系统中安装空燃比传感器，利用其测出排气中的 O_2 浓度，实现空燃比的闭环控制。稀薄燃烧空燃比传感器原理图如图 8-48 所示，I_p 为电流，电流的方向为氧离子流动反方向。排气侧有氧化铝和镁制成的气体扩散层，管型加热器可将端部加热至 $700 \sim 800 ℃$，传感器通过将氧离子沿图示实线方向泵入，可探测到排气中 O_2 的浓度，由此进行空燃比的反馈控制。

稀薄燃烧空燃比反馈控制流程图如图 8-49 所示。空燃比传感器输出的信号为模拟量，需进行 A/D 转换，转换后输入电子控制单元（ECU）。ECU 根据传感器测得排气中的 O_2 浓度，查询存在 ROM 中的由发动机工况确定的目标空燃比的 MAP 图，计算该工况下排气中的目标 O_2 含量。然后比较目标值与实测值，求出偏差量并修正，ECU 根据修正的 O_2 浓度确定燃油的最终喷射量。

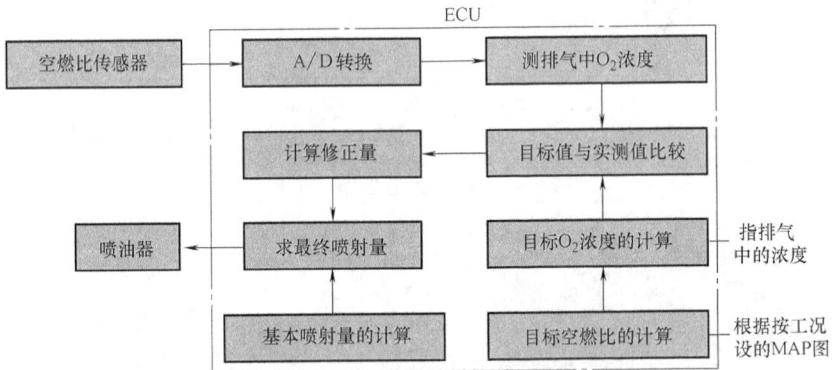

图 8-49　稀薄燃烧空燃比反馈控制流程图

基于发动机物理模型的稀薄燃烧过程控制方案如图 8-50 所示。稀燃过程空燃比的控制是由 ECU 根据空燃比传感器的检测信号，进行空燃比的反馈控制，以实现稀薄燃烧过程。所控空燃比根据发动机转速及节气门开度等发动机的运转条件进行相应的修正。实际控制过程是 ECU 控制喷油器使实际燃料的喷射量达到事先根据发动机运行状态设定的目标喷射量，即在基本喷射量的基础上乘以稀燃空燃比的学习修正系数。该系数根据发动机可实施稀燃空燃比控制的运行条件设定或变更。发动机可实施稀燃空燃比控制的运行条件由发动机冷却液温度、转速、进气压力及其变化量，以及节气门开度及其变化量决定。当 ECU 监测到稀燃空燃比控制条件成立时，从寄存器读取发动机前一次怠速状态下运行时所用学习修正系数，完成稀燃控制过程；如不满足稀燃空燃比控制条件，则回到初始检测等待状态，重新监测发

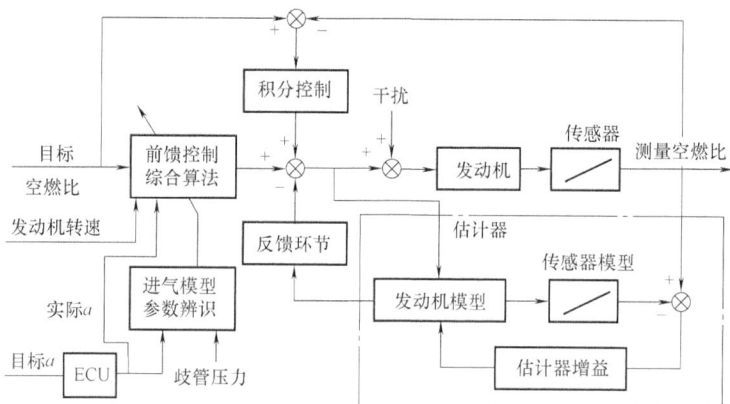

图 8-50　基于发动机物理模型的稀薄燃烧过程控制方案

动机实施稀燃空燃比控制的运行条件。

三、缸内直喷发动机

缸内汽油直喷发动机一般简称燃油分层喷射（Fuel Stratified Injection，FSI）或汽油直喷（Gasoline Direct Injection，GDI）发动机。FSI 是汽油直喷式发动机的一项创新技术。将燃油直接喷入气缸的 FSI 发动机相比将燃油喷射到进气管的发动机，缸内直喷技术通过均匀燃烧和分层燃烧两种模式，实现了高负荷，尤其是低负荷下的燃油消耗降低，动力提升明显。直喷技术对于发动机只承担部分负荷时，如都市道路走走停停的拥堵状况，其节油效果特别明显；而在中高转速区内，整体效能提升可达 15% 以上。

由柴油发动机衍生而来的缸内直喷技术目前已经大量应用在包含大众（含奥迪）、宝马、梅赛德斯-奔驰、通用以及丰田车系上。缸内直喷技术诞生于 20 世纪 20 年代，最初应用于军事技术，直到 20 世纪 50 年代奔驰公司生产的 300SL 轿车问世才实现了缸内直喷技术在汽车领域的真正应用。20 世纪 90 年代以来，随着各国对环境和能耗的严格控制以及电控和制造技术水平的提高，各大汽车厂商纷纷发展缸内直喷技术。三菱公司率先把具有缸内直喷技术的自然吸气式发动机 4G93 安装在 Galant 轿车上；丰田公司推出了 D4 直喷系统并应用在 SZ 和 ZN 系列及 3GR-FSE 发动机上；大众公司推出了 FSI 缸内直喷系统，大众、奥迪大部分车型目前都已经采用 FSI 技术，该技术是当前业界最成熟、最先进的缸内直喷技术之一；通用公司推出的 SIDI 缸内直喷技术依靠缸内均质燃烧来提升效率，没有使用稀薄分层燃烧技术，该技术最大的优势是不受油品的限制，不需要特别的养护；奔驰公司推出了 CGI 缸内直喷系统，并推出最新一代缸内直喷系统 BlueDirect，该系统采用多点喷射、多重火花点火技术和压电式喷油装置使得燃烧效率和排放水平更高；福特公司推出了 EcoBoost 缸内直喷技术，该系统融合了高压直喷、涡轮增压和双独立可变气门正时系统三大技术，能提供更佳的燃油经济性。歧管喷射与缸内直喷示意图对比如图 8-51 所示。

虽然目前缸内直喷技术已经比较成熟，但由于关键技术都掌握在国外公司手中，国内自主品牌在缸内直喷技术方面还处于起步阶段，目前长城、奇瑞、比亚迪、吉利等都已经推出了各自的 GDI 发动机。长城于 2012 年推出了搭配在哈弗 H7 上的低功率版 GW4C20 涡轮增

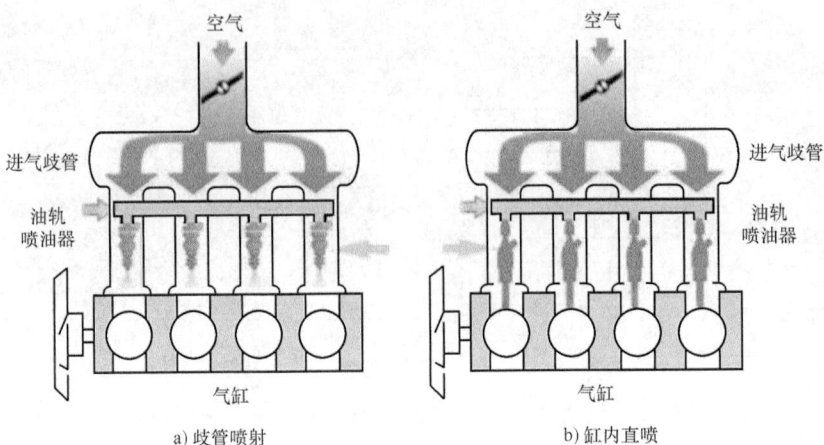

图 8-51　歧管喷射与缸内直喷示意图对比

压缸内直喷发动机；奇瑞 2013 年推出了一款 1.2T 三缸缸内直喷发动机，该发动机配置了包括缸内直喷、改善三缸发动机运转平顺性的平衡轴、可变排量机油泵以及双凸轮轴结构的配气机构等主流技术，性能可与同型号的进口发动机相媲美。缸内直喷示意图如图 8-52 所示。

　　GDI 发动机电控系统主要包含三个子系统，即空气供给系统、燃料供给系统和控制系统。空气供给系统的作用是根据发动机的负荷情况，确定发动机的空燃比，进而计算出该工况下进入燃烧室的空气量，以适应该条件下空燃比的要求，其中空气流量计和节气门两个组成部分对于精确控制空气供给量起着至关重要的作用。空气流量计根据测量方式的不同，又分为热线式、卡门涡街式和板式；节气门的作用是用来调节进入气缸的空气量，主要由节流阀、节气门开度传感器、节气门驱动机构构成。燃料供给系统的作用是按照 ECU 综合各种输入信息计算出该工况下的空燃比，精确控制燃料供给量的大小和喷射时间，主要由燃油箱、燃油泵、燃油滤

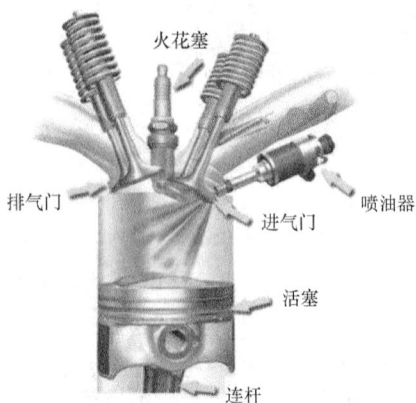

图 8-52　缸内直喷示意图

清器、调压器以及喷油器所组成。燃油泵的作用是将燃料按预先设定的压力和流量向喷油器供油；调压器用来保证供给喷油器的燃油压力与进气管压力之差为一定值；喷油器的作用是根据 ECU 输出的控制信号通过调整针阀的开启时间来控制喷油量。

　　缸内直喷发动机控制系统组成如图 8-53 所示，图中 VVT 是指发动机可变气门定时技术。控制系统主要由传感器、电控单元（ECU）、执行器三个部件组成。传感器的主要任务是测量发动机运行中的各种状态参数，并把感知的信息传递给 ECU 进行判断处理，是 ECU计算出控制信号的信息基础和控制依据。ECU 对各种传感器输入的信号进行分析判断，得到此时发动时运行的实际状态，由此算出适应该工况的最佳喷油量、喷油时刻和点火时刻等控制参数，并向执行器发送控制策略和控制指令，完成实际的控制任务。执行器要完成相应的控制功能需要较大的功率输出，通常由模拟电路驱动实现，而 ECU 发出的控制信号一般

是数字量，所以要将数字量控制指令转化为模拟量信号，需要加入数字/模拟转换电路进行转换，经放大后驱动执行器工作。

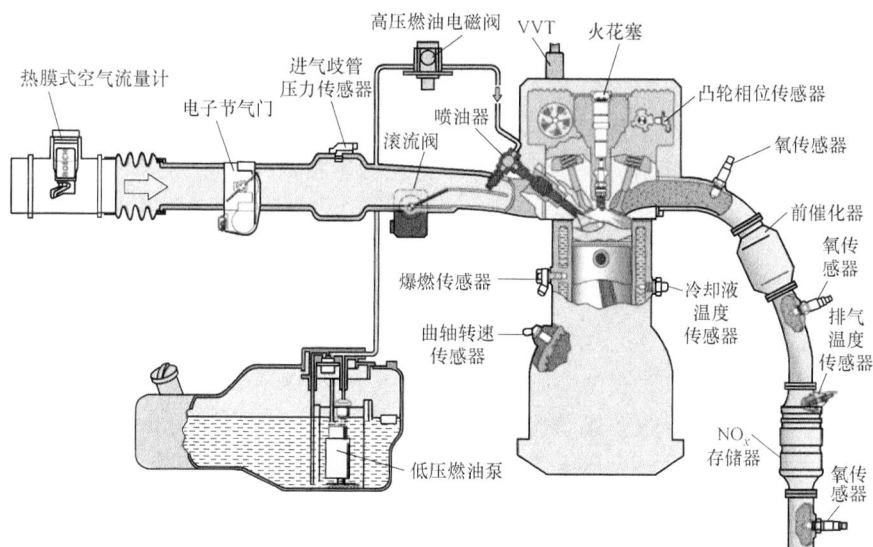

图 8-53　缸内直喷发动机控制系统组成

控制系统中常用的传感器有冷却液温度传感器、氧传感器、进气温度/进气压力传感器、进气流量传感器、曲轴位置传感器、节气门位置传感器、大气压力传感器等。进气压力传感器和进气温度传感器用来检测发动机温度和压力等工作参数，以便根据不同的工作条件，对喷油量等控制参数进行修正；进气流量传感器是质量流量式电控系统测量进入气缸空气量的专用传感器，是 ECU 控制喷射油量的主要依据；曲轴位置传感器和节气门开度传感器是ECU 用以正确判断发动机运行工况，并对控制参数进行运算处理的重要传感器；氧传感器是汽油机排放控制中进行空燃比反馈控制的重要元件。燃油控制系统的主要执行器包括燃油泵和喷油器；进气控制系统的主要执行器有电子节气门。

四、均质压燃发动机

均质压燃技术是指发动机工作过程中，向气缸里注入比例均匀的空气和燃料的混合气，通过活塞压缩，使气缸内的温度升高至混合气自燃。均质压燃是一种全新的内燃机燃烧方式，这一概念经历国内外学者数十年的研究形成。1979 年，Onishi 等在研究降低二冲程汽油机排放和燃油消耗率时发现，汽油机在部分工况下通过缸内大量的残余废气不用点燃也可平稳运转，并称为活化热氛围燃烧过程。这被广泛认为是最早提出的具有均质压燃特征的燃烧概念。1983 年，Najt 与 Foster 最先在四冲程发动机上研究这一燃烧现象，并对燃烧机理进行了研究，发现这一燃烧过程的自燃着火受低温化学反应（<1000K）控制，缸内混合气的能量释放则是由 CO 氧化占主导的高温化学反应（>1000K）控制。1989 年，Thring 研究发现均质压燃运行工况范围局限于部分负荷，自燃着火时刻很难控制，并首次提出了均质压燃（Homogeneous Charge Compression Ignition，HCCI）。

20 世纪 90 年代后期，随着各国排放法规日趋严格和石油供求矛盾日趋尖锐，研究人员发现传统内燃机存在最低排放和最高热效率两个极限，为了突破这些极限，开始了新一代内燃机燃烧技术的探索研究，并发现 HCCI 燃烧过程是一种全新的内燃机燃烧过程。进入 21 世纪以来，世界各国政府、工业界和学术界都高度重视均质压燃燃烧理论的研究，对均质压燃的燃烧机理及燃烧特性有了进一步深入的认识。实际上，近几年在均质压燃燃烧控制技术研究中，大多数研究者都是围绕如何实现缸内混合气浓度分层、组分分层和温度分层等控制手段开展，但这些燃烧方式的共同特征是大比例预混合、压燃、低火焰燃烧温度。因此，研究人员提出"均质压燃、低温燃烧"来描述新一代内燃机燃烧技术的特征。

HCCI 综合了点燃（Spark Ignition，SI）式发动机油气预先混合、低排放和压燃（Compression Ignition，CI）式发动机减少节流损失、高热效率的优点，实现预混均质充量的压燃，是稀薄燃烧的过程，燃烧反应迅速，燃烧温度低且温度分布较均匀，不受燃油和氧化物分离面处混合比的限制，也没有燃烧的局部高温反应区，只生成很少的 NO_x 和 PM。由于均质混合气是压缩自燃，燃烧是在整个气缸内同时进行，可以采用过量空气或者残余废气达到高度稀释的混合气，因此可按照变质调节的方式，直接通过调节喷油量来调节输出转矩而不需要节气门。另外，发动机采用压缩点燃，在压缩冲程中，混合气的温度升高，达到自燃温度而自燃，不需要任何点火系统。可采用相对较高的压缩比（比火花点燃式发动机高得多），并且允许压缩比在一个广阔的范围内变动。汽油机均质压燃在实现的技术途径上有三种方案，最直接的方法就是进气加热。在这类研究中，进气被加热至高温以实现 HCCI 燃烧，同时还采用了高度稀释的混合气以便于控制放热率。另一种可以成功实现 HCCI 燃烧的方法是增大压缩比，要求压缩比的取值正好使混合

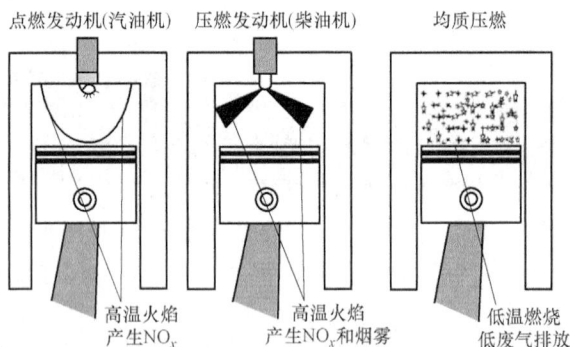

图 8-54　三种燃烧方式之间的比较

气仅靠压缩便可以达到自燃所要求的温度和压力。在汽油机上成功实现 HCCI 燃烧最为可行的方法是捕捉大量已燃废气并将它们存留于气缸或者对废气进行内部循环。这种方法利用了废气的热能加热充量，使之达到自燃温度。三种燃烧方式之间的比较如图 8-54 所示，三种燃烧方式发动机之间的比较见表 8-5。

表 8-5　三种燃烧方式发动机之间的比较

比较内容	点燃(SI)式发动机	压燃(CI)式发动机	HCCI 发动机
燃料	汽油等	柴油、乙醇、天然气	均可,范围更广
过量空气系数	1 左右	1.6~2.2	范围更广
混合气形成	喷射、均质	喷射、非均质浓稀	均质
着火方式	点燃、着火时刻可控	压燃、着火时刻可控	压燃、着火时刻可控
燃烧方式	预混燃烧、火焰传播	扩散燃烧为主	同时着火燃烧
火焰	有	有	无明显火焰前锋
燃烧温度	高温	局部高温、分布不均	相对低温

（续）

比较内容	点燃(SI)式发动机	压燃(CI)式发动机	HCCI 发动机
理论循环	等容加热	混合加热	等容加热
热效率	低	高	高
燃油经济性	差	好	好
NO_x 排放	高	高	低
HC 排放	高	低	高
CO 排放	高	低	高
PM 排放	低	高	低

　　与传统火花点燃式汽油机相同，HCCI 燃烧需要在燃烧开始前完成燃料与空气在进气系统或通过直喷在缸内形成混合气的过程，接下来预混合气被压缩，并在压缩行程接近尾声时产生类似 SI 的自燃着火及后续的燃烧现象。HCCI 燃烧模式下，必须在压缩冲程开始时提高新鲜空气充量的温度，以便在压缩行程终了时可以达到自燃的条件。提高充量温度的方法可以分为对进气进行加温和在缸内保留高温燃烧产物两种。这两种方法都旨在提高整个压缩过程中气体的温度，从而加速促使均质混合物开始燃烧的化学反应。SI 燃烧方式与 HCCI 燃烧放热特性对比如图 8-55 所示。

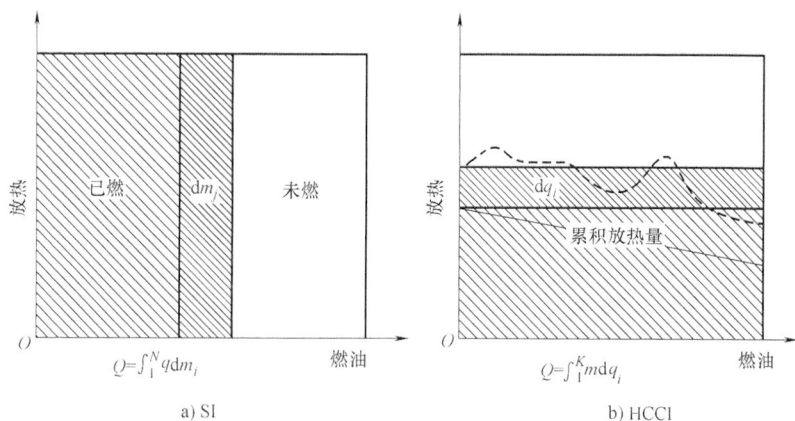

a) SI　　　　　　　　　　　b) HCCI

图 8-55　SI 燃烧方式与 HCCI 燃烧放热特性对比

　　在 SI 燃烧模式下，有一段狭长的反应区域，将缸内工质分为已燃和未燃两个区域，放热仅在这个狭长的区域内进行，因此 SI 燃烧的累积放热量就是反应区域内一定质量工质 dm_i 的放热总量，其表达式为

$$Q = \int_1^N q\,dm_i \tag{8-4}$$

式中，q 为单位质量燃油空气混合物的热值；N 为反应区域的个数。在理想 HCCI 燃烧过程中，燃烧在整个气缸内同时进行，在燃烧进行的某一瞬间缸内所有混合气都将参与放热。因此，HCCI 燃烧的积累放热量应该是混合气 m 在各个燃烧反应 dq_i 中所释放的热量的累加，即

$$Q = \int_1^K m\mathrm{d}q_i \qquad (8\text{-}5)$$

式中，K 为发生的放热反应的总数；q_i 为单位质量混合气在第 i 个放热反应中所释放的热量。SI 燃烧过程中，每个微小单位的混合气都要在反应区域内并在有限时间内放出其所有的全部热量，而在理想的 HCCI 燃烧模式下，放热在整个空气充量中均匀产生。因此，HCCI 燃烧的放热过程大大快于传统 SI 放热燃烧。

为了得到最优的燃油经济性与排放性，必须控制燃烧相位与速率。与 SI 燃烧不同，实现 HCCI 燃烧需要调整以下参数来调节压力、温度、缸内混合气成分：排气再循环（EGR）率、空燃比、压缩比、进气温度、进气歧管压力、燃料特性、直喷汽油机的喷油定时、冷却液温度。近年来，对燃烧相位的控制方法更加倾向于使用直喷技术及合适的喷油策略。相对于 SI 发动机，HCCI 发动机的可运行范围比较窄，大大限制了其商品化的进程。汽油机 HCCI 燃烧存在两大限制区域：高负荷下受爆燃或剧烈燃烧限制，而低负荷下则受不完全燃烧或失火的限制。增压与稀混合气结合的方法可以拓展高负荷下 HCCI 燃烧的运行范围。在利用缸内残余废气法中，采用低温 EGR 可以通过推迟 HCCI 燃烧始点来拓展 HCCI 运行的上边界。与柴油相比，汽油的自燃温度高，因而对于 HCCI 工作模式来说，汽油易形成均质混合气，但不易着火自燃，所以实现汽油机 HCCI 的关键是如何精确控制着火过程。汽油缸内直喷方式在控制混合气形成上具有很好的灵活性和更大的自由度，并且允许压缩比进一步提高，这对于实现 HCCI 燃烧提供了很大的便利。

五、起停控制系统

近年来，我国的汽车产业处于发展高峰期，城市汽车保有量持续快速增长。汽车的普及给居民生活带来了巨大的方便，如提高了工作和出行效率等。但汽车保有量的快速增长也造成了城市大气环境恶化以及严重的交通拥挤。从近几年来的新闻报道中可以看出，城市交通拥挤已经成为世界性难题。

严重的道路交通拥挤使汽车长时间以怠速状态滞留在道路上，由于车辆的怠速排放差，加剧了环境污染和能源浪费等问题。汽车怠速时因为燃油燃烧不充分，排放性比正常行驶时差。怠速时，发动机消耗的燃油主要用于克服发动机本身运转阻力，维持发动机最小转速运转，不对外输出有用功，长时间处于怠速工况降低了汽车的燃油经济性，同时对发动机工作可靠性也有影响。如果能够缩短汽车怠速时间或避免汽车怠速工况，便能够有效地提高燃油利用率，减少有害气体的排放。

起源于德国的起停技术在汽车满足一定的条件下，可以通过驾驶人踩下制动踏板实现发动机自动停止运转。当驾驶人再踩加速踏板时，发动机自动起动，从而达到缩短汽车怠速时间的目的，改善由汽车怠速造成的能源损失等诸多问题。目前起停系统在国外已经得到广泛的应用。起停系统主要有智能起停系统、带传动起动/发电一体化电机（Belt-driven Starter/Generator，BSG）起停系统、马自达 i-stop 系统等三种形式。本文以智能起停系统作为介绍对象。

当汽车遇到红绿灯，驾驶人控制车速降为零时，智能起停系统通过各种传感器准确判断驾驶人的停车意图，检测汽车是否符合发动机停机条件，满足停机条件时控制发动机迅速停机，取消汽车不必要的怠速时间。绿灯亮起当驾驶人踩下离合器踏板或加速踏板时，系统迅速重起发动机。智能起停系统结构如图 8-56 所示。智能起停系统由智能起停电机、蓄电池以及各种传感器（如电池传感器、曲轴传感器、制动真空度传感器、轮速传感器等）组成。

智能起停系统对传统汽车的改动不涉及发动机动力传输的变动，只是替换传统汽车原有部分零部件，以强化汽车的某些性能，如将普通起动机换为增强型起动机，

图 8-56 智能起停系统结构

增强起动机快速起动性能、起动次数。所以安装智能起停系统对传统汽车的改动量非常小。

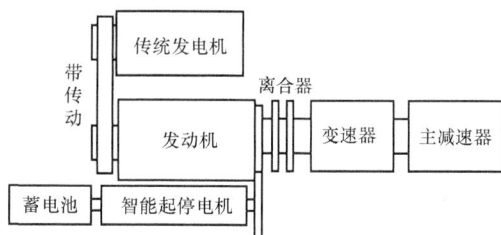

1. 自动停机条件

自动停机使能条件包括无起停系统相关故障、无禁止停机的车辆及发动机需求。起停系统相关故障包括车门与发动机舱盖开关故障、制动真空度传感器故障、起动机控制电路与继电器故障、起动机堵转故障、离合器高位开关故障和电池传感器故障等。禁止停机的车辆需求包括电池的荷电转态 SOC 值过低、发动机舱盖处于开启状态、驾驶人不在驾驶座上、制动真空度过低、空调状态不允许停机、起停电机起动频次超过极限值、空档开关和离合器高/低位开关的预检未完成。禁止停机的发动机需求包括炭罐处于高负荷状态、转矩损失自学习未完成、发动机相应的传感器故障、催化器未达到工作温度、发动机冷却液温度过高或过低等。

自动停机触发条件包括驾驶人操作触发和驾驶人无操作触发。驾驶人操作触发包括当前车速降至限值（5km/h）以下、加速踏板完全松开、当前档位为空档。驾驶人无操作触发是当发动机自动起动成功后，在一定的时间限值内，驾驶人无任何踏板及档位操作，则认为驾驶人无起动车辆的意图，发动机将自动关闭。

2. 自动起动条件

自动起动使能条件包括无起停系统相关故障、起动机结合的前提条件满足、驾驶人在驾驶座上、发动机舱盖已盖上、自动起动的失败持续次数小于某一限值。

自动起动触发条件包括驾驶人操作触发、车辆需求触发以及溜坡自动起动触发。驾驶人操作触发包括：①若空档且离合器踏板松开，当踩下离合器踏板 10% 时自动起动；②若空档且离合器踏板处于 10%~90% 位置，当踩下离合器踏板 90% 时自动起动；③若空档且离合器踏板处于 90% 以上位置，当挂档时自动起动；④若空档或离合器踏板踩到底，当加速踏板踩下时自动起动。

车辆需求触发的前提条件是处于空档或离合器踏板踩到底，其触发条件包括：①电池状态触发；②制动真空度不足触发；③空调需求触发。

在发动机自动停机状态下，若当前电池 SOC 下降到某一限值，再进一步降低则有无法起动的风险时，触发自动起动给电池充电。在发动机自动停机状态下，如果连续踩制动踏板等原因导致制动真空度不足，则触发自动起动提供制动真空度，避免无法制动的风险。在发动机自动停机状态下，若 ECU 从 CAN 总线上接收到自动空调系统或电动空调有对发动机运行的请求时，则自动起动发动机。

六、TSI 系统

双增压燃油分层喷射（Twincharger Fuel Stratfied Injection，TSI）系统中的"双增压"，即机械增压与涡轮增压，它与带涡轮增压的缸内直喷发动机（Turbo Fuel Stratfied Injection，TFSI）的最大区别就是采用了双增压技术。

双增压系统又叫复合增压系统，是指在同一台发动机上既安装了废气涡轮增压器又安装了机械增压器，废气涡轮增压器的优势在于高转速时功率输出顺畅，但在低转速时会出现滞后的情况；而机械增压的优势在于低转速时的转矩输出非常顺畅，不会产生动力的输出滞后。因此复合增压系统应运而生，它将机械增压器和废气涡轮增压器二者有机组合，分别利用各自的优势来弥补对方的不足之处，有效解决了低速动力滞后和高速转矩输出的矛盾。在功率较大的柴油机中复合增压系统应用普遍，但在轿车中常用的汽油机上采用复合增压系统的车型还是非常少，并且主要用于高端车型。

机械增压器和涡轮增压器在进气道中被串联在一起。空气从空气滤清器进入到进气管以后，首先要经过机械增压器，然后通过进气管的引导再经过涡轮增压器，最后进入到进气歧管当中去。虽然机械增压器和涡轮增压器是相互串联在一起，但两者并不都是同时工作。双增压系统工作原理如图 8-57 所示。当发动机处于怠速工况时（通过节气门开度传感器可以测得），机械增压器的电磁离合器分离，此时发动机与机械增压器之间的动力是断开的（意味着增压器没有消耗发动机功率），而且机械增压器附近的进气旁通阀（图中未给出）打开，空气并没有流经机械增压器，而是从初段节气门直接吸入；到了涡轮增压器的位置，涡轮增压的泄压阀也是打开的，相当于进气绕过了涡轮直接被吸入气缸。也就是说在怠速工况时，涡轮增压器和机械增压器都不工作，相当于一台自然吸气发动机。

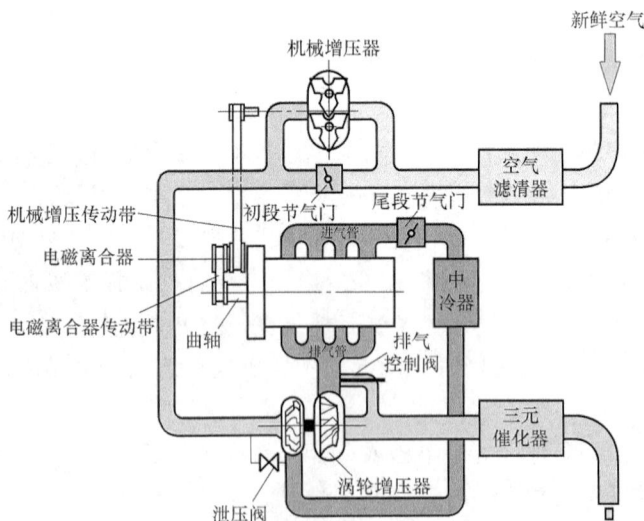

图 8-57　双增压系统工作原理

当发动机在部分负荷工况下低转速运转时（通过节气门传感器检测到有少许节气门开度，而且通过发动机转速传感器检测到转速处于低速运转），微机会接通机械增压器的电磁离分离，并且关闭机械增压旁通阀，让机械增压器开始工作，此时的增压值为 1.2bar

（1bar＝10^5Pa）。因为机械增压器有增强低速转矩的特点，而且在低转速时对发动机功率的消耗并不大。所以既能够获得良好的节气门响应，又能够增大发动机转矩输出。当发动机转速超过 1500r/min 转时，涡轮开始介入，此时的增压值提高到 2.5bar。当发动机转速达到 3500r/min 以上的高转速时，机械增压器开始停止增压，此时完全依靠涡轮增压来进行增压，增压值从 2.5bar 降到 1.3bar。因为一旦转速上升，机械增压器会消耗大量发动机能量，而中高转速是涡轮增压的强项，这样不仅避免了涡轮迟滞，让涡轮有足够的加速时间，还在很大程度上增加了低速转矩，降低了高转速时机械增压器产生的噪声，彻底解决了两种增压方式的缺陷，达到了一种完美增压的效果。

本章小结

　　本章首先介绍了汽油发动机对可燃混合气的要求、电喷汽油发动机可燃混合气的产生，接着介绍了电喷汽油发动机控制系统的种类与控制内容、电喷汽油发动机控制系统的组成与工作原理等汽油发动机电子控制技术，最后介绍了进气涡轮增压控制、稀薄燃烧发动机、缸内直喷发动机、均质压燃发动机、起停控制系统、TSI 系统等汽车发动机控制新技术。

习题

　　1. 试证明 D 型空气流量计检测的空气质量与进气绝对压力传感器的信号成正比。

　　2. L 型 EFI 系统的空气流量传感器可能安装的位置有哪些？

　　3. 冷却液温度传感器在汽油发动机的空燃比控制、点火控制、怠速控制、排放控制系统中所起的作用和具体表现有哪些？

　　4. 怠速控制的基本策略是什么？电喷汽油机怠速控制基本流程如何实现？

　　5. 现代汽车上常见的进气和排放控制系统有哪些？

　　6. 电子控制技术对发动机性能有何影响？

　　7. 简述电喷汽油机的主要控制内容。

　　8. 简述电喷汽油机进气系统和燃油系统的功能要求。

　　9. 电子燃油喷射系统与传统化油器发动机相比有哪些优点（只需列出五项）？

　　10. 汽油发动机排放的废气主要有哪几种？如果采用三元催化转换器对这些废气进行净化，电子燃油自动喷射装置应该按什么空燃比控制喷油量才能获得最好的净化效果？

　　11. 说明三元催化转换器的正常工作条件和不能正常工作的原因。

　　12. 在电喷汽油机中，可以采取哪些措施来防止发动机供油系统气阻？

　　13. 为什么要将空燃比控制在 14.7:1 附近？如何将空燃比控制在 14.7:1 附近？

　　14. 试推导出电喷汽油机电磁喷油器一次通电后喷出的燃油质量方程。

　　15. 分析在电喷汽油机中空燃比的控制精度主要与哪些系统硬件有关？

　　16. 分析带三元催化转换器的车辆一氧化碳排放不合格的主要原因。

　　17. 试简单描述汽油发动机空燃比的控制策略。

18. 结合图 8-58 ECU 控制的汽油泵控制电路，分析其控制原理。

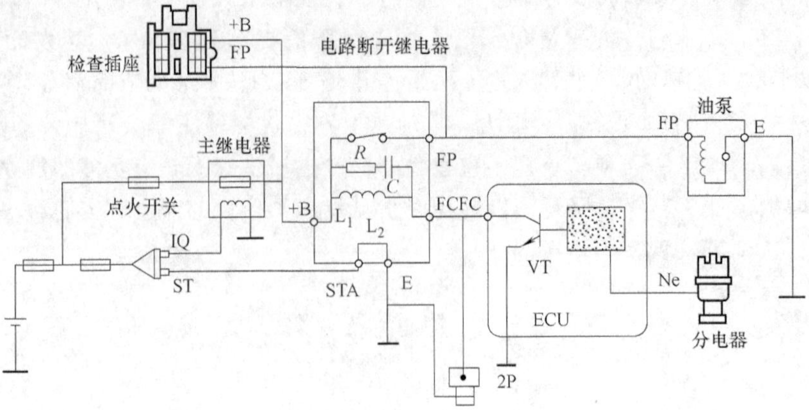

图 8-58　习题 18 图

19. 回答如下有关汽车环保的问题：

1）空燃比（*A/F*）与排放是否有关，为什么？

2）除了汽车发动机排出的废气会污染环境，汽车上对环境的污染源还有哪些？

3）为了使得汽车尽量处于最佳工作状态（如最环保或最安全），现代汽车采用电子控制系统，举例说明电子控制系统的组成。

第九章 / Chapter 9

底盘电子控制

第一节　电控液力自动变速器

一、概述

自动变速器是指在汽车行驶过程中，驾驶人仅仅操纵加速踏板，汽车就可以根据行驶阻力（车速高低、地面坡度大小等）和节气门开度自动变换档位改变车速的变速器。

1. 自动变速器的特点与特性

对于自动档汽车来说，汽车能根据行驶条件自动、适时地换高速档或低速档，达到舒适和安全的行驶效果。

汽车自动变速的优点包括：①车辆自动变速消除了驾驶人换档技术的差异性；②自动变速技术提供了较好的传动比转换性能；③车辆自动变速减轻了车辆传动过程中的动载，使整车重量下降，寿命提高；④可方便地自动变速，减轻了驾驶人的疲劳，提高行车安全；⑤自动变速减少了车辆污染排放。

发动机万有特性与地面行驶阻力特性和变速比的匹配曲线如图9-1所示。各种类型自动变速器的电控主要是换档点（传动比）控制，用来根据行驶工况和驾驶人的意图，实现发动机与传动系统的有效匹配，以实现在发动机动力性或经济性最佳的工况下工作。

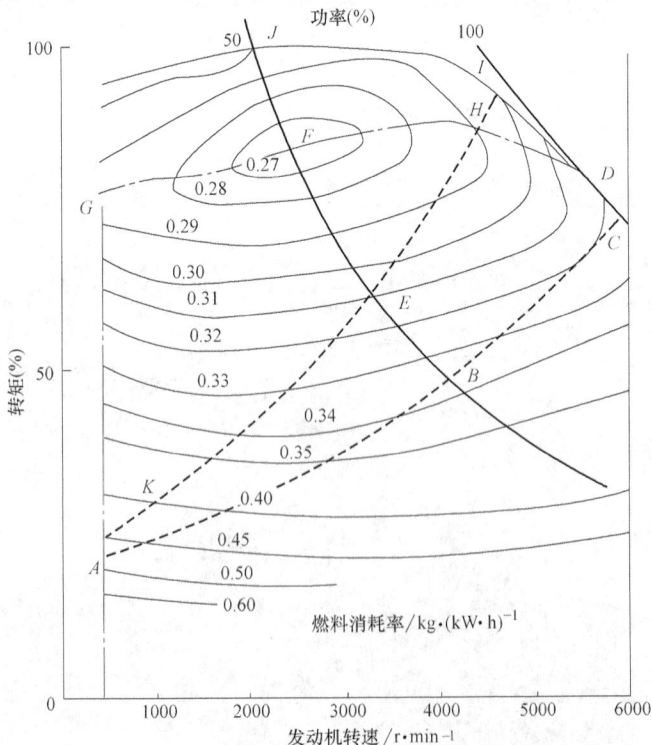

图9-1　发动机万有特性与地面行驶阻力特性和变速比的匹配曲线

1）节气门全开。发动机转速在最大功率转速范围4500~5500r/min，接近100%发动机功率，对应图 9-1 中曲线 IDC 部分。汽车在各变速档位下应尽量工作在这一转速范围，以得到最大的加速度、爬坡能力和最高的车速，此时发动机动力性最佳。

2）图 9-1 中曲线 GFHD 为最经济燃油消耗曲线。此时，发动机转速在 2500r/min 附近，负荷率为 70%～80%，F 点附近燃油消耗率最低，为 0.27kg/（kW·h），发动机在此工况工作经济性最佳。

3）大约 80% 以上负荷率时，由于混合气加浓，燃油消耗率增大。20% 负荷率以下时，机械摩擦损失功率几乎等于发动机有效输出功率，发动机在此负荷率范围内工作经济性均较差。

4）低转速（1200r/min 以下）、大负荷属恶劣工况，发动机工作不稳定，会熄火。

5）节气门关闭时发动机吸收功率，在较高转速时可有效地进行发动机制动。

以燃油经济性最佳作为换档控制目标，当汽车在某一低档工作时，其行驶阻力（转矩）曲线为 ABC，驾驶人通过加速踏板选择 50% 发动机恒功率，在 B 点发动机驱动转矩与行驶阻力（转矩）平衡，达到稳定行驶。此时进行升档，减小转速比，行驶阻力（转矩）曲线变为 KEHI，在 E 点转矩达到平衡，油耗相对减少。若转速比能进一步减小，使转矩平衡移到 F 点，则发动机转速会进一步降低，负荷率进一步提高，燃油经济性达到最佳。自动变速器的经济模式就是在不同车速、不同阻力工况下尽量调整转速比，使发动机沿着 GFHD 这条最佳经济油耗曲线工作。

2. 自动变速器的分类

自动变速器按照汽车驱动方式的不同，可分为后驱动自动变速器和前驱动自动变速器两类，如图 9-2、图 9-3 所示。自动变速器按前进档的档位数的不同，可分为五个前进档、三个前进档、四个前进档三种。自动变速器按其齿轮变速器的类型不同，可分为普通齿轮式、平行轴式、行星齿轮式和带式传动四种。自动变速器按控制方式不同，可分为电控液力自动变速器、电控无级变速器、电控双离合器自动变速器、电控机械式自动变速器。

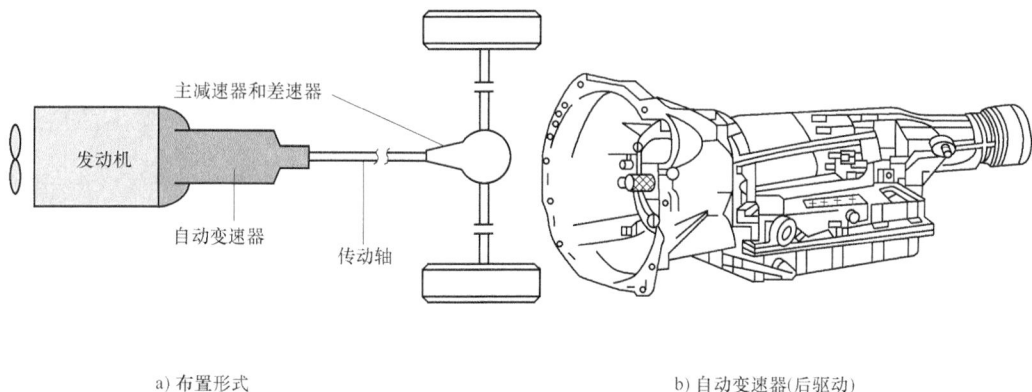

a) 布置形式　　　　　　　　　　　　　　　　b) 自动变速器(后驱动)

图 9-2　后驱动自动变速器

（1）**电控液力自动变速器（AT）**　液力自动变速器是一种能将发动机输出的动力平稳地传递到车轮的装置。它主要由液力变矩器、行星齿轮变速器和电子-液压控制系统等几大部分组成。变矩器通过导轮来增大转矩，从而克服增大的阻力。液力自动变速器的控制系统根据汽车的负荷、路况以及驾驶人意图来对电磁阀、执行机构发出指令控制升档和降档，使

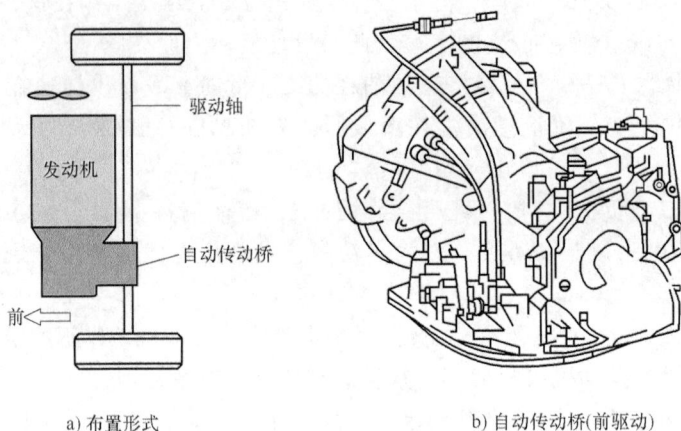

a) 布置形式　　　　　b) 自动传动桥(前驱动)

图 9-3　前驱动自动变速器

汽车在发动机动力性或经济性最佳的工况下工作，并调整管路油压，使得换档更加平稳。

（2）电控无级变速器（CVT）　无级传动由 V 型金属传动带和带轮组成，它依靠传动带和工作直径可变的主、从动轮之间的相互配合来进行动力传递，使传动比连续发生变化，从而使得传动系统和发动机的工况进行最佳匹配，实现无级变速。

（3）电控机械式自动变速器（AMT）　电控机械式自动变速器是在机械变速器的基础上改造而成，保留了许多原有的总成元件。它由传统固定轴式变速器和干式离合器以及相应的电液控制系统组成。控制过程是根据汽车行驶状况、路面状况和驾驶人行驶意图，根据事先的换档规律、离合器接合规律以及发动机节气门变化规律，从而控制变速器在最佳档位工作，同时也对离合器发动机的节气门进行控制，实现发动机、离合器及变速器的联合控制。

（4）电控双离合器自动变速器（DCT）　DCT 是一种机械式自动变速器，保持了 AMT 的各种优点，但其动力传递通过两个离合器连接两根输入轴，相邻各档的被动齿轮交错与两输入轴齿轮啮合，配合两离合器的控制，能够实现在不切断动力的情况下转换传动比，从而缩短换档时间，有效提高换档品质。双离合器自动变速器既继承了手动变速器传动效率高、安装空间紧凑、重量轻等优点，而且实现了换档过程的动力换档，即在换档过程中不中断动力，保留了 AT、CVT 等换档品质好的优点。

3. 自动变速器的工作原理

自动变速器由驾驶人通过驾驶室内的操纵手柄来操作，操纵手柄布置在转向柱上或地板上，操纵手柄都有 5~8 个档域。自动变速器操纵手柄如图 9-4 所示。P 为停车档位，手柄置于该位置时，可以起动发动机，但发动机运转时车辆不行驶，且车辆无法移动；R 为倒车档位，发动机运转时，手柄置于此位置，车辆将向后行驶；N 为空档位，手柄置于该位置时，可以起动发动机，发动机运转时车辆得不到驱动力，但车辆可以移动；D 为前进档位，当发动机运转、手柄置于该位置时，AT 将

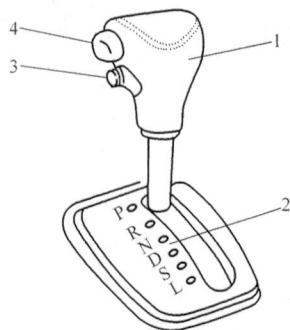

图 9-4　自动变速器操纵手柄
1—操纵手柄　2—档位
3—超速档开关或保持开关
4—锁止按钮

根据车辆行驶的状况自动地在 1 档、2 档、3 档和超速档之间变化；S 为前进低档位，当发动机运转、手柄置于该位置时，AT 将自动地在 1 档和 2 档之间变换；L 为前进低档位，当发动机运转、手柄置于该位置时，AT 将只能以 1 档行驶。S 和 L 档多用于山区等路况行驶，避免频繁换档提高变速器的寿命。

二、电控液力自动变速器的结构与工作原理

电控液力自动变速器由液力变矩器、齿轮变速机构（含换档执行器）、液压自动操作系统、电子控制系统和冷却附加装置等五部分组成。电控液力自动变速器的结构示意图如图 9-5 所示，电控液力自动变速器的结构组成框图如图 9-6 所示，电控液力自动变速器的基本工作过程如图 9-7 所示。

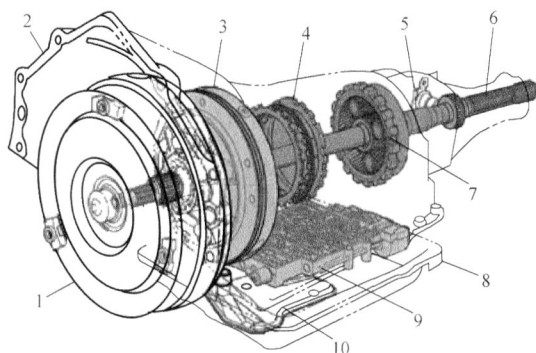

图 9-5　电控液力自动变速器的结构示意图

1—变矩器　2—壳体　3—油泵　4—离合器片
5—速度传感器　6—输出轴　7—行星齿轮变速器　8—底壳　9—电子-液压控制系统　10—滤清器

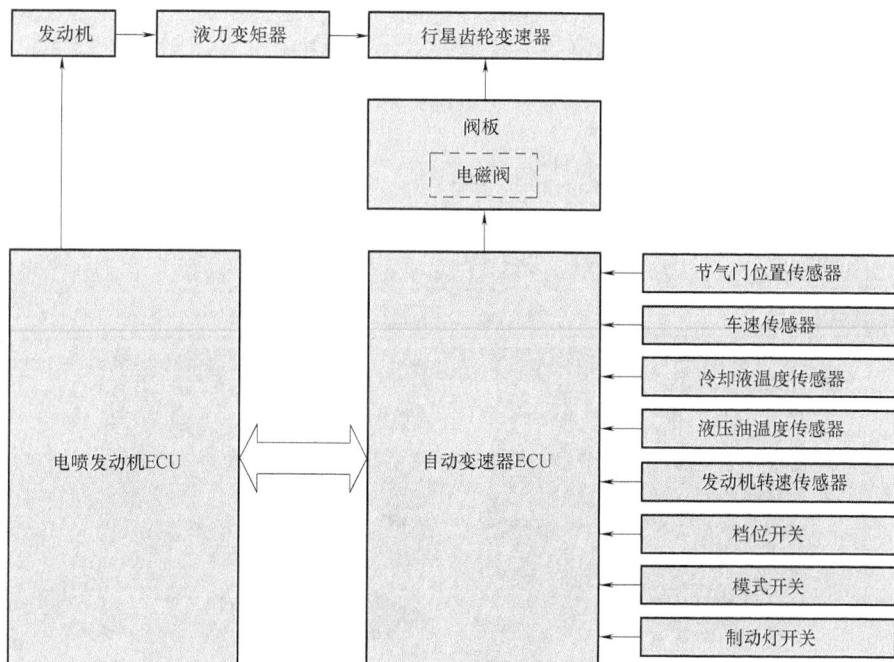

图 9-6　电控液力自动变速器的结构组成框图

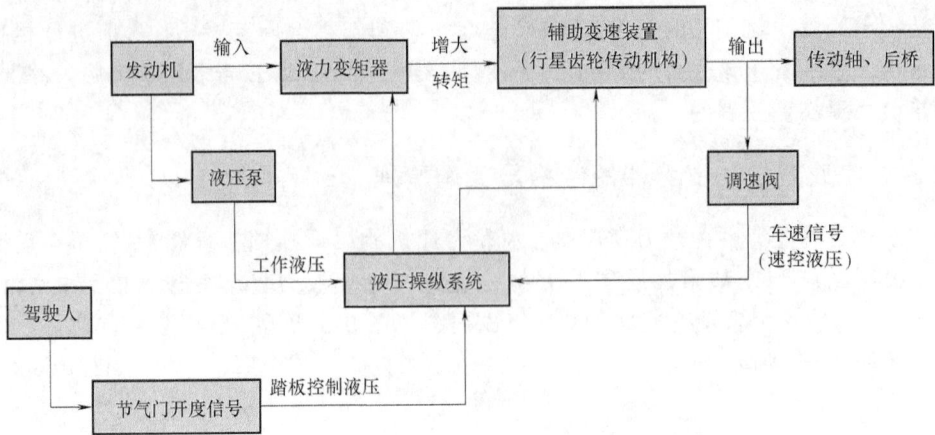

图 9-7 电控液力自动变速器的基本工作过程

电控液力自动变速器的工作过程：根据汽车的行驶速度和节气门开度的变化，自动变换档位。换档控制方式是通过机械方式将车速和节气门开度信号两个参数转换成控制油压（控制信号），按照设定的换档规律，将该油压加到换档阀的两端，以控制换档阀的位置，从而改变换档执行元件（离合器和制动器）的油路。工作液压油进入相应的执行元件，使离合器接合或分离，制动器制动或松开，控制行星齿轮变速器升档或降档，从而实现自动换档。

电控自动变速器的工作过程：通过传感器和开关监测汽车和发动机的运行状态，接受驾驶人的指令，并将发动机转速、节气门开度、车速、发动机冷却液温度、自动变速器液压油温度等参数转换成电信号输入到 ECU。ECU 根据这些信号，按照设定的换档规律，向换档电磁阀、油压电磁阀等发出控制信号；电磁阀控制液压换档阀，使其打开或关闭通往换档离合器和制动器的油路，从而控制换档时刻和档位的变换，以实现自动变速。

三、液力变矩器的结构与工作原理

1. 液力变矩器的基本结构

液力变矩器由泵轮、涡轮和定轮（导轮）组成。液力变矩器实物如图 9-8 所示，液力变矩器结构如图 9-9 所示。

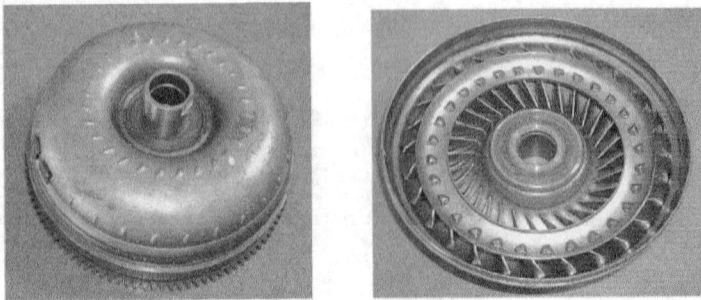

图 9-8 液力变矩器实物

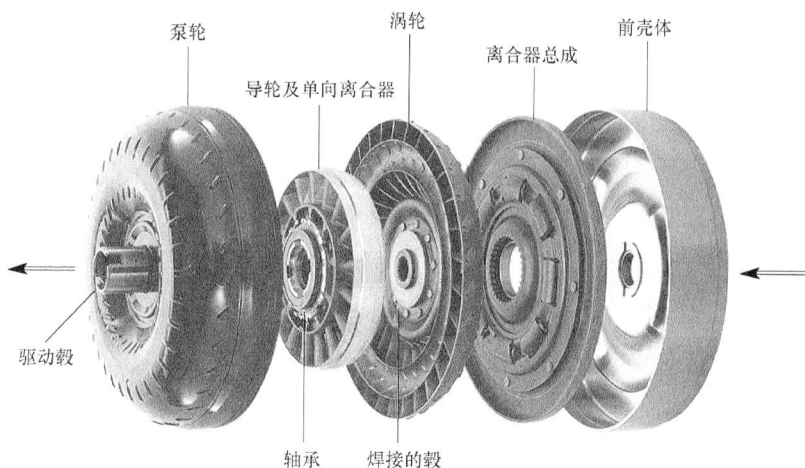

泵轮

涡轮

离合器总成

前壳体

导轮及单向离合器

驱动毂

轴承 焊接的毂

图 9-9 液力变矩器结构

泵轮是液力变矩器的主动部分，将发动机动力变成油液动能。泵轮与变矩器壳体连成一体，其内部径向装有许多弯曲的叶片，而叶片内缘则装有让变速器液压油平滑流过的导环，变矩器壳体经驱动盘与曲轴相连。

涡轮是液力变矩器的输出部分，将动力传至机械式变速器的输入轴。涡轮内有许多叶片，叶片与泵轮叶片相对放置，中间有一很小的间隙，涡轮叶片的弯曲方向与泵轮叶片的弯曲方向相反。涡轮与变速器输入轴相连。当变速器置于 D、2、L 或 R 档域，车辆行驶时，涡轮就与变速器的输入轴一起转动。当变速器置于 D、2、L 或 R 档域，车辆停驶时，涡轮不能转动。在变速器置于 P 或 N 档域时，涡轮则与泵轮一起自由转动。

导轮是液力变矩器的反作用元件，它对油流起反作用，达到增转矩的目的。定轮叶片截住离开涡轮的变速器液压油，改变方向使其冲击泵轮的叶片背部，给泵轮一个额外的助推力。导（定）轮位于泵轮与涡轮之间，安装在导轮轴上，导轮轴则经由单向离合器固定在变速器壳体上。导轮增转矩的作用原理如图 9-10 所示。当液体离开泵轮冲击涡轮时，把液体能量传递给涡轮并使其转动，与此同时流经涡轮的液体从中间流出，撞击导轮叶片的正面，液体受到导轮正面叶片的阻挡而产生液体折射，具有方向性的液体返回到泵轮叶片上，而这种具有方向性的液体起到了帮助发动机转动泵轮的作用。流动的液体对导轮产生的作用力矩，可以使变矩器的输出转矩提高。

为了防止汽车高速时出现变矩器的输出转矩小于输入转矩的现象，在导轮和固定轴之间安装了单向离合器。当在低速时，作用在导轮叶片正面的液体通过单向离合器锁止使导轮固定，产生增大转矩的效果。当在高速时，

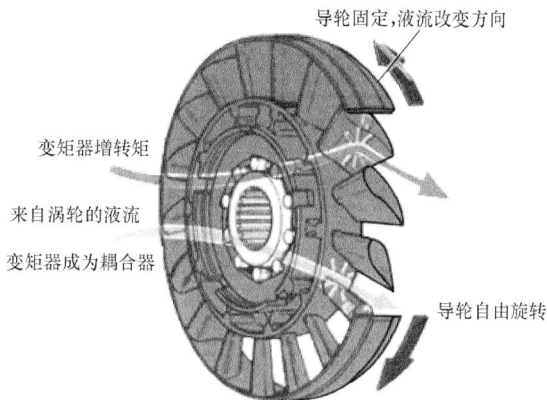

导轮固定，液流改变方向

变矩器增转矩

来自涡轮的液流

变矩器成为耦合器

导轮自由旋转

图 9-10 导轮增转矩作用原理

导轮自由旋转，变成了耦合器，作用在导轮叶片的转矩不能增大。单向离合器和导轮之间的装配关系如图9-11所示。

2. 液力变矩器的工作特性

液力变矩器属于"软连接"机构，它具有许多优点，但也存在明显缺点，如高速状态时，泵轮和涡轮之间会产生较大的滑转现象，传动效率大幅度下降，特别反映在耦合点之后。长期以来，配置自动变速器的轿车油耗高的主要症结就在于此。当汽车行驶阻力小时，发动机转速较高，此时不需要增转矩，锁止离合器将变矩器的泵轮和涡轮锁住，可以提高传动效率。在汽车行驶阻力大时，发动机转速降低，此时锁止离合器分离，实现增转矩。锁止条件包括：①冷却液温度不能低于65°；②变速杆处于 D 位；③没有踩下制动踏板；④车速高于 56km/h；⑤节气门开启。

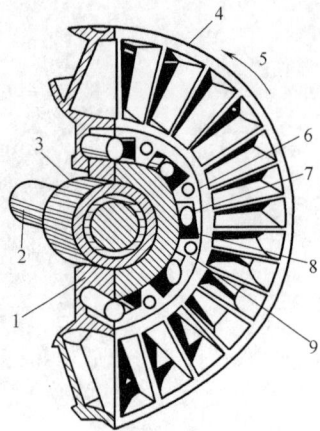

图9-11　单向离合器和导轮装配关系

1—离合器轮毂　2—涡轮轴　3—导轮轴
4—导轮　5—变矩器旋转方向　6—凸轮
7—滚珠　8—弹簧　9—铆钉

液力变矩器的工作特性是当发动机的转速和转矩一定、泵轮的转速和转矩也一定时，涡轮与泵轮之间的转矩比、转速比和传动效率三者的变化规律。

转矩比：涡轮输出转矩 M_w 与泵轮输出转矩 M_b 之比。

转速比：涡轮转速 n_w 与泵轮转速 n_b 之比。

传动效率 η：液力传动装置输出功率与输入功率之比，即 $n_w/n_b<1$。

涡轮转速 n_w 变化时转矩 M_w 的特性如下：

变矩器工作时，作用在涡轮上的转矩（M_w）不仅有泵轮施加给涡轮的转矩（M_b），还有导轮的反作用力矩（M_d），即 $M_w=M_b+M_d$。

1）当 $n_w<0.85n_b$ 时，此时 $n_b>n_w$，油液以速度 v_c 流向导轮的正面，$M_d>0$，$M_w=M_b+M_d$，可见 $M_w>M_b$，起变矩作用。

2）当 $n_w=0.85n_b$ 时，油液速度 v_c 与导轮叶片相切，$M_d=0$，$M_w=M_b$，为耦合器（液力联轴器）。此转速称为耦合工作点。

3）当 $n_w≈n_b$ 时，油液速度 v_c 流向导轮的背面，M_d 为负值，导轮欲随泵轮同向旋转，导轮对油液的反作用力冲向泵轮正面，故 $M_w=M_b-M_d$。

4）当 $n_w=n_b$ 时，循环圆内的液体停止流动，停止转矩的传递，故 n_w 的增大是有限度的，它与 n_b 的比值不可能达到1，一般小于0.9。

从怠速到耦合区，M_w 变化过程为：

1）怠速时，M_w 很小，汽车不能行驶。

2）起步时，M_w 最大。

3）逐渐加速时，M_w 减小。

4）耦合点时，$k=1$，$M_w=M_b$。

液力变矩器转矩比变化规律如图 9-12 所示，液力变矩器效率变化规律如图 9-13 所示。为提高变矩器在耦合区工作的性能，需加装单向离合器和锁止离合器，以提高传动效率，降低燃料消耗。

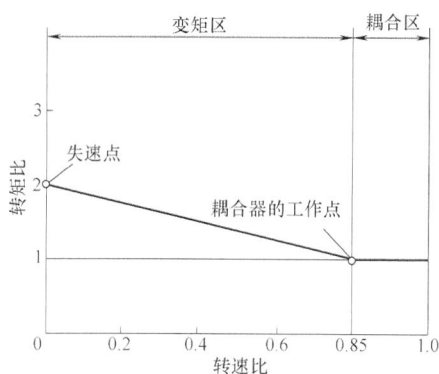

图 9-12　液力变矩器转矩比变化规律

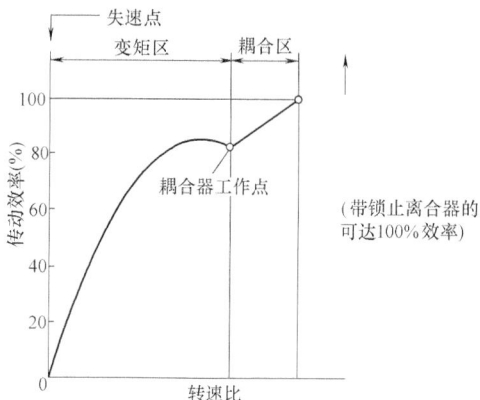

图 9-13　液力变矩器效率变化规律

变矩器的锁止离合器与外壳相连，也就是与泵轮相接，而锁止离合器片与涡轮相接，带锁止离合器的液力变矩器的活塞在油压的作用下，可以将多片式锁止离合器的盘与摩擦片压紧成为一体，这就使涡轮与泵轮连接成一体，此时液力传动变为离合器传动，相当于为刚性连接，使传动效率提高至接近100%，同时还避免了变矩器的油温升高。

1）锁止离合器处于分离状态。当车辆低速行驶时，油液流至锁止离合器片的前端。锁止离合器片前端与后端的压力相同，使锁止离合器分离。

2）锁止离合器处于接合状态。当车辆以中速至高速行驶时，油液流至锁止离合器的后端。锁止离合器处于接合状态，使锁止离合器片与前盖一起转动。

带锁止离合器的液力变矩器既利用了液力变矩器在涡轮转速较低时具有的增转矩特性，又利用了液力耦合器在涡轮转速较高时所具有的高传动效率的特性。

3. 液力变矩器的工作过程

液力变矩器的工作过程如下：

车辆停止，发动机怠速运转。发动机怠速运转时，发动机自身产生的转矩最小。如果使用了制动器驻车（制动器和/或制动踏板），则此时涡轮上的载荷最大，这是因为涡轮无法转动。由于车辆停止时，涡轮与泵轮的转速比为零，而转矩比却最大。所以涡轮总是随时准备以大于发动机所产生的转矩转动。

车辆起步时。当制动器松开时，涡轮就能与变速器输入轴一起转动。所以在加速踏板踩下时，涡轮就以大于发动机所产生的转矩转动，于是车辆开始前进。

车辆低速行驶时。随着车速提高，涡轮的转速迅速接近泵轮的转速，从而转矩比也迅速接近1.0，当涡轮与泵轮的转速比接近某一值（耦合器工作点）时，定轮开始转动，转矩成倍放大效应下降，变矩器开始仅作为一台液力耦合器来运作，所以车速几乎与发动机转速成正比地直线上升。

车辆以中、高速行驶时。这时，变矩器仅仅起到一台液力耦合器的作用，涡轮以与泵轮几乎一样的转速转动，在车辆正常起动的过程中，变矩器在发动机发动以后2~3s达到耦合点。但是如果载荷太大，即使车辆中、高速行驶，变矩器也有可能在变矩区运作。

四、行星齿轮换档机构的结构与工作原理

自动变速器采用行星齿轮机构提供不同的传动比。传动比可以由驾驶人手动选择，也可以由电控系统或液压控制系统通过接合和释放换档离合器和制动器自动选择。

1. 单排行星齿轮机构

单排行星齿轮机构是由一个太阳轮、一个带有两个和多个行星齿轮的行星架和一个齿环组成。简单行星齿轮机构如图 9-14 所示，简单行星齿轮机构外形如图 9-15 所示。简单行星齿轮机构运动关系如图 9-16 所示。

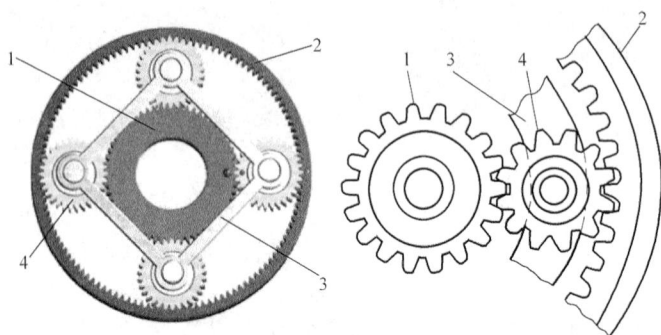

图 9-14　简单行星齿轮机构

1—太阳轮　2—齿环　3—行星架　4—行星齿轮

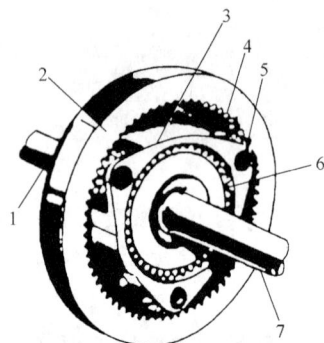

图 9-15　简单行星齿轮机构外形

1—齿环轴　2—齿环　3—行星架　4—行星齿轮
5—行星齿轮轴　6—太阳轮　7—太阳轮轴

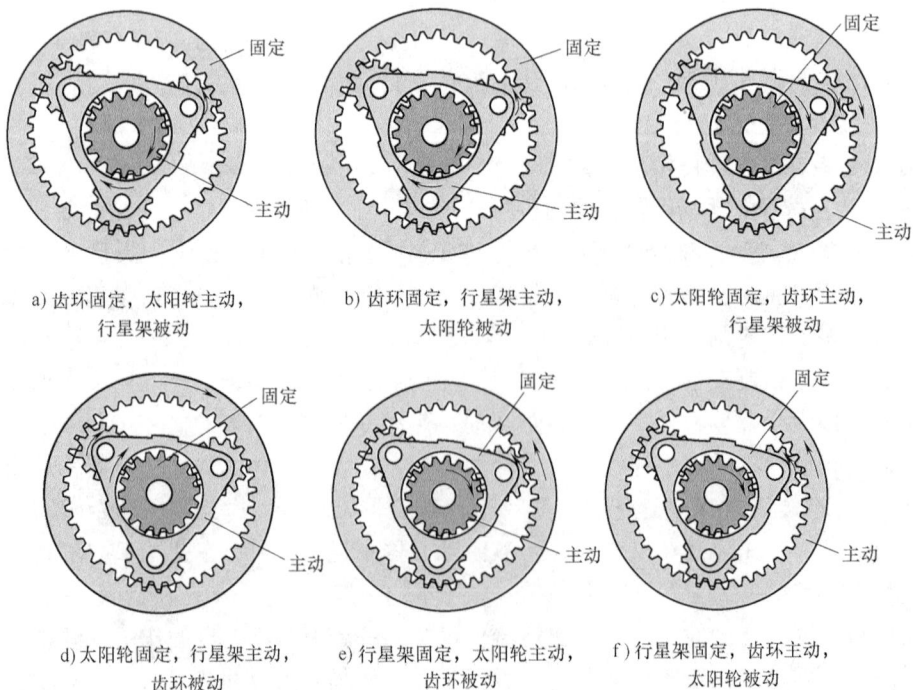

a) 齿环固定，太阳轮主动，
行星架被动

b) 齿环固定，行星架主动，
太阳轮被动

c) 太阳轮固定，齿环主动，
行星架被动

d) 太阳轮固定，行星架主动，
齿环被动

e) 行星架固定，太阳轮主动，
齿环被动

f) 行星架固定，齿环主动，
太阳轮被动

图 9-16　简单行星齿轮机构运动关系

假设太阳轮、齿环和行星架的转速分别为 n_1、n_2 和 n_3，齿数分别为 z_1、z_2 和 z_3，齿环与太阳轮的齿数比为 α。根据能量守恒定律，可得单排行星齿轮机构一般运动规律的特性方程式为

$$n_1 + \alpha n_2 - (1+\alpha) n_3 = 0 \qquad (9\text{-}1)$$

式中：$\alpha = z_2/z_1 > 1$。

行星齿轮机构工作时将太阳轮、齿环和行星架这三者中的任一元件作为主动件，使它与输入轴连接，将另一元件作为被动件与输出轴连接，再将第三个元件加以约束制动。这样整个行星齿轮机构即以一定的传动比传递动力。

（1）**齿环固定，太阳轮主动，行星架被动**　太阳轮带动行星齿轮沿静止的齿环旋转，从而带动行星架以较慢的速度与太阳轮同向旋转，传动比为

$$i_{13} = 1 + \alpha \qquad (9\text{-}2)$$

此种状态为前进减速档，减速相对较大。

（2）**齿圈固定，行星架主动，太阳轮被动**　传动比为

$$i_{31} = 1/(1+\alpha) \qquad (9\text{-}3)$$

此种状态为前进超速档，增速相对较大。

（3）**太阳轮固定，齿环主动，行星架被动**　传动比为

$$i_{23} = 1 + z_2/z_1 = 1 + 1/\alpha \qquad (9\text{-}4)$$

此种状态为前进减速档，减速相对较小。

（4）**太阳轮固定，行星架主动，齿环被动**　传动比为

$$i_{32} = z_2/(z_1 + z_2) = \alpha/(1+\alpha) \qquad (9\text{-}5)$$

此种状态为前进超速档，增速相对较小。

（5）**行星架固定，太阳轮主动，齿环被动**　行星架固定，行星齿轮只能自转，太阳轮经行星齿轮带动齿环旋转输出动力。齿环的旋转方向与太阳轮相反。传动比为

$$i_{12} = z_2/z_1 = -\alpha \qquad (9\text{-}6)$$

此种状态为倒档减速档。

（6）**行星架固定，齿环主动，太阳轮被动**　行星架固定，行星齿轮只能自转，齿环经行星齿轮带动太阳轮旋转输出动力。太阳轮的旋转方向与齿环相反，传动比为

$$i_{21} = -z_1/z_2 = -1/\alpha \qquad (9\text{-}7)$$

此种状态为倒档超速档。

（7）**直接传动**　若三个元件中的任两个元件被连接在一起，则第三元件必然与这两者以相同的转速、相同的方向转动。

（8）**自由转动**　若所有元件均不受约束，则行星齿轮机构失去传动作用。此种状态相当于空档。行星齿轮机构的工作情况见表9-1。

表9-1　行星齿轮机构的工作情况

状态	档位	固定部件	输入部件	输出部件	旋转方向
1	减速档	齿环	太阳轮	行星架	相同方向
2	超速档	齿环	行星架	太阳轮	相同方向
3	减速档	太阳轮	齿环	行星架	相同方向

（续）

状态	档位	固定部件	输入部件	输出部件	旋转方向
4	超速档	太阳轮	行星架	齿环	相同方向
5	倒档位（减速）	行星架	太阳轮	齿环	相反方向
6	倒档位（超速）	行星架	齿环	太阳轮	相反方向
7	直接档	无	任意两个	第三元件	同向同速
8	空档	无	不定	不定	不转动

行星齿轮机构与外啮合齿轮机构相比具有以下优点：

1）所有行星齿轮均参与工作，都承受载荷，行星齿轮工作更安静、强度更大。

2）行星齿轮工作时，齿轮间产生的作用力由齿轮系统内部承受，不传递到变速器壳体，变速器可以设计得更薄、更轻。

3）行星齿轮机构采用内啮合与外啮合相结合的方式，与单一的外啮合相比，减小了变速器尺寸。

4）行星齿轮系统的齿轮处于常啮合状态，不存在挂档时的齿轮冲击，工作平稳，寿命长。

2. 换档执行机构

行星齿轮变速器中的所有齿轮都处于常啮合状态，档位变换必须通过以不同方式对行星齿轮机构的基本元件进行约束（即固定或连接某些基本元件）来实现。能对这些基本元件实施约束的机构，就是行星齿轮变速器的换档执行机构。

执行机构主要由离合器、制动器和单向离合器三种执行元件组成，离合器和制动器是以液压方式控制行星齿轮机构元件的旋转，而单向离合器则是以机械方式对行星齿轮机构的元件进行锁止。

（1）多片离合器　自动变速器中的湿式多片式离合器用来连接输入轴或输出轴和某个基本元件，或将行星齿轮机构中某两个基本元件连接在一起实现转矩的传递。离合器片及离合器实物如图 9-17、图 9-18 所示。

图 9-17　离合器片

图 9-18　离合器实物

多片离合器一般为多片摩擦式，是液压控制的执行元件。多片离合器由离合器鼓、离合器活塞、回位弹簧、离合器片、花键毂组成。多片离合器结构如图 9-19 所示。摩擦片与旋转的花键毂的齿键连接，可轴向移动，为输入端，片上有钢基粉末冶金层或合成纤维层。从动钢片与转动鼓的内花键连接也可轴向移动，可输出转矩。活塞为环状，另外活塞上有密封圈、回位弹簧。

　　离合器接合：当压力油经油道进入活塞左面的液压缸时，液压力克服弹簧力使活塞右移，将所有离合器片压紧。

　　离合器分离：当控制阀将作用在离合器液压缸的油压力撤除后，离合器活塞在回位弹簧的作用下回复原位，并将缸内的变速器油从进油孔排出。

　　离合器自由间隙：离合器处于分离状态时，离合器片之间有一定的轴向间隙，以保证钢片和摩擦片之间无轴向压力。

　　（2）制动器　制动器的功用是固定行星齿轮机构中的基本元件，阻止其旋转。在自动变速器中常用的制动器有湿式多片式制动器（片式制动器）和带式制动器两种。

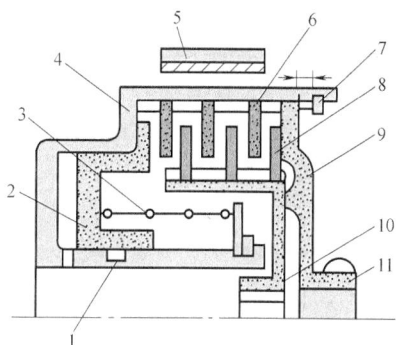

图 9-19　多片离合器结构

1—密封圈　2—活塞　3—回位弹簧　4—转动鼓
5—制动带　6—从动钢片　7—卡簧　8—主动片
9—压板　10—花键毂　11—太阳轮

　　1）片式制动器。片式制动器的结构如图 9-20 所示，与片式离合器相同。不同之处是制动器从动片的外缘花键齿与固定的变速器外壳连接，可轴向移动，以便接合时将主动件制动，使行星齿轮机构改组换档。这种制动器接合的平顺性好，间隙无须调整，其缺点是轴向尺寸大。可通过增减摩擦片数来满足不同排量发动机的要求，故轿车多使用片式制动器。

　　2）带式制动器。带式制动器由制动带、活塞杆、活塞、制动鼓和制动螺钉组成。带式制动器如图 9-21 所示。外弹簧为活塞的回位弹簧。内弹簧为旋转鼓反作用力的缓冲弹簧，防止活塞振动。调整点多在带的支撑端，可在体外调整或拆下油底调整。拧动调整螺栓来调整（旋紧再松 2~3 圈），调好后再用锁紧螺母锁紧。其优点是结构简单、易于安装，带式制动器轴向尺寸小，可缩短变速器的长度。其缺点是使变速器壳体上产生局部的高应力区；制动带磨损后需要调整间隙；工作的平顺性差，控制油路中多配有缓冲阀。

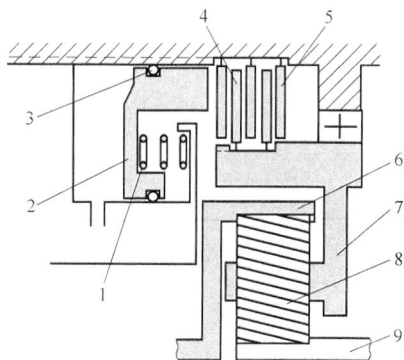

图 9-20　片式制动器结构

1—回位弹簧　2—活塞　3—密封圈　4—摩擦片　5—钢片
6—齿环　7—行星架　8—行星齿轮　9—太阳轮

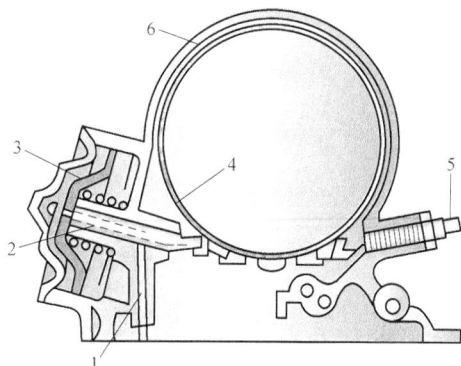

图 9-21　带式制动器结构

1—工作油路　2—活塞杆　3—活塞
4—制动鼓　5—制动调节螺钉　6—制动带

　　3）单向离合器。单向离合器的作用是单方向固定行星齿轮机构中某个基本元件的转动。单向离合器也称为超越离合器，其结构如图 9-22 所示。

3. 组合式行星齿轮系统

由于单排行星齿轮机构不能满足汽车行驶中变速变矩的需要，为了增加传动比，可以通过增加行星齿轮机构来实现。在自动变速器中，两排或多排行星齿轮机构组合在一起，用以满足汽车行驶需要的多种传动比。目前，常见的复合式行星齿轮机构有辛普森式齿轮机构和拉维娜式行星齿轮机构。

（1）辛普森式行星齿轮机构　辛普森式行星齿轮机构的布置形式为两排行星齿轮机构共用一个太阳轮。其前后排星齿轮机构的尺寸或齿轮齿数不一定相同，而尺寸和齿轮齿数决定了实际能实现的传动比。辛普森式行星齿轮机构结构形式如图9-23所示，双行星排辛普森式四档行星齿轮机构结构组成如图9-24所示。辛普森式行星齿轮机构由四个独立的元件组成，即前齿环、前后太阳轮组件、后行星架、前行星架和后齿环组件。辛普森式行星齿轮机构是双排行星齿轮机构。

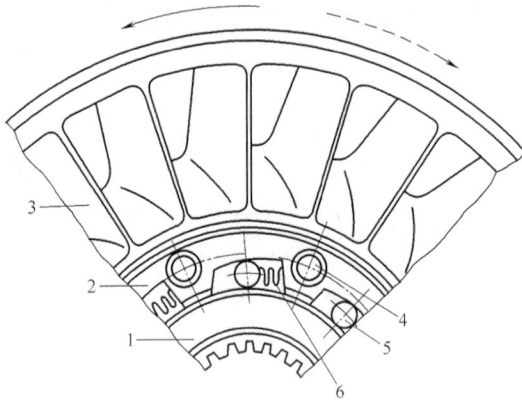

图9-22　单向离合器结构

1—内座圈　2—外座圈　3—导轮　4—铆钉
5—滚轮　6—叠片弹簧

图9-23　辛普森式行星齿轮机构结构形式

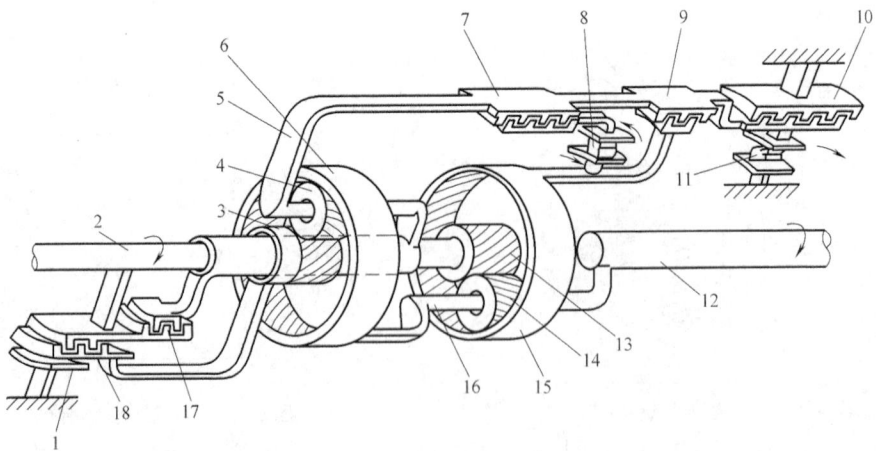

图9-24　双行星排辛普森式四档行星齿轮机构结构组成

1—制动带　2—输入轴　3—前太阳轮　4—前小齿轮　5—前行星架　6—前齿环　7—前进离合器　8—前进单向离合器
9—超速离合器　10—低档和倒档制动器　11—低档单向离合器　12—输出轴　13—后太阳轮　14—后小齿轮
15—后齿环　16—后行星架　17—高档离合器　18—倒档离合器

（2）**拉维娜式行星齿轮机构**　拉维娜式行星齿轮机构由太阳轮、齿环、行星齿轮及行星架四个组件组成。拉维娜式行星齿轮机构的布置形式是两个太阳轮、两排行星齿轮机构共用一个齿环或行星架。拉维娜式行星齿轮机构的结构紧凑，所用构件少，且相互啮合的齿数较多，故可以传递较大的转矩。拉维娜式四档行星齿轮机构如图 9-25 所示。

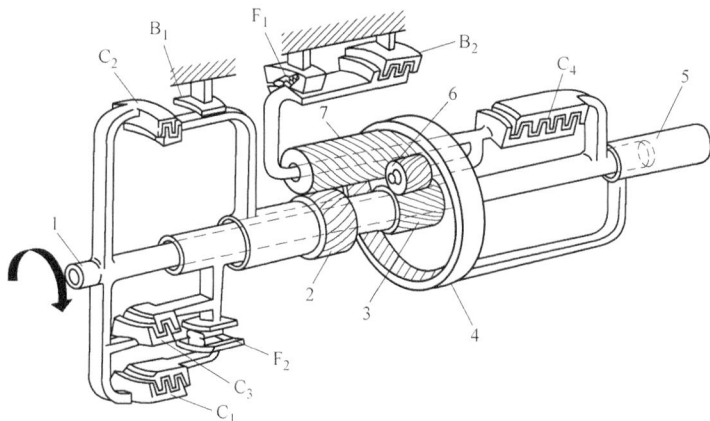

图 9-25　拉维娜式四档行星齿轮机构

1—输入轴　2—前太阳轮　3—后太阳轮　4—齿环　5—输出轴　6—短行星轮　7—长行星轮

C_1—前进离合器　C_2—倒档离合器　C_3—前进强制离合器　C_4—高档离合器

B_1—二档及四档制动器　B_2—低档及倒档制动器　F_1—低档单向超越离合器　F_2—前进单向超越离合器

五、电控液力自动变速器的液压控制结构与工作原理

电控液力自动变速器液压控制系统工作过程框图如图 9-26 所示。液压控制系统由三部分组成：动力源——液压油泵；执行机构——离合器、制动器、单向离合器；控制机构——节气门调压阀、速控阀、换档阀、手动阀、锁止离合器控制阀等。

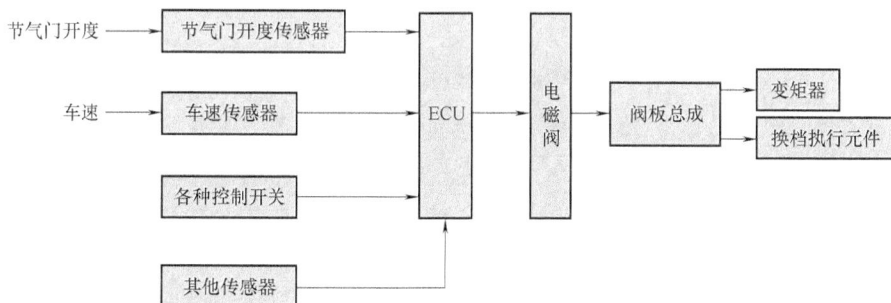

图 9-26　电控液力自动变速器液压控制系统工作过程框图

1. 液压油泵

液压油泵的作用是使自动变速器液压油（Automatic Transmission Fluid，ATF）产生一定的压力和流量，供给液力变矩器和液压控制系统所需的液压油，并保证行星齿轮机构各摩擦副的润滑需要。内啮合齿轮液压油泵结构如图 9-27 所示。由泵轮驱动油泵小齿轮转动，内齿轮在小齿轮驱动下转动，月牙形隔板不运动。

2. 节气门调压阀

节气门调压阀用于产生节气门油压，以便控制系统根据汽车节气门开度的大小改变主油路油压和换档车速，使自动变速器的主油路油压和换档规律满足汽车的实际使用要求。节气门调压阀有机械作用式节气门调压阀、真空作用式节气门调节阀、带海拔高度补偿装置的真空作用式节气门调节阀及反变化的节气门调节阀等几种形式。其中，机械作用式节气门调压阀结构简单、工作可靠，所以使用最广泛。

节气门调压阀结构如图9-28所示。当踩下加速踏板，使节气门开度增大时，摇臂沿逆时针方向转动，推动柱塞右移压缩弹簧，使弹簧力增大，弹簧力推动阀芯右移，使进油口的开口量增大，而泄油口的开口量减小，于是通往控制装置的输出油压上升。阀芯右

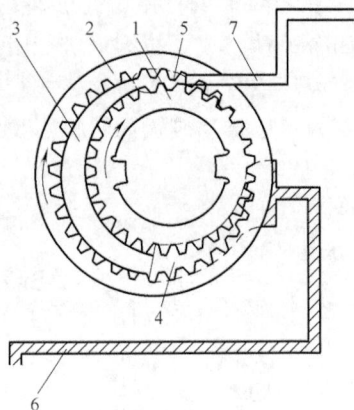

图 9-27　内啮合齿轮液压油泵结构

1—小齿轮　2—内齿轮　3—月牙形隔板
4—吸油腔　5—压油腔　6—进油道　7—出油道

端的油室与出油口相通，压力油对阀芯产生向左的液压推力。当压力油对阀芯的作用力与弹簧的作用相平衡时，阀芯就保持在某一工作位置，得到一个稳定的输出信号油压。当摇臂沿逆时针方向转到最大转角位置时，柱塞移动至右端位置，其环槽把强制降档油口与出油口接通，此时输出压力达最大值，并从强制降档油口输出，变矩器可传递的额定转矩增大。

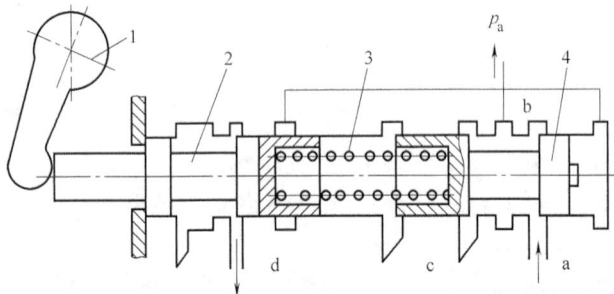

图 9-28　节气门调压阀结构

1—摇臂　2—柱塞　3—弹簧　4—阀芯　a—进油口　b—出油口　c—泄油口　d—强制降档油口

3. 速控阀

中间传动节流式双级调速器如图9-29所示。在输出轴转速低时，重块所受离心力小，阀芯在油压的作用下处于较下的位置，开度减小，速控阀输出油压随之降低，输出轴转速越高，重块组件所受离心力越高，阀芯被向左推移得越大，速控阀输出油压就越高，从而使速控阀输出油压能随着输出轴转速的增大而增高。

普通复合式双级速控阀如图9-30所示。来自油泵的主油路压力油由速控阀盖左端面小孔 A，经盖上的轴向油道、速控阀外壳左端面上油道，从阀入口 P 进入速控阀内，再由阀出口 O 经外壳左端面油道、盖上轴向油道及轴径外环槽径向小孔 B 输出。离心速控阀输出油压的大小由主油路压力油入口 P 的开度即滑阀的轴向位置决定。变速器输出轴旋转时，滑阀自身的离心力及油压使滑阀向外移动（甩开）；而另一侧重块组件的离心力却通过速控阀轴力使滑阀向内移动（内收）。当变速器输出轴转速很低时，离心力很小，不足以平衡油压

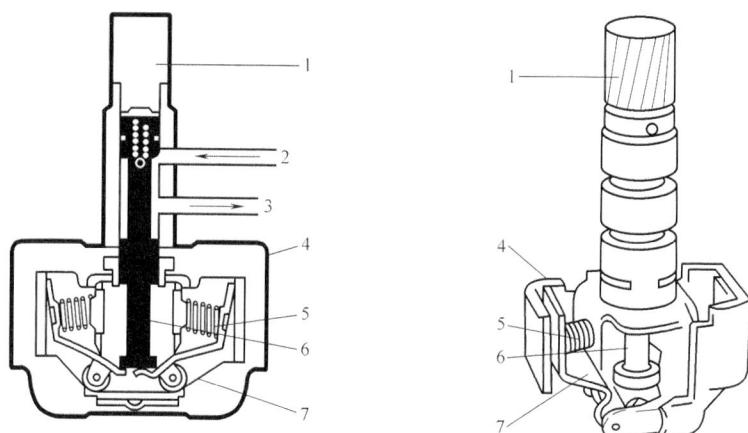

图 9-29　中间传动节流式双级调速器

1—驱动齿轮　2—进油孔　3—出油孔　4—初级重块　5—弹簧　6—滑阀　7—次级重块

作用力，于是滑阀外移，并通过速控阀轴把另一侧的重块组件往内拉，入口 P 开度减小，输出油压相应减小。当输出转速逐渐升高时，重块组件的离心力迅速增大，拉动滑阀内移，使主油压入口 P 开度增大，阀输出油压随车速的提高而急剧增大。

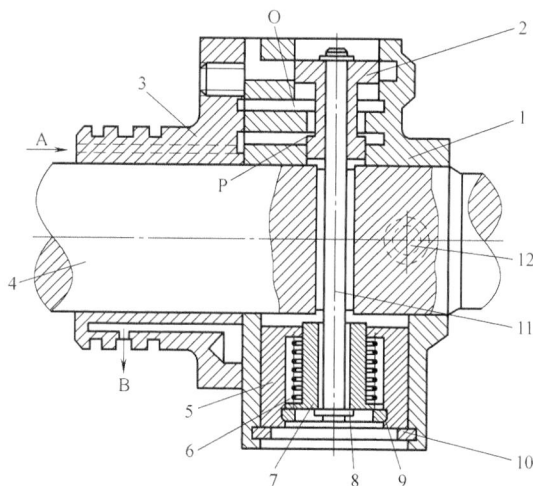

图 9-30　普通复合式双级速控阀

1—调速阀外壳　2—滑阀　3—调速阀盖　4—变速器第二轴　5—大重块　6—弹簧　7—小重块

8、9、10—锁环　11—调速阀轴　12—外壳锁紧螺钉

A—调速阀盖左端面小孔　B—轴径外环槽径向小孔　P—阀入口　O—阀出口

六、电控液力自动变速器的电控系统结构与工作原理

电控液力自动变速器的电控系统一般由传感器、电子控制单元和执行元件三部分组成。电控液力自动变速器电控系统在车内的开关和控制系统结构如图 9-31 所示。电控液力自动变速器输入及输出系统元件及其功能见表 9-2 和表 9-3。

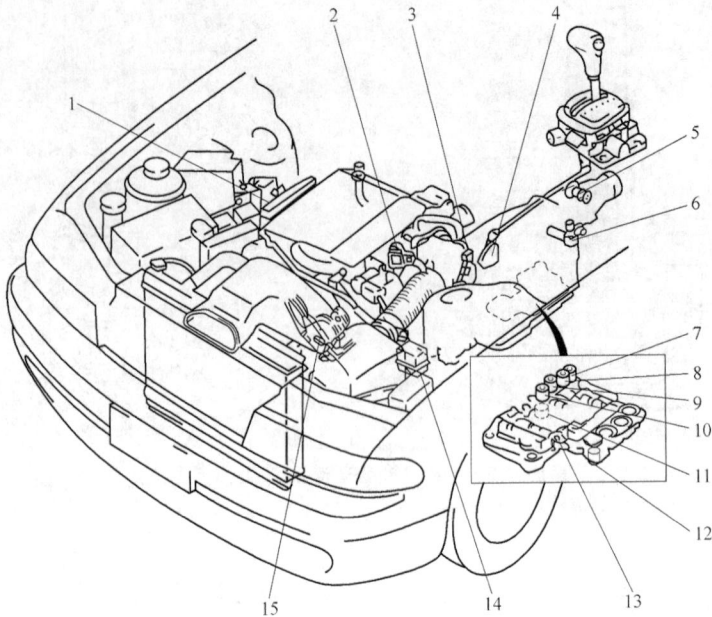

图 9-31 电控液力自动变速器电控系统在车内的开关和控制系统结构

1—降压电阻器 2—节气门位置传感器 3—脉冲发生器 4—空档起动开关 5—转速传感器 1

6—转速传感器 2 7—电磁阀（控制超速） 8—电磁阀（A） 9—电磁阀（B） 10—电磁阀（控制油路压力）

11—电磁阀（锁定控制） 12—电磁阀（锁定） 13—ATF 温度传感器

14—故障诊断插头（TAT，FAT 端） 15—分电器（发动机转速信号）

表 9-2 电控液力自动变速器输入系统元件及其功能

输入系统元件	功能
HOLD 开关	选择保持方式,改变驱动模式
空档起动开关	检测变速杆档位
节气门位置传感器	检测节气门开度角
节气门怠速开关	检测节气门全闭状态
转速传感器 1	检测输出轴转速
转速传感器 2	检测车速
脉冲发生器	检测输入轴转速
停车灯开关	检测制动踏板是否被踩下
已减转矩信号	检测发动机 ECU 指示减转矩有效的信号
A/C 信号	检测是否使用空调
发动机转速信号（N_{e1} 信号）	检测发动机转速
ATF 温度传感器	检测 ATF 温度
大气压力传感器	检测大气压力
O/D 限制信号（ASC）	从巡航控制系统（CCS）检测信号
TAT 端（故障诊断）	TAT 接地,系统显示故障代码

表 9-3　电控液力自动变速器输出系统元件（或信号）及其功能

输出系统元件		功　　能
电磁阀	A、B	通过改变油路控制换档
	控制油路压力	根据行驶情况调整油泵输出压力
	锁定	与锁定控制电磁阀联合控制变矩器的锁止
	锁定控制	与锁定电磁阀联合控制变矩器的锁止
	控制超速	根据行驶情况控制发动机制动
减压电阻		将电控液力自动变速器 ECU 的电信号转送至油压电磁阀
减转矩信号		向发动机 ECU 输出减转矩信号
车速信号		向 4WS 电子控制单元输出车速信号

1. 节气门位置传感器

节气门位置传感器用于检测节气门开度。电控液力自动变速器电控系统将节气门全开至全闭等分为 8，0/8 时为全闭，电压为 V_{IDL}；8/8 时为全开，电压为 V_{IDL} ＋程序计算出的电压。节气门位置传感器与 ECU 连接如图 9-32 所示，V_c 为传感器工作电压，VTA 为节气门开度信号，IDL 为怠速触点信号，E 为搭铁端子。节气门位置传感器输出特性如图 9-33 所示。

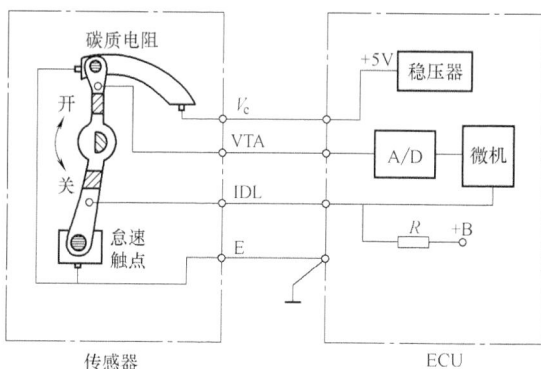

图 9-32　节气门位置传感器与 ECU 连接

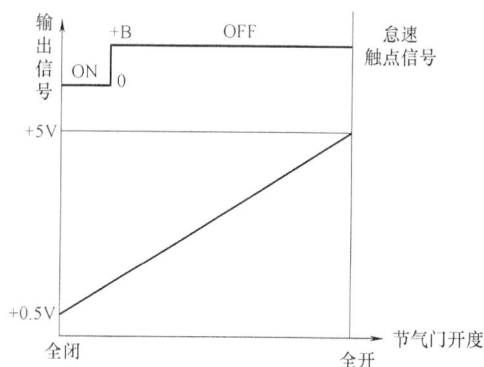

图 9-33　节气门位置传感器输出特性

2. 自动变速器输出轴转速传感器

转速传感器用于检测自动变速器的输出轴转速，转速传感器在自动变速器上的安装如图 9-34 所示。

3. 脉冲发生器

脉冲发生器检测自动变速器输入轴转速，以便更精确地控制换档过程。脉冲发生器在自动变速器上的安装如图 9-35 所示。

4. ATF 温度传感器（变速器油温传感器）

ATF 温度传感器用于检测 ATF 温度，作为 ECU 进行换档控制、油压控制、锁止离合器控制的依据。ATF 温度传感器安装在变速器油底壳

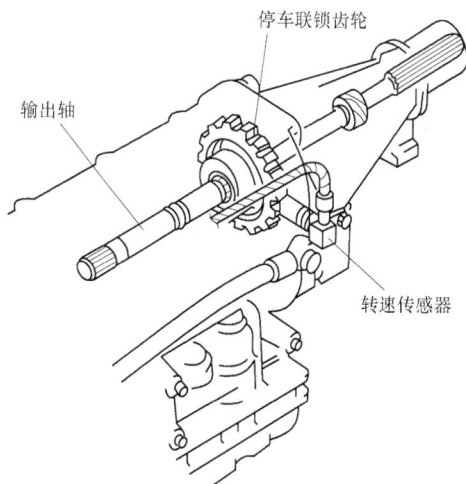

图 9-34　转速传感器在自动变速器上的安装

内的液压控制阀板上，ATF 温度传感器在自动变速器上的安装如图 9-36 所示。

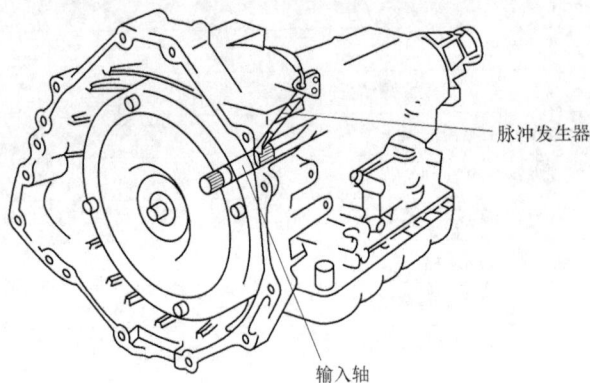

图 9-35　脉冲发生器在自动变速器上的安装

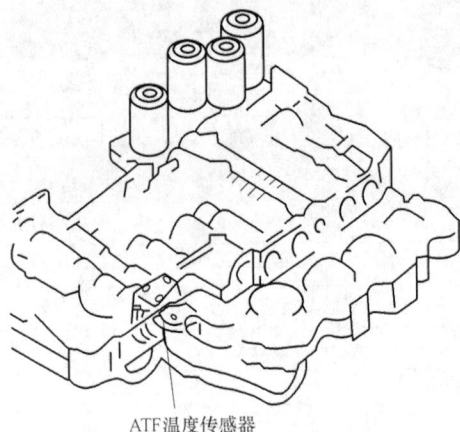

图 9-36　ATF 温度传感器在自动
变速器上的安装

5. 车速传感器

车速传感器产生车速信号，电控液力自动变速器的 ECU 利用车速传感器信号来控制换档点和锁止离合器的运作。1 号和 2 号车速传感器和结构如图 9-37、图 9-38 所示。电控液力自动变速器的 ECU 获得的正确车速信息由两个车速传感器输入，为了进一步确保信息的精

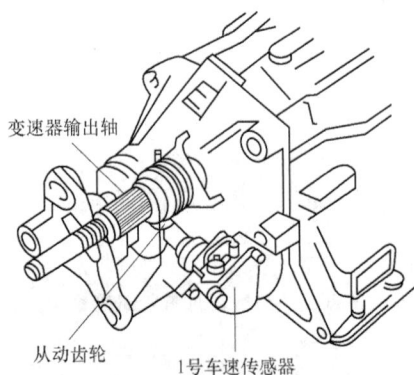

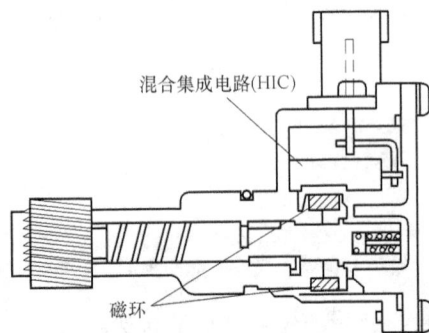

图 9-37　1 号车速传感器和结构

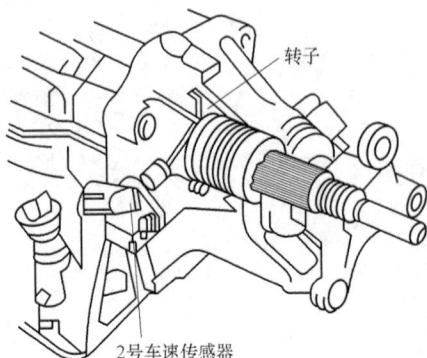

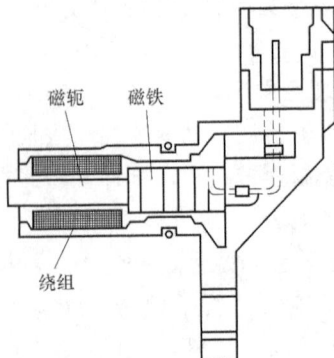

图 9-38　2 号车速传感器和结构

确性，电控液力自动变速器的 ECU 会不断地对这两个信号进行比较。

6. 冷却液温度传感器

冷却液温度传感器和线路连接如图 9-39、图 9-40 所示。冷却液温度传感器检测发动机冷却液的温度，它是一个负温度系数的可变电阻，随温度的增加其阻值逐渐下降。

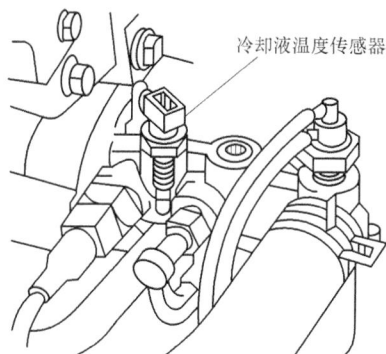

图 9-39　冷却液温度传感器的安装位置

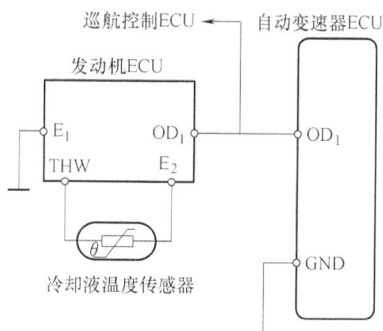

图 9-40　冷却液温度传感器和线路连接

7. 模式选择开关

换档规律选择开关如图 9-41 所示。其中，经济模式以获得最佳燃油经济性为目标设计换档规律；动力模式以获得最大动力性为目标设计换档规律；标准模式介于经济模式和动力模式之间；手动模式以手动方式选择合适档位。

8. 空档起动开关

空档起动开关结构及控制电路如图 9-42 所示。它是一个多功能开关，既可以控制起动继电器，还可将变速器变速杆位置信息送给 ECU。若输入的分

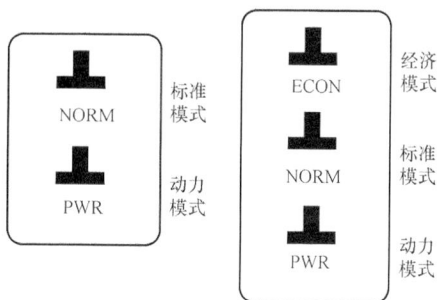

图 9-41　换档规律选择开关

别是 "N" "2" "L" 信号（高电位有效），ECU 会判断变速器变速杆处于相应的 "N" "2" 和 "L" 位。若这些变速信号都不输入，ECU 则判断变速器变速杆处于 "D" 位。

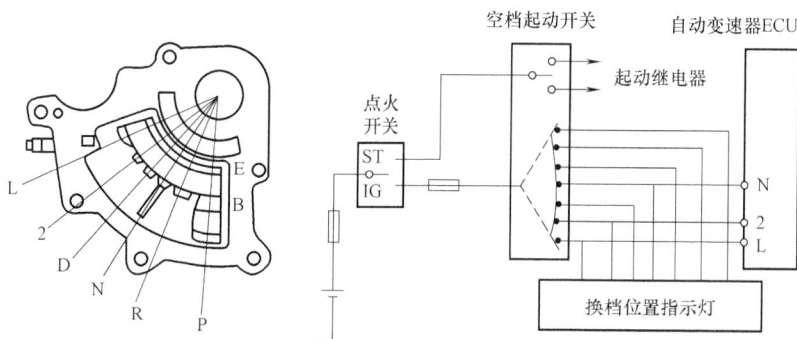

图 9-42　空档起动开关结构及控制电路

9. 电磁阀

来自发动机和电控液力自动变速器 ECU 的信号使电磁阀接通或断开，从而操作换档阀运作和控制液压压力。电控液力自动变速器执行元件用电磁阀主要包括负载循环型电磁阀和开关型电磁阀两种类型。

（1）负载循环型电磁阀　负载循环型电磁阀结构如图 9-43 所示，柱面侧为排油口。它用于油压控制时，在一个周期内自由控制接通/断开的比率由 0%～100% 变化，来打开和关闭排油口，以调整管路油压；它用于锁定时，在一个周期内自由控制接通/断开的比率由 5%～95% 变化，来打开和关闭排油口，以调节控制压力。

（2）开关型电磁阀　开关型电磁阀结构如图 9-44 所示，顶部为排油口。它用于 A、B 换档阀、超速离合器控制和锁定控制。1 档时，A—on，B—on；2 档时，A—off，B—on；3 档时，A—off，B—off；4 档时，A—on，B—off。

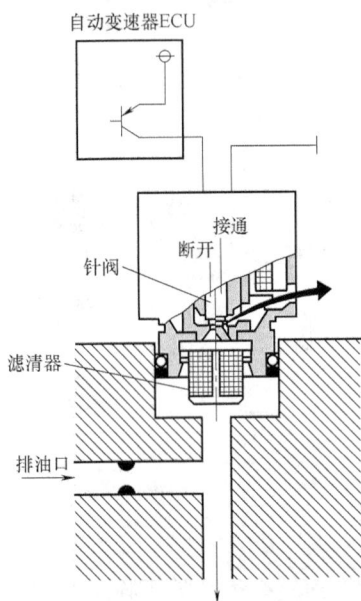

图 9-43　负载循环型电磁阀结构

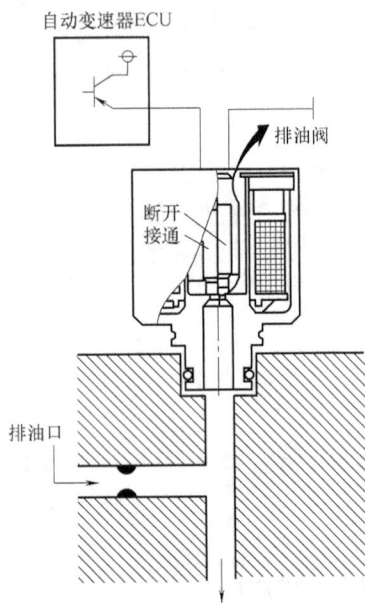

图 9-44　开关型电磁阀结构

10. 电控液力自动变速器系统控制功能

ECU 每隔一定时间取一次输入信号，处理车速、节气门开度等信息，并从存储器中"读出"预置的该节气门开度下的最佳换档点速度，与当时采样的车速比较后，判断是否换档，如需换档则通过接口发出换档指令，再通过电磁阀实现升档或降档。

电控液力自动变速器工作时，人为地快松加速踏板，可提前换高档；人为地急踩加速踏板，可提前降低档；人为地将变速杆置于低位，可限制换档范围。

（1）自动动力控制　普通（NORMAL）方式适于经济型驾驶；动力（POWER）方式适于加速、爬坡等。在 D 档域，电控液力自动变速器根据驾驶情况自动选择普通方式或动力方式。当加速踏板被踩下的速度超过程序值时，普通方式转换为动力方式。车速越低、节气门开度角越大，越容易换至动力方式。

（2）换档控制　换档控制结构如图 9-45 所示。通过修正油压信号来控制换档品质。通过收节气门开度来升档，锁止离合器锁止；通过强迫降档来实现超车；放到低档位置时可以自动降档，并进行发动机制动。

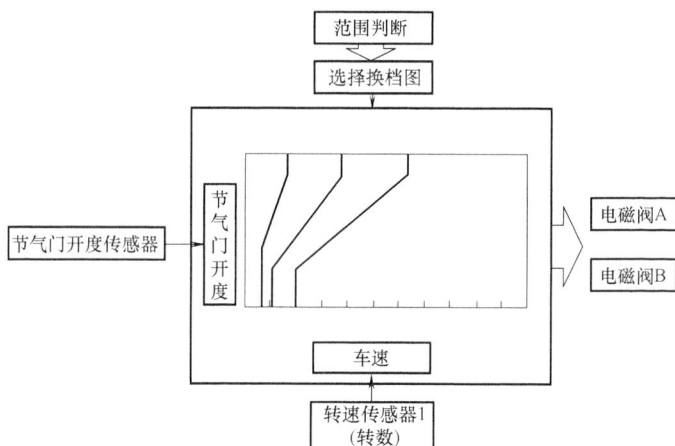

图 9-45　换档控制结构框图

　　换档规律即换档车速与节气门开度的关系，是通过试验事先确定好的。换档规律包括普通换档规律、经济换档规律、动力换档规律等，如图 9-46 所示。

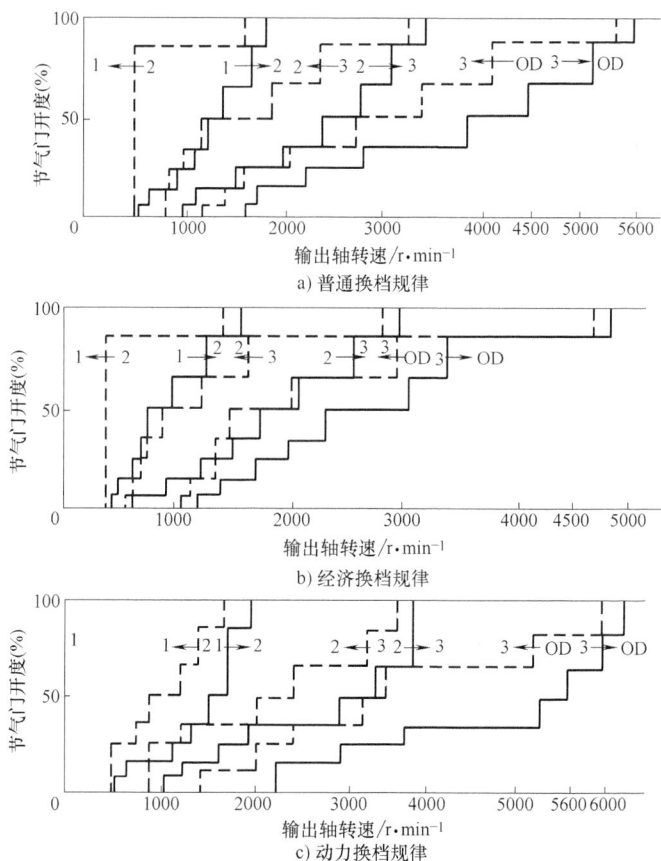

a) 普通换档规律

b) 经济换档规律

c) 动力换档规律

图 9-46　自动变速器换档规律

（3）油路压力控制（油压控制）

1）正常使用条件下的油压控制。正常使用条件下的油压控制曲线如图 9-47 所示。油路压力随节气门开度角变化是为了达到各离合器接合的要求，使油泵驱动损失减至最小。

2）发动机制动时的油压控制。发动机制动时的油压控制曲线如图 9-48 所示。从 D 档域的 4 档或 3 档换入 2 档域的 2 档，以求实现发动机制动，油路液力特性将高于普通状态。

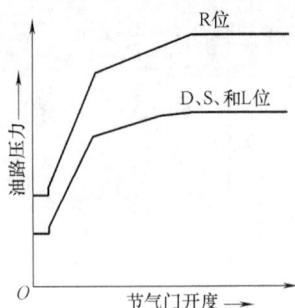

图 9-47   正常使用条件下的油路压力控制曲线   图 9-48   发动机制动时的油压控制曲线

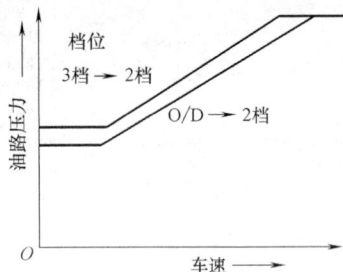

3）换档过程中的油压控制。换档过程中的油压控制曲线如图 9-49 所示。为减轻换档冲击，在换档时的油压由发动机驱动力决定。

4）低于 60℃时的油压控制。低于 60℃时的油压控制曲线如图 9-50 所示。为防止低温下因 ATF 黏度变化而产生换档冲击，当油温低于 60℃时油路压力将低于正常值。

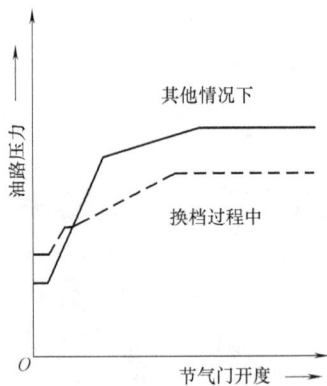

图 9-49   换档过程中的油压控制曲线   图 9-50   低于 60℃时的油压控制曲线

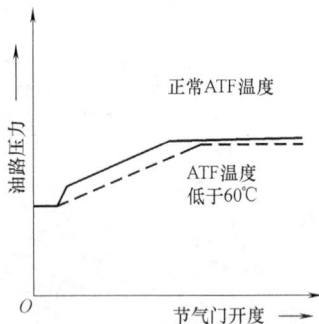

5）低于-30℃时的油压控制。低于-30℃时的油压控制曲线如图 9-51 所示。当油温低于-30℃时，管路油压升到最大值，并与节气门开度无关，便于离合器和制动器的接合。

6）不能减转矩条件下的油压控制。不能减转矩条件下的油压控制曲线如图 9-52 所示。为防止离合器打滑，在不可能控制转矩减小的情况下，油压被设置得高于正常值。

7）高原行驶条件下的油压控制。高原行驶条件下的油压控制曲线如图 9-53 所示。高原行驶条件下发动机输出功率下降，油压被设置得低于正常值，以防止换档时产生冲击。

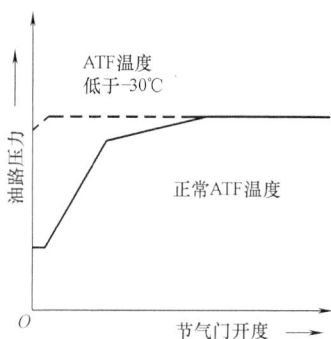

图 9-51　低于−30℃时的油压控制曲线

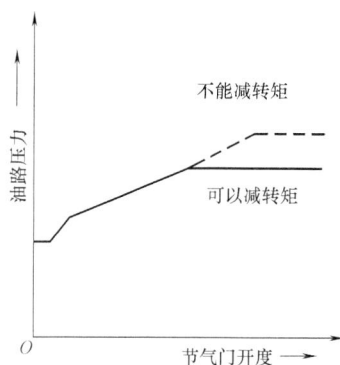

图 9-52　不能减转矩条件下的油压控制曲线

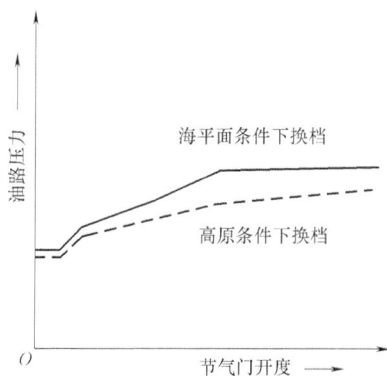

图 9-53　高原行驶条件下的油压控制曲线

第二节　防抱制动系统

汽车防抱制动系统（Anti-Lock Braking System，ABS）是一种制动过程中控制车轮与路面之间滑移程度的汽车主动安全装置。ABS 在制动过程中通过传感器感知车轮与路面的滑移，由电控单元做出判断，并通过电磁阀组成的制动器调整制动力的大小，使轮胎滑移率保持在一个理想的范围，从而保证车辆制动时有较大的纵向制动和抗侧向外力的能力，防止可能发生的后轮侧滑、甩尾、前轮跑偏，提高汽车在制动过程中的方向稳定和转向操纵的能力，并能提高附着系数利用率，缩短制动距离，减少轮胎磨损。

一、ABS 的作用

ABS 在汽车制动过程中的主要作用表现在以下几个方面。

1. 缩短制动距离

在同样的紧急制动情况下，当无 ABS 时，车轮容易"抱死"（滑移率为 100%），纵向附着系数大大减小，附着力减小，制动距离增大；而当有 ABS 系统时，可以将滑移率控制在 20% 左右，从而获得最大的附着系数，也就获得了最大的纵向制动力，即获得了最短的制动距离，如图 9-54 所示。

2. 增加汽车制动时的方向稳定性和转向能力

如果未安装 ABS，汽车前轮抱死时，驾驶人无法控制汽车的行驶方向，特别是在转弯处制动时，汽车容易驶出路外，非常危险。若汽车的后轮抱死，则由于横向附着系数会降低至接近零，因而路面抵抗汽车后部侧滑的能力几乎完全丧失，从而会出现汽车后部侧滑、甩尾，甚至使汽车整个掉头等危险情况。而安装 ABS

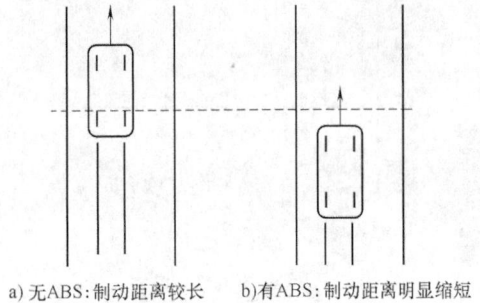

a) 无ABS：制动距离较长　　b) 有ABS：制动距离明显缩短

图 9-54　ABS 缩短制动距离示意图

后，滑移率能够被控制在 20% 左右，车轮不会发生抱死，横向附着系数较大，前轮可以转动，控制汽车的行驶方向，后轮也不会发生侧滑。如图 9-55 所示，其中，图 9-55a 表示无 ABS 紧急制动时，即使打转向盘车辆也不会转向；图 9-55b 表示有 ABS 紧急制动时仍具有转向能力；图 9-55c 表示无 ABS 汽车侧滑甚至甩尾；图 9-55d 表示有 ABS 时方向稳定，沿原运动方向前进。

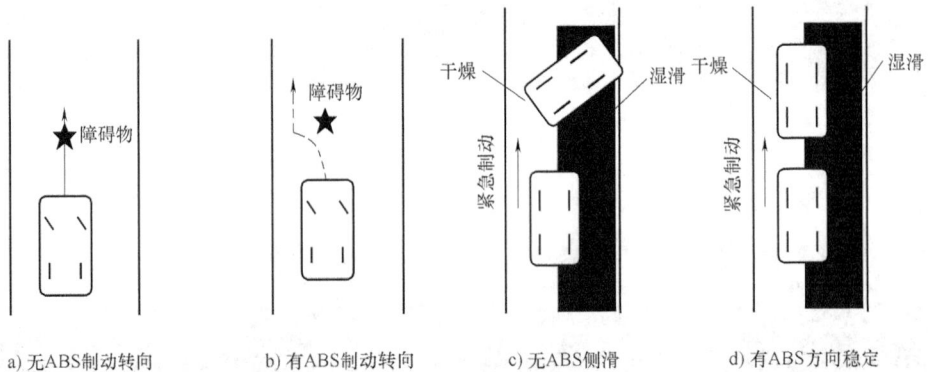

a) 无ABS制动转向　　　b) 有ABS制动转向　　　c) 无ABS侧滑　　　d) 有ABS方向稳定

图 9-55　ABS 增加汽车制动时方向的稳定性和转向能力示意图

3. 减缓和改善轮胎的磨损，节省费用

车轮抱死会造成轮胎的杯形磨损以及轮胎面的不均匀磨损，使轮胎磨损消耗费用增加。经测定，汽车在紧急制动时，车轮抱死所造成的轮胎累加磨损费已超过一套 ABS 的造价。安装 ABS 减少了轮胎的磨损，具有可观的经济效益。

4. 减轻驾驶人紧张情绪

安装 ABS 的汽车进行制动时，当驾驶人用脚踩踏制动踏板时，ABS 会代替驾驶人自动控制车辆进入最佳制动状态，驾驶人可以比较放心地操纵转向盘。习惯驾驶装有 ABS 的汽车驾驶人，如果驾驶未安装 ABS 的汽车进行制动时，尤其在湿滑和冰雪路面上紧急制动时，会出现强烈的不安全感，特别是缺乏驾驶经验的驾驶人，会产生一种紧张情绪。

5. 使用维修方便且工作可靠

ABS 的使用与普通制动系统的使用几乎没有区别。制动时只要把脚踏在制动踏板上用力踏住即可，ABS 会自动进入工作状态，如遇雨雪路滑，驾驶人也无须以"点刹"方式进行制动，ABS 会将汽车的制动状态保持在最佳。ABS 具有自诊断能力。当检测到系统内部存在故障时，ABS 会自动记录，并点亮故障警告灯。ABS 的电控系统以故障码的形式记录故障，维修人员可以根据故障码进行诊断及修理。

二、ABS 的类型

1. 按照控制方式分类

目前 ABS 采用的控制方式主要包括预测控制方式和模仿控制方式。

预测控制方式是预先规定控制参数和设定值等控制条件，然后再根据检测的实际参数与设定值进行比较，对制动过程进行控制。根据控制参数的不同，采用预测控制方式的 ABS 又可分为以下四种形式。

(1) **以车轮减速度为控制参数的 ABS**　这种形式的 ABS 通过轮速传感器检测轮速，并对其进行微分计算求得车轮减速度，然后与 ABS 电子控制单元中预先设定的车轮减速度限值进行比较，根据比较结果向执行机构发出指令以增加或减小制动压力，对制动过程进行控制。

(2) **以车轮滑移率为控制参数的 ABS**　这种形式的 ABS 通过传感器检测的车速和轮速计算求得车轮的滑移率，然后与 ABS 电子控制单元中预先设定的车轮滑移率限值进行比较，根据比较结果向执行机构发出指令，增加或减小制动压力，对制动过程进行控制。

(3) **以车轮减速度或加速度为控制参数的 ABS**　这种形式的 ABS 通过轮速传感器检测轮速，并计算求得车轮减速度或加速度。在 ABS 电子控制单元中预先设定有车轮减速度限值和加速度限值，ABS 电子控制单元将车轮减速度或加速度与设定值进行比较，对制动过程进行控制。当车轮减速度超过其设定值时，ABS 电子控制单元向执行机构发出指令减小制动压力，此后车轮将加速旋转；当车轮加速度超过其设定值时，ABS 电子控制单元向执行机构发出指令增加制动压力，此后车轮将减速旋转；如此反复实现 ABS 控制。

(4) **以车轮减速度、加速度和滑移率为控制参数的 ABS**　这种控制方式的 ABS 采用多参数控制，综合了上述三种控制方式的优点，对制动过程的控制更准确，目前多数 ABS 均采用这种控制方式。

2. 按照构造分类

ABS 可分为整体式 ABS 和分离式 ABS。

(1) **整体式 ABS**　整体式 ABS 的制动压力调节器、制动主缸和制动助力器组合为一个整体，其优点是结构紧凑、节省安装空间，一般作为汽车的标准装备。戴维斯（ATE）型、德尔科型和博世型均为整体式 ABS。整体式 ABS 结构复杂，成本较高，高级轿车采用较多。

(2) **分离式 ABS**　分离式 ABS 的制动压力调节器为独立总成，通过制动管路与制动主缸、制动轮缸相连，其突出优点是零部件安装灵活，适合于 ABS 作为选装部件时使用。博世 2S 型及 2E 型、本迪克斯Ⅳ型及Ⅵ型都属于分离式 ABS。桑塔纳、捷达、红旗和沃尔沃等轿车的部分型号均采用分离式 ABS。

3. 按照控制通道数目分类

在 ABS 中，对能够独立进行制动压力调节的制动管路称为控制通道。实际使用中常按照控制通道和轮速传感器的数目区分 ABS。如果某个车轮的制动压力占用一个控制通道可以单独进行调节，则称为独立控制或单轮控制。如果两个车轮的制动压力是同时进行调节，即共同占用 ECU 的一个控制通道，则称为同时控制或一同控制。如果同时控制的两个车轮在同一轴上，则称为同轴控制或轴控制。

汽车在左右附着系数不同的路面上行驶时，由于两边车轮与路面间的附着力不同，制动时两个车轮制动抱死的时间不一样，附着系数小的车轮先抱死，附着系数大的车轮后抱死。在两个车轮一同控制时，如果以保证附着系数较小的车轮不发生抱死为原则进行制动压力调节，则称这两个车轮按照低选原则一同控制；如果以保证附着系数较大的车轮不发生抱死为原则进行制动压力调节，则称这两个车轮按照高选原则一同控制。因此，在一同控制中，有低选原则和高选原则之分。

(1) **单通道一传感器式 ABS** 这种形式的 ABS 适用于制动管路为前、后轮独立布置形式且采用后轮驱动的汽车，通过一个装在差速器上的轮速传感器和一个通道，只对两后轮进行近似低选一同控制。此类 ABS 不对前轮进行制动控制，其制动效能和制动时的操纵性均较差，应用较少。

(2) **单通道两传感器式 ABS** 这种形式的 ABS 的两个传感器装设在两后轮，由两后轮一同控制，或装在两前轮，由两前轮一同控制。

(3) **双通道两传感器式 ABS** 这种形式的 ABS 的两个传感器装设在两前轮，各自独立作用，或装设在两后轮，由两后轮各自独立控制；亦有一个装设在前轮、一个装设在后轮，两前轮共同控制，两后轮也共同控制。

(4) **双通道三传感器式 ABS** 这种形式的 ABS 的三个传感器装设在两前轮及后轴差速器，两前轮一同控制，两后轮也一同控制。

(5) **双通道四传感器式 ABS** 这种形式的 ABS 的四个轮子各装设一个传感器，两前轮一同控制，两后轮也一同控制。

(6) **三通道三传感器式 ABS** 这种形式的 ABS 的三个传感器装设在两前轮各一个，另一个安装在后轴差速器上。两前轮各自独立控制，而两后轮一同控制。

(7) **三通道四传感器式 ABS** 这种形式的 ABS 的四个车轮各有一个传感器。两前轮独立控制，两后轮则一同控制。

(8) **四通道四传感器式 ABS** 这种形式的 ABS 具有四个轮速传感器，在通往四个车轮制动分泵的管路中，各装设一个制动压力调节器（如电磁阀），进行独立控制，构成四通道控制形式。由于四通道 ABS 是根据各个车轮轮速传感器输入信号分别对各个车轮进行独立控制，因此附着系数利用率高，制动时可以最大限度地利用每个车轮的最大附着力。

(9) **六通道六传感器式 ABS** 这种形式的 ABS 主要用于大型客车上，采用独立控制方式。

4. 按照动力来源分类

ABS 可分为气压式 ABS、液压式 ABS 和气顶液式 ABS。

(1) **气压式 ABS** 对大中型汽车、牵引车及挂车等采用气压制动系统的车辆来说，其 ABS 的组成具有相同之处。气压制动系统（F/A）汽车的 ABS 直接控制制动分泵的气压压力，不需要在原有的制动系统中增加另外的部件，容易实现各个车轮制动力的独立控制。

(2) **液压式 ABS** 液压制动系统广泛应用于轿车和轻型货车上。相对于气压式 ABS 而言，用于液压制动系统的 ABS 中需要增加一套制动传动介质的独立供给装置，如直流电动机和再循环油泵。

（3）**气顶液式 ABS**　大中型汽车中常采用气顶液制动系统。气顶液制动系统的 ABS 有两种控制方法；一种是通过控制动力室的输入气压而间接地控制液压主缸的输出液压；另一种是直接控制液压主缸的输出压力。气顶液制动系统用 ABS 需要在前后轴原有的制动管路中各装设一个空气液压加力器，间接控制输入端空气压力。

5. 按照对车轮控制的方法分类

ABS 可分为轴控式 ABS 和轮控式（独立式）ABS。轴控式 ABS 又分为低选控制 ABS 和高选控制 ABS。

（1）**低选控制 ABS**　两个车轮占用同一个控制通道称为同时控制。当同时控制的两个车轮在同一轴上时，称为轴控式。如以保证附着系数较小的车轮不发生抱死为原则来调节制动压力，则这两个车轮就是按照低选原则来进行控制，简称低选控制（SL）。大多数轿车的两个后轮均采用低选控制（SL），如奥迪 100 型及 200 型、红旗、捷达和桑塔纳 2000GSi 型轿车等。

（2）**高选控制 ABS**　如以保证附着系数较大的车轮不发生抱死为原则来调节制动压力，则这两个车轮就是按照高选原则来进行控制，简称高选控制（SH）。

（3）**轮控式（独立式）ABS**　每个车轮各占用一个控制通道称为轮控式（单轮控制式或独立控制式）。

三、ABS 的结构组成

现代 ABS 尽管采用的控制方式、方法以及结构形式各不相同，但其组成基本相同。ABS 由常规制动系统、传感器系统、执行器系统、电子控制系统组成，如图 9-56 所示。

1. 传感器

（1）**车轮轮速传感器**　现代防抱死控制系统中都设置有获取车轮轮速信号的车轮轮速传感器，电磁车轮轮速传感器由齿环和电磁感应器件两部分构成，其结构如图 9-57 所示。

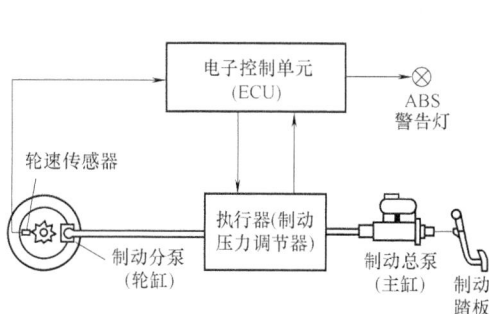

图 9-56　ABS 的基本组成

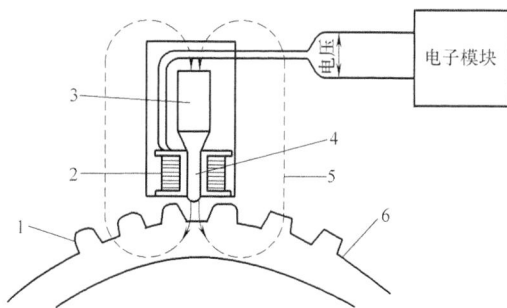

图 9-57　电磁感应式轮速传感器的基本结构
1—细轮齿　2—线圈　3—磁铁　4—磁极
5—磁力线　6—回转齿环

霍尔效应式轮速传感器具有输出信号幅值不受转速影响、频率响应高、抗电磁波干扰能力强等优点，被广泛应用于 ABS 轮速检测及其他控制系统的转速检测中。霍尔效应式轮速传感器由传感头和齿环组成，传感头由永磁体、霍尔元件和电子电路等组成。如图 9-58 所示，永磁体的磁力线穿过霍尔元件通向齿环，在图 9-58b 所示位置时，穿过霍尔元件的磁力线集中，磁场相对较强。齿环转动过程中，使得通过霍尔元件的磁力线密度发生变化，因此引起霍尔电压的变化，霍尔元件将输出正弦波电压，并由电子电路转换成标准的脉冲电压。通过轮速传感器可

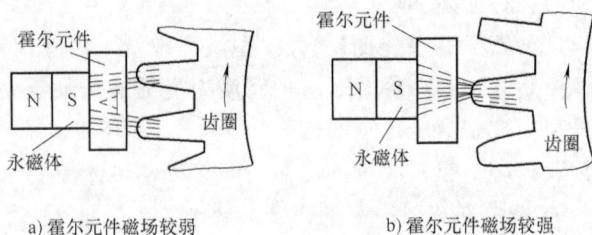

图 9-58 霍尔效应式轮速传感器的磁路

a) 霍尔元件磁场较弱　　　b) 霍尔元件磁场较强

以得出轮速、轮加速度、参考车速、滑移率、路面附着系数。轮速计算方法有两种，即频率法和周期法。其中频率法适合高频信号的计算，周期法适合低频信号的计算。

（2）减速传感器　减速传感器也称为 G 传感器，用于测量汽车制动时的减速度，识别是否是雪路、冰路等易滑路面。一般采用水银开关型减速传感器检测车身的减速度，如图 9-59 所示。

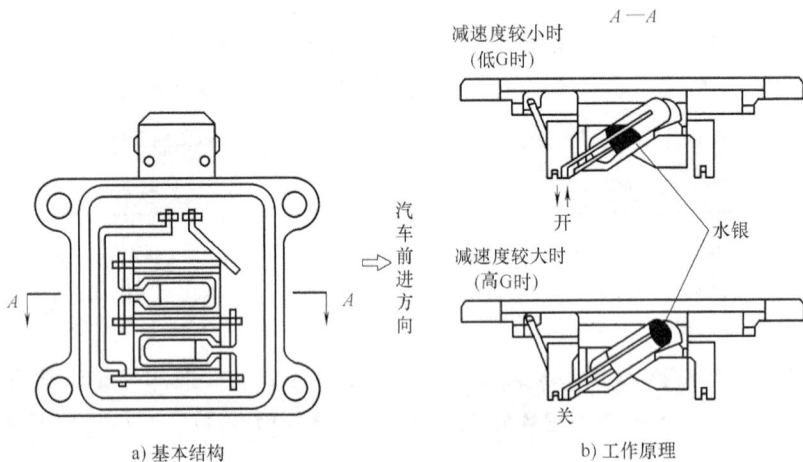

图 9-59 G 传感器水银开关

a) 基本结构　　　b) 工作原理

汽车处于水平位置时，开关处在"开"状态。汽车在低附着系数路面上制动时，由于减速度小，开关内的水银不移动，开关仍处于"开"状态；汽车在高附着系数路面上制动时，因为减速度较大，水银移动，开关处于"关"状态，从而可识别出路面的附着系数信息。

2. 电子控制单元

ECU 接收车轮速度传感器以及其他传感器的信号，经过计算分析，按照特定的控制逻辑控制各个电路、压力调节装置以及其他装置，达到 ABS 所预定的控制目标。同时 ECU 还随时检测整个制动系统工作是否正常，以免由于系统故障发生失去控制的事件。ABS 的控制目标为制动距离、转向操纵能力和方向稳定性，同时可以获得最大的路面附着系数。ABS 的控制对象为制动器制动压力。ABS 系统 ECU 内部电路如图 9-60 所示。

ECU 的硬件由轮速传感器的输入整形电路、CPU 单片机电路、输出电路、检测电路等构成。轮速传感器的输入整形电路将安装在各车轮上的轮速传感器根据轮速输出的交流信号放大成矩形波并整形后送往运算电路。ABS 在接通电源（点火开关处于"开"的状态）时

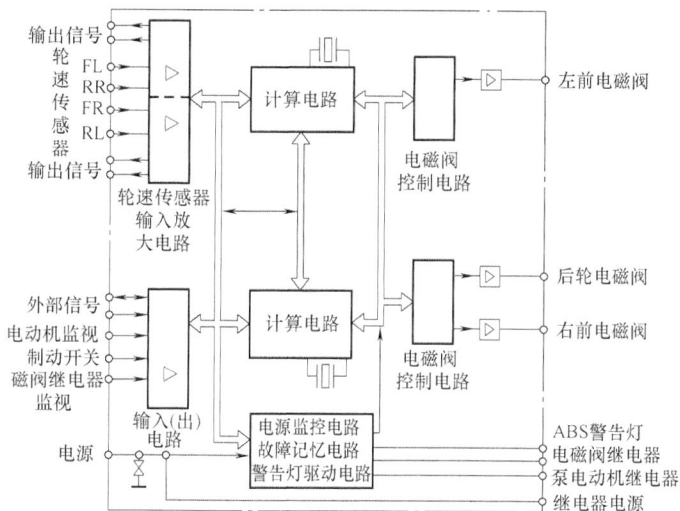

图 9-60　ABS ECU 内部电路框图

或者汽车开始行驶达到一定的车速时，ECU 将对部件进行检测，正常行驶时也有监视功能。当系统发生故障时，首先停止 ABS 工作，恢复常规的制动状态，使仪表盘上的 ABS 警告灯发亮，提示整个系统处于故障状态。

　　ABS 的控制软件一般由防抱死控制和安全检查保证两部分组成。主循环相隔一定时间就循环一次，其功能主要是对各模块和子程序进行初始化，对控制标志进行重新设置，对地址和参数进行确认。软件的工作是计算轮速、轮减速度、参考车速、滑移率、路面附着系数，然后对制动系统进行合理的控制。

　　3. 制动压力调节器

　　制动压力调节器用于接收 ECU 的指令，通过电磁阀的动作自动调节制动器制动压力。液压式制动压力调节器主要由电磁阀、液压泵和储液器组成，通过电磁阀和液压泵产生的液压力控制制动力。循环式制动压力调节器的每个车轮或每个系统内部都有电磁阀，压力调节器通过电磁阀直接控制制动压力，其工作原理如图 9-61 所示。采用循环调压方式进行制动防抱死制动压力调节时，通过使制动轮缸中的制动液流回制动主缸或储液器，实现制动压力减小；通过使制动主缸或储液器中的制动液流入制动轮缸，实现制动压力的增大。

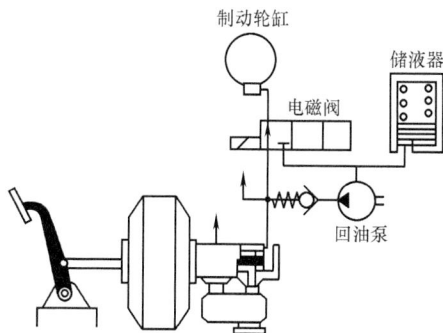

图 9-61　循环式制动压力调节器工作原理

　　4. 电磁阀

　　循环式制动压力调节器的电磁阀多采用二位三通电磁阀和三位三通电磁阀。

　　（1）二位三通电磁阀　二位三通电磁阀有增压和减压两种工作位置，即电磁线圈断电位置和电磁线圈通电位置，工作时二位三通电磁阀穿梭于两个位置。只要 ECU 控制线圈电流通断的占空比，就可以实现制动压力的三态调整。二位三通电磁阀的结构如图 9-62 所示。

其中，保护套既保护电磁线圈，又起密封作用。当电磁阀未通电时，槽、衔铁处于下端位置，此时第一球阀打开，允许高压制动液通过阀体上的电磁阀轴经环形滤网流向制动器，实现增压状态。当电磁阀通电时，衔铁上移，关闭第一球阀，打开第二球阀，制动器压力油液流向低压管路，实现减压状态。若电磁阀通断电流的占空比在某一范围内时，制动器的压力增减保持不变，即为保压状态。

（2）**三位三通电磁阀** 博世公司 ABS 三位三通电磁阀的结构如图 9-63 所示，其有三个液压孔具有三种工作状态，实现压力升高、压力保持和压力降低，其动作如图 9-64 所示。

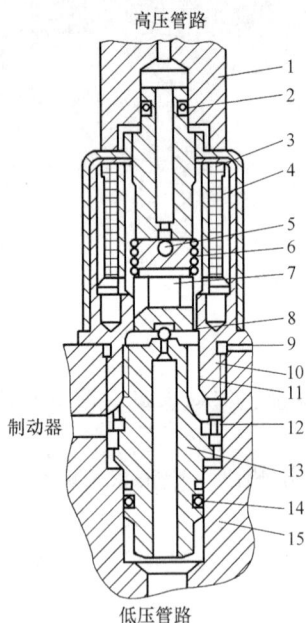

图 9-62　二位三通电磁阀结构

1—密封座　2、9、14—密封圈　3—保
护套　4—电磁线圈　5—第一球阀
6—弹簧　7—衔铁　8—第二球阀
10—连接体　11—槽　12—环形滤网
13—阀体　15—阀盖

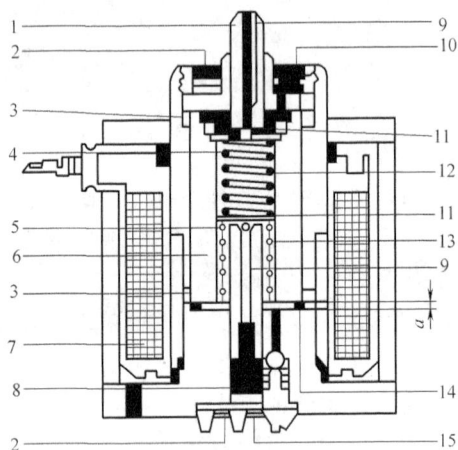

图 9-63　三位三通电磁阀

1—回液管　2—滤芯　3—衔铁支撑圈　4—回液球阀　5—进液
球阀　6—衔铁　7—电磁线圈　8—限压阀　9—阀座
10—出液口　11—压板　12—副弹簧　13—主弹簧
14—凹槽　15—进液器　a—衔铁移动间隔

当电磁线圈中没有电流通过时，衔铁在主、副弹簧预紧力的作用下处于上极限位置，并通过其上端的凸肩带动上压板，将回液球阀压靠在回液管端部的阀座上，封闭电磁阀的回液管，回液阀处于关闭状态；而下压板则受主弹簧的作用，未将进液球阀压靠在进液管端部的阀座上，进液阀处于开启状态，制动液就可以从进液口进入电磁阀，再从出液口流出，如图9-64a 所示。当电磁线圈中通过较小的电流时，电磁线圈对衔铁产生较小的电磁吸力，使衔铁向下移动一定距离（小于间隙 a）。主弹簧被压缩，下压板在副弹簧的作用下将进液球阀压靠在进液管端部的阀座上，而回液球阀仍被上压板压靠在回液管端部的阀座上，由于电磁阀的进液口和回液口都被封闭，制动液既不能从进液口进入电磁阀，也不能从回液口流出电磁阀，保持回路中的压力不再增减，如图9-64b 所示。当电磁线圈中通过较大的电流时，电磁线圈对衔铁产生较大的电磁吸力，使衔铁下移至极限位置，衔铁下移将带动上压板下移，使回液球阀不再压靠在回液管端部的阀座上，回液阀将处于开启状态，而进液球阀被下压板

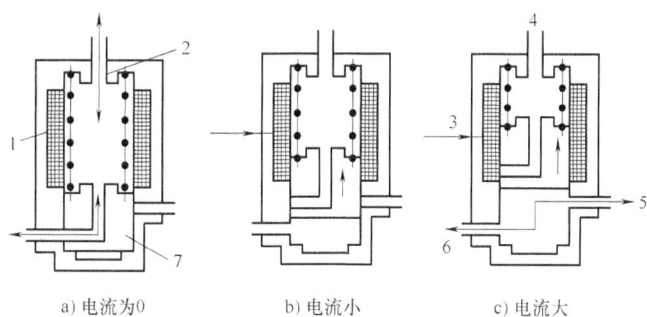

a) 电流为0　　　　b) 电流小　　　　c) 电流大

图 9-64　三位三通电磁阀的动作

1—线圈　2—固定铁心　3—电流圈　4—通主缸　5—通储液器　6—通轮缸　7—衔铁

压靠在进液管端部的阀座上，进液阀将处于关闭状态，因此制动液不能从进液口进入电磁阀，而从回液阀回流到电磁阀的制动液则可以从回液管流出电磁阀，从而降低制动压力，如图 9-64c 所示。电磁阀中的限压阀防止电磁阀因压力过高而损坏。

5. 电动泵

一种由直流电动机和回转球阀式活塞泵组合为一体的电动泵如图 9-65 所示。电动机由设置在活塞泵出液口的压力控制开关控制。当蓄能器内制动液压力低于设定的控制压力时，压力控制开关闭合，向电动机供电，使液压泵工作，将制动液泵入蓄能器中。当液压泵出液口的压力超过设定的控制压力时，压力控制开关断开，停止向电动机供电。电动机和活塞泵停止工作，将液压泵出液处的压力保持在一定的控制范围内。如果液压泵出液口处的压力过低，说明电动泵或蓄能器存在故障，压力警告开关就会闭合，发出警示信号。

6. 蓄能器

蓄能器可根据其压力范围分为高压蓄能器和低压蓄能器。高压蓄能器用于向制动助力器、制动轮缸或调压缸供给高压制动液或其他的调压介质，作为制动能源；低压蓄能器用于接纳回流的制动液或调压介质，并衰减回流制动液或调压介质的压力波动。

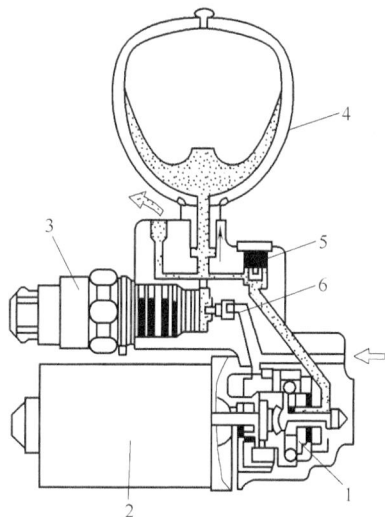

图 9-65　电动泵

1—回转球阀式活塞泵　2—直流电动机
3—压力控制/警告开关　4—蓄能器
5—单向阀　6—限压阀

四、ABS 的工作原理

ABS 在汽车制动时，制动力在车轮抱死前急速增加，很快达到最大点，然后制动力下降。制动力大小取决于车轮与地面间连续变化的摩擦因数，ABS 就是在最大制动力范围内工作。车辆单轮模型受力图如图 9-66 所示，a 为侧偏角，即车轮滚动方向与车辆的行驶方向之间的夹角。ABS 的三维模型如图 9-67 所示。

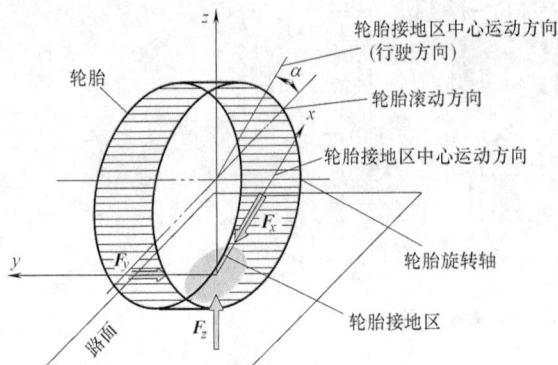

图 9-66　车辆单轮模型受力图

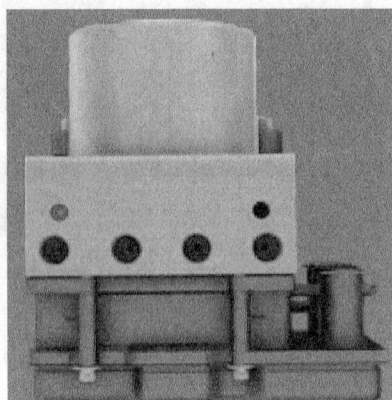

图 9-67　ABS 三维模型

$$F_x = f_x F_z \tag{9-8}$$

$$F_y = f_y F_z \tag{9-9}$$

式中，F_x 为沿 x 轴方向（车辆前进方向）的分力，称为地面制动力，又称纵向力，纵向力影响汽车的制动距离；F_y 为沿 y 轴方向的分力，称为侧向力，或称横向力，横向力影响汽车的转向控制能力和行驶稳定性；F_z 为沿 z 轴方向的分力，称为法向反作用力，或称垂直力；f_x 为制动力系数；f_y 为侧向力系数。

制动后，车轮速度及其圆周速度下降，若车轮圆周速度低于车辆本身的速度，则两者速度之差与车辆本身速度之比称为滑移率。

滑移率计算公式为

参考滑移率

$$S = \frac{v - \omega r}{v}$$

纵向滑移率

$$S_x = \frac{v - \omega r \cos\alpha}{v}$$

侧向滑移率

$$S_y = \frac{v - \omega r \sin\alpha}{v}$$

式中，ω 为车轮角速度；r 为轮胎半径；v 为汽车车身速度。

当 $\omega r = v$ 时，$S = 0$，车轮处于纯滚动状态；当 $\omega = 0$ 时，$S = 1$，车轮处于完全滑转状态；当 $0 < v < \omega r$ 时，$0 < S < 1$ 时，车轮既滚动又滑动。滑移率描述了制动过程中车轮滑移的程度，滑移率值越大，表明滑移越严重。

滑移率在 8%～35% 之间能传递最佳制动力，而防抱死制动系统就在这个范围内工作。

轮速计算公式为

$$v_\omega = \omega r = \frac{2\pi r}{ZT} = \frac{2\pi rn}{Z\Delta t}$$

式中，Z 为轮速传感器齿环齿数；T 为信号周期；n 为在测量时间 Δt 内的方波数；ω 为车轮角速度。

附着系数与滑移率之间的关系如图 9-68 所示，最佳滑移率范围为 0.1~0.3。

此外，随着制动力升高，转向性能要下降。在防抱死制动系统工作范围内紧急制动时，车辆的转向性能也足以绕过某一障碍物，使制动过程中的转向安全性得到保证。

ABS 在汽车制动时，速度传感器不断地向控制单元传递速度信息。如果某车轮有抱死的危险，压力变化量就从控制单元传至液压单元。在液压单元里，每个前轮的制动压力都单独地通过电磁阀接收的压力变化量进行调节。

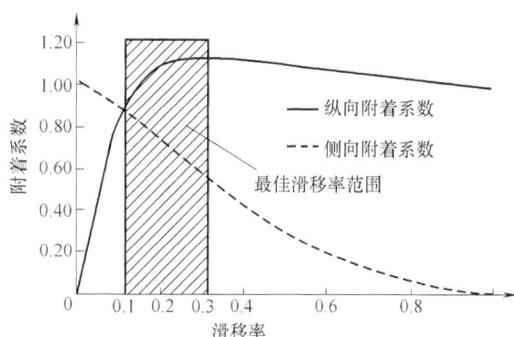

图 9-68　附着系数与滑移率之间关系

在后桥，两轮制动压力同时调节，并且趋于抱死的车轮首先发出信号。通过电磁阀，控制单元给两后轮调节出相等的制动力，于是便可能相应地受到更大的横向力的作用。

ABS 的工作过程分为常规制动、制动压力保持、制动压力减小和制动压力增大四个阶段，如图 9-69 所示。

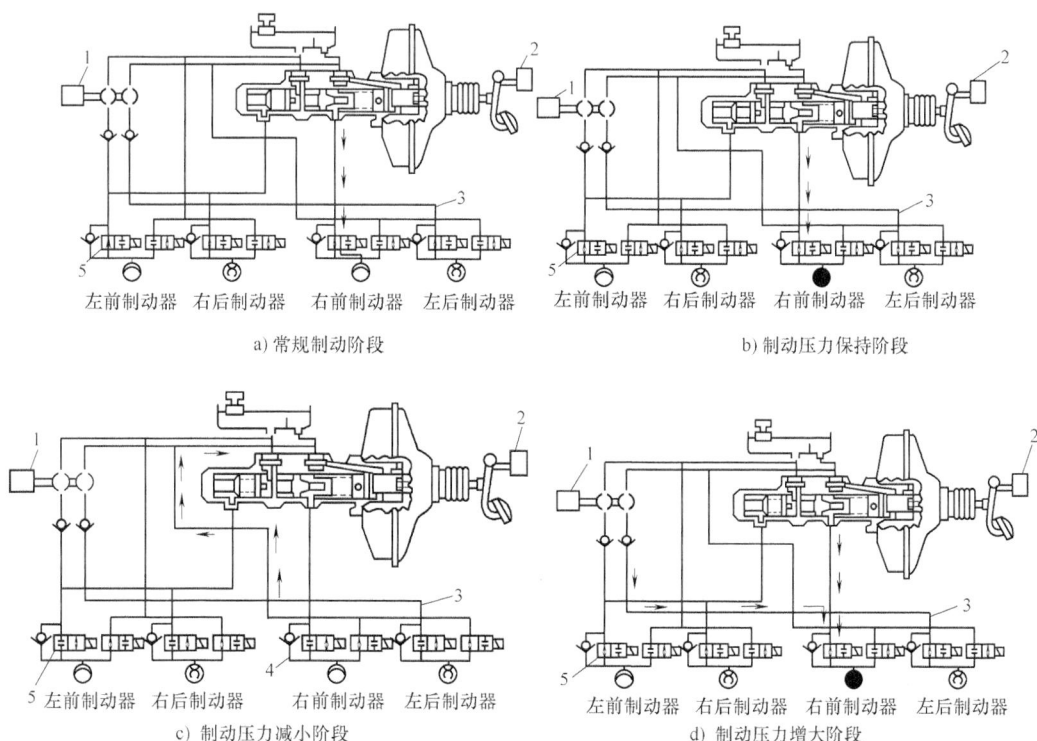

a) 常规制动阶段　　　　　　　　　　　b) 制动压力保持阶段

c) 制动压力减小阶段　　　　　　　　　d) 制动压力增大阶段

图 9-69　ABS 工作过程

1—电动泵　2—制动开关　3—高压管路　4—低压管路　5—电磁阀

1. 常规制动

在常规制动阶段，ABS 并不介入制动压力控制，调压电磁阀总成中的各进液电磁阀均不通电而处于开启状态，各出液电磁阀均不通电而处于关闭状态，电动泵也不通电运转，制动主缸至各制动轮缸的制动管路均处于连通状态。而各制动轮缸至储液器的制动管路均处于封闭状态，各制动轮缸的制动压力将随制动主缸的输出压力而变化，此时的制动过程与常规制动系统的制动过程完全相同，如图 9-69a 所示。

2. 制动压力保持

在制动过程中，如判定右前轮趋于抱死时，右前轮出液电磁阀仍未通电处于关闭状态，进液电磁阀仍未通电而处于关闭状态。右前制动轮缸中的制动液也不会流出，右前制动轮缸的制动压力保持一定，而其他未趋于抱死车轮的制动压力仍会随制动主缸输出压力增大而增大，如图 9-69b 所示。

3. 制动压力减小

在右前制动轮缸的制动压力保持一定时，ECU 判定右前轮仍然趋于抱死。ECU 使右前出液电磁阀通电而转入开启状态，右前制动缸中的部分制动液就会经过处于开启状态的出液电磁阀流回储液器，使右前制动轮缸的制动压力迅速减小，右前轮的抱死趋势将开始消除，如图 9-69c 所示。

4. 制动压力增大

随着右前制动轮缸制动压力的减小，右前轮逐渐加速并完全消除抱死趋势时，ECU 就使右前进液电磁阀和出液电磁阀都断电，使进液电磁阀转入开启状态，使出液电磁阀转入关闭状态，同时也使电动泵泵送的制动液都经过处于开启状态的右前进电磁阀进入右前制动轮缸，使右前制动轮缸的制动压力迅速增大，右前轮又开始减速转动，如图 9-69d 所示。

ABS 通过控制制动压力循环往复地经历保持—减小—增大的过程，将车轮滑移率控制在峰值附近范围内，直至汽车速度减小到很低或者制动主缸的输出压力不再使车轮趋于抱死时为止。

第三节　驱动防滑系统

汽车防滑转电子控制系统（Anti Slip Regulation，ASR）是在 ABS 基础上的扩展。当汽车在恶劣路面行驶时，通过控制发动机转矩、驱动轮制动力矩、差速器锁死等控制车轮上的驱动力，防止车轮打滑，取得最好的驱动牵引效果。ASR 系统主要元部件在汽车上的布置如图 9-70 所示。

一、ASR 的作用及优点

1. ASR 的作用

ASR 的作用是防止汽车在起步、加速以及在光滑路面行驶时的驱动轮滑转。当车轮转动而车身不动或是汽车的速度低于驱动车轮的轮缘速度时，轮胎与地面之间存在相对滑动，称为滑转，以区别于汽车制动时车轮抱死而产生的车轮滑移。不是只有驱动车轮才会产生滑转，而包括驱动轮和从动轮在内的所有车轮都可能产生滑转。

驱动车轮的滑转同样会使车轮与地面的附着力下降。纵向附着力下降，会使驱动车轮产生的牵引力减少，导致汽车的起步性能、加速性能和在光滑路面的通过性能下降；而横向附

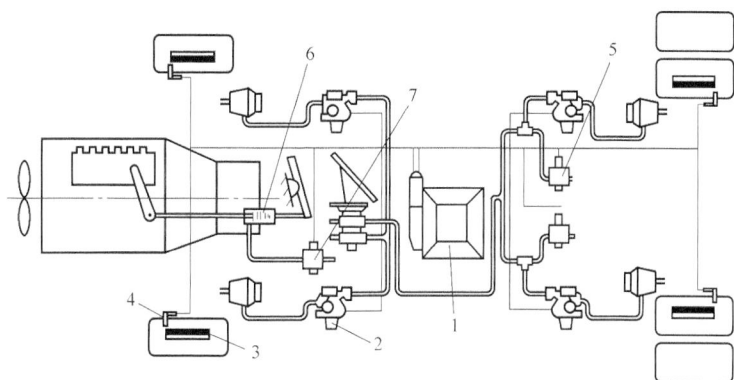

图 9-70　ASR 系统主要元部件在汽车上的布置

1—ECU　2—制动压力调节器　3—轮速传感器脉冲盘　4—轮速传感器

5—差速制动阀　6—发动机控制缸　7—发动机控制阀

着力的下降，又会降低汽车在起步、加速、光滑路面行驶时的行驶稳定性。ASR 是在车轮出现滑转时，通过对滑转车轮施以制动力或控制发动机的动力输出来抑制车轮的滑转，以避免汽车牵引力和行驶稳定性下降。

2. ASR 的优点

ASR 的优点主要体现在以下几个方面：

1）在汽车起步、行驶过程中提供最佳驱动力，从而提高了汽车的动力性，特别是在附着系数较小的路面上，起步、加速性能和爬坡能力良好。

2）能够保持汽车的方向稳定性和前轮驱动汽车的转向控制能力。

3）能够减少轮胎磨损和降低发动机油耗。

在装有 ASR 的汽车上，当 ASR 工作时，仪表板上 ASR 指示灯点亮或蜂鸣器鸣响，以提醒驾驶人注意此时汽车正行驶于易滑路面。

3. ASR 与 ABS 的区别

ASR 与 ABS 的区别见表 9-4。

表 9-4　ASR 与 ABS 的主要区别

区别	ABS	ASR
控制原理	ABS 是防止车轮制动力大于附着力时车轮抱死而滑移，以提高制动效果，确保行车安全	ASR 是防止车轮驱动力大于附着力时出现车轮滑转，以提高汽车起步、加速及在易滑路面上行驶的牵引力，确保汽车的行驶稳定性
控制车轮	ABS 在制动时对所有车轮都施行控制	ASR 只对驱动轮实行控制，并有选择开关，当该开关关闭时，系统不进行驱动防滑控制
作用时间	ABS 在制动时工作，在车轮将要抱死时起作用。当车速很低（低于 8km/h）时不起作用，此时 ABS 会自动终止调节而回到传统的制动控制系统状态	ASR 在汽车行驶过程中一直工作，在驱动轮出现滑转时起作用。当车速很高（80~120km/h）时，一般不起作用

（续）

区别	ABS	ASR
离合器状态	ABS 工作期间，离合器通常处于分离状态，发动机也处于怠速运转，传动系统无工作载荷	ASR 控制期间，离合器处于接合状态，发动机的惯性会对 ASR 控制产生较大的影响
反应时间	ABS 是一个反应时间近似一定的制动控制单循环系统	ASR 是由反应时间不同的制动控制和发动机控制等组成的多循环控制系统

二、ASR 的控制

1. 滑转率的概念

ASR 的控制参数是滑转率，其计算公式为

$$S_z = \frac{\omega r - v}{\omega r} \tag{9-10}$$

式中，ω 为车轮角速度；r 为轮胎半径；v 为汽车车身速度。当 $\omega r = v$ 时，$S_z = 0$，车轮处于纯滚动状态；当 $v = 0$ 时，$S_z = 1$，车轮处于完全滑转状态；当 $0 < v < \omega r$ 时，$0 < S_z < 1$，车轮既滚动又滑动。滑转率越大，车轮滑转程度越大。

电子控制单元根据各轮速传感器信号计算 S_z，当 S_z 值超过某一限定值时，电子控制单元向执行机构发出指令，控制车轮的滑转。滑转率与附着系数的关系如图 9-71 所示。

从图 9-71 可以看出，附着系数受路面性质的影响很大，随着路面性质的不同而大幅度地变化。在各种路面上，附着系数均随着滑转率的变化而变化，并且都是当滑转率为 20% 时附着系数达到最大值，若滑转率继续增大，附着系数则逐渐缓慢减小。

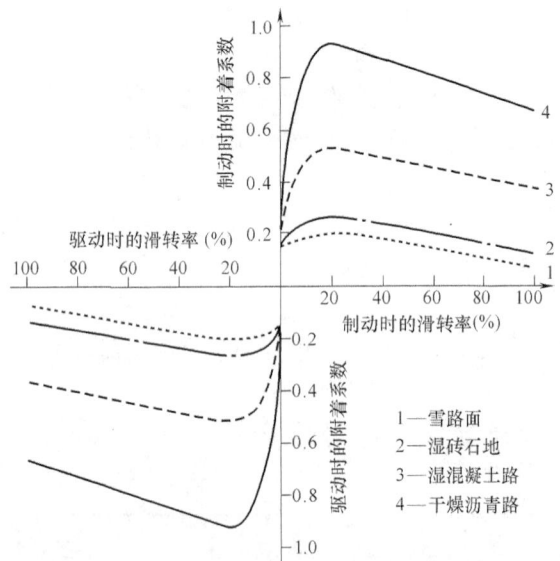

图 9-71 滑转率与附着系数的关系

1—雪路面
2—湿砖石地
3—湿混凝土路
4—干燥沥青路

2. ASR 的控制方式

ASR 控制驱动轮滑转率主要包括驱动轮制动力矩控制、发动机输出转矩控制、差速器锁止控制、离合器控制和变速器控制五种方式。

（1）驱动轮制动力矩控制

1）控制方法。驱动轮制动力矩控制就是在驱动时，一侧车轮速度超过滑转率门限控制值时给打滑的驱动轮施加力矩，使轮速降至最佳的滑转率范围内。

2）控制特点。这种方式的防滑控制迅速，在驱动轮加速，滑转率增大超过门限控制值时便施加制动力，使驱动轮速下降。接着减小制动压力，直到滑转率接近零，获得充分的驱

动力。在低附着系数路面制动时，轮速对压力十分敏感，制动力不能过大，其控制压力比ABS小。这种控制方式高速时不宜使用，以免制动器过热，一般作为发动机转矩控制的配合，以达到制动力矩和发动机转矩之间的平衡，保证稳定行驶。

（2）发动机输出转矩控制

1）汽油发动机。汽油发动机输出转矩控制主要有三种方法，即利用驱动防滑控制器输出指令、执行点火参数、燃油供给及节气门开度调节。汽油发动机输出转矩的控制原理见表9-5。

表 9-5　汽油发动机输出转矩的控制原理

控制方法	控制原理
点火参数调节	点火提前角减小可适度减小转矩，若此时驱动轮打滑仍然持续加剧，则可暂时中断点火和供油。点火参数调节是比较迅速的驱动防滑控制方式，反应时间为 $30\sim100\mathrm{ms}$
燃油供给量调节	通过减少供油和暂停供油减小转矩是现代驱动防滑控制中比较容易的方式，可以和燃油电子控制结合在一起使用
节气门开度调节	节气门开度调节是指在原节气门管路上再串联一个副节气门，由传动机构控制其开度，调节输出转矩。这种控制方式工作平稳，响应较慢，需要与其他控制方式配合使用

2）柴油发动机。对于装有柴油发动机的汽车，通常都是通过调速器调节喷油泵的喷油量来降低其输出转矩，从而防止驱动轮空转。柴油发动机输出转矩控制主要有两种方式，即采用气缸驱动控制方式自动调节供油量和采用电动机控制方式自动调节供油量，如图9-72所示。

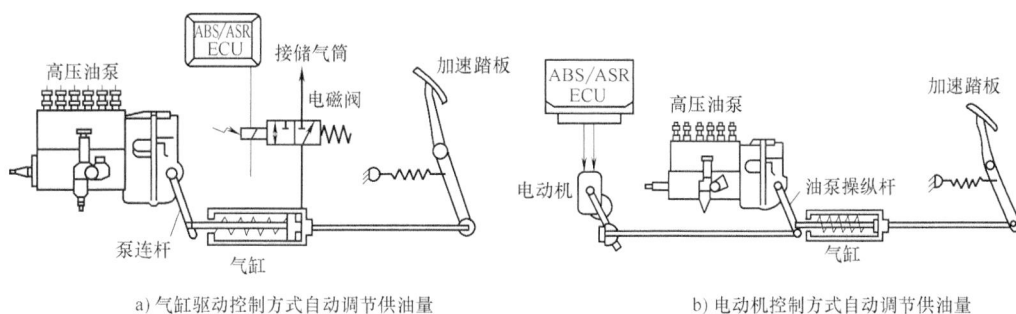

a）气缸驱动控制方式自动调节供油量　　　　　b）电动机控制方式自动调节供油量

图 9-72　柴油发动机输出转矩控制

（3）差速器锁止控制

1）控制原理。对差速器进行锁止控制使左右驱动轮的输入转矩不一定相同。电子控制的差速器根据路面情况和控制指令（锁止比）把滑转率控制在某一范围内。

2）控制方法。当路面两侧附着系数不同时，低附着系数一侧的驱动轮滑转，这时由电子控制器驱动锁止阀，一定程度锁止差速器，使高附着系数一侧驱动轮的驱动力获得充分发挥，以提高车速和行驶稳定性，如图9-73所示。同时，差速器锁止程度的控制还有利于弯道上的车辆行驶稳定性和操纵性。

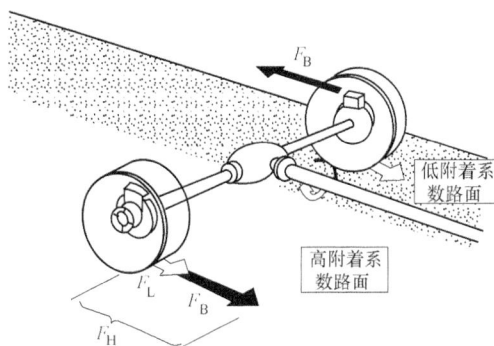

图 9-73　左右轮行驶在不同附着系数路面的工况

电子控制的差速器可以把左右驱动轮的滑转率之差控制在允许范围内。当汽车起步时，调节差速器的锁止程度，能够使驱动力得到充分发挥，提高车速与行驶稳定性；当左右驱动轮在不同的附着系数路面上以及弯道上行驶时，能提高汽车稳定行驶能力，如图9-74所示。

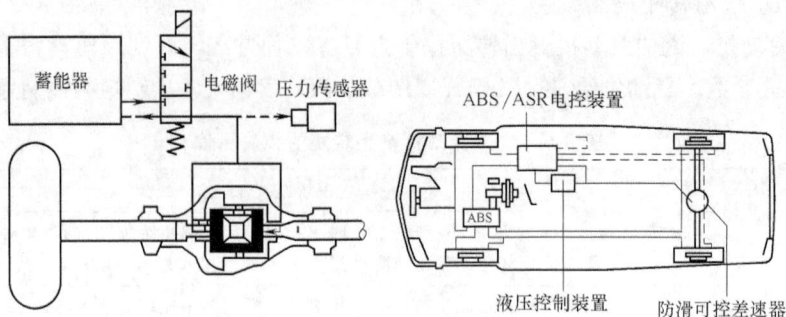

图 9-74　电子控制差速器的控制

（4）**离合器控制**　离合器控制是在驱动轮发生过度打滑时，减弱离合器的接合程度，使离合器主、从动盘出现部分相对滑转，从而减小传递到轮轴的驱动转矩。

（5）**变速器控制**　变速器控制是改变传动比来改变驱动转矩。

3. 不同控制方式的 ASR 性能对比

不同控制方式的 ASR 性能对比见表9-6。

由于离合器控制和变速器控制均反应较慢、变化突然，一般不作为单独 ASR 控制方式应用。由于各种控制方式的局限性，驱动防滑常采用组合控制，如发动机节气门开度调节和驱动轮制动力调节便是被广泛应用的组合控制方式。

表 9-6　不同控制方式的 ASR 性能对比表

控制方式	牵引性	操纵性	稳定性	舒适性
节气门开度	较差	较差	较差	很好
点火参数及燃油供给	×	较好	较好	较差
驱动轮制动力矩调节（快）	很好	较差	较差	很差
驱动轮制动力矩调节（慢）	较好	×	×	×
差速器锁止控制	很好	较好	较好	较差
离合器或变速器	较好	×	较好	很差
节气门开度+制动力矩（快）	很好	很好	很好	较好
节气门开度+制动力矩（慢）	较好	×	×	较好
点火参数+制动力矩	较好	很好	很好	较好
节气门开度+差速器锁止	较好	较好	较好	较好
点火参数+差速器锁止	很好	较好	较好	较好

注："×"表示无影响。

三、ASR 的组成与工作原理

1. ASR 的组成

ASR 主要由轮速传感器、ECU、制动压力调节器、差速制动阀、发动机控制阀等部分组成，如图 9-75 所示。

　　ASR 系统的传感器主要是轮速传感器和节气门位置传感器。轮速传感器与 ABS 共用，而节气门位置传感器与发动机电控系统共用。ASR 专用的信号输入装置是 ASR 选择开关，关闭 ASR 选择开关，可停止 ASR 系统的作用。

　　ASR 制动压力调节器执行 ASR 电控单元的指令，对滑转车轮施加制动力并控制制动力的大小，以使滑转车轮的滑转率在控制目标范围之内。节

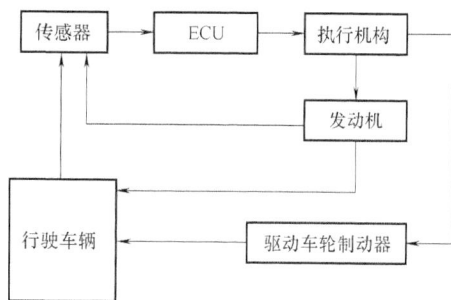

图 9-75　ASR 的基本组成

气门执行机构、步进电动机根据 ASR 电控单元输出的控制脉冲信号转动规定的转角，通过传动机构带动辅助节气门转动。

　　ASR 电控系统的控制系统方案为发动机控制+制动控制。

　　ASR 发动机控制中的节气门控制采用的是主辅节气门。主节气门由驾驶人的加速踏板来控制；辅节气门由步进电动机控制。在不进行控制时，由于回位弹簧的作用，辅节气门是全开的位置，发动机的空气进入量完全由驾驶人脚踩加速踏板的位置来决定。需要进行控制时，部分关闭辅助节气门，减少进入发动机的空气量，同时主、辅节气门的位置都由角度传感器将信号送到发动机管理系统，发动机管理系统根据得到的各种信息减少燃油喷入量，使发动机的输出功率和转速降低。于是驱动轮的驱动力矩下降而避免打滑。

　　ASR 制动控制的实现是在 ABS 中增加了隔离电磁阀。ABS 对每一个车轮的制动压力控制由一个三位三通阀来实现。在电动机的带动下，泵产生一定的制动压力存储在蓄能器中。不进行驱动防滑控制时，蓄能器隔离电磁阀处于关闭位置，储液器隔离电磁阀也处于关闭位置，制动主缸隔离电磁阀处于开通位置，这时可进行常规制动和 ABS 的增压工作模式。当需要进行驱动防滑控制时，制动主缸隔离电磁阀处于关闭状态，蓄能器隔离电磁阀处于开通状态。ABS 和 ASR 的 ECU 控制三位三通阀来控制后轮中轮缸的制动压力，其保压、加压、减压三种模式的实现和 ABS 是一样的。加压时，蓄能器隔离电磁阀打开，制动主缸及储液器隔离阀关闭；保压时，蓄能器、制动主缸及储液器隔离阀关闭；减压时，蓄能器及制动主缸隔离阀关闭，储液器隔离阀打开。

　　2. ASR 的工作原理

　　汽车在路面上行驶时，其驱动力主要取决于两个方面：第一是发动机输出转矩和功率；第二是路面附着系数。汽车在行驶过程中，如果路面附着系数比较小，当汽车起动或加速时，很容易导致车轮超过最大附着力，多余的力矩使车轮打滑，附着力明显降低，使汽车失去稳定的牵引能力和操纵性能。

　　ASR 的基本原理和 ABS 大致相同，仍然由传感器、控制器和执行机构组成。ASR 利用 ABS 的车轮速度传感器，并将采集到的信号传给 ECU，经 ECU 运算处理后，得到各驱动轮的速度和加速度。另外，当车速小于门限车速时（通常取 30~40km/h），再进一步计算和判断驱动轮的滑转率。如果某一驱动轮的滑转率超过限制值，ECU 就发出指令，通过执行机构限制驱动轮的滑转情况，直至滑转率控制在要求的范围内。

　　驱动防滑控制与防抱制动控制的控制单元（ECU）通常集成在一个控制单元中，其算法类似，程序模块也可通用。驱动防滑控制系统也采用车轮滑转率和加减速度门限值结合的

方式。不过也有所区别，在驱动情况下，非驱动轮的速度即为车辆速度。由前后车轮的速度可求出驱动轮的滑转率，即

$$S = 1 - \frac{v_1}{v_2} \qquad (9\text{-}11)$$

驱动轮的加减速度则由两个时刻速度差求得，即

$$a = \frac{v_i - v_{i-1}}{\Delta t} \qquad (9\text{-}12)$$

式中，v_1 为非驱动轮的速度；v_2 为驱动轮的速度；S 为滑转率；a 为驱动轮加减速度；v_i 为当前时刻的速度；v_{i-1} 为前一时刻的速度；Δt 为时间差。

　　滑转率控制范围的大小是衡量驱动防滑系统控制性能好坏的标志。由于控制性能受路面条件的影响，大多数情况下，当驱动车轮打滑时均处于相当高的加速度。即使在车辆静止起步时，轮速虽然很低，但滑转率却是 100%。因此，如果汽车装设的是换档变速器和分离式离合器，则在车辆起步时只有通过正确的操纵离合器和加速踏板才能获得最佳的驱动性能，即使装有驱动防滑系统也不例外。另外，汽车行驶时发动机输出功率是经差速机构分配到两侧驱动轮。如果在一侧很滑而另一侧不滑的路面上，当很滑一侧驱动轮超过了可传递的附着力而打滑时，由于差速器的力的平衡作用，同一驱动轴上的另一个车轮也不能向路面传递更高的驱动力。差速锁能够在一定程度上解决这一问题。性能良好的差速锁能将发动机的全部功率传递到一个高附着力的驱动轮上，即使一侧打滑，同一驱动轴上的另一个车轮也可以具有足够高的附着力，因此差速锁可以明显改善车辆的驱动性能。但是装有差速锁的汽车在很滑的均匀路面上特别是在弯道上行驶时，汽车驱动行驶的稳定性将会变差。当加速超过附着力极限，驱动轴上的两个车轮会突然同时滑转，失去附着能力。驱动防滑系统和差速锁配合应用会产生互补的效果，ASR 的驱动轮控制过程如图 9-76 所示。

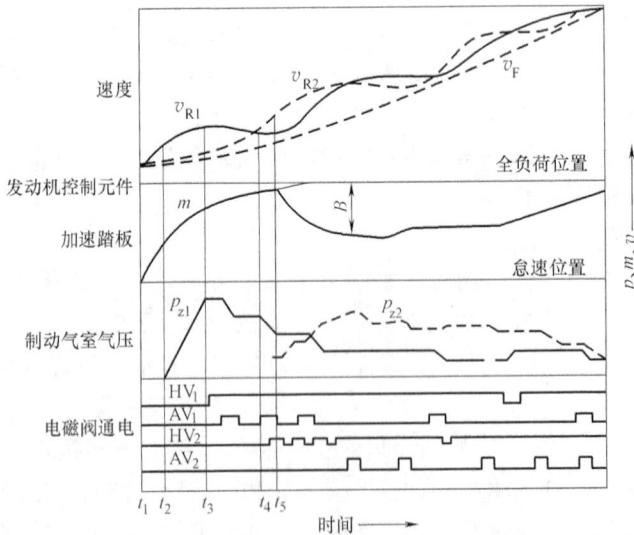

图 9-76　ASR 的驱动轮控制过程

v_F—车速　v_{R1}、v_{R2}—驱动轮转速　m—喷油量　p_{z1}、p_{z2}—驱动轮制动气室气压

HV_1、HV_2—驱动轮压力控制阀的压力保持阀　AV_1、AV_2—驱动轮压力控制阀的排放阀

B—因 ASR 作用而减少的喷油量

ASR 的控制目标为减少驱动打滑、保持驱动方向稳定性，车速低时以驱动打滑控制为主，车速高时以驱动方向稳定性为主。

ASR 是 ABS 的延伸。二者在技术上比较接近，部分软、硬件可以共用：①ABS 所用的传感器和压力调节器均可为 ASR 所利用；②ABS 的电子控制装置只需要在功能上进行相应的扩展即可用于 ASR 装置；③在 ABS 的基础上，只需添加 ASR 电磁阀，即可对过度滑转的车轮实施制动。通常把二者有机地结合起来，形成汽车 ABS/ASR 防滑控制系统。ABS/ASR 控制系统结构如图 9-77 所示。

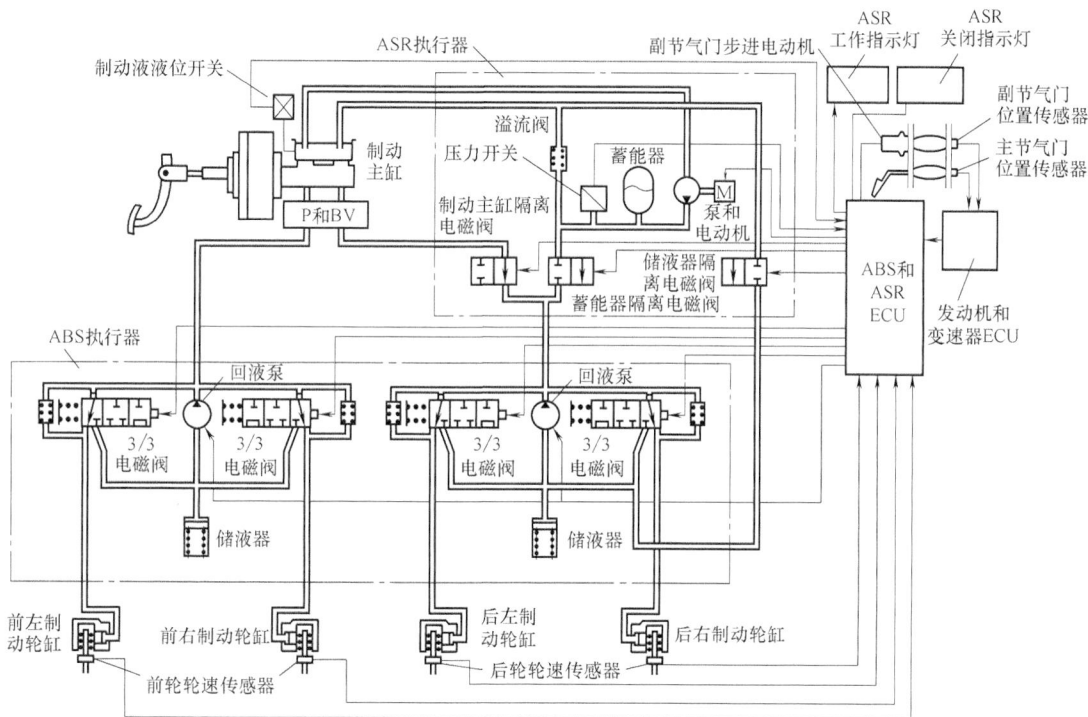

图 9-77　ABS/ASR 控制系统结构

第四节　稳定性控制系统

电子稳定程序（Electronic Stability Program，ESP）应用于大众、奥迪、奔驰等车系。与此功能相似的系统在其他车系上的名称有所不同，如丰田的车辆稳定性控制（Vehicle Stability Control，VSC）系统、宝马的动态稳定控制（Dynamic Stability Control，DSC）系统、沃尔沃的动态稳定循迹控制（Dynamic Stability Tracing Control，DSTC）系统和三菱的主动稳定控制（Active Stability Control，ASC）系统等。

一、ESP 的功能

汽车操纵失控非常危险，因为汽车操纵失控时，汽车不能按照驾驶人的驾驶意图行驶，很容易导致交通事故的发生。当汽车在弯路上高速行驶时，或者虽然车速不高但路面较滑时，或者为躲避障碍物而急转弯时，由于离心力的作用，会使汽车侧滑。假如汽车只有前轮侧滑、后轮没有侧滑，或者虽然前、后轮都侧滑，但前轮的侧滑程度大于后轮就会使汽车绕其垂直轴转动，转动方向与汽车转弯的方向相反，从而导致汽车不能按照驾驶人的意图行驶，即不能沿驾驶人给定的转向轮偏转路线行驶，汽车将驶出转弯路面的外侧，如图 9-78a 所示，这种情况会造成不足转向。如果汽车只有后轮侧滑、前轮没有侧滑，或者虽然前、后轮都侧滑，但后轮的侧滑程度大于前轮，也会使汽车绕其垂直轴转动，但转动方向与汽车转弯的方向相同，同样会导致汽车不能按照驾驶人的意图行驶，汽车将驶出转弯路面的内侧，如图 9-79a 所示，这种情况会造成过度转向。

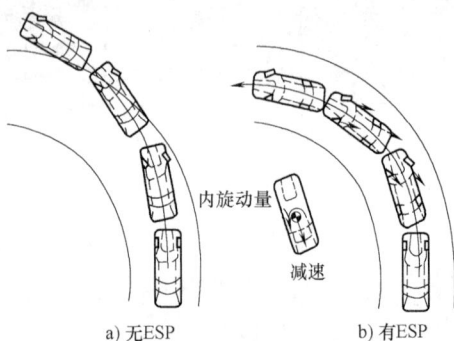

内旋动量　减速

a) 无ESP　　　　　　b) 有ESP

图 9-78　避免不足转向的原理

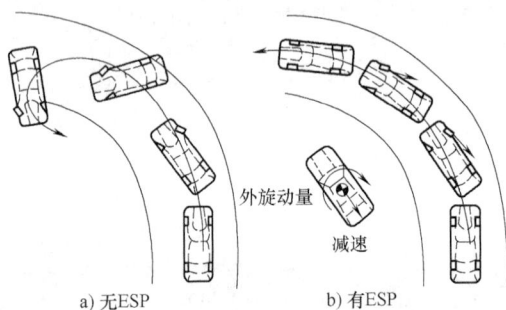

外旋动量　减速

a) 无ESP　　　　　　b) 有ESP

图 9-79　避免过度转向的原理

无论是不足转向还是过度转向都可能使汽车操纵失控，导致严重的交通事故。ESP 的功能就是当检测到汽车没有按照驾驶人的意图行驶时，通过有选择地制动或者干预发动机的工作来稳定车辆，使汽车按照驾驶人的意图行驶，改善汽车的操纵稳定性，提高汽车的行驶安全性。

二、ESP 的基本组成和基本原理

ESP 是与 ABS 和 ASR 组合在一起的系统，可以认为 ESP 是 ABS 和 ASR 功能的延伸。ESP 也是由传感器、ECU 和执行器组成，但 ESP 大部分元器件与 ABS 和 ASR 共用。传感器在原来 ABS 和 ASR 的基础上增加了转向盘转角传感器、横摆角速度传感器、侧向加速度传感器等；ECU 增加了 ESP 的控制功能；执行器则在原来 ABS 和 ASR 执行器的基础上改进功能，使 ASR 制动装置可以对每一个车轮都能进行单独制动（ASR 只能对驱动车轮进行制动）。

ESP 工作时，首先通过转向盘转角传感器和轮速传感器信号识别转弯方向、角度、速度，从而判断驾驶人的意图；与此同时，ESP 通过横摆角速度传感器和侧向加速度传感器识别车辆绕其垂直轴转动的方向、角速度以及旋转角度等，从而确定车辆的实际运动方向。ECU 将车辆实际运动方向与驾驶人的意图进行比较，如果车辆实际绕其垂直轴转动的角度小于由转向盘转角和轮速确定的车辆应该绕其垂直轴的转角，则判断为不足转向，ECU 立即指令执行器使汽车内侧后轮制动，地面制动力将对汽车产生一个与转向方向相同的力矩，纠正不足转向，使汽车回到正常的路线，按照驾驶人的意图行驶，如图 9-78b 所示。反之，如果车辆实际绕其垂直轴转动的角度大于由转向盘转角和轮速确定的车辆应该绕其垂直轴的转角，则判断为过度转向，ECU 立即指令执行器使汽车外侧前轮制动，地面制动力将对汽车产生一个与转向方向相反的力矩，纠正过度转向，使汽车回到正常的路线，按照驾驶人的意图行驶，如图 9-79b 所示。

ESP 起作用时，如果单独制动某一车轮不足以稳定车辆，还可以根据情况同时对两个或多个车轮制动，对各个车轮的制动力也可以不同。此外，还可以根据情况对发动机的工作进行干预，降低发动机的输出转矩，达到迅速有效控制车辆稳定的目的。

三、ESP 主要部件的结构和工作原理

1. 转向盘转角传感器

转向盘转角传感器的作用是检测转向盘的转动方向、转动角速度和转动角度，以便 ECU 根据转向盘转角的大小和转角变化速率来识别驾驶人的意图，确定车辆的预期行驶方向。常见的转向盘转角传感器有电位器式、光电式、电磁式、霍尔式、磁阻式等。图 9-80 为各向异性磁阻（AMR）式转向盘转角传感器，转向轴带动传动齿轮转动，传动齿轮驱动两个齿数不等（差一个齿）的测量齿轮转动，两个测量齿轮中有磁铁，磁铁上方有各向异性磁阻传感器及集成电路，当转向盘转动时，带动测量齿轮中的磁铁转动，各向异性磁阻传感器中的磁场变化，使磁阻传感器的电阻变化，电阻的变化反映了测量齿轮的位置，也反映了转向盘的旋转角度。由于两个测量齿轮的齿数不同，其转速不同，故产生的信号的相位不同，因此可以判断转向盘的转动方向。

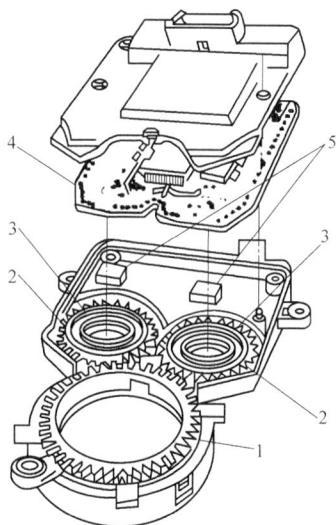

图 9-80　各向异性磁阻式
转向盘转角传感器

1—传动齿轮　2—测量齿轮　3—磁铁
4—集成电路　5—各向异性磁阻传感器

2. 横摆角速度传感器

横摆角速度传感器也称横摆率传感器、偏航率传感器、陀螺仪等，其作用是检测车辆绕其垂直轴转动的角速度，以便 ECU 根据横摆角速度信号和侧向加速度等信号判断车辆的实际行驶方向。

图 9-81 所示的 MM2 型横摆角速度传感器为 MEMS 微机械陀螺仪，它采用微电子机械系统（Micro Electron Mechanical Systems，MEMS）技术制造。MEMS 是使用微电子技术和微加工技术相结合的制造技术，可以制造出各种性能优异、价格低廉、微型化的传感器、执行器、驱动器和微系统。

MM2 型横摆角速度传感器是在硅晶体上运用 MEMS 技术制成一个带有梳齿的转子，转子在中心由挠性支轴支承，转子上的梳齿与固定在基座上的固定梳齿形成梳状结构。在转子与基座之间置有检测电容 C_{Det}。

MM2 型横摆角速度传感器采用静电驱动、电容检测的方式工作。通过在固定梳齿与转子梳齿之间施加交变驱动电压信号产生静电力，在静电力的驱动下，转子将绕支轴扭转振动，如果此时有横摆角速度作用于传感器，转子就会产生科氏（Coriolis）加速度，在科氏力 F_C 的作用下，转子将做俯仰运动，其频率与交变驱动电压信号的频率相同，其幅值与横摆角速度的大小成正比。转子的俯仰运动将引起转子与基座之间的间隙变化，从而引起检测

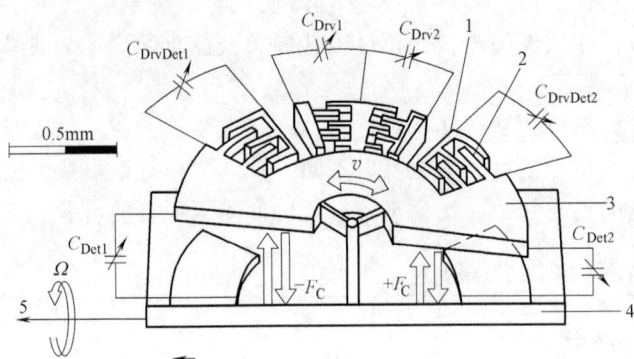

图 9-81　MM2 型横摆角速度传感器的结构及原理

1—固定梳齿　2—转子梳齿　3—转子　4—基座　5—测量轴

C_{Drv}—驱动电极电容　C_{Det}—检测电容　Ω—横摆角速度　F_C—科里奥利力（科氏力）　v—扭转振动速度

电容值的变化。通过测量电容值的变化，即可检测出横摆角速度的大小。

　　横摆角速度传感器通常安装在变速杆旁、后座椅下方、转向柱下方偏右侧等。横摆角速度传感器可以单独制造，也可以与侧向加速度传感器组合在一起。

3. 侧向加速度传感器

　　侧向加速度传感器的作用是检测汽车行驶时的侧向加速度，以便 ECU 根据侧向加速度信号和横摆角速度信号判断车辆的实际行驶方向。图 9-82 为常见的霍尔式加速度传感器的原理，霍尔式加速度传感器有一个片状弹簧，一端固定，另一端有永久磁铁，永久磁铁同时作为振动质量，与片状弹簧组成弹簧-质量系统。永久磁铁的上方是带有信号处理集成电路的霍尔式传感器，永久磁铁的下方有一块铜阻尼板。

　　如果传感器受到侧向加速度的作用，传感器的弹簧-质量系统将离开其静止位置而偏移，偏移程度与加速度的大小有关。运动的磁铁在霍尔元件中产生霍尔电压 U_H，经信号处理电路处理后输出能够反映加速度大小的信号电压。阻尼板的作用是产生感应涡流 I_W，其磁场与永久磁铁磁场相互作用衰减片状弹簧的振动。

四、ESP 执行器

　　ESP 的执行器通常与 ABS 和 ASR 的执行器组合在一起。图 9-83 为典型的 ABS/ASR/ESP 执行器的液压调节器总成，由液压泵、蓄能器、进油阀、出油阀、隔离阀、起动阀等部件组成。其中，进油阀和隔离阀为常开阀，出油阀和起动阀为常闭阀。为了能够独立控制每个车轮的制动回路，采用四通道制动回路，由液压泵供能对每一个车轮进行单独制动。下面分别介绍常规制动、ABS 起作用、ASR 起作用、ESP 起作用

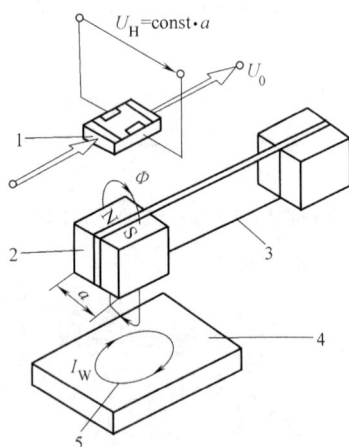

图 9-82　加速度传感器的原理

1—霍尔式传感器　2—永久磁铁
3—片状弹簧　4—阻尼板
5—I_W 涡流（产生阻尼）
U_H—霍尔电压　U_0—电
源电压　Φ—磁场　a—检测
的侧向加速度　const—电磁感
应相关常数

时液压调节器的工作情况。

1. 常规制动

液压调节器中所有的电磁阀均不通电，由于隔离阀和进油阀是常开阀，因此处于打开状态，起动阀和出油阀是常闭阀，处于关闭状态。来自制动主缸的制动液经隔离阀→进油阀→制动钳，此为常规制动油路。

2. ABS 起作用

如果制动过程中 ABS 起作用，需要对某一车轮（如左后轮）保压，ECU 使左后轮进油阀通电关闭，左后轮出油阀为常闭阀处于关闭状态，因此左后轮制动钳中的制动液被密封，压力保持不变；如果左后轮需要减压，ECU 使左后轮出油阀通电打开，进油阀通电关闭，同时使液压泵工作，左后轮制动钳中的制动液经出油阀→液压泵→后隔离阀回到制动主缸，制动压力降低；如果左后轮需要增压，ECU 使左后轮进油阀断电打开，出油阀断电关闭，油路与常规制动相同。

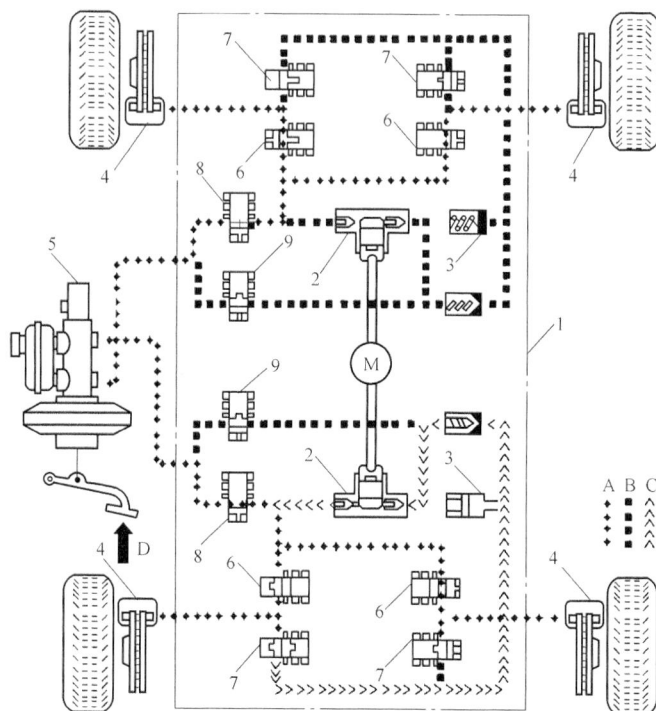

图 9-83　液压调节器总成

1—液压调节器总成　2—液压泵　3—蓄能器　4—制动钳　5—制动主缸　6—进油阀　7—出油阀
8—隔离阀　9—起动阀　A—常规制动液流　B—停止的制动液流　C—液压泵产生的制动液流
D—踏下制动踏板　M—电动机

3. ASR 起作用

ASR 起作用时可以通过减小发动机输出转矩和对滑转的驱动车轮制动两种措施防止车轮滑转。如果只需要对某一驱动车轮（如左后轮）制动，ECU 使液压泵工作，后隔离阀通电关闭，后起动阀通电打开，右后轮进油阀通电关闭，液压泵将制动主缸中的制动液经后起动阀→液压泵→左后轮进油阀到达左后轮制动钳，由于右后轮进油阀关闭，制动液不能进入右后轮制动钳，因此只对左后驱动轮制动。如果 ASR 起作用时需要对两个后驱动轮都制动，则 ECU 只需要在上述控制过程中不给右后进油阀通电，即可以实现对两个后驱动轮同时制动。

4. ESP 起作用

ESP 起作用的情况与 ASR 起作用时相似，只不过 ASR 起作用时只对一个或两个后驱动轮进行制动，而 ESP 起作用时还可以通过控制前隔离阀、前起动阀以及前轮进、出油阀使前轮制动，从而可以单独对汽车的任何一个车轮或同时对几个车轮进行制动。制动时的液压回路与 ASR 起作用时相同。

第五节 底盘控制新技术

一、电控无级变速器

1. 概述

对于需要不断变化行驶速度的汽车来说，设置变速器非常必要，但不依靠齿轮切换变速而能够无级连续变速一直是人们追求的理想形式，为此研究人员进行了不断的探索，先后出现了双锥球、盘、环柱体及传动带等多种样式的无级变速装置，但由于摩擦面的摩擦因数和零件承受单位压力的限制，以及工艺和控制上的问题，不能传递较大的功率，所以在汽车上的应用受到限制。1982 年，荷兰的范道尔纳（Van Doorne's Transmission b. v）公司，首先研制成功金属带式无级变速器，并于 1987 年将其开发为商品投放市场，命名为 CVT（Continuous Variable Transmission）变速器。它采用传动带和工作直径可变的主、从动轮相配合来传递动力，可以实现传动比的连续改变，从而得到传动系统与发动机工况的最佳匹配，最大限度地利用发动机的特性，提高汽车的动力性和燃油经济性，目前 CVT 在汽车上的运用越来越多。

CVT 的基本结构和传动原理如图 9-84 所示。与 V 带传动相似，它由主动、从动两个带轮及传动带组成，每个带轮由两个锥盘组成，一个锥盘固定不动，另一个锥盘可以轴向移动，当两锥盘间距变小，其传动半径变大；反之，当两锥盘间距变大，其传动半径变小，传动装置中的主、从动带轮中心距不变。

传动装置的传动比为从动带轮的传动半径与主动带轮传动半径之比，或主、从动带轮的旋转角速度之比，即

$$i = r_2/r_1 \qquad (9\text{-}13)$$

当主动带轮的传动半径小，而从动带轮的传动半径大时，传动比大，传动装置降速传动；如果使主动带轮传动半径增大，从动带轮传动半径减小，则传动比将随之减小，传

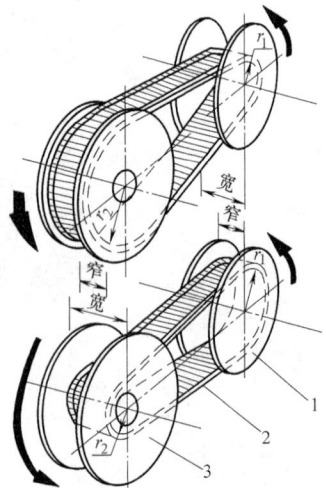

图 9-84 CVT 的变速原理
1—主动带轮 2—金属传动带
3—从动带轮 r_1—主
动带轮传动半径 r_2—从动
带轮传动半径

动装置增速传动。

改变带轮传动半径的方法是通过改变带轮两锥盘之间的距离来实现的。根据需要在主、从动带轮的可移动锥盘上分别作用着轴向力 F_1 和 F_2，由于力的大小可以控制，则带轮两锥盘的宽度也可以改变。如果轴向力 F_1 使主动带轮两锥盘间距变小，则主动带轮的传动半径增大；如果轴向力 F_2 使从动带轮两锥盘间距尺寸变大，则从动带轮的传递半径减小，传动比也随之减小。连续变化的力使锥盘间的轴向距离连续变化，所以传动装置的传动比也可实现连续变化。一般无级变速器可提供的传动比为 4.69~0.44，这样的变速范围仍不能满足汽车对传动系统传动比变化范围的要求。作为一个功能齐全的变速器还需要具有倒档，所以仍需在无级传动装置后加装主减速器和变向传动装置，在其前一般还配有电磁离合器或带有锁止离合器的液力变矩器。

2. 电控无级变速器的结构组成

奥迪 Multitronic CVT 的结构组成如图 9-85 所示。奥迪 CVT 主要由飞轮减振装置、前进档离合器/倒档制动器及行星齿轮装置、速比变换器、液压控制单元和电控单元组成。

发动机输出转矩通过飞轮减振装置或双质量飞轮传递给变速器，前进档离合器和倒档制动器都是湿式摩擦元件，两者均为起动装置。倒档的旋转方向通过行星齿轮机构改变。发动机的转矩通过辅助减速齿轮传到速比变换器，并由此传到主减速器、差速器。液压控制系统和电子控制系统集成一体，位于变速器内部。

3. 电控无级变速器的工作原理

当变速杆在 P 位或 N 位时，离合器、制动器不接合，发动机飞轮仅带动输入轴及太阳轮旋转，无动力输出。另外，当变速杆在 P 位时，停车爪将中间轴主动齿轮锁止，即将车轮制动，防止溜车。

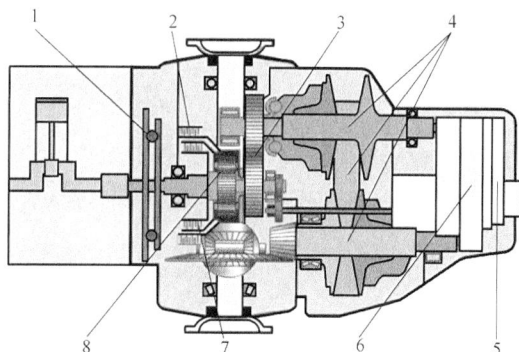

图 9-85 奥迪 CVT 的结构组成
1—飞轮减振装置 2—倒档制动器 3—辅助减速齿轮 4—速比变换器 5—电子控制系统 6—液压控制系统 7—前进档离合器 8—行星齿轮机构

当变速杆在前进档时，控制系统使前进档离合器充油接合，动力传递路线：发动机飞轮或减振盘→输入轴→太阳轮与行星架（前进档离合器接合）→主动带轮→钢带→从动带轮→起步离合器→减速齿轮→主减速器→差速器→半轴→驱动轮。

如果是在汽车起步时，控制系统控制起步离合器随着节气门开度增大而逐渐接合，将动力传给主减速器，使汽车平稳起步。

汽车在行驶过程中，控制系统根据节气门开度、车速信号的变化，控制伺服液压缸的油压，从而改变主动带轮和从动带轮的有效直径，实现无级变速传动；当变速杆位于 S 位时，变速器使汽车具有良好的加速性能；当变速杆位于 L 位时，具有发动机制动作用，变速器具有较大传动比，使汽车具有良好的爬坡能力。

当变速杆在 R 位时，控制系统使倒档制动器充油接合，在行星齿轮机构中，由于齿环制动，太阳轮主动，行星架（具有两排行星轮）从动，所以输入与输出的转向相反，使主动带轮反向转动，变速器倒档传动。

4．电控无级自动变速器

(1) 液压控制系统　以本田飞度汽车无级变速器为例，液压控制系统由油泵、控制阀体、主阀体和手动阀体等组成。

1）油泵。油泵由螺栓固定在主阀体上，为转子泵，内转子由变速器输入轴驱动旋转，内转子带动外转子转动向外泵油，为变速器提供工作油压。

2）控制阀体。控制阀体由主动带轮压力控制阀、从动带轮压力控制阀、主动带轮电磁阀、从动带轮电磁阀和起步离合器电磁阀等组成，如图 9-86 所示。主动带轮电磁阀调节主动带轮压力控制阀的控制油压，使主动带轮压力控制阀输出不同的油压，改变主动带轮的有效直径。从动带轮电磁阀调节从动带轮压力控制阀的控制油压，使从动带轮压力控制阀输出不同的油压，改变从动带轮的有效直径，从而使变速器的传动比连续变化。起步离合器电磁阀直接调节起步离合器的油压，使起步离合器在汽车起步时逐渐接合。

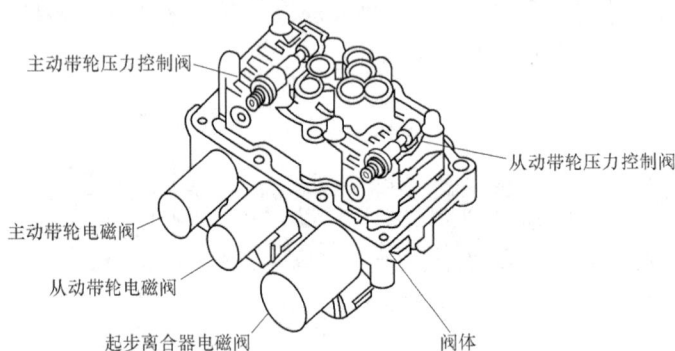

图 9-86　控制阀体

3）主阀体。主阀体由主油路调压阀、主油路控制油压阀、离合器减压阀、换档限止阀、起步离合器蓄压阀、起步离合器换档阀、起步离合器后备阀和润滑阀等组成，如图 9-87 所示。主油路控制油压阀根据带轮电磁阀提供的油压，调节主油路调压阀的控制油压，使主油路调压阀输出主油路油压，主油路油压通过带轮压力调节器调节后进入带轮，同时也分别进入润滑阀、离合器减压阀、起步离合器后备阀等。离合器减压阀降低输入油压，为离合器、制动器及带轮电磁阀提供工作油压。润滑阀降低输入油压，为带轮、离合器、钢带等提供润滑油压。起步离合器蓄压阀缓冲起步离合器油压，使起步离合器接合柔和。换档限止阀、起步离合器换档阀、起步离合器后备阀等的作用是当电子控制系统出现故障时，对起步离合器进行液压控制。

4）手动阀体。手动阀体由手动阀、倒档限止阀等组成，如图 9-88 所示。手动阀有 P、R、N、D、S、L 位，主要切换进入前进档离合器和倒档制动器的油路，使前进档离合器或倒档制动器工作。倒档限止阀由倒档限止电磁阀提供的倒档锁止压力进行控制，当车辆以 10km/h 以上的速度行驶时，倒档限止阀截断通向倒档制动器的液压回路，以防止误挂倒档。手动阀液压控制框图如图 9-89 所示。

(2) 电子控制系统

1）控制系统组成。图 9-90 为电控无级变速器的电子控制系统。系统中包括电磁离合器的控制和带轮无级变速的控制。传动比由发动机节气门信号和主动带轮转速决定，ECU 根据发动机的转速、车速、节气门位置、换档控制器信号控制电磁离合器，同时控制带轮上伺服液压缸的压力，实现无级变速。一般在最大传动比（低档）时，控制压力最大，约为 2.2MPa；在最小传动比（高档）时，控制压力最小，约为 0.8MPa。由于传动比的改变仅受节气门和主动带轮的转速的控制，因而控制的灵活性相对受到了限制。

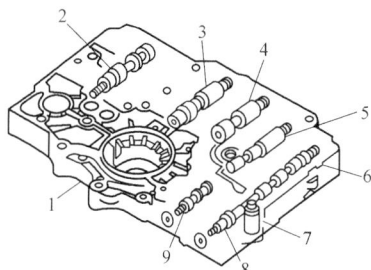

图 9-87　主阀体

1—主阀体　2—润滑阀　3—主油路调压阀
4—起步离合器换档阀　5—离合器减压阀
6—换档限止阀　7—起步离合器蓄压阀
8—起步离合器后备阀　9—主油路控制油压阀

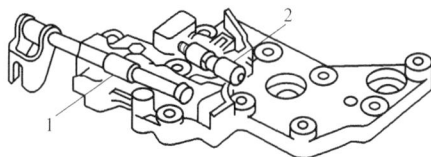

图 9-88　手动阀体

1—手动阀　2—倒档限止阀

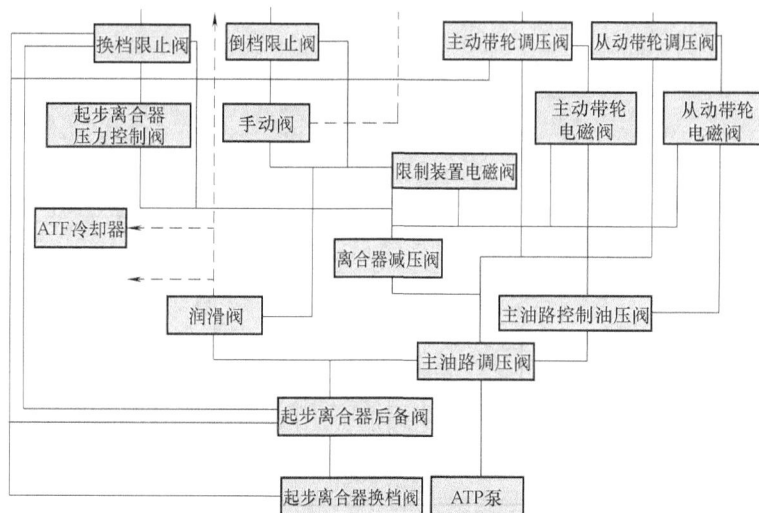

图 9-89　手动阀液压控制框图

2）控制方法。将发动机转速作为反馈信号，以节气门开度等作为控制输入信号，来限制带轮的压力。电控无级变速器传动控制系统如图 9-91 所示。这是一个全部输入和输出转速都能检测的闭环电子控制系统。驾驶人的意图通过节气门开度及换档控制器输入 ECU。根据发动机的转速和转矩，确定施加到主、从动带轮上的压力，并由发动机转速（对应于主动带轮转速）构成转速反馈闭环控制，根据转速的偏差信号决定升档还是降档，并输出控制信号到电液比例控制阀，控制作用在两带轮上的伺服液压缸的压力。

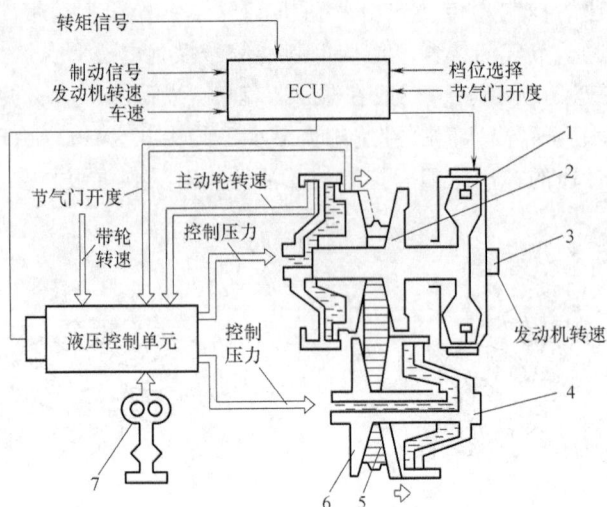

图 9-90　电控无级变速器的电子控制系统

1—电磁离合器　2—主动带轮　3—输入轴

4—输出轴　5—钢带　6—从动带轮　7—油泵

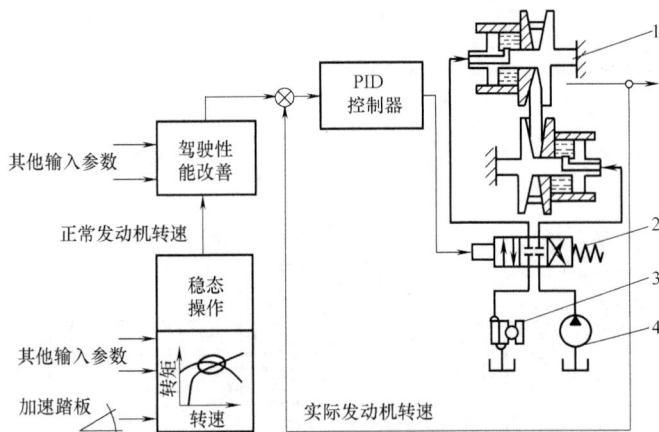

图 9-91　电控无级变速器传动控制系统

1—输入轴　2—控制阀　3—转矩传感器　4—液压泵

二、电控双离合器自动变速器

1. 概述

双离合器自动变速器（Dual Clutch Transmission，DCT）又称直接换档变速器（Direct Shift Gearbox，DSC），它是基于双轴式常啮合齿轮手动变速器演变而来，保留了结构简单、传动效率高的优点，并升华为电控液动换档控制，改善了换档品质，提高了加速性能，降低了油耗及故障率。双离合器自动变速器的制造成本较低，继承性好，设备投资少，具有广阔的推广前景。

2. 电控双离合器自动变速器的结构组成

根据齿轮布置方式的不同，DCT 结构有三轴式和两轴式。图 9-92 为典型的三轴式 DCT，主要由双离合器、空心轴及其内部的心轴、两个平行的分变速器、控制器和油泵等组成。其中双离合器、空心轴及心轴和分变速器为核心机械部件。发动机输出的转矩通过双离合器后进入 DCT 的输入端。外圈的离合器 1 与输入轴 1 连接，内圈的离合器 2 与输入轴 2 连接。1档、3 档、5 档和倒档与心轴构成分变速器 1；2 档、4 档和 6 档构成分变速器 2，两个分变速器的输出端同时与主减速齿轮啮合。

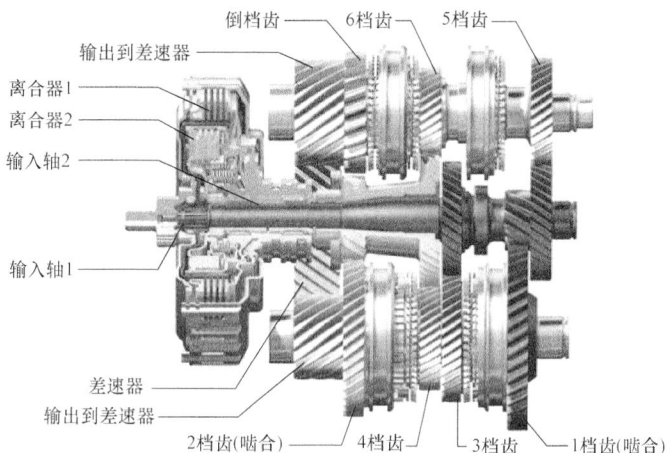

图 9-92　典型的三轴式 DCT 结构

3. 电控双离合器自动变速器的工作原理

双离合器自动变速系统的基本工作原理相当于采用两个变速器和两个离合器，一个变速器处于工作状态时，另一个变速器空转。通过两个离合器的切换来实现两个变速器交替投入工作状态，可以在不中断动力传递的条件下完成换档过程。

两个多片油浴摩擦式离合器 C_1 和 C_2，通过扭转减振盘连接飞轮，其输出端分别驱动齿轮组的奇数档和偶数档。C_1 和 C_2 的分离与接合，由 ECU 控制作用在活塞上的油压来实现，如图 9-93 所示。

图 9-94 中的双离合自动变速器，当不需传递动力时，离合器 C_1、C_2 都分离，不传递动力。当车辆起步时，自动换档机构将档位切换为 1 档，然后 C_1 接合，车辆开始起步行驶。车辆换入 1 档行驶后，此时 C_2 处于分离状态，不传递动力。当车辆加速，达到接近 2 档的换档点时，由 ECU 控制自动换档机构将档位提前换入 2 档。当达到 2 档换档点时，C_1 开始分离，同时 C_2 开始接合，两个离合器交替切换，直到 C_1 完全分离，C_2 完全接合，整个换档过程结束。车辆进入 2 档运行后，自动变速器电子控制单元可以根据相关传感器信号掌握车辆当前运行状态，进而判断车辆即将进入运行的档位是升到 3 档还是降到 1 档，而 1 档和 3 档均连接在 C_1 上，因为该离合器处于分离状态，不传递动力，故可以指令自动换档机构十分方便地预先换入即将进入工作的档位，当车辆运行达到换档点时，只需要将工作中的 C_2 分离，同时 C_1 接合，配合好两个离合器的切换时序，整个换档动作全部完成。车辆继续运行时，其他档位的切换过程也都类似。

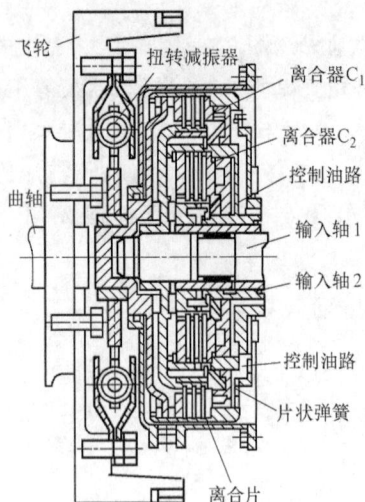

图 9-93 双离合器自动变速器

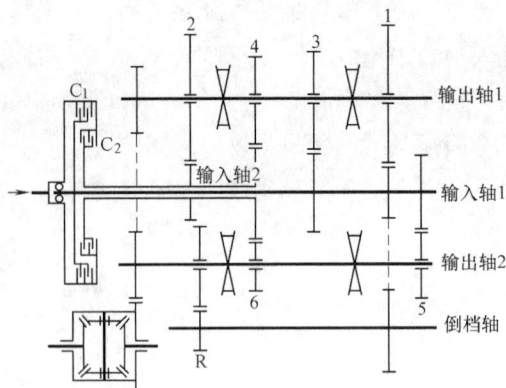

图 9-94 双离合器自动变速器 1 档动力传递路线

典型 DCT 各档动力传递路线如下：

1 档传递路线（见图 9-94）：发动机→C_1 离合器→输入轴 1→1 档主动齿轮→1 档从动齿轮→输出轴 1→输出齿轮→主减速器和差速器→驱动车轮。

2 档传递路线：发动机→C_2 离合器→输入轴 2→2 档主动齿轮→2 档从动齿轮→输出轴 1→输出齿轮→主减速器和差速器→驱动车轮。

3 档传递路线：发动机→C_1 离合器→输入轴 1→3 档主动齿轮→3 档从动齿轮→输出轴 1→输出齿轮→主减速器和差速器→驱动车轮。

4 档传递路线：发动机→C_2 离合器→输入轴 2→4 档主动齿轮→4 档从动齿轮→输出轴 1→输出齿轮→主减速器和差速器→驱动车轮。

5 档传递路线：发动机→C_1 离合器→输入轴 1→5 档主动齿轮→5 档从动齿轮→输出轴 2→输出齿轮→主减速器和差速器→驱动车轮。

6 档传递路线：发动机→C_2 离合器→输入轴 2→6 档主动齿轮→6 档从动齿轮→输出轴 2→输出齿轮→主减速器和差速器→驱动车轮。

倒档传递路线：发动机→C_1 离合器→输入轴 1→R 档主动齿轮→倒档轴→倒档从动齿轮→输出轴 2→输出齿轮→主减速器和差速器→驱动车轮。

三、电控机械式自动变速器

电控机械式自动变速器（Automatic Mechanical Transmission，AMT）是在传统的手动式变速器基础上改进而来。它结构简单，保留了干式离合器与手动变速器的绝大部分部件，只将其中的手动操作系统的变速杆部分改为自动控制机构，有电-液式、电-气式和全电式三种控制方式，其中采用最多的是电-液系统。电-液式自动变速器继承性好，改造投入费用少，易于被生产厂接受，是融合了自动变速器与手动变速器两者优点的机-电-液一体化产品。

1. AMT 的基本原理

AMT 的基本原理如图 9-95 所示。起步与换档是控制功能的主要内容。驾驶人通过加速踏板和变速杆向 ECU 传递控制信号，大量的传感器时刻掌握车辆的行驶状态，ECU 按存储于其中的控制程序，如最佳换档规律、离合器模糊控制规律、发动机供油自适应调节规律等，通过液压系统对离合器的分离与接合、变速器换档进行控制；通过发动机节气门控制机构对发动机进行供油控制，并对三者的动作与时序实现最优匹配，从而实现平稳起步与迅速换档，使汽车获得优良的燃料经济性与动力性能。

根据对发动机节气门控制方式的差异，AMT 分为刚性 AMT 和柔性 AMT。刚性 AMT 是指加速踏板和节气门之间有固定的机械联系，柔性 AMT 是指加速踏板和节气门之间无直接机械联系，而是通过电子控制器经步进电动机等执行机构控制节气门的"软"连接。一般地，在电喷发动机上采用刚性 AMT，在化油器发动机上则采用柔性 AMT。

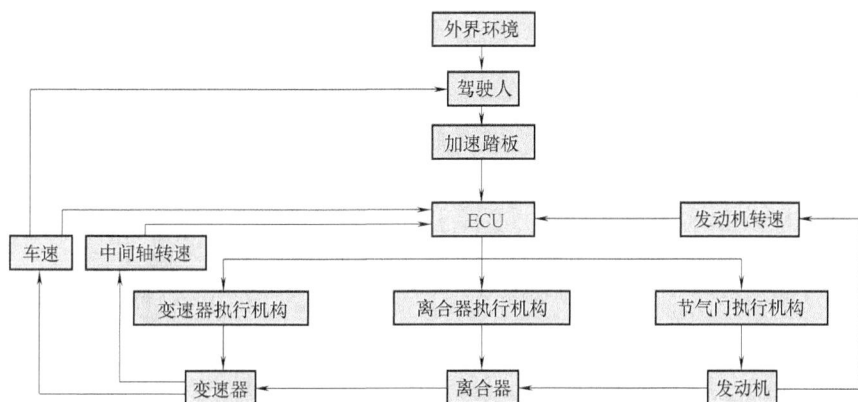

图 9-95　AMT 的基本原理

2. AMT 的电子控制系统

（1）**组成**　图 9-96 为 AMT 的 ECU 框图。ECU 由电源、CPU 与存储器、输入电路与输出电路等组成。因各类传感器的增多（见表 9-7），使输入电路极为复杂，既有脉冲又有模拟、触点输入，而输出也增加了发动机供油控制、坡上辅助起动装置（HSA）等电路。

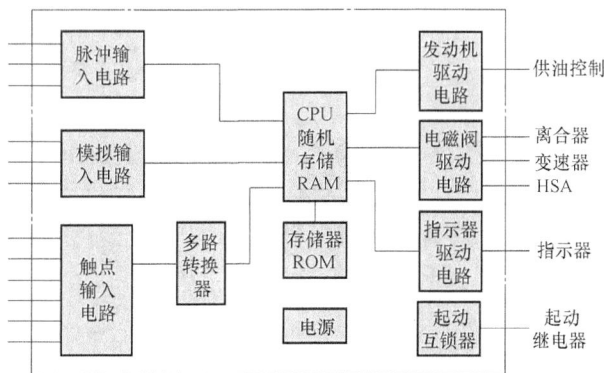

图 9-96　AMT 的 ECU 框图

（2）**控制功能**

1）变速控制。事先将各种最佳换档规律存储于 ECU，然后根据两参数或三参数控制换档。驾驶人干预的实现主要依靠踩加速踏板，必要时也可通过选择器。

表 9-7 传感器的方式与主要功能

传感器	信号	方式	主要功能
车速传感器	脉冲	模拟仪表:开关; 数字仪表:光电元件	检测停止状态;换档规律的条件
发动机转速传感器	脉冲	点火脉冲	起动和变速时离合器的接合条件
输入轴转速传感器	脉冲	电磁传感器	离合器接合点检测;档位脱离判定;车速传感器发生故障时的支撑功能
加速踏板传感器	模拟	电位计	节气门开闭控制信号
离合器位置传感器	模拟	电位计	离合器分离、接合控制;对离合器磨损的调整功能
温度传感器	模拟	热敏电阻	修正离合器的控制
档位开关	触点	加压式接点	检测档位;确认换档终了;指示器的显示
选择器开关	触点	摆动式接点	自动换档及人工换档的切换指示;指示灯开关
节气门开关	触点	微动开关	空载位置及全节气门位置的检测;加速踏板传感器的控制修正
加速踏板空载开关	触点	微动开关	起动显示;节气门侧的匹配调整
加速踏板全开开关	触点	微动开关	强制低档的显示;节气门侧的匹配调整
制动开关	触点	加压式接点	自动巡航的暂时解除条件
巡航开关	触点	加压式接点	自动巡航控制(固定车速、加速、减速)

2) 离合器控制。

① 为了补偿离合器片的磨损,需查明离合器部分接合的起点,它是离合器控制的重要参考点。

② 车辆起步与换档时离合器的接合控制。

③ 离合器的分离控制。

④ 二次离合(相当于手动换档的踩两次离合器)控制。

离合器的接合过程:根据离合器的最佳接合规律,确定目标接合行程的时间历程,即离合器的接合速度,它由节气门开度、发动机转速、输入轴转速及离合器传递的转矩特性等参数控制。在采样周期内,如果执行机构要求的目标接合行程 r 与实际接合行程 x 间有误差,为了减小或消除误差,采用比例-积分型调节器对电磁阀进行脉宽调制做自动校正,如图 9-97 所示。

3) 发动机供油控制。电喷发动机通过间断供油与延迟点火实现对供油的控制。它可分为三个逻辑特性,即发动机起动、加速控制和换档时的控制。换档时的控制主要是对其转速的控制,目的是使其适应新的输入轴转速,从而减少换档后离合器接合的冲击,以提高换档平顺性。系统测出发动机转速与变速器输入轴转速的差异,即可对发动机进行控制。例如,升档时,需发动机降速。当转速相差仍很大时,轿车和中、轻型货车常等待其自然降

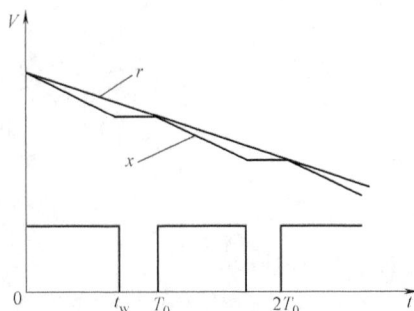

图 9-97 离合器行程的脉宽调制

速，或通过同步器达到同步换档；但对重型货车而言，因这部分惯量大，等待时间过长（超过通常的换档时间 0.8~1s），则采取对离合器主动片进行制动或发动机制动等方法，实现快速同步。在降档时，如果转速差超过变速器同步容量允许值时，就需要进行两次离合器的操作，发动机再相应升速，以提高离合器主动片的转速，达到快速方便换档的目的。

4）起步控制。起步过程中，离合器行程释放的同时，节气门要进行相应的自适应调节，以便发动机工作状态能适应外部负载转矩的变化。在正常情况下，起步时，离合器接合期间节气门开度随时间变化增大；由于某种原因，驾驶人突然松开加速踏板打算中断起步时，节气门开度随时间变化减小，应快速分离离合器以免过分磨损。车辆以何种方式起步，按驾驶人输入意图来确定，一般有缓慢起步、正常起步、急速起步等形式。此外，道路状况对车辆起步也有较大影响。起步发生在坡道上时，为能可靠起步，配以坡道起步辅助装置（HSA）及相应控制规律。为确保各种情况下车辆起步并获得较好的起步品质，对离合器接合规律和节气门适应性调节规律的确定是起步控制中的难点。

3. AMT 的液压系统

虽然 AMT 有电-液式、电-气式和全电式三种控制方式，但由于气体的体积可压缩性，换档速度变慢，对于有气源的车辆可以不用再为 AMT 增加能源、调压与蓄能器等设备，成本降低；而全电式虽在价格、质量上有优势，但调整困难，还不太适合大量生产。故目前用得最多的仍是电-液控制方式，采用液压系统作为其执行机构，不仅可用于高转矩范围，有最快的换档速度，而且与其他液压系统可实现最佳配合（如与液力变矩器的匹配）。AMT 液压系统原理如图 9-98 所示。

（1）**离合器的执行机构**　离合器的执行机构是单作用液压缸，ECU 按需要控制电磁阀 $Y_3 \sim Y_8$ 组，打开不同的节流孔，以满足最大接合速度；再将 Y_3、Y_4 组合，并由 ECU 进行脉宽调制，可得到小于最大接合速度的任意速度。离合器的工作模式有分离、保持分离、接合及保持接合四种。

1）分离。电磁阀 Y_1 开启，Y_3、Y_4 关闭，液压油进入离合器液压缸使离合器分离，从而防止发动机熄火，这是正常换档所需要的步骤。

2）保持分离。电磁阀 Y_1、Y_2、Y_3 均关闭，缸内油封闭，液压缸活塞不运动，离合器保持分离。

3）接合。电磁阀 Y_1 关闭，Y_2、Y_3 分别或同时工作，由 ECU 对其进行脉宽调制，脉宽越宽，接合速度越快，由传感器将其实际行程反馈给 ECU，若与要求的最佳接合规律不一致，则进行

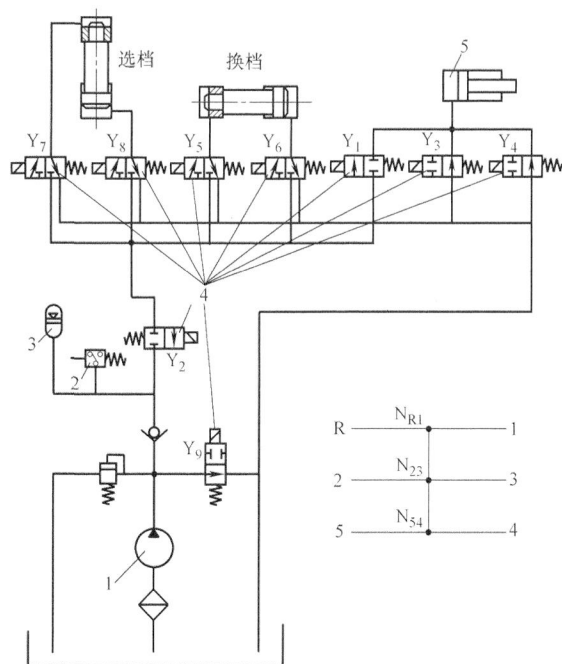

图 9-98　AMT 液压系统原理
1—油泵　2—压力继电器　3—蓄能器
4—电磁阀　5—离合器液压缸

修正，以配合汽车起步、换档等。

4）保持接合。Y_1、Y_2、Y_3 均关闭，缸内液压油封闭，液压缸活塞不运动，以保证在新的档位可靠行驶。

（2）**变速器的执行机构**　变速器的执行机构有平行式与相互正交式两种，后者称为 X-Y 换档器，各有三个停止位置。对有五个前进档、一个倒档的 AMT 而言，采用正交式比平行式可节省两个液压缸，结构更加简单、紧凑，但对于插入了选档动作的换档，其时间会比平行式略长。这种 AMT 的液压缸是单杆型复动式，用二位三通阀控制油路，可使活塞正确可靠地停于三个位置；其运动通过内部杆件传至拨叉，换档与手动变速器相同。现以 1 档换2 档为例说明其过程：先分离离合器，同时放松加速踏板；这时 ECU 指令换档阀 Y_6 换向，换档液压缸动作，摘下 1 档，进入空档 N_{1R}；接着 ECU 又指令 Y_7 换向，选档液压缸动作，使变速杆从 N_{1R} 进入 N_{23} 位置，档位信号接通，表示选档到位；此后，换档阀 Y_5 换向，换档液压缸反向动作，从而换入 2 档；换档开关接通，ECU 指令离合器接合，发动机自适应地恢复供油。

（3）**发动机的执行机构**　对于电喷发动机，加速踏板和节气门之间为刚性连接，AMT与其共享资源，应用 CAN 总线通信，使其在换档时按要求减小或加大节气门开度，并使发动机点火延迟以提高换档品质和降低污染。在化油器发动机上，通过电子控制器经步进电动机等执行机构控制节气门。

四、线控制动系统

传统轮式车辆制动系统的气体或液体传输管路长，阀类元件多。对于长轴距或多轴车辆以及远距离控制车辆来说，由于管路长、速度慢，易产生制动滞后现象，导致制动距离增加，安全性降低，而且制动系统的成本也较高。线控制动用电线取代部分或全部制动管路，并可省去制动系统的很多阀。此外，在电子控制器中设计相应程序，操纵电控元件来控制制动力的大小及各轴制动力的分配，可完全实现使用传统阀类控制件所能达到的 ABS 及 ASR 等功能。

线控制动系统主要由三部分组成：

1）接收单元。包括制动踏板、踏板行程传感器等。

2）制动控制器。包括接收驻车制动信号、控制驻车制动；接收车轮传感器信号，识别车轮是否抱死、打滑等；控制车轮制动力，实现防抱死和驱动防滑，并兼顾其他系统的控制。

3）执行单元。包括点制动器或液压制动器等。

线控制动系统目前分为两种类型：一种为电-液制动（Electro-Hydraulic Brake，EHB）系统，另一种为电子-机械制动（Electro-Mechanical Brake，EMB）系统。

1. EHB 制动系统

当前车辆对制动性能的要求越来越高，传统制动系统由于结构和原理的限制在提高制动性能方面潜力有限，EHB 系统作为一种新型的制动系统，弥补了传统制动系统的不足，可以大幅度提高车辆制动性能。

随着高等级公路的增多和汽车平均车速的提高，如何能让高速行驶的车辆在尽量短的制动时间和制动距离内，安全、稳定地进行制动减速以及停车，已成为亟待解决的问题。制动系统作为汽车行驶安全的保证，经过了几十年的发展，已开发出了多种多样的制动系统并投入实车使用，取得了比较满意的效果。但传统制动系统由于结构及原理的限制，即使附加了ABS等防抱制动控制系统，也无法实现最大限度的最佳制动力控制。EHB以电子元件替代了部分机械元件，制动踏板不再与制动轮缸直接相连，驾驶人操作由传感器采集作为控制意图，完全由液压执行器来完成制动操作，使制动控制得到最大的自由度，从而充分利用路面附着系数，提高制动效率。

作为一种新型的制动系统，EHB系统发展时间较短，但前景广阔，各大汽车厂商和研究机构都在积极地开发这一系统。EHB系统以电子元件替代制动系统中的部分机械元件，制动系统中原有的液压系统不做大的改变，这样可以由液压系统提供动力，电子系统提供柔性控制，是机-电-液一体化的高新技术产品，有很大的发展潜力。EHB系统的总体方案如图9-99所示，HCU表示液压控制单元，$P_0 \sim P_5$表示测液压点。EHB系统主要包括两个部分：

1）液压执行机构。主要包括高压蓄能器、液压泵、制动液储油杯、进出液电磁阀等。

2）电子控制单元。主要包括传感器信号输入单元、主控单元、执行器驱动单元以及一系列传感器（包括档位传感器、转向盘转角传感器、横摆角速度传感器、制动踏板行程传感器、加速踏板行程传感器、离合器行程传感器、轮速传感器和压力传感器、纵向及侧向加速度传感器等）。

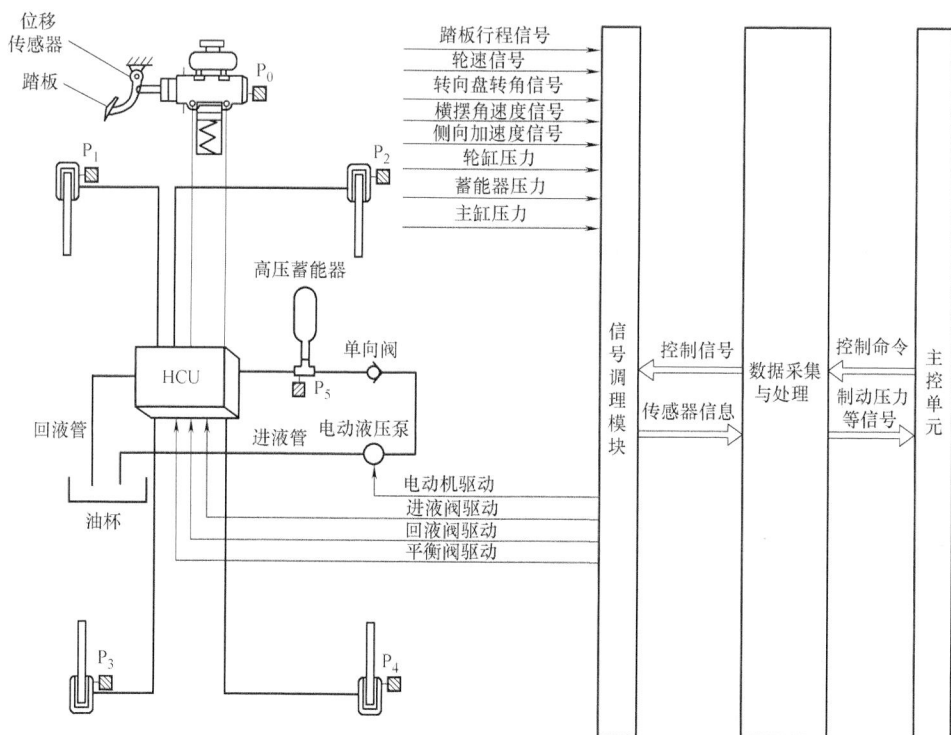

图 9-99 EHB 系统的总体方案

HCU—液压控制单元　$P_0 \sim P_5$—测液压点

在制动踏板产生位移的过程中，数据采集系统将采集到的踏板行程传感器、各制动器压力传感器等的反馈信号输入到电控单元进行分析和判断，对进出液电磁阀分别进行调节，当系统需要增压时，进液阀打开、出液阀关闭；当系统需要保压时，进、出液阀均关闭；当系统需要减压时，进液阀关闭、出液阀打开。通过输入 PWM 控制信号给高速开关阀从而控制各车轮上的制动压力。通过 CAN 总线技术电控单元还可以接收来自于 ABS、ASR、ESP 的汽车动态数据，经过分析和处理，将控制信号发送到相应的控制单元，对汽车进行优化控制。

EHB 系统的执行机构如图 9-100 所示，包括液压控制单元、制动踏板单元和制动器。液压控制单元主要包括电动机、液压泵、蓄能器、单向阀、溢流阀及四套结构相同的增压电磁阀、减压电磁阀分别控制各自的制动器。蓄能器一端连同溢流阀的输入端与四路二位二通的常闭增压电磁阀输入端相连。电动液压泵输入端和溢流阀的输出端汇成一路与储油杯的出油口相连。在蓄能器与电动机之间装有防止制动液回流的单向阀。四路二位二通的常闭增压电磁阀的输出端连同四路二位二通的常闭减压电磁阀的输入端汇成一路分别与制动器相连接，每个制动器与各自的增压电磁阀、减压电磁阀回路之间都装有压力传感器。四个减压电磁阀的输出端汇成一路连接到储油杯的回油端。前轮两个制动器和后轮两个制动器之间分别装有一个平衡控制阀。制动主缸上的一个出油孔与前轮制动器的应急制动管路及连接有踏板行程模拟器的液压管路相连，制动主缸上的另一个出油孔与后轮制动器的应急制动管路相连。模拟器控制管路装有监测主缸压力变化的压力传感器。电动液压泵与高压蓄能器共同组成 EHB 系统的压力源。电动液压泵为蓄能器提供高压制动液，持续为其蓄能，蓄能器为液压执行机构提供所需的制动压力，使系统能够实现多次连续制动。制动踏板单元包括制动踏板、主缸、踏板行程模拟器、转角传感器、电磁阀和储油杯。储油杯与制动主缸的两个进油

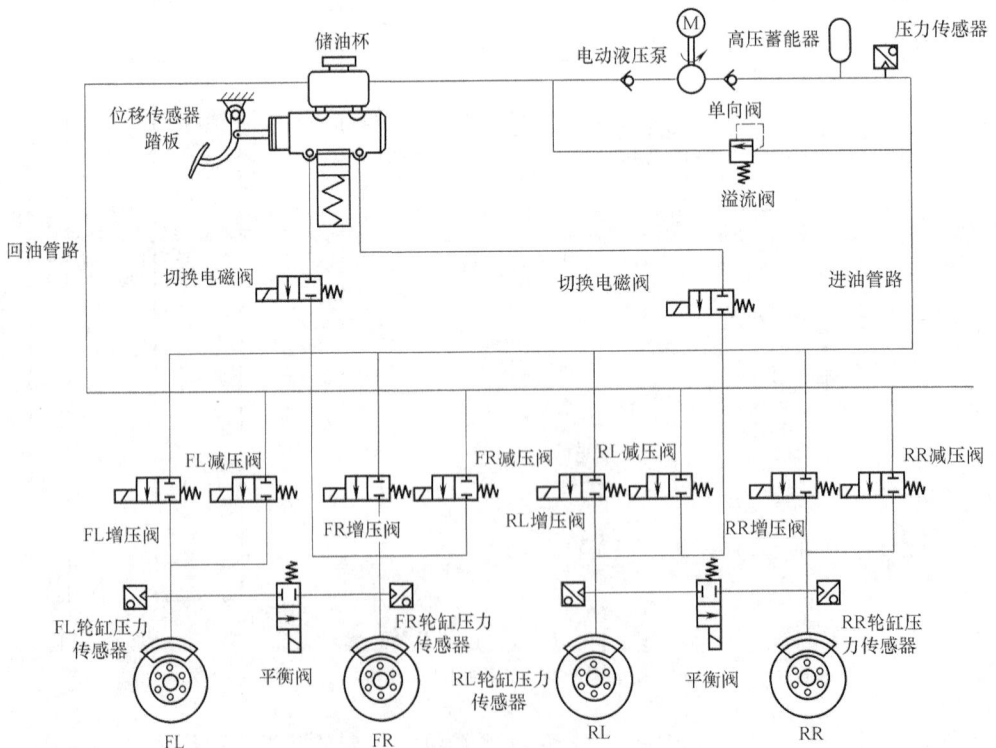

图 9-100 EHB 系统的执行机构

孔相连，安装有踏板行程传感器的制动踏板直接与制动主缸的推杆相连。

　　EHB 系统的工作过程主要是对压力供给单元的控制和高速开关阀的控制。首先是对压力供给单元的控制，压力供给单元包括电动液压泵和高压蓄能器，制动系统开始工作时，电动液压泵开始为高压蓄能器提供高压制动液，监测高压蓄能器的压力的压力传感器实时将测到的信号反馈给电子控制单元，当测得的值高于系统所标定的阀值时，高压蓄能器出液端连接的溢流阀打开，直至等于系统阀值溢流阀关闭，从而高速开关阀的一端得到的是持续且基本稳定的高压制动液。然后对高速开关阀进行控制，高速开关阀是通过 PWM 方式调制控制信号的占空比，使阀口开度改变，控制输出流量。

　　驾驶人踩下制动踏板，数据采集系统将踏板行程传感器、力传感器的信息汇同车辆的行驶状态（转向盘转角、轮速、车速、横摆角速度等）信息采集到电控单元中进行综合分析和判断。当得知系统需要增压时，电子控制单元输出 PWM 控制信号，对电磁阀进行控制，使进液阀输入流量增大，出液阀输出流量减小，直到达到所需制动压力。当得知系统需要保压控制时，电子控制单元通过对电磁阀进行控制，使增压电磁阀和减压电磁阀输出的流量保持不变。当得知系统需要减压时，电子控制单元使进液阀输入流量减小，出液阀输出流量增大，最终减小到所需的制动压力。当某几个高速开关阀控制回路失效时，电子控制单元将切换成应急控制模式，制动踏板力的液压管路与应急制动管路连通，踏板力直接通过液压管理加载在制动器上。

　　EHB 系统取消了真空助力器及一些机械装置，并用电子器件代替。作为系统动力源的高压蓄能器可以持续稳定输出 16MPa 的制动压力，使系统对驾驶人的制动命令快速响应。另外，在 EHB 系统中，设置有制动备用系统，保留了车轮制动器和制动主缸，主制动系统与辅助制动系统互不干涉。当 EHB 系统失效时，备用系统开始作用，驾驶人的踏板力会按照传统的液压制动方式经制动主缸传递到前轮制动器上，大大提高了行驶安全性。根据 EHB 系统的基本原理，EHB 系统的组成结构如图 9-101 所示，主要由三部分功能组件组成。

　　1）输入通道。输入通道包括踏板行程传感器、轮速传感器、压力传感器、转向盘转角传感器、横摆角速度传感器、侧向加速度传感器及其信号处理模块等，通过 xPC 系统将传感器信号采集到 ECU，ECU 经分析判断输出控制信号。

　　2）输出通道。输出通道部分包括踏板模拟器上的电磁阀驱动模块，制动钳液压通路上的电磁阀驱动模块，故障容错通路上的电磁阀驱动模块以及液压泵电动机驱动模块等。

　　3）电控单元（ECU）。ECU 是 EHB 系统的核心部分，其主要功能是完成对外来传感器信号的采集、处理，对各种数据进行逻辑分析，识别驾驶人的制动意图，计算出车轮的参考速度、参考滑移率和车轮的加减速度，并通过相应的控制算法得出结论，做出正确的判断，最后发出控制信号给执行机构，实现制动功能。执行机构接收 ECU 发出的控制信号，执行相应的动作，控制各个通路上的电磁阀和电动液压泵，以满足不同工况制动的要求。

　　在传统制动系统中制动主缸与制动轮缸通过制动管路相连，制动压力直接由人力通过制动踏板输入，而真空助力器作为辅助动力源也要受到发动机真空度的限制，从而限制了制动压力的建立、各轮制动力的分配以及与其他系统的集成控制等，在进一步提高制动效果方面潜力有限。EHB 系统由于改变了压力建立方式，踏板力不再影响制动力，弥补了传统制动系统设计和原理所导致的不足，具有许多传统制动系统无法比拟的优越性。

　　1）在传统制动系统中，在紧急制动或长时间制动后，系统部件特性可能发生变化，进

左前轮轮速传感器 →	→ 左前轮增压阀
右后轮轮速传感器 →	→ 左前轮减压阀
右前轮轮速传感器 →	→ 右后轮增压阀
左后轮轮速传感器 →	→ 右后轮减压阀
转向盘转角传感器 →	→ 右前轮增压阀
横摆角速度传感器 →	→ 右前轮减压阀
侧向加速度传感器 →	→ 左后轮增压阀
制动开关 →	→ 左后轮减压阀
蓄能器压力传感器 →	→ 前轮切换阀
轮缸压力传感器1 →	→ 后轮切换阀
轮缸压力传感器2 →	→ 模拟器切换阀
轮缸压力传感器3 →	→ 电动机
轮缸压力传感器4 →	
制动信号 →	

EHB 电子控制单元 (ECU)

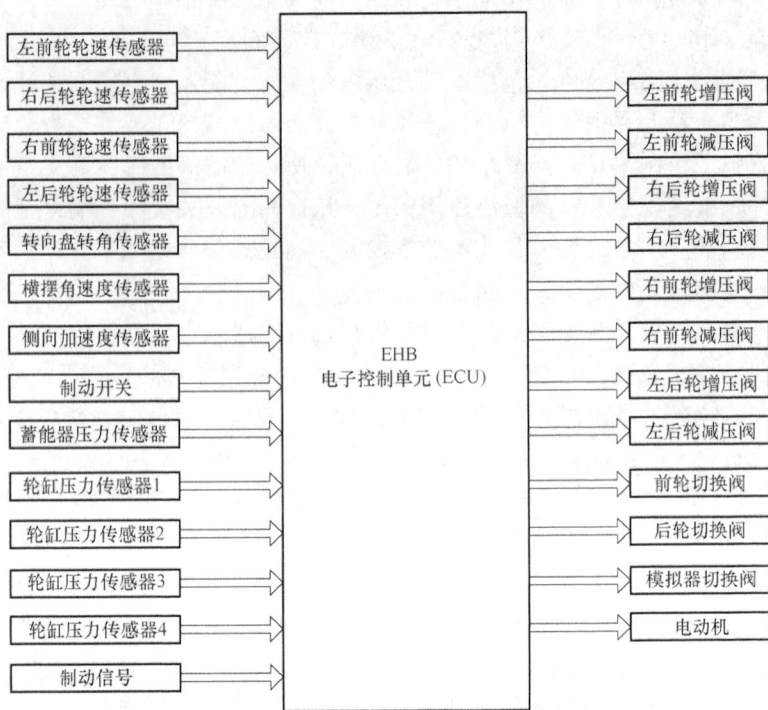

图 9-101　EHB 控制系统的组成结构

而影响制动性能；而采用 EHB 系统，部件机械特性的变化可由控制算法进行补偿，使制动压力等级和踏板行程始终保持一致。

2）由于蓄能器压力等级很高，高压制动液通过高速开关阀的控制进入制动轮缸，制动过程平顺柔和。在紧急制动工况下，制动压力上升梯度大，能达到的制动压力也更高。制动蹄（钳）对制动鼓（盘）的制动压力通过轮缸压力传感器的反馈进行精确调节，消除制动噪声。

3）传统制动系统的制动特性无法随意改变，而 EHB 系统通过分析驾驶人意图，判断不同的制动行为，并提供最合理的压力变化特性。

4）传统制动系统只能在一定程度上实现前后制动压力的分配，而 EHB 系统在四轮压力分配方面有很大的自由度，这在左右附着系数不同的路面上制动时效果显著。

5）传统的采用真空助力器的制动系统助力能力受发动机转速和负荷的影响，而 EHB 系统的制动能力不受发动机真空度影响。

6）由于制动传感器探测的是踏板的运动速度和踏板的行程，ECU 据此进行制动压力调节，制造商可以根据不同的车型以及对驾驶人驾驶习惯的统计，仅仅通过更改控制算法和踏板感觉模拟器提供给驾驶人不同的踏板感觉，使 EHB 具有很好的可移植性。

7）传统制动系统在进行 ABS 工作时，制动管路内的压力波动，使制动踏板出现振动现象，缺少经验的驾驶人往往会因此而不自觉地减小踏板力，从而影响制动效果。EHB 系统由于踏板与制动管路不直接相连而彻底解决了这一问题，不但可以保证各个车轮不会抱死，而且解除制动迅速，制动过程安全、高效，对动力损失影响极小。除了能够实现传统制动系统所能实现的基本制动、ABS 等基本功能外，EHB 还能实现其他更为优秀的辅助功能。

8）当车辆在雨天或湿滑路面上行驶时，根据风窗玻璃刮水器的动作，EHB 系统可以在固定间隔时间发出微弱的制动脉冲，清干制动摩擦片上的水膜，以消除制动器的水衰退现象，保证可靠的制动。

9）大部分驾驶人在遇到紧急情况时，在施加制动力时会出现犹豫、施加踏板力不足，导致危险情况的发生。EHB 系统通过正确识别驾驶人意图，对制动力（由踏板行程以及踏板加速度来辨别计算）加以调整，以避免制动力不足。

10）在需要保持驻车状态时，可以使系统对车轮施加一定的制动力，即使驾驶人松开制动踏板依然能对车轮产生一定的制动压力，减轻驾驶人的负担，提高驾驶舒适性，实现电子驻车控制（Electric Parking Brake，EPB）。

11）在发生交通拥挤的情况下，系统与加速踏板单元传感器相互配合，通过电控单元的分析计算做出判断，驾驶人只需控制加速踏板，一旦把脚从加速踏板上移开，EHB 系统会自动施加一定的制动力以减速停车，驾驶人就不需要在加速踏板和制动踏板之间频繁地转换。

2. EMB 制动系统

EMB 系统与常规的液压制动系统截然不同，EMB 系统以电能为能量来源，通过电动机驱动制动垫块，由电线传递能量，数据线传递信号。整个系统中没有连接制动管路，结构简单、体积小，信号通过电传播，反应灵敏，减小了制动距离，工作稳定，维护简单，没有液压油管路，通过 ECU 直接控制，易于实现 ABS、TCS、ESP、ACC 等功能。

EMB 系统的结构简图如图 9-102 所示，它有四套制动执行机构，每个车轮都有一个独立的中心控制单元及控制器。当驾驶人踏动踏板时，通过踏板力模拟机构将信号传送到中心控制模块，中心控制模块根据车速、轮速等多种传感器来获得整车的运行状态，综合处理后发出各种制动信号给四个控制器，控制器得到信号后将控制四台电动机分别对四个车轮独立进行制动控制。再通过各个传感器将每个制动器的实际制动力矩等信息反馈给中心控制单元，以保证最佳制动效果。中心控制单元控制制动时间和电控制动器制动力。所以安装了 EMB 系统后，只需要把 ABS 等功能的程序编入中心控制单元，就可以集中实现各种制动安全控制功能。同时由图 9-102 可以看出，EMB 系统分为前轴和后轴两套制动回路 A、B，每套回路都有自己的控制模块和动力源，每个回路都有蓄电池。两个中心控制模块相对独立工作，同时双向的信号线互相通信，当其中一套制动线路失灵或出现故障时，另一套线路可以照常工作，从而保证制动的安全性。

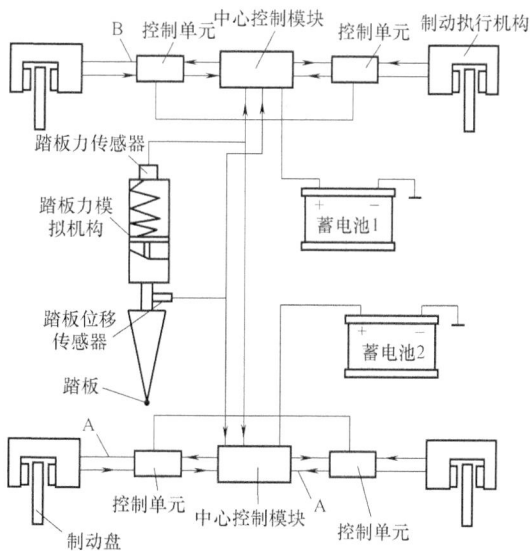

图 9-102　EMB 系统结构简图

新一代的 EMB 系统由操纵模块（电子制动踏板）、信号模块（传感器）、中央控制模块（控制器）、执行模块（电动机械制动器和机械盘式制动器）等构成，其中电动机械制动器是关键环节。EMB 系统控制原理如图 9-103 所示。

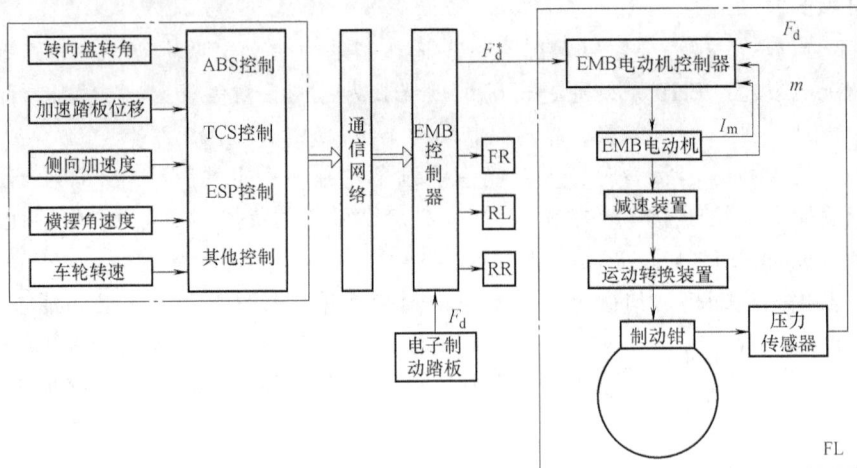

图 9-103　EMB 系统控制原理

EMB 系统针对不同车型制动力要求不同的特点，通常将轿车车轮的电动机械制动器对摩擦盘的推力从 12~16kN 提高到 20kN，从而保证与目前液压制动车型中广泛使用的车轮制动推力相同。工作过程中电动机械制动器工作行程为 0.3~0.5mm，电动机械制动器推压摩擦片移动至制动位置的响应快，制动时间要求小于 0.3~0.5s。执行电动机通常采用无刷电动机，通过编码器实现反馈控制，由软件识别制动盘中的位置，避免测量摩擦盘位置，这种设计有利于在制动时通过嵌入软件实现电子制动力分配（EBD）、ABS、ESP 等功能，并且能够在新能源车辆中通过闭环控制实现制动能源回收。

采用 EMB 系统能提供平稳减速功能，使制动过程平顺柔和；电子制动踏板代替原有机械制动踏板反映驾驶人的主动制动要求，同时独立调节每个车轮的制动压力，提高制动的稳定性和舒适性；EMB 系统提供了 ESP、电磁制动器（EBF）和 ABS 等相互配合的控制平台，显著缩短制动距离。采用 EMB 系统，由电动机械制动器取代原有制动总泵和真空助力器等制动能量供给装置，EMB 电动机械制动器是制动系统的制动执行机构，也是其核心部件，其性能的好坏直接影响了制动的效果。EMB 执行机构一般有四个基本组成部分，即电源、电动机、运动转换装置和制动钳，如图 9-104 所示。

在 EMB 中，电动机经减速装置减速增转矩，再由运动转换装置将旋转运动转换为直线运动，驱动制动钳对制动盘进行制动，电动机的运动由 EMB 控制器控制。

对 EMB 的结构和性能有以下几点要求：①电动机要小巧而又能提供足够大的力矩；②传动装置能减速增转矩，还

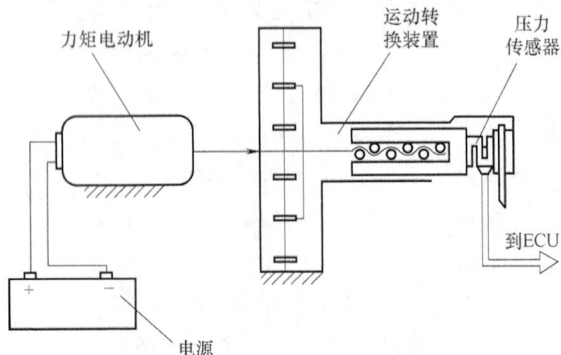

图 9-104　EMB 执行机构简图

要将旋转运动转换为直线运动；③整个机构要工作迅速，反应灵敏；④能自动补偿制动间隙，并能实现驻车制动；⑤有良好的散热性；⑥整个执行器结构紧凑、体积小、质量轻，便于安装；⑦有足够的强度和寿命，以保证安全可靠。

EMB 制动系统是以电能作为能量来源，由中心控制模块控制，由电动机经过传动装置产生制动动力驱动制动钳。EMB 制动系统是实现制动功能的全新制动系统，与传统制动系统相比，它具有以下优点：

1）EMB 制动系统用电线传递能量、数据线传递信号，完全摒弃了原有的液压管路等部件，而且无真空助力器，结构简洁、质量轻、体积小，便于发动机舱其他部件的布置，也有利于整车质量减轻和整车结构的设计与布置。

2）EMB 系统采用了电控，易于并入 CAN 总线，并且可以同时实现 ABS、TCS、ESP、ACC 等多种功能，这些电子装备的传感器、控制单元等部件可以与 EMB 系统共用，而无须增加其他的附加装置，避免了传统制动系统在制动系统线路上安装大量的电磁阀和传感器，不仅使得制动系统结构更加复杂，而且增加了液压回路泄漏的隐患。

3）在传统的制动系统中，踏板至制动主缸的机械结构以及气压液压系统的固有特性，使得制动反应时间长、动态响应速度慢。制动力由零增长到最大大约需要 0.2~0.9s，而且当需要较小的制动力时，动态响应更慢。而 EMB 系统不存在这样的问题，EMB 以踏板模拟器代替了传统的机械踏板传力装置，中心控制单元接收踏板模拟器传来的电信号判断驾驶人的意图，产生相应的控制命令。

4）传动效率高、安全可靠，而且节能。

5）无须制动液，降低了对环境的污染。

总之，现代汽车发展的方向是模块化、集成化、机电一体化，最终实现整个车辆的线控，而 EMB 正是这一发展方向的体现。目前 EMB 系统的技术还不成熟，需要解决的技术问题还很多。虽然目前尚未有比较完善的、量产的产品，但在国内外各汽车厂商和高校的大力研发之下，它必然会在不久的将来代替传统的制动系统。国外把对 EMB 系统的研究重点集中在力矩电动机设计，机电执行机构，高灵敏度、性价比高的传感器，耐高温电子元器件，高可靠性的电线和元器件，可自适应调节的控制算法，以及系统容错控制等方面。

五、四轮驱动系统

1. 概述

为了改善汽车在越野时或在泥泞、雪地中行驶的驱动条件，越野汽车可将四个车轮全部作为驱动轮。一些高性能的轿车也装备了四轮驱动来改进汽车的操纵性能。对于四轮驱动系统，发动机动力可以流向四个车轮，在道路不良的情况下行驶，可以极快地增加汽车的牵引力，同时在汽车转弯时能改善操纵性能，使动力作用在路面上的四个车轮上。

2. 四轮驱动系统的分类

（1）短时四轮驱动系统　短时四轮驱动系统又称分时四轮驱动系统，也称为四轮驱动（Four Wheel Drive，4WD），即驾驶人根据路面情况，通过操纵拉杆或开关，接通或断开分动器来变化两轮驱动或四轮驱动模式的四轮驱动系统，如图 9-105a 所示。

短时四轮驱动系统的优点是在公路上行驶使用两轮驱动，提高了车辆使用的经济性；当遇到雨、雪路况时使用四轮驱动，增强了车辆的附着力和操控性，提高了汽车的行驶能力。

a) 短时四轮驱动

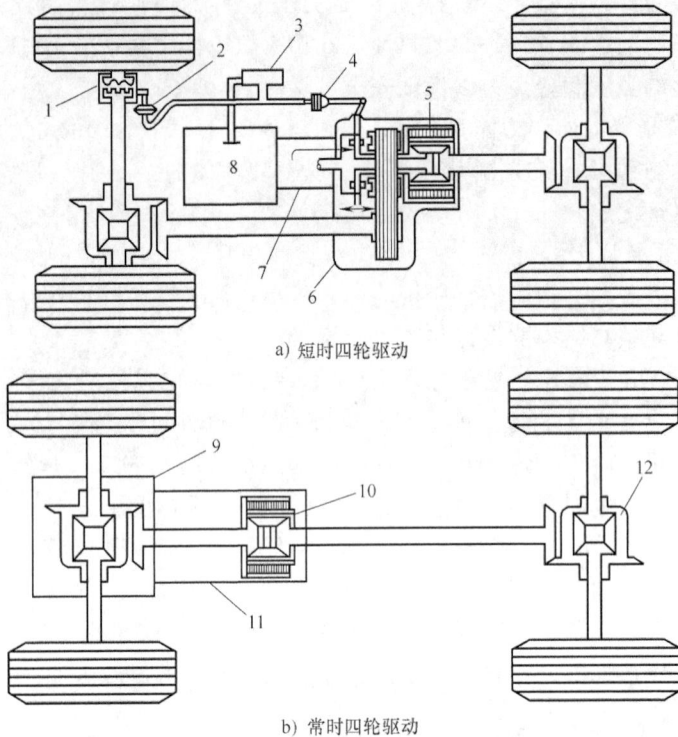

b) 常时四轮驱动

图 9-105　短时四轮驱动与常时四轮驱动的区别

1—前桥离合器　2、4—真空马达　3—开关　5—带离合器组件的差速器　6—分动器　7—变速器
8—2WD 和 4WD 选择器　9—前驱动桥　10—轴间差速器　11—变速驱动桥　12—后驱动桥

短时四轮驱动系统是一般越野车或四驱 SUV 最常见的驱动模式，一般为后轮驱动。如切诺基、三菱帕杰罗、丰田陆地巡洋舰等汽车。

（2）常时四轮驱动系统　常时四轮驱动系统又称全时四轮驱动系统，也称为全轮驱动（All Wheel Drive，AWD），即不需要人工操作，汽车总是处于四轮驱动状态；行驶时，将发动机输出转矩以 50%：50% 分配在前后轮上，使前后车轮保持等量转矩的驱动模式，如图 9-105b 所示。

常时四轮驱动系统的优点是具有良好的驾驶操控性和行驶性，减少了轮胎的磨损；其缺点是油耗较高，经济性差。常时四轮驱动系统是一种公路驾驶系统，主要用于提高公路驾驶性和全天候性能，而不是越野性。本田 CR-V、奥迪 A60IF 型汽车采用常时四轮驱动系统。

3. 四轮驱动系统的组成与工作原理

典型货车或通用的四轮驱动汽车传动系统如图 9-106 所示，由前置发动机、变速器（手动或自动）、两根传动轴（前轴和后轴）、前桥和后桥（轴）以及分动器组成。分动器有电子开关或操纵杆，驾驶人用其选择控制分动器，选择将动力传至四个车轮、两个车轮或不传递至任何一个车轮。为了改善汽车的驱动条件，许多分动器均设有高低档。

（1）分动器　分动器又称为分动齿轮箱或分动箱，其作用是把变速器传递来的动力分配给前、后驱动轮系统。在大多数的分动器上，设有变速装置。在进行两轮或四轮驱动切换的同时，也改变整车的传动比。在普通路面上使用高速档，在恶劣路面上使用低速档。分动

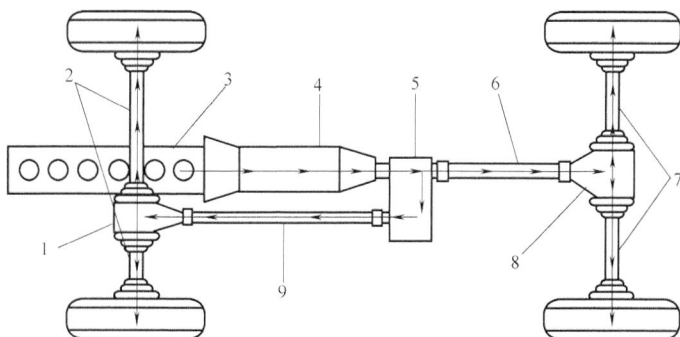

图 9-106　典型的四轮驱动系统（4WD）

1—前桥差速器　2—前驱动桥　3—发动机　4—变速器　5—分动器
6—后传动轴　7—后驱动桥　8—后桥差速器　9—前传动轴

器可用齿轮传动或链传动方式将转矩从后轮传递到前轮。

切诺基 4WD 轻型越野汽车的 231 分动器结构如图 9-107 所示。它采用了行星齿轮减速机构，并且在前、后输出轴之间传递动力时采用链条传动，接通前桥时使用锁环式同步器。

将行星齿轮啮合套左移，使其左端接合齿环与输入轴的太阳轮的内齿环接合，分动器挂入直接档（高速档，传动比为 1）。动力由输入轴经太阳轮、行星齿轮啮合套直接传给后输出轴，此时前输出轴不输出动力，为高速档两轮驱动工况（档位符号用 2H 表示）。

在上述情况下，将锁环式同步器啮合套右移与主动链轮接合，动力从后输出轴经锁环式同步器啮合套、主动链轮、传动链、从动链轮传到前输出轴，此时为高速档四轮驱动工况（档位符号用 4H 表示）。

将行星齿轮啮合套右移，使其左端接合齿环与行星架的内齿环接合，动力由输入轴经太阳轮、行星齿轮、行星架、行星齿轮啮合套传到后输出轴；同时动力通过传动链传给前输出轴。此时为低速档（传动比为 2.72）四轮驱动工况（档位符号用 4L 表示）。

为了改善润滑，在分动器后壳体的后输出轴孔处装设了转子式油泵。后输出轴驱动油泵将润滑油加压并通过后输出轴的中心油道连续不断地送到啮合套、齿轮等润滑部位。

（2）**驱动桥上的锁毂装置**　四轮驱动的越野汽车，当行驶在平直道路上时，即使分动器处于空档位

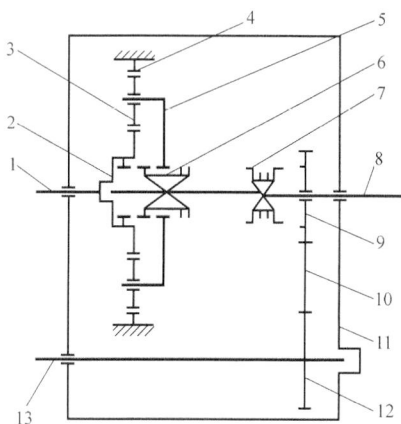

图 9-107　切诺基 4WD 轻型越野汽车 231 分动器结构

1—输入轴　2—输入轴齿轮（太阳轮）
3—行星齿轮　4—齿环　5—行星架
6—行星齿轮啮合套　7—锁环式同步器啮合套　8—通往后驱动桥的后输出轴　9—主动链轮　10—传动链　11—壳体　12—从动链轮
13—通往前驱动桥的前输出轴

置，驾驶人通常也不使用前轮驱动，以提高车辆的行驶速度和降低轮胎的磨损。但此时的前驱动传动机构（内外半轴、差速器、万向节、传动轴以及分动器齿轮）在前轮的带动下会做不传递动力的空转，当车辆加速时会增加动力的消耗和零件的磨损，车辆在制动时的冲击

将使传动件产生变形和噪声。

为此，越野车的转向驱动桥上加装了特殊的锁毂装置，使转向驱动桥的传动机构在分动器空档的情况下也不做无谓的转动，借以提高车辆的经济性和降低车辆的传动噪声，并延长传动件的使用寿命。例如，北京吉普车、丰田陆地巡洋舰（Land Cruiser）等汽车装备的自由轮轴套，北京切诺基吉普车 213 驱动桥上的半轴离合器，三菱帕杰罗汽车上的自由离合器装置等，均能实现上述功能。目前，自由轮轴套装置在国内生产的四轮驱动越野车上应用较为普遍。

1）自由轮轴套。自由轮轴套又称为前驱动车轮手控离合器或轮边手控离合器，有些汽车维修手册中也称作锁定毂。自由轮轴套位于转向驱动桥与车轮之间，停车时手控操纵自由轮轴套，可以切断轮毂与传动半轴的动力联系。典型的自由轮轴套结构如图 9-108 所示。

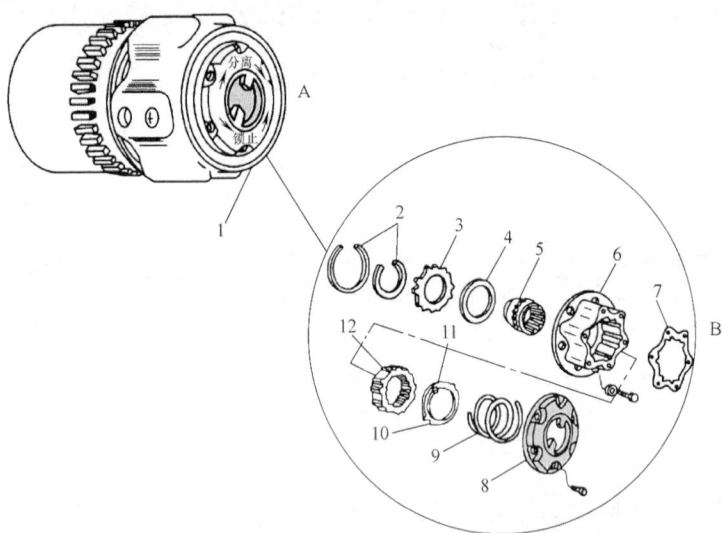

图 9-108　典型的自由轮轴套结构

1—手动控制盘　2—卡环　3—自由轮毂环　4—隔垫　5—内毂　6—自由轮毂体
7—密封垫　8—自由轮毂盖　9—压紧弹簧　10—随动件　11—拉紧弹簧　12—离合器

如图 9-109 所示，手动控制盘有两个位置可以选择：锁定（Lock）位置和脱离锁定（Free）位置。当转动手动控制盘至锁定位置时，轮毂与半轴被锁定，从而一起转动；当转

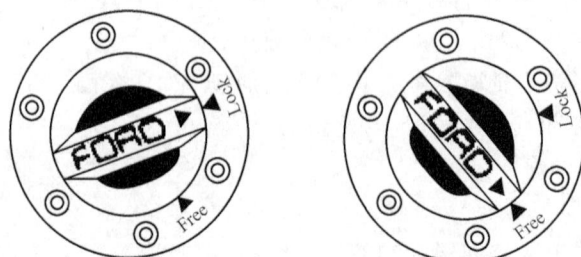

a) 锁定位置　　　　　　b) 自由运转位置

图 9-109　手动控制盘的旋钮位置

动手动控制盘至自由运转位置时，半轴并不转动，车轮在毂的轴承上自由运转，而不带动差速器、前传动轴等发生转动。

自由轮轴套的工作过程如图 9-110 所示，通过手动控制盘施加或释放离合器上的弹簧力进行控制。当手动控制盘处于锁定位置时，弹簧力使离合器与和半轴相连的内轴套相连，即把半轴和轮毂接合。在脱离锁定位置时，离合器与内轴套分离，车轮将在轴承上自由旋转。

2）半轴离合器。北京切诺基吉普车（BJ2021）是越野型四轮驱动的轻型汽车，其前后桥均为驱动桥，故前后桥均装有主减速器和差速器，都有车轮传动半轴；但为了使车辆在两轮行驶时获得更好的行驶性和节约燃料，前桥半轴设有半轴离合器。

北京切诺基吉普车前桥结构如图 9-111 所示，其桥壳形式与后桥基本相同，主要差别在于前桥右半轴套管中部装有半轴离合器（也称分离器），所以右半轴套管分成两段，主传动装置以及差速器与半轴的连接方式等基本结构与后桥相同。

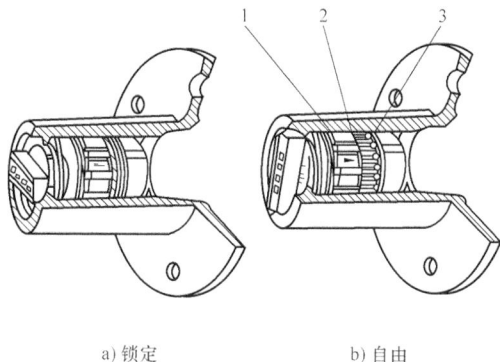

a) 锁定   b) 自由

图 9-110   自由轮轴套的工作过程

1—内离合器环   2—压力弹簧   3—半轴套环

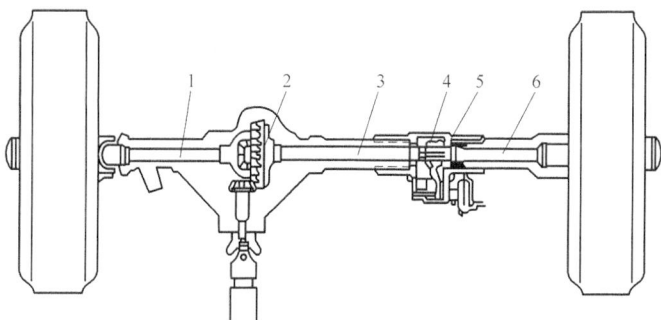

图 9-111   北京切诺基吉普车前桥

1—左半轴   2—减速器被动齿轮   3—中间轴   4—半轴离合器

5—桥壳   6—右半轴

前桥半轴分为右半轴、左半轴、中间轴三段，其中左半轴内端与差速器壳左侧相连，中间轴的内端与差速器壳右侧相连。为了对中间轴进行轴向定位，中间轴的内端有一卡圈与差速器壳定位，其外端通过滚针轴承支承在半轴套管中。右半轴的内端轴颈插入中间轴的外端孔中；右半轴的外端是十字轴万向节，并通过十字轴与前轮外半轴相连，前轮外半轴通过其外端的花键插入前轮毂的花键孔内。中间轴的外端和右半轴的内端制有相同尺寸的花键轴段，在花键轴上套着带内花键的滑套，此即为半轴离合器的啮合套，滑套被拨叉控制。

3）自由轮离合器。三菱帕杰罗汽车的前桥由前轮毂、转向节、驱动半轴、车轮轴承、球头、前差速器和自由轮离合器组成。自由轮离合器为真空控制，通过电磁阀和促动开关在 2WD 和 4WD 之间切换并传递动力。

4. 全轮驱动系统

（1）**全轮驱动系统的组成**　典型的全轮驱动系统如图 9-112 所示，由发动机、变速器、轴间差速器、传动轴及前、后桥组成。

在全轮驱动系统中，驾驶人不能在两轮驱动或四轮驱动之间选择。这种系统始终把发动机的大部分转矩等值传递到四个车轮，使汽车在易滑和冰雪路面上具有更好的操控性。全轮驱动装置是为增加车辆在不良或易滑路面上的牵引力而设计。因此，全轮驱动车型不适用于越野行驶，而适用于在公路和低于正常行驶条件（非越野）以下的路面上行驶。

全轮驱动系统通过把大部分发动机动力传递到有最大附着力的驱动桥上，从而产生最大的控制。大多数全轮驱动设计采用一个轴间差速器来分流前、后桥之间的动力。在某些设计上，轴间差速器可自动锁定，或者由驾驶人用开关手动锁定。全轮驱动系统也可使用黏性离合器来使驱动桥的速度产生变化。

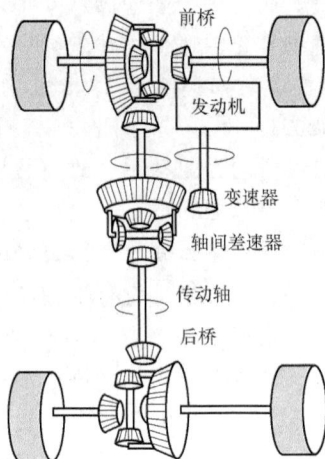

图 9-112　典型的全轮驱动系统

（2）**轴间差速器**

1）轴间差速器的作用。在全轮驱动汽车上，除了装有前、后两个差速器之外，在前后传动轴之间还布置有一个轴间差速器，如图 9-113 所示。轴间差速器位于前轮和后轮之间，具有差动功能，因而又称为中间差速器。轴间差速器的作用是可使前、后驱动桥之间产生速度差，防止因前后轮速度不同而使轮胎产生跳跃或拖曳。对于四轮驱动的汽车，装有轴间差速器还可以防止分动器损坏。

2）轴间差速器的类型。轴间差速器主要有两种结构形式，即锥齿轮式轴间差速器和行星齿轮式轴间差速器。锥齿轮式轴间差速器的前后轮驱动转矩比为 50：50；行星齿轮式轴间差速器的前后轮驱动转矩比是可选择的，如选 60：40 等。某些轴间差速器和前后差速器完全相同。

① 锥齿轮式轴间差速器。锥齿轮式轴间差速器的结构如图 9-114 所示，其工作原理十分简单。当左、右车轮转速相同时，行星齿轮不转动，差速器的齿轮托架和两个半轴齿轮以相同的转速旋转。当左、右车轮发生转速差时，行星齿轮被迫做旋转运动，吸收左右两车轮的转速差。

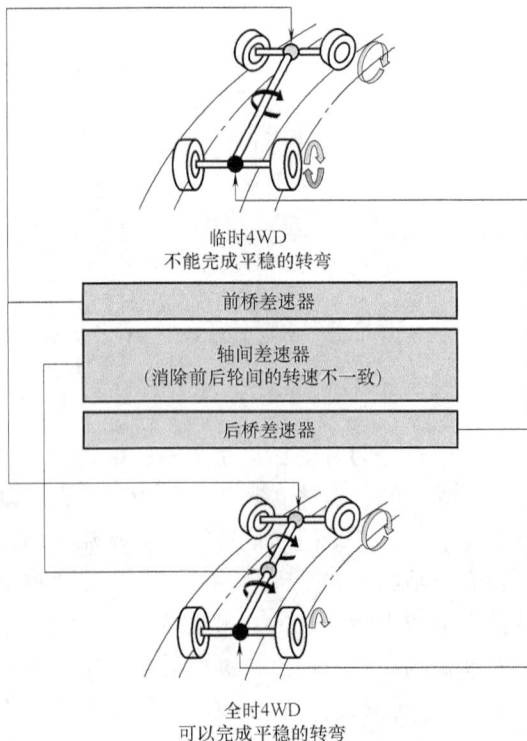

图 9-113　前后差速器和轴间差速器

② 行星齿轮式轴间差速器。常用的轴间差速器是行星齿轮差速器。行星齿轮差速器的中间是太阳轮；行星齿轮又称小齿轮，分布在太阳轮四周围绕太阳轮旋转，并与太阳轮啮合；最外层是一个内圈有齿的齿环，齿环也和行星齿轮相啮合。

③ 双行星齿轮式轴间差速器。行星齿轮有多种形式。切诺基 NV249、三菱 GTO 等汽车上采用的轴间差速器小齿轮很有特色，它是由两个小齿轮为一组的结构，所以又称为双行星齿轮式轴间差速器。这种轴间差速器的结构如图 9-115 所示。在差速器壳体的内表面上加工出齿来，壳体本身即为齿环；中间布置有太阳轮，在太阳轮和齿环之间安装两个小齿轮为一组的行星齿轮；太阳轮和前输出轴连接在一起，固定行星齿轮。

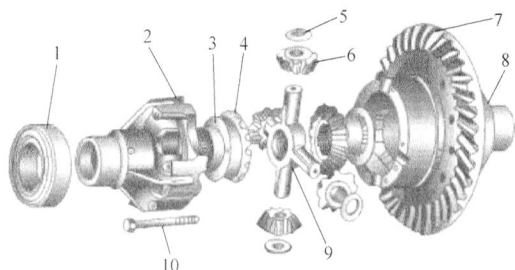

图 9-114　锥齿轮式轴间差速器

1—轴承　2—左外壳　3—垫片　4—半轴齿轮
5—垫圈　6—行星齿轮　7—从动齿轮
8—右外壳　9—十字轴　10—螺栓

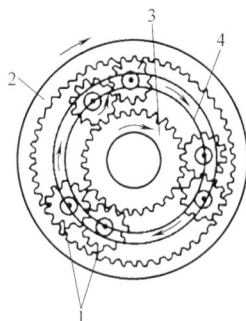

图 9-115　双行星齿轮式轴间差速器

1—小齿轮　2—齿环（动力输入）
3—太阳轮（驱动后轮）
4—行星架（驱动前轮）

④ 复合行星齿轮式轴间差速器。复合行星齿轮式轴间差速器是不采用齿环，而使用行星齿轮把两个太阳轮连接到一起的结构方式，从一个太阳轮输入动力，通过小齿轮中介，使动力从另一个太阳轮和行星架输出。该差速器采用两个太阳轮并列布置，使用行星架把两个太阳轮连接起来。复合行星齿轮式轴间差速器被用在斯巴鲁 VTD 四轮驱动系统上，其结构如图 9-116 所示。复合行星齿轮式轴间差速器的工作原理和双行星齿轮式轴间差速器相同，在此不再赘述。

（3）黏性离合器

1）黏性离合器的功用。汽车在转向时，左、右两个半轴转速不同，但通过差速器仍能把发动机输出的转矩均等地分配给左、右两个车轮。可是，如果一侧车轮被抬起脱离地面或单轮驶到了冰雪路面，由于没有摩擦力，结果只能使该车轮空转，则该车轮产生的驱动力几乎为零，另一侧着地的车轮也失去了驱动力，从而使汽车抛锚。

为了解决这个问题，必须在差速器上布置差动限制装置，或装用差速器锁死装置。一般

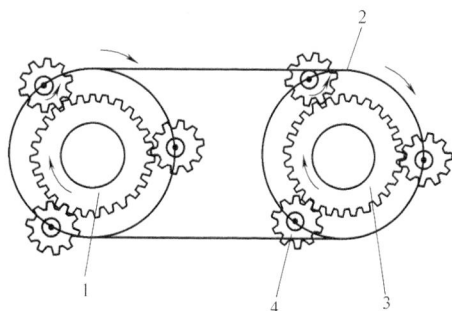

图 9-116　复合行星齿轮式轴间差速器结构简图

1—太阳轮（输入动力）　2—行星架（驱动前轮）　3—太阳轮（驱动后轮）　4—小齿轮

将差速器差动限制装置分为两大类。

① 转矩感应式差动限制装置。其工作原理为：差动限制装置能感应到差速器的差动转矩，当差动转矩过大时自动地限制差速器的差动，主要包括多片离合器和转矩敏感式差速器等。

② 转速差感应式差动限制装置。其工作原理为：差动限制装置能感知到差速器的差动速度，当差动速度较大时自动地限制差速器的差动，主要包括黏性离合器。

黏性离合器（也称黏性联轴器）是利用液体的黏性来限制差速器的差动，主要应用于三菱、本田等品牌四轮驱动汽车上。

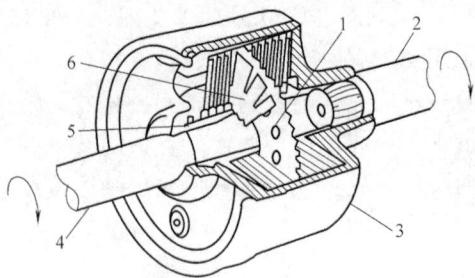

图 9-117　黏性离合器结构
1—外盘　2—输出轴　3—壳体　4—输入轴
5—毂　6—内盘

2）黏性离合器的结构。黏性离合器的结构如图 9-117 所示，由一个内装两组薄圆钢盘、充满黏稠液体的圆筒组成。一组圆盘连接前车轮，另一组与后车轮连接，如图 9-118 所示。

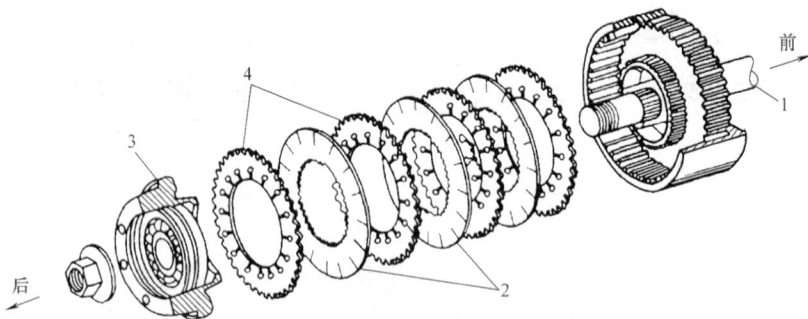

图 9-118　黏性离合器的分解图
1—输入轴　2—内盘　3—壳体　4—外盘

黏性离合器的最外层是壳体，壳体内表面上加工出花键，用于固定外盘。每两个外盘之间有一个隔环，使各外盘保持相等的间隙。黏性离合器的外盘通过外花键齿与黏性离合器壳的内花键套合。黏性离合器的中心是内轴，在壳内带有密封的滚动轴承上旋转。在内轴外表面上加工出花键，很多内盘装在内轴上，并能沿花键做轴向滑动。安装时使内、外盘间隔排列。盘的数目和尺寸由所设计的黏性离合器的转矩传送能力决定。

在壳体内充满黏性很高的液体，多使用硅油，因为硅油高温黏性稳定性好。同时，为了充分发挥黏性离合器的"驼峰"现象，在装置内保留一部分空气。

3）黏性离合器的工作原理。当一个车桥要求更大转矩时，两组圆盘之间就有更大的相对滑动，黏液温升也更大，液体变得更黏稠，从而转矩根据驱动桥的实际需要被分流。前、后桥通过黏性离合器里黏稠的硅油连接而非机械刚性连接，它允许两桥之间存在转速差。

黏性离合器有多种布置方式。一般情况下在后差速器和轴间差速器内使用黏性离合器。如三菱汽车在差速器内部布置了一个并列的黏性离合器，利用黏性离合器的黏性阻力抑制差速器的差动。还有些车型的黏性离合器被布置在后差速器的壳体内，当左、右后轮出现转速差时根据左、右后轮转速差分配转矩。

另外，还有一种方法是取消中间差速器，如本田适时四轮驱动系统，利用黏性离合器把前、后驱动轮系统直接连接起来，前、后驱动轮系统和黏性离合器串联布置，一般将这种布置称为黏性离合器的直列布置。本田公司将黏性离合器称作液压离合器。

高性能的全轮驱动汽车在轴间和后差速器中使用黏性离合器来改进高速时车辆的转弯和操纵性能。轴间差速器、黏性离合器与开放式前、后差速器的组合可改进汽车制动力的分配，并与反锁定制动系统相一致。

5. 电子控制式四轮驱动系统

目前，四轮驱动系统多数向微机综合控制系统方向发展。例如，在四轮驱动汽车上采用牵引力控制系统和防抱制动系统，优化整车的驱动力和制动力。在这种汽车上，微机对汽车和道路的状态、驾驶人的意图进行综合判断，综合控制汽车的驱动力和制动。发动机的驱动转矩通过分动器分配到前、后轮，前、后轮同时驱动。它在冰雪易滑路面与沙面路面、坡路等需要较大驱动力的行驶条件下，可把驱动力分配到前、后轮上，因此能减少轮胎与路面的滑移，提高行驶稳定性与通过性。

（1）**基本组成** 电子控制式四轮驱动系统结构如图9-119所示，由前后轮驱动装置、传感器、电控单元、分动器和液压装置等组成。前、后轮之间布置有一个湿式多片离合器，在汽车行驶过程中，使用微机控制液压系统的油压，适应汽车的行驶状态将驱动转矩分配到前、后车轮上去。

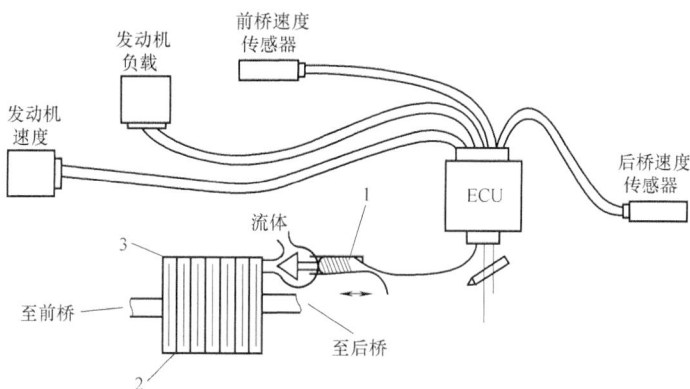

图9-119 电子控制式四轮驱动系统结构
1—负载螺线管 2—多盘离合器组件 3—轴间差速器

（2）**工作原理** 汽车在行驶时，传感器不断检测汽车的行驶状态，即四个车轮的转速传感器、汽车的前后左右加速度传感器、发动机转速传感器；此外，利用转向盘转向角传感器、节气门开度传感器不断地判断驾驶人的驾驶意图，按预先给定的程序进行综合控制。

电控单元（ECU）接收来自传感器的信号，并控制在负载循环（也称跳动循环）上运行的螺线管，从而控制接合分动器与离合器的液流。负载螺线管的脉动能非常迅速地使循环在开、关间切换，这种循环产生一种受控的分离状况，从而分动器离合器的运行有如一个轴间差速器，使得动力从95%前轮驱动和5%后轮驱动分流至50%前轮驱动和50%后轮驱动。这种动力分流发生得相当迅速，以致驾驶人意识不到驱动力的问题。

六、主动转向系统

主动转向技术由来已久，早期的主动转向主要用在特定场所的自动行驶设备上，如工厂车间中常见的自动行驶叉车、自动行驶运料车等。这些车辆采用激光或磁钉进行导航，通过主动转向技术实现自动行驶。20世纪80~90年代，美国和欧洲在结构化程度较高的高速公路环境进行了大规模的自动驾驶车辆的研究，这些车辆多采用磁钉导航结合GPS信号确定车辆的轨迹，通过主动转向实现自动行驶。

近十几年来，随着传感器技术和计算机技术的发展，主动转向系统开始应用于普通的车辆。目前用于乘用车的主动转向系统其基本原理是通过控制器控制执行机构，在驾驶人转角命令的基础上附加一个独立的转角，从而实现车辆性能的改善。主动转向系统可实现如下功能：

1）低速转向轻便，高速转向稳定。

2）转向系统响应快。

3）在危险工况下实现对车辆稳定性的控制。宝马的主动前轮转向系统（AFS）是主动转向技术的一个典型例子。

在某些情况下，控制器也可以通过主动转向对车辆实现完全的控制，如丰田在其生产的Prius中采用的自动驻车技术。在整个驻车过程中，驾驶人只需要轻踩制动踏板，而不需要对转向进行任何的干预。

1. 主动转向系统分类

目前，可用于乘用车的主动转向系统主要有两种形式，一种是以宝马公司和ZF联合开发的AFS为代表的机械式主动转向系统，通过行星齿轮机械结构增加一个输入自由度从而实现附加转向，目前已装配于宝马5系的轿车上。其他公司，如韩国的MANDO（万都）公司的AFS、日本JTEKT（捷太格特）公司的电控可变传动比转向（Electric variable-gear-ratio steering）系统也是类似的产品。另一种是线控转向（Steering-By-Wire，SBW）系统，利用控制器综合驾驶人转向角输入和当时的车辆状态来决定转向电动机的电流，最终驱动前轮转动。该系统在许多概念车和实验室的研究中已广泛采用，如通用公司的Sequel燃料电池概念车就采用了线控转向。线控转向和机械式主动转向系统最大的区别体现在当系统发生故障时，机械式主动转向系统仍能通过转向盘与车轮间的机械连接确保其转向性能，而线控转向必须通过系统主要零部件的冗余设计来保证车辆的安全性。由于上述安全性和可靠性的原因，目前法规上还不允许将线控转向系统直接装备车辆。

2. 线控转向系统

一般来说，线控转向系统由转向盘总成、转向执行总成和主控制器（ECU）三个主要部分，以及自动防故障系统、电源等辅助系统组成，系统结构如图9-120所示。

转向盘总成包括转向盘、转向盘转角传感器、力矩传感器、转向盘回正力矩电动机。转向盘总成的主要功能是将驾驶人的转向意图（通过测量转向盘转角）转换成数字信号，并传递给主控制器；同时接收主控制器送来的力矩信号，产生转向盘回正力矩，以提供给驾驶人相应的路感信息。

转向执行总成包括前轮转角传感器、转向执行电动机、转向电动机控制器和前轮转向组件等。转向执行总成的功能是接收主控制器的命令，通过转向电动机控制器控制转向车轮转动，实现驾驶人的转向意图。

主控制器对采集的信号进行分析处理，判别汽车的运动状态，向转向盘回正力矩电动机和转向执行电动机发送指令，控制两个电动机的工作，保证各种工况下都具有理想的车辆响应，以减少驾驶人对汽车转向特性随车速变化的补偿任务，减轻驾驶人负担。同时主控制器还可以对驾驶人的操作进行判别。当汽车处于非稳定状态或驾驶人发出错误指令时，线控转向系统会将驾驶人错误的转向操作屏蔽，而自动进行稳定控制，使汽车尽快地恢复到稳定状态。

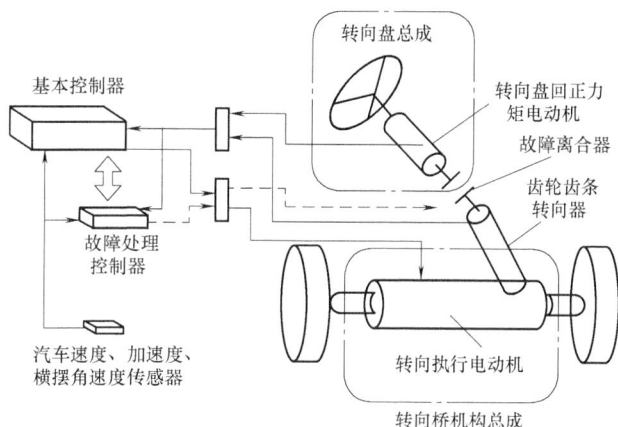

图 9-120　线控转向系统结构示意图

由于线控转向系统结构的特殊性，自动防故障系统成为线控转向系统的重要模块，它包括一系列的监控和实施算法，针对不同的故障形式和故障等级做出相应的处理，以求最大限度地保持汽车的正常行驶。

3. 主动转向控制技术

（1）**可变转向传动比**　可变转向传动比是指在车辆行驶过程中，通过主动转向使转向传动比随车速变化，从而改善车辆操纵性能的控制技术。在低速工况下，转向传动比较小，这样可以使驾驶人用较小的转向盘操作就可以实现对车辆的操控，使低速驾驶变得快捷。如低速工况下的原地掉头，采用较小转向传动比可以避免出现驾驶人交叉双手转动转向盘的情况。在高速工况下，转向传动比较大，驾驶人能够更加稳定地操控车辆。因为在高速工况下，前轮的一个微小的转角都会使车辆产生一个较大的横向移动，此时如果转向传动比仍然较小的话，则驾驶人的一个较小的操作都会使车辆产生一个较大移动，从而带来安全问题，并增加了驾驶人的负担。采用较大的转向传动比，可以有效降低车辆高速时的转向灵敏度，从而有效地克服上述问题。图 9-121 为可变转向传动比技术中转向传动比随车速变化的曲线。

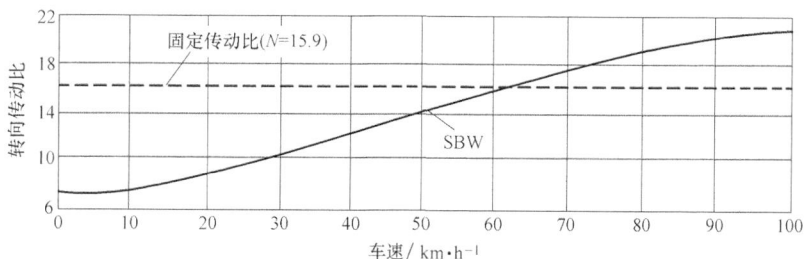

图 9-121　可变转向传动比技术中转向传动比随车速变化的曲线

（2）**车辆稳定性控制**　在许多工况下，外界的变化或扰动会直接影响车辆驾驶的稳定性，甚至有可能导致车辆失控。例如，侧向阵风、在湿滑路面转弯或做紧急避让，对于经验不足的驾驶人来说，就可能由于操作失误而导致交通事故。通过主动转向控制车辆的横摆运动，可以较好地解决这一类问题。车辆稳定性控制的基本思路是通过主动转向系统，利用前轮的附加转角改变车辆的横摆响应，实现车辆横摆运动对理想模型横摆运动的跟踪。下面以宝马汽车的稳定性控制为例具体说明。

图 9-122 所示宝马汽车稳定性控制采用了模型跟踪的控制策略。首先通过线性二自由度参考模型并根据当前驾驶人转向角及车速计算得到期望的横摆角速度，但期望横摆角速度最大值又受到实际条件限制，即 $|\gamma_{\text{d-max}}| = \dfrac{\mu g}{v}$，其中 μ 为通过状态观测器观测到的路面附着系数，g 为重力加速度。当获得了期望横摆角速度后，对理想与实际横摆角速度偏差进行 PI 控制，得到所需的附加转向角并控制伺服电动机进行输出。

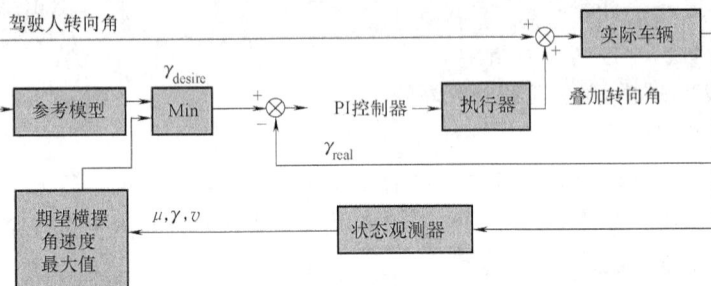

图 9-122　宝马汽车主动转向稳定性控制原理

γ—横摆角速度　γ_{real}—实际横摆角速度　γ_{desire}—期望横摆角速度　v—速度　μ—路面附着系数

（3）直接横摆力矩补偿控制　与稳定性控制功能类似，主动转向系统还能提供横摆力矩补偿功能，以提高在分离附着系数路面上车辆的制动稳定性。在该工况下，由于左、右轮上不等的制动力会产生绕车辆质心的横摆力矩，使得车辆发生制动跑偏现象。传统的车辆稳定性控制（如 ESP、VSC）通过调节四个车轮上的制动力来使左、右车轮的制动尽量相等，但是以减小制动减速度、增大制动距离为代价。而主动转向系统根据制动压力等信号计算出所需补偿的横摆力矩并通过调整相应的前轮转向角来实现方向调节。在这一过程中，驾驶人无须对转向盘进行修正，减轻了驾驶人的负担，保持了制动时的方向稳定性，减小了制动距离，与传统 ABS/ESP 相比可使制动距离最多减少 15%。

七、电子差速系统

电子差速（Electronic Differential，ED）通过电控方法控制各个电动轮的转速，实现左、右车轮的差速运动，不但达到转向的目的，同时保证左、右车轮都不发生滑转或滑移，只做纯滚动行驶。

1. 电子差速系统组成

电子差速系统主要包括外部输入信号、控制电路、功率驱动电路、轮毂电动机、CAN通信、锁止机构系统等部分。其中轮速传感器、左侧控制器、锁止机构又构成了防滑控制系统，它是电子差速系统的一个子系统，控制系统的核心是两个同型号的电动机控制器。电子差速系统控制原理如图 9-123 所示。

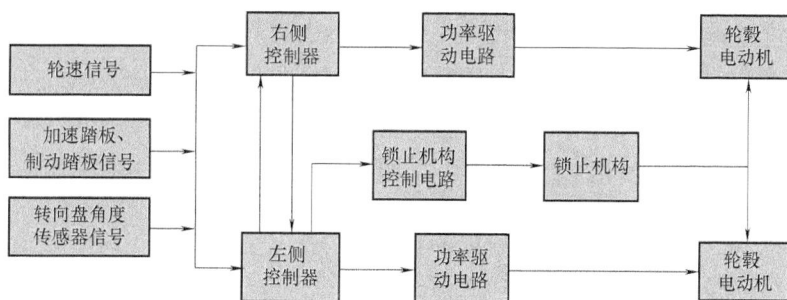

图 9-123　电子差速系统控制原理框图

2. 电子差速的优越性

(1) **提高汽车的操纵性**　电子差速可以在前轮转向控制方面实现传动比的任意设置，并对随车速变化的参数进行补偿，使汽车转向特性不随车速变化，从而将传统"人-车"闭环系统中驾驶人负担的部分工作由控制器完成，减轻驾驶人负担，提高了汽车系统对驾驶人转向输入的响应和"人-车"闭环系统的主动安全性。

(2) **提高汽车的稳定性能**　电子差速可以通过对车轮转向的控制实现直接转矩控制系统的功能，达到更为理想的效果。且可以与其他主动安全功能，如 ABS、车辆动力学控制、防碰撞、单个车轮转向、轨道跟踪、自动侧向导航以及自动驾驶等相结合，实现对汽车的整体控制，提高汽车整体稳定性。

(3) **改善驾驶人的路感**　由于转向盘和转向车轮之间无机械连接，驾驶人路感通过模拟生成，在力矩控制方面可以从信号中提出最能够反映汽车实际行驶状态和路面状况的信息，作为转向盘对力矩的控制变量，使转向盘仅仅向驾驶人提供有用信息，从而为驾驶人提供更为真实的路感。

(4) **其他方面的优点**　电子差速系统仅仅在需要转向时电动机才有功率输出，同时省去了传递效率极低的带传动，减少了燃油消耗，节省了能源，减少了废气排放。电子转向系统中取消了液压助力，从而避免了液压油泄漏，以及液压油管、油封等废弃物对环境造成的污染。电子差速的最终发展趋势是使用操纵杆的 X-By-Wire 系统，它取消了转向柱、带轮和传动带等部件，给发动机舱节省了空间，给总体布置带来了很大的方便。系统采用软件控制，硬件具有很大的通用性，软件也仅仅通过修改部分参数就可以应用于其他车型，为新车型的开发节省了大量的时间。采用电子差速系统后发动机不必再驱动油泵随之同步运转，使汽车的加速性能得到提高，这对于一向以加速性能吸引消费者的汽车生产厂家来说也有着一定的吸引力。取消转向盘后，驾驶室有更大的空间用于布置被动安全部件，减少了危险发生时对乘员的伤害。

3. 电子差速控制策略

为了实现与机械式差速器相同的功能，电子差速系统有三种控制方式可以选择。

(1) **基于转速的控制**　对于机械式差速器来说，基于转速的电子差速控制方式是人为地给原本相互独立的驱动轮增加一个约束条件，使两轮转速满足该约束条件。这种控制方式的关键在于使两轮转速的约束更加接近道路约束，但是要想获得所有不同道路工况的模型非常困难，因此这种控制方式难以保证控制的准确性。

（2）**基于转矩的控制** 传统机械式差速器只协调了驱动轮的转速，两轮输出转矩则相同。实际上汽车转向行驶时由于侧倾运动导致内、外侧车轮所需的驱动转矩是不同的，如果此时还是平均分配驱动轮转矩，则会导致外侧车轮驱动力过小，内侧车轮驱动力过大，进而导致内、外侧车轮滑移率相差过大，即内侧车轮滑移率大于外侧车轮，因而难以保证汽车行驶的稳定性。基于转矩的控制是通过调整驱动转矩来改变轮胎纵向力，由于轮胎纵向力是滑移率的函数，可以控制内、外侧车轮的滑移率，使得两侧车轮的滑移率保持接近，从而使汽车整体的滑移率保持较低水平，获得较好的稳定性。

（3）**基于滑移率的控制** 基于滑移率的控制是在基于转矩控制的基础上，加以驱动防滑的应用技术发展而来。为了平稳安全地实现电动汽车的差速功能，必须在车轮差速的同时保证车轮尽量少发生滑动或滑移，因此车轮滑移率成为电动汽车差速能力的重要评价依据。基于滑移率的控制是直接将驱动轮滑移率作为反馈控制量，通过控制两侧车轮的相对滑移率来协调电动车轮的输出转矩，从而实现电子差速的作用。

在了解机械式差速器的基础上，以"差速不差力"为控制思路，控制器保证左、右两侧驱动电动机输出相同的电磁转矩，并且依据两个驱动轮实际所承受的负载不同，通过控制算法实现自适应电子差速。同时考虑车轮遇到打滑工况时，采用左侧控制器起动锁止机构锁止两独立电动机的方法，使附着系数大的一侧车轮能够带动附着系数小的一侧车轮，从而达到左、右车轮以相同的速度运转。

1）汽车转弯行驶时，地面施加给内侧驱动轮的阻力矩大于施加给外侧驱动轮的阻力矩，进而造成内侧驱动电动机的相电流较外侧驱动电动机的相电流幅值上升。电子差速就是利用转弯时两边电动机电流大小不等这一特点，通过比较一侧电流值来抑制另一侧电流值的上升，从而使电流值大的一侧速度降低，而另一侧相对速度增加。为实现电动汽车顺利转弯，应使内、外侧车轮有转速差，即外侧车轮的转速应大于内侧车轮的转速，当电动汽车转弯时，通过控制左、右两侧驱动电动机，可令它们的电磁转矩相等，由于外负载不同，实现"差速不差力"的自适应电子差速。根据机械式差速器的原理，以及电动机阻力矩、电磁转矩、电流与速度的关系，可知电动机电磁转矩与电动机电流成正比，即可通过控制电动机电流进而控制电动机电磁转矩。电子差速原理如图9-124所示。

2）考虑到汽车行驶的打滑工况，当轮速传感器采集到牵引轮速度与非牵引轮速度不等的电信号时，左侧控制器发出指令，控制锁止机构对两电动机进行锁止，使两个独立的轮毂电动机成为一个刚性连接的整体来运转，将足够的转矩传递到有抓地力的有效车轮上，此时它将获得足够的牵引力，帮助电动汽车摆脱困境，使其顺利行驶。

4. 电子差速速度控制

以电动汽车为例，电子差速的速度控制总体分为两个步骤：一是首先通过轮速传感器，采集牵引轮与非牵引轮的轮速，然后经过计算，判断是否打滑；二是如果判断电动汽车不打滑，就进行差速控制，反之，就立刻锁止两侧轮毂电动机。具体步骤如下：

1）首先轮速传感器采集电动汽车的车速信号，当控制器判断汽车牵引轮的速度与非牵引轮的速度相等时，分两种情况进行分析。

① 平坦路况时，电动汽车左、右两个电动机都采用电流、速度双闭环控制，当电动机驱动转矩相同且直线行驶时，两侧驱动轮负载力矩相同，因此电动汽车可实现平坦路况行驶状态。

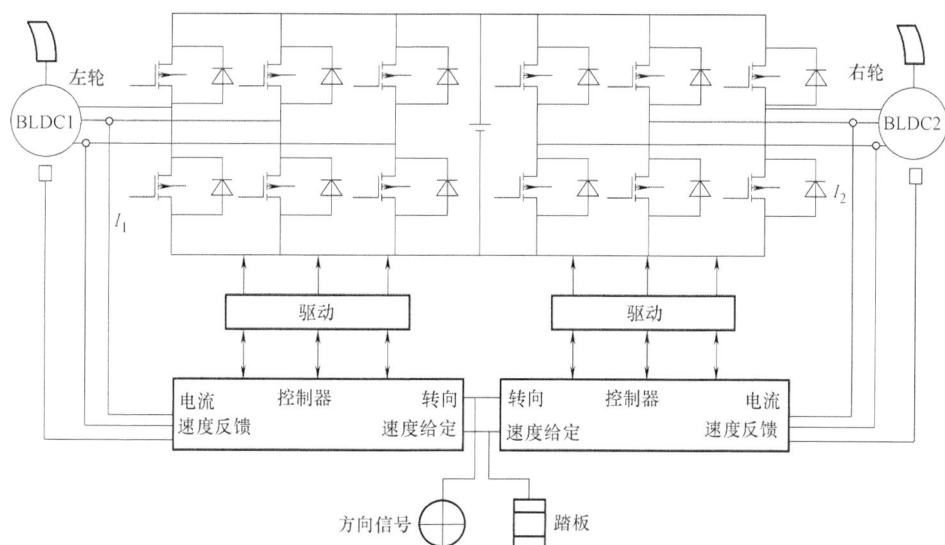

图 9-124　电子差速原理

② 如图 9-125 所示，当电动汽车左转弯时，角度传感器发出方向左转动角度信号，S_3 闭合，S_1 断开，S_2 闭合。右侧驱动电动机保持为双闭环控制，而左侧电动机速度为开环控制，左侧驱动电动机的电流环给定通过 S_3 由右侧驱动电动机的速度环输出给定，从而使得左、右两侧给定电流大小相等。由于左驱动轮所受到的阻力矩大于右驱动轮所受到的阻力矩，I_1、I_2 增加，但是 I_1 的增加值远大于 I_2 的增加值，故可忽略 I_2 的变化。因此，由于 I_1 增加，左侧驱动电动机的反馈电流大于给定电流，经过 PI 运算，占空比减小，速度降低，以维持左、右两个电动机转矩大小相等，而右侧驱动电动机相对速度增加，从而实现了左转弯时的自适应差速。

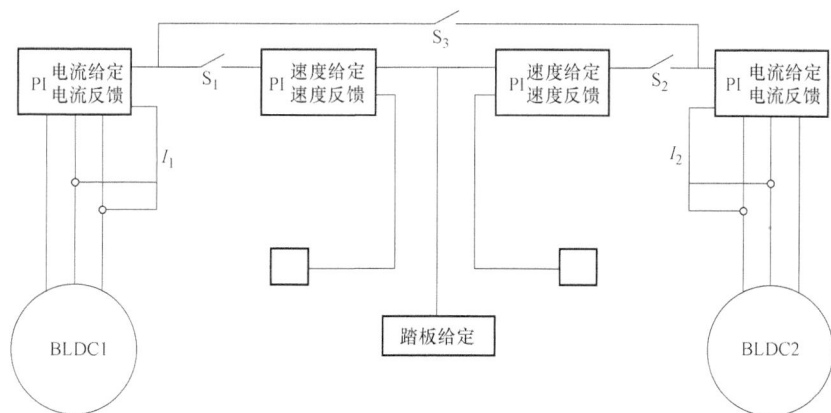

图 9-125　电子差速调速过程

当角度传感器发出方向右转动角度信号时，即电动汽车右转弯时，S_3 闭合，S_1 闭合，S_2 断开。左侧驱动电动机保持为双闭环控制，而右侧电动机速度变为开环控制，电流依然保持闭环控制，右侧驱动电动机的电流环给定通过 S_3 由左侧驱动电动机的速度环输出给定，使得左、右两侧给定电流大小相等。此时根据受力分析，右驱动轮所受到的阻力矩大于左驱动轮所受到的阻力矩，此时 I_1、I_2 增加，但是 I_2 的增加值远大于 I_1 的增加值，故可忽略 I_1 的变化。因此，由于 I_2 增加，右侧驱动电动机的反馈电流大于给定电流，经过 PI 运算，占空比减小，速度降低，以维持左、右两个电动机转矩大小相等，而左侧驱动电动机相对速度增加，从而实现了右转弯时的自适应差速。

2）当轮速传感器采集电动汽车的车速电信号，控制器判断汽车牵引轮的速度与非牵引轮的速度不相等时，向锁止机构发出控制指令，锁止机构得到指令，将两独立的轮毂电动机迅速锁止，实现两侧车轮的刚性连接、整体运转。防滑控制过程如图 9-126 所示。

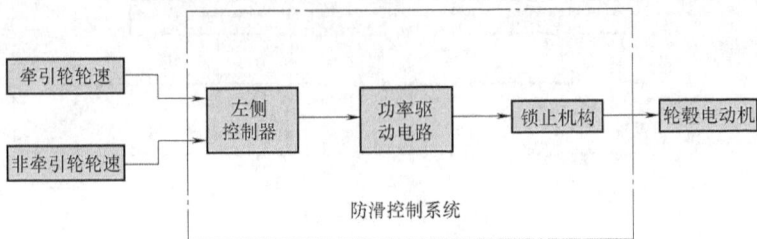

图 9-126　防滑控制过程

八、电子控制悬架系统

1. 概述

电子控制悬架系统（Electronic Control Suspension System，ECS）又称为电子调节悬架系统（Electronic Modulated Suspension System，EMS），简称为电控悬架系统。电子控制悬架系统的功用是在汽车行驶路面、行驶速度和载荷变化时，自动调节车身高度、悬架刚度和减振器阻尼的大小，从而改善汽车的行驶平顺性。在装备电子控制悬架系统的汽车上，当汽车急转弯、急加速或紧急制动时，乘员能够感到悬架较为坚硬，而在正常行驶时能够感到悬架比较柔软；电子控制悬架系统还能平衡地面反力，使其对车身的影响减小到最低程度。电子控制悬架的基本目的是通过控制调节悬架的刚度和减振器阻尼，突破被动悬架的局限区域，使汽车的悬架特性与行驶的道路状况相适应，保证平顺性和操纵稳定性两个相互排斥的性能要求都能得到满足。

电子控制悬架系统由传感器、控制开关、电控单元（EMS ECU）和执行器组成。传感器和控制开关向 EMS ECU 输入信号，EMS ECU 接收传感器和控制开关输入的电信号，并向执行元件发出控制指令，执行元件产生一定的机械动作，从而改变车身高度、空气弹簧的刚度或减振器的阻尼。在电控悬架系统中，输入信号主要有车身高度和车速，驾驶人加速或制动，以及驾驶人在仪表盘上的选择并操作的某种悬架控制功能开关的位置等。目前，采用的电子控制悬架主要有主动和半主动悬架两种。

2. 主动悬架系统

主动悬架采用电液执行机构取代了被动悬架的弹簧和减振器。根据作动器响应带宽的不同，主动悬架又分为宽带主动悬架和有限带宽主动悬架，也称为全主动悬架和慢主动悬架。

主动悬架既无固定的刚度又无固定的阻尼系数，可以随着道路条件的变化和行驶需求的不同而自动地改变弹簧刚度和减振器阻尼系数，能够实现对每个车轮进行单独控制，这也是悬架控制的最终目标。

　　主动悬架一般包括决策和执行两大部分，决策部分由 ECU 和传感器等组成闭环控制系统，通过监测道路条件、汽车的运行状态和驾驶人的需求，按照所设定的控制规律向执行机构适时地发出控制命令；执行部分包含装在每个车轮上的电液执行机构、动力源等，目前液压伺服机构是主动悬架较为理想的执行机构。结构布置上，一种方法是采用液压伺服缸与普通弹簧并联，优点是用被动弹簧来承受车体重量，可以使所需的外界能源大大减少，但执行机构需要有较高的频响特性；另一种方法是采用液压伺服缸与普通被动弹簧串联，优点是执行机构仅需具有较低的频响特性即可，但所需要的外界空间和外界能源相对较大。主动悬架控制方法主要有反馈控制、预测控制和决策控制三种。

　　（1）**反馈控制**　图 9-127 为进行主动悬架研究通常采用的 1/4 汽车模型和反馈控制框图。主动悬架反馈控制方法实现了执行机构实时连续调节，对控制系统的稳定性、精确性和反应速度要求较高，需测量的信息和计算量较大。通常采用最优控制算法和自适应控制算法，将悬架控制处理成跟踪问题或随机干扰滤波器问题。最优控制算法应用状态空间方法，采用状态变量表达加权的二次性能指标，通过求解优化问题获得控制执行机构的最优控制规律，该控制规律在某种意义上是使一定的性能指标（通常是车体加速度方均根值）达到最小；自适应控制算法通过对车体和悬架系统的状态监测，在线积累与控制作用有关的信息，并修正控制系统的结构参数和控制规律，使给定的性能指标尽可能达到最优并保持最优。

a）1/4汽车模型

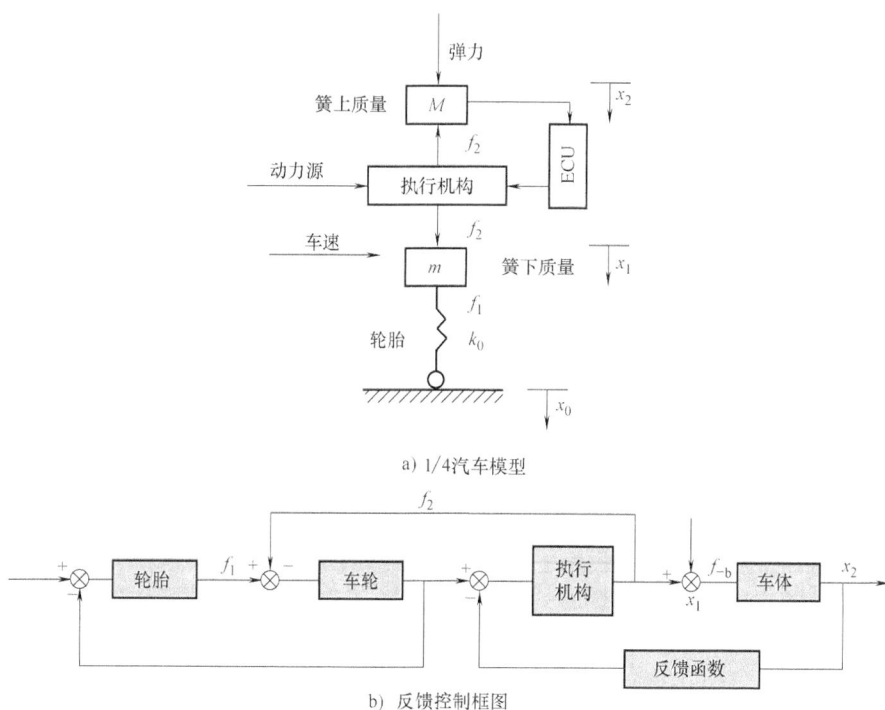

b）反馈控制框图

图 9-127　1/4 汽车模型和反馈控制框图

　　（2）**预测控制**　主动悬架预测控制如图 9-128 所示。预测控制是在反馈控制的基础上，由附加的预测时间的预测传感器及有关的电子系统构成。在这样的系统中发出有关控制指令所需的未来信息可预先测量到，而不是当车轮经历干扰时再响应，从而使执行机构的动作与实际要求同步，因此不仅可以减少动力需求，同时也能改善行驶性能。研究解决有关控制指令所需的信息如何得到，又如何以更有效的方法应用到悬架控制中的问题称为预测控制。预测控制系统的控制规律中包含了状态变量线性函数的反馈和未来干扰积分函数的前馈部分。其中，前馈部分用于校正执行机构的惯性，这对车轮意味着有较好的路面形状跟踪性能，对车体则意味着有较平缓的瞬态响应。因此，预测控制是降低路面干扰对车轮和车体冲击的有效方法。如果在前馈部分中对未来干扰积分函数进行计算，称为无限预测；如果未来干扰是由确定性或由白噪声输入已知成形滤波器产生，仅仅需要计算附加的预测时间范围内的积分，则称为有限预测。

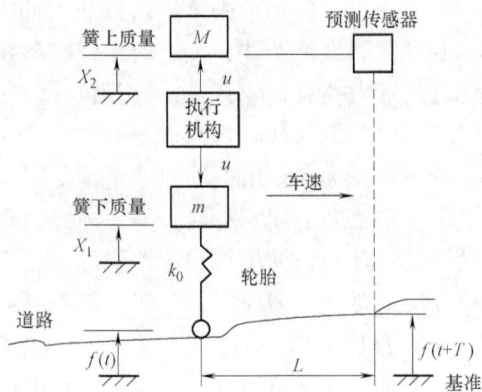

图 9-128　主动悬架预测控制

（3）决策控制　这种控制方法是预先测量汽车在不同路面和工况下行驶的振动响应，并通过优化计算得到所需的最佳悬架刚度和阻尼系数，存入主动悬架控制系统 ECU 的 ROM 中。实际应用中，ECU 不断检测汽车行驶过程中的振动响应，并查出对应工况下应选的最优或次优悬架刚度和减振器阻尼系数，控制执行机构做出响应。

主动悬架同时改善了汽车的平顺性和操纵稳定性，为悬架的理论和实践研究带来了重大变革。但是，尽管其优点显而易见，而且在工业发达国家中已经出现了装有主动悬架的样车，但将主动悬架推上汽车生产线仍然是一个审慎而缓慢的过程。首先，因为主动悬架的控制系统需要复杂的传感器和电子控制设备，执行机构不仅要选用高精度的液压伺服装置，而且要有较大的外部动力来驱动，导致成本高、结构复杂、可靠性低，只有主动悬架所需的硬件，特别是执行机构变得更为经济可靠时，才有可能使之进入决定性的市场发展阶段；其次，主动悬架研究的基本经验和教训是现行的主动悬架摆脱了众所周知的平顺性和操纵稳定性之间的矛盾，但却引起了新的性能与执行机构功率之间的矛盾，即主动悬架驱动执行机构所需的功率相当可观，为此，就产生了介于主动悬架与被动悬架之间的折中方案，即半主动悬架。

主动悬架系统所采用的作动器具有较宽的响应频带，以便对车轮的高频共振也加以控制。作动器多采用电液或液气伺服系统，控制带宽一般应至少覆盖 0～15Hz，有的作动器响应带宽甚至高达 100Hz。从减少能量消耗的角度考虑，也可保留一个与作动器并联的传统弹簧，用来支持车身静载。主动悬架的一个重要特点是它要求作动器所产生的力能够很好地跟踪任何力控制信号。因此，主动悬架为控制规律的选择提供了一个广泛的设计空间，即如何确定控制规律以使系统能够让车辆达到最佳的总体性能。

3. 有限带宽主动悬架

在结构上，有限带宽主动悬架通常由作动器与一个普通弹簧串联后，再与一个被动阻尼器并联构成，如图 9-129 所示。这种系统在低频时（一般小于 6Hz）采用主动控制，而高于这个频率时，控制阀不再响应，系统特性相当于传统的被动悬架，而被动悬架在高频时的效果也比较好。

由于有限带宽主动悬架作动器仅需在一窄带频率范围内工作，所以它降低了系统的成本

及复杂程度，比全带宽主动悬架经济
得多。尽管如此，它的主动控制仍然
覆盖了主要的车身振动（包括纵向、
俯仰、侧倾以及转向控制等）要求
的频率范围，改善了车身共振频率附
近的行驶性能，提高了对车身姿态的
控制，性能可达到与全带宽主动悬架
系统很接近的程度。两个有限带宽主
动悬架系统实施方案如图 9-130
所示。

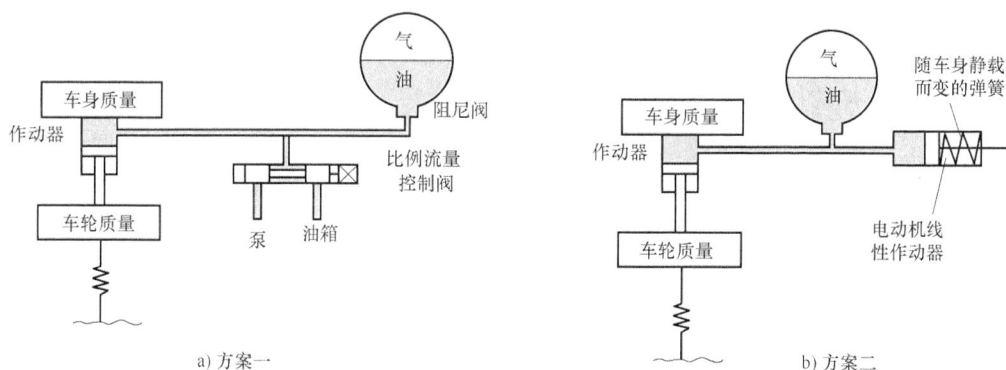

图 9-129　有限带宽主动悬架结构

　　限制主动悬架在商用领域发展的
因素，按其重要程度可排列为造价、
能量消耗、增加的重量、安全性和可靠性。另外，一些功能稍差但造价低得多的可控子系统
将继续得到工业界的关注。这些子系统有连续可变阻尼器、侧倾控制和车高控制系统。其
实，如果这三个子系统能够被运用并且结合得比较好的话，它们能够共同实现一个有限频带
宽度系统所能提供的大部分功能，而造价和能量消耗却可能低很多。

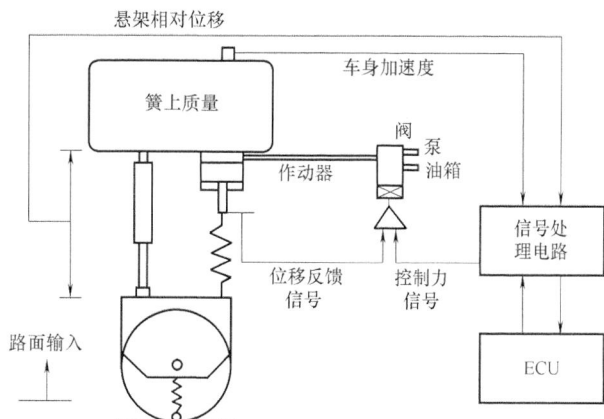

图 9-130　有限带宽主动悬架系统实施方案

4. 半主动悬架

　　半主动悬架通常是指悬架元件中弹簧刚度和减振器阻尼系数之一可以根据需要进行调节
控制的悬架。为了减少执行机构所需的功率，半主动悬架研究主要集中在调节减振器的阻尼
系数方面。阻尼可以根据需要进行调节的减振器也称为可调阻尼减振器或主动减振器，在概
念上类似普通减振器，但其工作油液的通流面积可以通过控制阀进行调节。完成这一工作仅
需要提供调节控制阀、控制器和反馈调器等所消耗的较小功率，能够达到半波近似主动悬
架的控制规律，因而代表了主动悬架与被动悬架之间的折中。

　　采用电子控制的半主动悬架可以进行悬架刚度与减振器阻尼系数的有级调节和车高的自
动调节控制，它主要用在高级轿车上，且应用范围正在扩大。丰田汽车公司生产的具有车高
调节、悬架刚度和减振器阻尼"软/中/硬"有级转换控制的半主动悬架系统结构，可以对
四个车轮进行单独控制。

5. 悬架技术发展趋势

被动悬架在一定时间内仍将是应用最广泛的悬架系统，通过进一步优化悬架结构和参数可以继续提升悬架性能。主动悬架性能优越，由于成本原因目前还只能成为高级轿车和赛车的装备。半主动悬架性能优于被动悬架，成本比主动悬架低得多。性能可以提高、调节方便的可调阻尼减振器和算法简单有效的控制策略将是半主动悬架的发展重点。

汽车悬架今后需要解决的技术包括以下方面。

1）油气悬架技术：由油气部件和弹簧系统共同支撑车体，根据汽车变化的承载质量，由油气部件调节悬架的水平位置，使弹簧保持正常的使用位置。

2）阻尼可调节减振器：由传感器感知汽车行驶时的状况，包括载荷的大小、路面是否平整、是否转弯、是否加速或制动等，经 ECU 分析判断，通过电磁阀液压系统，调节减振器的阻尼。

3）全主动悬架技术：通过电液系统不仅调节阻尼而且调节弹力、水平位置等。

针对悬架系统的非线性特点，研究适宜的悬架系统电控技术是汽车悬架系统振动性能改进的方向。悬架位于车身与轮胎之间，对车辆的运动性能、乘坐舒适性有重大影响。按照路面行驶工况进行最优控制，以确保车辆行驶性能与乘坐舒适性，电子控制悬架将进一步向高性能方向发展。实现对悬架优化控制的方式之一，是利用预测传感器进行预测控制。对于这种新式传感器，研究人员目前已提出了多种方案。另一方面，从环境考虑，为进一步节约能源，悬架控制将向高压力化、高电压化、小型轻量化方向发展。在控制理论方面则致力于将模糊逻辑控制、神经网络控制等应用于悬架方面的研究。

从外表上看似简单的悬架，包含多种力的作用，决定了汽车的稳定性、舒适性和安全性，是现代汽车十分关键的部件之一。随着汽车结构和功能的不断改进和完善，研究汽车振动、设计新型悬架电控系统、将振动控制到最低水平是提高现代汽车品质的重要措施。目前，汽车悬架系统已进入到利用电子控制器进行控制的时代。运用较优的控制方法，得到高性能的减振效果，且使能耗尽可能低，是汽车悬架系统发展的主要方向。

九、无人驾驶机器人车辆技术

1. 无人驾驶机器人车辆概述

无人驾驶机器人是指无需对车辆和工程机械及武器平台进行改装，可无损安装在不同车型的驾驶室内，替代驾驶人在恶劣和危险环境下进行自动驾驶的特种作业机器人。无人驾驶机器人是车辆自动驾驶的一种思路，通过车辆结构尺寸和性能自学习，驾驶机器人可以在不改变现有车辆结构的同时实现自主驾驶，并可以实现同一台机器人适应多种不同类型车辆，其相关技术可广泛应用于战场运输、驾车扫雷、抗洪抢险、火灾救援、汽车试验检测、车辆自动驾驶等军民领域。

在军用领域，可利用无人驾驶机器人代替士兵，在荒无人烟的无人区、干旱缺水的沙漠、硝烟弥漫的战场等对士兵生命构成严重威胁的场合执行高风险驾驶任务，以挽救士兵的生命，如图 9-131、图 9-132 所示。在警用领域，无人驾驶机器人可以代替消防队员驾驶工程车辆执行抗洪抢险、火灾救援、地震救灾等高危险任务，以保障消防队员的生命安全，如图 9-133、图 9-134 所示。在民用领域，随着人们对车辆各方面性能要求的不断提高，车辆试验的强度也随之提高。无人驾驶机器人可以代替人类驾驶人在极端天气和恶劣环境下驾驶车辆进行试验，且得到的试验结果比人类驾驶人更为精确、可靠，如图 9-135 所示。此外，无人驾驶机器人还可用于改装普通车辆为无人驾驶车，如图 9-136 所示。

图 9-131　执行沙漠无人区运输任务

图 9-132　执行战场运输任务

图 9-133　执行抗洪抢险任务

图 9-134　执行地震救援任务

图 9-135　进行车辆排放耐久性试验

图 9-136　改装普通车辆为无人驾驶车

国外自 20 世纪 80 年代中期开始研究用于车辆试验的驾驶机器人，比较著名的科研院校和公司有新西兰奥克兰大学，德国 Schenck 公司、Stahle 公司、Witt 公司、大众公司、德国慕尼黑联邦国防军大学，日本 Horiba 公司、Autopilot 公司、Nissan Motor 公司、Onosokki 公司、Automax 公司、日本三重大学，英国 Froude Consine 公司、ABD 公司，美国 Kairos 公司、LBECO 公司等，研发的驾驶机器人如图 9-137~图 9-142 所示。

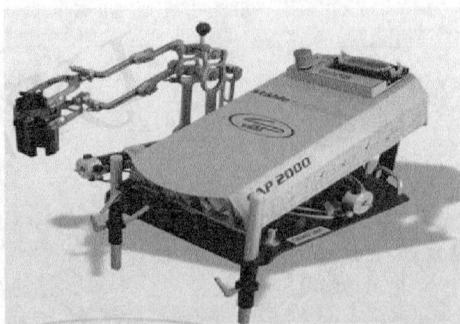

图 9-137　德国 Schenck 驾驶机器人

图 9-138　德国 Stahle 驾驶机器人

图 9-139　德国大众驾驶机器人

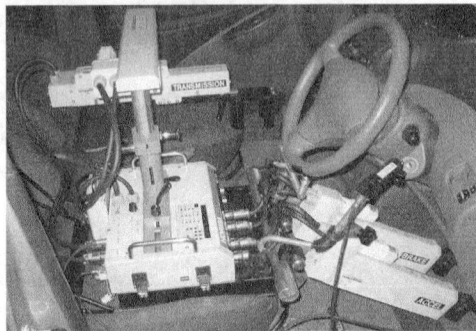

图 9-140　日本 Horiba 驾驶机器人

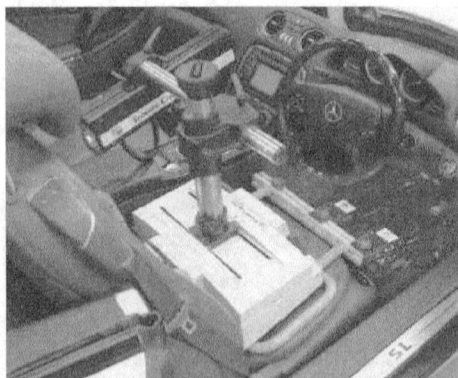

图 9-141　英国 Froude Consine 驾驶机器人

图 9-142　英国 ABD 驾驶机器人

国内于 20 世纪 90 年代中期开始研究驾驶机器人，主要高校和研究机构有东南大学、南京理工大学、清华大学、上海交通大学、北京航空航天大学、哈尔滨工业大学、同济大学、南京农业大学、太原理工大学、中国汽车技术研究中心等，其中最具代表性的是 DNC 系列驾驶机器人，如图 9-143～图 9-146 所示。

2. 无人驾驶机器人总体结构与控制系统

无人驾驶机器人主要是由换档机械手、转向机械手、加速踏板机械腿、离合机械腿、制动机械腿、驱动电动机和控制系统等组成。无人驾驶机器人是自动驾驶技术的一种，相比于普通无人驾驶车辆，无人驾驶机器人的优势在于能够无损安装在各种车型的驾驶室内，不用

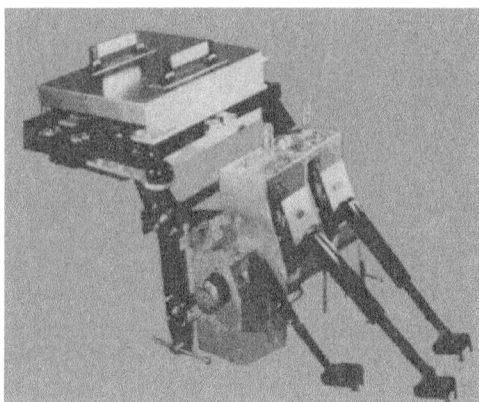

图 9-143　DNC-1 全气动驾驶机器人

图 9-144　DNC-2 气电混合驱动驾驶机器人

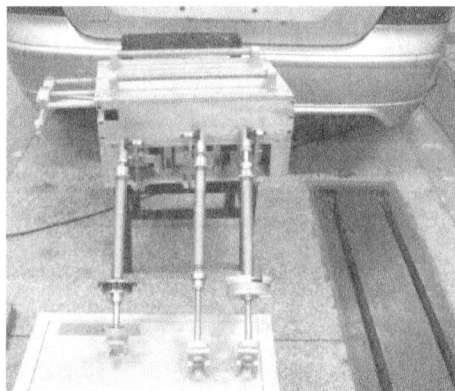

图 9-145　DNC-3 全伺服电动驾驶机器人

图 9-146　DNC 驾驶机器人用于车辆试验

对原有车辆结构进行改装。无人驾驶机器人的总体结构如图 9-147 所示。无人驾驶机器人的控制系统根据车载传感器得到的相关参数信息决策出无人驾驶机器人换档机械手、转向机械手、加速踏板机械腿、离合机械腿、制动机械腿的动作要领，从而操纵车辆变速杆、转向盘以及加速踏板、离合踏板、制动踏板完成相应的驾驶动作。

无人驾驶机器人检测控制系统主要完成传感器的信号采集处理与执行机构的输出控制。无人驾驶机器人控制系统结构如图 9-148 所示。

无人驾驶机器人控制系统以 DSP 芯片为核心，芯片接收各执行机构的当前位置、直线电动机的位移与电流、车速与发动机转速等信息，接着把这些信息通过串口通信传输到工控

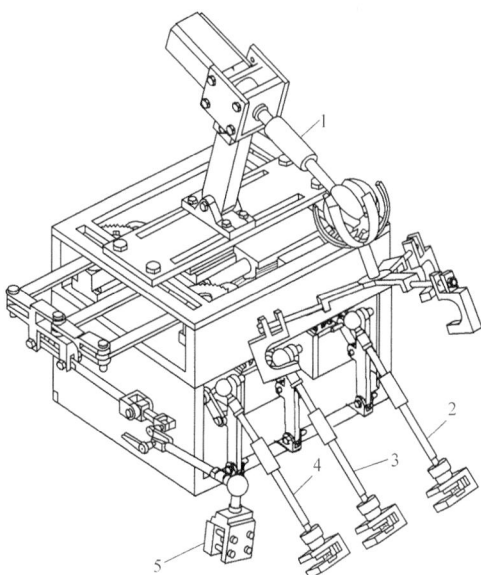

图 9-147　无人驾驶机器人总体结构

1—转向机械手　2—离合机械腿　3—制动机械腿　4—加速踏板机械腿　5—换档机械手

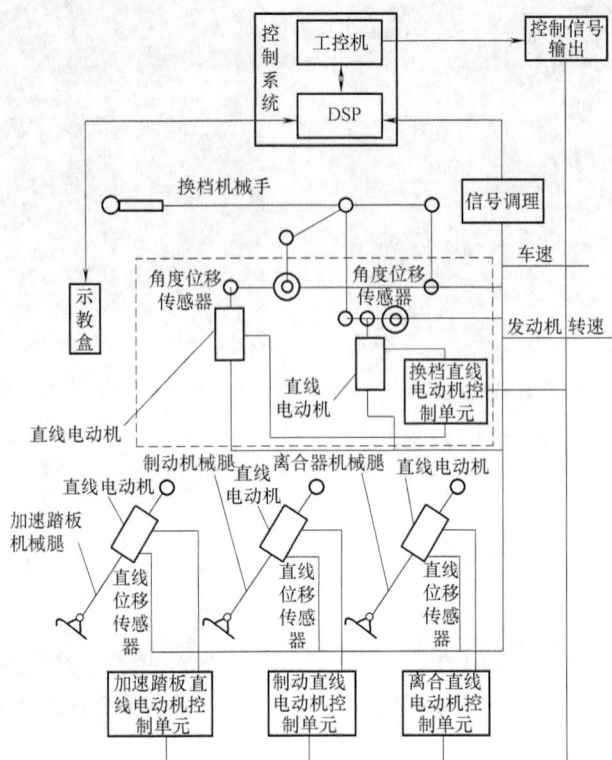

图 9-148　无人驾驶机器人控制系统结构

机，然后根据所得到的输入数据与预先输入至存储器中的试验循环工况数据，计算并实时地输出执行机构指令信号。工控机还控制发动机的起动与停止。各执行机构的驱动直线电动机采用 PWM 的控制方式，直线电动机的控制算法采用位移和电流的双闭环控制策略，伺服控制单元接收 DSP 控制单元信号后驱动直线电动机，实现对直线电动机的控制。无人驾驶机器人通过改变传送给驱动电路的 PWM 信号的极性和占空比，控制器改变应用到直线电动机的电压，驱动电路放大控制信号，提供饱和电流以驱动电动机。无人驾驶机器人由直线电动机驱动换档机械手及加速踏板、制动、离合机械腿等分别操纵变速杆、加速踏板、制动踏板、离合器踏板。

加速踏板机械腿采用直线电动机驱动控制方式，以实现加速踏板的高精度定位；制动机械腿采用直线电动机驱动，通过自调节制动力大小实现对制动减速度的控制；离合机械腿采用直线电动机驱动，实现离合机械腿回收速度的调节，满足起步和换档过程中离合器动作的快慢要求；换档机械手是无人驾驶机器人系统的关键执行部件，它采用七连杆二自由度闭链机构，采用两个关节角位移传感器反馈移动信息，根据角位移确定机械手的空间位移坐标，在不需要对车辆换档机构进行改造的前提下，实现选档和挂摘档两个方向运动的机械解耦，最终实现对无人驾驶机器人机构手的精确控制。无人驾驶机器人控制系统完成对信号的测量、诊断以及对执行机械的运动控制，同时与工控机、示教盒进行通信。

本章小结

　　本章首先重点介绍了电控液力自动变速器、防抱制动系统、驱动防滑系统、稳定性控制系统，接着介绍了电控无级变速器、电控双离合器自动变速器、电控机械式自动变速器、线控制动系统、四轮驱动系统、主动转向系统、电子差速系统、电控悬架系统、无人驾驶机器人车辆等汽车底盘控制新技术。

习题

　　1. 简述液力变矩器的作用。

　　2. 试解释电控液力自动变速器换档延迟的概念，以及换档延迟设置的主要作用。

　　3. 试画出液力变矩器的工作特性曲线，说明失速点、耦合点、锁止离合器接合点的物理意义。

　　4. 说明 AT 车辆在 D 位起步时，液力变矩器与齿轮变速器的相应工作位置。

　　5. 试简单画出带有 O/D 档的辛普森式两行星排四档电控液力自动变速器在 1 档时的动力传递路线图。

　　6. 简述电子控制自动变速器的控制内容。

　　7. 简述电控液力自动变速器的组成。

　　8. 自动变速器具有哪些特点？

　　9. 简述液力变矩器锁定控制的四种状态。

　　10. 在高速公路行驶过程中，电控液力自动变速器与无级变速器的车辆如何驾驶才能节油？

　　11. 试写出单排行星齿轮传动比的表达式，并导出单排内行星齿轮系统的结构系数矩阵表达式。

　　12. 试说明片式制动器与片式离合器有何不同。

　　13. 在三梯度控制的 ABS 系统中，微机通过什么方法识别低附着系数与高附着系数路面？

　　14. 试描述转向不足、中性转向和过度转向的概念。

　　15. 轮速传感器在 EFI、ABS、ASR、ESP 控制系统中的具体作用表现有哪些？如果该传感器向多个 ECU 发送信号，载体采用什么方式较有利？

　　16. ABS、ASR、ESP 系统的主要传感器有哪些？它们的主要功能是什么？

　　17. 在 ABS、ASR、ESP 电子控制系统中，轮速传感器是否是它们共有的传感器？ESP 的作用是什么？

　　18. 论述驱动防滑控制系统和防抱制动控制系统的异同点。

　　19. 简述制动时汽车的方向稳定性。

　　20. ABS 的控制优点是什么？

21. 简述 ABS 液压调节器的调节方式。

22. 简述 ABS/ASR 的控制目标与联系。

23. 为何无 ASR 的车辆在非对称路面上不能上坡?

24. 简述汽车 ABS 系统逻辑门限值控制法的基本原理。

25. 简述 ESP 组成,以及 ESP、ASR 与 ABS 的联系与区别。

26. 简述制动滑移率、驱动滑转率的概念。

27. ESP 的作用是什么?它有什么特点?

28. 无级变速器的基本原理是什么?

29. 双离合器自动变速器由哪几部分组成?

30. 双离合器自动变速器的基本原理是什么?

31. 什么是电控机械式自动变速器?

32. 四轮驱动系统有何作用?有哪些类型?各有什么特点?

33. 分动器的作用是什么?简述其工作原理。

34. 黏性耦合器的作用是什么?

35. 轴间差速器的作用是什么?有哪些类型?

36. 电子控制四轮驱动系统由哪几部分组成?它们是如何工作的?

37. 简述悬架系统的作用。

38. 简述电控主动悬架的控制目标。

39. 简述汽车电子控制悬架系统的一般工作原理。

40. 电控汽车悬架的基本功能有哪些?

41. 主动转向系统具有哪些优点?目前尚有哪些有待解决的问题?

42. 无人驾驶机器人车辆与线控底盘自动驾驶解决方案的联系和区别是什么?

第十章 / **Chapter 10**

车身电子控制

第一节　中央门锁与防盗系统

一、中央门锁系统

为了方便驾驶人和乘员开关车门，现代汽车大都安装了中央控制门锁（简称中控门锁）系统，使汽车的使用更为方便和安全。电控中央门锁由信号输入装置、ECU 和执行器三部分组成。信号输入装置由门锁控制开关、钥匙开锁报警开关、钥匙控制开关、行李舱门开关、行李舱门开启器、门控开关、门锁开关等组成。

电控中央门锁 ECU 由输入器、存储器、鉴别器、编码器、驱动极、抗干扰电路显示装置、保险装置和电源等部分组成。

电控中央门锁各元件在车上的分布位置如图 10-1 所示。

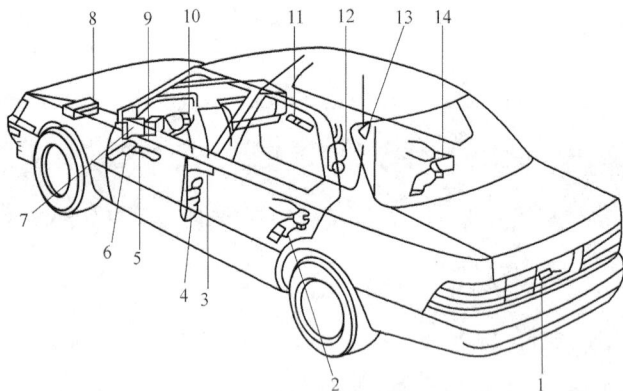

图 10-1　电控中央门锁各元件在车上的分布位置

1—行李舱门开启电磁阀　2—左后门锁电动机及位置开关　3—门锁控制开关　4—左前门锁电动机、位置开关及门锁开关　5—左前门锁控制开关　6—No.1 接线盒门控线路断路器　7—防盗和中央门锁 ECU 及门锁控制继电器　8—No.2 接线盒、DOME 熔丝　9—行李舱门开启器开关　10—点火开关　11—右前门锁控制开关　12—右前门锁电动机、位置开关和门锁开关　13—右前门钥匙控制开关　14—右后门锁电动机及位置开关

电控中央门锁系统各元件的功能如下：

1）门锁控制开关。采用中央门锁系统的车辆，当驾驶人锁住驾驶人车门时，其他几个车门（包括后车门及行李舱门等）能同时自动锁住；当打开驾驶人车门时，其他几个车门能同时打开；乘员仍可用各车门的机械或弹簧锁开关车门。

2）钥匙开锁报警开关。钥匙开锁报警开关探测点火钥匙是否插进钥匙门内，当钥匙在钥匙门内，钥匙开锁报警开关电路接通报警；当钥匙离开钥匙门时取消报警。

3）钥匙控制开关。钥匙控制开关装在每个车门的钥匙门上，当从外面用钥匙开门和关门时，钥匙控制开关便发出开门或锁门的信号给门锁 ECU。

4）行李舱门开启器开关。行李舱门开启器开关位于仪表板下面，拉动此开关便能打开行李舱门，钥匙门靠近行李舱门开启器，推压钥匙门，断开行李舱内主开关，此时再拉开启器开关也不能打开行李舱门。将钥匙插进钥匙门内顺时针旋转打开钥匙门，当主开关再次接通，便可用行李舱门开启器打开行李舱。

5）行李舱门开启器。行李舱门开启器装在行李舱门上，由扼铁、插棒式铁心、电磁线圈和支架组成，轴连接行李舱门锁，当电磁线圈通电时，插棒式铁心将轴拉入并打开行李舱门。线路断路器用以防止电磁线圈因电流过大而过热。

6）门控开关。门控开关用来探测车门的开闭情况。车门打开时，门控开关接通；车门关闭时，门控开关断开。

7）门锁开关。门锁开关用来检测车门的开闭情况。车门关闭，门锁开关断开；车门开启，门锁开关接通。

8）编码器。人为设定一组几位二进制或十进制密码，要求密码电路容量大，换码率高，保密性、可靠性好；换码操作简单，便于日常管理。

9）输入器和存储器。经输入器输入一组密码，由存储器记忆后送至鉴别器。

10）鉴别器。对来自输入器和鉴别器的两组密码进行比较，仅当两组密码完全相同时，鉴别器才输出信号，经抗干扰处理后送至驱动极和显示装置。若用户有特殊要求，鉴别器还可输出报警和封锁行车所需的电信号。

11）驱动极。对于鉴别器输出的微弱电信号，由驱动极进行放大，以便驱动执行器的电磁铁或电动机工作。

12）抗干扰电路。抗干扰电路用于抑制车内外电磁干扰，避免电子门锁产生误动作，通常采用延时、限幅及定相等措施。

13）显示器和报警器。显示器和报警器用于显示鉴别结果和报警，从而扩大电子门锁的功能。

14）保险装置。当车辆运行超过限定车速时，车门锁止器根据来自车速传感器的信号将门锁锁止；或当控制电路失灵时，可通过紧急开启接口直接控制门锁的开启。

15）电磁铁式自动门锁。电磁铁内部有两个电磁线圈，分别用于开启和关闭门锁。门锁集中操作按钮平时处于中间位置，用手按压即可开启和关闭门锁。其特点是结构简单，内摩擦力小，动作敏捷，操作方便；缺点是耗电量大，电磁铁质量大且动作时有撞击声。

16）电动机式自动门锁。当电动机转动时，蜗杆带动齿轮转动，齿轮推动锁杆，车门被锁上或打开，然后齿轮在回位弹簧的作用下返回原位，防止操纵门锁按钮时电动机工作。位置开关当锁杆推向锁门位置时断开，推向开门位置时接通。其优点是体积小、耗电少及动作较迅速；缺点是开、闭之后，由于疏忽通电，易烧坏电动机。

二、电子防盗系统

为了防止车辆被盗，许多汽车公司开始将汽车防盗装置作为汽车的标准配置，防止有人非法进入车内，并可通过音响报警装置报警，由此来提高汽车的市场竞争力。防盗报警系统通常与汽车中控门锁系统配合工作。

1. 防盗报警系统的类型

汽车防盗器分为机械式和电子式两种，机械式防盗器以纯机械方式增加对油路或变速杆等的锁止控制，安全性差，使用不便，已逐渐淘汰。目前汽车上应用的防盗器为电子式防盗器，按功能可分为三类：

1）防止非法进入汽车。主要为红外监视系统，布置在车辆内部周围的一组红外传感器构成一道无形帘幕，以监视防盗系统起动后是否有移动物体进入车内。该系统安全性高，可靠性强，但由于需要布置多个红外发射接收装置，成本较高。

2）防止破坏或非法搬运汽车。主要通过布置在车内的超声波传感器、振动传感器或倾斜传感器等监测是否有人企图破坏或非法搬运汽车。该系统需增加相应的遥控系统和报警系统，成本高，使用不便，而且由于传感器灵敏度难于准确设定，易误报警和漏报警，安全性差，报警信号对环境也会构成污染。

3）防止汽车被非法开走。多数采用带密码锁的遥控系统，通过决定是否允许接通起动机、点火线圈等，以防止汽车被非法开走，其安全性较差，成本高，使用不便。新型的防盗点火锁系统采用电子应答来判断使用的钥匙是否合法，并以此确定是否允许发动机 ECU 工作，这是目前世界上高级轿车普遍采用的汽车防盗技术。

2. 防盗报警系统的组成

图 10-2 为汽车电子控制防盗系统的组成。图 10-3 为防盗装置在汽车上的布置。当用钥匙锁好所有车门时，防盗系统处于约 30s 检测时间报警状态。30s 检测时间之后，系统中的指示器（通常为发光二极管）开始断续闪光，表明系统处于报警状态。

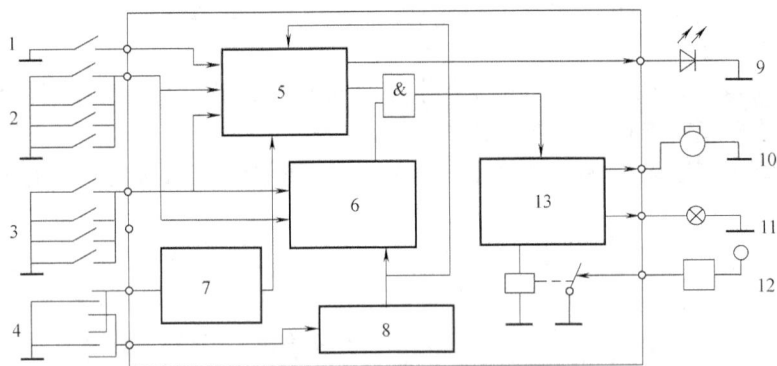

图 10-2　电子控制防盗系统

1—钥匙存在开关　2—开门开关　3—锁门开关　4—钥匙操作开关　5—报警状态开关电路　6—盗贼监测电路
7—30s 定时器　8—解除报警状态电路　9—LED 指示器　10—警报器　11—警告灯
12—起动断电器　13—报警电路

当有人试图非法解除门锁或打开车门时（所有输入开关均设定为关状态时），系统则发出警报。当车主用其钥匙开启门锁时，报警状态或报警运转解除。警报一般以闪烁灯或发声报警形式发出，警报发生后持续时间约为 1min。在车主用车钥匙正常打开汽车门锁之前，发动机起动电路始终处于断路状态。

3. 防盗报警系统技术方案

目前汽车上采用的防盗报警系统的技术方案有以下几种。

（1）点火控制防盗系统　点火控制防盗系统主要采用控制发动机的点火装置模块，对点火系统进行控制。在车主离开汽车并起动防盗系统后，一旦有人非法进入车内，并试图用非法配制的点火钥匙起动车辆时，点火电路受控制模块防盗装置的作用，拒绝提供发动机运转所需的点火功能，同时也可防止点火开关的线路短接，并通过音响报警装置向车主通报。

还有一种防盗器是用特殊材料制成盒状，将汽车的点火器安装在内，并设置一个错误点

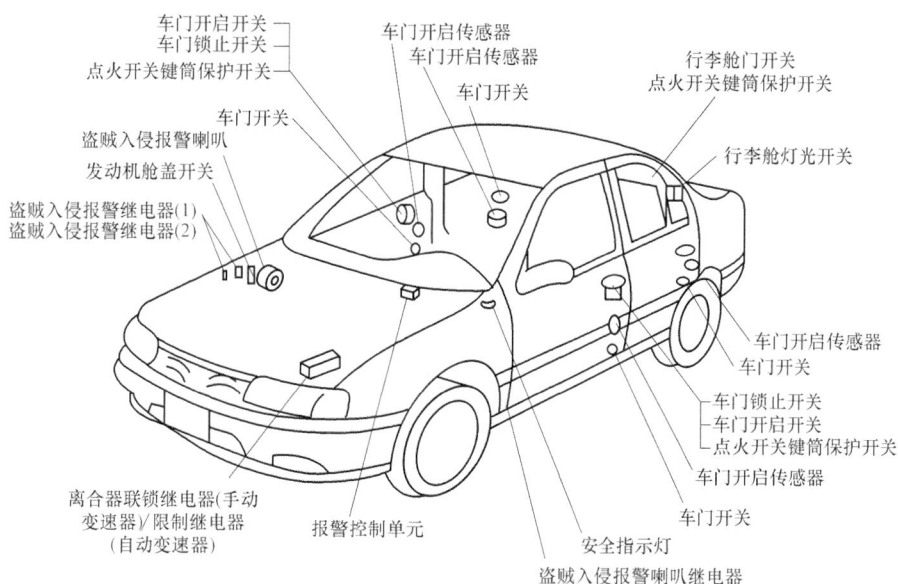

图 10-3　防盗装置在汽车上的布置

火线路模块和开关电路，在开关钥匙上置入密码芯片，一旦密码交流认证不符，便会进入错误模式，使发动机无法起动。这种盒状防盗器在锁止后，除使用密码开关钥匙外无法打开，且有很强的防撬、防钻、防砸功能，在发动机起动后，便可取下开关钥匙。一旦车辆被抢，劫犯在抢劫车辆后不能熄火，或在熄火后就无法再次起动车辆。

（2）**油路防盗系统**　油路防盗系统基本原理与点火控制防盗系统相似，是在汽车油路中安装一套装置来控制发动机的供油系统。只要该系统进入工作状态，有人想要偷车，发动机供油系统将会拒绝供给燃油，发动机起动后会很快耗尽燃油而熄火，由此来起到防盗作用。

（3）**其他防盗系统**　有公司开发的防盗系统既有机械方式，又有电子方式，还有防砸功能。它的车门钥匙锁芯可以无阻力旋转，当盗贼用一字旋具或其他坚硬物体撬锁时，该锁芯可随撬动的物体旋转方向转动而无法撬开；采用电子静止状态控制，一旦车主打开该系统离开汽车，如有人想移动该车，车辆就会拒绝进入行驶状态；前、后风窗玻璃和车窗玻璃都由特种玻璃制成，即使用铁锤或铁棒击打，玻璃也不会出现缝隙和漏洞，令盗贼的手无法伸进车内将车门打开。

目前在市场上还有一种利用电波控制的防盗系统。它是在汽车上安装一个电波信号接收装置来对发动机点火系统进行控制，只要车主发现车辆被盗或车辆被劫后通知总控发射台，发射台就发出控制电波信号，使发动机无法运转。

4．汽车防盗系统的应用

（1）**汽车防盗系统的设定**　将点火钥匙转至转向盘锁定（LOCK）位置后抽出，驾乘人员全部下车。关闭并锁定所有的车门、行李舱盖及发动机舱盖。当安全指示灯开始闪烁时，说明防盗系统已经进入状态。如果任一车门、行李舱盖或发动机舱盖在系统设定前未关紧，防盗系统的设定便中断。

完成上述三个步骤后，车内的安全指示灯（SECURITY）发亮（不闪烁）。当两个前门被锁定后，防盗系统将在设定之前有 30s 的检查时间，防止后门、行李舱盖和发动机舱盖未关紧。在 30s 内，如果用钥匙或遥控器开启某一个前门，系统的防盗功能将被解除。

（2）重新激活与停止汽车防盗系统报警信号的方法　报警信号停止后，驾驶人总是将所有车门、行李舱盖和发动机舱盖重新关闭。防盗系统一旦再设定，会自动让报警装置复位。将点火钥匙从锁定（LOCK）位置转至附属设备（ACC）位置，则报警信号停止，但起动电路仍处于断路状态。此时即使开启任何一个车门、行李舱盖或发动机舱盖，报警信号也将不再激活。

（3）中断与解除汽车防盗系统的方法　防盗系统设定过程中，若用主钥匙开启行李舱，则防盗系统暂时中断，处于既不能激活也不能解除的状态。在行李舱盖开启的同时，若再将车门和发动机舱盖打开，只有拆下蓄电池接线柱的接线才能使防盗系统激活。

为了重新恢复防盗系统的设定过程，应关闭和锁定所有的车门、行李舱盖和发动机舱盖。而且要注意，必须拔出主钥匙后行李舱盖才能闭锁，即关闭行李舱盖时，钥匙不能插在钥匙门中。用点火钥匙开启其中一个前门，此为防盗系统全部解除方式，与此同时，起动电路立即受激导通。

（4）汽车防盗系统安全指示灯的使用　安全指示灯在防盗系统的使用中有以下三种指示：

1）指示灯闪烁，说明防盗系统已经设定。此时若开启车门、行李舱盖或发动机舱盖，必须用主钥匙。

2）指示灯常亮，说明防盗系统进入预定的自动设定时期，此期间内车门和发动机舱盖用副钥匙也能开启。该指示灯在报警信号触发声响时也发亮。

3）指示灯灭（如汽车在正常行驶中），说明防盗系统不起作用，可按常规操作开启任何一道车门等。

5. 汽车防盗系统功能的检测

检测防盗系统是否有效，按以下五个步骤进行：

1）开启全部车窗。

2）按上述方法设定防盗系统，锁定前门时用点火钥匙，稍待至安全指示灯闪烁。

3）顺手从车内开启一个车门，防盗系统将激活报警信号。

4）用点火钥匙开启其中一个前门，解除防盗系统。

5）重复以上操作，检测其他车门和发动机舱盖。在检测发动机舱盖的同时，也检测拆下蓄电池接线柱重装上后系统的激活反应。

拆卸蓄电池接线柱会使存储在计算机存储器中的信息丢失，如激光唱机防盗码、收放机预置电台资料等。因此，拆卸蓄电池接线柱以前，应检查并记录存储器中的数据。等蓄电池重新安装好以后将数据重新输一次给微机。

第二节　乘员辅助约束系统

汽车乘员辅助约束系统是指汽车碰撞过程中，能够约束乘员运动并与乘员发生力的作用的汽车零部件的总和。从能量角度来讲，任何对乘员碰撞动能的耗散有贡献的汽车零部件都

可以被看成是乘员辅助约束系统的一部分，称其为乘员辅助约束子系统，主要有汽车安全气囊系统、安全带紧急收缩触发系统等。

一、汽车安全气囊

1. 概述

（1）**汽车安全气囊的功用**　汽车安全气囊系统（Supplementary Restraint System，SRS）又称辅助乘员保护系统。它是一个装在转向盘里的可膨胀的气囊。当汽车受到撞击而急剧减速时，气囊就迅速膨胀以防止驾驶人的身体向前冲撞转向盘和风窗玻璃。安全气囊系统有助于减轻乘员在碰撞过程中头部和胸部受到的损害，特别是在汽车正面碰撞和前侧碰撞时，其保护作用尤为明显。安全气囊的发明和应用，不仅给乘客和驾驶人带来了安全，它还有使用方便、美观等特点，因此日益受到汽车制造商的重视。

安全气囊会根据车速判断汽车是否发生碰撞而胀开。当事故发生时，人体在加速度作用下向前运动。当人体运动到距离气囊一定位置时，气囊必须已经打开并充气，准备同人体的接触。如果人体运动到距离气囊很近时，气囊还没有打开，人会非常危险，因为这时爆发的气囊极可能对人体造成损伤。因此，必须利用人体的运动距离来确定传感器启动安全气囊的时间，即所谓的最大容许时间。从汽车碰撞开始算起，气囊胀开所需的总时间应少于100ms，其实际的胀开时间大约是30ms，气囊胀开1s之后就会瘪掉，以防止驾驶人被气囊窒息。

（2）**安全气囊的可靠性设置**　安全气囊是汽车发生碰撞时的安全装置，其可靠性十分重要。为保障安全气囊可靠工作，首先要保证其电源可靠。因此，安全气囊一般采用双电源供电，而且在断电情况下，还有气囊电子电路的储能元件（如大容量电容）供短时间控制用。另外，还有低电压小功率的备用电源，在外电源全无的情况下，它可以点亮警告灯。

其次，气囊的硬件部分要采用高标准、高可靠性的器件。除高强度的机械部件外，其电子器件应经过比汽车的运行环境条件更恶劣的工况的各种抗干扰、老化等方面的试验，并且主要部件都应采用降额使用、并联冗余等措施以提高可靠性。传感器除了采用高可靠性的器件外，也可采用多种形式的传感器并联使用等措施，以确保气囊能可靠工作。

采用微机控制的气囊系统，其软件应用只有自检功能，每隔一定的时间就对气囊的电源、传感器、微机等部分进行自检，以便及时发现故障并进行维修。此外，软件应设置陷阱、超时检测等措施，以便在软件执行过程中克服由于外界干扰等原因造成软件短时间的跑飞、锁死等现象。

（3）**气囊在车内的标识**　驾驶人气囊装在转向盘毂内，有一个完整光洁的装饰外罩；前排乘员气囊则装在仪表板内，当发生前碰撞或近似前碰撞事故时，固装在组件内的气囊以规定方式冲破外罩充气膨胀。在转向盘外壳和仪表板上刻有"Air Bag"或"SRS""SIR"（辅助充气保护系统），表明该车装有气囊。

装有驾驶人用气囊的轿车仪表板上有一个指示灯，向驾驶人表明气囊系统状态，汽车用户手册上说明了该指示灯的功能。尽管汽车厂规定了维护或检查要求，但大多数气囊系统不需要常规维护就能经常处于可使用状态。

2. 安全气囊的分类

根据碰撞类型，安全气囊可分为正面碰撞防护安全气囊系统和侧面碰撞防护安全气囊系统两种。按照安全气囊数量可分为单气囊系统（只装在驾驶人侧）和双气囊系统（驾驶人侧和前排乘员侧各有一个安全气囊）。

在安全气囊系统开发中，就安全气囊和安全带的主、从关系不同，有被动安全气囊和主动安全气囊之分。所谓被动安全气囊是指气囊在开发过程中是作为被动约束系统，即该系统无须使用者设定就能够处于工作状态。因此，被动安全气囊系统主要针对未系安全带的乘员设计。对于这类乘员，在车速很低的情况下发生碰撞时，就有受伤的危险。因此，系统要求设定在以 18~20km/h 发生碰撞时就能点火引爆气囊。

由于三点式安全带在很多国家已经因法规要求强制安装，所以在开发安全气囊时会将安全气囊作为安全带保护能力的扩充。由于安全带大部分属于主动约束系统，所以将这种气囊称为主动安全气囊。试验表明，在 30km/h 以下的碰撞中，三点式安全带已经有较好的保护效果。但是在更高速的碰撞中，乘员的头部仍有第二次碰撞的危险。这时，主动安全气囊系统可以减少第二次碰撞带来的损害。

安全气囊系统按控制类型不同，可分为机械式和电控式两类。电控式又有分立元件型、集成电路型、微机控制型之分。此外，电控式还可以分为集中控制式（一个电子控制器控制两个以上的气囊）以及分散控制式（一个电子控制器只控制一个气囊）两种形式。

3. 安全气囊系统的组成及工作原理

当汽车发生碰撞时，由传感器对碰撞程度进行识别，对于中等程度以上的碰撞，传感器发出信号给 ECU，经 ECU 判别后发出点火信号使点火器工作，气体发生装置在极短的时间内产生大量气体通过滤清器充入卷收在一起的气囊，使其膨胀，如图 10-4 所示。

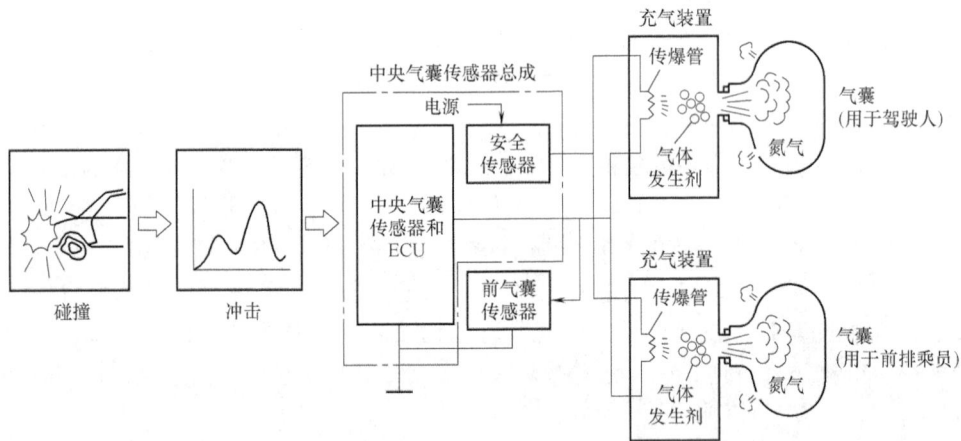

图 10-4　SRS 工作原理

安全气囊的全部动作完全由微机程序控制，按照程序事先设计的工作内容与步骤，按部就班地逐条执行，图 10-5 为安全气囊引爆时序。第 1 阶段：汽车撞车，达到气囊系统引爆极限，传感器从测出碰撞到接通电流需 10ms，传爆管点燃气囊的气体发生器，而此时驾驶人仍然处于直坐状态；第 2 阶段：20ms 后驾驶人身体开始向前移动，因为安全带斜系在驾驶人身上，随驾驶人的前移，安全带被拉长，一部分撞车时产生的冲击能量由安全带吸收，气体发生器在 40ms 内将气囊完全胀起（撞车速度为 50km/h）；第 3 阶段：汽车撞车 60ms之后，驾驶人的头部及身体上部都压向气囊，气囊后面的排气口允许气体在压力作用下匀速地逸出；第 4 阶段：汽车撞车 110ms 之后，驾驶人向后移回到座椅上，大部分气体已从气囊中逸出，前方又恢复了清晰的视野。

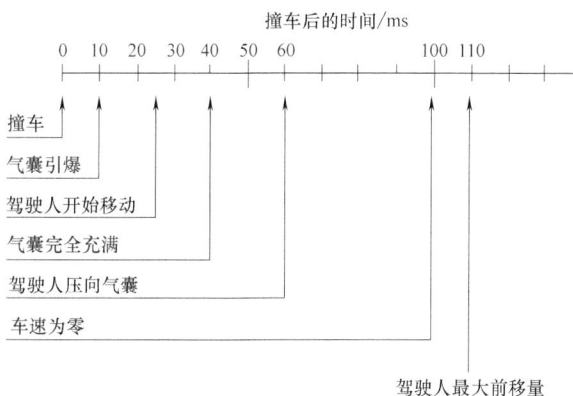

图 10-5　安全气囊引爆时序

安全气囊系统包括传感器系统、气囊总成、安全气囊控制模块（ACM）及其他附件。

（1）**碰撞传感器**　传感器用来提供检测、判断汽车发生事故后的撞击信号，以便及时起动安全气囊，并提供足够的电能或机械能来点燃气体发生器。在人体只可能受到极轻微损伤的条件下（如在汽车速度低于 12km/h 时的正面碰撞、一般的追尾事故等，或是由于路面过于颠簸造成的速度变化），传感器对于起动安全气囊的判断应该是否定的；而在人体可能受到严重损伤必须使用安全气囊保护时，传感器应能够在最大容许时间之前起动安全气囊。

在安全气囊系统中，一般设置 3~4 只碰撞传感器，分别安装在车身中部和前部。车身两侧的前翼子板内侧、两侧前照灯支架的下方、发动机散热器（水箱）支架左右两侧等。常用的安全气囊传感器有滚子式传感器、钢球式传感器、水银开关式传感器、偏心锤式传感器、电阻应变式传感器等。

1）滚子式传感器。如图 10-6 所示，滚子式传感器主要由电路触点、电阻器、加载弹簧、滚子、壳体组成。当发生碰撞产生的冲击力达到一定程度时，在加速度的作用下，滚子会沿着一定的轨迹向前推进。当滚子接触到前部的电路触点时，使连接 SRS-计算机的电路闭合接通。滚子式传感器是一种加速度传感器，只能测量到前、后的运动力，而不能检测左、右的运动力，并且它对低速撞击和粗糙面过于敏感，因此已逐渐被另一种钢球式传感器所取代。

2）钢球式传感器。这种传感器是一个小球在一圆柱形缸套内运动，小球被磁场力约束。如图 10-7 所示，在正常情况下，钢球被磁场力吸附在钢套的一端。当汽车发生碰撞时，如冲击力足够，钢球将克服磁场力向前运动，当接触到前面的电触头时便将局部电路接通。碰撞后磁场力自动把钢球吸离电触头，回到原位。这种传感器既是加速度传感器，又是速度传感器。传感器的灵敏度由磁场力的大小、钢球和圆柱形钢套的间隙以及钢球距电触头的距离决定。

3）水银开关式传感器。水银开关式传感器利用水银导电良好的特性制成，一般用作安全传感器（防护传感器），其结构如图 10-8 所示。当汽车发生碰撞时，减速度将使水银产生惯性力。惯性力在水银运动方向上的分力会将水银抛向传感器电极，使两个电极接通，从而接通气囊点火器。

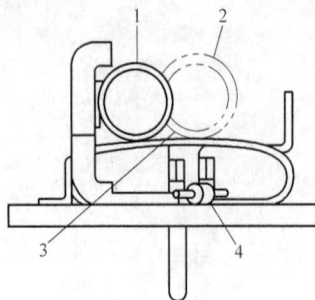

图 10-6 滚子式传感器

1—滚筒在未碰撞时的位置 2—滚筒在碰撞时
的位置 3—电路触点 4—电阻器

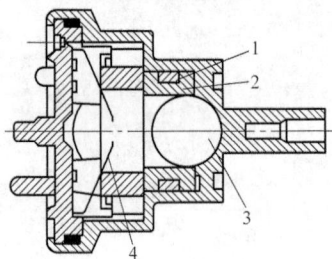

图 10-7 钢球式传感器

1—磁铁 2—缸套 3—钢球
4—电触头的位置

4）偏心锤式传感器。如图 10-9 所示，当汽车正常行驶时，扭力弹簧将锤、动触头定在止点位置，传感器没有触发信号给中央控制器。当汽车碰撞时，减速度作用力克服弹簧的扭力而使其产生运动，带动触桥转动，使动、静触头接合。此时，传感器向中央控制器发出"接通"信号，从而引爆点火器。

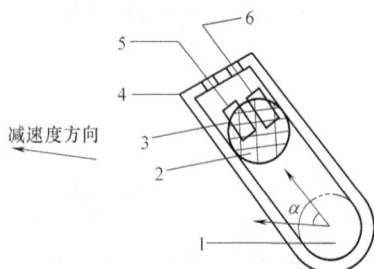

图 10-8 水银开关式传感器

1—水银（正常位置） 2—水银（冲撞位置）
3—触头 4—外壳 5—电极（接点火器）
6—电极（接电源）

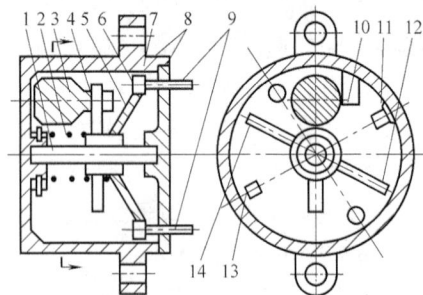

图 10-9 偏心锤式传感器

1—心轴 2—扭力弹簧 3—锤 4—转盘
5—触桥 6、12、14—动触头 7、11、13—静
触头 8—外壳 9—插头 10—限位块

（2）**气囊总成** 转向盘安全气囊总成主要包括点火器、充气泵、气囊组件及固定部件，如图 10-10 所示。点火器和充气泵也称为气体发生器。

1）气体发生器。气体发生器由点火器和充气泵组成。点火器是一个引爆装置，其结构如图 10-11 所示。它接收控制模块的低电流点火信号，发热点燃充气泵中的叠氮化钠（NaN_3）。驾驶人席充气泵的结构如图 10-12 所示。它采用热效反应法，有一个轻金属铝壳，内装能产生气体的化学药品，为气囊充气。当碰撞传感器接通蓄电池供电电路，点火器获得电能而加热点火剂点火。充气泵中的叠氮化钠与氧化铜（CuO）剧烈反应，迅速产生无害气体——氮气（N_2）。氮气经过增压器快速扩散到气囊内，使之充气。乘员席充气泵结构如图 10-13 所示。折叠后的气囊质心偏离气泵气流吹出的方向，以利于气囊迅速展开。

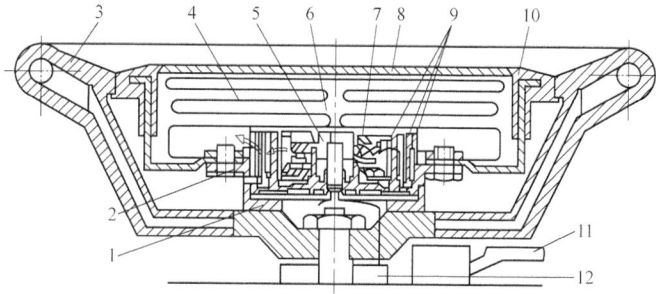

图 10-10　转向盘安全气囊总成

1—安装架　2—充气泵外壳　3—转向盘　4—气囊　5—引火药　6—电雷管　7—气化剂
8—气囊保护盖　9—滤清器　10—气囊盒　11—经济速度开关　12—缠叠电缆

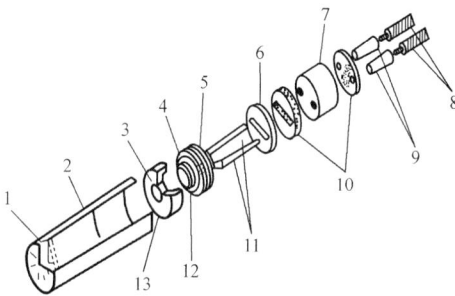

图 10-11　点火器

1—底药　2—药筒　3—引药　4—电热丝
5—电热头　6—放静电盘　7—碰头
8—引线　9—插接器　10—隔板
11—电极　12—玻璃封　13—药托

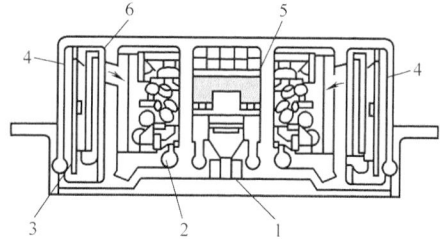

图 10-12　驾驶人席充气泵

1—点火器　2—叠氮化钠出口　3—增
压滤清器　4—到气囊的出口　5—充
气泵壳体　6—点火剂

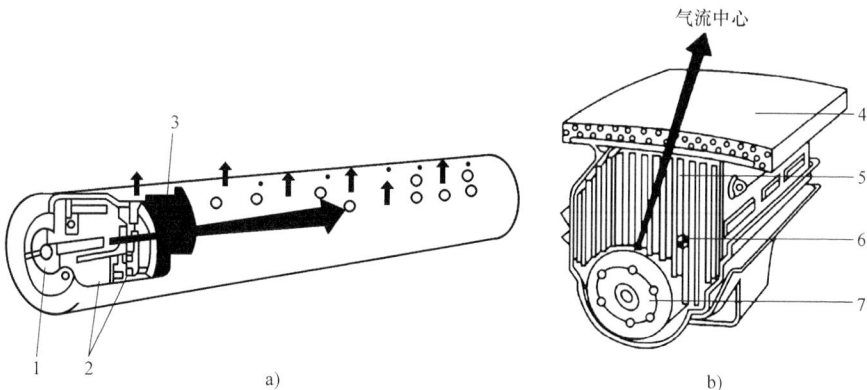

a)　　　　　b)

图 10-13　乘员席充气泵

1—点火器　2—点火剂　3—滤清器　4—盖　5—气囊　6—贮存的气囊中心　7—气泵

2）气囊组件。气囊一般由轻尼龙或聚酯纤维布料制成，内层涂有聚氯丁二烯，用以密闭气体。气囊组件在静态时可以折叠成包，安放在气体发生器的上部与气囊装饰盖之间，如

图 10-14 所示。气囊的大小依制造公司不同而有所差异。由于前排乘员与仪表板之间的距离比驾驶人与转向盘的距离大，因而乘员一侧的气囊要大得多。气囊背面或顶部有 2～4 个排气孔。当驾驶人或乘员在惯性作用下压到气囊上时，气囊便通过排气孔排气，从而吸收驾驶人与气囊碰撞的动能，避免或减轻人体受到的伤害。

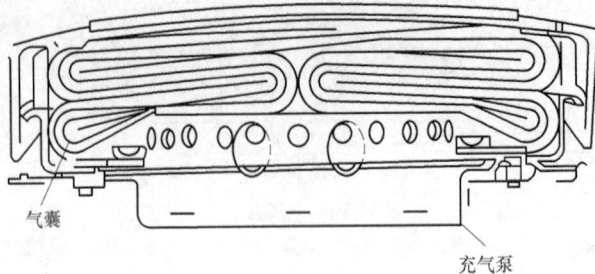

图 10-14　未展开的气囊

（3）安全气囊控制模块（ACM）　安全气囊控制模块又称 SRS 控制组件，简称 SRS 计算机。ACM 是 SRS 气囊系统的核心部件，其安装位置依车型而异，一般安装在中央控制台下面或乘员座椅下面。典型的 ACM 具备以下功能：

1）控制仪表板上的安全气囊检测灯。

2）连续检测安全气囊系统的各个部件。

3）控制安全气囊系统的诊断功能。

4）在汽车碰撞期间，如果蓄电池电压不足，则提供胀开气囊所需的电能。

5）当接收到来自传感器的相应信号时，负责给一个或几个气囊充气。

ACM 主要由控制模块、信号处理电路、备用电源电路、保护电路和稳压电路等组成。

1）控制模块。控制模块主要用以监测汽车纵向减速度或惯性力是否达到设定的阈值，控制气囊总成中的点火器引爆点火剂。

控制模块由 A/D 转换器、D/A 转换器、I/O 串口、只读存储器、随机存储器、EPROM 和定时器组成。

在汽车行驶过程中，控制模块不断接收碰撞传感器和安全传感器传来的车速变化的信号，经过数学计算和逻辑判断之后，确定汽车是否发生碰撞。当判断汽车发生碰撞时，立即运行点火程序，向点火电路发出点火指令引爆点火剂。点火剂引爆后产生的大量热量使充气剂分解释放气体，并向气囊充气。

控制模块还对控制组件中的关键电路进行不断地测试，再通过 SRS 指示灯和存储在存储器中的故障代码来显示测试结果。仪表板上的 SRS 指示灯可直接向驾驶人提供 SRS 气囊系统的状态信息。存储器中的状态信息和故障代码可用专用仪器或通过特定方式从 I/O 串口调出，以供装配检查与设计参考。

2）信号处理电路。信号处理电路主要由放大器和滤波器组成，主要用来对传感器检测到的信号进行整形、放大和滤波，以便使控制模块能够接收、识别和处理。

3）备用电源电路。为了提高可靠性，SRS 采用两个电源：一个是汽车电源（蓄电池和交流发电机）；另一个是备用电源。备用电源电路由电源控制电路和若干电容器组成。发动机工作时，电容器就会连续不断地充电。当汽车电源与控制模块之间的电路切断后，在一定时间内（一般为 6s），电容器凭借存储的能量维持向气囊系统供电，保持其正常的功能。

4）保护电路和稳压电路。在汽车电气系统中，许多部件带有电感线圈，电器开关数量繁多，电器负载变化频繁。当线圈电路接通或切断、开关接通或断开、负载电流突然变化时，都会产生瞬时脉冲电压，这些脉冲电压如果直接加载到气囊系统的控制电路上，会严重影响电路中的电子元件。为了避免系统元件受到损坏，控制模块中必须设置保护电路。同时，为了保证汽车电源电压变化时气囊系统能正常工作，还必须设置稳压电路。

（4）其他附件

1）安全气囊检测灯。安全气囊检测灯向驾驶人提供安全气囊系统的状况，由 ACM 控制。ACM 接收点火信号和启动信号，并将安全气囊的状况通过检测灯显示出来。正常情况下，当点火开关开通时，气囊检测灯闪烁 7~9 次，然后在发动机起动的过程中保持稳定发光。一旦发动机起动，气囊检测灯闪烁 7~9 次，此后在发动机运转过程中保持熄灭状态。

2）护膝板。护膝板可以保护驾驶人的膝盖并防止驾驶人向前滑向气囊下方，通常在驾驶人一侧的仪表板下部安装有带衬垫的护膝板。

4. 新一代的智能型安全气囊

德国博世公司正在开发新一代的智能型安全气囊，该系统将遍布整个汽车的一系列传感器与一个单独的安全气囊控制器相连，可以检测出汽车碰撞的类型和碰撞的强度，同时可以监测任何汽车乘员的位置和身材。安全气囊控制器可以计算出安全气囊和安全带收紧器需要联合作用还是单独作用。

安装在前保险杠后面挤压区内的传感器协助安全气囊控制器评价碰撞的严重程度。安全气囊由双级气体发生器充气吹胀，并且根据来自传感器的信号，由安全气囊控制器确定何处的安全气囊进行触发。

安全气囊控制器还可利用来自偏摆和加速度传感器的信号确定是否会翻车，计算是否触发车顶和车门的安全气囊。

二、安全带紧急收缩触发系统

1. 概述

座椅安全带紧急收缩触发系统（Seat-Belt Emergency Retracting Triggering System，SRTS），又称为安全带预紧系统，简称为安全带收紧系统。为了充分发挥安全带的保护作用，确保汽车驾驶人和乘员的人身安全，国产轿车大都装备有安全带收紧系统。

座椅安全带收紧系统的功用是当汽车遭受碰撞时，在气囊胀开之前迅速收紧安全带，缩短驾驶人和乘员身体向前移动的距离，避免或减轻人体遭受伤害。

2. 安全带收紧系统的组成

安全带收紧系统（SRTS）是在 SRS 的基础上，增设防护传感器和左、右座椅安全带收紧器构成。丰田雷克萨斯 LS400 型轿车 SRTS 与 SRS 控制部件的安装位置如图 10-15 所示。

SRTS 的前碰撞传感器和 ECU 一般都与 SRS 共用（仍称为 SRS ECU），防护传感器设在 SRS ECU 内部，用于接通安全带收紧器的电源电路。

安全带收紧器为 SRTS 的执行器，又称为安全带紧急收紧收缩器，安装在座椅靠近左、右车身的两侧或左、右车门立柱旁边。按结构不同，安全带收紧器可分为活塞式和钢珠式两种类型。丰田和奔驰轿车采用了活塞式安全带收紧器，捷达和宝来轿车采用了钢珠式安全带收紧器。

（1）**活塞式安全带收紧器** 活塞式安全带收紧器由导管（又称为气缸）、活塞、钢丝绳、气体发生器、点火器和安全带收缩棘轮组成，结构如图 10-16 所示。气体发生器和点火器的结构原理与 SRS 气体发生器和点火器基本相同，有所不同的是体积很小，因此充气剂的用量很少。点火器安装在气体发生器内部。

活塞直径约 20mm，安装在导管（气缸）内。活塞上焊接有一根钢丝绳，钢丝绳的另一端固定在棘轮机构的一个棘爪上。

棘轮机构设在安全带伸缩卷筒的一端，由三个棘爪、一个外齿环和时钟弹簧组成。外齿环固定在安全带伸缩卷筒的转轴上，可与转轴一同转动，棘爪安放在外齿环周围的圆形固定架内。当钢丝绳不动时，棘爪在时钟弹簧作用下处于松弛状态，外齿环可随安全带卷筒沿顺时针或逆时针方向转动；当拉动钢丝绳时，拉力力矩克服时钟弹簧弹力力矩使棘爪抱紧在外齿环上，并带动安全带伸缩卷筒转动，从而使安全带收紧。

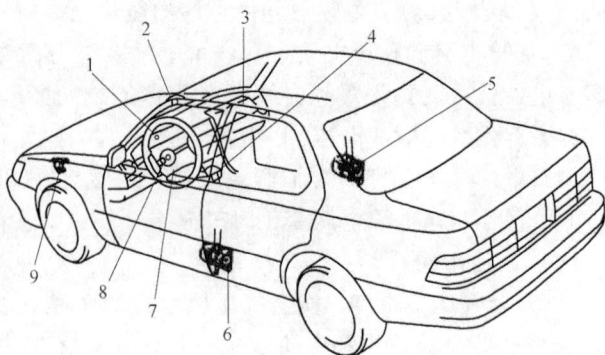

图 10-15　丰田雷克萨斯 LS400 型轿车 SRTS
与 SRS 控制部件的安装位置

1—SRS 指示灯　2—右前碰撞传感器　3—乘员席气囊组件
4—SRS ECU　5—右座椅安全带收紧器　6—左座椅安全
带收紧器　7—驾驶人席气囊组件　8—螺旋线束
9—左前碰撞传感器

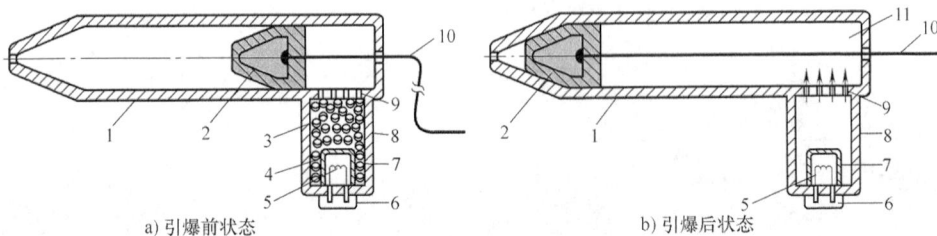

a）引爆前状态　　　　　　　　　　b）引爆后状态

图 10-16　活塞式安全带收紧器结构

1—导管（气缸）　2—活塞　3—充气剂（叠氮化钠）　4—引爆炸药
5—电热丝　6—线束插座　7、9—通气孔　8—气体发生器
10—钢丝绳　11—氮气

当点火器电路接通时，电热丝通电红热并引爆引药。引爆炸药释放大量热量使充气剂受热分解并释放出大量无毒氮气充入收紧器导管。活塞在膨胀气体的推力作用下带动钢丝绳迅速移动，如图 10-16b 所示。与此同时，钢丝绳通过棘轮机构带动安全带卷筒转动将安全带收紧，使驾驶人和乘身体向前移动距离缩短，避免或减轻面部、胸部与转向盘、风窗玻璃或仪表台发生碰撞而遭受伤害。

（2）**钢珠式安全带收紧器** 轿车用钢珠式安全带收紧器主要由气体发生器、点火器、钢珠、带齿转子、安全带卷筒和钢珠回收盒组成。

气体发生器和点火器的结构原理与 SRS 的气体发生器和点火器基本相同，但体积很小。点火器安装在气体发生器内部，钢珠安装在气体发生器前面的滚道内。带齿转子固定在安全带卷筒的一端。

当点火器电路接通时，电热丝通电红热并引爆引药，引爆炸药释放大量热量使充气剂受热分解并迅速释放出大量氮气冲击钢珠。滚道内的钢珠在膨胀气体地推力作用下连续射向转子齿槽，从而驱动转子带动卷筒转动将安全带收紧。

3. 安全带收紧的控制过程

当汽车遭受碰撞且减速度达到前碰撞传感器和防护传感器的设定阈值时，防护传感器将安全带收紧点火器的电源电路接通，前碰撞传感器信号输入 SRS ECU 后，SRS ECU 立即向安全带收紧点火器发出点火指令使收紧点火器电路接通，气体发生器就会产生氮气使收紧器动作，在碰撞后约 10ms 内将安全带收紧 15~20cm，缩短驾驶人和前排乘员身体向前移动的距离，避免或减轻面部、胸部与转向盘、风窗玻璃或仪表台发生碰撞而遭受伤害。

在 SRS ECU 向安全带收紧点火器发出点火指令的同时，还要向气囊点火器发出点火指令，使气囊膨胀吸收碰撞产生的动能，达到保护驾驶人和乘员的目的。因为气囊在发生碰撞约 40ms 后才能完全充气到最大体积，所以在座椅安全带收紧后，驾驶人席和乘员席各种气囊（包括正面、侧面、护膝以及气帘等气囊）才会同时胀开。

第三节　车道偏离预警系统

一、简述

据交通部统计，约有 50% 的汽车交通事故是因为汽车偏离正常的行驶车道而引起，究其原因主要是驾驶人心神烦乱、注意力不集中或疲劳驾驶。其中 23% 的汽车驾驶人一个月内至少在转向盘上睡着一次；66% 的货车驾驶人在驾驶过程中打瞌睡；28% 的货车驾驶人在一个月内有在转向盘上睡着的经历。如此惊人的比例足以证明车道偏离预警的重要意义。

驾驶人因素是导致道路交通事故影响的主要因素。由于驾驶人超速行驶、未保持在当前车道行驶、操作不当等违法行为导致发生道路交通事故，造成了严重的人员伤亡和损失。

车道偏离预警系统是一种通过报警的方式辅助驾驶人减少汽车因车道偏离而发生交通事故的系统。

二、车道偏离预警系统的结构组成及原理

车道偏离预警技术主要通过车载传感器判断、分析本车在当前车道线的相对位置关系，在驾驶人无意识（未打转向灯）偏离原车道时，能在车辆偏离车道 0.5s 前发出警报，为驾驶人提供了更多的反应时间，大大减少了因车道偏离引发的碰撞事故。目前，由于视觉传感器的信息量丰富，常被作为实现车道偏离预警的车载传感器。

基于视觉的车道偏离预警系统主要包括图像采集单元、中央处理单元、车辆状态传感器以及人机交互单元等。如图 10-17 所示，当车道偏离系统开启时，系统利用安装在汽车车身侧面或后视镜位置上的图像采集单元获取车辆前方的道路图像，中央处理单元对图像进行分

析处理，从而获得汽车在当前车道中的位置参数，传感器会及时收集车辆数据和驾驶人的操作状态，如转向灯信号等。当检测到汽车距离当前车道线过近有可能偏入邻近车道或驶离本车道而且驾驶人并没有打转向灯时，人机交互界面就会发出警告信息，提醒驾驶人注意纠正这种无意识的车道偏离，及时回到当前行驶车道上，为驾驶人提供更多的反应时间，从而尽可能地减少车道偏离事故的发生。而如果驾驶人打开转向灯，正常进行变线行驶，那么车道偏离预警系统不会做出任何提示。

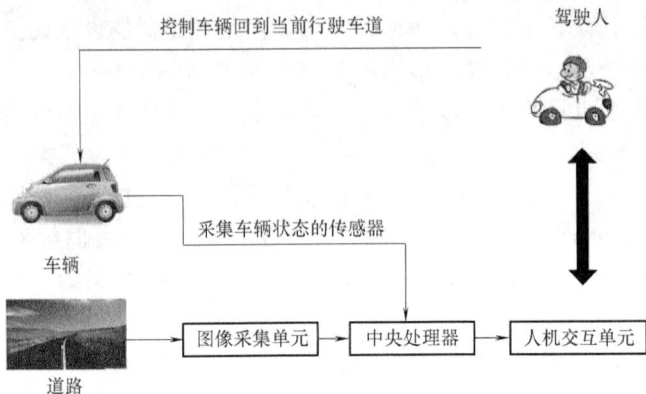

图 10-17　基于视觉的车道偏离预警系统的组成

车道偏离预警系统各组成部件的作用如下：

1. 图像采集单元

为了模拟驾驶人感知车辆前方道路图像及环境信息，基于视觉的车道偏离预警系统需要图像采集单元实时获取视频信号，并且需要将模拟视频信号转换为中央处理单元能分析处理的数字视频图像。常见的图像采集单元主要包括工业照相机（如图 10-18 所示）、镜头和图像采集卡等。

2. 中央处理单元

中央处理单元可以完成数字图像处理、车辆状态分析以及决策控制等功能。

中央处理单元分析来自车辆状态传感器发送过来的信号，如车辆转向灯是否开启的信号、本车当前位置 GPS 信号或者转向盘转角信息。当中央处理单元判断车辆将要偏离左侧或者右侧车道线并且没有

图 10-18　工业照相机

开启转向灯信号时，判断将要发生车道偏离事故，输出报警信号。

3. 人机交互单元

人机交互单元通过显示界面向驾驶人提示系统当前的状态，当存在危险情况时，报警装置可以发出声光提示，或是振动转向盘或座椅的形式。

车辆偏离预警系统分为纵向和横向车道偏离警告两个主要功能。纵向车道偏离警告系统主要用于预防由于车速太快或方向失控引起的车道偏离碰撞；横向车道偏离警告系统主要用于预防由于驾驶人注意力不集中以及驾驶人放弃转向操作而引起的车道偏离碰撞。

三、车道偏离预警系统的发展与应用

车道偏离预警系统的研究主要集中在基于视觉的车道偏离预警系统上。但从现有的技术水平看，影响基于视觉的车道偏离预警系统可靠性的最主要因素是系统应用的天气条件以及光照变化，这是所有基于视觉的车道偏离预警系统目前面临的一个主要难题。目前，研究各种鲁棒性强、能适应各种天气条件、克服光照变化以及阴影条件的影响的车道偏离评价算法是所有基于视觉的车道偏离预警系统的发展趋势。

基于汽车主动安全发展的趋势以及国内的一些交通现状，汽车主动安全电子行业逐渐在形成一个独立的体系，吸引了国内很多汽车业内人士的关注和研发投入。国内现在只有少部分公司对车道偏离系统的研发比较完善，而且形成了一个独立的产业，车道偏离预警系统的市场化意味着进入了一个汽车主动安全的新时期。

车道偏离预警系统最先应用在货车上，如图 10-19 所示。目前车道偏离预警系统在大众CC、宝马 5 系、奔驰 E 级、英菲尼迪 M 系等车型均已配备。在不同汽车品牌的车道偏离预警系统中，除称呼不同外，其提醒驾驶人的方式方法也有本质的区别。有的车型当车辆偏离车道后，会在仪表盘中亮起预警灯，并在车内发出鸣音来提醒驾驶人，但当遇到杂乱的环境（如开车窗、后方车辆长时间鸣笛），就会容易听不清提示音，从而造成安全隐患情。就此问题，一些品牌车型进行了改进，它们的车道偏离预警系统以转向

图 10-19　应用于货车的车道偏离预警系统

盘振动的形式警示驾驶人，相比提示音方式更为安全可靠，此外，一些品牌车型还采用了座椅振动的提醒方式，还有少数品牌车型则采用自动改变汽车转向的方式。

第四节　汽车空调

一、汽车空调的基本组成和类型

1. 汽车空调的基本组成

现代汽车全功能的空调系统由制冷系统、供暖系统、通风系统、空气净化装置及控制系统等几部分组成。

1）制冷系统。用于对车内空气或车外进入车内的新鲜空气进行冷却，使车内达到凉爽舒适。

2）供暖系统。用于对车内空气或车外进入车内的新鲜空气进行加热、除湿，使车内达到温暖舒适。

3）通风系统。用于将车外的新鲜空气引进车内，达到通风、换气的目的。

4）空气净化装置，用于除去车内空气中的尘埃、异味，使车内空气变得清洁，目前只

用于高级轿车上。

5）控制系统。将制冷、供暖、空气净化有机地组合，形成冷暖适宜的气流，并能对车内环境进行全季节、全方位多功能的最佳控制和调节。

2. 汽车空调的类型

(1) 按驱动方式分 可分为独立式空调、非独立式空调两类。

1）独立式空调。用一台专用空调发动机来驱动制冷压缩机，制冷量大，工作稳定，但成本高，体积及质量增大，多用于大、中型客车上。

2）非独立式空调。由汽车发动机直接驱动制冷压缩机，制冷性能受汽车发动机工作的影响。工作稳定性较差，低速时制冷量不足，高速时制冷量过量，影响汽车发动机的动力性，多用于小型客车和轿车上。

(2) 按空调的功能分 可分为单一功能型、冷暖一体型两种。

1）单一功能型空调。将制冷系统、供暖系统、通风系统各自安装，单独操作，互不干涉，多用于大型客车和载货汽车上。

2）冷暖一体型空调。制冷、供暖和通风共用一台风机及一个风道，冷风、暖风和通风在同一控制板上进行控制。工作时又可分为冷暖风分别工作的组合式空调和冷暖风同时工作的混合调湿式空调两种。混合调湿式空调结构紧凑，易调温，操作方便，多用于轿车上。

(3) 按空调系统的控制方式分 可分为手动调节、电控气动自动调节、全自动调节和微机控制的全自动调节。

1）手动调节。依靠驾驶人拨动控制板的功能键完成对温度、风向、风速的控制。

2）电控气动自动调节。利用真空控制系统，当选好空调功能键时，就能在预定温度内自动控制温度和风量。

3）全自动调节。利用计算比较电路，通过对传感器信号和预调信号的处理、计算、比较，输出不同的电信号使控制机构工作，以调节温度和风机转速。

4）微机控制的全自动调节。以微机为控制中心，实现对车内空气环境进行全季节、全方位、多功能的最佳调节和控制。

二、汽车空调制冷循环工作过程

空调的制冷方式很多，常见的有四种，即液体汽化制冷、气体膨胀制冷、涡流管制冷和热电制冷。其中液体汽化制冷的应用最为广泛，它是利用液体汽化时吸热效应而实现制冷。

任何液体汽化时都要吸收热量。在定压状态下，1kg 液体汽化时所吸收的热量称为汽化潜热，即

$$r = h'' - h' = T(s'' - s')$$

式中，r 为单位质量工质的汽化潜热（kJ/kg）；h'' 为单位质量工质的饱和蒸汽比焓值（kJ/kg）；h' 为单位质量工质的饱和液体比焓值（kJ/kg）；s'' 为单位质量工质的饱和蒸汽比熵值 [kJ/(kg·K)]；s' 为单位质量工质的饱和液体比熵值 [kJ/(kg·K)]；T 为此定压下对应的饱和温度（K）。

对于任何一种液体，汽化潜热随其蒸发压力而改变。在相同的压力下，不同工质的汽化潜热也不相同。工质的相对分子质量越小，其汽化潜热的数值越大。

液体汽化制冷循环由工质低压下汽化（蒸发过程）、蒸气升压（压缩过程）、高压气体

液化（冷凝过程）和高压液体降压（节流过程）四个基本过程组成，即汽车空调制冷系统工作时，制冷剂以不同的状态在密闭系统内循环流动，每一循环包括上述四个基本过程。

（1）**压缩过程**　当发动机带动压缩机运转时，压缩机吸入蒸发器出口处低温（0℃）低压（0.147MPa）的制冷气体，将其压缩成高温（70~80℃）高压（1.471MPa）的气体排出压缩机。

（2）**冷凝过程**　又称为放热过程。高温高压的过热制冷剂气体进入冷凝器，压力和温度降低。当气体的温度降至40~50℃时，制冷剂气体变成液体，同时释放大量的热量。

（3）**膨胀过程**　又称为节流过程。液态制冷剂流到贮液干燥器后，在贮液干燥器中除去水分和杂质，由管道流入膨胀阀。温度和压力较高的制冷剂液体通过膨胀阀装置后体积变大，压力和温度急剧下降，以雾状（细小液滴）排出膨胀装置。

（4）**蒸发过程**　又称为吸热过程。低温低压的雾状制冷剂进入蒸发器后，通过蒸发器的壁面吸收蒸发器表面周围空气的热量而沸腾汽化，从而降低车内空气温度。在鼓风机的作用下，车内的冷、热空气加速对流，提高了空调制冷效果。在蒸发器内吸热汽化后的制冷剂蒸气再次被压缩机吸入，然后重复上述过程。

由此可知，汽车空调制冷系统实际上是一个传热系统，通过制冷剂把车内的热量传送到车外，使车内温度降低。其原理如图10-20所示。

三、制冷系统结构部件

汽车空调系统主要由制冷压缩机、电磁离合器、冷凝器、贮液干燥器、膨胀阀、蒸发器、控制电路及保护装置组成。下面分别介绍有关部分的作用及构造。

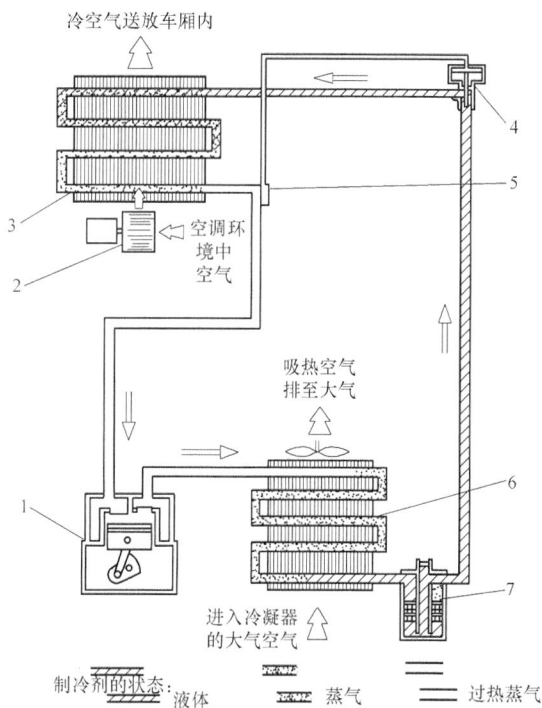

图10-20　汽车空调制冷系统原理
1—压缩机　2—鼓风机　3—蒸发器　4—膨胀阀
5—感温包　6—冷凝器　7—贮液干燥器

1. 制冷压缩机

压缩机的功用是吸收低压制冷剂蒸气，并将其压缩到所需压力后排放到冷凝器。由于吸收和排放作用，使制冷剂在空调管路中按一定方向流动，完成制冷循环。压缩机的缸数有双缸或多缸，气缸布置有直列、V形和环形多种，其活塞有的由连杆驱动，有的用旋转斜盘驱动。图10-21为一双缸压缩机的结构简图，它主要由气缸、活塞、曲轴、连杆和吸、排气门等构成。

2. 电磁离合器

汽车空调有两种形式，一种是独立式空调，主要用在一些大型客车上，其压缩机由一台专用发动机驱动；另一种是非独立式空调，用在小型汽车上，其压缩机由汽车发动机驱动。

非独立式空调压缩机的带轮分内外两部分。外部是装有电磁线圈的带轮，经轴承支承在内轮上，内轮用螺钉或键固定在压缩机驱动轴上，内外轮间有盘状衔铁。其工作情况如图10-22所示。

当线圈不通电时，如图10-22a所示，衔铁与线圈分离，带轮在内轮上空转，压缩机不工作；当线圈通电时，产生电磁吸力吸合衔铁，带轮转动，压缩机曲轴转动，空调投入工作，如图10-22b所示。

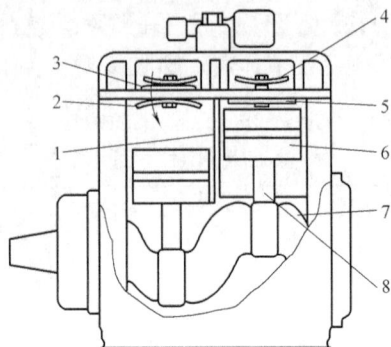

图 10-21　双缸压缩机结构简图

1—气缸　2—吸气门（打开）　3—排气门
（关闭）　4—排气门（打开）　5—吸气门
（关闭）　6—活塞　7—曲轴　8—连杆

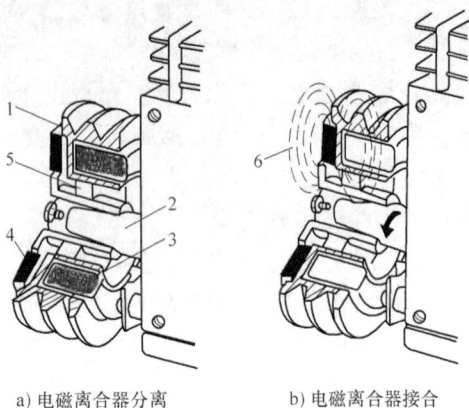

a) 电磁离合器分离　　　b) 电磁离合器接合

图 10-22　电磁离合器结构及原理

1—带轮　2—压缩机驱动轴　3—电磁线圈
4—盘状衔铁　5—轴承　6—磁场

3. 冷凝器

冷凝器由排管和冷却散热片组成，起热交换器的作用。其动作原理如图10-23所示。

从压缩机来的高温、高压制冷剂蒸气流入冷凝器的排管，在通过冷凝器时被空气冷却，即制冷剂蒸气向外部的空气释放热量，使制冷剂冷凝成液态。

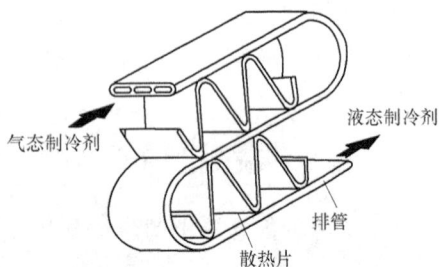

图 10-23　冷凝器动作原理

4. 贮液干燥器

贮液干燥器如图10-24所示，其作用如下：

1）作为制冷剂的贮存器，能以一定的流量向膨胀阀输送液态制冷剂。

2）其中装有干燥剂（如氧化硅），能吸收少量的潮气，使制冷剂干燥。

3）由观测玻璃观测制冷剂填充量。

在贮液干燥器上还有一安全装置——可熔塞，如图10-25所示。

因制冷剂散热量减少或其他原因使制冷剂温度急剧上升，当贮液干燥器内部压力达2.94MPa、温度达100~104℃时，可熔塞上的锡就会熔化，向外排泄高压的制冷剂，以防系统受损。

5. 膨胀阀

汽车制冷系统使用的膨胀阀为温度自动控制式膨胀阀。其作用有：一是降低制冷剂压力，保证其在蒸发器内沸腾蒸发；二是调节流入蒸发器的制冷剂流量，以适应制冷负荷变化的需要。

图 10-26 为轿车上普遍使用的 H 形膨胀阀（又称整体式膨胀阀），它主要由阀体、感温元件、调节杆、弹簧、球阀等组成。

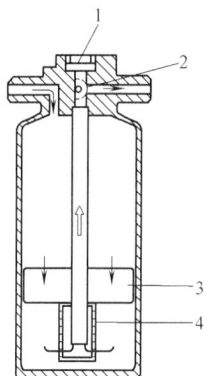

图 10-24 贮液干燥器

1—观测玻璃 2—可熔塞
3—干燥剂 4—过滤器

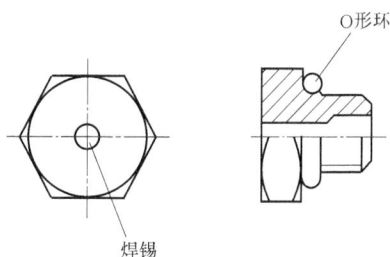

图 10-25 可熔塞

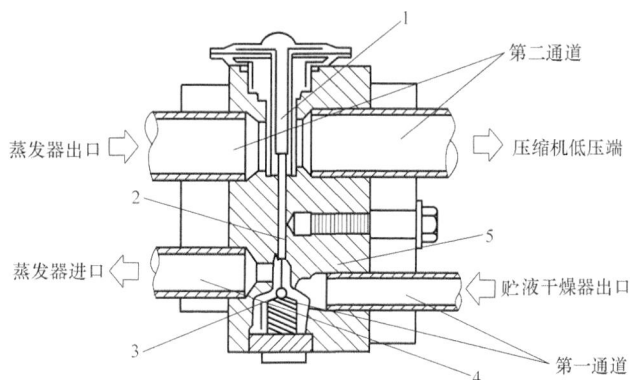

图 10-26 H 形膨胀阀结构示意图

1—感温元件 2—调节杆 3—球阀
4—弹簧 5—阀体

在高压液体进口和出口之间，设置一个由球阀控制的节流孔，节流孔的开度由弹簧和感温元件控制。感温元件内充注制冷剂，直接感受蒸发器出口的蒸气温度。当蒸发器出口的蒸气温度高时，感温元件内制冷剂吸热蒸发压力增大，迫使球阀压缩弹簧使阀门开度增大，进入蒸发器的制冷剂流量增多，反之亦然。

6. 蒸发器

蒸发器的作用与冷凝器正好相反，其结构如图 10-27 所示。

刚出膨胀阀的制冷剂呈液态，进入突然

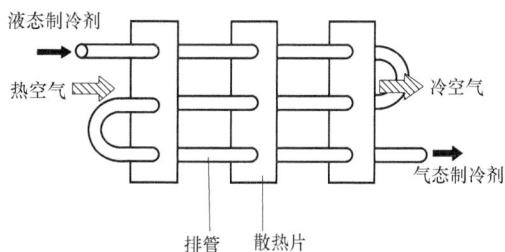

图 10-27 蒸发器结构

增大了的蒸发器后,其压力下降,立即沸腾蒸发为气态,并从穿过蒸发器冷却风扇的空气中吸收大量热,结果使空气温度下降,所以会感觉到从空调中吹出来的风为凉风。

除上述部件外,汽车空调一般还具有一些保护装置,但不同汽车的空调系统保护装置差别较大,在此不再讨论。

四、空调系统控制电路

汽车空调种类繁多,其控制电路亦不尽相同,但也有许多共同之处。下面以丰田汽车前置式空调电路为例进行介绍,如图 10-28 所示。

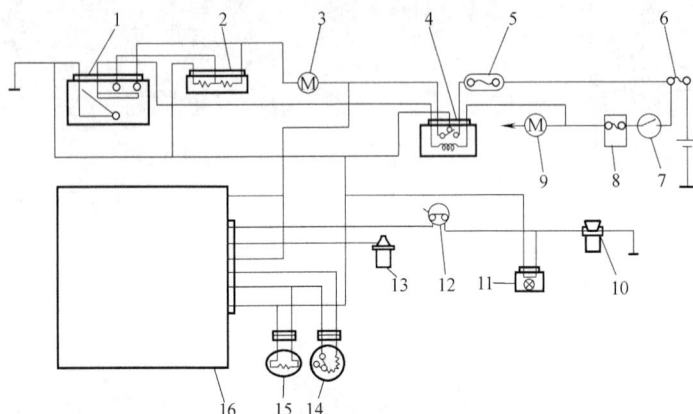

图 10-28　丰田汽车前置式空调电路

1—鼓风机开关　2—电阻器　3—冷气装置鼓风机　4—继电器　5—熔断丝　6—易熔接线　7—点火开关
8—熔断丝盒　9—暖气装置鼓风机　10—压缩机电磁离合器　11—真空转换阀(只用于 18R 型发动机)
12—压力开关　13—点火线圈　14—热敏电阻开关　15—热敏电阻　16—放大器

1. 空调不工作时

点火开关接通后,若将鼓风机开关置于"OFF"位,则继电器的线圈电路未接通,其常开触点仍打开,即图 10-28 所处状态,鼓风机电路未被接通。同时放大器、电磁离合器电源也均被切断,空调不工作。

2. 空调正常工作时

接通点火开关,在发动机工作时,若将鼓风机开关置于非"OFF"状态,继电器的线圈通电,通电回路为:蓄电池正极→点火开关→熔断丝盒→继电器线圈→鼓风机开关→搭铁→蓄电池负极。由于继电器线圈产生电磁吸力使其常闭触点打开,常开触点闭合,冷气装置鼓风机的电路被接通开始运转(根据开关位置不同,由电阻器控制鼓风机以不同速度运转),同时放大器电路被接通;若发动机转速、车内温度、空调系统内压力均正常,则放大器中的继电器触点闭合,接通电磁离合器电路,通电回路为:蓄电池正极→易熔接线→熔断丝→继电器的常开触点→放大器中的继电器触点→压力开关→电磁离合器→搭铁→蓄电池负极。空调压缩机运转,系统投入工作。

3. 转速、温度控制

(1) **转速控制**　在发动机怠速工况下,如果转速达不到规定数值,为了防止发动机过热或熄火,在不带真空转换阀的车辆上,控制电路(放大器)将电磁离合器电路切断,使空调系统自动停止工作。反之，当发动机转速达到规定数值时，电磁离合器电路被接通，空调压缩机运转，系统制冷。

（2）**温度控制**　在车内温度过低时，空调控制电路也能自动切断电磁离合器电路，使空调系统自动停止工作。

改变热敏电阻开关位置，该电阻数值即发生变化，而由于热敏电阻接在温度控制电路中，从而改变了测温电路的电阻值，该电阻与不同温度下的热敏电阻共同作用，限制车内的最低温度，达到调节车内温度的目的。

4. 压力开关控制与发动机怠速的自动调整

（1）**压力开关控制**　串联在电磁离合器回路中的压力开关的作用是当制冷系统内制冷剂压力高于规定压力值时，开关动作，切断电磁离合器电路，使压缩机停止运转，避免压缩机及制冷系统因内部压力过高而损坏。

（2）**发动机怠速的自动调整**　装用 18R 型发动机的汽车空调电路上还装有真空转换阀，其作用是在发动机怠速运转时，适当提高其运转速度，既能使空调系统工作（往往这种情况下更需要空调工作），又不使发动机过热或熄火。

五、智能全自动空调

1. 全自动空调系统的特点

手动空调系统操作不便，调节精度较差，并且当车外气温、日照强度以及车内冷、热负荷发生变化时，无法自动调节车内的送风温度、送风量等参数，因此，无法达到对车内空气的最佳调节。为了能自动保持车内空气的舒适性而不受外部气候变化和车内冷、热负荷变化的影响，20 世纪 60 年代后期至 70 年代初，美国和日本先后采用电子控制装置和各种传感器对车外气温、日照情况以及车内温度进行不断检测，并将检测信号送入电子控制器，由电子控制器对送风温度、送风速度以及送风出口进行不断调控，从而实现对车内空气参数进行自动调节和控制。这种带有自动检测和调节装置的空调系统也称为自动空调系统。

自动空调系统以微机为控制中心，结合与汽车发动机有关的各种传感器运行参数（冷却液温度、转速等），车外的气候条件（如气温、空气湿度、日照强度等），车内的平均温度、湿度、空调的送风模式（送风速度、送风口的选择等）以及制冷压缩机的开、停状况，制冷循环有关部位的温度、制冷剂压力等多种参数进行实时检测，并与操作面板送来的信号（如设定温度信号，送风模式信号等）进行比较，通过运算处理后做出判断并输出相应的调节和控制信号，通过相应的执行机构（如电磁真空转换阀和真空执行器、风门电动机、继电器等），对压缩机的开停状况、送风温度、送风模式、回风方式、热水阀开度等及时地调整和修正，以实现对车内空气环境全季节、全方位、多功能的最佳调节和控制。

2. 自动空调系统的组成和工作原理

自动空调系统通常由传感器、空调电子控制器以及执行机构组成。图 10-29 所示为轿车自动空调系统的结构和有关传感器的安装位置。图 10-30 所示为自动空调系统电子控制器工作原理。安装在仪表板上的操作显示面板如图 10-31 所示，图中 PTC（Positive Temperature Coefficient）为正温度系数的热敏电阻加热器，AUTO 为自动空调，A/C（Air condition）键为汽车空调开关。

输入到空调电子控制器的信号主要有车内温度、车外温度、发动机冷却液温度和日照温

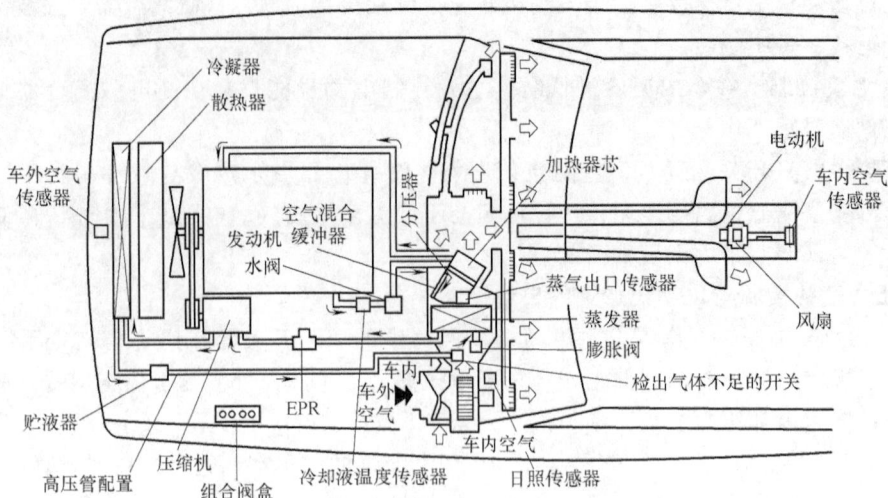

图 10-29　轿车自动空调系统的结构和有关传感器的安装位置

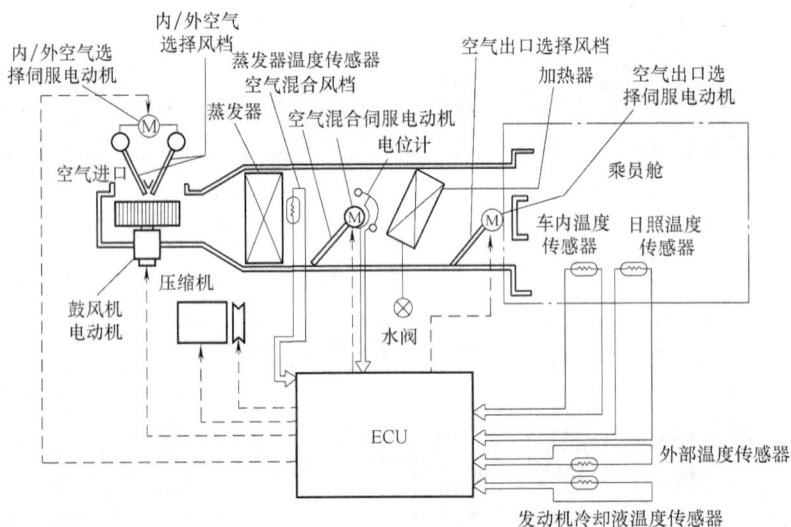

图 10-30　自动空调系统电子控制器工作原理

度等温度传感器信号，操作键盘输入信号（包括设定温度信号、空调运行模式信号等），空气混合风门位置信号，制冷循环运行参数（如有关部位的制冷剂温度、压力等参数）信号等。空调电子控制器输出控制信号主要有为操作各种模式风门的真空电磁转换阀（VSV）信号、复式真空电磁转换阀（DVV）信号或风门电动机驱动信号，鼓风机电源电压信号（用于调节送风速度或改变送风量）和向压缩机提供的开、停信号等。

自动空调系统工作过程如下：

1）自动空气调节功能。包括车内温度自动调节，回风和送风模式自动控制，运转方式给定的自动化及换气量控制等。当通过操作键盘设定好车内温度以后，如汽车空调以自动方式运行，这时空调电子控制器将不断地监测各种传感器送来的信号并对送风温度、

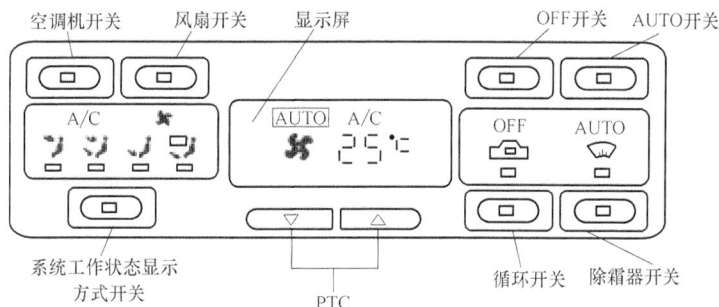

图 10-31　操作显示面板

送风速度进行及时调整和修正，同时根据情况自动选择回风方式和送风口，以保持车内空气的最佳调节状态。例如，当车外空气温度上升、日照强度增加或车内热负荷增加时，空调电子控制器会自动改变制冷压缩机的开停比或增大压缩机排量（对于变容量压缩机）以增大制冷量，同时加大送风速度以补偿由于车外温度升高、日照强度加大或车内热负荷增加造成的车内温度回升。在夏季，当蒸发器冷却温度变化时，送风量也随之变化，即送风温度低时自动减少送风量，而当送风温度升高时则自动增加送风量。在冬季，水温低而不能充分供暖时，电子控制器则会自动中断送风，待温度正常后再开始送风。在空调自动运行方式下，回风模式和送风口的选择也由空调电子控制器自动切换，在夏季酷暑天气，车内温度明显升高时，为使车内降温迅速，自动采用内循环方式，当空调系统使车内温度下降至一定值后，则自动打开外部空气进口，按一定比例引入新风。送风口的选择影响车内的温度分布，空调电子控制器会根据气候情况自动切换，如在夏季冷气从较高处吹出，而在冬季则从下方吹出暖风。

2）经济运行方式。在该运行方式下，空调电子控制器会在尽可能短的时间内起动制冷压缩机甚至不起动制冷压缩机的情况下保持车内的温度状态。如在春、秋两季车外温度与设定温度较为接近时便可在该方式下运行，以达到节能的目的。

3）完善的显示功能。通过安装在仪表板上的空调系统显示屏，可随时显示当前的车内温度、车外温度以及空调系统的运行方式、送风速度、回风和送风口的自动切换状况等空调运行参数，可使驾驶人及时了解空调系统的工作状况。

4）故障检测和保护功能。由于采用空调电子控制器结合各种传感器、执行机构对汽车空调系统进行全面调节和监控，因而很容易实现对空调系统的故障检测和自诊断功能，有助于空调电子控制系统的检修和维护，同时，当系统出现故障时，空调电子控制器会及时采取相应的保护措施，并可通过汽车的自诊断系统完成故障检测和自诊断。

本章小结

本章介绍了中央门锁与防盗系统、乘员辅助约束系统、车道偏离预警系统以及汽车空调等车身电子控制系统。

习 题

1. 简述中央门锁系统的工作原理。

2. 汽车防盗系统可以分为哪几种类型？

3. 汽车安全气囊系统的功用是什么？主要由哪些部件组成？

4. 座椅安全带收紧系统的功用是什么？安全带收紧器有哪些类型？各有什么特点？

5. 简述汽车碰撞的类型。

6. 简述正面碰撞传感器的一般安装位置。

7. 简述电控单元（SRS ECU）的工作过程。

8. 简述乘员辅助约束系统的关键技术。

9. 乘员辅助约束系统有哪几部分组成？

10. 在 SRS 电气总线中，碰撞烈度传感器与碰撞防护传感器为什么要采用串联方式设计？

11. 简述车道偏离预警系统的组成结构及工作原理。

12. 汽车空调系统的功用是什么？主要是由哪几部分组成？

13. 简述全自动空调系统的特点。

参 考 文 献

[1] 陈刚，王良模，王冬良，等. 汽车电子控制技术 [M]. 北京：机械工业出版社，2017.

[2] 陈刚，王良模，杨敏，等. 汽车新技术概论 [M]. 北京：国防工业出版社，2016.

[3] 陈刚. 电磁直驱无人驾驶机器人动态特性与控制 [M]. 北京：科学出版社，2017.

[4] 陈刚，殷国栋，王良模. 自动驾驶概论 [M]. 北京：机械工业出版社，2019.

[5] 陈刚，张为公，王良模. 电磁直驱驾驶机器人模糊神经网络车速控制方法及试验验证 [J]. 科学通报，2017，62 (30)：3514-3524.

[6] 孙仁云，付百学. 汽车电器与电子技术 [M]. 2版. 北京：机械工业出版社，2011.

[7] 凌永成，李淑英. 汽车电气设备 [M]. 2版. 北京：北京大学出版社，2010.

[8] 史立伟，张少洪，张学义. 汽车电器 [M]. 北京：国防工业出版社，2011.

[9] 凌永成. 汽车电子控制技术 [M]. 3版. 北京：北京大学出版社，2017.

[10] 凌永成. 汽车电气设备 [M]. 3版. 北京：北京大学出版社，2016.

[11] 姚胜华. 汽车电器与电子控制技术 [M]. 广州：华南理工大学出版社，2010.

[12] 杜弘，王辉，王丽新. 汽车电器及电子设备检修 [M]. 北京：北京理工大学出版社，2014.

[13] 李智超. 汽车电气与电子设备 [M]. 合肥：合肥工业大学出版社，2011.

[14] 董艳艳，王万君. 纯电动汽车动力电池及管理系统设计 [M]. 北京：北京理工大学出版社，2017.

[15] 曾新一，刘军. 动力电池技术：电动汽车核心技术 [M]. 天津：天津大学出版社，2013.

[16] 麻友良. 汽车点火系统原理与故障检修实例 [M]. 北京：机械工业出版社，2010.

[17] 吴焕芹，卢彦群. 汽车电气设备 [M]. 北京：北京大学出版社，2014.

[18] 王明华，李在元，代克化. 新能源导论 [M]. 北京：冶金工业出版社，2014.

[19] 王怀玲，张君. 汽车电器设备构造与维修 [M]. 西安：西北工业大学出版社，2010.

[20] 麻友良. 汽车照明、信号及仪表系统原理与故障检修实例 [M]. 北京：机械工业出版社，2011.

[21] 吴芷红，胡福祥. 汽车电气设备 [M]. 2版. 北京：中国水利水电出版社，2015.

[22] 张宗荣，张荣贵，陈建宏. 汽车电气系统检修 [M]. 2版. 北京：人民交通出版社，2015.

[23] 孟国强，洪志杰. 汽车车身电气系统诊断与修复 [M]. 广州：华南理工大学出版社，2012.

[24] 麻友良. 汽车车身电气系统原理与故障检修实例 [M]. 北京：机械工业出版社，2011.

[25] BORGEEST K. 汽车电子技术：硬件、软件、系统集成和项目管理 [M]. 北京：机械工业出版社，2014.

[26] CHEN G, ZHANG W G. Hierarchical coordinated control method for unmanned robot applied to automotive test [J]. IEEE Transactions on Industrial Electronics, 2016, 63 (2)：1039-1051.

[27] CHEN G, CHEN S B, LANGARI R, et al. Driver-behavior-based adaptive steering robust nonlinear control of unmanned driving robotic vehicle with modeling uncertainties and disturbance observer [J]. IEEE Transactions on Vehicular Technology, 2019, 68 (8)：8183-8190.

[28] CHEN G, ZHANG W G. Digital prototyping design of electromagnetic unmanned robot applied to automotive test [J]. Robotics and Computer-Integrated Manufacturing, 2015 (32)：54-64.

[29] CHEN G, ZHANG W G. Comprehensive evaluation method for performance of unmanned robot applied to automotive test using fuzzy logic and evidence theory and FNN [J]. Computers in Industry, 2018 (98)：48-55.